U0716758

普通高等教育法学专业核心课程系列教材

西安交通大学"十五"规划教材

经济法 （第四版）

Economic Law (4nd Ed.)

主 编 冯宪芬

副主编 马治国 吴平魁

撰写人员（按撰写顺序）

冯宪芬 林雪贞 吴平魁 李 霞

马治国 张 维 高明侠 许 立

王玉苹 王 娜 楼 晓 陈虹睿

韩利琳 薛 华

西安交通大学出版社
XI'AN JIAOTONG UNIVERSITY PRESS

国家一级出版社
全国百佳图书出版单位

内容提要

经济法是高等学校法学专业核心课程之一。本教材是严格按照教育部高等学校法学学科教学指导委员会的要求编写的,共分为三编二十二章。第一编经济法的一般理论,第二编市场规制法,第三编宏观调控法。本教材系统地论述了经济法学的基本理论,全面阐述了市场规制法、宏观调控法法律理论和制度。本教材是对第3版的修订,并对部分章节进行了重新编写,吸纳了我国最新的法律法规,更突出了理论性、实践性和时效性,使之符合法学本科经济法课程教学的要求。

本书可作为高等学校法学专业经济法课程教材,也供高等学校经济学、管理学专业使用,还可作为国家机关、企事业单位从事经济、法律工作人员的参考书。

图书在版编目(CIP)数据

经济法/冯宪芬主编. —4 版 . —西安:西安交通大学出版社,2018.6
普通高等教育"十三五"法学专业核心课程系列规划教材
西安交通大学"十五"规划教材
ISBN 978 - 7 - 5693 - 0636 - 1

Ⅰ.①经… Ⅱ.①冯… Ⅲ.①经济法-中国-高等学校-教材 Ⅳ.①D922.29

中国版本图书馆 CIP 数据核字(2018)第 111670 号

书　　名	经济法(第 4 版)
主　　编	冯宪芬
副 主 编	马治国　吴平魁
责任编辑	魏照民
出版发行	西安交通大学出版社
	(西安市兴庆南路 10 号　邮政编码 710049)
网　　址	http://www.xjtupress.com
电　　话	(029)82668357　82667874(发行中心)
	(029)82668315(总编办)
传　　真	(029)82668280
印　　刷	西安明瑞印务有限公司
开　　本	787mm×1092mm　1/16　印张 25.5　字数 606 千字
版次印次	2018 年 9 月第 4 版　2018 年 9 月第 1 次印刷(累计第 10 次印刷)
书　　号	ISBN 978 - 7 - 5693 - 0636 - 1
定　　价	49.80 元

读者购书、书店添货、如发现印装质量问题,请与本社发行中心联系、调换。
订购热线:(029)82665248　(029)82665249
投稿热线:(029)82668133
读者信箱:xj_rwjg@126.com

总　序

　　法律的进步、法制的完善,是一项综合性的社会系统工程。现实社会关系的发展,国际政治、经济和社会的变化,为法律的进步提供动力,提供社会的土壤。而法学教育、法学研究的发展,直接推动了法律进步的进程。同时,全民法律意识、法律素质的提高,则是实现法治国家理想的重要因素。在社会发展、法学研究等关系到法律进步的重要环节中,法学教育则处于核心而基础的地位。近代以来,中国法学教育作为法律进步事业的重要组成部分,随着中国社会的曲折发展,也经历了极不平坦的发展历程。史料表明,清朝末年(公元 1895 年 10 月)开办的天津中西学堂,首次开设法科(律例学)并招收学生,这标志着近代最早的法学教育机构的诞生。三年后,著名思想家梁启超撰文呼吁国人,要重视法学,发明法学,讲求法学。数年后,以修律大臣沈家本为代表的一批有识之士,在近十年的变法修律过程中,重视法学教育与法学研究,督促清廷创办京师政法学堂等专门法学教育机构。经过一代代学者的不懈努力,到了 20 世纪 40 年代,初步形成了较为完整的法学教育与法学研究体系和学术结构。

　　1949 年 10 月 1 日中华人民共和国成立后,中国的法学教育、法学研究步入了新的发展阶段。但是 50 年代末,随着"左"倾思想的泛滥,法学教育、法学研究在经历了建国初期的短暂发展之后,逐渐走向停顿,直到十年"文革"横遭摧残,几近殆尽。1978 年党的十一届三中全会的召开,结束了"左"倾思想的统治地位,开始了改革开放的伟大实践,中国法学教育、法学研究出现了根本性的转折。二十多年来,经过广大法学教育和研究工作者的共同努力,法学教育、法学研究事业取得了长足的发展,法学教育的规模迅速扩大,层次日趋齐全,结构日臻合理。据有关部门统计,现在全国设有法律本科专业以上的普通高等院校已近 400 所,在校学生达到 10 万多人。除本科生外,在一些重点大学、全国知名的法律院系,法学专业硕士研究生、博士研究生已经成为培养的重点。中国法学教育、法学研究事业由此进入了长期稳定、良性发展的大好时期。

　　陕西是教育大省,其高等法学教育的实力和水平近些年提高很快,设置法律院系的高校已有二十多所,从事法学教育和研究的专业人员达数千人,成为我国法学教育、法学研究领域的一支重要力量。这次西安交通大学出版社策划和组织编写这套《普通高等教育法学专业核心课程系列教材》是一件好事。这套教材编写人员以陕西为主,面向全国。既有一大批本省优秀中青年学术中坚作为基本力量,又聘请了省内外许多位资深著名学者参与指导。编写者队伍的这种结构使本套教材既体现了深厚的理论功底,又能反映法学研究的最新动态和我国最新修订和颁布的法律、法规精神。同时本套教材具有很强的实用性,语言简练,重点突出,且把案例融入理论阐述中,这样既便于学生深刻理解法学基本原理,夯实法学理论功底,又有助于他们通过全国统一司法考试和提高实际工作能力。我相信本套教材的出版必将对促进我国高等法学教育的发展和全社会法制观念的普及发挥作用。

在本套教材编辑付梓之际,西安交通大学出版社诚邀我写一篇"总序",便写了以上的话,是为序。

2004 年 8 月于北京

第 4 版前言

　　《经济法》(第一版)是应西安交通大学二十一世纪本科生教材的立项课题的要求完成的高等学校法学专业核心课程教材之一,它是严格按照教育部高等学校法学学科教学指导委员会的要求编写的。《经济法》(第二版)是 2003－2004 年间我国金融法、对外贸易法及土地法等经济法律不断修订的基础上和期间经济法学年会的形成的共识上再版的,该教材自 2005 年出版发行以来,承蒙法学同仁和学生的厚爱,印刷了四次,共发行了一万多本。《经济法》(第三版)是 2005－2009 年间我国证券法、税法、审计法、房地产管理法及食品安全法等经济法律不断修订的基础上和期间经济法学年会的形成的共识上再版的,该教材自 2009 年出版发行以来,承蒙法学同仁和学生的厚爱,印刷了六次,共发行了两万多本。通过九年多的使用,教材编委会一致认为,该教材须进一步完善。另外,我们国家的相关经济法律发生了变化,也要求对教材进行修订。具体来说:

　　2009 年 8 月 27 日第十一届全国人民代表大会常务委员会第十次会议对《中华人民共和国产品质量法》进行了修正;2011 年 2 月 23 日国家质检总局发布了《国家质量监督检验检疫总局关于实施〈中华人民共和国产品质量法〉若干问题的意见》(国质检法〔2011〕83 号),自发布之日起施行。

　　2009 年 8 月 27 日第十一届全国人民代表大会常务委员会第十次会议对《中华人民共和国消费者权益保护法》进行第一次修正,2013 年 10 月 25 日第十二届全国人民代表大会常务委员会第五次会议对《中华人民共和国消费者权益保护法》进行第二次修正,自 2014 年 3 月 15 日起施行。

　　2009 年 8 月 27 日第十一届全国人民代表大会常务委员会第十次会议通过了《关于修改部分法律的决定》,对《中华人民共和国城市房地产管理法》进行第二次修正,自公布之日起施行。

　　2010 年 2 月 2 日国务院第 100 次常务会议对《中华人民共和国审计法实施条例》进行了修正,自 2010 年 5 月 1 日起施行。

　　2011 年 1 月 8 日国务院根据《国务院关于废止和修改部分行政法规的决定》对《中华人民共和国土地管理法实施条例》进行了第一次修正,2014 年 7 月 29 日根据《国务院关于修改部分行政法规的决定》进行了第二次修正,自公布之日起施行。

　　2011 年 6 月 30 日第十一届全国人民代表大会常务委员会第二十一次会议通过了《全国人民代表大会常务委员会关于修改〈中华人民共和国个人所得税法〉的决定》,自 2011 年 9 月 1 日起施行。2011 年 7 月 19 日国务院通过了《国务院关于修改〈中华人民共和国个人所得税法实施条例〉的决定》,自 2011 年 9 月 1 日起施行。

　　2011 年 11 月 30 日国务院第 183 次常务会议通过了《中华人民共和国招标投标法实施条例》,自 2012 年 2 月 1 日起施行。2017 年 3 月 1 日根据《国务院关于修改和废止部分行政法规的决定》对其进行了修正,自公布之日起施行。

　　2012 年 1 月 30 日最高人民法院审判委员会第 1539 次会议通过了《最高人民法院关于审理因垄断行为引发的民事纠纷案件应用法律若干问题的规定》,自 2012 年 6 月 1 日起施行。

2012 年 8 月 31 日第十一届全国人民代表大会常务委员会第二十八次会议根据《关于修改〈中华人民共和国民事诉讼法〉的决定》对民事诉讼法进行了第二次修正,2017 年 6 月 27 日第十二届全国人民代表大会常务委员会第二十八次会议根据《关于修改〈中华人民共和国民事诉讼法〉和〈中华人民共和国行政诉讼法〉的决定》对民事诉讼法进行了第三次修正,自 2017 年 7 月 1 日起施行。

2013 年 6 月 29 日第十二届全国人民代表大会常务委员会第三次会议对《中华人民共和国证券法》进行了第二次修正,2014 年 8 月 31 日第十二届全国人民代表大会常务委员会第十次会议对《中华人民共和国证券法》进行了第三次修正。2015 年 12 月 27 日第十二届全国人民代表大会常务委员会第十八次会议通过全国人民代表大会常务委员会关于授权国务院在实施股票发行注册制改革中调整适用《中华人民共和国证券法》有关规定的决定,自 2016 年 3 月 1 日起施行。

2013 年 6 月 29 日第十二届全国人民代表大会常务委员会第三次会议根据《关于修改〈中华人民共和国文物保护法〉等十二部法律的决定》对《中华人民共和国海关法》第二次修正,2013 年 12 月 28 日第十二届全国人民代表大会常务委员会第六次会议根据《关于修改〈中华人民共和国海洋环境保护法〉等七部法律的决定》对《中华人民共和国海关法》进行了第三次修正,2016 年 11 月 7 日第十二届全国人民代表大会常务委员会第二十四次会议根据《关于修改〈中华人民共和国对外贸易法〉等十二部法律的决定》对《中华人民共和国海关法》进行了第四次修正,2017 年 11 月 4 日第十二届全国人民代表大会常务委员会第三十次会议根据《关于修改〈中华人民共和国会计法〉等十一部法律的决定》对《中华人民共和国海关法》进行了第五次修正,自 2017 年 11 月 5 日起施行。

2014 年 4 月 24 日第十二届全国人民代表大会常务委员会第八次会议修订通过《中华人民共和国环境保护法》,自 2015 年 1 月 1 日起施行。

2014 年 8 月 31 日第十二届全国人民代表大会常务委员会第十次会议对《中华人民共和国预算法》进行修正,自 2015 年 1 月 1 日起施行。

2014 年 8 月 31 日第十二届全国人民代表大会常务委员会第十次会议对《中华人民共和国政府采购法》进行修正。2014 年 12 月 31 日国务院第七十五次常务会议通过《中华人民共和国政府采购法实施条例》,自 2015 年 3 月 1 日起施行。

2014 年 11 月 1 日第十二届全国人民代表大会常务委员会第十一次会议根据《关于修改〈中华人民共和国行政诉讼法〉的决定》对行政诉讼法进行了第一次修正,2017 年 6 月 27 日第十二届全国人民代表大会常务委员会第二十八次会议根据《关于修改〈中华人民共和国民事诉讼法〉和〈中华人民共和国行政诉讼法〉的决定》对行政诉讼法进行了第二次修正,自 2017 年 7 月 1 日起施行。

2014 年 12 月 18 日由最高人民法院审判委员会第 1636 次会议通过了《最高人民法院关于适用〈中华人民共和国民事诉讼法〉的解释》,自 2015 年 2 月 4 日起施行。

2015 年 4 月 24 日第十二届全国人民代表大会常务委员会第十四次会议对《中华人民共和国拍卖法》进行第二次修正,自公布之日起施行。

2015 年 4 月 24 日第十二届全国人民代表大会常务委员会第十四次会议对《中华人民共和国广告法》进行了修正,自 2015 年 9 月 1 日起施行。

2015 年 4 月 24 日第十二届全国人民代表大会常务委员会第十四次会议对《中华人民共

和国食品安全法》进行了修正,自 2015 年 10 月 1 日起施行。

2015 年 8 月党中央、国务院颁布了《中共中央、国务院关于深化国有企业改革的指导意见》。

2015 年 8 月 29 日第十二届全国人民代表大会常务委员会第十六次会议通过《全国人民代表大会常务委员会关于修改〈中华人民共和国商业银行法〉的决定》,自 2015 年 10 月 1 日起施行。

2016 年 6 月 1 日,国务院发布《关于在市场体系建设中建立公平竞争审查制度的意见》(国发〔2016〕34 号)。

2016 年 11 月 7 日第十二届全国人民代表大会常务委员会第二十四次会议通过《关于修改〈中华人民共和国对外贸易法〉等十二部法律的决定》,对《中华人民共和国对外贸易法》进行了修正,自公布之日起施行。

2017 年 11 月 4 日第十二届全国人民代表大会常务委员会第三十次会议对《中华人民共和国反不正当竞争法》进行了修正,自 2018 年 1 月 1 日起施行。2017 年 11 月 7 日,国家工商行政管理总局发布了工商总局关于积极开展宣传贯彻新反不正当竞争法工作的通知,自公布之日起施行。

2017 年 11 月 4 日第十二届全国人民代表大会常务委员会第三十次会议根据《全国人大常委会关于修改〈中华人民共和国会计法〉等十一部法律的决定》,对《中华人民共和国会计法》进行了修正,自 2017 年 11 月 5 日起施行。

2017 年 12 月 27 日第十二届全国人民代表大会常务委员会第三十一次会议对《中华人民共和国招标投标法》进行了修正,自 2017 年 12 月 28 日起施行。

2018 年 3 月 17 日,第十三届全国人大一次会议通过了关于国务院机构改革方案的决定,对国务院机构进行了重大调整。

本书第四版正是基于上述法律、法规的修订、最新立法动态和理论界的最新发展,并且广泛吸收了教材使用过程中的反馈意见而进行的修改版。第四版基本保留了第三版的框架。

本书第一版由西安交通大学法学系和西北政法学院、山东大学威海分校共同参加编写,具体分工执笔如下:西安交通大学冯宪芬撰写第一至四章、第十三章;马治国撰写第十章;吴平魁撰写第六章和第八章;林雪贞撰写第五章;王宝社撰写第七章;李霞撰写第九章;张维撰写第十一章和第二十一章;高明侠撰写第十三章;许立撰写第十四章;王玉萍撰写第十五章;吴关龙撰写第十六章;楼晓撰写第十七章;田文英撰写第十八章;西北政法学院法学系韩利林撰写第十九章;薛华撰写第二十章;山东大学威海分校法学系安玉萍撰写第二十二章。

本书第二版时,冯宪芬修改了第三章、第四章、第五章、第七章、第八章、第九章、第十六章;马治国修改了第十章;张维修改了第十一章、第二十一章;楼晓修改了第十七章。全书最后由冯宪芬统稿。

本书第三版,冯宪芬修改了第二章、第四章、第五章、第六章、第七章、第八章、第十四章;吴平魁修改了第九章;马治国修改了第十一章;张维修改了第十二章、第二十二章;许立修改了第十五章;王玉萍修改了第十六章;吴关龙修改了第十七章;楼晓修改了第十八章;田文英修改了第十九章;高明侠修改了第二十章;薛华修改了第二十一章。全书最后由冯宪芬统稿。

本书第四版,冯宪芬修改了第一章、第二章、第三章、第四章、第七章、第八章、第十四章;林雪贞修改了第五章;吴平魁修改了第六章及第九章;李霞修改了第十章;马治国修改了第十一章;张维修改了第十二章、第二十二章;高明侠修改了第十三章;许立重新撰写了第十五章;王玉苹修改了第十六章;王娜重新撰写了第十七章;楼晓修改了第十八章;陈虹睿修改了第十九章;韩利琳修改了第二十章;薛华修改了第二十一章。全书最后由冯宪芬统稿。

本书最终的尽快出版,要感谢西安交通大学出版社的努力和责任编辑魏照民的卓有成效的工作。

由于理论和实践水平有限,书中疏漏、不足之处在所难免,请专家、同仁以及广大读者批评指正。

本教材的编委组成如下:

主　编:冯宪芬

副主编:马治国　吴平魁

编委具体成员(按撰写章节顺序):

冯宪芬　林雪贞　吴平魁　李　霞　马治国　张　维　高明侠

许　立　王玉苹　王　娜　楼　晓　陈虹睿　韩利琳　薛　华

作者

2018 年 5 月

第 3 版前言

　　《经济法》(第一版)是应西安交通大学二十一世纪本科生教材的立项课题的要求完成的高等学校法学专业核心课程教材之一,它是严格按照教育部高等学校法学学科教学指导委员会的教学要求编写的。《经济法》(第二版)是 2003－2004 年间我国金融法、对外贸易法及土地法等经济法律不断修订的基础上和期间经济法学年会形成的共识上再版的,该教材自 2005 年出版发行以来,承蒙法学同仁和学生的厚爱,印刷了四次,共发行了一万多本。通过四年多的使用,教材编委会一致认为该教材仍须进一步完善。另外,我们国家的相关经济法律发生了变化,也要求对教材进行修订。具体来说:

　　2005 年 10 月 27 日第十届全国人民代表大会常务委员会第十八次会议修订了《中华人民共和国证券法》,自 2006 年 1 月 1 日起施行。

　　2005 年 10 月 27 日第十届全国人民代表大会常务委员会第十八次会议通过了《关于修改〈中华人民共和国个人所得税法〉的决定》,第三次修正个人所得税法;2007 年 6 月 29 日第十届全国人民代表大会常务委员会第二十八次会议通过了《关于修改〈中华人民共和国个人所得税法〉的决定》,第四次修正个人所得税法;2007 年 12 月 29 日第十届全国人民代表大会常务委员会第三十一次会议通过了《关于修改〈中华人民共和国个人所得税法〉的决定》,第五次修正个人所得税法,自 2008 年 3 月 1 日起施行。

　　2006 年 2 月 28 日第十届全国人民代表大会常务委员会第二十次会议通过了《关于修改〈中华人民共和国审计法〉的决定》,修正审计法,自 2006 年 6 月 1 日起施行。

　　2006 年 12 月 30 日最高人民法院审判委员会第 1412 次会议通过《最高人民法院关于审理不正当竞争民事案件应用法律若干问题的解释》,自 2007 年 2 月 1 日起施行。

　　2007 年 3 月 16 日中华人民共和国第十届全国人民代表大会第五次会议通过了《中华人民共和国物权法》,自 2007 年 10 月 1 日起施行。

　　2007 年 3 月 16 日中华人民共和国第十届全国人民代表大会第五次会议通过了《中华人民共和国企业所得税法》,自 2008 年 1 月 1 日起施行;2007 年 11 月 28 日国务院第 197 次常务会议通过了《中华人民共和国企业所得税法实施条例》,自 2008 年 1 月 1 日起施行。

　　2007 年 8 月 30 日中华人民共和国第十届全国人民代表大会常务委员会第二十九次会议通过了《全国人民代表大会常务委员会关于修改〈中华人民共和国城市房地产管理法〉的决定》,自公布之日起施行。

　　2007 年 8 月 30 日制定了《中华人民共和国反垄断法》,并于 2008 年 8 月 1 日起施行。

　　2008 年 2 月 28 国务院新闻办公室发表《中国的法治建设》白皮书。

　　2008 年 10 月 28 日中华人民共和国第十一届全国人民代表大会常务委员会第五次会议通过了《中华人民共和国企业国有资产法》,自 2009 年 5 月 1 日起施行。

　　2008 年 11 月 5 日国务院第 34 次常务会议修订通过《中华人民共和国增值税征收暂行条例》、《中华人民共和国消费税暂行条例》和《中华人民共和国营业税暂行条例》,三部条例自 2009 年 1 月 1 日起施行。2008 年 12 月 15 日发布了《中华人民共和国增值税暂行条例实施细则》,自2009年1月1日生效。

2009年2月28日第十一届全国人民代表大会常务委员会第七次会议通过《中华人民共和国食品安全法》,并于2009年6月1日起施行。

与此同时,中国法学会经济法学研究会2005年年会、2006年年会、2007年年会、2008年年会四次盛会召开,尤其是2008年年会恰逢经济法发展30年,会议主题是改革开放与经济法30年,并设置了《改革开放与经济法30年》课题组和《改革开放与经济法学30年》课题组。会议对经济法学的基本理论问题如经济法的地位、经济法的基本矛盾、市场规制法及宏观调控法的一般理论及制度等进行了深入的探讨,基本形成了比较一致的看法。而且经济法学界正在进行宏观调控的立法研究,《中华人民共和国宏观调控法(草案)》(学者讨论稿)已经在修改之中,国家发改委也已委托上海市发改委起草《促进经济稳定增长法》等。这些探索进一步推动了经济法的发展。

本书第三版正是基于上述法律法规的修订、最新立法动态和理论界的最新发展,并且广泛吸收了教材使用过程中的反馈意见而进行修订的。第三版基本保留了第二版的框架,但教材增加了一章,共分三编二十二章,第一编经济法的一般理论,第二编市场规制法,第三编宏观调控法。

在第一编中,对第二章进行了修改,对经济法的词源探微、经济法的调整对象及经济法的概念作了进一步的完善。第四章增加了经济法的社会公共利益价值。第五章中对经济法的主体和经济公益诉讼进行了修改,吸收了理论界最新的研究成果。

第二编根据最新立法和司法解释,对第二版中的第六章中市场规制的立法现状进行了修改。对第七章竞争法进行修改,其中把修改后的反垄断法单独列为一章,把修改后的反不正当竞争法列为第八章。对第二版中第八章、第十章、第十一章进行了相应修改并相应改为第九章、第十一章、第十二章,其他章节依次顺推。

第三编根据最新立法和理论界的最新研究,对第二版中第十三章、第十四章、第十五章、第十六章、第十七章、第十八章、第十九章、第二十章及第二十一章分别进行了修改,并在章节安排上依次作了调整。

本书第一版由西安交通大学法学系和西北政法学院、山东大学威海分校共同参加编写,具体执笔分工如下:西安交通大学冯宪芬撰写第一编第一至四章,第三编第十三章;马治国撰写第二编第十章;吴平魁撰写第二编第六章和第八章;林雪贞撰写第五章;王宝社撰写第七章;李霞撰写第九章;张维撰写第十一章和第二十一章;高明侠撰写第十二章;许立撰写第十四章;王玉萍撰写第十五章;吴关龙撰写第十六章;楼晓撰写第十七章;田文英撰写第十八章;西北政法学院法学系韩利林撰写第十九章;薛华撰写第二十章;山东大学威海分校法学系安玉萍撰写第二十二章。

本书第二版时,冯宪芬修改了第一编第三章、第四章、第五章、第二编的第七章、第八章、第九章、第三编第十六章;马治国修改了第十章;张维修改了第十一章、二十一章;楼晓修改了第十七章。全书最后统一由冯宪芬统稿。

本书第三版时,冯宪芬修改了第一编第二章、第四章、第五章,第二编中第六章、第七章、第八章,第三编第十四章;吴平魁修改了第二编第九章;马治国修改了第十一章;张维修改了第十二章、二十二章;许立修改了第十五章;王玉萍修改了第十六章;吴关龙修改了第十七章;楼晓修改了第十八章。田文英修改了第十九章;高明侠修改了第二十章、薛华修改了第二十一章。

全书最后统一由冯宪芬统稿。但由于理论和实践水平有限,书中疏漏、不足之处在所难免,祈望专家、同仁以及广大读者批评指正。

本教材的编委组成如下:

主编:冯宪芬

副主编:马治国 吴平魁

编委具体成员(按撰写章节):

冯宪芬 林雪贞 吴平魁 王宝社 李 霞 马治国 张 维 高明侠

许 立 王玉萍 吴关龙 楼 晓 田文英 薛 华 韩利林

最后,本书的尽快出版,要感谢西安交通大学出版社的努力和责任编辑李升元卓有成效的工作。

第2版前言

　　《经济法》(第一版)是应西安交通大学21世纪本科生教材的立项课题的要求完成的高等学校法学专业核心课程教材之一,它是严格按照教育部高等学校法学学科教学指导委员会的要求编写的。该教材自2003年出版发行以来,承蒙经济法学教师和学生的厚爱,印刷了两次,共发行了五千多本。通过两年多的使用,学生和教师对该教材的进一步完善提供了许多宝贵的意见。另外,我们国家的相关法律发生了变化。具体来说:

　　2003年12月27日中华人民共和国第十届全国人民代表大会常务委员会第六次会议通过《全国人民代表大会常务委员会关于修改〈中华人民共和国中国人民银行法〉的决定》和《全国人民代表大会常务委员会关于修改〈中华人民共和国商业银行法〉的决定》,自2004年2月1日起施行。2004年3月31日国务院颁布了《国务院关于修改〈中华人民共和国反倾销条例〉的决定》和《关于修改〈中华人民共和国反补贴条例〉的决定》,自2004年6月1日起施行。2004年4月6日中华人民共和国第十届全国人民代表大会常务委员会第八次会议修订通过了《中华人民共和国对外贸易法》,自2004年7月1日起施行。2004年8月28日中华人民共和国第十届全国人民代表大会常务委员会第十一次会议通过了《全国人民代表大会常务委员会关于修改〈中华人民共和国土地管理法〉的决定》、《全国人民代表大会常务委员会关于修改〈中华人民共和国拍卖法〉的决定》和《全国人民代表大会常务委员会关于修改〈中华人民共和国证券法〉的决定》,自公布之日起施行。

　　2002年2月26日公布了中国反垄断法草案征求意见稿,共有8章58条。2004年3月,商务部已将《中华人民共和国反垄断法(送审稿)》上报国务院审议。2005年2月底,在全国人大常委会通过的2005年立法计划中,《反垄断法》又一次被列入立法计划。同时中国法学会经济法学研究会2003年年会、2004年年会对经济法学的基本理论问题如经济法的责任、经济法的地位、新发展观和经济法的理念等进行了深入的探讨,基本形成了比较一致的看法。

　　本书第二版正是基于上述法律、法规的修订、最新立法动态和理论观点的最新发展,并且广泛吸收了教材使用过程中的反馈意见而进行的修改版。第二版基本保留了第一版的框架,教材分三编二十一章,第一编经济法的一般理论,第二编市场规制法,第三编宏观调控法。在第一编中,对第三章进行了修改,对经济法的社会法属性进行了论述。第四章增加了经济法的理念,吸收了新发展观的基本思想。第五章中对经济法律关系和经济法的责任进行了修改,总结了理论界相关的最新成果;第二编根据最新立法对第七章、第八章、第九章、第十章、第十一章进行了相应修改;第三编根据最新立法对第十六章、十七章、二十一章进行了修改。考虑到全国大部分法学院校专业核心课程的设置和经济法学理论体系的完整,对第一版第三编中的第二十二章劳动法进行了删减。

　　本书再版时,冯宪芬修改了第一编第三章、第四章、第五章、第二编的第七章、第八章、第九章、第三编第十六章;马治国修改了第十章;张维修改了第十一章、二十一章;楼晓修改了十七章。全书最后统一由冯宪芬统稿。但由于我们理论和实践水平有限,书中疏漏、不足之处在所难免,祈望专家、同仁以及广大读者批评指正。

第 1 版前言

　　《经济法》是高等学校法学专业核心课程教材之一,它是严格按照教育部高等学校法学学科教学指导委员会的要求编写,特别是符合《全国高等学校法学专业核心课程教学基本要求》中"经济法学教学大纲"和《全国统一司法考试大纲》。努力反映依法治国、建设社会主义法治国家的要求,反映经济立法和综合运用各种经济和法律手段调整经济关系的成果,借鉴和吸收国内外经济法研究方面的新的思想和观点。注重法学基础知识的传授,注重基本知识、基本理论、基本技能的有机结合,同时又融入最新立法研究及国际学术发展的最新动态和最新研究成果,尤其是加入了WTO对我国法律的影响。本教材分三编二十二章,第一编经济法的一般理论,第二编市场规制法,第三编宏观调控法。本教材系统地论述了经济法学的基本理论,全面阐述了市场规制法、宏观调控法律理论和制度。突出其理论性和实践性,使之符合法学本科经济法教学的需要。本书可作为高等学校法学、经济学、管理学等专业学习经济法的教材,也可以作为国家机关、企事业单位人员从事经济、法律工作的参考书。

　　本教材的编委组成如下:

　　编委主任:王宏波　刘次邦

　　主编:冯宪芬　马治国　吴平魁

　　编委具体成员(按撰写章节):

　　冯宪芬　林雪贞　吴平魁　王宝社　李　霞　马治国　张　维　高明侠

　　许　立　王玉萍　吴关龙　楼　晓　田文英　薛　华　韩利林　安玉萍

目　录

第 4 版前言

第 3 版前言

第 2 版前言

第 1 版前言

第一编　经济法的一般理论

1　**第一章　经济法的产生与发展**

1　　第一节　经济法产生和发展的轨迹及其一般规律

8　　第二节　经济法产生和发展的历史条件

12　**第二章　经济法的调整对象与概念**

12　　第一节　经济法的调整对象

17　　第二节　经济法的概念

23　**第三章　经济法的地位与体系**

23　　第一节　经济法的地位

31　　第二节　经济法的体系

35　**第四章　经济法的理念、价值和原则**

35　　第一节　经济法理念

40　　第二节　经济法的价值

46　　第三节　经济法的原则

50　**第五章　经济法律关系**

50　　第一节　经济法律关系概述

53　　第二节　经济法主体及客体

60　　第三节　经济法律关系的内容

63　　第四节　经济法责任

第二编　市场规制法

76　**第六章　市场规制法一般原理**

76　　第一节　市场规制法概述

79　　第二节　市场规制法的基本原则及体系

84	**第七章　反垄断法**
84	第一节　反垄断法概述
90	第二节　国外反垄断法律制度
96	第三节　中国反垄断法律制度
116	**第八章　反不正当竞争法**
116	第一节　不正当竞争法概述
118	第二节　不正当竞争行为的表现形式
124	第三节　不正当竞争行为的监督检查及法律责任
128	**第九章　产品质量法**
128	第一节　产品质量法概述
130	第二节　产品质量监督管理
134	第三节　产品质量义务
137	第四节　产品质量责任
141	**第十章　消费者权益保护法**
141	第一节　消费者权益保护法概述
145	第二节　消费者的权利与经营者的义务
152	第三节　消费纠纷的解决途径与法律责任
157	**第十一章　土地法与房地产法**
157	第一节　土地法与房地产法的一般原理
159	第二节　土地管理法
169	第三节　房地产管理法
176	**第十二章　拍卖法与招标投标法**
176	第一节　拍卖法
184	第二节　招标投标法概述
199	**第十三章　价格法**
199	第一节　价格法概述
203	第二节　价格法律制度

第三编　宏观调控法

209	**第十四章　宏观调控法一般原理**
209	第一节　宏观调控法概述
212	第二节　宏观调控法的基本原则与体系
214	**第十五章　计划法与投资法**
214	第一节　计划法
218	第二节　投资法

229	**第十六章　财政法律制度**
229	第一节　财政法概述
232	第二节　财政法律制度
246	**第十七章　税收法律制度**
246	第一节　税收与税法概述
257	第二节　现行税收法律制度
272	第三节　税收征收管理法律制度
281	**第十八章　金融法**
281	第一节　金融法概述
284	第二节　中央银行法
288	第三节　商业银行法
296	第四节　证券法
310	第五节　信托法
317	**第十九章　国有资产管理法律制度**
317	第一节　国有资产管理法概述
326	第二节　国有资产评估法律制度
330	第三节　资产评估的方法
333	**第二十章　环境保护法与自然资源法**
333	第一节　环境保护法
340	第二节　自然资源法
344	**第二十一章　会计法与审计法**
344	第一节　会计法概述
350	第二节　会计监督
360	第三节　审计法
366	**第二十二章　对外贸易监管法律制度**
366	第一节　对外贸易和对外贸易法概述
371	第二节　对外贸易法基本制度
386	**参考文献**

第一编　经济法的一般理论

　　经济法的一般理论也称为经济法基础理论,是经济法最基本、最一般的原理,是关于各种经济法现象内在的普遍规律的理论概括。作为一门学科的基础理论,应该是一个结构完整、逻辑严密的体系。但是经济法学在我国的研究历史并不长,至今对其理论体系没有统一的认识。本篇只对经济法理论中最基本、学术界探讨较多的理论问题进行阐述。本篇主要阐述了经济法的产生和发展,经济法的调整对象和概念,经济法的地位和体系,经济法的理念、价值及基本原则,经济法律关系等。学习本篇时应注意联系经济法的各个具体部门法来理解。

第一章　经济法的产生与发展

第一节　经济法产生和发展的轨迹及其一般规律

　　经济法不等于经济立法、经济法规。经济的法律调整即经济立法。经济法规由来已久,它是史前社会结束以来任何社会和国家不可或缺的一种控制及运行机制。而经济法是 20 世纪新兴的法律部门,它是经济和社会的社会化达到相当高度以后,国家政权普遍直接参与生产流通等诸环节的产物。经济的法律调整是与国家相伴而生的,这在任何民族也不例外。但有了经济的法律调整不一定就有经济法,这是因为经济法的产生和存续的一个重要的前提条件就是在一个国家和社会中对法律有了部门划分,并且将其中的某个部门称为"经济法"。经济法和任何法律部门一样,其形成和发展离不开客观和主观两个方面的条件。它是经济及法律调整的社会化的客观条件和有关经济法的主观学说共同作用的产物,并且它还有形成独立部门法的标志。

一、国外经济法产生和发展的历史过程

　　国外经济法的产生和发展过程实际上是随着资本主义从自由竞争发展到垄断时期,传统民商法、行政法律制度不断突破并逐渐演变乃至最终独立的过程。很难从时间上确切划分。但理论界对其的研究主要有以下两种观点:

　　(一) 四阶段说

　　第一阶段:从 19 世纪末到第一次世界大战后,是经济法的出现阶段。

　　第一阶段以美国 1890 年颁布的《反对不法限制和垄断,保护交易和通商的法律》即《谢尔曼法》及 1914 年颁布的《克莱顿法》和《联邦贸易委员会法》为标志。它是现代经济法最早的法律表现形式,是经济法独立的先声。但仅限于反限制竞争和反垄断,对其他国家影响不大。但此时德国为了战争的需要,颁布了大量的经济法,如 1915 年《关于限制最高价格的通知》,1916 年的《确保战时国民粮食措施令》等。1919 年颁布的《魏玛宪法》在奉行"经济自由"的同时,确

立了"社会化原则",规定了许多对私有制限制的措施,并授权政府可以对全国经济生活进行直接干预和管制;在宪法颁布后国民会议和联邦国会还制定了一系列"社会化"法律,如1919年的《煤炭经济法》和《钾盐经济法》等。此时德国采用多种措施对社会经济生活进行全面的干预,不仅仅限于限制垄断,而恰恰相反,德国对垄断采取促进、扶持甚至国家参与垄断的态度,并且呈现出面广、量多的特点。一战时德国出现的大量法律,突破了传统"公法"和"私法"所涉及的内容,摆脱了资本主义自由经济原则,确认了国家对社会经济的直接干预、管理。这引起了德国法学界的注意并积极展开研究,并且对其他国家的立法和学术都有一定的影响。因而学术界通说认为经济法是19世纪末20世纪初首先在德国出现的①。

第二阶段:1929—1933年经济危机至第二次世界大战后,经济法发展的阶段。

一战以后,各国政府对经济的干预曾有所放松,但随着1929—1933年经济危机的出现,资本主义各国对国民经济进行更为全面和强有力的总体调节:一方面实行资本主义国有化,国家垄断资本主义开始出现并得到发展。国家不仅以政权身份对私人经济进行干预,而且开始以资本所有者身份直接参与生产经营领域的活动;另一方面随着凯恩斯主义的出现和兴起,国家经济职能全面强化,对经济进行综合性的、全方位的调节。这一阶段资本主义各国经济立法又出现了一次高潮。美国开始实行罗斯福新政:1933年国会授予总统"紧急全权",推行新的经济调节政策,这期间美国颁布了170多部法令,如《紧急银行条例》《金融改革法案》《农业经济调整和农业信贷法》《国家劳动关系法》《恢复和救济法》等。

德国也为调节经济颁布了许多经济法:1930年、1932年、1933年几次修改了《防止滥用经济力法令》以加强卡特尔,并于1933年制定《强制卡特尔法》,1934年颁布了《经济有机结构条例》,以促进经济发展。

日本早期经济法受德国影响较大,明治维新后颁布了大量保护、鼓励和促进产业发展的法律,以加速资本主义发展。但一战后为了应付危机,国家对经济也进行大量的干预,如农业方面的《米谷法》(1921年)、《肥料改良奖励规则》(1921年)、《物价稳定信贷损失补偿法》(1929年),工业方面《工业组合法》(1932年)、《重要产业编制法》(1931年)等,出口交易方面有《出口补偿法》、《外汇管理法》等,同时还有国有公司、企业法方面《国际电力通信股份公司法》(1925年)、《日本发送电股份公司法》(1938年)等。

危机之后,英美等国家对经济的干预势头有所减弱,但德、日、意等法西斯为了战争(二战)进一步强化国家对经济的统治。德国1933年纳粹党掌握政权,推行扶助卡特尔的经济主义和实行官民一体的经济统制,并于1936年制定了资本主义世界第一个较为正规的全国经济计划,即1936—1940年的"四年计划",并设立了"德国经济总委员会"和"执行四年计划全权机关",从而进入以战争为基础的经济总体调节体制。日本自20世纪30年代后半期开始制定经济法实施国家对经济的干预,呈现出经济危机对策和战时经济对策双重性,而后也为了准备战争转入战时经济统制,国家对生产、物资、价格实行全面管制,为整编企业1942年制定了《企业整顿法》、1943年制定了《工商组合法》《军需公司法》。

二战以后,各国为恢复经济也注重用法律手段调节经济,如德国经济力过度集中排除令,即《反卡特尔法》,禁止卡特尔和康采恩,并对大企业实行分割。日本1947年颁布了《经济力过度集中排除法》旨在解体垄断组织,1947年颁布的《禁止私人垄断法》以防垄断的复兴,1949年

---

① 漆多俊.经济法基础理论[M].修订版.武汉:武汉大学出版社,1997:94-104.

《事业者团体法》解散战时统制团体,禁止垄断行为,同年《中小企业等协同组合法》排除大企业对中小企业的支配。但此时的非经济性和行政性色彩较浓。

第三阶段:20世纪50年代至80年代,经济法趋于完备的阶段。

日本1952年被占领状态结束以后,垄断资本主义逐步发展和完善,进入20年高速成长期,此时日本缓和了对垄断的禁止,尔后又开始促进垄断,国家对经济进行全面的干预和管理,经济立法日益活跃,并形成相对完备体系。此时废止了《事业团体法》,通过修改垄断禁止法,废除了对积聚的规定,并于1952年制定了《企业合理化促进法》,1955年日本经济高速增长并被纳入战后以美国为轴心的国际经济秩序,因而在国内提倡企业自重性而对外则放松国家限制,进入开放和自由化的经济时代。与此同时颁布了大量的经济法:1963年颁布了《中小企业基本法》《中小企业现代化促进法》,1968年、1969年颁布了《中小企业振兴事业团法》《消费者保护基本法》《石油开发公司法》,在70年代石油危机中,修改了《垄断禁止法》,加强了对垄断的限制,并于1979年修改《外汇外贸管理法》,更注重经济自由和开放。

德国1957年制定《反限制竞争法》,并于1973年、1976年、1980年三次对之进行修改,主要进一步加强对垄断的限制,促进经济自由和公平竞争,迄今为止德国的经济法基本上还是以《反限制竞争法》为核心。

第四阶段:20世纪80年代至今,经济法体系趋于更加完善和科学化的阶段。自撒切尔夫人执政以来,全球范围内掀起了私有化经济浪潮,这主要是80年代末90年代初世界冷战局面结束,各国都认识到经济更需按自身规律运行,加之经济学界对凯恩斯主义理论的不断修改和批判,以及现代高新科技的迅速发展,使各国从国内和国际两个界面来对经济进行规划,注重综合应用各种经济手段,建立科学的宏观调控体系,使之逐渐成为经济法中最主要的组成部分,并且其他方面的立法如反垄断及限制竞争以及国有企业法也逐渐完善并呈现出国际化趋向。

(二)三阶段说

第一阶段:经济法的萌芽时期。

主要表现为国家运用法律手段调整垄断与竞争的关系,限制市场主体的行为,限制合同自由或意思自治,如美国1890年的《谢尔曼法》,德国的《卡特尔规章法》(1915年)、《卡特尔法》(1923年)、《卡特尔变更法》(1934年),日本的《不正当竞争防止法》(1934年)、《禁止私人垄断法》(1947年)等,形成了以反垄断法为中心的经济法体系。而且此时垄断的出现使资本主义经济关系和社会关系发生了变化,从而各国在规范经济活动秩序的基本法——合同法——的内容中增加了所谓的一般条款即订立合同不得违反国家和社会利益的规定,而且在形式上也出现了经过国家有关部门批准的标准合同。有的国家甚至颁布了标准合同法,如英国《商品买卖法》《商品供应法》,法国的《普通合同条例法》。此时的经济法主要表现为反垄断法的出现和合同法的变化。

第二阶段:经济法的发展时期。

主要表现为国家运用法律手段调整特殊时期的整体经济关系,出现了所谓的战时经济或危机对策法。

第三阶段:经济法的成熟时期。

主要表现为经济法的内容和体系逐步完善,国家的宏观调控能力不断增强,对国民经济的总体调节达到严密化和制度化程度,国家已成为现代市场经济运行中不可缺少的主体①。

此外史际春、邓峰在其主编的《经济法总论》中也持此观点,他们认为有战争经济法(初级经济法)、危机应付经济法和自觉维护经济发展的经济法三阶段②。笔者认为上述两种观点都是从经济法产生和发展的时间轴上考察的,这不失为一种思维方法。但从立法宗旨上看国外经济法的发展大体上经历了两个阶段:

第一阶段:战时经济或危机对策法,这一阶段从1919年德国学者首次使用经济法一词到第二次世界大战前。

这一阶段经济立法的目的是应付经济危机以及为转嫁危机、积极准备战争服务的,从立法理念上看侧重于上层建筑对经济基础的反作用,资本主义各国都企图通过经济立法来规避经济危机,因而具有很大的应急性和盲目性。19世纪末20世纪初,自由资本主义演变成垄断资本主义。资本主义国家放弃"自由放任"的原则,广泛地干预社会经济生活。在立法上,分别表现为战时经济法、危机对策法。在世界大战时期,各主要资本主义国家加强了垄断统治,为此出台了一系列战时经济法。如一战前后德国的《煤炭经济法》、《钾盐经济法》和《防止滥用经济力法令》等。日本制定的《军需工业总动员法》《船舶管理法》《军用汽车补助法》《国家总动员法》《军需公司法》等。为了摆脱资本主义经济危机,各资本主义国家制定了众多的危机对策法律法规。如美国在1929—1933年的经济危机后,采纳凯恩斯的主张,制定了一系列有关政府财政政策、货币政策等的经济法,如《国家产业复兴法》《农业调整法》《证券法》《证券交易法》《紧急银行法》《国家劳工关系法》等。资本主义国家甚至不惜采用各种强行管制措施,导致损伤经济活力和经济民主。

第二阶段:现代经济法,这一阶段从二战以后至今。

二战以后,资本主义各国的经济危机稍有缓解,自德国、日本推行经济民主化以后,资本主义各国经济立法的宗旨不再是干预、管制市场主体的自由意志,而是转向为市场主体提供公平、适度的竞争环境,最明显的例证是作为资本主义"经济宪法"的反垄断法的变迁。这一阶段的立法目的不再是应付危机,而是促进经济、发展经济。从立法理念上看侧重于经济基础对上层建筑的决定作用,从现实经济的客观需求出发制定经济法,以维护自由竞争的市场秩序、促进整个社会协调发展。当时各国反垄断立法的加强和一系列促进产业发展等有关宏观调控经济立法的出现就是例证。如日本的《禁止私人垄断法》《经济力量过度集中排除法》《中小企业近代化促进法》《电子工业振兴措施法》等;德国的《经济稳定与增长促进法》;法国实施多个国家计划;美国的《谢尔曼法》《经济复兴税法》等。

二、中国经济法产生和发展的历史过程

中国经济法是在改革开放以后才出现的。学术界一般以两阶段说为通说,但不同的学者又有不同的观点。

我国学者吕忠梅、刘大洪认为有以下两阶段:

第一阶段:1979—1992年,中国经济法的产生时期。

此时我国以有计划的商品经济体制取代传统的计划经济,一方面注重市场调节,一方面也

① 吕忠梅,刘大洪.经济法的法学与法经济学分析[M].北京:中国检察出版社,1998:30-34.
② 史际春,邓峰.经济法总论[M].北京:法律出版社,1998:76-82.

保留了计划调节,国家的经营模式也逐步注重市场机制和价值规律,重视以法律手段调节经济,如《中华人民共和国经济合同法》(1981 年颁布,1993 年修订,1999 年 10 月 1 日废止)、《中华人民共和国全民所有制工业企业法》、《中华人民共和国外商投资企业法》等,涉及经济生活的方方面面,但总体来说,是为适应经济体制改革初期的要求而设定的,因而表现出以下特点:

(1) 经济法与民商法、行政法不分,将大量的本应属于民商法调整的社会关系纳入经济法范围,如 1981 年《中华人民共和国经济合同法》即为明证,1986 年《中华人民共和国民法通则》也说明这点(带有许多国家干预色彩)。同时由于国家直接介入经济生活,使得以约束政府行政权力的行政法也难以发挥作用,直至 1989 年《中华人民共和国行政诉讼法》颁布实施才有所好转。

(2) 国家的宏观调控主要依靠计划手段,这主要源于国家管理国民经济的方式即投资开发国有企业并直接进行管理,这从当时的经济法的结构以国家投资和国有企业立法为主的模式中得到验证。

(3) 规制市场主体行为的反垄断法,限制不正当竞争法缺位。

这一时期的经济法由于没有市场经济为基础不能称为真正意义上的经济法,但它为 1992 年以后真正意义上的经济法的出现和发展奠定了基础。

第二阶段:1992 年至今,经济法的发展时期。

1993 年 3 月宪法修正案明确提出"国家实行社会主义市场经济",并且明确提出要注重经济立法,因此从 1993 年起,围绕推进改革和建立市场经济体制颁布了大量法律法规,以《中华人民共和国反不正当竞争法》《中华人民共和国消费者权益保护法》为起点进入了真正的经济立法时期,并先后出台了有关立法:如《中华人民共和国农业法》《中华人民共和国农业技术推广法》《中华人民共和国科技进步法》等;财政方面颁布了《中华人民共和国预算法》(1994 年)、《中华人民共和国会计法》(1993 年)、《中华人民共和国审计法》(1994 年)。1994 年税制改革,修订《中华人民共和国税收征收管理法》,该法于 2001 年重新进行修订。金融方面 1995 年颁布了《中华人民共和国中国人民银行法》《中华人民共和国商业银行法》《中华人民共和国票据法》等宏观调控法。有关市场规制方面的法律法规有《中华人民共和国产品质量法》《中华人民共和国反不正当竞争法》《中华人民共和国消费者权益保护法》《制止牟取暴利的暂行规定》等。中国经济法体系正在迅速形成并得到不断发展。这些法律法规直接以弥补市场缺陷、维护社会公平并促进经济与社会的良性发展为目的,进一步改变了经济法代替民商法、行政法的局面,使经济法与民商法、行政法相互补充,共同作用[1]。

我国学者漆多俊先生以 1978 年为界分为两阶段,他认为 1978 年十一届三中全会召开以前的国家经济恢复时期(1949—1953 年),1956 年社会主义改造完成以后至十年"文革",这一阶段国家颁布了不少经济法规,但经济法体系尚不完备,此为经济法的初级阶段。1978 年以后为经济的发展阶段,经济法也进入一个新的发展阶段,经济法迅速发展完备,1992 年十四大以后中国经济法又进入一个新的时期[2]。

笔者比较赞同第一种观点,以经济立法的宗旨看中国经济法都是为适应经济发展,但从我国经济体制的变迁上看,中国经济法以 1992 年为界大体经历了两阶段:第一阶段是 1978 年至 1992 年,称为旧经济法,这是经济法的产生阶段。这一阶段的经济立法是在有计划的商品经

① 吕忠梅,刘大洪.经济法的法学与法经济学的分析[M].北京:中国检察出版社,1998:37-40.
② 漆多俊.经济法基础理论[M].修订版.武汉:武汉大学出版社,1997:104-112.

济体制背景下进行的,有着深深的体制烙印。第二阶段是 1992 年至今,称为新经济法,是经济法的发展阶段。因为 1992 年以后我国实行新的经济体制,1993 年 11 月中共十四届三中全会通过的《关于建立社会主义市场经济体制若干问题的决定》明确规定了"本世纪末初步建立适应社会主义市场经济的法律体系",从而为加强和完善我国社会主义市场经济体系指明了奋斗目标。经济法也突破了"纵横统一论",开始从国家干预、国家协调角度来重新思考、重新定位,经济法呈现出新的发展局面。

三、中外经济法产生和发展的比较分析

(一)我国经济法与国外经济法产生和发展的经济基础不同

学界普遍认为,中国经济法产生于 20 世纪 70 年代末 80 年代初。而当时直至现在,中国社会的经济基础是生产资料的社会主义公有制。我国经济法产生和发展的基础是社会主义市场经济,西方经济法是建立在生产资料的资本主义私有制基础之上的。自由资本主义是在资本家个体所有占主导地位的私有制基础上发展起来的,垄断的出现并未根本改变西方国家的私有制性质。尽管在 20 世纪以后,国家为调节经济的需要,也举办了一些公共事业或企业,在有些国家还出现了公有化运动,但这些都不能动摇资本主义国家的私有制基础,"私有财产神圣不可侵犯"仍然是不容置疑的信条。西方经济法就是在这个基础上产生的,而且它从调节垄断与竞争的关系入手,正好为可能出现的经济关系限定在私有制范围以内设定制度框架,通过保护竞争、限制垄断,限制国家无节制地直接投资开办国有企业等等,其最根本的目的还是在于保护私有制及其基本运行机制,可见西方经济法产生和发展的经济基础是以私有制为基础的市场经济。以私有制为基础的市场经济在某些国家已有成功先例,而以公有制为基础的市场经济则史无前例,以致有人认为,公有制与市场经济之间是相当于生物学和医学上"异体排斥"的关系。所以,建立公有制基础上的市场经济体制,其难度相当于生物学和医学上克服"异体排斥"。因此,我国经济立法应当以实现公有制与市场经济相容为己任,进行制度设计。这是我国经济法所面临的一个重要使命,也是我国经济法与西方经济法的主要区别之一①。

(二)我国经济法与国外经济法产生和发展的制度背景不同

从理论上讲政府干预经济的原因主要有四个方面:①市场失灵;②市场幼稚;③市场不完善;④市场具有弱点。西方国家干预经济的原因是市场失灵和市场具有弱点。市场失灵和市场具有弱点是市场发展到一定程度才显现出来的。因此西方国家对经济的干预是从无到有,而且西方经济法均与一定的经济理论、经济政策相关,同时与西方市场经济发展的不同时期也密不可分,因而经济法也显出较强的灵活性,尤其是干预经济运行的手段方面,如法国以计划法为宏观调控的基本法律手段,德国以经济稳定和增长法为核心,日本以企业和地区振兴法为主要措施,美国则以联邦财政金融调控为重要方式,并且西方各国均围绕宏观调控的基本法,建立相对完善的经济法体系。而我国的情况则是市场幼稚和市场不完善。市场幼稚需要政府的扶持和帮助,市场不完善需要政府职能转换,即从市场中退出。正因为中国的市场幼稚、发育不足和市场不完善使得本应对资源配置起基础性作用的市场机制难以发挥,这在客观上要求政府承担起培育市场的功能。于是政府一方面要肩负培育市场主体、建立市场体系的重任,在法律上促进民商法的发展。另一方面由于市场幼稚和市场不完善的严重存在,政府的宏观

---

① 王全兴.立足本土资源建造中国经济法学大厦[J].法商研究,1998(6).

调控又不可或缺,在法律上表现为经济法的确立。可见我国的情况与西方国家刚好相反,我国的政府与市场是一体的,这是原体制的遗留。政府不需要干预,对经济的影响力已经很大,我国的政府由原来的直接干预向间接干预转化。国家一方面通过放活微观经济以形成受价值规律支配的市场调节机制,另一方面通过转变政府职能以形成间接控制为主的国家干预机制,这在法律上表现为公法私法化过程。西方国家的现代市场经济是由自由竞争(即单纯市场调节)的市场经济转化而来的市场调节与国家干预相结合的市场经济,国家干预是在不断发现市场失灵和缺陷并且不断积累干预经验和教训的过程中逐步完善的,市场失灵是国家干预的前提。这在法律上表现为私法公法化过程。

(三)我国经济法与国外经济法产生和发展的法律基础不同

中国法律传统以诸法合体、民刑不分为特征。新中国成立以来以国家为本位的公法精神渗透到整个法学领域,缺乏适应经济发展的民商法制度。我国的经济法是在民商法、行政法几乎空白的基础上产生和发展起来的。众所周知,民法与一定社会的商品经济紧密相连,并伴随着商品经济产生、发展,而在我国自给自足的自然经济中,重刑轻民的法制传统里,民法是难以孕育成长的;中华人民共和国成立后,建构的又是公有制基础上的高度集权的计划经济体制,国家对经济生活实行了一元化的全面直接控制,纵向的行政命令取代了横向的主体自由,经济关系是垂直的,经济秩序是靠权力等级和不同层次的领导人的意志来维持的,根本缺乏民法生长的土壤,加之法律虚无主义思潮的广泛蔓延,导致中国社会主义法制遭到全面摧残,建国几十年内不但没有民法典,也没有刑法、诉讼法等法典。"文革"过后,以邓小平为代表的党和国家领导人首先意识到了加强法制的重要性和紧迫性,并且力图运用法律来加速十一届三中全会所确定的经济体制改革的进程,于是形成了在民商法、行政法等都缺位的情况下,经济立法首先上马的局面。"大经济法"现象也因此不可避免地出现。

西方经济法是在资本主义市场经济已充分发展的基础上形成的,其法律的发展与经济的发展相适应,经历了由刑法到民商法、行政法,再到经济法、社会法的过程,基本上是在一个法律部门已充分发展的基础上才逐渐分离出的,以弥补民商法、行政法在运用国家行政权力干预经济生活方面的不足为己任的新兴法律部门。对于西方经济法而言,其产生的确是对传统法律体系加以修正的结果。以罗马私法为基础逐渐发展起来的民法,以个人利益为基点,以平等为首要原则,从保障个人的契约自由、经营自由等出发,大大推动了西方自由资本主义的发展。但是,自由发展本身即隐藏着垄断的可能,随着自由竞争为垄断所取代,市场结构发生了很大变化,民商法的自动调节难以实现,导致社会经济生活出现了"法的空白状态"。为了满足社会经济发展过程中产生的社会调节的现实要求,"法的空白状态"必须填补,因此西方国家先后颁布了大量体现国家干预经济的法律。这些法律的出现,一方面打破了传统的私法自治的局面,使私法关系渗透了国家干预的痕迹;另一方面,也突破了大陆法系国家关于公法与私法划分的传统理论,使公法融入了对私权关系调整的内容。正是为了适应这种法律性质及其内容的演变,大陆法系国家的法学家们将这些介于传统公法与私法之间的法律叫作"经济法"。可见西方经济法是政府直接运用国家权力干预私法关系的法。如果说西方经济法是从民商法、行政法中分离而出,则中国经济法要为民商法、行政法创造条件。西方国家经济法一经出现就担负着弥补民商法、行政法的不足之功能,而我国经济法一经出现就要承担为民商法、行政法开辟道路之任务。

(四)中西方经济法产生的内在原因和直接动因迥然不同

中国经济法产生于经济体制改革时期,是伴随着由"人治"向"法治"过渡、在加强经济法制的呼声中应运而生的,其内在原因是"政府失灵",直接动因在于改革的需要。自中华人民共和国成立以来,我国一直实行高度集中的计划经济。在这种体制下,政府被认为是万能的,凡事都必须由政府出面亲自来管,政府对社会经济活动进行全方位的管理,忽视甚至完全排斥价值规律和市场竞争的作用,结果出现"政府失灵"现象。1978 年 12 月召开的十一届三中全会对此作了深刻反思,提出要对经济体制进行彻底改革,但一直到 1982 年 12 月的宪法上仍明确规定"国家在社会主义公有制基础上实行计划经济"。直到 1992 年 10 月召开的中共第十四次全国代表大会才确定我国经济体制改革的目标是建立社会主义市场经济体制,并于 1993 年 3 月八届全国人大一次会议通过的宪法修正案予以确认。其间经历了从"计划经济为主与市场调节为辅",到"公有制基础上的有计划的商品经济",再到为"计划与市场内在统一的机制"以及"计划经济与市场调节相结合的经济体制与运行机制",最后才确定为"社会主义市场经济"的转变。所以中国经济法的任务是要解决国家干预过多、市场无法自转的体制问题。

西方经济法则产生于自由资本主义向垄断资本主义过渡时期,其内在原因是"市场失灵",直接动因是战争需要。在西方经济发展过程中由于信奉亚当·斯密的自由经济理论,出现"市场万能"说,依靠"看不见的手"来调整经济关系。国家或政府的职责仅是消极地维护社会治安,被称为"守夜人"或"夜警",管得最少的政府是最好的政府的"有限政府"论成为共识。但是在政府完全不干预经济的情况下,市场经济的运行也出现了诸多无法解决的问题:垄断所导致的周期性经济危机日益加剧和深化,以极端手段进行的利益调整最终以极具破坏力的世界大战的形式表现出来,将资本主义经济推向了崩溃的边缘,并严重威胁着资本主义政治制度的继续存在。面对严峻的现实,西方国家意识到,单靠那只"看不见的手"的调节已无法确保资本主义社会经济的平衡发展,必须在经济生活中伸进另一只手——"国家之手",国家对经济的指导与干预势在必行,从最初大量地应付战争和经济危机性质的经济立法到后来自觉维护经济协调发展的经济法便应运而生。因此可以说,经济法在西方突破了国家不干预市场经济的传统观点,实现了国家对经济生活的干预、参与和管理的历史过程。

综上所述,政府与市场的关系是各国经济法共同研究的问题,但由于社会基础、制度背景、法律基础和产生的动因不同,决定我国经济法与外国经济法理论的不同:国外经济法的理论重点放在国家干预领域,而我国经济法理论重点只能放在政府与市场的协调发展上[①]。

第二节　经济法产生和发展的历史条件

法的产生和形成都与一定的经济基础相关,它是基于调整经济关系的需要而产生的。同时作为上层建筑,法的产生和形成也会受到上层建筑的其他部分的影响,特别是国家的影响。经济法也不例外,经济法是市场经济内在矛盾的必然产物,是国家职能发展的必经阶段,同时也是法律意识作用的必然结果。

一、经济法产生和发展的经济基础

社会化大生产和垄断的生成,是经济法产生和发展的社会物质条件。

资本主义进入大机器工业阶段后,形成了社会化大生产。社会化大生产的主要表现是:

---

　　① 沈敏荣.WTO 与中国经济法的发展[J].现代法学,2000,22(4).

其一,在大规模生产的基础上,形成了生产社会化。生产社会化,指生产资料使用社会化、生产过程社会化和产品社会化。科技新成果的广泛应用,形成了大规模生产,其直接结果使生产过程越来越具有社会性,出现了生产社会化。生产社会化使社会经济发生了根本性变革,从而单个资本转变为集中的社会共同资本,实现了资本社会化;单个人的劳动转变为社会的共同劳动,实现了劳动社会化。

其二,社会分工不断深化,新的产业部门不断出现,各经济主体相互依存,形成国民经济体系化。19世纪末20世纪初,化学工业、汽车工业、石油工业等新兴工业部门不断产生并迅速发展。在新兴工业部门形成的同时,在既有的同一生产部门内部也发展了许多新的生产类别,使这些行业进一步扩大。这一时期,社会经济形成了以中枢生产部门为轴心的连锁性和基本经济过程连续性。社会各经济部门、同一经济部门的各个经济单位不再是孤立的、分割的,而是相互衔接、互补共存,社会经济形成了有机联系的整体,从而奠定了国民经济完整体系的基础。

其三,完备的市场要素和市场竞争,使各地区、各国家之间的商品交换活动日益频繁,经济联系扩展到全球,形成了垄断资本主义经济国际化。生产社会化和国民经济体系化,把市场经济推向了更高的阶段。在商品输出的同时,资本和技术不断输出,从而使垄断资本主义市场经济具有了国际性质。垄断资本主义经济国际化的标志是贸易的自由化、世界市场的一体化、生产的全球化。

社会化大生产推动了社会经济关系的变化,这种新变化使资本主义的内在矛盾日益显现,为了把生产力与生产关系的矛盾控制在资本主义范围内,西方国家不再信奉"市场万能"理论,政府开始干预经济,纷纷制定相关法律,从最初大量地应付战争和经济危机性质的经济立法到后来自觉维护经济协调发展的现代经济法便应运而生。

二、经济法产生和发展的政治基础

国家职能的变化是经济法产生和发展的政治基础。

经济基础的变化必然导致作为上层建筑核心的国家职能的变动。在资本主义自由经济阶段,国家对经济采取放任态度。在国家与法的领域,这种放任思想表现为"夜警国家论""有限政府论"。这些理论主张国家与法在自由市场经济下的消极作用,即对社会经济生活不予干预,"干预最少的政府是最好的政府"是资本主义国家的共识。市场经济主要由民商法调整。民商法的制定,一方面反映了商品经济的内在要求,另一方面也体现了国家对经济的期望。民法基本原则诸如契约自由、诚实信用、平等自愿、等价有偿等的确立,客观上体现了国家鼓励自由竞争,维护经济秩序从而实现促进经济和社会发展的目的。国家选择民法(商法)对市场经济进行规制是由在这种自由经济形态下,国家所承担的经济职能决定的。但进入垄断资本主义时期,经济危机频繁发生,社会矛盾进一步激化,垄断的出现极大地限制了自由竞争这个市场经济的内在驱动力,使生产力的发展受到阻碍。这些问题恰恰都是在民商法所设定的法律框架下产生的,但也是民商法所无力解决的。社会经济生活强烈要求国家进一步介入社会经济领域,国家不能像过去那样只当"守夜人"和"警察"及"仲裁人"了,而要对社会经济生活进行全面干预,以求经济能够稳定发展。但是市场经济本质是法制经济,此种土壤产生出的国家干预,决定了其不能是政府随意地针对具体经济个体的干预,而必须是带有普遍性、政策性的,针对一般经济主体的干预。这就决定了国家必须选择法律的形式对社会经济生活进行干预。即使是采用某些行政或经济性质的干预,亦必须是在法定程序下进行。应这种国家干预的需要,西方资本主义国家进行了大量的经济立法。这些新的法律,组成了一个新的独立的法律部门——经济法。简言之,反垄断和反危机促进了国家经济职能的扩展,从而为现代经济法的产生奠定了政治基础。正如一学者所讲,"经济法产生于立法者不再满足于从公平调停经济参与人纠纷的角度考察和处理经济关系,而侧重于从经济的共同利益、经济生产率,即从经济方面的观察角度调整经济关系的时候。经济法产生于国家不再任由纯粹私法保护自由竞争,而寻求通过法律规范以其社会学的运动法则控制自由竞争的时候","经济法也就是在资本主义社会,为了以'国家之手'代替'无形之手'来满足各种经济性的,即社会协调性要求而制定之法"①。

三、经济法产生和发展的法律基础

社会本位的法哲学思想,是经济法产生和发展的法律基础。

社会物质条件,是法哲学思想的决定性基础。与生产社会化、国民经济体系化和垄断资本主义经济国际化的转变相适应,法哲学思想经历了从个人本位法向社会本位法的转变。社会本位法哲学思想,揭示新的法现象的本质,从而使创立经济法理论成为可能。

自由主义市场经济是自由放任的经济。它与自然法学派的思想是一脉相承的。这在法律上表现为民法。民法以个人权利为本位,强调"意思自治",客观上排斥国家权力的干预,从保障个人契约自由出发来推动社会经济发展,这种不干预的自由放任主义思想被亚当·斯密在其名著《国富论》中发挥到了登峰造极的地步,以至于在自由资本主义时代一致认为"管得越少的政府就是最好的政府"。在自由主义市场经济条件下,个人主义、自由主义是社会思想观念的主流,其在法哲学思想上的表现,是个人本位。个人本位的核心是个人权利本位,简称权利本位。权利本位论的基本主张和特征是:把权利的地位放在实在法(制定法)之上,也放在国家最高权力之上。主张"自然权利",亦即"天赋人权",认为人性是自然法之父,自然法是实在法之父,认为私有财产权是从自然状态带进国家组织中去的自然权利,因而私有财产神圣不可侵犯,国家不能设置任何障碍,认为自由是人性的结果,人的自由、平等是不可剥夺的权利,国家权力应为保障自由、财产和安全服务;权利是法律的中心概念。主张"法是客观的权利,权利是主观的法律","客观法""主观法"由此而分;"法学是权利之学",充分表达了权利在法文化中的地位;权利是现实的人进行社会活动的工具和出发点。认为现实的人在利益驱动下依据权利参加社会分工和商品交换活动。这里"现实的人",是自由主义市场经济的参加人即所谓"经济人"。

权利本位法哲学思想是对国家义务本位论的否定,是历史的超越。然而到了 19 世纪末 20 世纪初,随着资本主义向垄断阶段发展,垄断资本家凭借其自身对资源的垄断而排斥自由竞争。市场调节所具有的自发性、盲目性和滞后性等缺陷日益充分暴露出来,市场机制失去了其优化配置资源的作用。与此同时,民法所确立的一系列平等、自愿等原则也受到了极大冲击。这种盲目发展,带有垄断性的社会关系,可以说是以近代民法为媒介发展起来的。自由主义市场经济逐渐失去自律性。此时法学家们开始思考个人与社会的关系,认为自由放任、权利本位的弊害在于在个人与社会的关系上采取了"个人中心"的立场,已不适合时代要求,认为社

---

① 董进宇.论国家经济职能与经济法[J].人民大学复印资料.经济法与劳动法,2000(4).

会利益就是个人真正利益,个人生存、发展依赖社会的生存、发展。因此,在个人与社会的关系上,出现了以社会为本位的法哲学思想,社会法学派逐渐兴起。以庞德、耶林、边沁为代表的社会法学派的主要观点有:

其一,把社会权概括为权利的首要含义。认为实现社会目的,在于通过维护权利来发挥社会全体成员的才能,因此主要权利是社会成员的生存权,保障生存权被确定为法律义务。认为法律控制的目的不是自由而是安全和平等。

其二,应对私人所有权做出明确的限制。保障生存权,是限制私人所有权的基本问题,私人所有权必须尊重他人的权利,法律所保护的所有权,是社会成员人人所有的所有权,认为法应是保障社会全体成员生存手段的法。

其三,对自然权利论进行批判。国家义务是对无限制的自由权、所有权的限制,不能把权利说成是人类社会"不能消灭"、"不能剥夺"的权利;无限制的权利不符合社会关系原理,个人无限制的自由权、无限制的所有权,必然因其行使而使人与人之间发生冲突,必然损害他人和社会的利益。

可见,社会本位法思想,是以社会权为核心的权利思想,是以社会权为基础构建社会政治、经济和法律制度的思想。社会本位法哲学思想不是一般地排斥权利,而是权利不再处于本位地位。这种新的权利论,不再以社会契约论和自然权利论为前提。以自由权为中心的权利本位法哲学思想向以社会权为中心的社会本位法哲学思想的演变,反映了市场经济发展的一般进程,这是巨大的历史性进步。这种转变使经济法理论的创立成为可能。可以说经济法的本质则是社会法,它以社会为本位,把社会经济总体效益作为自己的价值目标,在兼顾各方经济利益的同时,维护社会经济总体利益。

思考与练习

1. 中外经济法的产生和发展有何不同?
2. 经济法产生的历史条件是什么?

第二章　经济法的调整对象与概念

第一节　经济法的调整对象

一、经济法词源探微

经济法一词最早出现在 1755 年法国空想主义者摩莱里(Morelly,1720—1780)的《自然法典》第四篇"合乎自然意图的法制蓝本"中。从《自然法典》全书特别是"分配法或经济法"部分的内容、编列次序及其相应的阐释,摩莱里至少赋予了"经济法"以下含义:(1)经济法实质上是分配法,是关于"自然产品或人工产品分配"的法律规范;(2)经济法的宗旨在于"从根本上消除社会恶习和祸害",从而促进理想社会的实现;(3)经济法具有仅次于宪法的崇高地位,是"基本的和神圣的法律"[①]。1842 年法国空想主义者德萨米(T. Dezamy,1803—1850)在《公有法典》第三章标题"分配法和经济法"中再次使用该词。他提出:经济法就是用来实现其按比例分配思想、建造未来社会理想模式——公社宫、构造产品统计和分配的政治经济体制的重要分配制度[②]。此时经济法含义与摩莱里大致相同,但范围较广,涉及各种经济法律制度,泛指各种经济方面的法律。然而两位作者使用的"经济法"并不是现代部门法体系意义上的经济法,而是他们设计的理想社会财富公平分配的方案。1865 年法国无政府主义代表人物浦鲁东(P. J. Proudhon,1809—1865)在《工人阶级的政治力量》中也提到"经济法"一词,但与以往不同的是,他认为"经济法是政治法和民法的补充和必然产物"。他认识到公法可能导致政府的过多干预和私法对经济结构作用的局限性,认为构建新社会必须靠经济法。蒲鲁东的经济法理念与现代人们对经济法认识甚为相似。但是由于其思想过分超前于当时实在法及其社会发展环境,实质意义的经济法尚未产生。人们普遍认为,最早在现代意义上使用经济法概念的是德国学者里特尔(Ritter),1906 莱特(Ritter)在《世界经济年鉴》中也使用了"经济法"一词,泛指世界经济的各种法规。作为法学范畴意义上而不是语义学意义上的"经济法"(Wirtschaftsrecht)术语这时才出现。但在法学上开展对经济法概念的讨论,始于第一次世界大战后的德国法学会,当时德国颁布了一系列国家干预经济的法律,而且有的法律直接以"经济法"命名,如 1919 年的《钾盐经济法》《煤炭经济法》等。这些国家干预经济的法律有一个显著特征,它们都是以国家为一方主体与其他社会主体发生法律关系,它与以"个体自由"而著称的传统民法不同。这引起了德国法学者的注意,对此进行讨论和研究,并把这种国家干预经济的法律统称为"经济法"。但把经济法作为法学的一个分科来研究,是从卡斯克耳(W. Kaskel)的《经济法的概念和构成》论文开始的。

---

① [法]摩莱里. 自然法典[M]. 黄建华,姜亚洲,译. 北京:商务印书馆,1982//肖江平. 作为概念的"经济法"——聚焦于"经济法"语词的多视角研究[J]. 当代法学,2004(2).

② [法]泰·德萨米. 公有法典[M]. 黄建华,姜亚洲,译. 北京:商务印书馆,1982//肖江平. 作为概念的"经济法"——聚焦于"经济法"语词的多视角研究[J]. 当代法学,2004(2).

二、经济法的调整对象

"调整"这一术语是苏联法学界 1925 年提出的,意指对具体行为的规范性。与调整含义相近的,有"规制"一词,它源于中国古汉语,至今仍为日本法学界使用。从法学而不是从语义学意义上去理解,日语中的"规制""限制""统制"是与调整的含义有明显差异的。调整,不仅表现为干预、限制或禁止,还表现为保护、促进或鼓励等。经济法的调整,除了法学上通常所指的对行为的规范性之外,还包括对结构、状态等的规范性,这实际上是对通过具体经济关系进行规范而形成的总体性经济关系的规范①。经济法的调整对象即经济法的规制对象,是指经济法所规范的社会关系。

经济法的调整对象问题,是经济法理论的关键领域。自从法学界提出"经济法"这一命题后,论争与质疑就一直伴随着经济法的发展过程。在争论中最根本的分歧集中在经济法的调整对象上。主要有两个方面:经济法是否具有独立的调整对象;经济法有哪些具体的调整对象。从逻辑上看,第一个问题主要解决经济法的外部独立性问题。第二个问题解决经济法的内部结构性问题。二者是同一问题的两个方面,不可或缺。理论界对此有不同的观点。

(一)国外关于经济法调整对象的主要观点

经济法的母国——德国在经济法创立之初,法学家对经济法的调整对象就有两种不同的观点:一种认为经济法没有独立的调整对象,经济法不是一个独立的法律部门,这种观点只不过是企图指出各种经济关系有趋同于法制化的观点;另一种观点认为经济有独立的调整对象,经济法是一个独立的部门。其中"企业法"说认为经济法的调整对象是企业管理或完成经营企业者的事业而产生的经济关系。"社会法"说则认为经济法是把"社会"作为调整对象的法。

日本也是一个经济法学比较繁荣的国家。其中著名学者金泽良雄认为经济法是"为了弥补民法调整所不及的法律空白状态"即其中包括与市民社会私人方面相对的公共方面的内容而形成的法②。丹宗昭信认为经济法是"国家规制市场支配的法",经济法的调整对象是国家为了维持竞争秩序而介入市场过程中所形成的社会关系③。

苏联的 B.B.拉普捷夫认为"经济法的调整对象是计划因素与财产因素密切结合的经济关系。这种经济关系是在领导和实现经济活动过程中形成的,是借助于各种方法——有约束力的指令、协议和建议加以调整的"④。

英美法系的国家因其传统不注重公私法的划分,对与此密切相关的经济法也不甚关注,至今没有"经济法"这一法律部门,但经济法术语已被普遍接受。英国是最早对自由市场经济实行国家干预的国家,其经济干预法的理论是很发达的。英国法学家已经在经济法这一名称下研究经济法基本理论问题。美国的经济法基础理论研究比较突出的,是对经济与法律的相互关系的研究、法经济分析学研究。总体上,英美法系的国家对经济法的部门法研究比较广泛、深入,如对税法、反不正当竞争法和反垄断法的研究都较为出色,但对经济法概念及调整对象等研究不多。

(二)中国经济法调整对象的主要观点

在我国对经济法调整对象的争论尤为激烈,但从时间上划分有两个阶段。

---

① 刘瑞复.经济法原理[M].北京:北京大学出版社,2000:114.
② [日]金泽良雄.经济法概论[M].满达人,译.兰州:甘肃人民出版社出版,1985:24-29.
③ [日]丹宗昭信,等.现代经济法入门[M].谢次昌,译.北京:群众出版社,1985:22-27.
④ B.B.拉普捷夫.经济法[M].北京:群众出版社,1985:15.

1. 第一阶段

第一阶段主要是指 20 世纪 80 年代。一般理论都认为经济法既调整纵向经济关系,也调整横向经济关系。但具体又分为纵横统一论、综合经济法论和密切联系说。

纵横统一论源于苏联现代经济法学派。B. B. 拉普捷夫认为,经济法调整的经济关系是领导和进行经济活动过程中所形成的经济关系,这种经济关系既涉及横的经济关系,也涉及纵的经济关系。这种观点对我国 20 世纪 80 年代初期以来的经济法理论影响较大。在我国,无论表述为"横向经济关系和纵向经济关系"、"除上述关系外,还包括经济组织内部的经济关系"[①],还是表述为"纵横交错的经济关系",或"主要是纵向经济关系,同时也包括某些横向经济关系"等,都是对这一主张的具体说明。

纵横统一论充分注意到了现实具体经济关系的错综复杂,反映了我国当时的经济体制及经济状况,并指出经济法调整国民经济关系。但是把国民经济运行中形成的经济关系归结为纵向和横向关系,又是不确切的。正如有学者所说,"纵向""横向"的提法原本是一种比喻,纵向关系是"垂直关系",横向关系是"同一水平的关系"。仅就经济关系的向性而论,除纵向、横向之外,还有斜向。税收关系就是一种斜向关系。"纵、横、斜"并不是国民经济运行中形成的经济关系的全部,国民经济是网络状多维经济关系的综合体。因此,不能仅从经济关系的向性出发研究经济法的调整对象问题。而且这种观点把调整社会组织和公民之间及它们内部相互之间的经济关系纳入经济法的调整对象之中,导致经济法与民法的冲突。把所谓的纵向经济关系全部纳入经济法调整也是不科学的。有一部分纵向经济关系如商业保险监管关系就由商法调整。

综合经济法论出现在 20 世纪 80 年代中期,认为经济法调整对象是"以经济民法方法、经济行政法方法、经济劳动法方法分别调整平等的、行政管理性的、劳动的社会经济关系"[②],因而经济法是分属于上述各部门法的调整各种经济关系的法律规范的综合概念。这三类关系被解释为:经济民事关系,是商品生产和商品交换包括技术的平等社会经济关系;经济行政关系是商品生产和商品交换领域里所发生的行政管理性社会经济关系;经济劳动关系是劳动社会关系。正如有学者所说的:综合经济法论综合了民法、行政法和劳动法的调整对象和调整方法,冲击了民法、行政法和劳动部门法划分的传统观念,肯定了经济法的存在,这是一种法学理论上的进步。但是,综合论强调的综合,是在不改变这些法规范的各自原部门法属性基础上的综合,因而实际上是否定了"经济民事关系"、"经济行政关系"和"经济劳动关系"之间联系的性质和这种联系存在的必然性。离开了经济关系的统一性的综合经济法,容易变成民法、行政法、劳动法等法部门的简单相加[③]。

1986 年颁布《中华人民共和国民法通则》后,有的学者放弃了纵横统一论,提出了密切联系说。认为经济法调整的关系,是经济管理和与其密切相关的经济协作关系[④]。这种观点与当时有计划的商品经济这一体制有关。因为经济法调整商品经济,便存在对经济协作关系的调整问题,而这种商品经济是有计划商品经济,便存在对计划的宏观控制性的调整问题。由于这种观点不仅把经济管理与行政管理混淆在一起导致经济法与行政法不分,而且把与经济管

① 陶和谦.经济法学[M].北京:群众出版社,1983:6-8.
② 《中国经济法诸论》编写组.中国经济法诸论[M].北京:法律出版社,1987:27.
③ 刘瑞复.经济法原理[M].北京:北京大学出版社,2000:116.
④ 李昌麒.经济法教程[M].北京:法律出版社,1987:18-23.

理密切相关的经济关系归入经济法,也会出现经济法与民法不分的弊端。因为与经济管理密切相关的经济协作关系本质上讲是一种平等主体之间的经济关系,应由民法调整。

2. 第二阶段

第二阶段是指1992年市场经济确立以后。认为经济法的调整对象是国家意志渗透的经济关系。但这种学说又可分为社会公共说、管理协调说、国家协调关系说、国家调节关系说、需要国家干预关系说等五种不同的观点。

社会公共说认为,经济法的调整对象是发生在政府、政府经济管理机关和经济组织、公民之间的以社会公共性为根本特征的经济管理关系。社会公共性具有公共性、公益性、干预性和社会性等内涵。这种观点虽然有点模糊,但它抓住了经济法的本质[①]。

管理协调说认为,经济法是调整经济管理关系、维护公平竞争关系、组织管理性的流转和协作关系的法[②]。经济法的调整对象包括以下三类经济关系:经济管理关系,指国家在管理经济过程中形成的物质利益关系,包括宏观经济管理关系和微观经济管理关系;维护公平竞争关系及组织管理性的流转和协作关系,指国家为了维持市场经济的正常运行及其活力,采取相关措施维护、促进或限制竞争的过程中形成的社会经济关系;组织管理性的流转和协作关系是指直接体现国家意志而具有组织管理性的流转和协作过程中形成的社会关系,它不同于民法规范所调整的"平等主体"之间的财产关系。这些关系主要有两种表现形式:①国家通过政府机构或设立企业、委托代理人直接参与经济活动或经济关系;②平等的国家机关或财政主体之间的经济协作关系,如区域经济发展中的经济合作关系。

国家协调关系说认为经济法的调整对象是国家在协调本国经济运行中所产生的经济关系,这种经济关系分为企业组织管理关系、市场管理关系、宏观调控关系和社会保障关系[③]。其中对企业组织管理关系的法律调整问题做了进一步研究,认为既不能将企业组织管理关系与市场监管关系、宏观调控关系并列地作为经济法的调整对象,又不能将属于企业组织管理关系范围的一些经济关系一概排除于经济法调整对象之外。例如,在企业的设立、变更、终止过程中因审批和登记而发生的经济管理关系,可以作为市场监管法中的市场准入与退出法的调整对象。并指出企业组织管理关系不是"平等主体之间"的财产关系(即经济关系),不宜由民法调整;对于社会保障关系也有若干新的认识,指出不宜将社会保障关系与市场监管关系、宏观调控关系并列地作为经济法的调整对象,至于属于社会保障关系的各个组成部分,既不是经济法都不调整,也不是都由经济法调整。例如,作为社会保障关系重要组成部分的"社会保障基金形成关系,即政府和社会保障经办机构通过各种法定渠道向社会保障基金供给主体筹集社会保障基金的关系,具体表现为特定的税收关系、财政补贴关系、缴费关系、捐赠关系等形式"[④]。其中,财政补贴关系和税收关系,是分别由属于宏观调控法的财政法、税法调整的,而不是民法和社会法调整的。又如,我国合同法关于赠与合同的法律规范所调整的社会关系,是财产赠与关系,其中包括社会救助基金的捐赠关系。这种财产关系是合同法调整的,平等的财产关系的组成部分,属于作为民法调整对象的民事关系的范围[⑤]。

① 王保树,邱本.经济法与社会公共性论纲[J].法律科学,2000(3):62-74.
② 管理协调说,是以潘静成、刘文华教授为主要代表主张的经济法学说之一,其观点详见潘静成、刘文华主编.经济法[M].北京:中国人民大学出版社,1999:16-19.
③ 杨紫烜.经济法学[M].北京:北京大学出版社,高等教育出版社,1999:27-31.
④ 杨紫烜.经济法[M].北京:北京大学出版社,高等教育出版社,1999:499.
⑤ 杨紫烜.经济法[M].北京:北京大学出版社,高等教育出版社,2006:14-16.

　　这种观点对企业组织管理关系和社会保障关系作了进一步的分析,不再把这两部分关系全部纳入经济法中,值得肯定。因为国家对企业的管理方式有两种:一种是国家制定有关一般法律法规对企业进行管理,如公司法等各种组织法,这一般归商法调整。这时国家不直接以一方主体参与,仅仅是制定市场准入制度和企业行为规则。另一种是国家直接与企业发生经济管理关系并予以立法调整,这才是经济法调整的对象。

　　国家调节关系说认为经济法的调整对象是国家在调节社会经济生活过程中产生的社会关系。按国家对经济的调节方式划分则有国家强制关系、国家参与关系和国家促导关系。这种观点明确了经济法与民法的界限,得到法学界的高度评价。但笔者认为把国家以参与方式直接投资经营的经济关系纳入经济法似乎有点不妥。因为国家直接投资的经济关系如国有资产关系一方面由于具有以全民利益至上、承担更重社会责任、肩负宏观调控职能等有别于非国有资产的特殊性而要求对国有资产实行特别监管,这时形成国有资产监管关系,理应由经济法调整。另一方面由于市场经济在本质上决定了各种市场主体应当统一运行规则而要求对国有资产适用一般市场主体法,此时应由民商法调整。

　　需要国家干预说认为,经济法是国家为了克服市场失灵而制定的调整需要由国家干预的具有全局性和社会公共性的经济关系的法律规范的总称。经济法的调整对象是指需要由国家干预的经济关系[①]。其具体范围包括以下四个部分:一是市场主体调控关系,指国家从维护社会公共利益出发,在对市场主体的组织和行为进行必要干预过程中发生的社会关系;二是市场秩序调控关系,指国家在培育和发展市场体系过程中,为了维护国家、生产经营者和消费者的合法权益而对市场主体的市场行为进行必要干预而发生的社会关系;三是宏观经济调控和可持续发展保障关系,宏观调控关系是指国家从全局和社会公共利益出发,在对关系国计民生的重大经济因素实行全局性调控过程中与其他社会组织所发生的关系。可持续发展保障关系是指国家在经济发展中,在平衡本代和后代人的利益过程中所发生的人与人之间的关系,主要包括人口、环境、资源等方面的关系。四是社会分配关系,指在国民收入的初次分配和再分配过程中所发生的关系。

　　客观地说,干预论属于古典市场经济理论的一部分。正如有的学者所讲,无论是"需要"干预、"时机"干预,还是"主动"干预,皆源于二次调节论,即市场调节是第一次调节,由"看不见的手"调节,如果需要由政府干预的时候,始由政府干预,这是第二次调节。这种理论,根植于自由放任市场经济,与现代市场经济实际是相背离的。在当代,国家不是市场经济的外部因素、异己力量,而是一种内在因素、固有力量,国家与市场相辅相成、不可分割地联结在一起。从这个意义上说,在现代市场经济特别是我国社会主义市场经济条件下,原本含义上的"经济干预"是不存在的[②]。因为经济干预说未能正确概括我国经济立法及发展的现实,同时与市场经济发展的内在需求不相适应。

　　综上所述,我们认为经济法的调整对象是国家为实现国民经济的协调发展、保障国民经济的整体效益从而对国民经济进行规制、调控过程中所形成的经济关系。这种经济关系包括市场规制关系、宏观调控关系。

　　市场规制关系是指国家在规制市场过程中所发生的经济关系的总称。市场规制所要解决

---

　　① 需要国家干预说,是以李昌麒教授为代表的学者所主张的经济法学说,其观点详见李昌麒主编:《经济法学》,中国政法大学出版社2002年.

　　② 刘瑞复.经济法原理[M].北京:北京大学出版社,2000:118.

的问题就是排除干扰因素,防止"市场失灵"。它与市场秩序的形成不同,市场秩序的形成主要靠民商法,如果说民商法是市场秩序形成法,则经济法是市场秩序维护法。

市场规制的作用在于国家通过立法机关、司法机关干预市场,通过行政机关管理对自发形成的市场要加强管理;对市场经营者、商品经营者和商品购买者等市场进入者设置法定的进入条件;对于已进入市场者设置的市场进入壁垒采取法律手段予以剔除,保障资源的合理流动和优化配置;同时,设定公平交易规则,对于违反者给予警告、罚款,直至逐出市场,追究刑事责任等处罚。市场规制以效率优先为调整原则。在市场经济条件下,市场规制体现、认可和保障个体权利,维护个体合法的营利活动,使社会关系主体追求自身利益的行为合法化,从而最大限度地挖掘作为主体的人和组织的空前的创造力和活力。此外,市场规制还通过对市场秩序和市场行为的确认、规范和保障,打击假冒伪劣、侵犯其他经营者、生产者合法权益的行为,使市场主体能够在可靠和有保障的环境中生产经营,提高效率。可见市场规制是对市场主体的市场"失范"行为的直接规范,具有直接干预性。

宏观调控关系是指国家在宏观调控过程中所产生的经济关系的总称。我国宏观调控关系就是规范政府在财政、税收、金融、价格、固定资产管理、外贸等方面具体参与引导经济活动过程中所形成的经济关系。

宏观调控的作用在于国家通过利率、税率和汇率等经济杠杆对整个国民经济的总供给和总需求进行调节,从而取得国民经济的总量平衡以及总体结构优化,进而促进国民经济的持续、协调发展。现代市场经济是宏观调控下的市场经济,宏观调控是市场经济的内在要求,它是为了克服和矫正"市场失灵"而产生的,它是国家为维护公平竞争的社会经济秩序对整个国民经济进行的间接的、适度地调节和控制,具有间接引导性。

第二节　经济法的概念

一、国外经济法学说

经济法自从在德国产生以后,就在欧洲其他国家及日本产生影响。尽管存在法系融合的趋势,但法系之间的重大差别仍然普遍存在。经济法一般只存在于大陆法系国家的法学理论中,英美法系并无"经济法"的概念(当然,以大陆法系的观点考察,英美法系国家的法律制度,其实在法中仍存在经济法)。所以有关经济法的学说主要指大陆法系的经济法学说。其中德国、日本、苏联的经济法学说对我国的经济法学说的影响较大,所以这里仅就这三个国家的经济法学说进行阐述。

(一) 德国的经济法学说

德国法学界首先提出"经济法",与德国在一战时期及其后的社会经济状况紧密相关,也与德国法学注重思辨的传统相关。德国的经济法学说著述甚多,金泽良雄将其分为:对象说、世界观说、集成说、方法说、机能说等。埃希勒(Eichler)的分类为:集合理论、组织经济法说、企业管理法说、世界观理论和方法论说、经济统制说[①]。但金泽良雄的分类较有影响。

---

① 张守文,于雷.市场经济与新经济法[M].北京:北京大学出版社,1993:34-36.

1. 对象说

对象说认为经济法是独立的法律部门。但对象说又分为两大理论分支:即组织经济法说和企业管理法说。组织经济法说的代表人物是哥尔德施密特(Goldschmidt),其代表作是1923年出版的《帝国经济法》一书。他认为,经济法就是"组织起来的经济中固有的法"。所谓"组织起来的经济"就以改进生产为目的而对交易经济和共同经济调整后的经济。他着眼于经济组织化,把国民经济分为交易经济(自由经济)和共同经济(垄断经济)两大类,认为把上述两类经济组织起来的法便是交易法,并赋予其独立法律部门的地位。企业管理法说,亦称企业经济法说。该学说的代表人物是卡斯克耳(Kaskel)。卡斯克耳取经济企业为中心概念,与哥尔德施密特着眼于国民经济"组织"形态不同。他认为,调整企业雇佣关系的法是劳动法,调整企业经济经营管理的法是经济法,有关商人的特别法是商法。他认为商业领域的活动以商法的特殊规范为限度,现在经济活动的重点不仅限于商业,各种企业都是现代经济的重要主体,相应地要求商法和经济法有同等地位,都是独立的法律部门。

2. 世界观说

这种学说是从法的历史性特征角度看待经济法的。其代表人物和代表作是赫德曼(Hedemann)及其1992年出版的《经济法基础》一书。他赋予经济法以现代法的特点,认为正如在18世纪,"自然"是那个时代的基调一样,在现代,"经济性"则是时代的基调。他把渗透着现代法的经济精神为基调的法,称之为经济法。

3. 集成说

该学说的代表人物是努斯鲍姆(Nussbaum),其代表作是1922年出版的《德国新经济法》一书。该学说试图以集合概念来考察和理解经济法,着眼于法规的"集合",把国家干预、战时经济控制或管制以及战后复兴经济等法规编纂成集,取名为经济法。这是对新的法现象用"经济法"名称加以综合整理的学说。

4. 方法论说

该学说的代表人物是鲁姆夫(Rumpf),其代表作是1922年出版的《经济法的概念》一书。此外还有伦布(Rumpf)、盖勒尔(Geiler)和威斯赫夫(Westhoff)。他们从方法论的角度研究经济法,实际上是用社会学方法来研究与经济有关的法律。他们认为经济法仅是一种法学研究方法,经济法是把有关经济的全部法作为整体来考察,试图在民商统一的基础上,进而在私法经济法和公法经济法相对立的同时,将两者置于整个体系合一的框架中考察,否认经济法是一个独立的法律部门。这种观点着眼于经济实际来研究经济法,但未揭示经济法作为独立的法律部门的理论根据,并不是关于经济法概念的严密界定。

5. 机能说

该学说的代表人物有柏姆(Bohm)和林克(Rincd)等。该学说把经济统制作为经济法的中心概念,亦称经济统制说。柏姆认为,经济法必须考虑特定的经济政策意义上的经济秩序及与此相关联的经济制度。林克则认为经济法是经济统制、促进或限制经营活动的法律及由国家决定的组织性法律。机能说强调法律的功能,主张经济法的独立性。

(二)日本的经济法学说

在大陆法系国家,最先接受德国产生的经济法理论并普遍开展研究的是日本。日本的经济法学说以二战为界,分为战前,战后两大阶段。

1. 二战前的经济法

第二次世界大战以前,日本的经济法理论基本因袭德国的学说。此时日本经济法按是否认为经济法是一个独立的法律部门分为两种:

(1)经济法肯定说。

肯定说主要接受了德国对象说、组织经济法说、经济统制说的影响。如日本的对象说接受德国哥尔德施密特的影响,承认经济法的独立性,进而使之与公法和私法并列,同时又同国家经济统制的一般现象相应,把经济法看作统制经济固有的法。

(2)经济法否定说。

否定说不承认经济法的独立性,认为经济法只不过是经济法规的综合的名称。该说明显受到德国集成说的影响。

2. 二战后的经济法

第二次世界大战后,日本的经济法理论发生了重大转变。随着经济集权主义向经济民主主义的转化,经济法理论研究明显深化,这一阶段的主要学说有:

(1)后现代法说。

该学说的代表人物是福光家庆。他提出近代法(民法)与后近代法(经济法)的观点,认为经济法是从近代所有权法体系框架中分化出来并在它的上面积累起来的"经济的法",是后近代法。这是在经济法与民法的对比中看经济法的本质。

(2)社会调节法说。

该学说的代表人物主要是金泽良雄。他认为资本主义经济为了确保自身自由主义的合理性,不能等待市民社会纯粹自发的调整,而要求国家干预而确立合理的制度。经济法就是适应经济的社会调节要求之法,它用社会调节的方式,来解决经济运行中产生的矛盾,这种调节是为了弥补市民法自动调节作用的局限性,填补市民法调整的空白。社会调节是通过"国家之手"而不是"看不见的手"来进行的。国家从国民经济总体出发,制定干预经济的法律。如同自由资本主义经济因时因地各有不同的局限性一样,社会调节也因不同时期不同国家和地区而要求采取各种不同的方式。例如,它有时表现为反垄断法,有时又表现为卡特尔助长法等。

(3)市场规制法说。

该学说着眼于维护市场竞争,因而把反垄断法作为经济法的中心,把市场规制作为经济法研究的重要内容。认为经济法是市场规制的法,解决国家对市场和垄断的统制政策问题,提出禁止垄断法的要素是经济法的重点要素,以及经济法是"对支配市场行为的国家限制法"等观点。

(三)苏联和东欧国家的经济法学说

苏联和东欧国家是在革命成功后,一开始便走上社会主义道路的。生产资料社会主义所有制和新型经济关系,要求有与之相适应的法律,经济法便应运而生。其中主要的学说有:

1. 两成分法论

该学说的代表人物是苏联法学家 Л. И. 斯图奇卡。20 世纪 20 年代末,他提出"经济-行政法"概念,用以调整社会主义经济成分中各社会主义组织之间的关系。他认为 20 年代的苏联存在两种经济成分,也即两种经济关系:其一是建立在国家计划基础上的社会组织之间的经济关系。其二是以个人意志为出发点,逐渐消失着的私人成分间的经济关系。这是两种性质不同的经济成分,前一种经济关系由作为社会主义经济-行政规范的经济法来调整;后一种经济关系由民法来调整,民法的基础是私有制。随着它的逐渐消失,经济法将取而代之。

2.战前经济法理论

该理论的代表人物是苏联法学家 Л. Я. 金茨布尔格和 Е. Б. 帕舒卡尼斯,20 世纪 30 年代中期,在批判"两成分法"的对抗论基础上,表达了"混合法"思想,他们把调整社会主义组织之间和公民相互之间的经济关系都纳入了经济法的范围,认为经济法是无产阶级国家在组织经营管理和组织经济联系方面所实行的政策的特殊形式。这实际上是取消民法的大经济法说,该学说是苏联法学教条主义泛滥的产物。

3.战后经济法理论

该学派的代表人物是 В. В. 拉普捷夫和 В. К. 马穆夫,他们提出经济法只调整属于社会主义经营管理领域的领导经营活动和从事经营活动的关系,这两种关系就构成经济关系。这是所谓纵横统一说的由来。这一理论发展为苏联的主要经济法理论流派。该学说认为,国家对国民经济的领导管理和经济组织有计划地开展经济活动是统一的,在此过程中形成的经济关系,都是计划组织因素和财产价值因素的统一,这种统一的组织管理关系和财产关系应当由独立的经济法来调整。

4.经济法否定论

苏联经济法的发展是在与民法的论争中行进的。否认经济法是一个独立的法律部门的学说也有若干种,重要的有综合部门法论和经济行政法论。

综合部门法论的代表人物有 В. К. 拉伊赫尔等。他们提出法部门应分为两类,一类是基本部门,一类是综合部门。认为经济法是一个综合部门法,它由其他基本的法律部门的规范组成,可以综合利用其他基本的法律部门的调整方法。与拥有统一调整对象的基本法律部门不同,综合部门法没有统一的调整对象,可以调整不同种类的经济社会关系。基本部门在法的体系中占有一定地位,而综合部门不占任何地位。他认为经济法属于综合部门,所以经济法不是一个独立的法律部门。

经济行政法论的代表人物有 С. Н. 勃拉图西和 С. С. 阿列克谢耶夫,1963 年他们提出"经济-行政法"主张,认为应建立经济-行政法学科,以研究社会主义经济领域中相互关系的行政法调整问题,该说认为经济法是调整经济关系的行政法,这种主张是在批判混合法和综合部门法论的基础上提出的。

苏联解体后,正是坚持纵横统一说的经济法学者提出经济法的新观念,认为由计划经济向市场经济过渡,经济活动正在成为经营活动,经济法也正在成为经营活动法。这是对苏东国家已经走上自由主义市场经济道路的一种"理论"折射。

东欧国家对苏联政治上、经济上的依赖性,导致法学理论上的依赖性,因而其经济法理论与苏联大体相同,不过仍有其特色,如南斯拉夫的"企业自治法"理论、匈牙利的"分权制"理论及"短缺经济"及其立法理论等等。

二、中国的经济法学说

理论界一般认为中国经济法学初创于 1979 年以后,由于国外经济法理论的影响和国内改革的进行,中国的经济法学说的变动性较大。中国经济法学说在 1992 年以前和 1992 年以后区别较大。

(一) 1992 年以前的经济法理论

1. 大经济法说

该学说认为经济法是"调整国民经济管理和各种经济组织在经济活动中的经济关系的法律规范的总称"①,或是"国民经济管理和经济组织之间,以及它们与公民之间,在生产、交换、分配、消费过程中发生的经济关系的法律规范的总称"②。

2. 纵横统一说

该学派认为,经济法是调整纵向经济关系和横向经济关系的法律部门。对于经济法调整的纵向经济关系和横向经济关系之间的联系,该学派又有不同的观点:有的学者认为两种经济关系是管理因素和财产因素的结合、计划因素和市场因素的结合;有的学者认为两种经济关系是并列的,并不强调统一性;有的学者则认为经济法以调整纵向经济关系为主,兼以调整某些横向经济关系;还有学者把经济法调整的纵横经济关系分别理解为经济管理关系和经济协作关系。

3. 综合经济法说

该学派受到苏联综合部门法论的影响,认为经济法是以各种法律部门(主要是民法、行政法、劳动法)的调整方法对各种经济关系进行综合调整的法律规范的总和。显然,该说认为经济法不构成独立的法律部门。

4. 学科经济法说

该学说认为经济法是一个必要的法律学科,而不是一个独立的法律部门或者一个综合部门。经济法学科的主要任务是研究运用已有的法律部门的调整手段和方法、原则对经济关系进行综合系统的调整。

(二)1992 年以后的经济法

我国经济法学在 1992 年以后,特别是 1993 年我国宪法确立建设有中国特色的社会主义市场经济体制的目标后,针对实行市场经济的新形势,经济法理论随之更新,出现了一些新的经济法学说。这些学说主要有:

1. 经济协调关系说

该学说认为,经济法是调整国家在协调经济运行过程中发生的经济关系的法律规范的总称,经济法的调整对象即国家在协调经济运行过程中发生的经济关系,包括企业组织管理关系、市场管理关系、宏观调控关系和社会保障关系。

2. 管理协调说

管理协调说认为,经济法是调整经济管理关系、维护公平竞争关系、组织管理性的流转和协作关系的法。

3. 需要干预说

该学说认为,经济法是国家为了克服市场调节的盲目性和局限性而制定的调整全局性的、社会公共性的、需要由国家干预的经济关系的法律规范的总称。

4. 国家调节关系说

该学说认为经济法是调整在国家调节社会经济生活过程中发生的各种社会关系的法律规

---

① 施竞成.对经济法命题的一点认识[J].湖北财经学院学报,1982(1):131.
② 王河.试论我国经济法的基本原则[J].青海社会科学,1982(2):63.

范的总称。

5.社会整体经济利益说

该学说认为经济法应是国家为保障社会整体经济利益,实现经济协调发展而规制经济运行行为的法律规范的总称[①]。

综上所述,尽管我国关于经济法的学说仍然异彩纷呈,但学者基本上都主张经济法是国家意志渗透的法,是规范国家适度干预经济之法。我国经济法既要防止"市场失灵",又要防止"政府失灵"。所以我们认为经济法是调整国家为实现国民经济的协调发展、保障国民经济的整体效益、促进市场经济的良性运行从而对国民经济进行规制、调控过程中所形成的经济关系的法律法规的总称。

思考与练习

1.德国和日本经济法学说有哪些? 对我国经济法有哪些启示?

2.苏联的经济法学说有哪些? 这些学说对我国经济法有哪些影响?

3.我国经济法学说有哪些? 如何评价这些学说?

---

① 程宝山.中国经济法定义和调整范围新论[J].郑州大学学报(哲社版),1996(4).

第三章 经济法的地位与体系

第一节 经济法的地位

一、经济法地位的概述

经济法的地位,是指经济法在法体系中的地位。认识经济法的地位,应当解决两个问题,即经济法在法的体系中是否有独立地位,以及在法的体系中居于何种地位,其重要性如何。理论界对于经济法在法体系中的地位历来有不同的见解。其主要见解有肯定说和否定说两种。

(一)肯定说

肯定说认为经济法是一个独立的法律部门。我国学者大多数都持有这种观点。其中又有第三法域说、部门法交叉说、公法说三种。

1. 第三法域说

这种观点认为经济法在公法和私法两大法域之外又形成了第三法域;以个人、国家的独立领域之间的"社会"为中介,形成了独立的法的领域,其发展属于经济法领域;维持国家组织之法为公法,维持私人生存之法为私法,维护社会利益的法是社会法,它们是三个相互独立的法的领域。

第三法域说的主要理由是:人与人之间的利益分为国家利益、个人利益和社会利益,国家利益、个人利益和社会利益分别是公法、私法和经济法各法域的调整对象。在国家与市民社会二元性基础上,应当把"社会"作为经济法的载体,经济法是包括公法和私法在内的独立的法域,因此,经济法是第三法域,它跨越公法、私法两个法域而存在。

2. 部门法交叉说

这一学说的基本主张是,经济法是在公法与私法两个领域的交叉中形成的部门法。认为经济法调整的社会关系是非平等主体之间的社会关系,这种社会关系的参加者是以社会公共管理者的身份出现的政府及经济行政管理机关,并且经济法对社会关系的调整需要借助行政权力,这是经济法具有公法性质的主要原因。同时经济法的主体除了主要是政府及经济行政管理机关外,还有社会经济团体。从本质上讲,社会经济团体是私法的主体,而且经济法对违法行为的处置措施中有损害赔偿之规定。这又说明经济法具有私法的性质。这种观点是在对三分说批判的基础上提出的,认为经济法具有公法性质的同时,还具有一定的私法性质,但在具体的表述上又不完全相同。有的认为经济法是以公法为主、公私兼顾的法,是介于二者之间,对二者进行平衡协调的一个新型的法;有的认为经济法是以公法性质为主,兼具有私法的性质;有的认为经济法是介于公法和私法之间的法律部门;有的认为经济法是以公法为主,私法为辅的法律部门。虽然上述表述不同,但都认为经济法横跨公、私两个领域,是在公法与私法两个领域的交叉中形成的部门法。

3.公法说

这种观点认为经济法只具有公法的性质,它属于传统公法,它不是外在于公法和私法之外,也不是存在于交叉渗透的公法和私法之间,而是内在于公法之中。典型的代表观点是经济行政法论。日本学者认为经济法是"有关经济组织和经济行政作用的法"。我国学者认为经济法是国家从社会整体利益出发对市场经济进行干预、调控和管理的法律。其性质属于公法。

(二)否定说

否定说认为经济法不是一个独立的法律部门,但又有不同的表述。

1.法经济说

认为法都是经济的,因此经济法不是一个独立的法的部门,连"经济法"这个名称也不科学。这种观点把各种法和调整特定经济关系的经济法混为一谈。以"法都是经济的"来否定经济法是一个独立的法的部门,这种观点是值得商榷的。

2.经济法规说

认为经济法是经济法规的总称,无论是单个的经济法规还是这些经济法规的总和,都不能构成独立的法的部门,因此经济法不是一个独立的法的部门。这种把经济法看作是"单个经济法规或是这些经济法规的总和"的观点本身就是错误的。

3.民事特别法说

这种观点认为各种单行经济法规只是民法的补充,因此不能说经济法是一个独立的法的部门。应该指出,许多单行经济法规所调整的经济关系,如在国家规制企业兼并中发生的反垄断的经济关系,就不是民法所调整的。所以,不能说各种单行经济法规是民法的补充。同时正如前所述,经济法本来就不是各种单行经济法规的总称,因而以"各种单行经济法规只是民法的补充"为依据,来否定经济法是一个独立的法的部门,显然是没有道理的。

二、经济法是一个独立的法的部门

在我国,整个法学界绝大多数学者认为经济法是一个独立的法的部门。我们也赞同这种观点,但在肯定说中我们认为经济法第三法域说是值得首肯的。上述把经济法看成公法及公私法交叉的法律部门的观点虽然认识到了经济法的基本性质,但这两种观点没有注意到经济法与公法、私法产生的社会根源的不同。传统的公、私法的划分是建立在市民社会和政治国家二元结构基础之上的。大家知道,市民社会和政治国家二元结构是对初级或早期市场经济的反映。在自由资本主义时期,资本主义国家奉行自由放任的经济政策,国家不干预经济活动,而只充当自由市场的"守夜人"。17世纪到19世纪的民法(近代民法)建立在对当时社会生活的两个基本判断之上:一是在当时不发达的市场条件下,民事主体的经济实力差别不大,即平等性;二是民事主体在交易中频繁地互换其位置,即互换性。在平等性上的并不显著的差别(不足),因互换性的存在而得到弥补[①]。基于此,国家采取自由放任,而私法自治随之盛行。与在国家中,国民是主权者因而也是国家法的立法者一样,在个人之间,法律人格也被视为相互间的立法者。国家对市场的保护被限制在极有限的范围内,管得最少的政府是最好的政府成为信条。

但随着资本主义从自由竞争走向垄断,特别是在经济危机中,市场缺陷不断暴露。不完全

---

① 梁慧星.从近代民法到现代民法——二十世纪民法回顾[J].中外法学,1997(2).

竞争和外部经济效果(或溢出效果,如污染等)是市场自身难以解决的问题。外部经济效应在企业或人们向市场之外的其他人施加损害或利益时发生[①]。为了克服市场局限,国家积极介入经济生活,出现所谓"法律社会化"或"私法公法化"和"公法私法化"的现象。作为法律社会化的体现,各种社会立法不断涌现,形成新的部门法,经济法就是在公私法交融的过程中产生的[②]。但经济法一经出现就与传统法律不同。

　　由于市场缺陷是在传统民法规则下产生的,因而传统民法对其无能为力,而经济法自产生之日起就是为克服民法自动调节的局限[③]。尽管19世纪末以来经济生活的重大变化使作为近代民法基础的两个基本判断丧失,社会出现了严重的两极分化。着眼于社会妥当性,财产所有权神圣,契约自由,过错责任原则受到限制,出现民法的公法化,民法出现社会本位的趋向(见前引梁慧星文),并从对抽象人格的尊重转向对具体人格的尊重,即承认人的不平等及其结果不公。但真正能完成这一转变以维护社会经济弱者生存及其福利增进为目的的法乃是民法以外的法。从总体来看,民法的本位不可能是社会本位。因为民法作为私法,是市场经济的内在规律的直接翻译,不能违背经济学关于经济人的一般假设。"民法规定市民社会中个人活动,经济法以谋求市民社会全体的调和为目的,区别就在于此。"[④]因此,经济法才是社会本位之法。这是因为随着市场经济的日益复杂,引起了传统法律调整方式的变化即公法私法化和私法公法化的出现,经济法在公私法交融的过程中产生,这是不可否认的事实。但因此把它作为经济法存在的理由,我们认为是值得商榷的。因为公私法的相互渗透和交融只能说明法律对现代社会复杂性的适应,它本身并没有改变公私法的性质。经济法是在公法和私法两大法域之外又形成的第三法域,经济法是社会法。社会法的出现源于市场经济固有的弊端所引发的社会利益保护问题。庞德认为利益有三种:个人利益、国家利益和社会利益。社会利益是适应在文明社会中并基于这种生活的地位而提出的各种需求、需要和愿望,具体包含经济秩序、社会公德和社会平衡三个方面,是社会妥当性法律价值观的体现。同时庞德还指出19世纪法律的历史主要是承认个人利益——这些权利通常被看作是自然和绝对的权利。但19世纪末期情况有所变化,人们开始关注社会利益,他指出20世纪人们应更多地考虑社会利益,应以社会利益重写法律历史。同时目的法学派的创始人耶林也提出法律的目的是社会利益,社会利益是法律的唯一根源,所有的法律都应为社会利益的目的而产生。这种理论构成了法律中的社会利益观念,这种新的观念直接导致法律对新的价值即社会整体利益的追求。于是,一个与以往法律部门都不同的新兴法律部门——经济法便应运而生了。从本质上说,经济法是在市民社会和政治国家对立存在的前提下,为弥补市民法在市民社会中基础调整作用的局限性,借国家之手干预市民社会的经济活动以满足整个社会协调发展和可持续性发展的要求而制定的法律规范的总称。经济法的社会本位性在于它以社会整体利益为轴心,实现国家、社会和个人利益的内在协调。

　　综上所述,经济法是调整国家因素影响的经济关系,从社会整体利益角度处理经济领域中的法律问题,体现了不同于公法和私法的社会公共性原则。经济法是在公法私法化和私法公法化的过程中出现的,但不同于传统的公法和私法,它是公法和私法之外的第三法域,是一个

①　保罗・A.萨缪尔森,威廉・D.诺德豪斯.经济学[M].14版.胡代光,等,译.北京:首都经济贸易大学出版社,1996:71.
②　刘文华.新编经济法学[M].北京:高等教育出版社,1995:14-15.
③　[日]金泽良雄.经济法概论[M].满达人,译.兰州:甘肃人民出版社,1985:28-29.
④　[日]田中信行.关于日本的经济法[M].//外国经济法论文选编.北京:法律出版社,1987.

独立的法律部门。经济法作为一个独立的法律部门的出现,是适应客观经济条件发展、变化的要求,解决了相邻近的一些法律部门曾想解决而又解决不了的那部分经济关系的法律调整。它所调整的对象、原则和方法,既不是建立在对邻近法律学科的破坏的基础上形成的,也不是同邻近法律部门界限不清,混为一谈(后面章节分述之)。所以说,经济法的出现是法律体系的一个新分类和新发展,经济法是社会法。

社会法是伴随着国家通过干预私人经济以解决市场化和工业化所带来的社会问题,应对经济、社会和生态可持续发展的需求,而在私法公法化和公法私法化的进程中逐渐产生和发展起来的第三法域。社会法从其内容扩张的角度看,其发展过程大致分为四个阶段:第一阶段即工厂法阶段;第二阶段即社会保障法阶段;第三阶段即经济法阶段;第四阶段即环境法阶段。它有广义和狭义之分,这里是指广义的社会法。广义的社会法,即国家为解决各种社会问题而制定的有公法与私法相融合特点的第三法域,包括劳动法、社会保障法、经济法、环境法、自然资源法、人口与计划生育法、科学技术法、教育法、文化法、卫生法、住宅法、公共事业法、农业法等。

经济法作为社会法中的一个重要组成部分,具有社会法的基本属性。主要表现在:

(一)经济法是经济领域的法律社会化

所谓法律社会化,就是基于由自由放任到政府干预再到市场调节与政府干预内在结合的经济思想和经济政策变革,由契约伦理到社会正义并与此对应由要求政府干预到限制政府干预的时代精神变革,由市民社会—政治国家到市民社会—团体社会—政治国家的社会结构变革,所发生的私法社会化与公法社会化的法律变革过程。其中,私法社会化包括从主体抽象平等发展出主体具体平等,从绝对所有权发展出相对所有权,从契约自由发展出契约正义,从过错责任发展出严格责任等内容;公法社会化包括从行政命令发展到行政指导,从行政管制发展到行政合同等内容。这种法律社会化过程发生于现代市场经济体制中,就产生了旨在弥补市场缺陷和政府缺陷,协调政府与市场互动,以市场规制规范和宏观调控规范为主要内容的经济法。正如有的法学家所指出的,"经济法的性质既不属于传统公法,也不属于传统私法的范畴,而是带有两种法律的混合形态特征的法。经济法这个新的法律部门已经处于社会法的一部分的地位"①。

(二)经济法以社会利益为本位

私法奉行个人利益本位,公法奉行国家利益本位,社会法所奉行的则是个人社会化、行政社会化和法律社会化过程中由个人本位和国家本位演化而来的社会本位。经济法的社会本位观,集中地体现在:

(1)崇尚社会公共利益。一个国家内的利益体系,由既彼此冲突又相互依存的个人利益、集团利益、国家利益和社会公共利益所构成。其中,个人利益、集团利益寓于社会公共利益之中,社会公共利益最大化应是大多数个人利益的最大化和不同集团利益的协调化;国家利益与社会公共利益则既可能吻合也可能不一致。经济法把社会公共利益及该利益体系中的各种利益形式都纳入经济法的法益结构,而社会公共利益则被置于其中的最高地位。经济法通过预算安排、计划实施、财政转移性支付、政府控制价格等方式进行社会资源的分配与安排,使经济力的配置符合社会整体利益的要求。

①　[日]丹宗昭信,等.现代经济法入门[M].谢次昌,译.北京:群众出版社,1985:48.

(2)追求社会公平。现代市场经济中的社会公平,既包括基本利益层次上无差别意义的公平,又包括非基本利益层次上有差别意义的公平。这两个层次的公平都受到经济法的重视。在促进经济公平发展方面,经济法一方面注重地区之间的协调发展,通过经济法制手段尽可能消弭地区之间自然资源分布不均衡及经济、社会发展不均衡现象,达到地区发展公平目的;另一方面,注重控制由于个人自利性的极度膨胀和竞争者的实力差异而给竞争机制带来的损害,通过竞争法来保护竞争公平。

(三)经济法以社会自治为主要调整手段

社会自治不同于私法中的私人自治和公法中的政府统治,而是一种由社会成员共同参与治理的治道。它既限制私人的意思自治和契约自由,又限制政府的垄断性和纵向性治理,对社会成员而言是自治与他治兼容。现代市场经济的治理结构呈现"小政府、大社会"的发展趋势,经济法顺应这种趋势,特别重视社会自治。表现在:

(1)确立社会团体等非政府公共组织(机构)独立于政府与市场主体之间的中间层主体地位,赋予其一定的市场规制和宏观调控职能。

(2)确认和保护市场主体的结社权,授权市场主体团体(如工商业者团体、消费者团体、劳动者团体等)参与政府经济管理,管理团体成员,与利益相关团体交涉,以维护团体成员的利益,辅助和制约政府经济职能的实现。

(3)法律和政府对市场主体的利益和行为设置社会基准,以行政合同、团体契约、公开听证等吸收公众参与的方式,实施社会基准。

(4)设立公益诉讼制度,保障市场主体的合法权益受到侵害时能得到有效救济。

(四)经济法强化社会责任

市场和社区都是由相互依存的众多成员所构成的利益共同体和发展共同体。企业作为市场和社区的成员,在社会经济活动中,不仅应当对作为其交易相对人的当事人负有责任(私人责任),而且还应当对当事人以外的不特定利益相关人,即共同体及其成员负有责任(社会责任)。这里所说的责任是以具体义务为内容的,既包括原始义务(即通常所称的义务),也包括派生义务(如通常所说的法律责任)。在现代市场经济中,企业社会责任已成为现代企业制度的必备特征,企业的各种活动几乎都具有一定的外部效应,因而,私人责任往往同时也是社会责任。社会责任就其责任相对方而言,就是对当事人以外所有利益相关人的责任,既包括对构成所在市场和社区公众的各个成员的责任,也包括对所在市场和社区整体的责任,既包括对当代人的责任,也包括对后代人的责任。社会责任就其内容而言,包括对实现社会安全、社会公平、社会公益和可持续发展等价值目标的责任,具体说,包括产品质量、信息安全、环境保护、生态平衡、就业安置、劳动安全卫生、社会保障、教育和文化事业、公共秩序、宏观经济均衡等方面的责任。

经济法基于社会本位,将社会责任法律化,以保障社会责任的全面实现。其主要表现为:

(1)将社会责任转化为法定义务。由于社会责任难以像私人责任那样以合同的形式具体落实,在立法中就以强制性规范将社会责任转化为企业的法定义务,防范企业利用合同来淡化和规避社会责任。

(2)将社会政策目标转化为社会公共干预的法定目标。由于社会责任与企业的经济人属性存在冲突,难以指望企业自觉履行,在立法中就把社会政策目标纳入政府和非政府公共组织(机构)干预市场的目标体系,赋予干预者实现社会政策目标的职责,从外部促使和引导企业履行社会责任。

（3）加重国有企业和垄断企业的社会责任。国有企业的资产是全民所有的资产,应当以全民利益至上,并且得到国家的政策优惠往往多于非国有企业。垄断企业由于其市场支配优势,往往比中小企业易于从市场竞争中获利。因而,根据权责对称原则和承受力差别原则,在立法中应当要求国有企业和垄断企业比其他企业承担更重的社会责任。

（4）针对社会责任设置特别的法律责任制度。

（五）经济法需要"社会化"的程序法支撑

实体法与程序法是内容和形式的关系,实体法决定着程序法的设计,程序法制约着实体法的实现。公法、私法传统上都有与其对应的诉讼法,即行政诉讼法与民事诉讼法。但这两种诉讼法分别与公私法相融合的社会法不完全适应。目前,我国劳动争议案件在法院由民庭受理,在程序上适用民事诉讼法,实践中,民事诉讼法对劳动诉讼的不完全适应已有许多表现。这种不适应,迫切需要程序法的"社会化"。

一是在行政诉讼、民事诉讼的基础上发展出特殊诉讼制度,如团体诉讼、公众诉讼、集团诉讼、小额诉讼、诉讼援助计划、诉讼保险等。

值得注意的是,我国现行民事诉讼法第一百六十二条规定,基层人民法院和它派出的法庭审理符合本法第一百五十七条第一款规定的简单的民事案件,标的额为各省、自治区、直辖市上年度就业人员年平均工资百分之三十以下的,实行一审终审。民诉法司法解释第二百七十四条进一步规定,买卖合同、借款合同、租赁合同纠纷,银行卡纠纷,物业、电信等服务合同纠纷等九类金钱给付的案件,适用小额诉讼程序审理。第二百七十五条规定,人身关系、财产确权纠纷,涉外民事纠纷,知识产权纠纷,需要评估、鉴定或者对诉前评估、鉴定结果有异议的纠纷以及其他不宜适用一审终审的纠纷,不适用小额诉讼程序审理。

二是建立独立于行政诉讼、民事诉讼之外的社会公益诉讼[①]。

2012 年修改后的民事诉讼法增加了公益诉讼制度,该法第五十五条规定:"对污染环境、侵害众多消费者合法权益等损害社会公共利益的行为,法律规定机关和有关组织可以向人民法院提起诉讼。"为规范公益诉讼有序进行,民诉法司法解释按照立法原意,结合有关审判实践,细化规定提起公益诉讼的受理条件。根据民诉法司法解释,有关机关和组织提起公益诉讼的,除了符合民事诉讼法第五十五条规定,还应当同时符合下列条件:有明确的被告;有具体的诉讼请求;有社会公共利益受到损害的初步证据;属于人民法院受理民事诉讼的范围和受诉人民法院管辖。

三、经济法是一个重要的法律部门

经济法不仅是一个独立的法律部门,而且是一个重要的法律部门。我国经济法之所以是一个重要的法的部门,从根本上来说,是因为它在保障和促进社会主义市场经济建设中发挥着巨大的作用。这种作用体现在以下几个方面:

（一）保证以公有制为主体、多种所有制经济共同发展

国有经济在整个国民经济中居于主导地位。促进国有经济的发展,是建立社会主义市场经济的先决条件。我国宪法第七条明确规定:"国有经济,即社会主义全民所有制经济,是国民经济中的主导力量。国家保障国有经济的巩固和发展。"第十六条第一款规定:"国有企业在法律规定的范围内有权自主经营。"据此,国家制定了全民所有制工业企业法、全民所有制工业企

---

① 王全兴,管斌.经济法与社会法关系初探[J].现代法学,2003(2).

业转换经营机制条例等一系列有关国有经济的法律、法规。这些法律、法规的贯彻执行,对扩大国有企业经营自主权,转换企业经营机制,提高经济效益,促进国有经济的发展,起到了重要作用。劳动群众集体所有制经济,是公有制经济的重要组成部分。我国宪法第八条第三款规定,国家鼓励、指导和帮助集体经济的发展。第十七条第一款规定,集体经济组织在遵守有关法律的前提下,有独立进行经济活动的自主权。据此,国务院发布的城镇集体所有制企业条例和乡村集体所有制企业条例等有关法规,赋予集体经济组织比国有企业更大的自主权,大大促进了集体经济的迅速发展。

对于个体经济和私营经济,1999年宪法修正案中明确规定,个体经济和私营经济是社会主义市场经济的重要组成部分。宪法第十一条第二款规定,国家保护个体经济的合法的权利和利益。随着中小企业促进法的制定,个体经济和私营经济将会进一步发展,在我国个体经济和私营经济同公有制经济密切联系,有利于促进生产,活跃市场。

(二)促进社会主义市场经济体制的建立和完善

建立和完善具有中国特色的社会主义市场经济体制是我国的一项重要任务,经济法对于建立和完善社会主义市场经济体制发挥着巨大作用。其表现有三:一是确立多种市场主体,参与市场竞争,制定了公司法、合伙企业法和外商独资企业法,完善了中外合资企业法、中外合作企业法等;二在开放市场,建立和完善全国统一、有序的市场竞争环境方面,制定了反不正当竞争法、消费者权益保护法、产品质量法、价格法、房地产管理法等法律。三是建立和完善宏观调控体系。在金融体系方面(组织体系、市场体系、调控体系和监管体系),制定了中央银行法、商业银行法、保险法、证券法、信托法等,加强了对银行业、保险业、信托业、证券业发展的指导和管理;在财税体系方面(分税制体系、公共财政预算体系、现代税收体系、财务会计体系),制定了税收管理法、会计法、政府采购法等。这些金融、财税方面的改革和立法,为我国金融、财政体制的改革和完善奠定了法律基础。

(三)在对外开放和加入WTO方面,经济法起着不可或缺的作用

按照市场经济的需要和加入WTO的要求,我国先后已经修订了中外合资企业法、中外合作企业法及外商独资企业法,体现了对外商投资企业和外国企业实行市场开放、反对贸易歧视、平等透明、实行国民待遇,制定统一、规范、公开的投资准入政策,这就使我国的涉外投资法律法规体系逐渐完善,协调了与WTO各成员国之间的经济贸易权益关系,促进了对外贸易。

有步骤地开放银行、保险、电信、外贸、内贸、旅游等服务领域,建立和完备经济服务贸易法律体系。建立健全符合国际通行规则和我国国情的对外经济贸易体制,实行外贸经营资格登记注册制度,逐步实现对各类企业进出口贸易的开放经营,我们建立和完善对外经济贸易(包括货物贸易、技术贸易、服务贸易)体系的法律法规。逐步完善反倾销法、反补贴法及保障措施等手段,加强对外国反倾销、反补贴的磋商和应诉,维护我国企业的合法权益。

四、经济法与相关法的区别

(一)经济法与民商法的区别

1.调整对象不同

民法调整平等主体间的财产关系和人身关系。民法的平等性是市场经济的内在要求,市场交易所要求的主体地位平等,交易规则的公正和交易的自由与安全需要民法予以确认。民法确立的意识自治和契约自由正是价值规律发挥作用的前提,民法因此而成为私法。经济法的调整

对象是在国家对国民经济进行规制、调控过程中所形成的经济关系,它不调整人身关系。经济法带有明显的国家意志性。经济法横跨公法和私法两个领域,属于公法和私法之外的第三法域。

2.主体不同

民法的主体是自然人①和法人。经济法的主体包括国家机关(行政机关中的经济管理机关)、企业事业单位和企业的内部组织和有关人员、农户和公民。

3.调整方法不同

民法对于应当承担民事责任的自然人和法人,采取民事制裁的形式。经济法是综合的调整方法,经济法对于违法者采取了追究经济责任、行政责任、刑事责任相结合的制裁形式。

总之,经济法与民法既有联系,又有区别,它们都属于国内法体系,它们之间是并列关系。经济法的存在与发展并不影响民法对市场经济关系的基础性调整,相反,经济法正是通过维护社会关系的稳定,保障市场竞争自由的环境促进民法调整作用的发挥。正是垄断、不正当竞争等新的经济问题超出了民法作用的范围,才孕育了现代经济法形成的可能性。因此经济法是从超越民法局限性的地方开始的。它们之间不是从属关系,也不是交叉关系。

(二)经济法与行政法的区别

经济法与行政法的区别,主要表现在以下几个方面:

1.调整对象不同

经济法是调整国家规制和调控本国经济运行过程中发生的经济关系的。包括市场规制关系和宏观调控关系。但这两种关系都是国家在管理国民经济过程中所形成的以物质利益为内容的关系,这种经济管理关系主要运用经济、法律手段。经济法横跨公法和私法两个领域,属于公法和私法之外的第三法域;而行政法以调整行政管理关系为对象,它不直接以物质利益为内容,它借助国家行政权力,依靠行政层次、行政区划、行政手段来管理。它本质上属于公法。

2.主体不同

经济法的主体除了国家机关、企业、个人还包括企业的内部组织。而行政法的主体是国家机关和企业等行政相对人,不包括企业的内部组织。

3.作用不同

经济法与行政法都维护国家利益和社会公共利益,但经济法对于引导、推进和保障经济体制改革的发展起着重要的作用,而行政法对于引导、推进和保障政治体制改革的发展起着重要的作用。而且经济法在推动国民经济的发展方面所起的作用,比行政法所起的作用更为直接和明显。

总之,经济法与行政法既有联系,又有区别,它们同属国内法体系,行政法是调整国家行政管理过程中产生的行政关系之法。行政法主要是规定有行政权的组织以及行政权的控制与监督之法,本质乃是防止政府滥用权力之法。经济法是规范国家干预经济之法,也涉及国家经济行政权的运用,但经济法与行政法在调整对象、主体、作用等方面存在诸多区别,它们是两个不同的法律部门。

(三)经济法与国际经济法的区别

1.调整对象不同

经济法的调整对象,是在国家规制和调控本国经济运行过程中发生的经济关系。国际经

---

① 自然人是法人的对称,指基于出生而为民事权利和义务的主体。自然人与公民是两个不同的概念。公民是指有一国国籍,并根据该国宪法、法律的规定,享有权利和承担义务的人。

济法的调整对象,是调整国际经济运行过程中发生的经济关系,国际经济关系既包括国家与国家之间及国家与外国自然人、法人或其他组织之间的经济关系,又包括不同国家的自然人、法人或其他组织之间的经济关系。国际经济法是国际民商法和国内涉外经济法的综合,属于国际法。经济法是规范国家干预经济之法,属于国内法。

2. 渊源不同

经济法的渊源,包括宪法、法律、法规、规章等规范性文件和习惯法、判例法。而国际经济法的渊源包括条约、国际组织(主权国家参加的)制定的规范性文件和国际习惯法。

3. 主体不同

经济法的主体包括企业的内部组织和有关人员,国际经济法的主体则不包括企业的内部组织和有关人员。而且国家、非国家特别行政区、国际组织一般是国际经济法的主体,不是经济法的主体。

4. 作用不同

经济法主要是在维护本国的经济秩序,推动本国经济的发展方面发挥作用,在该国主权管辖范围内发生效力。

国际经济法主要是在建立国际经济新秩序,推动世界经济发展方面发挥作用,它在制定和认可它的两个以上国家发生效力。

总之,经济法与国际经济法既有联系,又有区别。他们都是整个法的体系中的一个独立的法的部门,对于维护经济秩序,推动经济发展,都发挥着巨大的作用,都是重要的法的部门。

第二节　经济法的体系

一、经济法体系的概念

经济法的体系是指由经济法部门所构成的一个有机系统,经济法部门是经济法体系的构成要素。虽然不同经济法部门有着不同的调整对象和法律法规,但它们相互关联,共同构成经济法的整体。

经济法体系与调整经济关系的规范性文件体系是不同的两个概念,我们通常所说的经济法律体系、经济法规体系即调整经济关系的规范性文件体系,是指多层次、多门类调整经济关系的规范性文件所组成的统一整体。它与经济法体系的不同之处在于构成要素不同。前者的构成要素是经济法部门,后者的构成要素是经济法律、经济法规等规范性文件,而且经济法部门中的法律规范都是经济法律规范,但调整经济关系的法律规范未必都是经济法律规范。另一方面从逻辑上讲,法规体系与理论体系也是不同的,法规体系回答的是"怎样规定"的问题。而理论体系回答的是"为什么这样规定"的问题。前者是客观实在,后者是抽象思维。因而认为经济法体系是合乎逻辑的、内容一致的经济法规的有机整体的观点是值得商榷的。

经济法体系与经济法学体系也是两个不同的概念,经济法学体系是指经济法学分支学科所组成的一个有机整体。二者的构成要素不同,前者的构成要素是经济法部门,经济法部门的构成要素是经济法规,而经济法规都具有法律约束力;后者的构成要素是经济法学分支学科,经济法学的分支学科一般包括经济法基础理论、经济法史学以及比较经济法学等,它往往是学理上的探讨,不具有法律约束力。当然不可否认经济法部门是经济法学的研究对象,经济法学体系的完善与否反过来又直接影响着经济法体系的正确建立。

经济法体系与经济法教材体系也是不同的,经济法教材体系是为传授知识需要而编写的课程框架,它要求针对教学对象,具有实用性、一般性和简明性特点。目前各类经济管理类与法学类的教材体系不一致的原因就在于此。

二、经济法的体系结构及构建依据

经济法体系取决于经济法调整对象的结构,对经济法调整对象的不同理解往往导致不同的经济法体系,学术界对此的争论就源于这一点。目前法学界对经济法体系的争论主要有三种:四分说、三分说和二分说。四分说认为经济法体系由市场主体或企业组织管理法、市场运行或市场管理法、宏观调控法、社会保障法或涉外经济法四部分组成。笔者认为四分说的不足之处在于:一是把市场主体或其企业组织法纳入经济法中会导致经济法与民商法的混同。从学理上讲,市场主体是指市场活动的参加者即商品的生产者、经营者和消费者,他们的市场准入制度、组织结构及运行规则一般由公司法、合伙法等企业法加以规定,而公司法、合伙法等企业法传统上属于商法范畴。当然不能因此就认为经济法没有主体,经济法的主体身份取决于市场主体所参加的经济关系的性质,如果市场主体参加的经济关系直接体现国家意志,是在国家规制和调控国民经济过程中产生的具有组织管理性的经济关系,则此时的主体就是经济法的主体。但笼统地将市场主体法全部纳入经济法体系中是欠妥的,这也是本书仅在经济法主体中阐述经济组织的相关法律制度而未将市场主体法或企业组织管理法单独列编的原因。二是四分说把社会保障法纳入经济法,笔者认为是值得商榷的,其理由在经济法的调整对象中已阐明。三是主张把市场运行法纳入经济法有一定的道理,但将之全部纳入则引起经济法与民商法的混同。因为市场运行法包括市场交易法和市场规制法两部分,而市场交易一般发生在平等的市场主体之间,这部分应由民法或商法调整。四是将涉外经济法单独列编似乎也欠妥。一方面我国在涉外经济方面实行的是外贸管制和许可证制度,与国际上其他国家的自由贸易不同,尽管加入WTO以后,我国在外贸体制上会进行改革,但我国对外贸仍然会实行宏观调控,从未来发展趋势上看涉外经济法应属于宏观调控法。另一方面从篇幅上讲将涉外经济法单独列编似乎与其他章节的结构不相对称。这也是本书将涉外经济法放入宏观调控法中的原因。

三分说的主要代表观点是国家经济参与法(投资经营法)、国家经济强制法(反垄断和限制竞争法)和国家经济促导法(宏观调控法)或经济组织法、经济管理法和经济活动法三部分。国家投资经营法是国家以国有资产直接参与生产经营活动,以调节社会经济结构的法律。我国的国有资产一方面由于具有以全民利益至上、承担更重社会责任、肩负宏观调控职能等有别于非国有资产的特殊性而要求对国有资产适用特别法,此时应由经济法调整;另一方面由于市场经济在本质上决定了各种市场主体应当统一运行规则而要求对国有资产适用一般法,此时应由民商法调整。所以将国家投资经营法全部纳入经济法,笔者认为是不适当地扩大了经济法体系的范围,损害了其科学性;将经济组织法纳入经济法的欠妥如前所述,将经济活动法纳入经济法会引起混淆。经济活动是指市场主体的行为,它既包括国家意志渗透的经济活动,也包括国家意志不渗透的、纯属于当事人个体意志的经济活动,把后者也纳入经济法显然是不当的。

本书采用的是二分说即市场规制法和宏观调控法说。其理由在于:经济法体系是由经济法各部门所组成的统一整体,这种经济法各部门应是协调一致的,它们既具有经济法的基本属性,体现国家规制和调控经济的意志性,保证经济法与其他法律部门以及经济法内部各部门之间的和谐;同时它们又有不同的功能和作用,相互配合和补充,以保证经济法的独立性及经济法整体功能的发挥。经济法体系是由具有经济法的基本属性的各个经济法部门组成,而经济法的各部门又由不同的经济法规所组成。经济法体系正是建立在这种多样性基础上的统一整体。确立一个法律部门的主要依据是其调整对象,经济法也不例外。经济法体系是经济法调整对象的具体展开和逻辑化结果。我们认为经济法是调整国家为了社会整体利益对国民经济进行规制和调控过程中所发生的经济关系的法律规范的总称。它与倡导意思自治的民商法不同,它通过限制经济主体的意思自治来确保社会整体利益,通过对盲目性、自发性的自由竞争进行规制,防止市场失灵。同时它与约束国家权力为己任的行政法也不相同,行政法本质上是控权法,是管理管理者之法。而经济法是授权法,是授予政府以经济权力来规制和调控国民经济,以防止政府权力滥用而损害市场机制的充分发挥,避免政府失灵。二者的共同目标是在社会主义市场经济条件下实现市场调节机制和国家调节机制的有机结合,正确处理国家和市场的关系。因而经济法的体系可以概括为市场规制法和宏观调控法两个子部门。市场规制法主要包括竞争法(反垄断和反不正当竞争法)、消费者权益保护法、产品质量法、房地产管理法、招标投标法及价格法等;宏观调控法主要包括计划与投资法、财税法与金融法、国有资产管理法、环境资源法、会计与审计法、对外贸易法等。市场规制法以生产者、经营者和消费者为对象,以保护公平竞争和保护弱者为原则,促进公平竞争,维护市场秩序,防止市场失灵,体现经济法的效益价值;宏观调控法以政府为主要对象,通过法律形式赋予国家调节国民经济的权力,其基本任务是保持经济总量的基本平衡,促进经济结构的优化,引导国民经济持续、快速、健康发展,推动社会全面进步,以实现经济法的实质公平。市场规制法和宏观调控法作为调节我国社会主义市场经济的两大法律手段,二者是不可或缺的,在经济法律体系中具有同等的重要地位,市场规制法是宏观调控法的前提和基础,宏观调控法是市场规制法的重要保证。2016 年马克思主义理论研究和建设工程——经济法学也沿用了这一体系。

三、经济法的体系化

中国经济法是随改革开放产生的,其从产生之时就伴随着内部各流派和外部与民法、行政法等部门法的激烈争论。经济法肯定说的一个重要依据就是经济法有自己独特的调整范围及其体系结构。独立的体系结构本身就是经济法独立性的一个注释。随着经济法理论的不断深化,经济法体系化的问题也凸现出来。最明显的体现莫过于学术界对经济法纲要的关注。经济法既然是一个独立的法律部门,就应当体现为一个完整的法律体系,而一个完整的法律体系的确立不外乎两个途经:一是以"法典"的形式出现如法国民法典,一是以"基本法+单行法"的方式产生。我国多数学者认为我国经济法律体系的确立不宜走法典化的道路,理由是我国经济体制转轨过程中国家干预存在着多变性的特点,制定经济法法典的条件不成熟。笔者也同意这一看法。但我国民法理论和立法实践表明我国的经济法体系的建立可以选择第二种方式,而且我国经济的发展和经济法理论的不断深入为我国确立经济法纲要奠定了基础。

长期以来,我国在"成熟一个,制定一个"的立法指导思想下,制定了大量的市场规制和宏观调控的单行法,这些法律法规组成了庞大的经济法群。它们在各自的调整范围内起到了应有的作用,但其作用毕竟是有限的。对此学界探讨较多,正如有的学者所讲:"成熟"赖于立法者的判断,由于缺乏科学的预测和规划,于是实际未"成熟"的法律可能捷足先登,却又随经济生活的变化而不得不重新修订,而实际应"成熟"的却姗姗来迟。这一立法观又易在实践中把"一切从实际出发"演化成"实用主义"。不注重对经济关系性质的区分,而采用"箩筐"式立法,不仅使不同性质的法律规范混合一体,而且造成了法律规范之间的重叠交叉和冲突。如消费者权益保护法和产品质量法在法律责任的规定上[1];同时随着社会经济的不断发展给经济法带来许多新问题,例如知识经济的发展要求国家承担建立国家创新体系的责任,并加强对知识经济时代更趋激烈的市场竞争的规制;可持续发展要求国家干预经济、社会,以实现经济、社会和生态环境协调、稳定、可持续地发展;大量的经济垄断和限制竞争问题使只侧重于市场行为的管理,缺乏市场结构立法。而这些问题仅通过顾此失彼的单行法是难以来解决的,而且还会出现大量的法律空白。所以需要经济法纲要来确立一些基本原则和制度来填补。

经济法理论的发展使经济法在基本问题上达成共识,经济法的内容日趋完善和科学。在经济法的调整对象问题上,立足于国家意志对经济关系的渗透,"从研究国家干预经济生活与法律调整的关系上把握经济法学"标志着经济法调整对象理论的实质性进展[2]。尽管人们对经济法调整对象有各种不同的表述,但是基本的思想还是一致的。在调整对象上的新认识的直接后果就是从"大经济法论"走向本质意义上的经济法,给经济法以重新定位。正是在这个基础上,学者们关于经济法体系的认识进一步深入,他们对经济法纲要进行各种设计,尽管表述不同,但大多数学者认为经济法纲要包括经济法总论、市场规制法和宏观调控法。经济法总论是指经济法的基本理论,包括经济法的调整对象、概念、地位、价值与原则等;市场规制法包括反不正当竞争法、反垄断法、消费者权益保护法、产品质量法、房地产管理法、招标投标法及价格法等;宏观调控法主要包括计划与投资法、财税法与金融法、国有资产管理法、环境资源法、会计与审计法、对外贸易法等。对市场管理法和宏观调控法两部分经济法学界普遍认为它们是经济法的组成部分[3]。经济法理论在经济法调整对象、经济法体系以及其他方面达成共识为经济法纲要准备了理论条件。

经济法纲要是经济法的灵魂,它规定着经济法的宗旨、任务、基本原则,规定着宏观调控与市场管理之间的关系,以及它们各自内部的关系等。它可以统帅各单行法,使各单行法有一个共同的目标。经济法纲要可以协调各单行法之间的关系,减少立法的重叠、交叉和冲突,有限度地发挥类似法典的统一、简约和整合功能。另外从降低经济法成本的角度看,也应将基本经济法即经济法纲要的制定作为立法重点[4]。

思考与练习

1. 如何理解经济法体系的含义?
2. 如何认识经济法体系及经济法体系化?

---

① 李诚,万其刚.略论我国当前立法中存在的问题[J].中外法学,1996(2).
② 王保树.在建立社会主义市场经济体制中商事法学和经济法学的大发展[J].中国法学,1997(5).
③ 张守文,于雷.市场经济与新经济法[M].北京:北京大学出版社,1993:64.
④ 吕忠梅,刘大洪.经济法的法学与法经济学分析[M].北京:中国检察出版社,1998:303.

第四章　经济法的理念、价值和原则

第一节　经济法理念

一、经济法理念的含义

理念一般是指人们所追求的目标及其实现途径的基本观念。在法学领域,德国的鲁道夫·施塔姆勒认为:"法律理念乃是正义的实现。正义要求,所有法律努力都应当指向这个目标,即实现在某地某时的条件下所可能实现的有关社会生活的最完美的和谐。"[1]他的法理念是法的追求、理想和目标的意思。史尚宽先生认为:"法律制度及运用之最高原理,谓之法律之理念。"[2]李双元先生认为,法理念"是对法律的本质及其发展规律的一种宏观的、整体的理性认知、把握和建构"[3]。由此大体揭示了"法理念"的含义、属性、内容和地位。可见法的理念是指人们关于法的宗旨及其实现途径的基本观念。所谓法的宗旨是指贯穿在法之中的、创制和实施法所追求的目标。相应于法的理念,经济法的理念是人们对经济法的应然规定性的理性的、基本的认识和追求,是经济法及其适用的最高原理,是经济法的宗旨、目的和实现其目的的途径的统一,它不同于经济法的价值,是经济法价值的上位概念。

关于经济法的理念的学说具有代表性的有以下几种:①经济法的理念是经济社会条件下的实质公平正义,其核心内容是社会整体利益的实现[4]。②经济法的理念包括发展理念、效益理念、公平理念、安全理念[5]。③经济法的理念是自由竞争理念、公平发展理念、经济安全理念和可持续发展理念[6]。这些理念从不同的角度揭示了经济法的内涵,但这些理念不是经济法的最高理念。社会发展不是最终目的,社会发展的最终目的是人的全面、自由发展。所以,这些理念应落到人的身上。但我们也反对将人的自由发展定位为经济法的最高理念。自由是同物质过程相联系的、创造性的积极状态,是价值与真理高度统一状态。自由是现实的、具体的、历史的。我国还处于社会主义初级阶段,从物质文化等方面还不具备实现人的自由发展的条件。因此将人的全面发展定位为经济法的最高理念是比较客观的。

二、科学发展观的内涵及与经济法的一般关系

(一)科学发展观的内涵

发展观是关于发展的本质、目的、内涵和要求的总体看法和根本观点。有什么样的发展观就有什么样的发展道路、发展模式和价值取向。党的十六届三中全会提出"坚持以人为本,树立全面、协调、可持续的发展观,促进经济社会和人的全面发展"的科学发展观。可见科学发展

---

① ［美］E.博登海默.法理学——法哲学及其方法[M].邓正来,姬敬武,译.北京:华夏出版社,1987:163.
② 史尚宽.法律之理念与经验主义法学之综合[M].//刁荣华.中西法律思想论集.台北:台北汉林出版社,1984:259,264.
③ 李双元,等.法律理念及其现代化取向[J].湖南政法管理干部学院学报,1999(1).
④ 史际春,李青山.论经济法的理念[J].华东政法学院学报,2003(2).
⑤ 程信和,李挚萍.可持续发展——经济法的理念更新和制度创新[J].学术研究,2001(2).
⑥ 吕志祥,辛万鹏.再论经济法的理念[J].科学、经济、社会,2004(1).

观是坚持以人为本为核心,以全面、协调、可持续发展为内容,以经济社会和人的全面发展为目标的,符合客观规律要求的发展理念。其基本内涵包括:①以人为本为核心;②以全面、协调、可持续发展为内容;③以经济社会和人的全面发展为目标;④符合客观规律的要求[①]。

科学发展观是在可持续发展观的基础上提出的,因而要正确理解科学发展观必须搞清二者间的关系。可持续发展思想的萌芽可追溯到 1972 年 6 月联合国在瑞典斯德哥尔摩召开的人类环境会议。1987 年联合国国际环境与发展委员会在《我们共同的未来》这份报告中首次明确地提出了"可持续发展"的概念。按照国际上通行的解释,可持续发展应具有下述特征:①以人为中心,即可持续发展不再以经济增长而是以满足人的需要为中心;②跨世代发展;③整体发展;④综合发展;⑤协调发展;⑥反周期发展。因此,我们可以把可持续发展理解为以人为中心的"生态—经济—社会"三维复合系统的运行轨迹和发展。总之,可持续发展战略是以人为中心的和目的性的战略。我国在编制《中国 21 世纪议程——中国 21 世纪人口、环境与发展白皮书》(以下简称为《中国 21 世纪议程》)的过程中根据外交部建议,正式采用"可持续发展"一词。从此,"可持续发展"在我国开始广泛使用。但是,我国理解这一思想有个过程,起初我们片面强调了人与自然的关系而忽略了可持续发展的其他内涵。1992 年联合国环境与发展委员会通过的《里约热内卢环境与发展宣言》的第一条原则是:"人类处于普遍受关注的可持续发展问题中心,他们享有以与自然相和谐的方式过健康而富有生产成果的生活的权利。"从此原则可以看出,可持续发展应以人为中心和目的。科学发展观突出强调了以人为本和全面协调。因而,我们可以将科学发展观称为"当代中国的可持续发展观"。

(二)科学发展观与经济法的一般关系

世界环境与发展委员会 1987 年通过的《我们共同的未来》和 1992 年环境与发展大会通过的《21 世纪议程》都专门提出对可持续发展立法的建议。中国也在《中国 21 世纪议程》中强调了可持续发展法制化的重要性和实践步骤,指出"与可持续发展有关的立法是可持续发展战略和政策定型化、法制化的途径,与可持续发展有关的立法的实施是把可持续发展战略付诸实施的重要保障"。对于可持续发展的法目前还未形成一个比较统一的表述,有学者认为是可持续环境法,也有学者认为是经济法的一个子部门。不管经济法是不是可持续发展的法的上级部门,经济法肯定是与可持续发展有关的法。经济法作为落实科学发展观的一个制度保障,应该受科学发展观的指导,应该体现科学发展观的理念。

三、在科学发展观的指导下进行经济法理念的更新

(一)实现人的全面发展是经济法的最高理念

1. 科学发展观要求经济法树立以人的全面发展为目的的理念

"以人为本"是科学发展观的理念。"以人为本"就是要以实现人的全面发展为目标,以人民群众的根本利益为出发点谋发展、促发展,要不断地满足人民群众日益增长的物质、文化生活的需要,保证人民获得切实的政治、经济、文化的利益。经济法作为一个独立的法律部门是科学发展观的法律化、制度化,应当体现科学发展观以实现人的全面发展为目的的理念。

2. 经济法能够涵摄实现人的全面发展这一理念

法是社会调整的工具,法是阶级统治的工具。法本身对于人来说始终是工具而不是目的,

---

① 杨紫烜.论科学发展观与中国经济法的理念[C].2004 年经济法年会发言,参见 www.cel.cn,2005 - 2 - 21.

法的最终目的在于服务于人。经济法作为一个部门法和其他部门法一样,其最终目的在于实现人的全面发展。但是,和其他部门法相比经济法更能够有助于实现人的全面发展。民法是调整平等主体之间的财产关系、人身关系的法律规范的总称。民法主要保护人的财产权和人身权。作为现代社会的人应该享有的不应仅限于这两项权利,比如发展权、环境权、政治参与权等都被视为基本人权,而这些权利在民法的视野里很难找到踪影或不能得到应有的保护。行政法旨在提高行政效率、控制公权对私权的侵犯。但是,在行政法领域公民被作为相对人和行政主体的关系是不平等的,往往会遭到公权的侵犯。另外,面对贫富差距的扩大、生态环境的恶化、城乡发展的不平衡等问题行政法不会发挥有效的作用,而这些问题直接阻碍着人的发展。经济法是对民法和行政法的弥补和超越,协调着个人、社会、生态三者间关系,全面促进人的发展。

(二)平衡协调是经济法的核心理念

科学发展观的核心是协调。发展观中的协调有两层含义,第一层协调是一种手段,第二层协调是一种状态,即通过对经济、社会和自然之间关系的协调达到三者协调共处。经济法是国家调整国民经济的法律,应当体现协调这一核心理念。经济法中的"协调"也有两种含义,其一指机制的协调即市场调整机制和国家调整的协调,其二是指一种最优化的结果。

1.现代市场经济是一种混合经济

正如萨缪尔森所说,市场机制在许多领域决定价格和产量,而政府却通过税收、支出方案和规章制度来调节市场,市场和政府这两个部分都是不可或缺的。原因在于市场和政府各自都有缺陷和优点,通过二者互补可以达到最优化。市场的缺陷有两类,第一类是市场本身的缺陷,表现在以下几点:①垄断,自由竞争必然导致垄断,而垄断必然增加成本。②市场不能很好地解决某些外部经济问题。③市场机制不能解决宏观经济均衡。④市场经济存在信息不对称,而信息是市场经济中极其重要的资源。⑤市场机制无法解决公共物品的生产。⑥市场无法解决社会公正问题。第二类是由于市场本身发育不完善而出现的功能性障碍。这种现象在发展中国家普遍存在。由于市场缺陷的存在,必然导致市场机制失灵。而这些缺陷通过市场本身无法解决,需要一个外力的介入。这个角色只有国家才能扮演。但是,国家或政府在介入市场时也存在缺陷。正如斯蒂格利茨讲,对那些提议对市场失灵和收入分配不平等采取政府干预的人们,经济学家提醒他们也不要忘记政府同私人市场一样有缺陷。政府的缺陷主要有:①由于政府公权介入有可能会对私权造成侵犯。②由于政府也不可能获取全部信息,在此基础之上做出的决策失误会造成更大的危害。③政府工作效率相对较低,获取信息不及时。④政府干预容易导致"寻租"现象。通过比较,市场存在缺陷的地方恰好是政府比较有优势的地方,政府存在缺陷的地方是市场有优势的地方,因而市场和政府的作用可以协调,通过协调市场和政府的作用,可使二者作用达到最大化。总之,片面地强调政府的作用或片面强调市场的作用都是不科学的,应该注意二者的协调。这正是科学发展观强调协调的经济学基础也是经济法强调协调理念的经济学基础[①]。

2.从法理学的角度分析,经济法也应该树立协调的核心理念

马克思曾说过,人们奋斗所争取的一切都同他们的利益有关。作为现代社会控制的首要工具的法律不光是对利益的宣示,更重要的是对利益冲突进行平衡协调。庞德认为社会上出

---

① 刘文华,王长河.经济法的本质及其经济学基础[J].法学杂志,2000(3).

现的利益要求和利益冲突是法院和立法机关进行工作的基础,凭借法律,使社会变革中的骚乱和无序转化为社会工程秩序。以法律维护的社会工程必须以一种合理和一贯的方式来平衡各方面的利益。法律的利益平衡协调功能表现为对各种利益的重要性做出估价或衡量,以及为协调利益冲突提供标准。我国的法律是人民根本利益的体现,一方面要体现人民利益的需要,更重要的是对人民利益的冲突进行协调。经济法是我国法律体系中一个重要的部门法,树立"协调"这一核心理念是理中应有之义。

3.从经济法的本质看,"协调"应该是经济法的核心理念

通过对前面的经济法学说的回顾,我们可以处处找到"协调"的踪影。关于经济法的本质,比较有影响的学说有:①经济协调关系说。该说认为经济法是调整国家协调经济运行过程中发生的经济关系的法律规范的总称,其作用区域包括企业组织管理关系、市场管理关系、宏观调控关系和社会经济保障关系四个方面。②经济管理与市场运行说。此说认为经济法是国家为了保证社会主义市场经济的协调发展而制定的,有关调整经济管理关系和市场运行的法律规范的统一体系。③国家调节经济关系说。此说认为经济法法是调整在国家调节社会经济运行过程中发生的各种社会关系,以保障国家调节,促进社会经济协调、稳定和发展的法律规范的总称,其具体范围包括国家强制经济关系、国家参与经济关系和国家宏观调控经济关系三个方面。④需要国家干预经济说。该说认为经济法是调整需要由国家干预的经济关系的法律规范的总称。⑤社会整体经济利益说。此说认为经济法应是国家为保障社会整体经济利益,实现经济协调发展而规制经济运行行为的法律规范的总称。上述几种学说除第四种学说外,其他都强调了协调。其中第一种学说将"协调"定位为一种手段,第二、三、五种学说将"协调"定位为一种状态或结果。可见不管从哪个方面理解,"协调"这一核心理念是被大部分学者接受的。

4.从具体部门法来看,经济法充分体现了"协调"的理念

尽管对经济法的概念目前还没有形成一个统一的学说,但是市场规制法和宏观调控法作为经济法的下属部门法已经达成共识。市场规制法是调整国家对市场进行规制过程中发生的经济关系的法律规范的总称。其中反不正当竞争法是对经营者之间利益的协调,消费者权益保护法是对经营者和消费者之间利益的协调。由于经营者和消费者相比其处于优势地位,为了平衡二者之间关系,消费者权益保护法侧重于对处于弱势地位的消费者的保护。从经济学角度讲经营者和消费者之间是一种供给和需求的关系,供给和需求在达到均衡时生产才能达到最大化。宏观调控法是调整在宏观调控活动中发生的社会关系的法律规范的总称,它以社会总供给和总需求的平衡及经济结构的整体优化为目的。其中财政法保障国家收入和支出之间的平衡;金融法保障货币发行和经济发展的平衡、银行信贷的平衡;税法更充分地体现了平衡协调的理念。税法具有保障国家收入和国民收入再分配的功能。如果单纯为了增加国家收入最简单的方法就是提高税率,但是税率提高会影响投资者的积极性同时减少了扩大投资的资金来源,所以税法必须协调二者关系。为了缩小收入差距就应当提高对富者的税率,如果对富者的税率重到足以破坏其投资就会影响到贫者就业的数量和质量。这就要求税法在发挥收入分配的功能时必须协调好效率和公平的关系而不能只顾一头。总之,经济法的协调理念在具体的部门法中给予了充分的体现。

5.强调经济法的协调理念具有重大的意义

首先,确立经济法协调的理念有助于克服经济行政法的错误思想。经济行政法的实质是

否定经济法是一个独立的法律部门,将经济法划入到行政法的范围。经济行政法只看到国家对经济调整的作用而忽视了市场的基础地位作用。通过西方经济发展的历史看这种思想是不正确的。在自由竞争阶段,西方国家奉行"竞争绝对自由",政府充当"守夜人"的角色,结果产生了垄断、高失业、通货膨胀等一系列问题。这些问题通过市场本身无法解决,需要国家的介入。在此背景下产生了凯恩斯主义,但是国家的全面介入同样带来了"滞胀"等难题。后来产生了新自由经济学和新凯恩斯主义经济学,但是这两种学说谁也无法说服谁。市场经济是以市场调节为主,国家调节为辅的混合经济,忽略市场和国家任何一个都是不科学的。实际上现代西方国家正是在寻求市场和国家的优化组合点来对经济进行调整。因而,经济行政法单纯地强调国家对经济的调整是不科学的,应当强调市场和国家协调的理念。

其次,确立经济法协调的理念有助于经济法的运行。第一,在经济法立法时,既要规定政府的权力,也要规定政府的义务和责任。既要规定市场主体的权利也要配置相应的义务。而我国有些法律恰恰没有协调好这一点。比如反不正当竞争法,一方面是赋予国家工商管理机关的权力不适合反不正当竞争的艰巨性和复杂性的需要,对此已有学者提出应授予工商管理机关查封、扣押、冻结的权力。另一方面是政府责任的缺失,对行政垄断设置的责任只有上级责令改正。另外,在经济法立法时还应当注意经济法体系的协调,如反不正当竞争法、产品质量法和消费者权益保护法这三部法分别从行为、标的、主体的角度对消费者进行保护,具有共性。同时经济法立法还应当注意和民法、行政法的协调。第二,在经济法执法时,各个执法部门应相互协调,即不能对同一违法行为进行两次相同的处罚又不能互相推诿。第三,目前没有专门的经济法诉讼程序,这已经不适应经济发展,有必要制定一部经济诉讼法或对民事诉讼法和行政诉讼法进行修改。但无论是进行新的立法还是修改现有的法律,都必须注意和已有的法律进行协调,才能发挥整体作用。

最后,确立经济法的协调理念有利于我国经济法和国际接轨。经济全球化给世界经济带来巨大影响,同时也促进了各国法律的革新。我国已经加入世界贸易组织,按照世贸组织的要求必须对我国的法律进行修改以和国际公约相一致。目前,在世界上只有少数国家承认我国经济的市场,原因之一就是国家对市场干预过多,体现在法律上就是行政色彩较浓。所以应该在协调理念的指导下对相关的法律进行完善,同时应该抛弃"干预"的理念。

总之,确立"协调"的理念是科学发展观的要求,也是经济法本质的体现,同时还有重大的意义。

(三) 经济法的基本理念

树立协调的经济法核心理念并不排除经济法还具有其他基本理念。在科学发展观的指导下,经济法应当具备以下基本理念。

1. 效率与公平均衡的基本理念

效率与公平是人的基本追求,也是法律所要实现的两个基本理念。但是,如何实现公平和效率以及怎样处理它们之间的关系,却是一个古老而有常新的课题。中国古代关于二者的关系有三种模式:第一种是"君子喻于义,小人喻于利",第二种是"兼顾义利",第三种是"见利忘义"。新中国从成立至今关于公平和效率的观念模式大致如下:20世纪五六十年代是盲目地追求速度和平均主义,七八十年代强调发展即"发展是硬道理"而忽视了公平,党的十四大提出了"效率优先兼顾公平"。十六届三中全会提出了科学发展观,其效率和公平观念应该是效率与公平均衡观,也就是使二者关系达到最优化。首先,从科学发展观提出的背景来看,一方面经济发展效率不高,是以高成本换来的高速度,结果是能源的危机、环境的恶化和结构的失调等。另一方面是社会的不公平,如收入差距的扩大、城乡二元经济结构、地区差距等。其次,科学发展观的要求即"五个统筹"的实质就是对公平和效率的协调。总之,科学发展观的效率和公平的观念是二者的均衡。然而,公平和效率的关系除了同一性外往往是以对立的关系出现在人们面前的。公平和效率的对立性关系构成了对个人自由、社会和谐等价值的现实威胁。这就要求法律对二者进行协调。作为市场经济的基本法民法是绝对强调自由竞争的,竞争是提高效率最有效的途径。但是竞争是强者的乐园弱者的地狱。一旦因追求效率而造成某些社会群体遭受难以承受的打击和压力,就会危害社会安定,影响人的发展。效率在民法领域是第一位,是对社会公平的排斥。行政法为了提高行政效率、维护社会安定,对个人效率不予考虑甚至有时以牺牲个人效率为代价。经济法建立在民法和行政法的基础之上,是对二者的弥补和超越,能够比较有效地处理效率与公平的关系。市场规制法从社会的角度出发维护竞争秩序,提高整体效率。宏观调控法从整体上保障社会公平。不可否认,要做到效率和公平的关系达到最优化是非常困难的,但是总的原则是提高效率要以保障最低公平为前提,维护公平也不能以牺牲最低限度的效率为代价,一个公平的社会不是没有差别的社会而应是一个没有歧视的社会。总之,树立效率与公平均衡的经济法理念是科学发展观的要求也是经济法的基本价值取向。

　　2.区别对待的理念

　　科学发展观的要求是"五个统筹",统筹的前提是承认有差异的存在,在差异的前提下要做到协调就必须采取有差异的政策,体现在经济法中就是要区别立法。比如对城乡问题的协调,由于城市现代化程度较高、市场经济以比较完善,而农村基础设施差,所以城市的发展应该靠市场去调节,农村应当主要靠政府去引导、扶持。针对农村的特殊环境,目前应制定促进农村发展法、财政转移法等。再如东北振兴和西部开发都是为了解决地区协调问题,但是东北问题主要是体制改革问题而西北则是贫困问题、环境问题等。这就决定了西部大开发法和振兴东北法有所不同。总之,区别对待是前提和基础。

第二节　经济法的价值

一、经济法价值的概念

　　马克思主义认为"价值"这个普遍的概念是从人们对待满足他们需要的外界物的关系中产生的,是人们所利用的并表现了对人的需要满足的物的属性。从哲学上讲,价值是指它对人类、对社会的效用关系,既反映了客体呈现给主体的客观属性,也包含了主体对客体的评价。而法律基于满足社会的需要而产生,法的价值是以法与人的关系为基础的,是法对于人所具有的意义,是法对于人的需要的满足。经济法的价值是指经济法所具有的、对主体有意义的,可以满足主体需要的功能和属性,是经济法通过其规范和调整所追求的目标。经济法的价值范畴揭示了经济法的存在意义和目的意义,它从哲学的高度概括了经济法的目的与宗旨,决定了经济法的调整对象、原则、特征,与它们密切相关并统一在整个经济法律体系之中。只有把握经济法的价值才能确立经济法的独立地位,才能科学认识经济法的本质和基本精神,同时为实现经济法律体系的内在统一奠定基础。

二、经济法的价值的理解

经济法价值一直是法学界研究的热点问题。经济法学者们基于不同的理解对经济法的价值提出了不同的观点:有的学者认为经济法的价值是"整体利益"或"权力与权利交融的系统化秩序",我们称之为"一元论";有的学者认为经济法的价值是"社会整体效益、公平"或"社会公平、经济民主"或"公平和效益",我们简称为二元论;有的学者认为经济法的价值是"发展、公平、安全"或"实质正义、社会效益、经济民主和经济秩序的统一",我们称之为三元论;有的学者认为经济法的价值是"存在价值、法权价值、资源价值和社会价值",我们称之为四元论。可见学者们基于各自对价值的不同理解对经济法的价值做出了各式各样的界定。这些看法或多或少地反映了经济法的部分本质与基本属性,但是由于对价值本身概念认识的模糊,使一些本属于基本原则或宗旨等其他范畴的理念也被纳入经济法的价值体系,从而使这个体系变得模糊不清。正如有学者所述,上述各种观点虽然都有一定的合理性,反映了经济法的某些属性,但它们多少存在以下问题:沿用哲学、法理学通用的概念却不曾赋予其有别于哲学、法理学的特别意义与属性;价值目标十分零散未能体系化,致使经济法的价值目标范围任意扩展或收缩,各种观点纷繁但论证不足[①]。

法律价值一般包括公平、效益、社会整体利益、秩序、自由、平等、安全乃至人的全面发展等。但由于各个部门法有不同的调整对象和本质特征,因而在法的价值取向上有所侧重。作为一门独立的法律部门,经济法也有与传统法律部门不同的价值内容。在法理学中,法的价值这一术语的含义可以因以下三种不同的使用方式而有所不同:第一种使用方式是用法的价值来指导法律在发挥其社会作用的过程中能够保护和增加哪些价值;第二种使用方式是用法的价值来指称法律所包含的价值评价标准;第三种使用方式是用法的价值来指称法律自身的价值因素。即在"目的性价值"、"评价标准"和"形式价值"三种含义上使用。为了研究经济法价值,我们在本教材中尝试着将经济法的价值划分为两个层次:一是经济法的终极性的价值追求,即法的目的性价值;一是经济法在这个终极追求下的价值名目,即经济法为了实现其目的性价值而应具备的基本属性或共性价值,我们可以称之为工具性价值。目的性价值反映经济法的本质和宗旨,统帅着经济法的动态运行,从而处于主导地位,工具性价值是实现目的性价值的方式和手段。二者相互联系,缺一不可。但这里须指出的是,目的性价值与工具性价值的分类法是相对的,它们之间并没有十分绝对的界限,很大程度上是在两种以上的法律价值间进行比较的结果。

三、目的性价值

一个部门的法律规范相互之间及其整体,都应当是一群具有"合目的性"的规范。经济法理论体系就是对同质规范的整合,所以它也需要以明确的目的为导向。经济法的价值正是这种目的性之体现。在经济法的价值体系中,终极性价值是一个更上位的概念(人们常常以为只有对于作为整体的"法"才存在"终极性"价值一说,但是其实每个部门法在它自己的体系里也存在最高的价值追求和相对低级的价值的区分。)。既然是最高的统帅性价值追求,那么经济法体系中的终极性价值也应该是唯一的。在经济法目的性价值这一个层次上,经济法只应具

---

① 吕忠梅,陈虹.论经济法的工具性价值和目的性价值[J].法商研究,2000(6):59.

备唯一的代表经济法根本特点与基本精神的价值目标。同时它也应该具有"绝对超越指向性"的特点,还是经济法工具性价值以及经济法宗旨、原则赖以确立的前提。依据经济法在我国的独立地位与重要作用,我们认为经济法的目的性价值是经济以及社会的可持续发展。

经济法的价值作为法的价值的一部分,在总体上它与法的价值是一致的。但具体讲,它又有自己的特殊性,有自己的部门特征。经济法的价值有公平、效益、安全乃至人的全面发展等。但这些价值目标如果离开了人,也就失去了其存在的意义,因为这些价值目标本身并没有意义,只有当这些目标与人的发展结合起来时才有了其存在的价值。正如有的学者所说:"法律的价值是其主观作用,法律的作用是其客观价值。"[①]因此,经济法的最终价值目标应当是也必须是可持续发展。

(一) 可持续发展的含义

可持续发展战略的思想形成于 20 世纪 80 年代,是在对传统的工业文明和发展模式进行深刻反思的基础上形成的一种新的发展观和发展模式。所谓可持续的发展是指人类赖以生存发展的资源环境不仅能够满足当代人的需要,而且还应该为子孙后代的持续发展创造必要的条件。其基本内涵,可归纳为三个方面:第一,人类有通过与自然相和谐的方式追求幸福、美好生活的权利;第二,当代人在创造与追求自己的发展时,应注意代际公平和代内公平;第三,人类在发展经济的同时,为了今世和后代的利益应注重环境资源的合理利用。可持续发展的价值观的形成经历了工业文明价值观到生态伦理学的价值观再到可持续发展价值观的变革过程。工业文明的价值观以人类为绝对中心,把人看作是绝对主体,把人之外的一切事物均看作是可以被人随意占有、使用和作用的对象,认为"发展是天然合理的"。这种价值观的危害是有目共睹的,它造成了人口、资源和环境的危机,但是我们也不能不说它强调和追求人的发展的初衷。生态伦理学的价值观则立足于克服工业文明价值观的错误,恢复自然的应有地位,认为任何生物都有独立的存在价值。但它否定人的主体性,把人仅仅看成是大自然的普通一员,也同样是错误的。可持续发展的价值观正是在比较和扬弃这两种价值观的基础上才得以产生。可持续发展的价值观要求全面把握人与自然的关系,肯定人的主体性,承认人类实践活动的最终目的是为了人的全面发展[②]。经济法的目的和使命决定了它与可持续发展战略有着天然的联系。经济法是 20 世纪出现的一个新兴法律部门,它是国家因素介入经济活动的法。经济法一经产生就肩负着弥补市场机制的不足,通过国家(政府)依法规制和协调国民经济运行,引导整体经济健康发展的使命,这和可持续发展的使命是一致的。而且经济法以社会为本位,追求社会正义,维护社会整体利益和效益,又与可持续发展的价值观相对应。可持续发展战略是国家总体发展战略的基础和重要组成部分,经济法是国家规制和协调国民经济活动的基本法律形式,因此,经济法与可持续发展战略的结合是历史的必然,经济法应该以实现可持续发展为目标和价值追求。

(二) 可持续发展对经济法的影响

可持续发展战略作为一种新的发展观和发展模式,在国际层面上,它已为国际组织所普遍接受并成为国际立法的重要指导思想和原则;在国家层面上,它已成为包括我国在内的众多国家的总体发展战略。国务院 1994 年 3 月 25 日通过的《中国 21 世纪议程》,确立了我国的可

---

① 张文显.法学基本范畴研究[M].北京:中国政法大学出版社,1993:255.
② 程信和、李挚萍.可持续发展——经济法的理念更新和制度创新[J].人民大学复印资料.经济法、劳动法,2001(12).

持续发展战略。《中国 21 世纪议程》的第一项行动就是"开展对现行法规和政策的全面评价，制定可持续发展法律、政策体系，突出经济社会和环境之间的协调"。与此相对应，《中国 21 世纪议程》62 个优先项目的第一项就是《中国可持续发展的法律制定和实施》。可见可持续发展战略的实施不仅给社会带来重大的变革，也给法律尤其给经济法带来了重大影响。

1. 对经济法公平观的影响

公平一般有两种含义，一是机会的公平，即获取收入、财产和其他利益的机会的公平；二是分配公平，即收入分配、财产分配和权利、权力分配的公平。传统民法强调机会公平，它的实现以抽象的人格平等和个人自由为假设条件，认为只要赋予个人充分的平等和自由，就可以自然导向公平和正义。然而在现实生活中由于经济活动主体的经济实力和地位悬殊，绝对个人平等和自由导致的不是机会均等，而是机会的不均等，进而更带来结果的不均等。经济法从超越民法界限的地方发展起来，它较之民法更注重实质的正义和公平。经济法也保护机会公平，站在更高的角度，如通过反垄断、反不正当竞争等来维护正当的竞争秩序，但经济法的公平观更注重结果公平，对由于体制不顺、制度不合理等原因导致的贫富差距过大、地区发展不平衡等问题，通过税收制度、财政转移支付制度、社会保障制度等加以解决，如国家推行的西部大开发政策和立法就体现了这一点。经济法的公平观兼顾了机会公平和分配公平、形式公平和实质公平。但上述经济法公平观限于同代人之间，与可持续发展的公平观有较大距离。可持续发展的公平观在内容上包括机会公平和分配公平，在时间跨度上包括代内公平和代际公平。可持续发展的公平观把环境与资源作为当代人和后代人生存发展的物质基础，环境与资源的合理分配亦是公平实现的基础，当环境与资源衰落时，不仅当代人的发展受到制约，而且还剥夺了后代人继续发展的机会。为了保证环境与资源的永续利用和人类的持续发展，应将自然环境与资源纳入到资本和财产中，对它们进行合理的分配和保护，把后代人的利益纳入到法律保护的范畴。可持续发展的公平观是最全面的公平观，它开了历史之先河，第一次把享有公平权的主体从一国人扩展到全球人，从活着的人拓展到将要出生的未来人。所以经济法应全面追求社会公平。

2. 对经济法效益观的影响

有许多学者认为经济法最主要的价值目标就是效益。经济法产生于自由资本主义向垄断资本主义的过渡时期，经济法是构筑在市场经济基础之上的，而市场经济的最高原则就是效益的最优化。20 世纪 60 年代在美国兴起，随后在西方各国广泛传播的法经济学，为上述观点提供了理论依据。法经济学要求对各项法律制度进行严格的效益分析，认为只有带来最大效益的法律才是应该的。效益成为法律权利义务分配的唯一标准，经济分析法学主张效益优先、公平居于次要地位，其实这是一个误区。从法律史的角度来看，公平价值观起源于"法律面前人人平等"的法律思想，而效益价值观则起源于功利主义法学。公平价值观产生在先，效益价值观产生在后。自效益价值观产生后，公平和效益就成为法律的两个重要价值目标。经济法也不例外。这里的"效益"只具有总体意义，而不具有个体意义。经济法是国家从社会公共利益出发对市场进行干预和调控的法律。经济法的效益观是一种社会效益观。社会效益相对于经济效益而言，其内涵更为深刻和广泛。效益确是通过成本-收益分析反映出来的，而经济法的效益观所追求的社会效益，不仅是一般的经济成果最大化，同时更是宏观经济成果、长远经济利益以及社会福利、人文和自然环境。人的自由和自身价值等诸多因素的优化和发展，微观和经济的成果只是社会效益的组成部分之一。以社会公共利益为价值取向是经济法自身的要求。正如有的学者所讲:"经济法是国家为了克服市场调节的盲目性和局限性而制定的调整全局性的、社会公共性的、需要由国家干预的经济关系的法律规范的总称。"①"经济法产生于立法者不再满足于从公开调停经济参与人纠纷的角度考虑和处理经济关系,而侧重于从经济的共同利益,经济生产率,即从经济方面的观察角度调整经济关系的时候。经济法产生于国家不再任由纯粹私法保护自由竞争,而寻求通过法律规范以其社会学的运动法则控制自由竞争的时候。"②可见经济法从一开始就以维护社会公共利益为己任。经济法必须走出误区,确立公平与效益并列和统一的法律价值观,确立与可持续发展相适应的法律价值观。经济法应以全人类的整体利益为价值目标。可持续发展理论所追求的首要价值目标就是全球的利益,全人类的利益高于一切。"可持续发展是全人类发展的问题,任何国家和区域的经济发展都必须以全球性的可持续发展为前提,以可持续发展为基本指针,实现某一国或某一区域的发展。"③它特别强调"人类的生存是个人生存的基础和前提,个人的生存利益只有通过全人类的生存利益的实现才能实现"④。这就要求经济法必须树立全球化的观念,把经济法既理解为国家主权意志的体现,又理解为国际社会主流意志的体现,理解为社会公共利益要求的体现,从而真正实现经济法律从"个体权利本位"到"个体-社会权利本位"的变革。

有鉴于此,经济法的各个部门法,如税法、金融法、反不正当竞争法、反垄断法、环境保护法、资源法等,就必须摒弃传统经济法的价值观,不能各自为政,互不协调甚至相互抵触,单纯为促进经济发展而存在。各部门法从立法到司法必须在"为了人类的持续发展"这一最高价值目标的指导下来制定和实施,从而使经济法这一年轻学科形成一个严密的逻辑体系,使经济法成为可持续发展的经济法。

四、工具性价值

经济法是高度社会化的产物,是国家直接作用于经济生活的结果。它的产生及发展与政府自觉参与再生产过程,对经济进行干预、调控密不可分,并且它着眼于调整国家经济管理关系,其调整对象具有直接国家意志性。因此,经济法的价值取向有别于其他部门法。

(一)经济安全

经济法以国家经济生活为本体,是国家对国民经济进行调控和规制的法律,因此首先应把维护经济安全作为自己追寻的目标。与民法促进私人经济安全不同,经济法以促进国民经济整体安全为目标。国民经济整体安全是指国民经济的稳定、健康、可持续发展的协调状态。经济安全在现阶段主要指金融安全和产业安全。金融安全是经济安全的核心,金融是现代经济的核心和命脉,金融安全、高效、稳健运行,对经济全局的稳定和发展至关重要。金融危机以后,金融安全日益受到各国重视,维护金融安全,已成为各国金融法对金融业经营的一个基本要求;产业安全是经济安全的另一重要内涵,各国的产业政策及其相应法律法规都以保护产业安全作为其目标之一。保护国家产业安全的基本法律对策一般包含两个方面:一是不允许或限制外资进入某些产业以保护本国幼稚工业、涉及国家安全的产业等;二是大力培育民族企业以提高自身的国际竞争能力。金融安全、产业安全是经济安全的重要内容,金融法与产业政策

① 李昌麒.经济法学[M].北京:中国政法大学出版社,1994:33.
② 德拉德布鲁赫.法学导论[M].米健,等,译.北京:中国大百科全书出版社,1997:77.
③ 张孝德.当代世界可持续发展战略透视[J].中国人民大学学报,1999(2).
④ 刘福森,宋文新.价值观的革命:可持续发展的价值取向[J].吉林大学学报社会科学版,1999(2).

法的经济安全价值日益凸现。

（二）实质正义

正义有形式正义和实质正义之分，在人格平等的基础上要实现经济公平就必须给每个经济参与者以同样的待遇，这被称之为形式正义或水平的公平。在经济活动中个人的能力和财产是存在差别的，在不平等的前提下要实现公平，只能是"结果公平"，即实质正义或垂直的公平。形式正义要求同等的人应当受到同等对待，追求形式上的平等。"实质正义在于实现社会范围内的实质性、社会性的正义和公平，是一种追求最大多数社会成员之福祉的正义观，强调针对不同情况和不同的人给予不同的法律调整。"[①]民法和经济法正是建立在这两种不同的公平观上的法律体系。

民法天然地追求和体现形式正义，民法中的平等原则是其典型体现。正如有学者对平等原则所作的解释："平等原则的含义是，参加民事活动的当事人，无论是自然人或者法人，无论其所有制性质，无论其经济实力强弱，其在法律上的地位一律平等，任何一方不得把自己的意志强加给对方，同时法律也对双方提供平等的法律保护。"[②]但民法所能提供和保障的平等只是起点的平等，不是终点的平等。经济法一般不否定形式上的正义或形式上的平等，但更注重实质正义。经济法的实质正义观主要体现在机会公平和结果公平中。这是因为在现实生活中，由于经济主体之间的个体差别，致使传统民商法以抽象人格平等为基础的公平体系无法实现，权利行使自由、意思自治成了经济上强者压制弱者的合法理由。经济法贯彻真正的公平理念，主张市场主体，无论其实力、地位有何差别都应平等地参与竞争。维护公平竞争的要求直接体现在反垄断法和反不正当竞争法中。经济法不仅关注机会公平，而且将结果公平引入自己的价值取向中。经济法要求国家对不平等的收入和财产实行干预，在一定程度上实现结果公平。经济法的结果公平主要体现在财政税收法中。

（三）社会公共利益

经济法自产生之日起，就以社会公共利益作为自己的价值取向，以补充民法之不足。"尽管通说认为现代民法已是一种社会本位的法，但我们认为民法的社会本位不过是意思表示的一种外在化趋势，其发展恰是一个自身否定的过程；经济法的社会本位则是内在的，它立足于组织和国家、社会的新发展，实现国家、社会和个人利益之内在平衡协调"[③]。因此，追求社会公共利益是经济法的天职和精髓，是经济法区别于民法和其他法律部门的主要标志之一，也是经济法产生、存在、发展的重要动因。

有学者认为，"就总体而言，我国法律体系中诸多法律部门共同担当着保护和实现自然人（公民）利益、法人利益、国家利益和社会公共利益的任务。但就每一个法律部门而言，它不可能毫无主次地平行地保护和实现上述每一种利益，而只能首先保护和实现一种性质的利益，而后由法律反射进而实现又一种利益，或间接地实现另一种性质的利益。由此，每一个法律部门的法益只能是一个凸现一种利益目标，并由多种利益目标组成的利益保护结构"[④]。传统私法中的民商法则通过对个人权利的保障来间接维护社会公共利益；传统公法中的宪法通过对公民所享有的基本权利和应履行的基本义务加以确认来实现社会公共利益，虽然大多数国家

　　① 史际春,邓峰.经济法的价值和基本原则刍论[J].法商研究,1998(6).
　　② 梁慧星.民法总论[M].北京:法律出版社,1996:42.
　　③ 史际春,邓峰.经济法总论[M].北京:法律出版社,1998:166.
　　④ 王保树.论经济法的法益目标[J].清华大学学报(哲学社会科学版),2001(5).

的宪法确立了社会公共利益原则,但宪法的理念至今仍然是从限制国家权力角度保护个人权利的法律;行政法通过对行政机关行使权力的限制来减少权力被滥用的现象以维护社会公共利益;刑法通过运用国家公权力对严重违法犯罪行为进行惩处来积极维护正常的社会秩序,实现社会公共利益。它通过刑事附带民事赔偿并对受害者的个人利益进行滞后保护,但它对尚未达到严重程度的侵犯了社会公共利益的经济行为则无力调整。由于传统私法和公法固有的利益本位和价值趋向,它们对社会公共利益的保护具有消极被动的特性。相比较而言,经济法对社会公共利益的保障方式则具有直接性、主动性和整合性。经济法正是随着社会公共利益的凸显而产生的。经济法的法益是社会公共利益已成为经济法学界的共识。

经济法的社会公共利益观主要体现在以下方面:首先,经济法把对经济主体行为的评价视角,从自身延展到整个社会,经济主体追求效益的行为,必须置于社会整体效益之中来认识和评价。其次,经济法规定国家直接参与某些经济活动,以达到调节社会的结构和运行的目的,以实现社会公共利益。再次,经济法通过宏观调控,维护社会公共利益,以实现国民经济的稳定与发展。经济法的利益观是一种社会公共利益观。

(四) 经济自由

经济自由是经济法调整的出发点和归宿。经济法通过确认一定经济活动的法律规则,建立起相应的经济法律秩序,以保障经济自由,使经济自由与经济秩序在更高层次上得到统一。这种价值观主要表现在两个方面:首先,确认自由、公平的竞争规则,建立和维护市场竞争秩序。通过对限制竞争的禁止、限制,为所有市场主体自由地进入市场并进行公平竞争创造条件;通过制止不正当竞争行为,保证市场主体的合法权益;通过确认消费者实现其权利的一般性条件,保护消费者利益;其次,确认宏观经济管理规则,构造国民经济持续、稳定发展的环境和法律秩序。通过确认财政和税收的法律规则,建立良好的总收入和总分配的法律秩序。通过确认中央银行的法律地位和货币政策以及商业银行的业务规则,建立和维护货币总供给和总需求的法律秩序。通过确认产业发展的一般规则和振兴特殊产业的特殊规则,建立和维护产业结构优化的法律秩序。通过确认价格规则,稳定市场价格总水平,建立良好的价格秩序。通过确认国民经济稳定增长和计划的规则,建立国民经济稳定、协调发展的法律秩序[①]。可见,现代经济法是保障和实现经济自由的法律手段,"经济自由是其出发点和归宿,它应当为了自由而干预、限制,而不是通过干预而限制乃至扼杀经济自由"[②]。

第三节　经济法的原则

按照《布莱克法律词典》的定义,所谓原则是指"法律的基本真理或准则,一种构成其他规则的基础或根源的总括性原理或准则"。经济法原则是指贯穿于经济法制全过程,并为经济法制和经济法规所确认和体现的总的指导思想和根本法律准则,它对经济立法、司法、执法具有统帅和指导意义,是经济法精神和价值的反映,是经济法宗旨和本质的具体体现。确立经济法的基本原则应遵循以下标准:

第一,经济法基本原则应具有法律性,其法律性应体现在两个方面:一是经济法的基本原

①　王保树.经济体制转变中的经济法与经济法学的转变[J].法律科学,1997(6).
②　史际春,邓峰.经济法总论[M].北京:法律出版社,1998:159.

则应当是具有规范性的内容,即应具有体现经济法权力(利)义务运作之特性或要求的内涵;另一方面,法律性体现在其可以作为执法和司法之依据。任何经济法主体若违反经济法原则就应承担相应的法律后果。

第二,经济法基本原则应是经济法所特有的原则,而非经济法和其他法律部共同遵循的原则或者照搬其他法律部门的原则规范,否则就忽视了经济法的独特性,从而难以构建真正意义上的经济法体系。

第三,经济法基本原则应具有普遍性,即经济法基本原则必须贯穿于经济法的全部实践过程,能够指导经济立法,规范经济执法和司法,并保障和促进经济法实践。

第四,经济法基本原则还应与经济法的价值、调整方法相区别。经济法价值是经济法所构筑的法律秩序的目标及其调整社会关系所应遵循的方向。经济法基本原则不同于经济法价值:首先,经济法价值是经济法规则所要实现或达到的目标,而经济法基本原则是经济法规则的规则或基础,其反映着经济法的价值。其次,经济法价值体现和昭示了经济法的内在精神和宗旨,相对于经济法基本原则,其更为抽象和一般。同时经济法基本原则与经济法的调整方法也不同,所谓经济法的调整方法是指由国家规定的可以以某种合理方式干预社会经济生活的方法。经济法的调整方法主要关注的是国家干预社会经济生活所使用的方法或手段,强调干预经济的手段或方法之合理性,而经济法基本原则则侧重于对经济法具体规则的一种概括或总结,是经济法具体规则的一种实践纲领。

对于经济法基本原则,理论界主要有以下几种观点:

(1)“一原则说”,该说认为,经济法的基本原则只有一个,即维护社会总体效益,兼顾各方经济利益。

(2)“二原则说”,该说认为,经济法的基本原则主要有二,一是计划原则,二是反垄断原则。

(3)“三原则说”,依该说,经济法的基本原则应当是平衡协调原则,维护公平竞争原则以及责、权、利相统一原则。

(4)“七原则说”,按照该说,经济法的基本原则主要有七个原则,即资源优化配置原则,国家适度干预原则,社会本位原则,经济民主原则,经济公平原则,经济效益原则,可持续发展原则[①]。

以上观点是从不同的标准对经济法原则进行不同的阐述。笔者赞同三原则说,但认为经济法基本原则应为:

一、平衡协调原则

所谓平衡协调原则,即经济法从社会整体利益出发,协调各利益主体的行为,平衡其相互利益关系,以引导、促进或强制个体行为运行在社会整体发展目标和运行秩序的轨道之上,从而达到经济总量的平衡、经济结构的优化和经济秩序的和谐;同时,通过对利益主体作超越形式平等的权利义务分配,以达实质上的利益平衡和社会公正。将平衡协调原则作为经济法的一项基本原则,是经济法社会效益价值的要求。平衡的含义及要求在于,作为国家干预手段的经济法,在新的发展要求下,它对整个经济活动的调整,不再是国家-私人极端对立之下维护任何一方利益的工具,也不仅是私人组织扩大之后的一种国家单纯用以矫正社会不公,保护经济

---

① 鲁篱.经济法基本原则新论[J].现代法学,22(5):89-92.

弱者的手段。在强调多元化共同发展的前提下,经济法的调整方式只能是兼容并蓄,竭力在保障各自经济主体利益的前提下,使社会利益、整体利益得以实现,使国有经济与民营、个体等多种经济成分共同发展,相互促进。协调的含义及要求在于保证涉及可持续发展各方面的宏观活动之间和谐的基础上,求得整体方面的配合恰当。可持续发展是建立在经济可持续发展、社会可持续发展以及生态环境可持续发展等诸多方面之上的一个系统工程,它要求系统内部之间应保持协调统一。通过平衡协调原则,使经济法尽量体现经济自由与经济秩序的统一,社会效益与经济效益的统一,经济民主与经济集中的统一,国家调控与市场调节的统一等。

平衡协调原则贯彻于经济法的整个体系之中,在宏观调控法律制度中,信贷基本平衡原则,国际收支基本平衡原则,产业关系协调原则等即是平衡协调原则的具体表现形式。市场规制法中,竞争法通过反对垄断和限制竞争,反对不正当竞争,支持和促进中小企业发展,以平衡各部分主体的利益。消费者保护法的主旨在于国家通过倾斜立法,以平衡消费者与生产经营者在实力上的差异,从而达到实质公平。

二、公平、有效竞争原则

竞争是人类文明社会赖以发展的动力,也是市场机制发挥其"看不见的手"的功能的基本要件,但是,过度的竞争会导致社会经济秩序的混乱。因而,以维护市场机制有效运转为重点的经济法便应当将公平、合理的竞争纳入自己的调控范围,以充分发挥竞争之积极功效,抑制垄断和不正当竞争等消极作用。

经济法所维护的竞争是建立在公平、合理竞争原则基础之上的,其基本内涵有:

(一)公平竞争

公平的竞争应当是平等的竞争。在市场经济条件下,必须营造维护一个平等、公平、统一、有序的外部竞争环境,使各市场竞争主体站在同一起跑线上。平等竞争的环境主要通过税法制度和产业政策法律制度等来实现,如公平税负、统一税率,打破垄断行业或领域的进入壁垒等。同时公平的竞争必须是自由和正当的。经济法主要通过两种手段达到此目的:一是消极反对和禁止。即通过反对垄断和限制竞争,恢复和维护充分的自由竞争;通过反对不正当竞争,以使竞争正当合理。二是积极引导和促进。即国家通过宏观调控促使市场主体自由、正当的竞争。在一些自然垄断行业,以国家垄断取代私人垄断,以避免个别私人独把经济命脉而不利自由竞争;又如国家通过中小企业促进法有意识地培育并扶持一些稚弱的竞争主体,壮大其竞争实力,以维持竞争主体的多元化,确保竞争的自由和正当。

(二)有效竞争

伴随资本主义经济的发展以及经济学理论的不断深化,竞争规则所希冀达到的目标模式也历经曲折,学者们众说纷纭,但其中影响最大的莫过于自由竞争模式、完全竞争模式、垄断竞争模式以及有效竞争模式。而有效竞争模式是当前影响最大的竞争规则模式。有效竞争的基本内容是指将规模经济和竞争活力两者有效地协调,从而形成一种有利于长期均衡的竞争格局。欲达到有效竞争的市场模式,经济法就必须借助合理的竞争规则来予以构筑和保障。如经济法必须反对对进入和流动所存在的人为限制,如行政垄断。竞争必须符合规模经济的要求。此外,对于厂商之间的图谋垄断行为,如卡特尔协议,经济法也应当坚决予以取缔,因而应加强反垄断法的宣传和司法工作。

三、责权利相统一原则

责权利相统一原则也是经济法的核心原则之一。所谓"责",不但包括具体法律关系中的义务,而且包括社会化的责任;"权"指权利;"利"指利益和权力,主要指物质利益,但也包括一些非物质利益。所谓责权利相统一,是指在经济法调整的每一具体社会经济关系中,各经济法主体的义务、权利和利益内在相联,各管理主体和公有制经营主体所承受的权(力)利、利益、义务和职责必须相一致,不允许有责无权、有责无利或有权无责、有利无责等脱节、错位现象存在;应当责字当先,以责定权,以责定利,责到权到,责到利生。

责权利相统一原则也是贯穿经济法体系整体和始终的。经济管理机关和企业、企业的所有者与企业经营者、消费者和生产经营者等经济法主体,在各种经济法律关系中,都必须责、权、利一致,不允许有纯粹的义务主体,也不允许有纯粹的权利主体。

在公有制社会,责权利相统一原则具有特殊重要的意义。在国有资产投资运营与管理法律关系中,国家机关和其他国有主体作为国有所有权代表,不必然自动具有像私人老板那样的约束企业、追求企业利润最大化的原始动力。因此,或者疏于行使所有者职能,导致国有企业效率低下和大量国有资产流失。鉴于此,国有企业改革的关键之一是重塑一个像私人老板一样尽心尽力进行人格化资本行为的具体的国家所有权代表。这就需要以法律法规形式,对各国家经济管理机关及其他国有主体的责权利加以明确;同时,也必须使国有企业及其经营者的责权利相统一。这样,就使国有企业的所有者代表有责任也有动力和意愿去像私人老板一样行使所有者的约束职能,以保障国有企业的行为符合所有者的利益目标,防止国有资产流失;也使国有企业拥有排他性产权而且有相对独立性,能自主地进行生产经营活动;同时,也使企业经营者在利益驱动下和所有者约束下,能够自觉、主动地谋取企业利润最大化。为此需要在经济法的各项制度中贯彻责权利相统一原则,将这种要求落实为众多单个主体的协调一致行为,建立一种确保所设置的各种公有主体角色不易错位、异化的内在机制,只有这样,方可做到国有财产不流失乃至保值增值。

上述平衡协调原则、公平有效原则和责权利相统一原则,分别从主体间利益关系的角度、经济秩序的角度和主体特性的角度体现了经济法的价值。平衡协调原则体现了经济法追求社会效益和实质正义,公平、有效竞争原则体现了经济法对市场经济的维护,责权利相统一原则体现了社会主义与市场经济的结合。三原则内在统一、协同一致,致力于整个经济社会的可持续发展。

思考与练习

1.如何理解经济法的理念?

2.如何理解经济法的价值?

3.如何理解经济法的原则?

第五章　经济法律关系

第一节　经济法律关系概述

一、经济法律关系的概念及构成要素

经济法律关系是指经济法主体在参与市场规制和宏观调控活动中发生的经济关系,经由相应的经济法律、法规对其进行确认和调整后形成的经济权利和经济义务关系。

经济关系是一个内容广泛的概念,广义的经济关系就是社会关系、生产关系或经济基础。作为法调整对象的经济关系应是狭义的,它是为了实现一定经济目的而进行的管理和组织、生产和经营、分配和交换等经济活动所产生的社会关系的总体。经济关系是社会关系的重要组成部分,是具有经济内容和经济目的的社会关系。不同的经济内容和经济目的所产生的关系不同。

作为经济法律关系建立的物质基础的经济关系有如下特点:第一,它是人们从事具体的经济活动而发生的实际的经济关系,不是抽象意义上的经济关系;第二,作为经济法调整的经济关系不是所有的经济关系,它是特定领域内的经济关系。第三,经济关系属于经济基础的范畴,它是在一定的社会生产方式上产生并受其制约的。特定的经济关系经过经济法调整而形成的经济法律关系是一种具有意志属性的社会关系,是思想意志关系,属于上层建筑的范畴。经济法律法规同样也是上升为国家意志的统治阶级意志的体现,这种带有国家意志的经济法律法规对客观经济关系进行调整后,就形成了带有思想意志内容的经济法律关系。经济关系决定经济法律关系,经济法律关系对经济关系又起着能动的反作用。

综上所述,经济法律关系形成的条件有两个:一是客观存在的经济关系,没有无经济关系内容的经济法律关系;二是反映统治者思想意志的法律规范,不经过法律规范调整的经济关系不是经济法律关系。经济法律关系是上述主客观因素的结合和统一。

法律关系都是由主体、内容和客体三个要素构成的,经济法律关系也同样如此。首先要有参加者,即经济法律关系主体;参加者依法律规定确定彼此的权利和义务,即经济法律关系的内容;参加者根据设立的权利义务获得自己所要的财物,所要实现的行为、权利等,即经济法律关系的客体。

经济法律关系主体是经济法律关系的第一要素,是经济权利、经济义务的承受者,也是经济法律关系客体中财物的所有者、经营者,以及客体中行为的实施者。没有主体就没有经济法律关系。经济权利和经济义务是经济法律关系的实体内容,实际上就是经济法律关系本身。它们确定主体间关系的性质和量度,是主体与主体、主体与客体间联系的纽带。经济法律关系的客体是主体通过经济法律关系所追求的经济目标和经济利益,是权利和义务的载体,没有客体同样也不可能建立经济法律关系。

经济法律关系三要素结合起来才形成完全的经济法律关系,使得三要素连结的客观因素是经济法律事实。经济法律事实是能引起经济法律关系产生、变更和消灭的客观依据。这些

经济法律事实可能是事件,也可能是行为。

二、经济法律关系的特征

(一)经济法律关系体现了国家意志与当事人意志的统一

首先,经济法律关系具有强烈的国家意志性,并且也必须体现国家意志。经济法律关系是因经济法调整经济关系而产生的,而经济法的产生就是以国家干预经济活动为起点的,若没有国家干预经济活动,没有国家介入市场经济,民商法就可以解决了。任何法律关系都因为法律规范对社会关系的调整而产生的,因为法律规范具有思想意志性,所以法律关系必然具有思想意志性。然而在经济法律关系中,除了法律关系这本来具有思想意志性外,还增加了国家干预经济这一层的思想意志。相对于也是调整经济关系的民事法律关系来说,经济法律关系的思想意志性更强。经济法是国家主动对社会经济活动进行调控干预的手段,其直接体现国家的某些经济目的。如反垄断法,它与国家产业政策的制定和执行密切相关,其目的是从宏观上防止市场竞争不足,以维护市场主体的经济活力,所以,它具有鲜明的政策性、灵活性和行政主导性特征。其他经济法律、法规,如反不正当竞争法、财政金融法、计划法、价格法、外贸法等,它们均体现着国家在这些领域的意志。

其次,经济法律关系也体现了当事人的意志。在国家机关干预经济的法律关系中,国家的意志往往以一方的命令与另一方的服从的方式表现出来,并且在部分情况下,经济法律关系并不体现作为国家机关相对方的当事人的意志。经济法律关系中的一些强制性规定,以及我们按照经济法主体的权利义务划分情况下,有些主体具有明显的权利主体属性,如税收法律关系中的国家,这些法律关系中并不表现出当事人的意志,但是,在经济法律关系中,国家意志与当事人的意志在大多数情况下是一致的,因为,国家基于发展国民经济的目的而干预社会经济关系,代表了包括当事人在内的人们的根本利益和长远利益,也能为经济法律关系中作为国家机关相对人的当事人所理解和接受。当然也应说明,由于具体的经济法律关系主体又有自身利益,这样体现自身利益的意志就可能与国家意志相矛盾,在这种情况下,国家意志应当优于当事人的意志,这就说明国家意志是首位的,当事人的意志是第二位的,即在任何时候,当事人的意志都不得违反国家意志,否则,这种关系将得不到法律的承认[①]。

(二)经济法律关系是宏观调控和市场调节的统一

经济法律关系中既有国家宏观调控的领域,也有市场自我调节的领域,即既有"有形之手"从全局和社会公共利益角度出发进行的强制性调控和干预,又有"无形之手"依据价值规律、供求关系和竞争规则来实施的自我调节。在市场自身可以发挥作用的领域实施市场调节,在市场存在缺陷、力所不及的领域以及市场失灵之时,实施宏观调控。很多法律关系中都体现着宏观调控和市场调节的统一。在市场规制法领域,如反垄断法、反不正当竞争法、产品质量法的法律关系中,既有宏观调控部分也有市场调节部分,两种调控手段共同发挥作用才维持市场经济运行和发展的平衡,也是因为两种手段共同发挥作用才使得国家利益和市场主体私人利益以及社会公共利益达到平衡。

(三)经济法律关系是多元结构组成的综合性法律关系

经济法律关系主要包括:平权型法律关系、管制型法律关系和自治型法律关系。按照传统

① 李昌麟.经济法学[M].5版.北京:中国政法大学出版社,2017:59.

法律主体理论的一般原理,法律关系以权利和义务为内容,是一种一元的结构形态,但经济法律关系的内容除了包括经济权利和经济义务之外,还有经济自治权限、经济职权和经济职责,因此,经济法律关系的结构具有多元性。平权型法律关系,即平等主体间形成的以权利义务为内容的法律关系;管制型法律关系,即国家与市场主体之间形成的以干预和被干预为内容的法律关系;自治型法律关系,即以行业协会等社会中间层主体与其相关人员之间形成的以自治权限为内容的法律关系。因此,经济法律关系是具有三重结构的综合性法律关系[①]。

(四)经济法律关系具有二元结构和二重性[②]

现在社会,经济是一个复杂的有机体,国家作为有机体的代表,政府作为国家的代表,在经济运行中与构成有机体的个体之间的关系,以及个体与个体之间的关系,构成有机体的功能互补关系。这种关系具有二元结构和二重性。

二元结构是指,经济法律关系是由两种性质完全不同的权利义务体系构成:一是作为经济总体代表的经济机关,在经济法律活动中形成的权利义务体系;二是作为经济功能个体的权利义务体系。作为经济社会这个有机体,是由不同经济个体互动形成的经济网络,网络中的每个个体作为网络的基本细胞,网络中的每个经济细胞不仅直接与其他经济个体发生关系,也因为其行为的外部性和关联性而通过网络有机体间接地与其他个体发生关系,即构成了类似于互联网特征的分布式、泛链接。另一方面,每个个体作为构成整体的一个要素,都与有机体的经济整体发生关系。为了使经济社会整体运行良好有序,就需要求经济法不仅要调整个体之间的直接关系,还要调整他们之间的间接关系。与此相应,经济法就形成了两种调整方法:一是对有直接关系的经济个体之间的权利义务的直接设定,为此形成了个体之间的准私法性质的经济关系。这种性质的经济法律关系,产生于私主体之间,是一种直接的功能互补和功能协调关系,如消费者权益保护法中的经营者与消费者之间的关系就是功能互补关系,而反不正当竞争法中的经营者之间的竞争关系就是功能协调关系。作为功能个体,他们在经济有机体中的功能不同,发挥功能的所需条件不同,为了各自功能充分发挥,实现个体利益,还需要外部给予限制,对其行为适当干预和限定,实现公共利益。因此,他们之间的关系建立并非纯粹的自由意志,所以他们之间的法律关系具有准私法性。二是通过对经济个体与经济有机体整体关系的调整,达到间接对经济个体之间关系的调整,这是经济法特有的,也是其主要的调整方式。这种方式,在经济法中往往表现对经济个体的社会义务的设定。具体表现为功能个体与国家机关之间的直接关系,如反垄断法中的主管机关与垄断企业之间的法律关系,税务机关与纳税人之间的关系。整体为了维护公共利益,有权强制性要求个体承担一定的义务,而个体毕竟也是一个独立的存在,整体义务的设定也是受制于个体发展影响的,所以并不能忽视个体意志,所以说该层经济法律关系并非纯粹的公法性而是具有准公法性。

二重性是指,经济法主体的同一行为,因其角色的二重性,同时处于两重法律关系中,有两重不同的权利义务。第一,经济机关的权利和义务的二重性。经济机关作为社会经济整体的代表,在经济活动中同时与其所代表的整体,通常指国家与经济个体间产生法律关系,由于其在面对整体与个体时的角色、地位不同,因而具有不同的权利和义务,即权利和义务有二重性。第二,功能个体权利义务的二重性。每一个经济个体离不开经济整体而存在,因此必然受制于

---

① 李昌麒.经济法学[M].5版.北京:中国政法大学出版社,2017:59.
② 张涛.论经济法律关系的二元结构与二重性——种整体主义解释[J].经济经纬,2003(3):155-156.

经济整体的系统规制,于是与经济整体之间建立了一层关系,同时因为市场行为与经济个体又产生一层关系,两层关系的权利义务属性不同,因此作为功能的个体具有权利义务的二重性。

第二节　经济法律关系的主体及客体

一、经济法主体

经济法主体就是在市场规制、宏观调控等法律关系中依法享有一定权利、承担一定义务的当事人。一个主体只有参与到上述关系中并受经济法律规范调整才称之为经济法主体。

经济法主体较之民法、行政法的主体,具有如下特征[①]:

第一,主体外延的广泛性。凡依法参加国家协调本国经济运行过程中各种经济关系的组织体和个人,都能成为经济法主体。因而,经济法主体的存在范围非常广泛,遍及国民经济中工业、农业、商业等各个领域,以及社会再生产过程中生产、分配、交换、消费等各个环节。其中,既包括国家机关和企业、事业单位、社会团体等社会组织,以及个体工商户、农户等生产经营户,又包括社会组织内部的管理机构和成员,还包括城乡居民。

第二,主体资格的重叠性。经济法领域有多种经济法律关系,如市场监管法律关系、宏观调控法律关系、社会组织内部法律关系等,各种经济法律关系都有其特定的主体资格。同一社会实体往往同时参加多种经济法律关系,而分别具有不同的主体资格。例如,企业既可成为市场监管主体的相对人,又可成为宏观调控主体的相对人。并且,有的经济法律关系具有混合性,同一社会实体参加这种经济法律关系,就兼有两种或多种主体资格。例如,国有资产监管委员会相对于国资受资企业而言,既是出资人又是国资监管主体。故不同主体资格往往重叠存在于同一社会实体,使其法律地位具有复合性。

第三,主体形态的多样性。主体的法律形态,即法律所确认的主体的社会存在形态。不同的法律形态,即表明不同的主体组织制度。经济法对主体形态的设计,遵循的是具体人格的思路,而非抽象人格的思路。以企业为例,在经济法中,不只限于公司、合伙企业和独资企业,而是基于不同的特殊立法目的,分别依某种特殊标准确立特殊企业形态,如国有企业、外商投资企业、合作企业、商业银行、政策性银行、保险公司、乡镇企业、高新技术企业、公用企业、中小企业等,并针对各种特殊企业形态分别进行专项立法。

第四,主体能力[②]的差异性。主体的法律地位由主体的能力所支撑。在经济法的假设中,主体间不具有匀质性,即不同主体在经济能力、认知能力、信息能力、技术能力或控制能力等方面存在差别。正是基于这种差别,经济法律关系往往不是平等主体间的关系,为实现不平等主体间的实质公平,在立法上实行倾斜政策。例如,对消费者实行权利本位,而对经营者实行义务本位;给垄断企业以更重的义务,而给中小企业以特殊保护;在城乡之间、发达地区与欠发达地区之间,运用宏观调控手段扶持"三农"和欠发达地区的发展;在征税主体与纳税人之间,对征税主体实行控权措施。

---

①　杨紫烜.经济法[M].3 版.北京:北京大学出版社、高等教育出版社,2008:95.

②　主体能力有法律上的能力和事实上的能力之区分,前者指作为主体资格内容的权利能力和行为能力;后者指主体实际拥有的以物质、知识、技术、组织等为基础的能力。这里仅指后者。

在经济法主体制度研究中,对经济法主体的分类,主流观点有两类,即"二元论"和"三元论"。"二元论"和"三元论"都有各自不同的分法,其中"二元论"中漆多俊教授将经济法主体分为国家经济管理主体和被管理主体。"三元论"中影响较大的有王全兴教授提出的"政府—社会中间层—市场",以及单飞跃教授提出的市场、社会、国家。其他"二元论"和"三元论"的具体组成在此不赘述。随着市场经济和社会的发展,"二元论"看似不能适应已经发生很大变化的市场经济的客观现实。"三元论"中的社会中间层或者社会主体现在发挥的作用越来越大,其功能地位不同管理主体或者是规制、调控主体,也不同于被管理主体或是被规制、调控主体。他们的影响越来越大,被越来越多的学者认为可以成为一个独立于国家和市场之外或者说是规制管理主体和受体之外的一个独立主体。虽然社会中间层在不断发展,但是现实经济活动中,其还没有能力成为能与国家权力抗衡的新力量,理论上也无法将其视为与国家主体、市场主体相提并论的独立的经济法律主体类型[①],其在经济法主体框架中归于国家规制管理受体地位。

经济法主体只是该主体从事经济法律中特定行为而呈现的一种角色,根据经济法的概念、调整对象,从经济主体在参与经济活动中所呈现的角色来界定经济法主体的类型,一般来说,经济法主体可分为规制和调控主体以及规制和调控受体两大类。

(一)经济规制和调控主体

经济规制和调控主体主要包括行政机关、立法机关和司法机关。以我国现行的部分经济法律规范中的主体为参照可以看出,目前比较常见的国家规制和调控主体类型包括具体的立法机关、具体的行政机关和具体的司法机关。

立法机关。对于立法机关能否成为经济法律关系主体,一直存在争议。有学者认为,法律关系的主体除了具备权利能力和行为能力之外,还必须具备诉讼能力和责任能力,必要时能在法庭上充当原、被告并承担法律责任。但主流观点认为,立法机关仍然可以作为经济法律关系主体。因为,立法机关也必须在法律规定的范围内从事活动,立法机关并不在法律之外,立法机关在预算法中比较常见,如"全国人民代表大会及其常务委员会"就是规范主体。立法机关作为经济法的规制调控主体随着法治社会的发展会越来越有所作为。

行政机关。行政机关是最主要的经济法律关系主体。行政机关是立法机关的执行者,国家干预经济的主要途径就是通过行政机关的行为来实现的。行政机关作为经济法律关系主体,不仅行使经济权力,发挥国家调节、管理、监督经济的作用,而且在特殊情况下,也参与经济活动,享有经济权利,承担经济义务。行政机关作为经济法律关系主体,其主要职能是规范市场主体、规范交易行为、进行宏观调控、参与社会分配等。

司法机关。司法机关作为经济规制调控主体在我国理论界还存在诸多争议,这实际上涉及对经济法基本属性的认识,即经济法是实体法还是实体与程序兼备的法,经济法对经济实体的调整是否需要特别的诉讼程序。我们知道,经济法主要包括宏观调控法和市场规制法两大块,一般来讲,宏观调控行为不具有可诉性,市场规制行为具有可诉性,不过在现行体制下大多属于行政诉讼。鉴于美国的反垄断诉讼采取了民事公益诉讼程序的形式,我国也有学者主张建立经济公益诉讼程序作为经济法的特有程序,并确定了经济公益诉讼的范围。这些理论随着新的社会关系的发展和人们权利意识的进步日益受到关注也渐渐成熟。应该认为,司法干

预将成为我国国家干预经济发展的又一途径,因此,司法机关也应该作为一类重要的经济规制主体。

市场规制和调控主体的法律特征[①]主要有:

1. 地位的法定性

按照法律理论,国家经济管理主体的地位即国家经济管理主体的法律地位,也就是国家经济管理主体的资格和其自身拥有的权限。从广义上讲,国家经济管理主体的法律地位,还应包括国家经济管理主体的法律性质、职能,以及国家经济管理主体与其他经济法主体的关系等内容。但其核心内容,是国家经济管理主体的资格和其自身拥有的权限[②]。国家经济管理主体地位的法定性,主要表现在两方面:

(1)主体资格取得的法定性。国家经济管理主体的产生和组成,源于法律的直接规定。在我国,作为国家经济管理主体最主要组成部分的行政机关是根据宪法、国务院组织法、地方各级人民代表大会和地方各级人民政府组织法成立的,其组织机构的设置、负责人的任免,也均由这些法律直接规定。此外,需要说明的是,经过国家机关的授权,某些非营利性社会组织和经济组织也可以取得国家经济管理权限,从而成为国家经济管理主体,但是,由于国家经济管理属于国家的一项重要经济职能,其牵涉面广,且关系到国家的经济安全,事关国家的根本利益和社会公共利益,因此,这种授权也应由法律直接规定,即无论是授权机关,还是被授权单位的授权条件和范围,抑或授权程序,都必须有法律的严格限定。因此,即便是经授权而产生的国家经济管理主体,从某种意义上讲,其主体资格的取得也是源于法律的直接规定。

值得注意的是,我国目前在授权取得国家经济管理主体资格方面的立法并不完备,致使国家经济管理主体的授权出现混乱局面。依法享有国家经济管理职权的机关出于利益的驱动或管理便利的考虑,随意将其国家经济管理职权让渡给他人;或者以转变政府职能为由,任意组建国有投资公司、国有控股公司等机构,借此放弃其国家经济管理职权并从中获利,这些现象在当前都十分普遍。应当说,这种状况与国家经济管理权设定和行使的目的是背道而驰的。从另一个角度看,国家经济管理权属于特定经济法律关系主体拥有的经济职权,而特定经济法主体的经济职权实则是其承担的经济职责,未有法律的明确规定而交由他人行使,实际上是不履行经济职责的行为。因此,我国在授权产生国家经济管理主体方面的法制缺失状况,必须予以改变[③]。

(2)权限来源与内容的法定性。国家经济管理主体的权限来自宪法、政府组织法和其他有关经济法律、法规的直接规定。并且,由于国家经济管理权限的范围决定着企业等其他经济法主体的自主经营权大小,决定着一国自由经营与国家干预关系能得到正确处理。因此,为了使国家经济管理主体行使权力有所依据,避免国家经济管理主体越权干预,保障市场经济体制所要求的自由和自主经营,法律对国家经济管理主体的权限内容也作了明确规定。

2. 意志的单方性

国家经济管理主体意志的单方性,主要是针对国家经济管理主体与其管理相对人之间的法律关系而言的。简言之,国家经济管理主体是代表国家从事经济管理活动的,其所行使的经济管理职权来自法律的明确授予。因此,国家经济管理主体拥有法律赋予的权威,作为管理相

---

① 黄河.经济法[M].北京:中国人民大学出版社,2003:76-78.
② 杨紫烜.经济法学[M].北京:北京大学出版社,高等教育出版社,1999:98.
③ 黄河,王兴运.经济法学[M].北京:中国政法大学出版社,2008:97.

对人的经济法律关系主体对国家经济管理主体的意志有服从的义务；国家经济管理主体与管理相对人之间法律关系的形成、变更和终止，也往往是国家经济管理主体单方面的意思表示的结果。这与民事法律关系强调当事人之间法律地位平等、坚持当事人意思自治以及在双方或多方法律行为中奉行意思表示形成了鲜明的对比。当然，应当提及的是，随着"服务政府""经济民主"等思潮的兴起，近年来各国国家经济管理主体在行使其经济管理职权时，对管理相对人的意志作了较多的考虑，但这不足以从根本上否认国家经济管理活动中管理主体意志的单方性，并且，如果在国家经济管理活动中不适当地或过多地注入管理相对人的意志，国家经济管理所预期的目标就将难以达到。

3. 构成上的层级性

国家经济管理主体构成上的层级性，是针对国家经济管理主体体系的内部关系而言的。具体而言，国家经济管理主体是由众多拥有国家经济管理权限的单位构成的一个体系。在国家经济管理主体体系内部，存在着明显的层级关系，下级机关与上级机关、被授权组织与授权机关之间，呈现出意志上的服从与被服从关系。在我国，国家经济管理主体的基本构成是享有经济管理权限的各级行政机关，作为最高国家行政机关的国务院与各省、自治区、直辖市人民政府之间具有行政隶属关系；省、自治区、直辖市人民政府与下级政府之间具有行政隶属关系。同时，国务院与其职能部门（各部、委、直属局）之间、地方各级政府与其职能部门之间也存在着行政隶属关系。另外，经授权行使国家经济管理权限的特殊形式的企业和其他社会组织，也必须服从授权机关的意志，接受授权机关的指导与监督，服从授权机关的指令，从而成为国家经济管理主体体系中的一种层次①。

4. 权责的一致性

国家经济管理主体是享有国家经济管理权限的组织。所谓国家经济管理权限，属于经济权限的范畴，包括国家经济管理职权和国家经济管理职责。与经济职权和经济职责呈现出的关系一样，国家经济管理职权实际上就是国家经济管理职责。换言之，国家经济管理主体享有的国家经济管理职权，既是它们干预社会经济的权力，同时，也是它们必须依法履行的责任；它们放弃其享有的国家经济管理职权，也就是怠于履行其承担的国家经济管理职责。这样，国家经济管理职权与国家经济管理职责不仅在主体上，而且在内容上达成了统一。所谓国家经济管理主体权责的一致性，即指国家经济管理主体的国家经济管理职权与国家经济管理职责的这种统一。

（二）经济规制和调控受体

1. 市场主体

经济规制和调控受体是经济规制和调控的对象，其主要是市场主体。市场主体是指在市场上从事商品交易活动的组织和个人。这里所谓商品交易活动，是指平等主体之间所进行的商品交换活动，既包括营利性的商品交换活动，又包括基于消费等非营利性之需而进行的商品交换活动。市场主体之间的直接交易行为主要由民法加以规范，但是市场主体之间的间接关系以及市场主体与整个市场之间的关系民法就无能为力，其属于经济法范畴。市场主体可以按照不同标准进行不同的划分，有的将其划分为社会组织、内部组织、其他经济组织以及个人，包括承包户、个体经营户、公民以及外国人等，有的划分为法人、非法人组织、个人等，有的将其

---

① 黄河，王兴运.经济法学[M].北京：中国政法大学出版社，2008：98.

简单归纳为经济组织和个人。经济法天然与市场关联。首先,经济法产生于市场经济发展中市场失灵之时,其天然地与市场关联在一起,为整体经济服务,更是为市场经济服务,所以将经济法称为市场经济法之法,可见市场是经济法发挥作用的主要场域。其次,经济法主体无论是"二元论"者还是"三元论"者都将政府和市场作为主体体系中的基准要素。再次,政府调控的受体也是市场中的各种主体。基于此,我们将经济规制和调控受体按照在市场中的基本交易身份划分是比较合适的。作为交易载体的市场,其核心主体就是经营者和消费者,所以市场各种经营者和消费者是经济法调整的主要受体。其中经营者主要包括:第一,各种营利性组织,其主要分为法人组织和非法人组织,前者如各种法人企业,后者如各种合伙企业。第二,公民个人,其中主要体现为以家庭或个人为责任承担主体的各种个体经济,如个体工商户、农村承包户等。消费者是与经营者对应的一个市场主体,它可以是一个组织也可以是个人。组织可以是营利性组织也可以是非营利性组织,并非只有个人才是消费者,只要他们为消费而购买商品时,他们就是一个消费者。当然,在消费者群体中,个人占比很高。在市场交易中本来双方处于平等的法律地位,但通常与经营者相比,消费者处于弱势地位,因此,为了维护消费者权益,国家专门制定消费者权益保护法保护消费者。这也体现了经营者和消费者之间的关系并非全部都是民商事关系,还有经济法律关系的存在,即在交易领域依然存在国家干预因素。

2. 社会中间层主体

社会中间层主体是指它既非政府组织,也非营利性企业,它是市场影响政府、政府干预市场和市场主体之间进行联系的起中介作用的组织。这类主体就其性质来说具有中介性、公共性和民间性等特征。在市场经济中,它们根据法律的规定、特定机关的授权和自律规范,享有一定经济权限,履行服务职能或者协调职能,同时依授权对市场主体进行必要的干预[1]。其大致可以分为以下几类[2]:

第一,社团性中间层主体。这是指在市场经济体制中,具有社会中间层主体的地位和职能的社会团体。具体包括工商业者团体(如商会、企业家协会、同业公会、外商投资企业协会、个体工商户协会、证券业协会等)、消费者团体、劳动者团体、雇主团体等。

第二,经济鉴证性中间层主体。这是指依法成立并由专业人员组成的,经特许利用专业知识和专业技能为受托人提供经济鉴证,实行有偿服务的社会中介机构。具体包括会计师事务所、资产评估机构、公证机构等。

第三,经济调节性中间层主体。这是指依法成立的运用其货币经营、资本经营等业务,配合政府宏观调控部门,对市场主体的经济活动进行调节的特殊企业。具体包括商业银行、政策性银行、国有资产投资机构等。

第四,市场中介性中间层主体。这是指依法为交易当事人提供中介服务的机构和个人。具体包括纪人、经纪机构、职业介绍所、产权交易所、拍卖行、招标代理机构等。

很多学者提出经济法主体的"国家—社会中间层—市场"框架,即"三元论"的主要代表,将社会中间层主体作为经济法的独立的主体,即独立于国家或者干预调控主体以及市场或是干预调控受体之外的独立主体。但是,从当前社会中间层的地位、职能和作用看,它还够不成独立的经济法主体类型,理由如下[3]:

[1] 王全兴.经法基础理论专题研究[M].北京:中国检察出版社,2002:499-577.
[2] 李昌麟.经济法学[M].5版.北京:中国政法大学出版社,2017:63.
[3] 张继恒.经济法主体理论的再证成[J].肃政法学院学报,2013(11):123-124.

第一，社会中间层概念提出的本意在于弥补国家未能完全弥补的"市场缺陷"和市场未能弥补的"国家缺陷"[1]。正如有的学者所认为的那样，社会中间层主体成为干预市场的辅助主体主要是基于"市场失灵及克服—需要政府干预—政府失灵及克服—市场干预政府—政府经济职能的社会化—社会中间层主体成为干预市场的辅助主体"这样一种思路而形成的[2]。然而，现在经济生活中国家和市场的融合不断在加深，很多本来属于国家的行为或者是义务范畴都授予市场主体在运作，比如很多 PPP 项目，都是市场主体在从事原本属于国家应为的领域。国家与市场界限也日益模糊，二者之间的互动和渗透使得人们无法从形式上对其加以区分，因此社会中间层主体这个人为界定出来的边界在现实经济中并没有表现为理论研究赋予它的那些作用。因市场需求而产生出来的具有各种混合功能属性的主体，这个现实存在本身就可以满足当前经济社会需求，至于社会中间层主体如果在市场发展有需求时，自然会起到其应有的作用，那时，无须理论上的界定，它就自然会成为一个符合它地位的主体身份。

第二，社会中间层主体均从事中介服务和管理作用，是协调经济法领域国家与市场两类主体的纽带，这不是社会中间层主体所独有的。从事中介服务的法律主体在其他部门法中也是普遍存在的。社会中间层主体作为一种社会实体，它也因参加不同法律关系，而成为不同法律关系的主体，比如参加民事法律关系，就成为民法主体，参加行政法律关系，就成为行政法主体，参加经济法律关系，就成为经济法主体。社会中间层主体参加到非经济法律关系中，并不改变这些法律关系本有的主体结构，它只能成为其主体结构中的某一方主体。各部门法主体类型的独特性，并非在于刻意创造一些不同于其他部门法的新型主体类型，而是基于其本身调整任务、调整对象之独特性，从各个不同层面赋予主体以特殊的权利义务，从而形成一种不同于其他部门法的法律主体制度，合理借鉴民法、行政法等部门法对当前涌现的社会中间层的主体地位的态度，结合各类社会中间层主体的职能与作用，将社会中间层归入经济法主体结构中的一方。

第三，现实中的社会中间层组织，其形成和发展缘起于私法主体的结社行为，"属于私法组织，不论组织度有多高，原则上也只代表'私利'。然而实际上往往肩负经济法的任务，而具有'公'的色彩"[3]。尽管需要通过社会中间层来弥补现代社会对公共治理的需求，但现实中社会中间层组织的自治性权利（力）或行业习惯在立法和行政机构的控制下已经失去了效力[4]，其自身无法或难以真正成为与国家权威相抗衡的"另一种力量"，理论上也无法将其视为与国家主体、市场主体相并列的独立经济法主体类型[5]。因此，具体到现在市场中的社会中间层组织与经营者、消费者等市场主体一样都是被规范调控的对象，其在经济法主体框架中一般应归属于国家干预受体范畴，其主体能力的构造依赖于国家主体、市场主体的能力结构和内容[6]。

第四，目前学界对于社会中间层的内涵及外延仍未有明确共识。王全兴教授把社会中间层作为一类重要的经济法主体予以肯定，并对社会中间层作了类型化研究，其将社会中间层主体分为：社团性中间层主体、经济鉴证性中间层主体、经济调节性中间层主体和市场中介性中间层主体。就以上所列的后三种社会中间层主体，其实际上依然从事着程度不同的营利性经

① 王全兴，管斌.经济法学研究框架初探[J].中国法学,2001(6):39-49.
② 张占江.政府与市场和谐互动关系之经济法构建研究——以社会中间层主体为路径[J].法律科学,2007(3):87-96.
③ 张继恒.从"规范教义"到"法理守则"：经济法学研究之转型[J].法商研究,2015(5):66.
④ [美]哈罗德·J.伯尔曼.法律与革命：西方法律传统的形成[M].贺卫方,等,译,中国大百科全书出版社,1993:45.
⑤ 张继恒.社会中间层的经济法主体地位析辩——由"三元框架"引发的思考[J].法制与社会发展,2013(6).
⑥ 张继恒.从"规范教义"到"法理守则"：经济法学研究之转型[J].法商研究,2015(5):66.

营活动,从这点上它就处于国家干预管制受体的地位。就社团性中间层主体,虽然不以营利为目的,但仍然可以依照各类社会团体的宗旨、职能与作用在"国家干预主体—国家干预受体"二元组合之中找位置。这是因为,在总体上社会团体仍然可以分为经营者团体与消费者团体两类,即仍然是市场两大类主体之一。其中,商会就是典型的经营者团体,消费者协会就是典型的消费者团体。显然,商会等经营者团体是以服务经营者为宗旨,其基本职能与作用就是更多地协调经营者内部之间的利益,而消费者协会等消费者团体是以服务消费者为宗旨,其基本职能与作用就是维护消费者合法权益,保障消费者群体的整体利益。由此可见,经营者群体与消费者群体虽不等同于市场个体,但其是具有利益倾向性的,即一方维护经营者利益,一方维护消费者利益,它终究不是纯粹的中间人。

综上所述,可以看出,与一般的市场主体相比,社会中间层主体兼具公私双重身份,但总体来说,还是私身份占据主导。因而一般应将社会中间层主体纳入经济干预调控受体的范畴之内。

社会中间层主体根据当前发挥的作用和宗旨以及地位,虽不能成为经济法的一个独立主体,但是它在经济法律关系中还是发挥比较特殊的作用,并且它的数量越来越多,地位越来越重要。正如哈耶克所认为:对于一个健全的社会来说,在商业领域与政府治理之间,保有一个第三领域,即独立部门是至关重要的①。当前,社会中间层主体地位不同于一般市场主体的地位,一方面,政府通过社会中间层主体协调市场,履行了原来由政府承担的某些职能(如房产交易所、证券交易所等),并且产生了比政府自己作为更好的效果;另一方面,市场通过社会中间层主体制约政府,最大限度地集合弱者的力量(如消费者协会),保护弱者利益。社会中间层主体发挥着正向、积极的作用,所以我们要大力培育和发展社会中间层主体②。

今后,可以结合我国的实际,从以下几方面入手培育发展社会中间层主体:第一,转变政府职能,真正做到"政社分开",也即政府扶持发展社会中间层主体并保证其独立或相对独立的地位。第二,严格市场准入制度,通过市场准入制度净化中介市场。第三,设立专门的监管机构加强监管。第四,加强行业自律,培养自我发展能力。第五,在时局或情境发生重大变化时,及时地调整政府对社会中间层主体的监管策略以使之更好地服务于市场。从这个意义上讲,如何在不同的时空背景下为社会中间层在干预主体与干预受体之中寻求一个恰当的定位并据此确立其权力运行的边界,或将成为未来经济法主体理论研究的一个重要课题③。

二、经济法律关系的客体

在法学理论中,对法律关系客体有不同的理解,有的是从主体参加经济活动的动因出发,认为法律关系客体是法律关系产生的事物;有的是从主体参加法律关系的目的出发,认为法律关系客体是法律关系所要达到的事物;有的从主体所能作用的事物出发,认为法律关系客体是主体可以施加作用的事物。我们认为法律关系客体是主体参加法律关系的动因和所要达到的目的的统一,因此可以认为经济法客体是主体的经济权限所能实际作用的事物。在经济法律关系中,仅有主体及主体权限,而无实际作用的事物,那么主体的目的将落空,经济权限也毫无

①　弗里德利希·冯·哈耶克.法律、立法与自由(第三卷)[M].邓正来,等,译.北京:中国大百科全书出版社,2000:344.
②　谭洁,曹平.关于中国经济法基本原则的若干问题研究[J].法学杂志,2011(7):113.
③　张继恒.社会中间层的法律维度——对经济法主体"三元框架"的重新解读.甘肃政法学院学报,2015(1):46.

意义,因此,客体将是实现主体目的的直接载体。经济法客体主要有以下四类:

(一) 经济规制和调控行为

这是指经济法主体在进行经济规制和调控过程中,为达到一定目的而进行的有目的有意识的活动,它包括规制、调控主体的规制、调控行为和被规制、调控主体的服从行为,这种行为有的表现为具有权力因素的经济规制、调控行为,如经济职权行为,又可以表现为具有财产因素的规制、调控行为,如国有资产调控行为和企业经营规制、调控行为等。

(二) 与规制和调控因素有直接关系的物

物作为经济法律关系的客体不是普通民法领域的一般的物,而是受到一定限制的,这种限制主要表现为这种物必须要与规制、调控因素相联系,土地征用、国有资产管理法律关系所指向的物即是。

(三) 智力成果

智力成果是人的脑力劳动创造的无形财产,作为经济法律关系客体的智力成果主要有:①专利。专利是指受专利法保护的发明创造,包括发明、实用新型和外观设计。②专有技术。专有技术是指没有取得专利权的技术成果。专有技术因其不受专利法保护而需技术持有人依照其他法律自我保护。③商标。商标包括注册商标和未注册商标,注册商标受商标法保护,因此,通常认为注册商标才是经济法律关系的客体。

(四) 经济信息

经济信息是反映社会活动发生、变化和特点的各种消息、数据、情报和资料的总称。当今时代是一个信息时代,经济信息已是一种可贵的能转化为实际价值的重要资源,主体对经济信息掌握的多少、真伪将直接影响其行为的结果和价值的实现。由于经济信息的重要性,决定了国家和企业都必须加强信息资源的调控,建立健全完善的经济信息系统,这就需要把经济信息的收集、整理、汇总、计算、分析、加工、传递、储存和输出等全部过程纳入经济法制建设轨道,这样,经济信息就必然成为经济法的又一客体。

第三节　经济法律关系的内容

经济法律关系的内容是指经济法律规范所确认的经济法主体的经济职权、经济职责、经济权利、经济义务。其中,经济职权与经济职责、经济权利与经济义务是两个相对应的关系。

一、经济职权与经济职责

(一)经济职权的含义

经济职权是国家机关或其授权单位为维护社会公共利益,在依法干预经济的过程中所享有的具有命令与服从性质的权力。经济职权是国家机关或其授权单位干预经济活动具有合法性的前提条件,无经济职权而进行的非法干预活动,不仅违反经济法之本意,而且将产生不利于行为人的否定性法律后果。经济职权具有如下特征:

(1)经济职权是一种国家权力。国家担负着领导和组织经济建设的职能,需要对经济实体进行调节、干预,但是,国家一般不能直接成为管理主体而参加法律关系,此时,国家管理职能必须借助各种政治实体主要是政府及其部门的活动才能实现。这种国家把其抽象的干预管理经济的国家权力分配给具体的政治实体来行使的外在化的权力就是经济职权。

(2)经济职权是一种专属的职务权限。首先,这种权限只能由特定的机关来行使,即非它莫属;其次,这种权限不能随意转让、放弃,经济职权机关的工作人员各司其职,不能擅自授权他人代替或代理,也不能未经法定程序放弃职权。

(3)经济职权在通常情况下具有命令与服从的性质,因为经济职权属国家权力的一种,为保障国家经济权力的行使,行使经济职权的主体与被管理控制的主体地位就不平等,这种不平等的最直接表现就是命令与服从。

(4)经济职权是一种基于法律的规定或国家授权而直接产生的权限。国家机关因法律规定或国家授权而享有经济职权,其范围亦由法律规定而确立,任何单位或个人都不得滥用经济职权。

(5)经济职权是一种权力和责任相统一的权限。国家机构是代表国家行使其职权的,而国家也正是通过国家机构职权的行使来实现其对经济的干预控制这一目的,所以经济职权必须行使,具有职责的属性。

(二)经济职责的含义

经济职责是国家机关或其授权单位在依法干预调控经济的过程中,所负担的必须为或不为一定行为的责任。其实,经济职权与经济职责是一个事物的两面,在干预调控受体角度,国家机关调控行为是权力,而作为国家机关本身该履行该行为即为责任。所以它是从不同立场进行人为划分的。对拥有经济职权的国家机关或其授权单位来讲,经济职权既是权力同时也是义务,所以经济职权或者职责具有双重属性。经济职权表现为承担经济职责的国家机关,必须主动地履行自己的职责;经济职责要求国家机关必须正确行使国家法律赋予的经济职权,不得有滥用经济职权。

经济职责有两个显著的特征:一是专属性,即这种职责是专属于特定的机关的;二是范围的法定性,即国家机关不得超出法律规定的职权范围,要求相对人履行义务。

(三)经济职权和经济职责的内容[①]

由于经济职权在一定意义上也可看成是经济职责,明确了经济职权的内容,即可划定经济职责的内容,因此,以下只就经济职权的主要内容加以概括。

第一,经济立法权。经济立法权是指国家机关依据宪法、法律的规定,制定、修改和废止经济法律、法规、条例和规章的权力。第二,经济决策权。经济决策权是指国家机关或其授权的单位根据社会经济发展的需要或者为克服市场失灵而对经济活动的方向进行决定的权力。第三,经济禁止权。经济禁止权是指行政机关或其授权单位依法不允许相对人为某种行为的权力。它是国家机关的单方行为,无须取得相对人的同意,一旦行使,就产生相对人必须服从的法律效果。第四,经济许可权。经济许可权是指行政机关基于公民、法人或者其他组织的申请,经依法审查,准予其从事特定经济活动的权力。第五,经济取消权。经济取消权是指国家机关或其授权单位依法对某种法律资格予以取缔或者消灭的权力。第六,经济处罚权。经济处罚权是指国家机关或其授权单位依法对违反经济法律法规的行为进行处理的权力。第七,经济监督权。经济监督权是国家机关或其授权单位依法对社会经济各个领域进行监察和督促的权力。

①　李昌麒.经济法学[M].5版.北京:中国政法大学出版社,2017:65-69.

二、经济权利与经济义务[①]

(一)经济权利

经济权利是经济法律关系主体依法可以为一定行为或不为一定行为、要求他人为一定行为或不为一定行为的自由。国家干预调控主体以及市场被干预调控主体都具有经济权利。但经济权利它是经济法律关系主体在维护自身和社会利益而拥有的一种权利或资格,它只在参加具体的经济法律关系的当事人之间存在执行的效力。经济权利的内容极其广泛,主要有以下内容:

第一,国有资产管理权。国有资产管理权是特定组织经授权而享有的对所有权属于国家的资产进行管理的权利。由于国有资产管理权来源于国家作为国有资产所有权主体的权利,因此,它与作为国家管理经济事务的公权的经济职权有所不同。目前,我国国有资产管理体制主要分为两大块:第一块是企业国有资产管理体制(不包括金融机构),第二块是行政、事业单位国有资产管理体制,由各级财政部门负责对其进行管理。

第二,国有企业经营权。国有企业经营权是国有企业对于国家授予其经营管理的财产享有的占有、使用、收益和依法处分的权利。根据法律法规规定,国有企业享有广泛的权利,包括生产经营决策权、产品劳务定价权、产品销售权、物资采购权、进出口权投资决策权、留用资金支配权、资产处置权、工资资金支配权、劳动用工权等。

第三,土地承包经营权。土地承包经营权是在以家庭承包经营为基础、统分结合的双层经营体制上而设置的一种权利。依承包经营权承包人对其承包经营的耕地、林地、草地等享有占有、使用和收益的权利。

第四,经济请求权。经济请求权是经济法律关系主体的合法权益受到侵犯时;依法享有的要求侵害人停止侵害和要求有关国家机关保护其合法权益的权利主要包括要求赔偿权、请求调解权、申请仲裁以及法律诉讼权。

(二)经济义务

经济义务是经济法律关系主体为满足权利主体的要求依法为或不为一定行为的责任。在我国经济法律规范中,不同的法律关系主体在不同的经济法律关系中所承担的经济义务有所不同,但一般而言,经济法律关系主体所承担的共性的经济义务主要有以下几项:

第一,遵守经济法。经济法是保障国家干预调控的政策得以实施、维持正常的经济秩序而制定的行为规则,遵守经济法是经济法主体的首要义务。

第二,合理行使经济权利。经济权利从属性上属于权利范畴,是主体为或不为一定行为的自由,但任何自由都必须以不损害他人的自由或权利为前提,因此,经济权利的行使应当有适当的限制。

第三,服从正当干预。国家干预是市场经济体制下国家所拥有的一项重要的经济职权、维持市场健康有序运行的基本保障。对于国家机关为克服市场失灵和维护社会利益所进行的合法干预,经济法律关系主体应积极配合。

第四,依法缴纳税费。税收是国家财政收入的主要来源,是支撑国家机构正常运行,执行国家干预职能和提供公共产品的物质保障。

[①] 李昌麒.经济法学[M].5版.北京:中国政法大学出版社,2017:65-69.

第四节 经济法责任

经济法责任是经济法学的基本范畴之一，也是经济法学研究比较薄弱的范畴之一，而经济法责任的独立性又是经济法责任中最为棘手的问题，一个公认的"难垦之域"。因此，深入研究经济法责任的独立性对于经济法责任理论的发展以及经济法基础理论的发展都具有重要意义。经济法责任的独立性是指经济法责任是不是一个与传统的民事责任、行政责任和刑事责任相并列的、独立的法律责任。而研究经济法责任的独立性必须回答经济法责任独立的基础、条件和具体表现等问题。

一、经济法责任的概念

（一）经济法责任的表述方式

对于经济法的法律责任，有不同的表述方式，比如经济责任、经济法责任、经济法律责任、经济关系中的责任、经济法主体的法律责任、违反经济法的法律责任等。经济责任这一提法无论在学术界还是在实务界都有较为广泛的使用，但是作为概念已经泛化，含义很不确定，难以成为经济法学所独有的具有特定内涵和外延的基本范畴。经济法关系中的责任很容易与经济责任混淆，经济法主体的法律责任和违反经济法的法律责任表达上不简洁，也不符合对部门法层面上法律责任定义的一般表述形式。关于经济法责任的诸种表述中，目前使用较多的是经济法责任和经济法律责任。从语义上来看，后者的范围更宽。因为经济法律很容易被理解为关于经济方面的法律，也即和经济生活密切联系的所有法律。而且即使仅就经济法律法规来看，也有多种渊源，如此看来经济法律责任要包括所有这些法律中所规定的责任，范围会十分广泛。经济法责任是按照法律责任的部门法性质对法律责任进行分类的结果，大部分学者采用这一概念。本教材也采用这种表述[①]。

（二）经济法责任的定义

学界对经济法责任下定义的方式主要有：通过经济违法行为来界定经济法责任、通过经济法这一部门法来界定经济法责任、通过经济法规的违反与特定事实的出现来界定经济法责任、通过经济法权利义务来界定经济法责任。如杨紫烜教授对经济法责任的定义是：经济法责任是指由于违反经济法义务而引起的经济法规定的不利后果。也就是说经济法责任是对不同渊源的经济法律规范规定的义务的违反而引起的不利后果。徐孟洲教授认为经济法责任是对经济权力的滥用和对不承担经济义务所产生的强制性后果。陈乃新教授指出，经济法责任其实是不经济责任，对社会利益造成不经济后果的不经济行为和不经济事故，行为人要承担责任[②]。

综上所述，我们认为经济法责任是指由于违反经济法义务而引起的经济法规定的不利后果。具体讲经济法责任是指在市场规制和宏观调控活动中经济法主体违反经济法规定，而必须依法承担的法律后果。经济法责任产生的前提必须是经济法主体有违反经济法规范的行为存在，即经济违法行为的存在。同时，经济法责任除以经济违法行为为前提外，还必须与经济

① 井涛.经济法责任的独立性问题探讨——第四届经济法前沿理论研讨会综述[J].华东政法学院学报,2004(1).
② 井涛.经济法责任的独立性问题探讨——第四届经济法前沿理论研讨会综述[J].华东政法学院学报,2004(2).

违法行为所造成和可能造成的法律后果的程度和范围相应。

二、经济法责任的独立性

对经济法责任的独立性,学术界主要有三种观点:一是经济法责任否定论,认为经济法没有自身的责任形式,经济法上的责任是传统责任形式的简单相加,这是传统法学界的主流观点;二是独立并行的观点,认为经济法有自己独特的法律责任,经济法责任与传统的三大责任并行存在,但这种观点目前还缺乏足够的论证;三是综合而独特的观点,认为经济法责任是在综合传统法律责任的基础上,具有自身新的特点的新型法律责任,这是大多数经济法学者所坚持的观点。本教材赞同第三种观点。

经济法责任具备独立性。经济法责任独立性的基础在于对经济法独立部门法地位和法律责任划分标准的认可。对于经济法独立部门法地位,前面专章进行了论述,不再赘言。对于法律责任划分标准问题,学术界多有探讨。经济法责任是以法律责任的部门法属性为标准,而不是以法律责任的内容性质为标准。根据法律责任的部门法性质对法律责任进行分类所关注的不是法律责任所剥夺的责任主体权益的性质,而是法律责任本身所属的部门法,即法律责任的主体、归责原则、构成要件等决定法律责任的部门法性质的要件是由哪一个部门法所规定的。如果某一法律责任的主体、归责原则、构成要件均是由经济法所规定的,那么这一法律责任无论采取什么形式均属于经济法责任,而不能属于其他部门法责任。从逻辑上来讲,经济法不可能规定民事责任、行政责任或刑事责任,同样,其他的部门法也不可能规定经济法责任。根据传统的责任理论,法律责任的最为重要的具体形态是民事、刑事、行政这三种责任形态,这样的分类主要是以行为人所违反的部门法为基础的。但部门法并不仅限于上述几个,上述分类并未穷尽。随着经济法的兴起和独立,经济法责任也应该成为独立的责任形式。有学者从责任独立性研究的客观前提、基本路径和重要限定三个方面探讨了经济法责任的独立性。他指出经济法责任理论研究的欠缺与对"责任客观性"问题认识不足有关。经济法上的责任的客观性可从两个层面上理解:第一层指对义务的违反所产生的否定性法律后果;第二层指独立的责任形式。对第一层意义上的客观性,肯定答案居多。对第二层意义上的客观性,理解不一。研究经济法责任的独立性时应该超越对有关法律责任划分的一般理论,摒弃对三大责任的过分强调,看到不同类型的法律责任实际上存在的紧密联系。由经济法本身的特殊性决定了经济法责任在独立性方面存在许多重要的限定,其中较为重要的有经济性、规制性、自足性和可诉性等,同时也涉及主体的角色特定性、权利与义务的非对称性、非平衡性等[1]。也有学者认为,经济法本身是公法和私法的融合,是一种社会法。从制度范畴上看,与社会法相对应的是社会责任制度。这也就决定了经济法责任的社会性。经济法责任既有公法的性质也有私法的性质。经济法责任是一种相对独立的责任,而且在性质上兼具补偿性和惩罚性[2]。

①　张守文.经济法责任理论之拓补[J].中国法学,2003(4).
②　井涛.经济法责任的独立性问题探讨——第四届经济法前沿理论研讨会综述[J].华东政法学院学报,2004(1).

三、经济法责任的异质性

(一)经济法责任的公益性

有的学者将这个特点称为经济法责任的社会性,具体指经济法责任的规定很多方面是基于社会公共利益考虑,从全社会的高度出发来规定主体的法律责任。经济法的宗旨决定经济法必须保障国家有效地协调经济运行。在经济法责任领域中,承担责任的违法行为都是直接损害社会公共利益的行为,而其实施效果是直接维护社会公共利益的。这是经济法不同于其他部门法的显著特征。

(二)经济法责任的复合性和独特性

经济违法行为可能触犯多重法律规定,出现责任竞合的情况,所以经济法责任在具体的承担形式上也是一种综合形式。经济法责任对财产责任和人身责任并重,体现补偿性和惩罚性,在具体的责任形式上大量采用了民事责任、刑事责任和行政责任的形式。但与单一的民事责任、刑事责任和行政责任不同的是,它具备了经济法的内容,限制或剥夺经营资格和惩罚性赔偿是经济法责任的主要形式。同时出现了传统责任不能涵盖的新的形式,如产品召回形式、资格减免、信用减等等。

(三)经济法责任的不对等性和不均衡性

从法律上讲,权利和义务是对等的,责任和义务也是对等的,但经济法律责任只是违法主体的单向义务,不存在对等性。因为经济法责任主体分为调制主体与调制受体,在经济法律关系中,前者享有的权利多,后者承担的义务多,这种权利和义务的不均等也导致了它们在责任上的不均衡。在市场规制关系中,调制主体的权利多一点,调制受体的义务多一点。在宏观调控关系中则相反。这是传统的部门法尤其是民法所不具有的。

四、经济法责任的分类[①]

(一)公法责任和私法责任

这是根据法律责任据以确立的部门法的性质来划分的。公法责任是指刑法、行政法等公法规范的行为人的责任。私法责任是私法规范的行为人的责任。在纯属公法和私法的法律部门中,公法责任和私法责任是泾渭分明的。而经济法是公法和私法兼容的法律,因而它的责任形式也具有公法责任和私法责任兼备的性质。经济法不像行政法、民法和刑法等部门法那样,只分别地采取单纯的行政的、民事的或者刑事的责任方式,而是根据需要采用三者兼有责任方式。对这三种责任方式有时单独适用,有时一并适用。

(二)过错责任、无过错责任和公平责任

这是根据追究法律责任的行为人的主观心理来划分的。过错责任是指以行为人存在故意或过失的心理状态为必要条件的一种责任。随着社会化大生产的发展,越来越多的市场系统风险出现,这种风险带来的损害与行为人的主观过错并无关系,甚至在行为人完全无过错的情况下也会发生。为了促进社会和市场发展,保护弱者利益,维护良好的市场秩序,让市场能可持续发展,无过错责任应运而生,经济法领域产品责任和环境污染责任就是适用无过错责任的。无过错责任不以行为人的主观过错的存在为追究责任的必要条件,即行为人无过错也要

---

①　李昌麒.经济法学[M].5版.北京:中国政法大学出版社,2017:76-77.

对自己给他人造成的损害承担责任。无过错责任是经法发展和市场发展的产物,随着新技术革命的到来,违法适用无过错责任的空间会越来越大。当事人对造成的损害都没有过错,且依照现行法不能适用无过错原则,但又确有必要追究一方的责任时,就产生了一种特殊的责任,即公平责任。所谓公平责任,是指双方当事人对造成损害都没有过错,根据实际情况,由当事人分担责任的一种责任形态。这种责任原则,在民法中可以适用,在经济法中也可以适用。

(三)职务责任和非职务责任

这是根据承担责任的主体及其在经济法律关系中地位的不同来划分的。职务责任是指行为人因履行公务而发生的责任。凡是国家机关的工作人员、经济组织成员在执行公务时,因实施违法行为或其他依法应承担责任的行为而导致的责任,皆属职务责任。非职务责任是指行为人以自己的身份从事活动而发生的责任。国家机关和经济组织的成员因从事非职务行为而产生的责任,应属于非职务责任。非职务责任由行为人个人承担,组织不予承担。

(四)财产责任和非财产责任

这是根据责任是否具备经济内容来划分的。财产责任是指以财产为责任内容的责任。如赔偿损失、经济补偿、补交税款、罚款、没收财产以及罚金等。由于经济法是调整一定经济关系的法,因而,经济法责任中财产责任是最主要的责任形态。非财产责任是指不以财产为责任内容的责任,这种责任往往与主体资格或者有直接联系,如吊销营业执照,拉入信用黑名单等。

五、经济法责任的具体形式

经济法责任的具体形态目前还没有定论,随着经济法理论和制度的发展,这些责任形式将不断得到提炼和升华。目前理论界比较认同的经济法责任形式主要有:

(一)国家决策失误赔偿

经济法上的国家赔偿基于国家所实施的宏观调控或市场规制不当,而给调制受体所造成的损害赔偿。它不同于狭义的行政赔偿或司法赔偿,而更主要的是"立法赔偿"。因为在严格的"调制法定原则"的约束之下,调制主体的调控失当,往往与立法上的失误或者立法性决策的失误有关,因而当其给国民造成损害时,就不应当是一般的行政赔偿或司法赔偿,而应当是"立法赔偿"。事实上,在社会保障、转移支付等领域的某些措施,就是国家给特定地区或特定人群的一种补偿[①]。

(二)实际履行

这里的实际履行与民法上由具体民事主体承担的实际履行不同,它是国家承担一种"实际履行"的责任。现代国家或政府的主要责任,就是提供公共物品,而对于公共物品的需求,一般是私人物品所不能替代的,它通常只能由政府来提供。如果政府不作为,有时就可能会对调制受体产生不良影响。例如,公平竞争环境的营造、市场秩序的维持、必要的宏观调控等公共物品的提供,都需要政府实际履行,而不能或不可能完全用承担国家赔偿责任的方式来代替,也不可能都用纳税人的钱(进行全额赔偿)来为自己开脱。只能以国家和政府的实际履行来完成。

(三)惩罚性赔偿

从总体上看,各类法律制度所涉及的赔偿责任,主要包括等额赔偿、少额赔偿、超额赔偿三

---

① 张守文.经济法责任理论之拓补[J].中国法学,2003(4).

种类型。其中,民事责任中的损害赔偿一般要求等额赔偿,因而具有补偿性;现行的狭义的国家赔偿制度,一般实行少额赔偿,具有抚慰性;而在经济法上,主要强调超额赔偿,包括市场规制法中的双倍赔偿、三倍赔偿制度等。上述的超额赔偿责任,也称之为惩罚性赔偿(punitive damages)、报复性赔偿(vindictive damages)。从本质上看,惩罚性赔偿从来没有被认为是属于民事责任的范畴,而是属于经济法责任范畴。因为惩罚性赔偿的目的不是对个别消费者所受损害的补偿,而是通过赔偿剥夺生产者和经营者获得的非法利益,削弱其经济实力,使其无利可图,从而放弃继续实施侵害行为,对正在进行相同或相似行为者起到震慑作用,使其放弃非法行为,从而减少社会整体所受的利益损害。目前惩罚性赔偿在经济法中的运用集中体现在消费者权益保护法上。在企业法中学者们也在探讨尝试推行惩罚性赔偿制度,如滥用职权的董事应承担惩罚性赔偿责任。竞争法中亦可适用惩罚性赔偿制度,美国《谢尔曼法》第7条就规定了三倍赔偿制度。

(四)资格减免

资格减免是指国家通过对经济法主体的资格方面减损或免除对其进行处罚,因为在市场经济条件下,主体的资格变得非常重要,它同主体的存续、收益等都紧密相关。因此,取消各种资格,如吊销营业执照、剥夺其某种经济法主体的资格,使其失去某种活动能力,特别是市场准入资格,就是对经济法主体的一种重要惩罚。

(五)信用减等

由于市场经济作为一种信用经济,对市场主体的信用要求很高,因此,如果对某类主体进行信用减等,则同上述的资格减免一样,也是一种实际的惩罚。某些信用评定或公示的制度,如信誉评估或评级制度、纳税信息公告制度、上市公司的PT制度、各种"黑名单"制度等,都可能涉及信用减等。

六、经济法责任的可诉性——经济公益诉讼

(一)经济公益诉讼的概念和特征

经济法责任设置的直接目的是为阻止违反经济法律规范危害社会整体利益的行为。间接目的是为预防经济违法行为。诉讼机制是实现经济法责任的主要手段。目前学术界把经济法责任引起的诉讼一般称为公益诉讼。经济法的公益性诉讼制度包括行政公益诉讼和经济公益诉讼。行政公益诉讼是指当行政主体的违法行为或不作为对公共利益造成侵害或有侵害之虞时,法律允许无直接利害关系人为维护公共利益而向法院起诉。所谓的经济诉讼是指人民法院依法处理经济违法行为的活动。其特点是与案件无直接利害关系的任何组织和个人都可以作为经济公益诉讼的原告,代表国家起诉经济违法行为人。

与传统诉讼以及一般诉讼相比,经济公益诉讼存在以下特征:

(1)主体的广泛性。由于经济公益诉讼涉及社会公共利益,提起诉讼的主体包括国家机关、社会组织和个人,且不要求诉讼主体与诉讼存在直接利害关系,而传统的诉讼制度要求原告必须与案件有直接的利害关系。与传统诉讼相比,经济公益诉讼存在主体的广泛性。

(2)目的社会性、公共性,即经济诉讼的首要、直接目的就是为了维护和保障社会公共利益。任何诉讼都直接或间接地具有维护社会公益的效果,个别的民事诉讼虽然间接地具有维护社会公益的效果,但此类诉讼解决的仍是双方当事人之间的争议,对于在此类诉讼中提出的维护社会公益的要求,法院一般也不会提供救济,所以此类诉讼仍然是民事诉讼,不是经济公

益诉讼。经济公益诉讼是直接以维护社会公益为目的提起的诉讼。

（3）诉讼范围的特定性，即经济公益诉讼必须针对违反了相应的经济实体法律规范，侵害社会公共利益的行为。有些行为虽然违反经济法律规范，但并没有侵犯到社会公共利益，就不适用经济公益诉讼程序。只有行为违反了经济实体法律规范，同时又侵犯了社会公共利益，才能提起经济公益诉讼，否则会造成诉讼的泛滥。

（4）补偿性和预防性相结合，即经济公益诉讼不仅可以对已经造成危害的行为提起诉讼，而且可以对潜在危险性的行为提起诉讼。因为经济公益诉讼实施的目的不仅是要制裁经济违法行为，更主要的是要保护社会公共利益不受侵犯。经济公益诉讼中的违法行为侵害的是不特定多数人的共同利益，往往会造成严重的社会后果，违法行为一旦实施将具有不可逆转性。所以，对上述潜在危险的行为进行预防，能更好地保护社会公共利益。而我国现存的三大诉讼民事、行政和刑事诉讼，一般必须以实际损害事实已经发生作为审理认定责任的前提，仅具有事后救济性而没有事前防范性。

（5）既判效力的扩展性。即无论当事人是否参加诉讼，判决对任何权利人都具有拘束力。判决一经作出，任何人不得以同一事实和理由再次提起经济公益诉讼。这是因为被告违法行为侵犯的是与社会大众的切身利益密切相关的共同利益，不可能要求所有的当事人都参加诉讼，经济公益诉讼的判决效力大于传统的民事诉讼，具有扩展性。

（二）建立经济公益诉讼的必要性

1.我国的社会公益危机日益严重

由于我国的历史传统，在改革开放前的各个历史时期，我们一直强调国家、集体利益高于一切，个人被整体淹没，"社会"更是一个不曾出现的领域。而今随着社会主义市场经济的发展，社会公共利益进入人们的视野，并且在立法中作为一种独立的利益被肯定下来。但是在经济利益的驱动下，我们又逐渐走向了另一个极端，只重视个人利益、部门利益、地区利益而忽视社会公共利益，造成了整个社会信用缺失、竞争环境恶化、生态失衡等严重的经济和社会危机。同时，与西方社会发展中社会矛盾出现的时序性相比，我国社会的发展模式是跳跃式的，当前的社会矛盾错综复杂，不公平竞争、垄断、环境污染、贫富分化等危害社会公共利益的问题集中出现。

2.我国对社会公共利益的保障制度存在明显不足

"法的可诉性是指法所必备的为了判断社会纠纷的是非而使纠纷主体可诉求于法律公设的判断主体的属性，它是法的基本属性之一。"但以社会公共利益作为法益的中国经济法，在保障社会公共利益时却缺乏应有的可诉性。例如，作为经济法核心的反垄断法仅仅规定"针对涉嫌垄断行为，任何单位和个人有权向反垄断执法机构举报"。再比如，我国反不正当竞争法也仅仅规定"国家鼓励和支持一切组织和个人对不正当竞争行为进行社会监督"。

我国的诉讼制度难以将当前涉及社会公共利益的纠纷纳入到诉讼的保护之中。原告享有诉权，能够成为诉讼的正当当事人是发动司法诉讼程序的基本前提。在制定规制型法律的过程中，立法机构并没有对大量未经组织的分散利益主体（例如消费者或公民）的权益给予适当考虑。比如，2012年8月31日经修订后的《中华人民共和国民事诉讼法》的颁布在一定程度上回应了这一迫切的社会需求。起诉资格作为公益诉讼的核心问题，是涉及"谁"有资格提起诉讼的问题。民事诉讼法第五十五条规定："对污染环境、侵害众多消费者合法权益等损害社会公共利益的行为，法律规定的机关和有关组织可以向人民法院提起诉讼。"可见，民事诉讼法将享有公益诉讼起诉资格的主体限于"法律规定的机关和有关组织"。而经济违法行为侵害的是代表社会大众的社会公共利益,其直接利害关系人往往无法确定或虽能确定但当事人往往存在诉讼能力不足的问题,使建立在形式平等基础上的民事诉讼制度对侵犯社会公共利益的经济违法行为无能为力。虽然民事诉讼法中的共同诉讼、诉讼代表人制度及支持诉讼制度,似乎可以弥补受害人诉讼能力不足的问题,但实际上这种制度有其严格的适用范围,而且维护的仍是一定区域或范围内特定人群的利益,并不是社会公共利益。有学者指出,民事诉讼是以私法程序保护私法权利,与经济法所调整保护的关系国家利益和社会经济秩序的经济关系并不完全相适应①。诸如环境污染、经济垄断、行政垄断及产品责任等纠纷,传统的民事诉讼已经无能为力,因此,必须建立新的诉讼制度以适应现实需要。

我国行政诉讼法规定,提起诉讼的原告是认为具体行政行为侵犯其合法权益的公民、个人和其他组织。这种对原告的限制性规定同民事诉讼制度一样无法对侵犯社会公共利益的经济违法行为实行有效的规制。同时行政诉讼针对的只是政府的具体行政行为,把抽象行政行为排除在外。而许多经济法纠纷与行政机关并无直接的关系,对经济违法行为的审查也往往涉及对抽象行政行为的司法审查问题。另外,行政诉讼中抚慰性质的国家赔偿远远不能打击经济违法行为,补偿社会大众的损失。可见行政诉讼不能完全满足实践对社会公共利益保护的需要。有学者曾指出,缺少公益诉讼或客观诉讼是我国行政诉讼的一个重大制度缺陷②。

刑法作为保障社会公共利益的最后一道防线,只有在行为超越了民商法、经济法、行政法的有效保障范围时,刑法才以其惩罚的方式出现③,因而刑事诉讼中的公诉在只有严重侵害了社会公共利益时才启动。但是经济违法行为虽然一般社会危害性较大,但并不一定都构成犯罪。刑事诉讼的局限性决定了依靠刑事诉讼解决经济法纠纷显然不够。

因而,必须建立经济公益诉讼,以弥补传统的民事、行政诉讼及刑事诉讼对现有的以社会公共利益为内容的经济法纠纷解决的不足。

不过值得庆幸的是,2017年新修订的民事诉讼法和行政诉讼法中增加了检察机关在部分公益诉讼案件中的起诉资格,这是经济公益诉讼的发展的一个明显的进步。

(三)建立经济公益诉讼的可行性

1.诉权理论的发展

我国诉讼法学界长期以二元诉权理论为通说。这种诉权理论包括程序意义和实体意义两方面。程序意义诉权是指提起诉讼的权利,即起诉权;实体意义诉权是指原告对被告实体要求获得满足的权利,即胜诉权④。依照上述理论,诉权的产生和存在与实体权利密切相关。

近代西方关于诉权的理论还有以下几种观点:私权诉权说。该说认为诉权主要是基于私法而产生的权利,是私法上权利的作用和效果。抽象诉权说。该说认为诉权是要求法院作出公正判决的公法上的请求权,是不依赖任何实体条件而存在的公法权利。具体诉权说。该说认为诉权是要求法院作出有利于自己的、具体的胜诉判决的权利。

当今,学者们从人权和宪法性权利的角度去认识诉权,认为诉权是一项基本人权,是一项宪法性权利。因此,诉权在当今已被作为一种独立的权利,它的存在不需要依赖任何实体条

---

① 颜运秋.经济诉讼理论的经济法思维[J].山东警察学院学报,2006(4):42.
② 于安.行政诉讼的公益诉讼和客观诉讼问题[J].法学,2001(5).
③ 孙笑侠.论法的现象与观念[M].济南:山东人民出版社,2001:76-77.
④ 谭兵.民事诉讼法学[M].北京:法律出版社,2000:62.

件。诉权理论的发展,使得成为诉讼主体的条件得到了拓展。如美国《克莱顿法》规定:"对违反反托拉斯法造成的威胁性损失或者损害,任何人、商号、公司、联合会都可以向法院提起诉讼和获得禁止性救济"。

2.当事人理论的发展

传统的当事人理论是建立在传统的诉权理论基础之上的,它是从实体法的角度去考虑诉讼主体是否适格,强调诉讼主体与民事实体权利的同一性。

但随着诉权理论的发展,已将诉权界定为一项独立的权利。那么要成为诉讼当事人,就不必非得要求诉讼主体具有"实体法上的权利"。因而,学者们提出"程序当事人"理论,所谓程序当事人是"指以自己的名义起诉或应诉,要求人民法院保护其民事权利或法律关系的人及其相对方"①。由此可见,程序当事人理论突破了传统的当事人理论,它把"非直接利害关系人"也纳入当事人之中,从而扩大了当事人适格的范围。如美国《联邦地区民事诉讼规则》规定:"……或者经法律授权的当事人,可以为未参加诉讼的诉讼受益人的权利以自己的名义起诉。如果美国制定法另有规定时,为他人行使权利或为其权利的诉讼可以美国的名义提起。"

我国2017年新修订的民事诉讼法和行政诉讼法中明确了检察机关在部分公益诉讼中的诉讼主体地位,就是通过实践和法律认可直接推动了公益诉讼当事人理论的发展。

3.诉的利益理论的发展

诉的利益"是指民事权益受到侵害或与他人发生民事纠纷时,需要运用民事诉讼予以救济的必要性"②。传统的诉的利益理论认为,只有那些自身利益受到侵害的人才能跨入法院的大门。

但在现代社会,对于涉及社会公共利益的纷争,若按照传统的诉的利益理论,这种新型的诉讼就可能因为欠缺诉的利益而被拒之诉讼之外,得不到司法的救济。因此,应当拓展诉的利益范围,"诉的利益乃原告谋求判决时的利益,即诉讼追行利益。这种诉讼追行利益与成为诉讼对象的权利或者作为法律内容的实体性利益以及原告的胜诉利益是有区别的……"③。也就是说,诉的利益是当事人主张的利益,并非是作为法律内容的实体性利益。这显然扩展了当事人适格的范围,使"非直接利害关系人"对于社会公共利益也具有诉的利益,可以自己的名义提起诉讼。

我国新修订的民事诉讼法和行政诉讼法中,检察机关作为部分经济公益诉讼的主体就属于"非直接利害关系人"。我国法律的修订已经迈出经济公益诉讼的第一步。

(四)构建我国经济公益诉讼的建议

1.在实体法方面,加快制定和完善经济法的法律责任制度,弥补经济法的可诉性

对于实体法和程序法的关系,马克思早就指出:审判程序与法二者之间的联系如此密切,就像植物的外形和植物的联系,动物的外形和动物的联系一样。审判程序和法律应当具有同样精神,因为审判程序只是法律的生命形式,因而也是法律内部生命的表现④。国外的立法经验也表明,离开实体法的铺垫与支持,公益诉讼很难获得行之有效的展开。反观我国经济法,无论是市场规制中的反垄断法、不正当竞争法、消费者权益保护法、环境法,还是宏观调控中的财税法、金

① 江伟.民事诉讼法[M].北京:高等教育出版社、北京大学出版社,2000:96.
② 邵明.论诉的利益[J].中国人民大学学报,2000(4):118.
③ [日]谷口安平.程序的正义与诉讼[M].王亚新,刘荣军,译.北京:中国政法大学出版社,1996:159.
④ 马克思.关于林木盗窃法的辩论[M]//马克思,恩格斯.马克思恩格斯全集.第1卷.北京:人民出版社,1956:178.

融法等实体法中,都缺乏有关支撑公益性诉讼的法律条款,可见我国的经济法在保障社会公共利益时却缺乏应有的可诉性,这就导致有许多侵害社会公共利益的案件告状无门、无法得到救济,严重影响了社会的和谐发展。为解决上述问题,笔者认为应从以下方面着手:

首先,完善市场规制法中的经济法律责任制度。

在反垄断法中,有学者认为,公共利益理念的内涵主要包括有效竞争、消费者利益及整体经济利益等。反垄断法公共利益理念通过反垄断法中的公共利益条款来体现其功能,具体而言就是:公共利益是判断是否构成限制竞争行为的重要标准,公共利益是反垄断法适用除外的重要依据,公共利益影响反垄断法的执行程序。……同时建议将第一条修改为:"为了保护市场竞争,防止和制止垄断行为,提高经济运行效率,维护经营者、消费者合法权益,促进社会主义市场经济健康发展,实现公共利益,制定本法。"将第十条第四项修改为:"有利于节约能源、保护环境、救灾救助等目的实现的。"同时增列第七项作为兜底条款,其内容为:"在其他方面有助于公共利益实现的。"将第二十三条第六项修改为:"经营者集中对国民经济发展的影响。"第七项修改为:"国务院反垄断执法机构认为应当考虑的有助于公共利益实现的其他因素。"[①]笔者认为这是完全必要的。

实际上某些行政垄断也应视为侵犯社会公共利益的一种违法行为,对于行政垄断,我国的反垄断法第八条、三十二条至三十七条对之作了明确的规定,但法律责任[②]的设置明显不足,其中第一款把行政处罚权赋予了上级机关,反垄断执法机构仅有建议权,没有处罚权;第二款则在实体法适用上排除了反垄断法,这同反不正当竞争法相比是一种倒退。这样行政垄断就可以逃过反垄断法的制裁,使得反垄断法作为经济宪法的功能大打折扣。另外,建议把五十一条修改为:行政机关和法律、法规授权的具有管理公共事务职能的组织滥用行政权力,实施排除、限制竞争行为的,由反垄断执法机构给与处罚,同时取消第二款。这是因为行政性垄断的本质是行政权的滥用,注定了行政垄断同时具有经济和行政的双重违法性、具有严重的社会危害性。正如学者所述,"行政体制的紊乱与软弱、行政监督的缺位与低效,及市场经济行政执法中的地方保护主义等所有这些,致使这种日益扩张的行政权力不仅不能承担起维护社会经济公益的重任,而且它本身就构成了对公共利益的威胁"[③]。自由公平的竞争秩序的确立与维护仅有反垄断法实体规范本身是不够的,还需要有相应的机构保证其规定的有效执行。正如有学者所说,反行政性垄断就不能靠行政机关或隶属于行政机关的其他机关了。很显然,自己反对自己是不易和不力的,自身对自身进行制约就等于没有制约。只有通过设置一个专门的不同于行政机关的反垄断法的执行机构,才能有效地制止行政性垄断,同时也可以防止行政机关借反垄断之名而行行政干预之实[④]。

对于反不正当竞争行为,我国反不正当竞争法第五条仅仅规定"国家鼓励和支持一切组织和个人对不正当竞争行为进行社会监督"。笔者认为这远远不够,因为不正当竞争作为经营者违反法律规定,损害其他经营者的合法权益,扰乱社会经济秩序的行为,它涉及的是整体的竞

---

①　李国海.反垄断法公共利益理念研究——兼论《中华人民共和国反垄断法(草案)》中的相关条款[J].法商研究,2007(5):19-25.

②　《反垄断法》第五十一条:行政机关和法律、法规授权的具有管理公共事务职能的组织滥用行政权力,实施排除、限制竞争行为的,由上级机关责令改正;对直接负责的主管人员和其他直接责任人员依法给予处分。反垄断执法机构可以向有关上级机关提出依法处理的建议。

法律、行政法规对行政机关和法律、法规授权的具有管理公共事务职能的组织滥用行政权力实施排除、限制竞争行为的处理另有规定的,依照其规定。

③　张明华.反垄断公益诉讼制度初探[J].燕山大学学报(哲学社会科学版),2003(1):74.

④　任伟涛.行政性垄断与我国未来反垄断立法[J].行政与法,2002(3).

争秩序和市场经济的基石——竞争机制,属于社会公共利益,因而对其应赋予社会公众和社会组织一定的诉权,建议将该条修改为:"任何组织和个人对不正当竞争行为有权进行社会监督,对于任何不正当竞争行为可以直接向人民法院提起诉讼。"

其次,把抽象行政行为纳入司法审查的视野,增加宏观调控的可诉性。

宏观调控是指调控主体从社会公共利益出发,实现宏观经济变量的基本平衡和经济结构的优化,引导国民经济持续、健康、协调发展,对国民经济所进行的总体调节和控制。有学者把宏观调控法的主体分为调控主体和受控主体。调控主体是指依法作出宏观调控决策行为的主体,中央一级的主要包括财政部、国家税务总局、中国人民银行、国家计委、国家工商系统、质量技术监督检验系统和物价系统等;受控主体即依法接受调控的主体,包括作为市场主体的企业和个人①。在宏观调控关系中,受控主体的法律责任有明确的规定,但调控主体责任却被忽视,甚至被公认为是不可诉的,尤其是宏观决策行为。宏观调控行为依是否以制定规范性文件的形式作出,可分为决策行为和执行行为。由于宏观调控决策行为被认为属于抽象行为,而我国2017修正的行政诉讼法十三条及相关规定中,抽象行政行为是不可诉的。有学者认为宏观调控决策行为具有"政策性、变动性、程序性和综合性"。其作用的范围极其广泛,一旦于法无据,于理不符,其社会的危害性更大……但是,在我国现有诉讼制度框架内,宏观调控决策行为由于享有司法审查"豁免权"②,导致了一系列的缺陷。也有学者指出,在现实中,宏观调控的合法性作为一个以公众为主体的价值综合体,它赋予公众价值评判主体的地位……公众评判依据包括:在法理上为依法用权,在政治观上为权为民所用,在经济发展观上为以人为本,在伦理价值观上为践行经济公平,在社会文化层面为务实惠民等"③。笔者认为宏观调控决策行为具有综合性、全局性,往往涉及不特定人的共同利益,因此,宏观调控主体的法律责任的规定应较之于一般民事责任、行政责任的规定就更为严格。在归则原则上应采用无过错责任或严格责任。在具体责任形式上可采用经济管理行为责任,它是指国家经济管理机关及其工作人员,以其经济管理行为受到某种限制为代价,承担责任的方式。这种限制包括限制或剥夺其经济管理资格,纠正、调整其经济管理行为。这种责任的具体内容为:限制或剥夺决策主体的宏观调控决策职权、纠正违法决策或要求其重新作出决策等等,此即宏观调控决策的经济法责任④。

2.在程序法方面,建立适应我国国情的经济公益诉讼制度

首先,放宽原告资格。

原告享有诉权,能够成为诉讼的正当当事人是发动司法诉讼程序的基本前提。但是我国的诉讼制度是建立在传统的诉权理论和当事人适格理论的基础之上的,忽略了社会公共利益的存在,缺乏对社会公共利益的救济。而经济公益诉讼恰好可以弥补这一缺陷。对于经济公益诉讼,"原告申诉的基础并不在于自己的某种利益受到侵害或胁迫,而在于希望保护因私人或政府机关的违法行为而受损的公众或一部分公众的利益"⑤。这就要求放宽原告起诉资格的限制,变革传统的诉讼制度,扩大原告适格的范围,即将"非直接利害关系人"纳入到诉讼当

① 张守文.经济法理论的重构[M].北京:人民出版社,2004:540.
② 刘志仁.宏观调控决策行为接近司法的应然性新探——理性的选择与制度的障碍[J].政治与法律,2006(60).
③ 杨三正,王肃元.论宏观调控合法性的公众评判依据[J].法学评论,2007(5).
④ 漆多俊.经济法基础理论[M].3版.武汉:武汉大学出版社,2003:193.
⑤ 莫诺·卡佩莱蒂.福利国家与接近正义[M].北京:法律出版社,2000:82.

事人范围之内。也就是说"凡是以自己的名义起诉应诉的人，就是当事人，并不以民事权利或法律关系的主体为依据。在程序当事人的理念下，认可一切符合起诉程序要件的人和应诉的人为当事人，不论他是否与所主张的利益有关，也无论他所主张的利益是否得到法律的承认"。美国为此赋予消费者、社会团体等以原告资格；英国赋予检察总长和地方政府以申请司法审查资格；德国赋予检察官以公益代表人的资格；日本赋予普通民众以原告资格。但我国对究竟如何拓宽资格学界存在以下分歧，有学者认为人民检察院是提起经济公益诉讼的唯一主体[①]，也有学者认为应当只允许检察机关和相关的公益性社会组织提起经济公益诉讼[②]；有学者认为只要有危害国家利益和社会公共利益的行为存在任何组织和个人都可以向法院提起经济公益诉讼[③]。笔者认为经济公益诉讼是为保护社会公共利益而设置的程序制度就应当体现其社会性、普遍性，应将经济公益诉讼的原告资格同时赋予检察机关、其他社会组织和公民个人。

其次，明确经济公益诉讼的受案范围。

2017年修正的《中华人民共和国行政诉讼法》，为检察机关提起行政公益诉讼提供了明确的法律依据。行政诉讼法第二十五条增加一款，作为第四款。该款规定，人民检察院在履行职责中发现生态环境和资源保护、食品药品安全、国有财产保护、国有土地使用权出让等领域负有监督管理职责的行政机关违法行使职权或者不作为，致使国家利益或者社会公共利益受到侵害的，应当向行政机关提出检察建议，督促其依法履行职责。行政机关不依法履行职责的，人民检察院依法向人民法院提起诉讼。这个修正实际上比之前明确并拓宽了当前我国经济法公益诉讼的领域，概括来讲，我国目前典型的经济公益诉讼的范围包括以下几种：

（1）国有财产保护诉讼。关于国有资产保护诉讼的主要有涉及国有资产流失和涉及违法使用公共资金的公益诉讼[④]。①涉及国有资产流失的公益诉讼。国有资产流失在很大程度上与行政机关的违法行使职权或者不作为有直接的关系，很多情况下，国有资产流失乃是行政机关监督不到位，甚至在行政机关违法参与的情况下出现的。如遇此种情况检察机关可根据法律规定提起公益诉讼。②涉及违法使用公共资金的。公共资金违法使用的情况很多，尤其是专项资金的挪用、滥用、截留等情况更是严重。例如土地出让金、扶贫资金、残疾人保障金、环境治理的资金、社保基金等的挪用和滥用。即使没有出现触犯刑法的情况，对于违法使用公共资金的行为，检察机关应当加以监督，对于符合公益诉讼的情况，应当提起行政公益诉讼。

（2）国有土地使用权出让的诉讼。国有土地使用权的出让，是地方财政收入的重要来源，也是支持地方经济发展的重要资源。违法出让国有土地的使用权主要有以下几种情况：不能出让的违法出让；低价出让；违法操纵招投标程序；土地使用权出让之后，行政机关没有尽到监管的义务等。对于国有土地使用权的出让，检察机关应当加以更为深入的监督，防止行政机关违法行为，损害公共利益。

（3）反垄断诉讼。从我国反垄断法来看，反垄断委员会职责集中在第九条中，但并没有相关诉权的规定；第三十八条至四十五条对涉嫌垄断行为的调查中，也没有规定反垄断执法机构涉嫌垄断行为可以直接提起诉讼的规定。仅仅在第五十条规定，经营者实施垄断行为，给他

① 于安.行政诉讼的公益诉讼和客观诉讼问题[J].法学，2001（5）.
② 马怀德.公益行政诉讼——维护公共利益的司法方式[OL].诉讼法律网.
③ 苏家成.明军.公益诉讼制度初探[J].法律适用,2000(10).
④ 解志勇.公益诉讼受案范围不宜过窄[J].人民检察.2015(14):48.

人造成损失的,依法承担民事责任。可见反垄断法对垄断诉讼并没有在程序上做出特别安排,依然把反垄断诉讼纳入一般的民事诉讼中。笔者认为,反垄断行为的复杂性、专业性,由受损害一方提起反垄断诉讼是极其困难的,同时垄断行为有时并没有造成明显的损害结果,对这种即发侵权行为应及时予以制止。反垄断诉讼与传统的民事诉讼和行政诉讼有许多不同,垄断诉讼的复杂性和专业性要求法院在适用诉讼程序上做出特殊安排。反垄断诉讼是各国经济公益诉讼的重要内容,美国堪称先例。1890 年的谢尔曼法明确,对于违反反托拉斯法令的公司,司法部门、联邦政府、团体乃至个人都可以提起诉讼。尽管美国设立联邦贸易委员会作为专门机关对垄断案件进行查处,但专门的行政机关对垄断行为的处理是可以诉讼的,反垄断诉讼的地位并没有因专门的准司法机关的反垄断执行机关的设立而削弱。美国司法部对微软的诉讼以及反托拉斯司诉美国烟草公司、IBM 公司等的司法实践也充分证实了这一点。美国对严重违反反托拉斯法的公司实行强制拆分或者解散。一个世纪以来,被反托拉斯法强制拆散的著名公司包括:标准石油公司(1911 年)、美国烟草公司(1911 年)、美国铝业公司(1945 年)、AT&T 公司(1984 年)。除此之外,当事人还会受到 3 倍于损害金额的民事赔偿和刑事制裁。日本实行了审决前置主义,必须经公正交易委员会审决确认存在违法垄断行为,才可以提起损害赔偿之诉。德国规定具有权利能力的工商利益促进协会可以提起请求停止垄断行为的诉讼。我国应借鉴国外相关经验,把垄断诉讼纳入经济公益诉讼的范围。

(4)消费者权益保护诉讼。消费者权益属于重要的社会公共利益问题,它是一种兼有民法权利性质和公法权利性质的新型权利,所以对消费者的保护从诉讼法上讲应该具有二元性,即这些诉讼既可以是以保护私权为目的的私益诉讼,又可以是以保护公共利益为目的的公益诉讼。但我国目前的保护消费者的法律制度是以维护私权为核心内容的,这种制度具有事后的补偿功能,缺乏事前防范作用。而消费纠纷与一般民事纠纷不同,消费者始终处于弱势地位,消费者争议标的金额通常比较少,但经营者的违法行为不仅侵犯了消费者的合法权益,对整个国家的经济秩序也造成了一定损害[①]。如 2000 年引起全社会广泛关注的消费者权益保护案件——王英诉富平春酒厂案[②]、2004 年的"阜阳劣质奶粉"案及 2008 年引起全国广泛关注的"三鹿奶粉"事件。这些案件其实折射了我国企业社会责任的匮乏,说明了在我国建立经济公益诉讼的必要性。而社会责任的设定,必然要求在诉讼制度的设计上凸显其社会性。我国现行制度显然不能满足这一要求,因而,应把消费诉讼纳入经济公益诉讼之中。当前我国消费者权益保护法中已经增加了消费者协会和消费者这方面的诉权,这是一个进步。另外,食品、药品安全领域的诉讼也可以作为消费者权益保护的特殊部分。食品、药品安全关系到每个人的人身健康,也是消费者权益保障的重要领域,行政机关对于食品及相关生产企业负有监督、管理的责任,以保障生产出的食品质量。"三鹿奶粉""毒胶囊"等事件的频发,说明行政机关对食品安全的监管不力,需要其他机关对行政机关加以监督。如果行政机关怠于履行其职责,检察机关就应当提起行政公益诉讼,监督行政机关的行为。

(5)环境保护诉讼。随着工业革命的兴起和社会化大生产的发展,环境危机日益凸显。20世纪 60 年代美国密执安大学教授萨克斯提出"公共信托理论"。他认为:水、空气等人类生活

①　颜运秋,马永双.消费者公益诉讼的法理与规则分析[J].河北大学学报(哲学社会科学版),2005(5):77.
②　梁慧星.关于公益诉讼[M].//吴汉东.私法研究(创刊号).北京:中国政法大学出版社,2002:350.王英的诉讼请求实际上包含了两部分的内容:为私益,她要求被告赔偿其经济、精神损失共计 60 万元;为公益,她要求被告在其生产的白酒的标签上加注警示内容。可以说,王英的诉讼不仅是为一己私利,同时也带有明显的公益目的。

必不可少的环境要素不是无主物,而是全体国民的共有财产,国民为了管理他们的共有财产而委托政府管理。此时,国民与政府之间的关系为委托人和受托人的关系,政府应当为全体国民包括当代美国人及其子孙后代管理好这个财产,未经委托人许可,政府不得自行处理这些财产[①]。这种理论为社会公众参与环境管理、获得环境诉讼资格提供了理论基础。

我国现行宪法第九条规定:"国家保障自然资源的合理利用,保护珍贵的动物和植物";第二十六条规定:"国家保护和改善环境和生态环境,防治污染和其他公害。"这已经说明环境权在中国法律中的间接确认。1989 年 12 月颁布的、2014 年 4 月 24 日修订的《中华人民共和国环境保护法》第六条规定:"一切单位和个人都有保护环境的义务。"信托法第六章专门规定了"公益信托",第六十条第六款规定,为"发展环境保护事业,维护生态环境"可以设立公益信托;第六十一条规定"国家鼓励发展公益信托"。这些规定实际上已经提示了公民环境权的部分内容。但是对环境诉讼起诉资格的规定,仍然固守传统的"当事人原则"和"直接利害关系"原则,大部分学者将环境保护诉讼列入行政诉讼的范畴,认为个人或企业破坏环境,对环境公益造成侵害,往往是环境行政机关审查批准不严或监督不力。但环境行政诉讼并不能直接惩治违法者。而环境作为人类生存和发展必备的自然因素的总和,它天然具有公共性、社会共享性,其本质在于它的公益性。环境公共利益作为经济法中生活公共利益的重要组成部分,必然使环境诉讼具有公益性质。"传统地把一个诉讼案件放在两个当事人之间进行考虑的框架越发显得不甚完备。"[②]司法作为解决社会冲突的手段应当及时对这种社会公共权利的救济做出回应。19 世纪末期以后,欧美等国的司法开始了以救济社会公共权利的公益诉讼的积极探索,《布莱克本法律辞典》将其解释为:"根据成文法(如环境法)授权,起诉违法者并请求禁令性救济和罚款的诉讼。"[③]使得公民、有关团体或政府能通过法律授权代表社会对污染环境等侵权行为提起诉讼。这样既可以发挥环境主管机关的积极主动的行政职能,同时可以调动市民社会的力量,共同治理环境公害。

思考与练习

1. 如何认识经济法的主体?
2. 如何理解经济法责任?
3. 如何构建经济公益诉讼?

---

① 　J. L. Sax,Defending the Environment for Citizen Action,1970.

② 　Mauro Cappeletti, Bryant Garth. Access to Justice: Emerging Issue and Perspectives[M]. Milan: Alphen aan den rijn. 1979:519.

③ 　Bryan A. Garner,ed. Black's Law Dictionary[M]. 8th ed. St Paul MN:Thomson/West, 2004:237.

第二编 市场规制法

第六章 市场规制法一般原理

第一节 市场规制法概述

一、市场规制法的概念和特征

市场规制法,是调整国家对市场进行规制过程中发生的经济关系的法律规范的总称。它是我国经济法体系中的一个重要组成部分。

规制一词是由英文 regulation 翻译过来的,意为以法律、规章、政策、制度来约束和规范经济主体的行为[①]。我国经济法理论中关于规制一词的使用,主要是借鉴日本的经济法著作,日本学者金泽良雄在其《经济法概论》一书中对经济法中的规制问题有专门的论述,他认为:"经济法按其本质,应是以国家对经济干预之法为中心而形成的。""在这里可将这种'国家的干预'换言为'规制'一词。"[②]显然,金泽良雄在此是从较狭义的角度使用"规制"一词的,以其所论,"国家干预经济之法"即"国家规制经济之法"。

在我国,市场规制法是指那些以克服"市场失灵"为目的,以微观经济行为为对象,直接作用于市场主体及其行为的法律规范,这些法律规范,包括了反不正当竞争法、反垄断法、消费者权益保护法、产品质量法等。目前,我国学界对这类法律规范的称谓尚不统一,多数学者称其为"市场管理法",我们认为,"管理"一词行政色彩比较浓厚,不能完全反映这类法律规范的本质特点,因此,我们采用了日本学者惯用的"市场规制法"的称谓。

市场规制法作为我国经济法体系中的一个重要方面,有以下基本的特征:

第一,规制目的的特定性。市场规制法以维护市场秩序为己任,通过国家反垄断,反不正当竞争,通过对市场主体的市场进入与退出以及对产品价格、产品质量等进行限制性的控制,实现对市场竞争的强制性干预,以排除市场障碍,让市场机制充分发挥对经济的调节作用,维护合理的市场秩序,保障经济的协调、稳定发展。

第二,规制范围的微观性。市场规制法就其作用而言,虽然也对宏观经济产生影响,但其直接对象是微观经济行为。它通过对市场主体经济行为的刚性约束,促使其实现"理性竞争"。市场规制法直接作用的不是经济总量和经济全局,而是经济活动的某一层面或某一局部,但这种对经济活动某一局部的规制和调适,又是实现经济总量平衡和整体协调的基础。

第三,规制方式的直接性。市场规制法运用许可、禁止、限制等各种手段对市场主体的经

① 陈富良.放松规制与强化规制[M].上海:三联书店,2001:2.
② 金泽良雄.经济法概论[M].满达人,译.兰州:甘肃人民出版社,1985:45.

济行为进行直接规制,使其对市场要素产生直接影响,这也就使它和那些需要假以经济杠杆来间接影响和调控经济生活的宏观调控法相比更具有刚性特点。

二、市场规制法的理论基础

　　市场规制法的理论基础,是市场规制法得以存在和发展的思想前提。由于各国市场经济建立的条件不同,市场法制发展的模式各异,因此,对市场规制法的理论基础的认识和阐释也就存在着较大的差异,我们认为,从市场经济和市场法制发展的普遍性规律和历史过程来看,产生于20世纪的西方现代产权理论是现代市场规制法的理论基础。

　　长期以来,古典和新古典学派的理论认为,在私有制条件下,企业在利润的驱动下提高生产效率和销售效率,而市场作为一种有效的机制,在促进企业积累内部经济资源的过程中,会导致经济资源——资本、劳动力、土地及其自然资源——在各产业间实现优化配置,从而促进技术不断进步。既然市场机制可以自动且有效地配置资源,提高经济效率,那么任何对经济的干预都是没有必要的。但是,必须指出的是,市场机制的有效性是建立在多项前提假设的基础上的,这些前提条件在现实的经济运行中并不完全具备,因而市场机制并不能实现它在理想条件运行中可能趋向的目标。市场机制不是万能的,市场的种种缺陷导致了国家对其进行参与和干预的必要性。由此可以认为,市场机制失灵是微观规制以及现代市场规制法制产生的原因。

　　早在1937年,科斯就在《企业的性质》一文中从交易费用的角度讨论了市场与企业组织的关系。1960年以后,随着"滞胀"问题的日益严重,以科斯《社会成本问题》一文的发表为标志,从经济学角度去分析产权制度、消费者权益保护、产品责任制度、损害赔偿制度等法律的研究日益兴盛起来。这一系列的研究形成了"法与经济学"。目前,这类研究涉及多种法律制度领域,并且又发展出了新制度学派经济理论、公共选择理论和批判法学等研究领域。"法与经济学"研究所论及的现代产权理论,对我们理解微观规制和现代市场规制法的必要性提供了重要的思路。

　　科斯、阿尔钦和德姆塞茨指出,产权是指属有经济资源(资本、劳动力、土地及其他自然资源等)以及使用这些资源所生产出来的物品和服务的排他性权利和从事这些权利买卖的权利。当这种权利变成无条件的绝对的权利时,就产生了"权利完全明晰化"。兰德(Randall)进一步将"明晰化的产权"的条件概括为:①排他性;②转移的可能性(自由性);③特定性(对特定人的产权的完全的特定化,"完全的"是指产权的所属及对违反权利处罚具有完全的信息);④强制性。在这里,排他性和转移的可能性构成市场交换的基础,而特定性构成"全部物品和服务经由市场进行交易的市场的普遍性"的基础,强制性则在"不能强制的权利不能称之为权利"的意义上构成产权概念的基础①。这样,产权作为市场机制的基础,只有当具备如下的市场条件时,完全以市场机制配置资源才是有效率的。

　　首先,从市场机制基础的确立来看,市场定价需要明确制定产权和行使产权,这就必须使对物品和服务数量的度量成为可能,而且随之产生的权利必须是排他性的,以及必须存在一种实现机制去维持市场交易。"市场交易的基础——使交易成为可能的——是一个复杂的法律结构及其实施。"②国家的一个重要经济职能之一就是为不同的经济主体界定不同的产权,制

----

① 植草益.微观规制经济学[M].北京:中国发展出版社,1992:4.
② R.科斯,A.阿尔钦,D.C.诺斯.财产权利与制度变迁——产权学派与新制度学派译文集[M].上海:上海三联书店,1994.

定一套市场游戏规则(诺斯,1981)。离开产权,人们无法确立市场的基础,同样,离开国家和法律制度,人们又很难对产权、进而是对市场机制作出有效的分析。

其次,从整体经济的市场成就来看,在竞争性市场机制条件下,由于人的合理行为的限度和机会主义,市场的复杂性和不确定性等人类行为和市场环境方面的因素,以及由此派生出的信息不对称的客观存在,必然导致在公共物品供给、外部效应、自然垄断、不完全竞争、风险、信息扭曲及非价值物品等方面的市场缺陷。这些市场缺陷严重影响到整体经济效率的提高,因而必须由国家对其进行干预。

西方现代产权理论为国家对微观经济的规制提供了理论依据,也为市场规制法制的建立奠定了理论基础。

三、市场规制法的地位与调整方法

(一) 市场规制法的地位

市场规制法的地位,从广泛意义上讲是指其在市场经济法律体系中的地位,以此为出发点,要认识市场规制法的地位,就必须把其放在市场经济法律体系的大系统中,通过与相关法律部门的比较分析来认识和把握。而市场经济法律体系是一个含义非常广泛的概念,它除了部门法意义上的经济法之外,还包含了民商法、行政法等法律部门的某些方面。显然,这已经超越了本章所要研究的范围。在此我们主要是从狭义上来分析市场规制法的地位,也就是在经济法的框架内,通过市场规制法与经济法的其他主要方面,如宏观调控法的比较分析中来认识其必要性和重要性。

市场规制法和宏观调控法是经济法的两个基本方面,都是国家干预经济的法律形式,但是二者之间也存在着差异,主要表现在以下几个方面:

(1)体现国家干预的层次不同。宏观调控法体现的是国家对总量经济的干预,市场规制法则体现的是国家对个量经济的干预。

(2)产生的原因不同。宏观调控法是市场总量失衡的产物,是国家为了减少市场非均衡所引起的失业、通货膨胀和收支失调等经济波动,使资源得到充分利用而制定的旨在保证经济稳定增长的法律规范。而市场规制法则是市场机制失灵的产物,是国家为克服市场失灵对经济发展的影响而制定的法律。

(3)法律规范的特点不同。宏观调控法侧重于运用授权性规范,而市场规制法则侧重于运用义务性规范和禁止性规范。

市场规制法和宏观调控法所表现出来的差异性,一方面反映了市场经济结构的复杂性,另一方面也反映出了经济法作用于市场经济关系时在调整手段和调整方法上的多样性。

我们在认识市场规制法与宏观调控法的差异性的同时,也要认识到二者相互联系的方面。由于市场规制法和宏观调控法是体现"国家之手"解决市场机制失灵和市场总量失衡问题的法律规范,都蕴含着国家干预经济的理念和精神,因此,二者在作用的范围和价值追求方面存在着共同性。比如反垄断法中的结构规制,虽是一种市场规制手段,却可以起到宏观调控的效果。又如税法中的遗产税,虽是一种宏观调控的手段,却可以为市场竞争营造出起点公平的条件等。

市场规制法是经济法律中的一个基本方面,并且是最早出现的经济法律规范,长期居于西方资本主义国家经济法体系的核心地位。当前虽然各国都更重视运用宏观调控手段以调节经济,在经济法体系中宏观调控法的地位正在上升,但无论哪个国家,只要实行市场经济体制,市场规制法就不可或缺,它将始终是市场经济运行的基础性法律。

(二)市场规制法的调整方法

市场规制法是以克服市场缺陷为目的的法律制度,由于市场缺陷的多样性表征,决定了市场规制法在调整方法上的多样性和层次性特点。

(1)积极性规制与消极性规制。积极性规制是通过制定和实施交易和竞争中应为或可为的规则,从正面引导市场主体按照法定的有效要件实施市场行为;消极规制则是通过制定和实施交易和竞争中不应为或禁止为的规则,从反面限制或矫正市场主体的不当行为。在规制过程中,往往需要积极规制与消极规制的配合。

(2)刚性规制与弹性规制。刚性规制是对受规制的主体不留选择的余地,必须依法作为或不作为,而弹性规制则给受规制主体留下一定的选择空间。在规制实践中,一般以刚性规制为主,弹性规制为辅。

(3)直接性规制和间接性规制。直接性规制是指国家直接介入市场失灵的领域,干预经济主体的决策。而间接性规制则是采用"劝告"等方式制约阻碍市场机制发挥作用的行为。

(4)激励性规制与惩罚性规制。激励性规制是利用增加可得利益的手段以鼓励受规制主体接受规制,惩罚性规制是利用处罚手段强制受规制主体接受规制。在规制实践中,惩罚性规制手段更具普遍性。

第二节　市场规制法的基本原则及体系

一、市场规制法的基本原则

市场规制法的基本原则是市场规制法宗旨的具体体现,是市场规制法的规范和法律文件所应贯彻的指导性准则。根据市场规制法的性质和其特有的价值,我们认为其基本原则应有以下几个方面:

(一)弥补和矫治相结合的原则

市场规制法所调整和规制的领域实际上是市场机制失灵的领域,这一领域有两种状态,一是市场机制不能发挥作用的领域,即具有垄断、外部效应、公共物品、非价值物品等非竞争领域;二是市场机制可以充分调节但其作用的结果却不合社会需要的竞争领域。对于前者,市场规制法的作用主要体现在对市场缺陷的弥补,也就是对市场机制以外的经济行为提供理性的制度安排,使其更加符合"市场的普遍性原则"。对于后者,市场规制法的作用主要在于对市场行为的矫治,也就是对哪些存在于市场机制内部而背离市场原则和社会需求的经济行为和经济力量依法予以矫治,从而实现有效的竞争。

(二)效率优先原则

现代经济法学理论普遍认为,经济法具有强烈的社会本位性质。因此,实质正义是其核心的价值。当然,这是从整体的视角和终极意义上对经济法价值的认识和评价。但是,如果我们从经济法的各个不同的部分以及其作用于经济生活的不同的过程来看,其价值又显现出多样性和多层次性的特点。市场规制法作为经济法的一个重要组成部分,效率是其追求的基本价值目标。这是因为,市场规制法所体现的国家干预行为,是以克服市场失灵为基本目的的。市场规制法通过对市场缺陷的弥补和对市场行为的矫治来消除市场失灵造成的市场经济运行中的效率损失。以此我们可以看出,对效率的追求和维护是市场规制法的首要任务,因此,效率优先自然也就成为市场规制法的基本原则。

(三)维护公平竞争的原则

维护公平竞争,是市场规制法的基本理念。无论是竞争法——反垄断法和反不正当竞争法,还是市场规制法的其他方面,都是以维护市场竞争的公平为出发点和归宿的。特别是作为市场规制法核心的竞争法,更是体现以"国家之手"来维护公平竞争的基础性法律。在实行市场经济体制的西方国家,竞争法(主要指反垄断法)被称为"经济宪法"和"市场经济的大宪章"[①]。在我国,尽管竞争法还不甚完善,反垄断法的制定较晚,但竞争法的重要性已经越来越被人们所认识,而且我们相信,随着我国市场经济体制的逐步完善,竞争法在维护公平竞争方面的基础性作用将日益凸显出来。

需要指出的是,作为经济法另外一个重要组成部分的宏观调控法,也在维护公平竞争方面发挥重要作用,但这种作用发挥的方式与市场规制法不同,它主要是通过间接的调控方式对市场主体的公平竞争创造一个良好的外部环境,而且维护公平竞争也不是它的唯一的职能。正是从这个意义上,我们把维护公平竞争确定为市场规制法的一个基本原则,以此体现它区别于宏观调控法的不同特点。

二、市场规制法的体系结构

市场规制法的体系结构大体由以下三部分构成[②]:

(一)市场规制一般法

这部分法律主要有:①市场准入法,如企业登记法;②反不正当竞争法;③反垄断法;④消费者权益保护法;⑤质量规制法,如产品质量法、标准化法等;⑥价格规制法,如价格法、反暴利法等;⑦中介服务规制法,如广告法、拍卖法等。

这部分法律的特点是,其规制和调适的范围广泛,几乎涵盖了市场活动的整个领域和各个方面,是运用"国家之手"干预和规制市场经济关系的基础法律。

(二)市场规制特别法

这部分法律法规主要有金融市场监管法、劳动力市场监管法、房地产市场监管法、电信市场监管法等。

这部分法律的特点是:其规制和调适的范围具有特定性,是专门针对某种特定的市场制定的特别性法律。

(三)市场规制相关法

这部分法律、法规可以包括企业法、侵权行为法、合同法、知识产权法等。

这部分法律的特点是,其内容同其他法律部门具有交叉性,也就是说,这些法律从总体上可能属于其他法律部门的范畴,但其中的某些方面和某些内容,更适合市场规制法的原则与特点,比如,合同监管问题,既是合同法的内容,也是市场规制法体系的有机组成部分。

---

① 史际春.邓峰.经济法总论[M].北京:法律出版社,1998:168.

② 王全兴,管斌.市场规制法的若干基本理论研究[J].人大复印资料《经济法、劳动法》,2002(2):8.

三、市场规制法的制度演进和立法现状

国家对市场进行某种干预、管制并为此制定一些法律规范的情况,在早期社会即有之,但作为国家调节经济的一种基本方式的现代意义上的市场规制法,是在19世纪末20世纪初才出现的。由于各国市场经济发展的模式不同,法制传统各异,因此在市场规制的法律形式和制度措施方面就存在着较多的差异。下面,我们仅以美国、德国、日本等三国为对象,分析以下市场规制法(主要是竞争法)在这三个国家的演进历程,最后对我国市场规制的立法状况作一些介绍。

美国是市场规制法较为发达的国家,它的现代反垄断和限制竞争法律制度对其他市场经济国家产生过重大影响。从19世纪中叶起,美国经济从自由竞争发展到垄断阶段,少数大的托拉斯逐渐控制住了美国经济的命脉。托拉斯的形成和发展,威胁到中小企业的生存,引起了公众的恐惧和反感。为缓解因垄断而引起的尖锐矛盾,保障公平、有效的竞争,国会于1890年通过了第一部反托拉斯法,即《谢尔曼反托拉斯法》。谢尔曼法颁行后,政府有关部门和法院采取了解散大托拉斯的措施,但未能收到预期的效果。为了强化法制的力度,国会又于1914年颁布了《克莱顿法》和《联邦贸易委员会法》,尔后,美国又适时对这三部反托拉斯法进行了多次修订、补充和完善。此外,美国各州还可制定适用于本州的反托拉斯法。同时,美国在司法实践中还积累了大量有关反托拉斯的判例,这些判例又反过来丰富了成文法的有关规定,并成为后来适用的基础,从美国的经济发展历史来看,经过100多年的立法和司法实践,美国反托拉斯法对维护公平竞争,保护竞争者和消费者的合法权益,促进和保障经济与社会的协调发展起到了十分重要的作用。

德国是当代最发达的市场经济国家之一,也是从理论到实践上典型的社会市场经济模式国家。在形成社会市场经济模式的进程中,德国比较好地运用了法律手段,将其社会市场经济的内涵和规则,用法律的形式加以固定和制度化。1910年德国颁布了《钾矿业法》,它针对由于卡特尔的垄断使未进入卡特尔的同业者因竞争力不强而倒闭这一情况,采取国家扶持卡特尔的办法来拟制企业的新增设。这可算是德国最早的国家干预垄断的法律。第一次世界大战期间,德国于1915年颁布《设立强制卡特尔法》,1919年颁布《卡特尔规章法》。其主要内容不是反垄断,而是通过银行贷款或各邦当局行使权力以促进和强化垄断。1923年颁布《防止滥用经济力法令》,它是直接针对当时社会上日益高涨的反卡特尔呼声而作出的对于垄断和不正当竞争行为的某些限制,其目的是削弱卡特尔组织对市场的支配力。1934年德国还颁布了《卡特尔变更法》。自一战前后到二战结束,德国的反垄断立法总的倾向是对垄断加以宽容和维护,在扶持私人垄断的同时,国家也大量参与垄断,积极发展国家垄断资本主义。二战结束以后,情况发生了很大的变化。伴随着法西斯军国主义的覆灭,经济自由主义倾向日益加强,当时在美、英、法占领区,根据一系列特别指令,施行卡特尔法令和经济力过度集中排除法令,禁止卡特尔和康采恩,并对煤、钢铁、化学、银行、电影等部分的大企业实行分割。1957年,当时的联邦德国颁布了《反限制竞争法》(又称《反卡特尔法》)并经过几次修改,其中最重要的修改是1973年的修改。2005年德国《反限制竞争法》进行第七次修订,主要目的是为了实现与欧盟竞争法进行协调和对接。现行的德国反垄断和限制竞争法,被认为是当今世界上最严厉的竞争政策之一,也是欧洲最为综合和运用最广的竞争政策[①]。

---

① 漆多俊.经济法基础理论[M].3版.武汉:武汉大学出版社,2002:9.

　　日本的经济法是世界上最发达的经济法之一,尤其以反垄断和限制竞争立法最为典型。日本于明治维新以后的资本主义发展初期,在确立民法秩序的同时,国家对金融等部门的一些企业和某些产业实行保护和促进政策。一战时期,国家实行战时统制。一战以后为应付经济危机,在国家各项政策中,促进垄断是重要的一个方面。1625年的《出口组合法》和《重要出口物品工业组合法》,是规制未加入卡特尔的组织使之从属于卡特尔的强制特别法。1931年的《重要产业统制法》,1932年的《工业组合法》等,都是促进卡特尔的法律。这一时期,在促进私人垄断的同时,国家还直接参与垄断,建立国有公司。国家对垄断的扶持和参与以及其他各种形式的国家干预,在1937年侵华战争爆发及第二次世界大战期间,发展到了极端的地步。二战结束以后,情势变化,美军占领时期实行非军事化、民主化,颁布了《公司解散限制等事宜》(1945年),《经济力量过度集中排除法》(1947年)等法令,强令财阀解体。为防止将来垄断组织复活,1947年制定了《禁止私人垄断法》。1952年和平条约生效,日本又转而缓和、放宽对垄断的限制,并采取促进垄断的政策。1952年制定了两个《禁止垄断法》的适用除外的法规,即《关于稳定特定中小企业临时措施法》和《出口交易法》。以后,关于适用除外规定的范围逐渐扩大(上述两个法规分别发展为1953年的《中小企业稳定法》、1957年的《中小企业团体组织法》和《进出口交易法》)。即使《禁止私人垄断法》自身也于1953年作了大幅度的缓和性修改,明确承认"不景气卡特尔"和"合理化卡特尔"。日本的《禁止垄断法》于1977年又作了修改,其特点是禁止垄断和限制竞争的政策趋于加强。2013年日本对反垄断法进行了修订,废除了自1948年开始施行的公正交易委员会的审判制度,在反垄断法适用上扩大了法院的职责。

　　从总体上看,西方资本主义国家的市场规制法作为其经济法的核心内容,经历了一个由低级到高级的层次性的演变过程。这个过程大体上可以分为三个阶段或三个层次:第一个层次是充分体现战争思想的市场规制法律,以德、日两国的法律最为典型,这是初级层次的市场规制法律。它仅于浅表层次和野蛮的方式回应着不期而至的社会化要求,实际上则是与客观经济规律格格不入的。第二个层次是应付经济危机的市场规制法。这是为了应付经济不景气或其他意想不到的危机而被动制定的市场规制法。如西方国家始自美国《谢尔曼法》的反垄断法,"在相当晚近之前并无明确如一的指导思想,基本上只是针对时弊彷徨应对的产物"[①]。第三个层次是自觉维护经济协调的市场规制法。这是二战以后由于推行经济民主化(日、德为典型),在西方国家日益形成的维护自由竞争的市场秩序,促进社会经济协调发展的较成熟的市场规制法。其主要标志是,市场规制法据以解决社会经济矛盾的宗旨和方式,已由干预、管制市场主体的自由意志和行为,转向尽可能创造充分、适度、公平的竞争环境以维护这种自由上来。

　　在中国,关于规范市场行为和市场秩序的法律法规是随着改革的进行而逐步制定出来的。国家从1979年开始便发布了一系列有关的法规。如《关于开展和保护社会主义竞争的暂行规定》(1980年)、《关于工业品生产资料市场管理暂行规定》(1981年)、《关于加强市场和物价管理的通知》(1983年)、《城乡集市贸易管理办法》(1983年)、《关于技术转让的暂行规定》(1985年)、《关于认真解决商品搭售问题的通知》(1987年)、《关于打破地区间市场封锁进一步搞活商品流通的通知》(1990年)等。由于这些法规还没有脱离旧有的体制基础,因此从其职能上看,更多的具有管理的色彩。我国严格意义上的市场规制法是在市场化趋向的经济改革过程

---

①　史际春,邓峰.经济法总论[M].北京:法律出版社,1998:28.

中建立和完善起来的。1993 年 2 月 22 日,七届全国人大常委会第三十次会议审议通过了《中华人民共和国产品质量法》(2000 年 7 月 8 日第九届全国人民代表大会常务委员会第十六次会议第一次修正,2009 年 8 月 27 日第十一届全国人民代表大会常务委员会第十次会议第二次修正),1993 年 9 月 2 日,八届全国人大常委会审议通过了《中华人民共和国反不正当竞争法》(2017 年 11 月 4 日第十二届全国人民代表大会常务委员会第三十次会议修正),1993 年 10 月 31 日八届全国人大常委会第四次会议审议通过了《中华人民共和国消费者权益保护法》(2009 年 8 月 27 日第十一届全国人民代表大会常务委员会第十次会议第一次修正,2013 年 10 月 25 日十二届全国人大常委会第五次会议第二次修正)等,这些法律构成了我国市场规制法体系的核心和基础。另外,1994 年制定的《中华人民共和国广告法》(2015 年 4 月 24 日第十二届全国人民代表大会常务委员会第十四次会议修正)和《中华人民共和国城市房地产管理法》(2007 年 8 月 30 日第十届全国人民代表大会常务委员会第二十九次会议第一次修正,2009 年 8 月 27 日第十一届全国人民代表大会常务委员会第十次会议第二次修正),1996 年制定的《中华人民共和国拍卖法》(2004 年 8 月 28 日第十届全国人民代表大会常务委员会第十一次会议第一次修正,2015 年 4 月 24 日第十二届全国人民代表大会常务委员会第十四次会议第二次修正),1997 年制定的《中华人民共和国价格法》,1999 年制定的《中华人民共和国投标招标法》(2017 年 12 月 27 日第十二届全国人民代表大会常务委员会第三十一次会议修正),2007 年 8 月 30 日制定了《中华人民共和国反垄断法》并于 2008 年 8 月 1 日起施行。2012 年 1 月 30 日最高人民法院审判委员会第 1539 次会议通过《最高人民法院关于审理因垄断行为引发的民事纠纷案件应用法律若干问题的规定》,自 2012 年 6 月 1 日起施行。2009 年 2 月 28 日第十一届全国人民代表大会常务委员会第七次会议通过《中华人民共和国食品安全法》并于 2009 年 6 月 1 日起施行(2015 年 4 月 24 日第十二届全国人民代表大会常务委员会第十四次会议修正)。这些法律成为我国市场规制法的重要组成部分,一个适于中国社会主义市场经济特点的市场规制法体系正在逐步形成。

思考与练习

1. 试述市场规制法的地位。
2. 试述市场规制法的基本原则。
3. 试述我国市场规制法的立法现状。

第七章　反垄断法

第一节　反垄断法概述

一、垄断的一般理论

(一)垄断的概念

垄断是指违反法律或者社会公共利益,通过合谋性协议、安排或协同行动,或者通过滥用经济优势地位,排斥或控制其他经营者的经济活动,在一定的生产领域或流通领域内实质上限制竞争的行为。它在日本法上指的是垄断状态和私人垄断。在美国法中指的是垄断化和寡头垄断。在德、欧共体、英国法国法中则指垄断力的滥用。对于垄断的概念,经济学一般认为垄断是指少数(经常不止一家)巨型企业以各种组织形式联合起来霸占某些工业部门的生产和市场[①]。按照竞争受限制的程度往往将市场分为三类:① 最极端的情况是,市场上不存在竞争,只有一个厂商,它供给整个市场,此为垄断;②有几个厂商为市场提供产品,因而具有某种程度的竞争,此为寡头;③所涉及的厂商数目比寡头市场要多,但还没有多到足以实现竞争的程度,此为垄断竞争[②]。西方经济学家还指出,"一般说来,任何联合只要控制一个工业部门的百分之八十的产量,就能支配其余百分之二十的价格"[③]。

(二)垄断的组织行式

垄断是自由资本主义发展到一定阶段的必然产物,是工业不断进步、生产集中的结果。一方面,由于垄断企业和组织具有相对较大的生产规模、较雄厚的资金实力,因此才有可能占有较多的资源(包括原料、技术、设备、人才等),这将有利于降低生产成本和产品价格,从讲求效率的角度来看,这有利于提高生产效率,并在一定程度上能够使消费者在价格方面获益;但另一方面,垄断的产生却不利于其他中小企业的发展,使得资金、生产规模相对较小的企业面临困境,因此从生产、经营者的角度来看,垄断的出现打破了市场经济所倡导的自由竞争的原则,无法保证一个公正、合理的竞争环境。垄断有四种组织形式,即卡特尔、托拉斯、辛迪加、康采恩。

卡特尔是垄断组织形式之一。原意为协定或同盟,现指生产或销售某一同类商品的企业,为垄断市场,获取高额利润,通过在商品价格、产量和销售等方面订立协定而形成的同盟。参加这一同盟的成员在生产、商业和法律上仍然保持独立性。它是资本主义垄断组织的一种重要形式。1865 年最早产生于德国。第一次世界大战后在各资本主义国家迅速发展。随着垄断资本的国际化产生了国际卡特尔。按协议内容卡特尔可以分成规定销售条件的卡特尔、规定销售价格的卡特尔、规定产品产量的卡特尔、规定利润分配的卡特尔、规定原料产地分配的卡特尔等。生产同类商品的企业作为卡特尔成员,各自在法律上保持其法人资格,独立进行生

---

① 何家弘.证据学论坛[M].1 卷.北京:中国检察出版社,2000:8.
② 徐继敏.行政证据通论[M].北京:法律出版社,2004:5.
③ 证据学.东吴法学丛书[M].1948(2):3.

产经营,但必须遵守协议所规定的内容。卡特尔成立时,一般签订书面协议,有的采取口头协议形式。成员企业共同选出卡特尔委员会,其职责是监督协议的执行,保管和使用卡特尔基金等。由于成员企业之间的经济实力对比会因经济发展而变化,卡特尔的垄断联合缺乏稳定性和持久性,经常需要重新签订协议,甚至会因成员企业在争取销售市场和扩大产销限额的竞争中违反协议而瓦解。

辛迪加,原意是"组合",是资本主义垄断组织的重要形式之一,是由同一生产部门的少数资本主义大企业,通过签订统一销售商品和采购原料的协定以获取垄断利润而建立的垄断组织。辛迪加是在 19 世纪末 20 世纪初产生的。当时在欧洲一些国家都出现了辛迪加。德国的许多辛迪加是由卡特尔发展而来的。同卡特尔相比,辛迪加较为稳定,存在的时间也较持久。辛迪加的参加者虽然在生产上和法律上还保持着独立性,但在商业上则已完全受制于总办事处,不能独立行动。

托拉斯,原意为托管财产所有权,是垄断组织的高级形式之一。它由许多生产同类商品的企业或产品有密切关系的企业合并组成,旨在垄断销售市场、争夺原料产地和投资范围,加强竞争力量,以获取高额垄断利润。参加的企业在生产上、商业上和法律上都丧失独立性。托拉斯的董事会统一经营全部的生产、销售和财务活动,领导权掌握在最大的资本家手中,原企业主成为股东,按其股份取得红利。托拉斯的垄断组织形式可分为两种:一种是以金融控制为基础的托拉斯。参加的企业形式上保持独立性,实际上从属于掌管托拉斯股票控制额的总公司,这种总公司是一种持股公司,通过持有其他公司的股票控制额对它们进行金融控制。另一种是以生产同类商品的企业完全合并为基础的托拉斯。这种托拉斯所从属的总公司是一种业务公司,直接经营产销业务。在总公司下按产品类别或工序、工艺设立若干分公司来管理。托拉斯 1879 年首先在美国出现,如美孚石油托拉斯、威士忌托拉斯等。

康采恩,原义是"相关利益共同体"的意思,是垄断组织的高级形式之一,由不同经济部门的许多企业联合组成。它包括工业企业、贸易公司、银行、运输公司和保险公司等。旨在垄断销售市场、争夺原料产地和投资场所,以获取高额垄断利润。参加康采恩的企业形式上保持独立,实际上受其中占统治地位的资本家集团(一般是大银行资本家)通过参与制加以控制。它明显地表现出帝国主义时期银行资本和工业资本融合的特点。其产生的时间晚于卡特尔、辛迪加和托拉斯。康采恩中的各个成员企业仍保持法律上的独立性,不失其法人资格,处于核心地位的大企业或大银行作为持股公司,通过收买股票,参加董事会和控制各成员企业的财务,将参加康采恩的其他成员企业置于其控制之下。其目的在于增强其经济优势,垄断销售市场,争夺原料产地和投资场所,获取高额垄断利润。19 世纪末、20 世纪初康采恩才在主要资本主义国家先后形成。它的产生和发展,控制着经济、政治、文化以及社会生活的各个方面,充分体现了垄断资本主义时期银行资本与工业资本融合为金融资本的重要特点。

在今天,垄断资本较半个多世纪前有了巨大的质的变化。垄断已经不是一般的垄断,而是高度集中的国际垄断;垄断组织也不再是最初的"国际托拉斯",而是庞大的跨国公司以及触角伸向世界各个角落的子公司这种巨型国际垄断公司,是当前世界经济中集生产、贸易、投资、金融、技术开发和技术转让以及其他服务为一体的最主要的经济实体,是包括科学技术在内的各种资本形态国际化和全球化的主要载体,是在国际垄断资本主义阶段资本主义存在和发展的支柱。这种巨型国际垄断组织通过投资社会化、生产一体化、管理信息化和网络化等,控制着全球的技术、资本、生产、销售和市场,决定着整个世界经济的导向和秩序。同时,为了适应全球发展的需要,能在更大范围争夺垄断地位,一些大型跨国公司还结成各种形式的国际联盟,以集团的力量加强其在全球市场上的竞争力和垄断地位。

二、反垄断法的一般理论

(一)反垄断法的概念

垄断是与自由竞争相对的一个概念,是排斥、限制竞争的各种行为的总称。狭义的反垄断法是指国家制定或认可的,通过规范垄断和限制竞争行为来调整企业和企业联合组织相互竞争关系的法律规范的总称。广义的反垄断法是指国家制定或认可的,通过规范垄断和限制竞争行为来调整企业和企业联合组织相互竞争关系的实体法与相关程序法的法律规范的总称。

(二)反垄断法的法律特征

(1)反垄断法是调整竞争关系的法律规范。反垄断法属于竞争法的一部分,也是经济法的核心内容。反垄断法与反不正当竞争法虽然都是调整竞争关系,但是两个法律调整的角度却不同,因而权利义务也就不同:反垄断法是从规范限制竞争的状态和行为出发调整竞争关系,其主体依法有维护经济的自由和民主,活跃竞争并抗拒限制竞争的权利和祛除限制竞争活动的义务。反不正当竞争法则从规范不正当竞争入手来调整竞争关系,其主体有依法从事正当竞争,抵制不正当竞争的权利和祛除不正当竞争活动的义务。

(2)反垄断法调整的主体是企业和企业联合组织。反垄断法调整的主体,在各国法律表述中并不相同:日本和台湾地区称为事业者和事业团体;德国称之为企业和企业联合组织;英国、美国仅使用 person 一词;欧盟《罗马条约》使用 undertakings 一词。所以,反垄断法调整的对象是从事市场竞争经营活动的自然人、法人及其他经济组织。

(3)反垄断法是以企业和企业联合组织在市场中的竞争行为为内容的。反垄断法只是以处于市场支配地位的企业和企业联合组织相互间在市场中的限制竞争行为或状态为规范对象,具体内容包括垄断(含垄断状态、垄断化、垄断力的滥用)、限制竞争行为、经济力量过度集中、不公平交易方法和歧视。

(4)反垄断法是通过规范垄断和限制竞争行为来调整企业和企业联合组织相互竞争关系的实体法与相关程序法的法律规范的总称。反垄断法法律规范,除涉及反垄断与限制竞争的实体法律规范外,还涉及行政法法律规范及反垄断的程序法法律规范。后二者从严格意义上来讲并不属于反垄断法的范畴。

(三)反垄断法的重要地位

世界上实行市场经济的发达国家都奉行这样一条规律:凡是市场经济协调、有序、快速发展的发达国家,都有一套适合本国国情的完善的反垄断法律制度为其保驾护航。相反,凡是市场经济发展缓慢、曲折的国家,都欠缺必要的反垄断法律制度或者其反垄断法律制度尚不完善。因为市场经济本质上就是一种竞争经济,而市场本身并不具有维持公平竞争的机能,相反,由于竞争的激烈,使得市场经济主体在竞争中往往采取不正当竞争手段,来谋求竞争中的垄断地位。而这种不正当竞争行为,必然对一国的经济体制造成巨大危害。如果要避免此种危害,则必须制定一部完整、科学的反垄断法。因此,反垄断法通常被誉为"经济宪法"。这就是反垄断法的地位与价值。

三、反垄断法的基本原则

反垄断法基本原则是指贯穿反垄断法始终和各方面的总括性原理或准则,是反垄断法的价值理念和立法宗旨的展开和延伸,是反垄断法的灵魂和建构依据。

反垄断法基本原则的特征有:第一,反垄断法基本原则是反垄断法律关系主体在反垄断法的实施过程中必须遵循的基本准则,也就是说围绕反垄断进行的执法、司法和守法的行为都不得与反垄断法的基本原则相违背,在贯彻执行反垄断法的动态过程中要始终按照它的基本原则来行事。第二,反垄断法基本原则必须是反垄断法所独有的原则,否则就不能说明反垄断法基本原则的个性。而要体现反垄断法基本原则的个性,就要从垄断以及反垄断法的核心目的来考量。垄断就是限制自由竞争。反垄断从根本上就是为了排除限制竞争的状态或行为,恢复自由竞争,从而恢复市场秩序,促进市场经济通过市场的竞争性力量来实现资源优化配置这一作用的有效发挥。所以,在讨论反垄断法的基本原则时,要紧紧围绕反垄断法的这个根本目的来确定。第三,反垄断法基本原则是贯穿于反垄断法始终的根本准则。这表明,不仅在反垄断法的实施中要严格遵循这些基本原则,而且在反垄断法的创制、解释中也要服从基本原则的精神,从而保证反垄断法的和谐统一,提高法律权威。

学界普遍认为,合理原则和本身违法原则是反垄断法的基本原则。

合理原则又被称为合理规则、合理性规则、合理性原则、论辩原则等。所谓合理原则,是指对市场上某些限制竞争行为不是必然视为违法,而需要根据具体情况来判定,尽管该行为形式上具有限制竞争的后果和目的,但同时如果又具有推动竞争的作用,或者能显著改变企业的经济效益,或其他有利于社会整体经济和社会公共利益的实现,如有利于采用新技术降低产品成本,更好地满足消费者利益的需要,该行为就被视为合法①。即以是否在实质上损害有效竞争、损害整体经济、损害社会公共利益为违法标准的一项法律原则。在 1897 年的"泛密苏里运价协会案"中,怀特(White)法官就提出了合理原则的思想,但未能得到最高法院的采纳,直到 1911 年的"美国标准石油公司案"中,合理原则才成为违法判定准则;在 1918 年"芝加哥贸易协会诉美国政府案"中,法院进一步明确了合理原则的内容。依照合理原则,只有"不合理"的限制竞争行为才属于《谢尔曼法》第一条禁止的范围,市场上某些反竞争行为并不一定必然被视为非法,需要根据具体情况来确定。尽管该行为形式上限制了竞争,但同时又具有推动竞争的作用或有利于社会整体利益的实现,如有利于采用新技术降低产品成本,更好地满足消费者的需要,该行为就被视为合法。也就是说,合理原则只有全面衡量垄断或垄断行为对市场的影响之后,才能确定它们是否违法。合理原则侧重点在于对某一限制竞争行为的价值判断上,具有"衡平"的性质。

本身违法原则也称为固定的不合理原则,又称之自身违法原则或自身违法规则,是指当垄断企业的规模占有市场的比例超过一定数额,或行为属法律禁止的范围之内时就判定其属于违法,无需考虑它们对市场竞争的影响。在 1897 年"泛密苏里运价协会案"的判定中,美国司法部认为,固定价格本身必然极大地限制成员的竞争自由,根本不必进行经济分析,仅仅根据性质即可判定其违反《谢尔曼法》。这是第一次表达了本身违法原则的思想。在 1940 年"美国政府诉索科内一维科姆案"中,法院正式采用了本身违法原则这一术语。本身违法原则在法律

---

① 王保树.经济法原理[M].北京:中国社会科学文献出版社,1999:230 - 231.

上具有明确性,只要相应的行为符合法定的条件即属违法,这在条文上一目了然,具有法律与商业上的可预期性。本身违法原则便于指导对具体事实行为的违法性识别,符合成文法国家法律要求:成文法国家以成文法为唯一的法源,法律要有效地实现其规范的功能,可操作性或实用性应是它的一个基本要求。本身违法性的规定正是符合了成文法的这两点要求,而在成文法国家的反垄断法中被大量地采用。本身违法原则体现了反垄断法的严厉,同时,也简化了反垄断法的适用程序。

在各种反竞争行为中,许多行为具有非常明确的竞争损害性,这些行为几乎总是缺少社会或经济的补偿价值。因此,在涉及其中某一行为的案件中,原告只需要证明这种行为存在,即使在被告认为此行为会促进竞争时,法律也将认定其为本身违法行为而进行处罚和禁止。

本身违法原则和合理原则都是在反垄断司法实践中逐渐形成的违法判定原则,但二者之间存在着明显区别:

其一,判定标准和程序的差异。本身违法原则反映的是一个事实定位的问题,违法行为存在与否是法院或竞争管理机构做出裁决的基础,判定程序相对简单。合理原则反映的是一个价值判断问题,强调对当事人限制竞争行为后果的考量,而当事人的主观意图并不重要,当事人的行为是否限制了竞争也并不重要,问题的关键在于这种限制带来的好处是否大于限制所产生的害处。如果害处大于好处,那么就要受到反垄断法的规制;如果好处大于害处,对限制竞争行为的规制就是没有意义的。

其二,考察的内容不同。本身违法原则主要关注当事人是否存在主观恶意,当事人之间进行共谋的事实或当事人单方面滥用支配地位的行为都显示、表露了当事人的恶意。反垄断法所规制的就是当事人实施垄断行为的恶意,而不管当事人的市场地位,当事人所限制的价格的合理性,当事人是否已经实施了限制竞争的行为,以及当事人行为的可能后果。合理原则要考虑当事人所处产业的市场结构,当事人的市场权利,当事人限制竞争的目的,当事人限制竞争的必要性等等因素。

其三,体现的反垄断目标不同。本身违法原则往往体现对多重立法目标的维护,偏重于保护公平竞争、竞争者的平等地位和经济自由。合理原则常常体现出对经济效率和社会整体利益目标的偏爱,偏重于提高经济效益、追求资源的有效利用。

其四,理论依据与适用范围不同。哈佛学派的结构主义主张对本身违法原则的影响较大,而芝加哥学派的行为主义倾向对合理原则也产生过重大影响。本身违法原则主要适用于行政性垄断、操纵价格、划分市场、搭售行为等反竞争行为的判定,而合理原则适用范围较广,包括经济性垄断、滥用市场优势地位、兼并等。

其五,司法成本的差异。对于严重限制竞争的协议,适用本身违法规则,它有助于提高司法效率,减少司法资源的浪费。由于合理原则的适用要全面了解案情,调查事项繁多,因而,有学者认为,反垄断法具有"模糊性"的特点,说到底无非是其适用的确定性、一致性较弱,这固然能够更灵活地适应案情,但弹性过大。而本身违法原则却能够快刀斩乱麻,且其适用范围较为确定,因而其稳定性与明确性均较强。本身违法原则确立了明确的合法与违法的界线,这使得对法律概念与法律规则进行等级排列与建构成为可能。而合理原则正好相反,它强调对具体的合理与非合理因素进行分析、比较,从经济事实的比较中找出经济行为或结构的合法性因素。因此,强调合理原则,势必会使反垄断法减少语义逻辑性,加强经济性和事实性等因素,强调经济的合理性分析[①]。

四、反垄断法的价值目标

(一)维护自由、公平的竞争秩序

竞争是当今各国反垄断法所共同宣示的对象,是反垄断法基本价值的集中体现,是反垄断法判断规范对象的永恒尺度,因此竞争构成反垄断法特有的价值。自由竞争正是人们对竞争秩序的一种价值选择,反垄断法对垄断进行规制的直接目的之一就是构建和维护以自由为基础的竞争秩序。它保障企业公正的竞争能力和竞争机会的获得与行使,保障企业平等地进入市场的自由权利。在反垄断法的调整机制中,它要求政府合法适当地干预经济生活,主张对易于导致滥用的自由经济权利予以一定的限制,但是这种干预和限制都是处于对更大范围内经济自由权利的追求。同时公平是反垄断法创设和维护竞争秩序的重要内容,反垄断法通过确定一视同仁的竞争规则,规制垄断和限制竞争行为,保护中小企业的生存和发展权利,从而维护公平的竞争秩序。反垄断法保护竞争的实质在于保护由反垄断法创设或认可的一定的竞争秩序,这种竞争秩序是反垄断法的基本价值。反垄断法调整的竞争关系是经济关系的一种,属于私法的调整对象,而反垄断法的调整方法却是公法的方法,如禁止、命令、承认、认可、指定等。用公法的方法调整原本由私法调整的领域,因为反垄断法必须以恢复和维护自由、民主、平等的市场竞争过程和竞争秩序为己任。我国国务院于2016年6月1日发布《关于在市场体系建设中建立公平竞争审查制度的意见》,该《意见》中写道,"公平竞争是市场经济的基本原则,是市场机制高效运行的重要基础"。建立公平竞争审查制度,规范政府的有关行为,防止行政机关出台排除、限制竞争的政策措施,逐步清理废除妨碍全国统一市场和公平竞争的规定和做法。这一意见的出台正是反垄断法中"自由、公平"价值目标的体现。

(二)促进社会整体效率

完全自由竞争的结果,必然导致市场结构发生重大变化。一些规模巨大的企业总是不断地通过经营者集中和垄断协议等方式加强对整个市场的掌控。越来越少或越来越大的企业凭借市场结构的优势,甚至滥用市场优势地位,从而具有极高的经济效率。而广大的中小企业本身市场结构的弱小,无论在原材料采购、人才引进、设备更新、资金实力、技术改造、获取信息的灵敏程度等诸多方面根本无法同规模巨大的企业相抗衡。不仅如此,它们要求的社会的认同,用于产品或服务上的"沟通"和广告费用更为巨大,从而直接导致产品或服务的成本上涨,最终导致经济效率的低下。反垄断法必须再一次代表国家公权力对市场结构和市场行为进行规制,不仅要依照反垄断法的有关规定,严厉禁止具有竞争关系的经营者之间达成诸如固定或者变更商品价格、联合抵制交易、分割销售市场或者原材料采购市场、限制商品的生产数量或者销售数量等各种旨在垄断市场的协议,而且对滥用市场支配地位和经营者集中以及滥用行政权力排除、限制竞争的行为等采取适度的制裁措施,以实现效率、公平和秩序的价值目标。反垄断法通过对非法垄断行为的禁止,保证自由、公平、有效的竞争行为,维持合理的市场竞争秩序,从而促进社会整体效率的提高。

(三)维护消费者利益和社会公共利益

良性市场竞争过程能够促使市场主体不断更新技术和设备,提高生产工艺和劳动熟练程

---

① 余东华.转型期中国反行政性垄断中违法判定原则的选择——从本身违法原则到合理原则[J].天津社会科学,2008(1):81-83.

度,并通过较低的价格和最优质的服务获取市场份额,从而给消费者带来实惠,通常也不会损害社会公共利益。一旦竞争过程中出现了严重的垄断状态,具有市场优势地位的规模企业为了获取高额垄断利润,以实现自身利益最大化,往往通过价格协议或者滥用市场支配地位等方法,将生产和服务维持在较高的价格和低质服务的水平上进行,或者对不同的消费者实行不同的价格政策,从而必然损害消费者的合法权益和社会公共利益。此时,反垄断法必须以维护消费者的合法权益和社会公共利益为己任,对上述行为予以查处和制裁,以实现其维护消费者合法权益和社会公共利益的价值目标。

第二节　国外反垄断法律制度

一、国外反垄断控制制度概述

在现代反垄断法中,其系统制度可以划分为关于市场支配地位控制的制度和关于限制竞争行为控制的制度。在此基础上形成了四项制度,即反垄断控制制度、经济力量过度集中排除制度(企业控股、企业结合和合并)、横向限制和纵向限制规制、不公正交易方法与歧视规制。其中反垄断控制制度包括三种:纯结构性反垄断控制制度、准结构性反垄断控制制度和行为性反垄断控制制度,其规范的对象分别是:垄断状态(日本法)、垄断化(美国法)、垄断力的滥用(德国、欧盟、日本法)。结构主义与行为主义是反垄断控制制度的基本分类,也是对反垄断控制制度最本质的描述。

结构主义的反垄断控制制度,是指为了控制行业集中度而对行业集中状态进行规范的反垄断控制制度。此种制度,不仅规范占市场支配地位企业的市场行为,而且还担负着对阻碍市场竞争的市场结构予以调整的任务。而行为主义的反垄断控制制度,则指仅规范占市场支配地位企业的市场行为的反垄断控制制度,它并不关心行业的集中度。其区分的一个标准是看该反垄断控制制度的制裁方法中有没有结构性的制裁方法——解散和分割大公司。结构性反垄断控制制度承担着调整行业集中度的任务,所以解散和分割大公司以恢复竞争性的市场结构是其必然的内容。而行为主义的反垄断控制制度只关心占市场支配地位的企业是否有滥用其支配力的行为,因此,该制度中就没有结构性的制裁方法,而只是针对企业市场行为的制裁措施:勒令停止行为与损害赔偿,但是并不改变企业的原有形态。

结构主义的制度仅限于日本、美国两国,行为主义的制度以德、英、法、欧盟为代表。在结构主义制度中,日本法是针对大企业及大企业在产业结构上的影响而设定的,具有调整产业结构的意义,所以,日本法是规范垄断状态的(市场结构),我们称之为纯结构主义的反垄断控制制度。美国法的制度在设置目的和要件上与调整产业结构无关,只是制裁措施具有调整产业结构的功能,即具有解散和分割大公司的制裁内容,美国法是规范垄断化的(市场行为),称之为准结构主义的反垄断控制制度。

二、纯结构主义的反垄断控制制度

(一)纯结构主义的反垄断控制制度的规制对象——垄断状态

对垄断状态予以禁止是纯结构主义反垄断控制制度的本质特征,美国《谢尔曼法》第二条是纯结构主义反垄断控制制度的先驱。日本的《禁止垄断法》是在解散财阀、排除经济力量的过度集中、重建自由经济体制和经济民主化的背景下制定的,所以规定了比美国《谢尔曼法》更为严厉的结构性反垄断控制制度。作为纯结构主义反垄断控制制度样板的美国法,虽然在1945年"美国铝公司案"判决后达到了顶峰,但是此后的判例已使美国退到准结构主义的立场,并从根本上退出了对垄断状态的规制,因此,日本也成为目前该反垄断控制制度的唯一代表。对于垄断状态,日本《禁止垄断法》第二条第七项的定义为:垄断状态就是指在某种商品或商业服务领域内,因市场规模、市场结构的原因产生市场弊害的情形。

(二)垄断状态的构成要件

垄断状态的构成要件一般认为有三项,具体有:

(1)一定规模的相关市场。垄断状态的确认是以一定规模的相关市场为前提,市场规模的确定分为两个方面:一是相关市场,即确定市场特征。二是市场规模,实质上是指相关市场的规模。日本《禁止垄断法》规定,某种产品在最近的上一年度销售额超出五百亿日元,该产品的相关市场才属于符合市场规模要件的相关市场。规模小于五百亿日元的市场,即使出现垄断企业,也不适用垄断状态规制。

(2)市场结构。一定的市场结构是垄断状态构成要件又一要件。其内容有:第一,市场中存在处于市场支配地位企业,即在一年期间内,一个事业者的市场占有率超过二分之一,或者两个事业者的市场占有率合计超过四分之三。第二,存在进入壁垒,即给其他事业者进入该相关市场造成明显的困难。进入壁垒是市场结构的组成因素之一,它通常决定于市场规模与市场占有率。

(3)市场弊害。据日本《禁止垄断法》,市场弊害含义有二:一是该事业者所供应的某产品或商业服务,在相当期间内,与供求变动以及供应所需费用变动相比,价格显著上涨或降低甚微;二是给事业者取得了显然超过标准利润率的利益或支出了显然过高的销售费和一般管理费。

(三)对垄断状态的制裁措施

日本反垄断法规范的对象中,私人垄断、不正当交易限制、不公正交易方法和经济力量的过度集中的成立要件必须有行为内容,只有对垄断状态规制的是对已分割或独占了市场的企业的规制,不要求有行为要件。当垄断状态成立时,日本公正交易委员会可以发出"竞争恢复措施令",命令涉及垄断状态的企业转让一部分营业或者采取其他必要措施恢复在该产品或服务领域内的有效竞争。由于该措施是一种严厉的制裁,所以,通常是作为最后的手段来使用。

三、准结构主义的反垄断控制制度

(一)准结构主义的反垄断控制制度的规制对象——垄断化、图谋垄断化

对垄断化和图谋垄断化的规制,渊源于美国《谢尔曼法》第二条的规定。该条规定:"任何为垄断化,或者企图为垄断化,或与他人联合、共谋以垄断美国州际或与外国间的商业和贸易任何部分者,均属严重犯罪。如果参与人是公司,将处以不超过一百万美元以下罚款;如果参与人是个人,将处以十万美元以下罚款,或三年以下监禁,法院也可酌情并用两种处罚。"所谓垄断化,它是指一个人或企业,在相关市场上故意取得和维持垄断力量,或者图谋垄断,应当受到反垄断法禁止的状态和行为。垄断化既有结构的内容,即在本质上它是用来控制市场支配地位的个人或企业,具有调整产业集中度的功能,所以,它仍然是结构主义的反垄断模式。同时,它又有行为的内容,即它又以故意取得和维持垄断力量的行为为必要条件,所以我们将其称为准结构主义的反垄断控制制度。

(二)垄断化的构成要件

垄断化的构成要件主要有三项:第一,状态要件,即存在着市场支配地位;第二,行为要件,即存在着取得或维持市场支配地位的行为;第三,主观上存在着攫取市场支配地位的故意。如1911年"标准石油公司案"中所指出的"只有该行为背后存在着行为者攫取市场支配地位的明确意图时,该行为才是违法"①。1945年"美国铝公司案"中,亨特法官在确定该公司是否存在维持市场支配地位的明显意图时,并不是看该公司是否存在违法行为,而是直接认为"美国铝公司维持其市场支配地位的决定就是它垄断化的主观意图的充分显现"②。亨特的解释使美国垄断化规制具有了纯结构主义的特征。1964年"美国诉 Grinnell Corporation"案中,联邦法院判决指出:"作为《谢尔曼法》第二条所禁止的'垄断'应具备两大要素:在相关市场拥有市场支配力和故意取得与维持该市场支配力。但是,通过高质量的产品、优秀的商业技巧或历史原因而获得的市场支配力不在此限……另外,即使市场支配地位是合法取得的,企业也不能运用它来维持和扩展其市场支配力。"③这是最为普遍的解释。

(三)图谋垄断化的构成要件

《谢尔曼法》第二条在禁止垄断化的同时,也禁止图谋垄断化。图谋垄断化的构成要件通常认为有两项,即进行垄断化的明显意图和成功的绝对可能性。图谋垄断化的构成要件,是由霍姆斯在1905年的"Swift and Company 诉美国案"中首创。霍姆斯指出:"如果垄断还未变为现实的话,只要存在意图和成功的绝对可能性,《谢尔曼法》就可运用来直接禁止此种(垄断的)绝对的可能性,如同它禁止已完成了的垄断一样。"④对于进行垄断化的明显意图的确定,同对垄断化的确定一致。由于成功的绝对可能性这一要件本身过于模糊,所以美国联邦贸易委员会后来以"对竞争的实质性影响"取而代之。寡头共谋垄断化也是图谋垄断化的一种,法律予以禁止。所谓寡头共谋垄断化,它是指各寡头企业所采取的以暗中通谋为形式,以排除其他竞争者并维持各自的市场占有为目的的协调一致的行动。寡头共谋垄断化的核心是各企业行动上的协调一致性,这种协调一致性的存在也是寡头企业从事垄断化意图的证据。

(四)对垄断化、图谋垄断化的制裁措施

美国反垄断法规定了刑事制裁与民事制裁并重的制裁措施。刑事制裁措施有罚款和监禁两种。民事措施中首先是解散和分割大企业。美国迄今已对24个大企业进行了分割。民事措施的第二种是损害赔偿。根据《谢尔曼法》第七条和《克莱顿法》第四条规定,任何个人的经营或财产所受到的损害是由于反托拉斯法所禁止的任何行为而引起的,他都可以在任何地区法院提起诉讼,要求得到相当于他所受实际损失三倍的赔偿及其它所支付的诉讼费、合理的律师费。联邦政府有权为受害者提起诉讼,请求损害赔偿。其他的民事措施还有命令转让技术等。

四、行为主义的反垄断控制制度

(一)行为主义的反垄断控制制度的规制对象——垄断力的滥用和优势地位的滥用

行为主义的反垄断控制制度是与结构主义的反垄断控制制度相对的一种反垄断控制制度

---

① 曹士兵.反垄断法研究[M].北京:法律出版社出版,1996:116.
② 曹士兵.反垄断法研究[M].北京:法律出版社出版,1996:122.
③ 曹士兵.反垄断法研究[M].北京:法律出版社,1996:123.
④ 曹士兵.反垄断法研究[M].北京:法律出版社,1996:118.

类型,它普遍存在于欧洲各国的反垄断法中。根据其规制对象,可以划分为垄断力的滥用和优势地位的滥用两种。

(二)垄断力滥用的构成要件

垄断力滥用是指拥有市场支配地位的企业滥用其市场支配力,并在一定的交易领域内实质性的限制竞争,应受反垄断法制裁的行为。垄断力滥用的构成要件有:①市场支配地位。市场支配地位是垄断力滥用的首要要件。对于市场垄断地位的滥用,其认定除市场占有率外,还有一系列的因素。对此,欧共体执委会提出五项要素作为标准:即供应者与消费者的选择机会、经济力量与参与企业的财物力量、相关市场结构、国际竞争、个别产品或服务的供应与需求发展。②滥用行为。任何一个损人利己的企业行为都可以成为滥用行为。英国《公平贸易法》第四十八条分为掠夺行为(如暴利价格)、维持垄断地位行为、服务业中的限制竞争行为、寡头共谋行为等四种类型。德国《反限制竞争法》第二十二条规定了阻碍行为(如低价销售)、滥用价格和条件、歧视行为。欧盟《欧洲共同体条约》第八十五条规定了五种类型的滥用行为。③对有效竞争和公共利益损害的事实。欧洲反垄断法的目的在于恢复有效竞争,滥用行为损害有效竞争,实际上也就损害了社会公共利益。在欧盟,企业的滥用行为在影响到成员国之间的贸易时,就构成了垄断力滥用的第三个要件。

(三)优势地位滥用的构成要件

对优势地位滥用的规制,在日本、法国、德国、欧盟的法律中均有规定。优势地位滥用,根据《欧洲共同体条约》第八十六条规定,"一个或者几个企业滥用其在共同市场的优势地位或者在相当一部分市场中的优势地位,从而影响成员国间的贸易,应当被当作与共同市场的目标相抵触的行为。"何谓"优势地位",欧洲法院在第 27/76 号案件(联合公司案)中指出:优势地位是指"一个企业所享有的因经济实力而获得的地位,使它能够避免相关市场内的有效竞争,它可以不受竞争、海关和消费者影响,并从中获得利益"。它与垄断力滥用的区别在于:垄断力滥用要求企业必须拥有市场支配地位,而优势地位的滥用只需企业在交易中拥有优势地位。优势地位的滥用的构成要件也有三个方面,即交易中优势地位的企业、滥用行为和对竞争的损害。《欧洲共同体条约》第八十六条规定的滥用优势的行为有:①直接或间接施加不平等的买卖价格或其他贸易条件;②限制生产、销售或技术开发,从而使消费者蒙受损失;③对其他进行相同的交易的贸易伙伴适用不同的条件,从而使自己获得竞争优势;④迫使其他当事方只有在接受额外义务的条件下才可签订合同,而就其性质或者商业惯例而言,这些义务与合同标的没有任何关系。此外,法院谴责的其他滥用优势地位的行为还有:搭售、掠夺性要价、进出口限额、拒绝供货、某些独家专营的行为、合并和收购。

(四)对垄断力和优势地位滥用的制裁措施

从各国规定看,其基本的制裁救济措施有刑事处罚、民事救济和行政命令三种方式。作为刑事处罚,一般主要局限于罚金。作为民事措施,一般是停止侵害和损害赔偿。作为行政制裁,反垄断专门机关可以发布禁令和宣布实施的行为无效。

五、反垄断适用除外法律制度

(一)反垄断适用除外法律制度概述

反垄断适用除外是各国反垄断法中共有的法律制度。它是指国家通过促进、承认、许可等方式,对特定主体、特定行业、企业或者特定行为违反反垄断法规定时,予以合法性认可的法律制度。

(二)主要国家反垄断适用除外法律制度

1.美国的反垄断适用除外制度

按照美国法律的规定,下列情况下不受反垄断法的管辖:①在价格操纵方面,下述组织的目的是成员之间的相互帮助,就免受谢尔曼法的管辖,包括农场主及牧业主合作社、出口商协会、海上保险协会、工会等组织。②特定人员不受反垄断法约束。自由职业者、专业人员,如医生、律师、会计师等免受反垄断法的约束。③贸易组织的某些活动。对各种贸易组织的非价格信息的交换,除非它是被用来压制竞争或管理垄断集团组织,或者不是以压制或消除竞争为目的的贸易组织的自我管理,均不违反谢尔曼法的规定。④某些联合投资安排。1984年,美国国会通过了国家合作研究与开发法案。该法案对竞争企业之间合法注册、联合投资的研究与开发项目提供了反垄断豁免权。⑤自然垄断。美国对于有些行业的自然垄断不受反垄断法的限制,而是由政府加以管制。这些行业主要有:水、电、煤气、电话、交通运输等公用事业行业。近几年又扩大到医药、银行等行业。⑥对垄断力量的获得是无辜的。如企业通过优良的产品与服务、独特的技能、独到的商业眼光等吸引了消费者,获得较大的市场份额。⑦知识产权的行使行为豁免适用反垄断法。但是,当该权利的行使所附加条件"不合理"地损害竞争时,仍然有受到反垄断法谴责的危险。⑧对于适用克莱顿法第七条关于企业兼并的例外。属于倒闭企业、小企业兼并或者根据1966年银行兼并法案进行的兼并,原则上不受反垄断法的管辖。

2.德国《反限制竞争法》的除外情况

德国《反限制竞争法》的除外情况:①条件卡特尔,即统一使用标准合同条件,共同交货条件,付款条件的合同与决议,但不包括价格或者价格的构成。②回扣卡特尔,即供货时关于回扣的合同和决议,但该回扣必须表现真正的劳务价值,且不会造成对不同经济阶段的不合理的不同待遇,或者是对同一经济阶段的不同顾客的不合理的不同待遇。③结构危机卡特尔,即因销售减少而发生持续的需求变化时,卡特尔当局可以申请将生产、制造、加工或者处理方面的合同或决议的批准颁发给企业,以使其需求符合适当的生产能力。④合理化卡特尔,即只有关于统一使用标准或型号的合同或决议。⑤专门化卡特尔,即通过专门化达到经济活动合理化的合同与决议,但是,它们不得妨害市场上的基本竞争状况。⑥中小企业的协作便利,即通过第⑤方式之外的方式达到经济合理化的合同与决议,这种合同和决议可使中小企业的生产效率提高。⑦出口卡特尔,即德国《反限制竞争法》适用范围之外市场竞争管理原则的担保和出口方面的合同与决议。⑧进口卡特尔,即当德国买方没有,或没有具备竞争能力的报价人时,卡特尔当局可批准限制竞争类型的合同与决议。需说明的是:第①至⑧项除外适用均需卡特尔当局批准。⑨特别卡特尔,即为整体经济和公共利益限制竞争时,联邦经济部长可批准限制竞争的合同与决议。⑩联邦邮局、联邦铁路,承运人。⑪生产者协会,包括生产者企业、生产者企业协会和生产者联合会、协会的合同与决议。上述合同或决议如果是对生产或农产品销售或对农产品的精制和加工设施的利用,并不采取价格限制,并不排除竞争,则不受反垄断法的制约。⑫联邦银行、煤炭和钢铁联合会、烧酒垄断。银行包括了德意志联邦银行和恢复建设信用银行。煤炭和钢铁则根据欧共体煤炭和钢铁共同条约规定。烧酒垄断是根据1980年的《烧酒垄断法》。⑬信用机构和保险企业。⑭按《利用版权和使用受保护权利法》规定受监督的事业社团。⑮公用工程公司。包括供应电力、煤气、水的企业。

3.欧盟的反垄断适用除外制度

根据《欧洲共同体条约》第八十五条第三款的规定,下列情况下作为反垄断的适用除外:①企业之间的任何协议或任何种类的协议;②企业联合会的决定或任何种类的决定;③任何协作惯例或任何种类的协作惯例。其条件是这些协议、决定或惯例有助于改善商品的生产和发售,有助于促进技术进步或经济发展,并同时让消费者从中得到一部分合理的利益。

4.日本的反垄断适用除外制度

日本的反垄断适用除外有:①自然垄断所特有的行为。包括了铁道、电力、煤气等事业及其他性质上当然成为垄断事业的经营者从事的有关生产、销售或供应,而为其事业所特有的行为,公益事业均属此类。②行使无形财产权行为。它包括根据著作权法、专利法、实用新型设计法、发明法或者商标法行使权利的行为。但是,在实施上述权利中出现不当限制条件时,虽不涉及《禁止垄断法》方面的问题,但会涉及不公正交易方法方面的问题。③以小规模事业者或者以消费者互助为目的的协同组合行为。④对国际性协定和合同申报、金融公司的持股量,根据个别条款规定可对各自的某些行为作适用除外。

综上,各国反垄断法规定的适用除外制度概括起来主要有以下几种类型:第一类,特定人员,包括劳工、医生、律师、会计师等自由职业者;第二类,特定组织,包括工会、特定企业组合、组织、协会;第三,特定行业,包括农业、金融业、保险业、公用事业等;第四,特定行为,包括转售价格的维持、小企业行为等;第五,行使无形财产权利的行为。

六、反垄断法执行机构

国外反垄断执行机构主要有以下三种类型:

(一)准司法机关的反垄断专门执行机关

以美国与日本两个国家为典范。美国是联邦贸易委员会,日本是公正交易委员会。美国的联邦贸易委员会的委员有五人,由总统任命,任期为五年,并须经参议院的推荐与同意。其下设机构有竞争局、消费者保护局、经济局。日本的公正交易委员会隶属于内阁总理大臣管辖,委员会独立行使职权。其委员会由委员长和四名委员组成,由内阁总理大臣征得议会的同意任命。

美国联邦贸易委员会可以自由地进行案件裁决,其程序与美国法院的程序大体相当。案件出现后,委员会下属的行政法官负责听取当事人必要的陈述和审阅有关案件文件,然后宣布初步的裁决。对于该裁决,被告或委员会法律顾问可以向委员会提出上诉。在听取上诉后,委员会可以撤销该案或发布"停止违法行为令"。对于该命令,可以在六十日内向上诉法院的巡回法庭提起上诉。

日本公正交易委员会作为准司法机关,其裁决程序与日本法院审判程序相同。公正委员会裁决程序启动前是调查阶段,委员会在探知违法情形后,主动开始调查,或者在一般的人报告后,或者在检察总长的通知后开始调查。调查由其下设的事务局负责。事务局的负责者,即审查官在调查后写出审查报告书。委员会在收到报告书后,经合议作出不予过问、进行劝告、开始审判程序等决定。劝告是对违法者提出停止违法行为的官方建议,如果接受劝告,该劝告即为审判的简单程序。如果不接受劝告或者委员会认为有违法事实并认为付诸审判符合公共利益时,委员会就会进行审判。被审人对裁决不服的,可以向东京高等法院提起取消裁决的诉讼。

(二)纯粹行政机关的反垄断执行机关

1.纯粹反垄断行政机关

纯粹行政机关作为专门反垄断机关是欧洲大部分国家反垄断的方式。在欧洲,以专门行政机关作为反垄断的执行机关,在法定范围内进行法律决策,具有相当大的独立裁决权。同时,欧洲各国一般又都授予该行政机关的上级领导以具体反垄断案件的裁决权,由该行政机关与高级官员共同执行反垄断法。这些机关有的采用普通行政机关的模式,如德国的卡特尔局;有的采用委员会制,如法国竞争审议委员会。

2.行政机关的反垄断执行机关的权限

法国竞争评议委员会的主要职权有:①对集体限制竞争行为进行裁决并处罚;②就企业结合案件向经济部长提供审查意见;③对政府、国会和公共利益团体,就有关竞争事宜提供咨询意见。德国卡特尔局的权限有:①批准结构卡特尔、出口卡特尔、进口卡特尔;②监督对出版物的价格约束是否受到滥用;③对企业合并进行监督;④当限制竞争行为、歧视行为等影响市场的后果超越一个州时,联邦卡特尔局行使其职权。其工作人员依法可以行使立案、调查、扣押、裁决等权力。其裁定只有州高等法院依程序才可予以改变或撤销。

3.上级官员的反垄断权力

欧洲各国一般都授予执行反垄断法的独立行政机关的上级领导参与执法,并对其与行政机关的职权做出划分,这些上级领导,有权裁定某些具体的反垄断案件,如德国的经济部长可以根据申请,批准已经被禁止的卡特尔或合并。英国商业部长拥有更广泛的裁决权,他可以豁免有关限制贸易的协议和根据英国垄断与合并委员会的报告发布命令。法院对他们的裁定,只能审查是否超越其管辖范围,而不能审查它们裁定的内容。

(三)法院

多数国家都受理反垄断法适用过程中产生的诉讼案件,有的国家由普通法院受理,而有的国家则由专门法院受理,如英国的限制性商业行为法院。法院参与反垄断执行主要是通过刑事程序和民事程序惩罚违法者,或者通过行政诉讼程序审查专门机关的执行活动。但是,对于违法者的刑事制裁、对受害者的民事赔偿及对专门机关的不当裁决的纠正,只能由法院审判决定。

(四)顾问委员会

德国与英国参与反垄断执行的还有由专家组成的顾问委员会,它们只是顾问的角色,不是决策者。德国的垄断委员会每两年制作一份鉴定书,对德国的企业集中化发展及《反限制竞争法》执行情况进行评价,对《反限制竞争法》提出修改意见。英国的垄断与合并委员会,在地位上它是一个顾问机构。该委员会负责对垄断与兼并行为、不正当竞争行为及一些公共团体的行为进行调查。它虽然没有裁决权,但是,有权采取措施的商业部长,在裁定时不能超出委员会意见书所建议的措施。

第三节　中国反垄断法律制度

一、我国反垄断法的历史沿革

我国最早提出反垄断的规范性文件是 1980 年国务院发布的《关于推动经济联合的暂行规

定》，该规定明确提出要"打破地区封锁，部门分割"。同年，国务院发布了《关于开展和保护社会主义竞争的暂行规定》，指出"在经济活动中，除国家指定由有关部门或单位专门经营的产品外，其余都不能进行垄断，搞垄断经营"。"开展竞争必须打破地方封锁和部门分割。任何地区和部门都不准封锁市场，不得禁止外地商品在本地区、本部门销售"。

1988 年提出《反对垄断和不正当竞争暂行条例草案》。1990 年 11 月发布《关于打破地区间市场封锁进一步搞活商品流通的通知》，指出生产企业在完成国家指令性计划产品调拨任务和购销合同后，有权在全国范围内销售产品，工业、商业、物资等部门的企业，有权在全国范围内自行选购所需产品，任何地区和部门都不得设置障碍，加以干涉。

1993 年 9 月颁布《中华人民共和国反不正当竞争法》，第六条规定，"公用企业或者其他依法具有独占地位的经营者，不得限定他人购买其指定的经营者的商品，以排挤其他经营者的公平竞争。"第七条规定，"政府及其所属部门不得滥用行政权力，限定他人购买其指定的经营者的商品，限制其他经营者正当的经营活动；政府及其所属部门不得滥用行政权力，限制外地商品进入本地市场，或者本地商品流向外地市场"。第十五条规定，"投标者不得串通投标，抬高标价或者压低标价。投标者和招标者不得相互勾结，以排挤竞争对手的公平竞争"。

1994 年 5 月成立反垄断法起草小组，小组成员来自国家经济贸易委员会法规司和国家工商行政管理局法规司。

1997 年 12 月颁布《中华人民共和国价格法》，第十四条第一款规定，经营者不得"相互串通，操纵市场价格，损害其他经营者或者消费者的合法权益"。1997 年和 1999 年期间连续三年举办国际研讨会，经济合作与发展组织与中国反垄断法起草小组就当时的反垄断法草案逐条进行过讨论。1999 年 8 月通过的《中华人民共和国招标投标法》也有禁止串通投标、招标的规定。2001 年发布《整顿和规范市场经济秩序的决定》对滥用行政权力限制竞争的行为作出了禁止性规定。2002 年 2 月 26 日公布的中国反垄断法草案征求意见稿，共有八章五十八条。2003 年 12 月，全国人大常委会又将该法列入十届全国人大立法规划。2004 年，国务院将该法列入立法计划。同年出台了《制约价格垄断行为暂行规定》，明文禁止经营者之间通过协议、决议或者协调等串通方式操纵市场价格，以及凭借市场优势地位牟取暴利、实行价格倾销和价格歧视。2005 年 2 月，反垄断法又一次被全国人大常委会列入立法计划。2005 年 12 月，商务部称反垄断法修改审查已获较大进展。2006 年 6 月 7 日，国务院总理温家宝主持召开国务院常务会议，讨论并原则通过《中华人民共和国反垄断法（草案）》。2007 年 8 月 30 日，第十届全国人大常委会第二十九次会议通过《中华人民共和国反垄断法》，并决定该法自 2008 年 8 月 1 日起施行。随后的几年，国务院反垄断委员会和三家执法机构先后出台了一系列配套法规、规章和指南，这在一定程度上使得反垄断法确立的反垄断制度进一步明确化、具体化，增强了制度的针对性和可操作性。人民法院也依法受理了反垄断民事诉讼案件，特别是 2012 年 5 月 8 日发布的《最高人民法院关于审理因垄断行为引发的民事纠纷案件应用法律若干问题的规定》对我国反垄断民事诉讼的开庭有促进作用①。2017 年 9 月 22 日国务院反垄断委员会办公室召开反垄断法专题研讨会，反垄断法修订研究课题组在会上介绍了反垄断法的修订思路及立法建议，与会专家进行了深入研讨并进一步提出完善的意见及建议，反垄断法的修订势在必行。

值得提示的是，2018 年 3 月 17 日第十三届全国人大一次会议表决通过了关于国务院机

①　王腾腾.反垄断法，十年磨一剑[N].南方日报，2017-09-26.

构改革方案的决定,按照最新方案,组建国家市场监督管理总局,将国家工商行政管理总局的职责,国家质量监督检验检疫总局的职责,国家食品药品监督管理总局的职责,国家发展和改革委员会的价格监督检查与反垄断执法职责,商务部的经营者集中反垄断执法以及国务院反垄断委员会办公室等职责整合,组建国家市场监督管理总局,作为国务院直属机构,不再保留国家工商行政管理总局。

二、我国反垄断法的主要特征

反垄断法,就是指反对垄断和保护正常的竞争秩序,维护市场机制正常运行的法律制度。其宗旨是预防和制止垄断行为,保护市场公平竞争,提高经济运行效率,维护消费者利益和社会公共利益,促进社会主义市场经济健康发展。其主要特征有以下几个方面:

(一)国家干预性

反垄断法在本质上就是现代国家为适应弥补民商法调整的不足而自觉地干预市场,以维护自由、公平的竞争秩序和经济活力而产生的。尽管笼统地说,国家对经济生活或者市场的干预是伴随着国家的产生而产生的,但是这种干预的前提和出发点在不同时期是各不相同的。这里所说的国家干预是以市场经济作为共同的基础的,因而它与在自然经济和计划经济基础上的国家经济统制完全不同。而在市场经济的基础上所进行的国家干预也呈现出不同的情形,大体上可以分为干预不足、干预过度和干预适度三种情形。反垄断法主要以适度干预为主。

(二)社会本位性

法的各个部门在处理社会整体和个体的关系方面,有不同的主旨和调整方式,对国家和非公共组织、个人的保护和制约也有不同的侧重,从而区分出不同的法律调整模式。一般说来,行政法以权力为本位,民法以个人权利为本位,包括反垄断法在内的经济法具有明显的社会性,并且以社会为本位。经济法的社会本位,是指它对经济关系的调整立足于社会整体,在任何情况下都以大多数人的意志和利益为重。在经济法的社会本位方面,反垄断法表现得尤为明显,它保护的既不是单纯的国家利益,也不是完全的社会个体的利益,而是同这两者既有密切联系又有明显区别的社会公共利益,即广大人民群众所享受的利益。反垄断法对社会公共利益的维护是通过对自由和公平的市场竞争秩序的维护来实现的。

(三)经济政策性

相对于其他部门法来说,经济法具有较强的政策性,而其中反垄断法的政策性更加明显。这不仅表现在反垄断法的制定、修改本身与国家的经济政策密切相关,而且其执法和司法活动也带有很强的政策性,从而具有较大的灵活性,同样的法条在不同时期的执行情况可能有很大的差异①。

三、我国反垄断法的规制对象

我国反垄断法第三条和第三十二条明确规定我国反垄断法的规制对象分为经济性垄断和行政性垄断两种。

经济性垄断是指市场主体利用自己的经济优势,或者通过联合组织或通谋等方式,限制、

---

① 王先林.反垄断法的基本性质和特征[J].法学杂志,2002(1).

排挤或阻碍市场正常竞争的行为。经济性垄断的特征有:①经济性垄断的实施主体是市场主体,即参与商品生产或流通的组织和个人。②经济性垄断的主体是具有市场经济优势地位的主体。③经济性垄断的目的是为了获取高额垄断利润。主要包括经营者达成垄断协议、经营者滥用市场支配地位和具有或者可能具有排除、限制竞争效果的经营者集中三种情形。

行政性垄断是指国家政府经济主管部门或者其他政府职能部门、地方政府及其职能部门、具有某些政府管理职能的行政性公司,凭借行政权力排斥、限制、妨碍市场竞争的行为。其主要特征表现在:①行政性垄断是一种超经济垄断。行政性垄断不同于经济性垄断,经济性垄断是市场经济发展到一定阶段的产物,是市场内在力量作用的结果。而行政性垄断则是行政权力的膨胀与滥用的具体体现与结果,它产生的基础与市场要素、市场运行规律没有直接关系。②行政性垄断的实施主体是国家经济主管部门、职能部门,地方政府及其职能部门,具有政府管理职能的行政性公司。行政性垄断都是由市场主体之外的行政部门实施,它与行政权力存在着直接的支配与被支配关系。③行政性垄断具有鲜明的强制性。行政性垄断是以行政权力为支撑,运用行政权力的强制性权威干预市场经济秩序。对于一般市场主体而言,他们不能抗拒或者逃避行政垄断的强制力,否则,就会受到行政强制力的制裁。

四、我国反经济垄断的法律制度

(一)经营者达成垄断协议

垄断协议是指两个或者两个以上的经营者(包括行业协会等经营者团体),通过协议或者其他协同一致的行为,实施固定价格、划分市场、限制产量、排挤其他竞争对手等排除、限制竞争的行为。其特征有:一是实施主体是两个或者两个以上的经营者;二是共同或者联合实施;三是以排除、限制竞争为目的。垄断协议区分为横向垄断协议、纵向垄断协议和混合垄断协议。横向垄断协议一般是指具有竞争关系的经营者达成的垄断协议。纵向垄断协议一般是指经营者与交易相对人达成垄断协议。混合垄断协议兼具横向和纵向垄断协议的特征。

垄断协议的立法模式有两种:一种是以美国、德国为代表的"概括禁止"模式。美国《谢尔曼法》第一条确立了任何以契约、联合或者共谋等形式对州际贸易或者国际贸易进行限制的行为均为非法的原则。德国《反限制竞争法》第一条规定:企业之间的协议、企业联合组织的决议以及企业之间相互协调的行为,如以阻碍、限制或者扭曲竞争为目的或使竞争受到阻碍、限制或扭曲,将被禁止。这种模式对垄断协议不作任何列举,只要满足原则性的规制标准,无论垄断协议的内容如何,都将被视为违背反垄断法精神而禁止。此类立法模式的优点是,规则具有高度的概括性,但凡为原则精神所涵盖的协议都是被禁止的。另一种立法模式,即"概括禁止加典型列举"模式。以欧盟为代表,包括英国、日本、韩国、瑞典、罗马尼亚、俄罗斯等国家。《欧共体条约》第八十一条第一款规定了禁止垄断协议的原则:企业之间的协议、企业联合组织的决议以及企业之间相互协调的行为,如果它们能够影响成员国之间的贸易,如以阻碍、限制或者扭曲竞争为目的或使竞争受到阻碍、限制或扭曲,将被视为与共同体市场不协调而予以禁止。在原则性地禁止一切垄断协议的基础上,又列举了五类典型的垄断协议,它们分别是:①直接或者间接固定购买或者销售价格或者其他交易条件;②限制或者控制生产、销售、开发新技术或者投资;③分割销售或者供应市场;④就相同交易采用不同的交易条件,从而使某些交易对手处于不利的竞争地位;⑤订立合同时强迫对方购买从性质或者交易习惯上与合同标的无关的商品或者服务。日本《禁止垄断法》第三条禁止企业之间进行不正当的交易限制,所谓的"不正当交易"按照该法第二条第六项,是指企业以契约、协议或者其他名义,与其他企业共同决定、维持或者提高交易价格,对数量、技术、产品、设备或者交易对象等加以限制,相互间约束或完成其事业活动,从而违反公共利益,对一定交易领域内的竞争构成实质性的限制[①]。我国则采取了典型列举的方式。

我国横向垄断协议的表现形式:①固定或者变更商品价格;②限制商品的生产数量或者销售数量;③分割销售市场或者原材料采购市场;④限制购买新技术、新设备或者限制开发新技术、新产品;⑤联合抵制交易;⑥国务院反垄断执法机构认定的其他垄断协议。

我国纵向垄断协议的表现形式:①固定向第三人转售商品的价格;②限定向第三人转售商品的最低价格;③国务院反垄断执法机构认定的其他垄断协议。

同时我国规定关于垄断协议的除外情形有:①为改进技术、研究开发新产品的;②为提高产品质量、降低成本、增进效率,统一产品规格、标准或者实行专业化分工的;③为提高中小经营者经营效率,增强中小经营者竞争力的;④为实现节约能源、保护环境、救灾救助等社会公共利益的;⑤因经济不景气,为缓解销售量严重下降或者生产明显过剩的;⑥为保障对外贸易和对外经济合作中的正当利益的;⑦法律和国务院规定的其他情形。

为了制止经济活动中的垄断协议行为,2010年国家工商总局根据反垄断法制定《工商行政管理机关禁止垄断协议行为的规定》,对我国具有竞争关系的经营者就限制商品的生产数量或销售数量;分割销售市场或者原材料采购市场;限制购买新技术、新设备或者限制开发新技术、新产品以及经营者就联合抵制交易所达成的横向垄断协议的表现形式作出进一步列举。此外,规定还对行业协会组织本行业的经营者从事规定禁止的垄断协议行为予以明确列举。

具有竞争关系的经营者就限制商品的生产数量或者销售数量达成的横向垄断协议的表现形式:①以限制产量、固定产量、停止生产等方式限制商品的生产数量或者限制商品特定品种、型号的生产数量;②以拒绝供货、限制商品投放量等方式限制商品的销售数量或者限制商品特定品种、型号的销售数量[②]。

具有竞争关系的经营者就分割销售市场或者原材料采购市场达成的横向垄断协议的表现形式:①划分商品销售地域、销售对象或者销售商品的种类、数量;②划分原料、半成品、零部件、相关设备等原材料的采购区域、种类、数量;③划分原料、半成品、零部件、相关设备等原材料的供应商[③]。

具有竞争关系的经营者就限制购买新技术、新设备或者限制开发新技术、新产品达成的横向垄断协议的表现形式:①限制购买、使用新技术、新工艺;②限制购买、租赁、使用新设备;③限制投资、研发新技术、新工艺、新产品;④拒绝使用新技术、新工艺、新设备;⑤拒绝采用新的技术标准[④]。

具有竞争关系的经营者就联合抵制交易达成的横向垄断协议的表现形式:①联合拒绝向特定经营者供货或者销售商品;②联合拒绝采购或者销售特定经营者的商品;③联合限定特定经营者不得与其具有竞争关系的经营者进行交易[⑤]。

---

①　唐晋伟.试析我国《反垄断法》规制垄断协议的立法模式——以第13条和第14条中的兜底条款为考察对象[J].行政法学研究,2008(1).

②　《工商行政管理机关禁止垄断协议行为的规定》第四条,国家工商行政管理总局令,2010年第53号.

③　《工商行政管理机关禁止垄断协议行为的规定》第五条,国家工商行政管理总局令,2010年第53号.

④　《工商行政管理机关禁止垄断协议行为的规定》第六条,国家工商行政管理总局令,2010年第53号.

⑤　参见《工商行政管理机关禁止垄断协议行为的规定》第七条,国家工商行政管理总局令,2010年第53号.

行业协会组织本行业的经营者从事禁止的垄断协议行为的表现形式：①制定、发布含有排除、限制竞争内容的行业协会章程、规则、决定、通知、标准等；③召集、组织或者推动本行业的经营者达成含有排除、限制竞争内容的协议、决议、纪要、备忘录等①。

（二）经营者滥用市场支配地位

1.市场支配地位

所谓市场支配地位是指经营者在相关市场内具有能够控制商品价格、数量或者其他交易条件，或者能够阻碍、影响其他经营者进入相关市场的能力的市场地位。其他交易条件，是指除商品价格、数量之外能够对市场交易产生实质影响的其他因素，包括商品等级、付款条件、交付方式、售后服务等。能够阻碍、影响其他经营者进入相关市场，是指排除、延缓其他经营者在合理时间内进入相关市场，或者其他经营者虽能够进入该相关市场但进入成本大幅度提高，无法与现有企业开展有效竞争等。

企业是否有支配地位应从三个方面来判断：第一，相关市场的划分，即市场的地域界限和产品界限；第二，企业在市场中所占比例的大小，是绝对优势还是相对优势；第三，市场竞争的阻碍因素，市场中竞争的阻碍因素越多，支配地位企业的市场优势就越容易形成。

（1）相关市场。所谓相关市场是指经营者在一定时期内就特定商品或者服务进行竞争的商品范围和地域范围，它又分为相关产品市场和相关地域市场。所谓相关产品市场是指向共同消费者的相同的或可替代的产品的销售者。即根据商品的特性、用途及价格等因素，可以相互替代的一组或一类商品所构成的市场，主要指被需求者视为具有紧密替代关系的所有商品。由于这些商品具有紧密替代性，因此具有较强的竞争关系，在反垄断执法中可以作为经营者进行竞争的商品范围。消费者需求的可替代性和生产者供给的可替代性就其本质而言是扩大了产品市场的范围，对某一具体产品来说，范围的扩大对企业市场优势或支配地位产生一定的冲击，甚至使该产品的优势丧失。所谓地域市场的界定就是消费者能够有效地选择某种竞争产品，供应商能够有效地供应该产品的一定区域。即指具有紧密替代关系的商品相互竞争的地理区域。相关地域市场范围内的竞争条件基本一致，并明显区别于其他地域市场的竞争条件，在反垄断执法中可以作为经营者进行竞争的地域范围。

我国在认定经营者具有市场支配地位，应当依据的因素：①该经营者在相关市场的市场份额，以及相关市场的竞争状况；市场份额是指一定时期内经营者的特定商品销售额、销售数量等指标在相关市场所占的比重；分析相关市场竞争状况应当考虑相关市场的发展状况、现有竞争者的数量和市场份额、商品差异程度以及潜在竞争者的情况等。②该经营者控制销售市场或者原材料采购市场的能力；认定经营者控制销售市场或者原材料采购市场的能力，应当考虑该经营者控制销售渠道或者采购渠道的能力，影响或者决定价格、数量、合同期限或者其他交易条件的能力，以及优先获得企业生产经营所必需的原料、半成品、零部件及相关设备等原材料的能力。③该经营者的财力和技术条件；认定经营者的财力和技术条件，应当考虑该经营者的资产规模、财务能力、盈利能力、融资能力、研发能力、技术装备、技术创新和应用能力、拥有

① 参见《工商行政管理机关禁止垄断协议行为的规定》第四条，国家工商行政管理总局令，2010年第53号.
参见《工商行政管理机关禁止垄断协议行为的规定》第五条，国家工商行政管理总局令，2010年第53号.
参见《工商行政管理机关禁止垄断协议行为的规定》第六条，国家工商行政管理总局令，2010年第53号.
参见《工商行政管理机关禁止垄断协议行为的规定》第七条，国家工商行政管理总局令，2010年第53号.
参见《工商行政管理机关禁止垄断协议行为的规定》第九条，国家工商行政管理总局令，2010年第53号.

的知识产权等;对于经营者的财力和技术条件的分析认定,应当同时考虑其关联方的财力和技术条件。④其他经营者对该经营者在交易上的依赖程度;认定其他经营者对该经营者在交易上的依赖程度,应当考虑其他经营者与该经营者之间的交易量、交易关系的持续时间、转向其他交易相对人的难易程度等。⑤其他经营者进入相关市场的难易程度;认定其他经营者进入相关市场的难易程度,应当考虑市场准入制度、拥有必需设施的情况、销售渠道、资金和技术要求以及成本等[①]。⑥与认定该经营者市场支配地位有关的其他因素。

(2)市场份额。市场份额是指经营者的特定商品销售额或者销售量在相关市场的比重。相关市场竞争状况包括相关市场的发展状况、现有竞争者的数量、是否存在潜在的竞争者和进入障碍、相关市场其他经营者的市场份额、商品差异程度、市场透明度等。通常某一企业占据较高的市场份额,就认为其具有优势地位,而较低的市场占有率就不可能具有支配市场的能力。美国反托拉斯机关和法院在长期的反垄断实践中总结出一个标准:企业的市场占有额超过百分之七十将被判为具有垄断性的市场支配力;市场份额介于百分之五十至百分之七十之间时,除市场份额,还需提供有无替代品,有多少潜在对手等更多证据;市场份额小于百分之五十则不具有这种支配力。

我国法律推定具有市场支配能力的情形:①一个经营者在相关市场的市场份额达到二分之一的;②两个经营者在相关市场的市场份额合计达到三分之二的;③三个经营者在相关市场的市场份额合计达到四分之三的。同时规定两种例外情形:①如果有两个经营者在相关市场的市场份额合计达到三分之二或者三个经营者在相关市场的市场份额合计达到四分之三的情形,其中有的经营者市场份额不足十分之一的,不应当推定该经营者具有市场支配地位。②被推定具有市场支配地位的经营者,有证据证明不具有市场支配地位的,不应当认定其具有市场支配地位。

(3)市场进入障碍。市场进入障碍是指新进入者比现有的市场主体付出的任何较大的成本。是否存在进入障碍是界定支配地位的重要标志。这种障碍一般包括掠夺性定价、排他性合同条款、搭售要求等。确认进入障碍也是较为困难的,因为一个具有优势地位的企业想阻止新进入者进入该市场绝非易事。这些优势企业容易被认为具有支配地位而受到反垄断法的干预和控制。

2. 滥用市场支配地位

滥用市场支配地位又称滥用市场优势地位,是指经营者利用其具有的市场支配地位,以谋取垄断利益或者排挤其他竞争对手为目的的实施的排除、限制竞争,或者损害其他经营者和消费者利益的行为。

滥用市场支配地位行为的构成要件:①行为主体要件。只有具有市场支配地位的经营者实施的,才予以禁止;②行为要件。只有出现反垄断法禁止的行为,才予以禁止;③结果要件。只有实质上排除或者限制了市场竞争,损害消费者利益的,才予以禁止[②]。

滥用市场支配地位的表现形式主要有:

(1)掠夺性定价行为。该行为是指具有市场支配地位的企业,为了挤垮竞争对手,巩固和强化自己的市场支配地位,无正当理由地以低于成本的价格销售商品的行为。掠夺性定价主

---

① 参见《工商行政管理机关禁止滥用市场支配地位行为的规定》第十条,国家工商行政管理总局令,2010年第54号,2011年2月1日起实施.

② 盛杰民.刍议反垄断法对市场支配地位的规制[J].学术交流,2005(7).

要有产品性掠夺性定价和地区性掠夺性定价两种。其核心特征在于:这种滥用行为所针对的对象是同业竞争者即处于同一行业或产业的相同经济阶段的竞争者,其目的是排挤竞争对手,而非暂时性赢利,它是一种暂时的亏本经营行为。

(2)独家交易行为。该行为是指供应商与销售商达成的关于独家供应或独家销售的协议以及相应行为。

独家交易(限定交易)的表现形式为,具有市场支配地位的经营者:①限定交易相对人只能与其进行交易;②限定交易相对人只能与其指定的经营者进行交易;③限定交易相对人不得与其竞争对手进行交易[①]。

(3)价格歧视行为。该行为是指拥有市场支配地位的出卖人(供应商)或买受人(销售商)就同一种标的物不适当即无正当理由地要求不同的买受人(销售商)或出卖人(供应商)支付不同价款的行为。价格歧视行为是一种纵向的剥削滥用行为,它对竞争的影响主要表现为可以恶化受歧视者的竞争条件,使其处于不利的竞争地位。价格歧视行为可分为直接价格歧视和间接价格歧视两种。直接价格歧视直接表现为拥有市场支配地位的企业就同一种商品针对不同的交易对象(主要体现为地区的不同、交易量的不同等)确定不同的价格。而间接价格歧视在表面上就同一种商品针对不同的交易对象所确定的价格是相同的,但滥用支配地位的企业却通过对有的交易对象暗中给予回扣或提供服务和设施等方法造成事实上的价格歧视。

(4)差别待遇行为。它是指拥有市场支配地位的企业没有任何正当理由,不适当地对条件完全相同的交易对象,就所提供的商品或者服务的价格或其他交易条件,采取不同的标准或待遇的行为。差别待遇的表现形式为,经营者没有正当理由,对条件相同的交易相对人:①实行不同的交易数量、品种、品质等级;②实行不同的数量折扣等优惠条件;③实行不同的付款条件、交付方式;④实行不同的保修内容和期限、维修内容和时间、零配件供应、技术指导等售后服务条件[②]。

(5)搭售行为。搭售行为又称捆绑销售,是指合同当事人一方要求另一方当事人在购买或取得合同商品或工业服务的同时,还必须接受那些在实质上或商业习惯上与合同商品或工业服务不相称的商品或工业服务的行为。搭售行为的表现形式:①具有支配地位的经营者违背交易惯例、消费习惯等或者无视商品的功能,将不同商品强制捆绑销售或者组合销售;②具有支配地位的经营者对合同期限、支付方式、商品的运输及交付方式或者服务的提供方式等附加不合理的限制;③具有支配地位的经营者对商品的销售地域、销售对象、售后服务等附加不合理的限制;④具有支配地位的经营者附加与交易标的无关的交易条件[③]。

(6)拒绝交易行为。拒绝交易行为又称抵制行为,是指拥有市场支配地位的企业无正当理由,不适当地拒绝与特定交易相对人交易的行为。构成拒绝交易的条件是:①一方大都是资金雄厚或在某方面有优势的企业,而被拒绝的一方则是要求进入相关领域的企业;②被拒绝企业提供的交易条件是合理的,拒绝交易没有任何正当理由。③拒绝的结果是被拒绝的企业没有

---

① 参见《工商行政管理机关禁止滥用市场支配地位行为的规定》第五条,国家工商行政管理总局令 2010 年第 54 号,2011 年 2 月 1 日起实施.

② 参见《工商行政管理机关禁止滥用市场支配地位行为的规定》第七条,国家工商行政管理总局令 2010 年第 54 号,2011 年 2 月 1 日起实施.

③ 参见《工商行政管理机关禁止滥用市场支配地位行为的规定》第六条,国家工商行政管理总局令 2010 年第 54 号,2011 年 2 月 1 日起实施.

条件参与市场经济活动中同优势企业进行竞争或交易①。拒绝交易的表现形式有：①削减与交易相对人的现有交易数量；②拖延、中断与交易相对人的现有交易；③拒绝与交易相对人进行新的交易；④设置限制性条件，使交易相对人难以继续与其进行交易；⑤拒绝交易相对人在生产经营活动中以合理条件使用其必需设施。在认定拒绝交易的第⑤种表现形式时应当综合考虑另行投资建设、另行开发建造该设施的可行性、交易相对人有效开展生产经营活动对该设施的依赖程度、该经营者提供该设施的可能性以及对自身生产经营活动造成的影响等因素②。

（7）强制交易行为。该行为是指拥有市场支配地位的企业以利诱、胁迫和其他不正当手段，促使其他企业从事损害竞争的交易行为，主要包括：使他人与自己交易、使他人不与自己的竞争对手交易、安排他人之间进行交易、阻碍他人之间建立正常的交易关系，使竞争对手被迫加入某贸易组织以及减弱、回避、甚至放弃与自己竞争等③。其目的就是以自己的支配地位限制、阻止对方的交易自由和有效竞争，从而强化和巩固自己的垄断地位和经济上的优势力量，它违背了平等自愿和公平交易的原则。

我国法律规定，经营者滥用市场支配地位的表现形式有：①以不公平的高价销售商品或者以不公平的低价购买商品；②没有正当理由，以低于成本的价格销售商品；③没有正当理由，拒绝与交易相对人进行交易；④没有正当理由，限定交易相对人只能与其进行交易或者只能与其指定的经营者进行交易；⑤没有正当理由搭售商品，或者在交易时附加其他不合理的交易条件；⑥没有正当理由，对条件相同的交易相对人在交易价格等交易条件上实行差别待遇；⑦国务院反垄断执法机构认定的其他滥用市场支配地位的行为。

（三）具有或者可能具有排除、限制竞争效果的经营者集中

1. 经营者集中的概念和分类

经营者集中又被称为企业合并、企业集中、企业结合，是指经营者通过合并、资产购买、股份购买、合同约定（联营、合营）、人事安排、技术控制等方式取得对其他经营者的控制权或者能够对其他经营者施加决定性影响的情形。

根据经营者集中对市场竞争影响的效果和程度来划分，经营者集中可分为横向（水平）集中和非横向集中，非横向集中又可细分为纵向（垂直）集中和混合集中④。横向集中是指因生产或销售同类产品，或者提供同类服务而处于相互直接竞争的经营者的集中。这种集中会直接减少相关市场内现实竞争者的数量，对经营者的市场占有率和市场支配力产生实质性的影响，直接危及市场竞争，因而成为各国反垄断法规制的重点。纵向集中是指处于不同生产或销售环节的经营者之间的集中，即产品或服务交易的上、下游经营者之间的集中。这种集中的实质是将市场交易内化为企业内部关系，即以企业管理代替市场交易，相对于横向集中危害并不

①　王生卫.反垄断法中滥用市场支配地位的界定[J].华南农业大学学报(社会科学版),2004(1).
②　参见《工商行政管理机关禁止滥用市场支配地位行为的规定》第四条,国家工商行政管理总局令2010年第54号,2011年2月1日起实施.
　　参见《工商行政管理机关禁止滥用市场支配地位行为的规定》第五条,国家工商行政管理总局令2010年第54号,2011年2月1日起实施.
　　参见《工商行政管理机关禁止滥用市场支配地位行为的规定》第七条,国家工商行政管理总局令2010年第54号,2011年2月1日起实施.
　　参见《工商行政管理机关禁止滥用市场支配地位行为的规定》第六条,国家工商行政管理总局令2010年第54号,2011年2月1日起实施.
③　周昀.试论滥用市场支配地位行为的禁止制度[J].中国社会科学院研究生院学报,2007(3).
④　徐士英,等.竞争法新论[M].北京:北京大学出版,2006:40.

突出,只有当纵向集中形成当事经营者对相应市场进入障碍时,才可能成为反垄断法关注的对象。混合集中是指不同行业领域的经营者之间的集中。这种集中有利于实现经营者内部资源的合理流动,可以降低经营风险,实现规模经济效应。与横向集中相比,混合集中对市场结构影响较小,对市场竞争影响也不大,各国反垄断法对其控制亦较为宽松。横向集中是各国反垄断法的主要规制对象,而对于非横向集中,各国则采取较为宽容的态度。

经营者集中一般包括以下几种形态:①导致主体资格发生变化的经营者间的合并;②取得其他经营者足够数量有表决权的股份或者实质性资产;③经营者之间通过委托经营、联营等方式形成控制与被控制关系;④经营者直接或者间接控制其他经营者的人事。我国反垄断法第二十条规定,经营者集中是指下列情形:①经营者合并;②经营者取得其他经营者足够数量的有表决权的股份或者资产;③经营者通过合同等方式取得对其他经营者的控制权或者能够对其他经营者施加决定性影响。但反垄断法意义上的经营者集中与企业法意义上的企业合并(或企业兼并)不同。企业法上所称的企业合并是指两个或两个以上独立的企业,通过取得财产或股份等形式被一个新的企业所取代或合并成一个企业的行为。其本质特征是被合并企业法律人格的变化,企业法对企业合并行为进行规范主要是为了确立企业在合并时应遵循的准则和程序,以维护企业合并的债权人和股东的合法权益,确保市场交易的安全和稳定。而反垄断法意义上的经营者集中是广义的"兼并与收购",除"股权并购"和"资产并购"之外,还包括两个或者两个以上企业之间的合并,以及一个企业以合同或者其他方式取得对其他企业的控制权或者施加支配性影响的情况[①]。即不论是资产转移还是经营控制,只要经营者的经营权实质性的转移,形成控制与被控制关系即有可能成为反垄断法的规制对象。可见,反垄断法关注的并非被集中经营者的法律人格是否发生变化,而在于"企业合并产生或可能产生的市场经济力量的集中和合并对市场竞争的影响,关注企业合并后是否创设或强化企业的市场支配地位"[②]。

2017年9月8日商务部发布《经营者集中审查办法(修订草案征求意见稿)》,对经营者集中作出了进一步规定:①经营者取得其他经营者能够在市场上经营且生产营业额的财产、业务、权利等组成部分,属于经营者集中;②经营者新设合营企业,设立后两个以上经营者共同控制该合营企业的,构成经营者集中,设立后仅有一个经营者单独控制该合营企业,不构成经营者集中[③]。

2.经营者集中控制的实体标准

各国竞争法在企业经营者集中上一般都适用"合理规则",即如果能证明此项集中是旨在提高经济效益的合理的商业行为,那么就是可以接受的。一般来说,对于判断一项将进行的并购行为是否应当受到禁止,各国主要采用两个标准:是否严重地削弱了竞争即实质性地减少竞争;是否取得或加强垄断地位[④]。

美国1914年《克莱顿法》第七条是禁止经营者集中最为重要的法律依据,但它开始只是禁止通过股票买卖所实现的合并,而不禁止通过资产取得所进行的合并。1950年的《塞勒—克弗维尔法》将其管辖范围扩张到各种形式的企业合并,1980年的《反托拉斯诉讼程序改进法》

① 王晓晔.中华人民共和国反垄断法[J].中经营者集中的评析.法学杂志,2008(1).
② 徐士英,等.竞争法新论[M].北京:北京大学出版,2006:28.
③ 参见《经营者集中审查办法(修订草案征求意见稿)》第四、五条,2017年9月8日,商务部发布.
④ 王中美.论反垄断法对经营者集中的规制[J].行政与法,2008(1).

又将原来的"公司"扩大到"人",依此条规定,从事商业活动或者影响商业活动的任何人,不得直接或间接取得同样从事商业活动或者影响商业活动的任何活动的任何其他人的全部或部分股份或资产,如果这种取得在国内任何地区的任何商业领域具有可能实质性减少竞争或者产生垄断的后果。美国司法部和联邦贸易委员会共同发布的《横向合并指南》规定,企业合并不得产生或者扩大市场支配力或者推动行使市场支配力,具有"本质上减少竞争或具有形成垄断的趋势",否则应加以禁止[①]。可见,美国反托拉斯法禁止合并的实体标准采用了"实质性减少竞争"标准。依此标准,一项并购是否应予禁止,取决于其是否会实质性减少市场竞争,如果是,则加以阻止,反之,则予以批准。

日本《禁止私人垄断及确保公正交易法》第十五条关于合并的限制:国内公司在两种情形下不得合并,一是因该合并将实质性限制一定交易领域竞争的;二是该合并以不公正的交易方法进行的[②]。

欧盟的经营者集中控制标准经历了三次变化[③]。其最早的标准是通过1973年的大陆制罐公司案,由《欧共体条约》第八十六条确立的"滥用市场支配地位"标准,即如果企业已在共同体市场居于支配性地位,且通过并购使市场竞争受到限制,加强自己的支配性地位的,构成支配性地位的滥用,应受到条约第八十六条的管辖与规制。由于该标准存在严重的疏漏,1989年欧盟理事会通过了欧盟历史上第一个合并控制条例,即第4064/89号并购条例,确立了"市场支配地位"标准。依此标准,一项具有共同体规模的并购因其使企业产生或增强支配性地位并严重妨碍共同体市场或相当部分地域的有效竞争的,应宣布为与共同体市场不相容。这一标准确立后,即引起了人们关于"市场支配地位"标准与"实质性减少竞争"标准优劣性的讨论。2001年7月美国批准通用电气—霍尼维尔合并案和12月欧盟委员会发表《关于修改〈合并条例〉的绿皮书》,欧盟开始重新审视市场支配地位标准和实质性减少竞争标准问题。2004年1月20日,欧盟部长理事会通过《理事会关于企业之间集中控制条例》,即139/2004号并购条例,引进了"严重妨碍有效竞争"标准,规定如果一项并购尤其是因其产生或增强企业的支配性地位而严重妨碍共同体市场或其相当部分地域的有效竞争的,则应宣布该并购与共同体市场不相容,并予以禁止,相反,则不应阻止。与第4064/89号并购条例相比,新条例将一切严重妨碍有效竞争的合并全部纳入控制范围。欧盟并购控制实体标准的改变意味着欧盟更加强调并购对竞争的影响,防止并购产生任何严重损害竞争的效果,这与美国实质性减少竞争标准趋于一致[④]。

我国反垄断法第二十八条规定,经营者集中具有或者可能具有排除、限制竞争效果的,反垄断执法机构应作出禁止经营者集中的决定。根据第二十七条的规定,反垄断执法机构考虑一个并购是否具有排除、限制竞争效果时,考虑以下一系列因素:①参与集中的经营者在相关市场的市场份额及其对市场的控制力;②相关市场集中度;③经营者集中对市场进入、技术进步的影响;④经营者集中对消费者和其他有关经营者的影响;⑤经营者集中对国民经济发展的影响;⑥反垄断执法机构认为应当考虑的影响市场竞争的其他因素。

① 程益群.经营者集中反垄断法豁免制度探微[J].南方论刊,2007(12).
② 王长河,等,译.日本禁止垄断法[M].北京:法律出版社,1999.
③ 刘和平.欧美并购控制法实体标准比较研究[J].法律科学,2005(1):108-110.
④ 姜发根.经营者集中反垄断法控制的实体法论——兼评《中华人民共和国反垄断法(草案)》第四章[J].安徽广播电视大学学报,2007(3).

3. 经营者集中的申报

我国反垄断法第二十一条规定:经营者集中达到国务院规定的申报标准的,经营者应当事先向国务院反垄断执法机构申报,未申报的不得实施集中。有些企业并购活动事实上是企业集团内部交易,对市场竞争不会产生重要影响,因此反垄断法第二十二条规定,经营者集中有下列情形之一的,可以不向国务院反垄断执法机构申报:①参与集中的一个经营者拥有其他每个经营者百分之五十以上有表决权的股份或者资产的;②参与集中的每个经营者有百分之五十以上表决权的股份或者资产被同一个未参与集中的经营者拥有的。

2008年8月3日国务院公布的《关于经营者集中申报标准的规定》第三条指出:经营者集中达到下列标准之一的,经营者应当事先向国务院商务主管部门申报,未申报的不得实施集中:①参与集中的所有经营者上一会计年度在全球范围内的营业额合计超过一百亿元人民币,并且其中至少两个经营者上一会计年度在中国境内的营业额均超过四亿元人民币;②参与集中的所有经营者上一会计年度在中国境内的营业额合计超过二十亿元人民币,并且其中至少两个经营者上一会计年度在中国境内的营业额均超过四亿元人民币。这一规定实际上是把境内企业和境外企业申报的门槛区别对待,但对参与集中的企业在中国市场上的营业额这一门槛的要求是相同的。

2017年9月8日商务部发布《经营者集中审查办法(修订草案征求意见稿)》,对参与集中的经营者营业额的计算作出了进一步的解释说明:

(1)参与集中的经营者的营业额应当为下列经营者的营业额总和:①该单个经营者;②第①项所指经营者直接或间接控制的其他经营者;③直接或间接控制第①项所指经营者的其他经营者;④第③项所指经营者直接或间接控制的其他经营者;⑤第①至④项所指经营者中两个以上经营者共同控制的其他经营者。参与集中的经营者本身的营业额不包括上述①至⑤项所列经营者之间发生的营业额。经营者的营业额包括在申报时具有控制权或者能够施加决定性影响的其他经营者的营业额,不包括在申报时不再具有控制权或者不能施加决定性影响的其他经营者的营业额。

(2)参与集中的单个经营者之间有共同控制的其他经营者,则参与集中的所有经营者的合计营业额不应包括被共同控制的经营者与任何一个共同控制他的参与集中的经营者,或与后者有控制关系的经营者相互之间发生的营业额。参与集中的单个经营者之间有共同控制的其他经营者,则被共同控制的经营者营业额应在参与集中的单个经营者之间平均分配。

(3)经营者取得其他经营者的组成部分时,出让方不再对该组成部分拥有控制权或者不能施加决定性影响的,目标经营者的营业额仅包括该组成部分的营业额[①]。

4. 经营者集中豁免

所谓经营者集中豁免,又称经营者集中适用除外,指在特定条件下,对形式上符合垄断要件的经营者集中行为不予禁止和制裁。从价值目标而言,豁免制度的立法目的和反垄断的目标是一致的,都是要实现有效竞争。对一项经营者集中予以豁免,并非豁免的该集中行为对竞争没有危害,而是它对竞争的危害被它所带来的利益所抵消或者超越。这是经营者集中豁免制度的正当性基础。

经营者集中的反垄断豁免一般包括以下情形:

---

① 参见《经营者集中审查办法(修订草案征求意见稿)》第十二至十四条,2017年9月8日,商务部发布.

（1）改善市场竞争条件和竞争状况。经营者集中是一把"双刃剑"，一方面有可能导致产生或者加强市场支配地位，另一方面也有可能改善市场的竞争条件和竞争状况。德国《反限制竞争法》第三十六条第一款规定："如果可以预见，合并将产生或者加强市场支配地位，联邦卡特尔局得予禁止。但如果参与合并的企业能够证明合并也能改善竞争条件，且这种改善竞争条件的好处超过因合并产生的限制竞争的坏处，则不在此限。"

（2）显著地提高企业的经济效率。竞争是促进企业提高生产效率的有效机制，但企业合并后通过资产整合也可以产生"合并特有的效率"。如果"合并特有的效率"显著，明显超过合并的反竞争影响，则可以放宽对合并的审查。美国 1992 年《横向合并指南》指出："合并对经济的主要益处是它们具有提高效率的潜力，效率可以提高企业的竞争力，并对消费者降低产品价格……在大多数情况下，指南允许企业不受当局干预进行合并以提高效率。然而，它们仅是企业通过其他途径不可获得的效率。"

（3）兼并破产企业。如果合并企业能够证明，兼并的目标企业濒临破产，且符合相关条件，则合并不被禁止。此即所谓的"破产企业原则"。把兼并破产企业作为企业合并的反垄断豁免条件之一，是国际上的通行做法。日本《关于审查公司合并等的事务处理基准》指出，若一方当事公司将于不久破产，从市场退出的几率就很高，以其他手段难以恢复其财务状况，以救济该公司为目的的合并，一般不予禁止。美国《横向合并指南》也规定：只要即将破产的企业在可预见的时期内资不抵债，且该企业没有能力按照破产法进行重组，市场上不存在比这个取得市场支配地位的企业更恰当的兼并者，以便使市场竞争受到更小的不利影响，并且，如果没有这个兼并，这个濒临破产的企业就将退出市场，在此种情况下，企业的集中即使对竞争性的市场结构构成了威胁，反垄断主管机关也会予以准许。

（4）潜在的市场进入。所谓潜在的市场进入，指如果市场上没有或者只有很低的进入障碍，合并后的企业即使占有很大的市场份额，甚至取得了独占地位，它也不会随意抬高产品的价格，因为市场外的企业与市场内的企业存在着潜在的竞争关系。在判断一个市场是否存在潜在的市场进入时，主要考虑以下因素：价格上涨；进入的可能性；进入的及时性；进入的充分性[①]。在存在这种潜在竞争关系的前提下，合并就不会实质性地产生或者加强市场势力，取得市场势力的企业也不会滥用其市场优势地位。由于潜在的市场进入的上述特点，使得其成为豁免某些经营者集中的条件之一。

（5）整体经济和社会公共利益。对经营者集中进行控制的目的在于维护竞争性的市场结构，促进市场经济的健康发展、维护消费者的合法权益和社会公共利益。随着企业合并的跨国化，各国在控制企业合并时，不仅审查合并对国内竞争秩序的影响，也要对合并所带来的对国际市场竞争的积极影响和对国内竞争的消极影响进行利益权衡[②]。

我国反垄断法第二十八条第二款规定：经营者能够证明该集中对竞争产生的有利影响明显大于不利影响，或者符合社会公共利益的，国务院反垄断执法机构可以作出对经营者集中不予禁止的决定。可见我国也采用效果比较标准和社会公共利益标准。

① 孔祥俊.反垄断法原理[M].北京:中国法制出版社,2001:619.
② 姜发根.经营者集中反垄断法控制的实体法论[J].安徽广播电视大学学报,2007(3).

五、反行政垄断的法律制度

(一)行政垄断的概述

所谓行政垄断,是指政府及其所属部门以及法律、法规授予公共管理职权的组织滥用行政权力,排斥、扭曲、限制或排除企业间竞争的违法行为。

行政垄断与经济垄断的区别:

1. 实施的主体不同

行政垄断的实施主体是行政主体,经济垄断的实施主体是市场主体,这是行政垄断与经济垄断的一个根本区别。因为,经济垄断是以企业、企业集团以及其他形式的经济组织等市场主体在市场运行过程中实施了排挤或支配控制其他竞争者的行为为基本特征的。而行政垄断是政府及其所属部门滥用行政权力限制和排除公平竞争的行为,并非是一般的经济主体所为,而是由特定的非经济主体实施的行为。

2. 滥用的形式不同

行政垄断是行政权力的滥用,经济垄断是经济优势的滥用。行政权力的滥用是行政垄断与经济垄断的又一个重要区别。行政垄断与经济垄断都是滥用优势形成的,但经济垄断中的滥用主要表现为以集中的经济力或者联合的经济力支配市场,从而使他人成为经济从属者的可能。而行政垄断所滥用的优势是行政权力,主要表现在干预市场活动的过程中非法排除或支配经营者,妨碍了市场的正常竞争活动。

3. 市场准入限制形态不同

经济垄断表现为独占进入市场的机会;行政垄断表现为占有客观存在的进入市场和进行竞争的机会,并在其"给予"经营者这些机会时施以不平等。

行政垄断是区别于经济垄断的一种垄断表现形式,同经济垄断相比较而言,行政垄断的根本特征在于垄断的行政性和经济性的统一。行政垄断的构成要件有:

(1)主体要件,即指行政垄断行为的实施者,或行政垄断行为责任的承担者,在我国是指依法享有行政管理权的行政机关及法律法规授权组织。

(2)客体要件,指行政垄断所侵犯的社会关系。行政垄断所侵害的社会关系是市场的公平竞争秩序。

(3)主观要件,指行政垄断主观上表现的故意对特定不法利益的追求。

(4)客观要件,行政垄断的客观要件是行政权力的滥用。这种滥用主要表现在以下三方面:①排除,即在一定交易领域里,使某些商事主体的经营活动难以继续进行,包括现实的排除和有发生排除后果的可能。②支配,指对商事主体加以制约,直接或间接地剥夺该商事主体在经营活动中自主作出决定的权利。③妨碍,即公平竞争的妨碍性,指存在着给公平竞争秩序带来不良影响的危险性,而不必是已经发生了结果[①]。以上四个要件是判断行政垄断的根本标准,缺一不可。

(二)行政垄断的主要表现形式

1. 地区垄断

地区垄断又称地区封锁,地方贸易壁垒,是指地方政府及其所属政府部门滥用行政权力建

① 丹宗昭信,厚谷襄儿.现代经济法入门[M].谢次昌,译.北京:群众出版社,1985:86,88,127.

立市场壁垒的行为。地区垄断的特点,是地方政府及政府部门滥用行政权力,将统一的市场分割为区域市场。地区垄断的表现形式主要有两种,限制外地商品进入本地市场与限制本地商品流向外地市场。地区垄断不仅包括对商品流通的地域性限制,也包括对资金、技术、人员流动和企业跨地区联合的限制①。

2. 部门垄断

部门垄断又称部门分割,即特定行业的政府主管部门借助经营者和自己存在或曾经存在的隶属关系,滥用行政权力,限制本部门经营者与他部门经营者的交易。部门贸易壁垒是与特定的行业相联系的,是政府部门滥用行政权力,将统一的市场作纵向分割。具体表现方式有:为保护本部门、本行业企业的经济利益,封锁市场,限制行业、部门外其他经营者的正常经营活动;限定客户和消费者只能购买本部门、本行业下属或挂靠企业生产或经营的商品;限定客户和消费者购买本部门、本行业关系户的商品;限定客户和消费者接受指定单位的有偿服务等②。

3. 行政性强制行为

行政性强制行为包括政府限定交易和行政强制干涉企业联合行为两种。前者指政府和政府部门滥用行政权力,限定他人购买(使用)其指定的经营者的商品(服务、劳务),限制其他经营者正当的经营活动,从而排挤其他经营者进行公平竞争的行为。政府限定交易行为包括政府及政府部门以文件的形式明确规定在行政区域内只能购买或销售指定的产品;或以明示或暗示的方式,要求企业或其他经济组织和个人到指定的企业购买或销售有关的商品或接受服务等。后者是指一些中央或地方的经济主管部门和地方政府滥用法律赋予的行政权,对企业联合进行若明若暗的干涉行为。即政府强迫企业加入某个企业集团,或者强迫经济效益好的企业接收某些经济效益不好的企业。这种"拉郎配"现象违背了市场交易中应当遵循的"自愿、公平、等价有偿、诚实信用"的基本原则,损害了企业的经营自主权和市场竞争力③。

我国反垄断法第三十二条至三十七条规定,行政机关和法律、法规授权的具有管理公共事务职能的组织不得滥用行政权力,限定或者变相限定单位或者个人经营、购买、使用其指定的经营者提供的商品。具体包括以下几个方面:对外地商品设定歧视性收费项目、实行歧视性收费标准,或者规定歧视性价格;对外地商品规定与本地同类商品不同的技术要求、检验标准,或者对外地商品采取重复检验、重复认证等歧视性技术措施,限制外地商品进入本地市场;采取专门针对外地商品的行政许可,限制外地商品进入本地市场;设置关卡或者采取其他手段,阻碍外地商品进入或者本地商品运出;妨碍商品在地区之间自由流通的其他行为;行政机关和法律法规授权的具有管理公共事务职能的组织不得滥用行政权力,以设定歧视性资质要求、评审标准或者不依法发布信息等方式,排斥或者限制外地经营者参加本地的招标投标活动;行政机关和法律、法规授权的具有管理公共事务职能的组织不得滥用行政权力,采取与本地经营者不平等待遇等方式,排斥或者限制外地经营者在本地投资或者设立分支机构;行政机关和法律、法规授权的具有管理公共事务职能的组织不得滥用行政权力,强制经营者从事反垄断法规定的垄断行为;行政机关不得滥用行政权力,制定含有排除、限制竞争内容的规定。

①　徐士英. 行政垄断与反垄断法[M].//季晓南. 中国反垄断法研究. 北京:人民法院出版社,2001:428.
②　耿俊德. 行政垄断的表现及立法建议[J]. 经济师,2002(9).
③　王晓晔. 依法规范行政性限制竞争行为[J]. 法学研究,1998(3).

(三)行政垄断的法律规制——公平竞争审查制度

随着我国经济体制改革的不断深化,全国统一市场基本形成,公平的市场竞争环境逐步建立。但是,许多地方政府出于地方保护的目的,滥用行政权力出台排除、限制竞争的政策措施,区域封锁、行业壁垒、企业垄断,行政机关违法给予优惠政策或减损市场主体利益等不符合建设全国统一市场和公平竞争的现象依旧存在。针对上述现象,2016年6月1日,国务院发布《关于在市场体系建设中建立公平竞争审查制度的意见》(国发〔2016〕34号),规范政府有关行为,逐步清理废除妨碍全国统一市场和公平竞争的规定和做法。

1. 公平竞争审查制度概述

传统的竞争法律主要规制企业的市场竞争行为,因此单纯依靠竞争执法保护市场竞争秩序会存有一个空白,即当公权力机构干预市场的措施与市场竞争机制相悖,而这种措施又非达到政策目标的最佳方案时,竞争执法并不能提供任何救济的渠道,只能被动等待该公权力机构自我觉醒。公平竞争审查制度的产生即为填补这个空白,旨在通过一定的评价标准和程序,确保市场竞争机制不受到来自政府等公共机构的不当干预,或者尽量减少这种干预对市场竞争秩序的损害程度[①]。

反垄断法和行政诉讼法对行政机关垄断行为的规制具有一定的限制,因此,建立公平竞争审查制度对正确处理政府和市场之间的关系、补充反垄断法和行政诉讼法对行政垄断规制的不足之处具有十分重要的作用。建立公平竞争审查制度的重要性和紧迫性表现在以下几个方面:深入推进经济体制改革的客观需要;全面推进依法治国的有力保障;实现创新驱动发展的必然选择;释放市场主体活力的有效举措。

2. 公平竞争审查制度的内容

(1)审查对象:行政机关和法律法规授权的具有管理公共事务职能的组织制定市场准入、产业发展、招商引资、招标投标、政府采购、经营行为规范、资质标准等涉及市场主体经济活动的规章、规范性文件和其他政策措施。

(2)审查方式:①政策制定机关在政策制定过程中,要严格对照审查标准进行自我审查;②制定政策措施及开展公平竞争审查应当听取利害关系人的意见,或者向社会公开征求意见。③有关政策措施出台后,依法向社会公开。

(3)审查结果:①经审查认为不具有排除、限制竞争效果的,可以实施;②具有排除、限制竞争效果的,应当不予出台,或调整至符合相关要求后出台;③没有进行公平竞争审查的,不得出台。

(4)审查标准:①市场准入和退出标准:a. 不得设置不合理和歧视性的准入和退出条件;b. 公布特许经营权目录清单,且未经公平竞争,不得授予经营者特许经营权;c. 不得限定经营、购买、使用特定经营者提供的商品和服务;d. 不得设置没有法律法规依据的审批或者事前备案程序;e. 不得对市场准入负面清单以外的行业、领域、业务等设置审批程序。②商品和要素自由流动标准:a. 不得对外地和进口商品、服务实行歧视性价格和歧视性补贴政策;b. 不得限制外地和进口商品、服务进入本地市场或者阻碍本地商品运出、服务输出;c. 不得排斥或者限制外地经营者参加本地招标投标活动;d. 不得排斥、限制或者强制外地经营者在本地投资或者设立分支机构;e. 不得对外地经营者在本地的投资或者设立的分支机构实行歧视性待遇,侵

---

① 向立力. 中国公平竞争审查制度的理论梳理、制度基础与机制完善[J]. 法治研究,2017(3).

害其合法权益。③影响生产经营成本标准：a.不得违法给予特定经营者优惠政策；b.安排财政支出一般不得与企业缴纳的税收或非税收入挂钩；c.不得违法免除特定经营者需要缴纳的社会保险费用；d.不得在法律规定之外要求经营者提供或者扣留经营者各类保证金。④影响生产经营行为标准：a.不得强制经营者从事《中华人民共和国反垄断法》规定的垄断行为；b.不得违法披露或者要求经营者披露生产经营敏感信息，为经营者从事垄断行为提供便利条件；c.不得超越定价权限进行政府定价；d.不得违法干预实行市场调节价的商品和服务的价格水平①。

3.公平审查制度的例外规定

根据《国务院关于在市场体系建设中建立公平竞争审查制度的意见》，属于以下情形的政策措施，如果具有排除和限制竞争的效果，在符合规定的情况下可以实施：①维护国家经济安全、文化安全或者涉及国防建设的；②为实现扶贫开发、救灾救助等社会保障目的的；③为实现节约能源资源、保护生态环境等社会公共利益的；④法律、行政法规规定的其他情形②。

六、我国反垄断法的执行

（一）我国反垄断法的执行机构及其职责

国务院设立反垄断委员会，负责组织、协调、指导反垄断工作，履行下列职责：

（1）研究拟订有关竞争政策；

（2）组织调查、评估市场总体竞争状况，发布评估报告；

（3）制定、发布反垄断指南；

（4）协调反垄断行政执法工作；

（5）国务院规定的其他职责。

国务院反垄断委员会的组成和工作规则由国务院规定。国务院规定的承担反垄断执法职责的机构（以下统称国务院反垄断执法机构），负责反垄断执法工作。国务院反垄断执法机构根据工作需要，可以授权省、自治区、直辖市人民政府相应的机构，依照本法规定负责有关反垄断执法工作。

目前，我国反垄断执法机构包括商务部等部委设立的反垄断审查小组或反垄断审查委员会以及其他专业执法机构。

（二）我国反垄断执法的主要程序

1.反垄断案的案件来源及其相应的举证责任

案件来源主要依靠单位、个人及其他组织的举报，举报人应当提供相关的证据，由此才能引发进一步的反垄断调查。如果不能提供与举报内容相对应的证据的话，则不能引发反垄断执法机构的进一步调查，由此也能在一定程度上防止个人或者组织滥用权利，以免正常的反垄断执法程序受到干扰。

我国反垄断法规定，对涉嫌垄断行为，任何单位和个人有权向反垄断执法机构举报。反垄断执法机构应当为举报人保密。举报采用书面形式并提供相关事实和证据的，反垄断执法机构应当进行必要的调查。

2.反垄断执法机构调查涉嫌垄断行为可以采取的措施

具体包括以下几个方面：①进入被调查的经营者的营业场所或者其他有关场所进行检查；

---

① 参见《关于在市场体系建设中建立公平竞争审查制度的意见》(国发〔2016〕34号).
② 参见《关于在市场体系建设中建立公平竞争审查制度的意见》(国发〔2016〕34号).

②询问被调查的经营者、利害关系人或者其他有关单位或者个人,要求其说明有关情况;③查阅、复制被调查的经营者、利害关系人或者其他有关单位或者个人的有关单证、协议、会计账簿、业务函电、电子数据等文件、资料;④查封、扣押相关证据;⑤查询经营者的银行账户。采取以上措施,应当向反垄断执法机构主要负责人书面报告,并经批准方能实施。

3.具体实施调查时的程序

(1)反垄断执法机构调查涉嫌垄断行为,执法人员不得少于二人,并应当出示执法证件。

(2)执法人员进行询问和调查,应当制作笔录,并由被询问人或者被调查人签字。

(3)反垄断执法机构及其工作人员对执法过程中知悉的商业秘密负有保密义务。

4.被调查对象的权利和义务

(1)被调查的经营者、利害关系人有权陈述意见。反垄断执法机构应当对被调查的经营者、利害关系人提出的事实、理由和证据进行核实。

(2)被调查的经营者、利害关系人或者其他有关单位或者个人应当配合反垄断执法机构依法履行职责,不得拒绝、阻碍反垄断执法机构的调查。

5.对涉嫌垄断行为调查核实后的处理

(1)反垄断执法机构对涉嫌垄断行为调查核实后,认为构成垄断行为的,应当依法作出处理决定,并可以向社会公布。

(2)对反垄断执法机构调查的涉嫌垄断行为,被调查的经营者承诺在反垄断执法机构认可的期限内采取具体措施消除该行为后果的,反垄断执法机构可以决定中止调查。中止调查的决定应当载明被调查的经营者承诺的具体内容。

(3)反垄断执法机构决定中止调查的,应当对经营者履行承诺的情况进行监督。经营者履行承诺的,反垄断执法机构可以决定终止调查。有下列情形之一的,反垄断执法机构应当恢复调查:①经营者未履行承诺的;②作出中止调查决定所依据的事实发生重大变化的;③中止调查的决定是基于经营者提供的不完整或者不真实的信息作出的。

七、违反我国反垄断法的法律责任

(一)经营者达成并实施垄断协议的法律责任

经营者违反本法规定,达成并实施垄断协议的,由反垄断执法机构责令停止违法行为,没收违法所得,并处上一年度销售额百分之一以上百分之十以下的罚款;尚未实施所达成的垄断协议的,可以处五十万元以下的罚款。经营者主动向反垄断执法机构报告达成垄断协议的有关情况并提供重要证据的,反垄断执法机构可以酌情减轻或者免除对该经营者的处罚。

经营者在行业协会组织下从事了"具有法律风险"[①]的价格行为的,其法律责任不因行业协会承担法律责任而减轻,其中起牵头、组织作用的经营者还将面临从重处罚[②]。

(二)行业协会违法的法律责任

行业协会违反本法规定,组织本行业的经营者达成垄断协议的,反垄断执法机构可以处五

---

① 2017年7月20日,中华人民共和国国家发展改革委员会发布《行业协会价格行为指南》,对行业协会从事的有助于行业发展、市场竞争和维护消费者合法权益的价格行为予以鼓励和倡导,对行业协会从事的可能违反价格法、反垄断法、价格违法行为行政处罚规定等法律法规的具有法律风险的行为予以提示,对行业协会评估其各类价格行为的合法性给予指引。其中,指南第七条至十二条对行业协会可能从事的具有法律风险的价格行为予以明确列举。

② 参见《行业协会价格行为指南》第十三条,第中华人民共和国国家发展改革委员会发布.

十万元以下的罚款;情节严重的,社会团体登记管理机关可以依法撤销登记。

《行业协会价格行为指南》第十三条规定,对于存在违反价格、反垄断法律法规情节严重的行业协会,政府价格主管部门可以将其纳入失信黑名单,由各有关部门依法对其采取联合惩戒措施。行业协会从事了"具有法律风险"[①]的价格行为,执法部门会依法开展调查并实施行政处罚。

(三)经营者滥用市场支配地位的法律责任

经营者违反本法规定,滥用市场支配地位的,由反垄断执法机构责令停止违法行为,没收违法所得,并处上一年度销售额百分之一以上百分之十以下的罚款。

《工商行政管理机关禁止滥用市场支配地位行为的规定》第十四条规定,经营者主动停止滥用市场支配地位行为的,反垄断执法机构(工商行政管理机关)可以酌情减轻或者免除对该经营者的处罚。

(四)经营者违法实施集中的法律责任

经营者违反本法规定实施集中的,由国务院反垄断执法机构责令停止实施集中、限期处分股份或者资产、限期转让营业以及采取其他必要措施恢复到集中前的状态,可以处五十万元以下的罚款。

(五)经营者实施垄断行为,给他人造成损失的法律责任

根据我国反垄断法第五十条的规定:经营者实施垄断行为,给他人造成损失的,依法承担民事责任。

(六)行政垄断的法律责任

行政机关和法律法规授权的具有管理公共事务职能的组织滥用行政权力,实施排除、限制竞争行为的,由上级机关责令改正;对直接负责的主管人员和其他直接责任人员依法给予处分。反垄断执法机构可以向有关上级机关提出依法处理的建议。但法律、行政法规对行政机关和法律法规授权的具有管理公共事务职能的组织滥用行政权力实施排除、限制竞争行为的处理另有规定的,依照其规定。

(七)行政机关及其工作人员违法的法律责任

(1)行政机关和法律法规授权的具有管理公共事务职能的组织滥用行政权力,实施排除、限制竞争行为的,由上级机关责令改正;对直接负责的主管人员和其他直接责任人员依法给予处分。反垄断执法机构可以向有关上级机关提出依法处理的建议。

(2)法律、行政法规对行政机关和法律法规授权的具有管理公共事务职能的组织滥用行政权力实施排除、限制竞争行为的处理另有规定的,依照其规定。

(3)反垄断执法机构工作人员滥用职权、玩忽职守、徇私舞弊或者泄露执法过程中知悉的商业秘密,构成犯罪的,依法追究刑事责任;尚不构成犯罪的,依法给予处分。

(4)定价机关制定价格有违法行为的,由政府价格主管部门依据价格法进行查处;定价机关的工作人员在制定价格工作中有违法行为,构成犯罪的,依法追究刑事责任;尚不构成犯罪

---

① 2017年7月20日,中华人民共和国国家发展改革委员会发布《行业协会价格行为指南》,对行业协会从事的有助于行业发展、市场竞争和维护消费者合法权益的价格行为予以鼓励和倡导,对行业协会从事的可能违反价格法、反垄断法、价格违法行为行政处罚规定等法律法规的具有法律风险的行为予以提示,对行业协会评估其各类价格行为的合法性给予指引。其中,指南第七条至十二条对行业协会可能从事的具有法律风险的价格行为予以明确列举.

的,依法给予行政处分[①]。

(八)拒绝、阻碍调查行为的法律责任

对反垄断执法机构依法实施的审查和调查,拒绝提供有关材料、信息,或者提供虚假材料、信息,或者隐匿、销毁、转移证据,或者有其他拒绝、阻碍调查行为的,由反垄断执法机构责令改正,对个人可以处二万元以下的罚款,对单位可以处二十万元以下的罚款;情节严重的,对个人处二万元以上十万元以下的罚款,对单位处二十万元以上一百万元以下的罚款;构成犯罪的,依法追究刑事责任。

思考与练习

1.简述我国反垄断法的基本概念和基本特征。
2.简述我国反垄断法的基本原则。

---

① 参见《政府制定价格行为规则》第三十二、三十三条;国家发展和改革委员会令 2017 年第 7 号,2018 年 1 月 1 日起实施,2006 年 3 月 17 日国家发展和改革委员会发布的《政府制定价格行为规则》同时废止.

第八章　反不正当竞争法

第一节　不正当竞争法概述

一、竞争的一般理论

(一)竞争的概念

由于各国立法传统和技术的差异,对竞争出现不同的定义。如日本《关于禁止私人垄断及确保公正交易的法律》第二条第四款规定:"本法所称竞争,是指两个以上的事业者在其通常的营业活动范围内,并且对该事业活动的设施或形态不加以重大变更,进行或能进行下列各类之一行为的状态:①对同一的需求者供给同种或类似的商品或劳务;②由同一的供给者接受同种或者类似的商品或劳务的供给。"法学意义上竞争的概念可以概括为:两个以上的市场生产经营者,以谋取有利的生存发展环境和尽量多的利润为目的,所进行的各种商业性行为。

(二)竞争的特征

1.竞争主要发生在市场主体之间

市场主体是参与市场、从事商品生产、经营活动的营利性自然人、法人或其他经济组织。竞争只能发生在市场主体之间,它既可以发生在特定的市场主体之间,也可以发生在不特定的主体之间。

2.竞争的目的是为了获得有利的市场条件和尽量多的利润

市场主体竞争的首要目的是使其在竞争中获得有利的市场条件,其中起决定作用的是其资本拥有量、人才、技术力量、市场占有率、市场价格等条件。但是,市场主体竞争的终极目的是获得尽量多的经济利益。一般来说,市场条件是实现经济利益的必要条件和重要表现,而经济利益是市场主体追求的最终目的。

3.竞争包含了市场竞争活动与竞争规律两个方面的内容

竞争首先是竞争主体的各种竞争活动,包括了正当竞争与不正当竞争,没有具体的竞争活动,也就没有竞争。所以,竞争是各种有限的具体竞争行为构成的无限的竞争活动的整体,竞争活动是构成竞争的基本要素。其次,竞争又包含了反映竞争活动与市场的必然联系的竞争规律,它是市场经济的基本规律,凡是存在市场经济的地方,竞争规律就必然要发挥作用。

二、竞争法的一般理论

(一)竞争法的概念

关于竞争法的概念,有学者认为:"在自由企业制度下,承认自由竞争经济的好处,并从企图保持这一自由竞争经济好处的立场出发,而采取维护并促进竞争经济政策,也就是狭义的竞争政策。自由竞争经济,是通过市民社会的市民法并根据私人自治进行的一种形态,但其反面,这种自由竞争经济,却又受到通过市民法并根据私人自治形成的垄断的阻碍。通过契约自由(合同自由),而失去其竞争自由。因此,竞争政策也就是主要规制和防止自由竞争受到垄断的阻碍。实现这种政策的手段的法律,可称之为竞争政策法(狭义)。"①"为了促进垄断的政策,或者是为了限制竞争的政策,也可称之为有关竞争的政策——广义的竞争政策。为此,在这里,实现这类政策的手段的法律,也应理解为是有关竞争政策的法律,即广义竞争政策之法。此外,还有规制进入市场的各种法律,以及在一定交易领域中调整大中企业和小企业进入的有关法律,在这里我们也将它视为有关竞争政策的法律"①纵观各国立法规定和学理,我们可以将竞争法的概念概括为:狭义的竞争法是指调整反不正当竞争的市场竞争关系和竞争管理关系的法律规范的总称;中义的竞争法是指调整制止不正当竞争和反垄断的市场竞争关系和竞争管理关系的法律规范的总称;广义的竞争法是指关于调整有关维护、促进公平竞争、反不正当竞争、促进垄断与反垄断、限制竞争与反限制竞争和关于市场主体准入的市场竞争关系和竞争管理关系的法律规范的总称。这里指狭义的竞争法。

(二)竞争法的调整对象

竞争法的调整对象是市场竞争关系和竞争管理关系。市场竞争关系是指市场主体之间在竞争过程中形成的社会关系。市场竞争管理关系是指国家相应职能机关在监督、管理市场竞争过程中形成的社会关系。这两种关系有本质性的区别,表现在:①从关系的主体来讲,竞争关系只发生在从事市场竞争的平等主体之间,而竞争管理关系发生于国家管理机关与市场主体之间,即管理者只能是具有管理职权的国家管理机关;②主体的法律地位讲,竞争关系的主体发生在平等主体之间,是主体自愿参加市场竞争关系的结果,竞争管理关系发生于国家管理机关与市场主体之间,其法律地位是不平等的,是一种管理与被管理、命令与服从的不平等关系,其关系的发生是强制性的;③从内容来讲,竞争关系的内容是竞争主体之间的权利与义务,而竞争管理关系的内容则是管理者拥有的管理职权和竞争主体接受管理的义务;④从承担的责任来讲,违反竞争关系的责任主要是民事责任,而违反竞争管理关系的责任主要是行政责任;⑤竞争关系是以竞争为目的,这是竞争关系区别于其他市场关系的本质特征,而管理关系的目的不是为了直接参加竞争,是为了保护公平竞争,促进、限制、制裁不公平竞争、垄断行为和其他行为。

三、不正当竞争行为的概念和特征

(一)不正当竞争行为的概念

"不正当竞争"一词于1850年首先在法国出现。1896年德国颁布的《反不正当竞争法》被公认为是世界上第一个专门禁止不正当竞争的法律。第一个对不正当竞争行为进行规定的国际条约是1883年签订的《保护工业产权巴黎公约》,它在1900年布鲁塞尔修订文本中将公约的内容拓展到反不正当竞争领域。《保护工业产权巴黎公约》第十条之(二)规定,"凡在工商业活动中违反诚实经营的竞争行为即构成不正当竞争行为",这已成为公认的关于不正当竞争的经典性定义。《WIPO1996年关于反不正当竞争保护的示范规定》中,其第一条第一款规定:凡在工商业活动中违反诚实的习惯做法的行为或做法构成不正当竞争行为。

关于不正当竞争的立法定义方式,各国法律表现出了其差异性。有的采用列举的方式,如日本、美国、韩国等。有的国家则采用概括式的方法,通过对不正当竞争的定义,揭示不正当竞争行为的基本内涵。但是,绝大部分国家都采用概括式与列举式相结合的立法方法来规定不正当竞争行为。我国也采用这种方式,反不正当竞争法第二条规定:"本法所称的不正当竞争,是指经营者违反本法规定,损害其他经营者的合法权益,扰乱社会经济秩序的行为。"并在该法

第二章规定了几种典型的不正当竞争行为。2017 年 11 月 4 日,第十二届全国人大常委会第三十次会议表决通过了新修订的反不正当竞争法,其中第二条规定:"本法所称的不正当竞争行为,是指经营者在生产经营活动中,违反本法规定,扰乱市场竞争秩序,损害其他经营者或者消费者的合法权益的行为。"

(二)不正当竞争行为的特征

不正当竞争行为的特征主要表现为:

(1)主体的特定性。它是经营者的竞争行为。所谓的经营者,是指从事商品经营或者营利性服务的法人、其他经济组织和个人。

(2)行为的违法性。不正当竞争行为是违法、违反道德的行为,表现在:第一,它是违反反不正当竞争法律规范的行为。在我国既是指违反反不正当竞争法第六条至第十二条的禁止性规范,也包括该法第二条的原则性规定。第二,它是指违反我国其他法律规范的行为,如商标法、产品质量法等。第三,它是指违反公认商业道德的行为。

(3)损害的严重性。不正当竞争行为不仅直接或间接地损害其他经营者的合法权益,而且直接或间接损害消费者的利益。更为重要的是,不正当竞争行为使公平的市场体系无法建立,妨碍正常交易秩序。

第二节　不正当竞争行为的表现形式

一、商业混同行为

商业混同行为是指经营者采用欺骗手段从事市场交易,使自己的商品或服务与特定对手的商品或服务混淆,造成或足以造成购买者误认误购的不正当竞争行为。其表现形式有:

(一)擅自使用与他人有一定影响的商品名称、包装、装潢相同或者相似的标识

商品名称是指称呼同一种商品的语言标记,其基本功能是区分此种商品与他种商品。商品包装是指为识别商品及方便携带、运输而使用在商品上的辅助物。商品装潢是指为了说明和美化商品而在商品或包装上采用的装饰标志。商品名称、包装、装潢作为商品的外部特征,它们凝聚着特定企业的商业信誉和商品声誉,法律对它们予以保护。

所谓擅自使用与他人有一定影响的商品名称、包装、装潢的不正当竞争行为,是指经营者擅自将他人知名商品特有的商品名称、包装、装潢作相同或者相似地使用,造成或者足以造成与他人的知名商品相混淆,使购买者误认为是该知名商品而购买的行为。《最高人民法院关于审理不正当竞争民事案件应用法律若干问题的解释》第一条第一款规定:在中国境内具有一定的市场知名度,为相关公众所知悉的商品,应当认定为反不正当竞争法第五条第(二)项规定的"知名商品"。

该违法行为的构成要件是:

(1)被擅自使用的商品必须是有一定影响的商品,即是指在市场上具有一定知名度,为相关公众所知悉的商品。通常认为,获得国家、省、部级名优产品质量标志的产品和获得国家驰名商标称号的商品为有一定影响的商品。《最高人民法院关于审理不正当竞争民事案件应用法律若干问题的解释》第一条第一款规定:人民法院认定知名商品,应当考虑该商品的销售时间、销售区域、销售额和销售对象,进行任何宣传的持续时间、程度和地域范围,作为知名商品受保护的情况等因素,进行综合判断。在不同地域范围内使用相同或者近似的知名商品特有的名称、包装、装潢,在后使用者能够证明其善意使用的,不构成反不正当竞争法的不正当竞争行为。因后来的经营活动进入相同地域范围而使其商品来源足以产生混淆,在先使用者请求责令在后使用者附加足以区别商品来源的其他标识的,人民法院应当予以支持。

(2)擅自使用的商品名称、包装、装潢必须是知名商品所特有的,即该名称、包装、装潢并非是相关商品所通用,并且具有显著的区别性特征。《最高人民法院关于审理不正当竞争民事案件应用法律若干问题的解释》第四条第二款规定:在相同商品上使用相同或者视觉上基本无差别的商品名称、包装、装潢,应当视为足以造成和他人知名商品相混淆。

(3)经营者必须是擅自使用,即经营者未经他人同意而使用他人商品的名称、包装、装潢。

(4)经营者的行为造成和他人的有一定影响的商品相混淆。仿冒者的行为表现为两种形式:第一种形式是对有一定影响的商品特有的名称、包装、装潢擅自作相同使用;第二种表现为对有一定影响的商品特有的名称、包装、装潢擅自作近似使用;所谓"近似",是指"一般购买者已经发生误认或混淆的,可以认定为近似"。《最高人民法院关于审理不正当竞争民事案件应用法律若干问题的解释》第四条第三款规定:认定与知名商品特有名称、包装、装潢相同或者近似,可以参照商标相同或者近似的判断原则和方法。

根据《最高人民法院关于审理不正当竞争民事案件应用法律若干问题的解释》第二条的规定,有下列情形之一的,人民法院不认定为知名商品特有的名称、包装、装潢:

(1)商品的通用名称、图形、型号;

(2)仅仅直接表示商品的质量、主要原料、功能、用途、重量、数量及其他特点的商品名称;

(3)仅由商品自身的性质产生的形状,为获得技术效果而需有的商品形状以及使商品具有实质性价值的形状;

(4)其他缺乏显著特征的商品名称、包装、装潢。

知名商品特有的名称、包装、装潢中含有本商品的通用名称、图形、型号,或者直接表示商品的质量、主要原料、功能、用途、重量、数量以及其他特点,或者含有地名,他人因客观叙述商品而正当使用的,不构成不正当竞争行为。

(二)擅自使用他人有一定影响的企业名称、社会组织名称、姓名

企业名称是一个企业区别于其他企业的文字标志,企业对其核准注册的企业名称在特定地区的同行业中依法享有独占使用权。《最高人民法院关于审理不正当竞争民事案件应用法律若干问题的解释》第六条第一款规定:企业登记主管机关依法登记注册的企业名称,以及在中国境内进行商业使用的外国(地区)企业名称,应当认定为反不正当竞争法规定的"企业名称"。具有一定的市场知名度、为相关公众所知悉的企业名称中的字号、简称,可以理解为反不正当竞争法规定的"企业名称"。

姓名是自然人姓与名的合称,是自然人之间相互区别的语言符号。企业的名称权与经营者的姓名权是工业产权的重要内容。擅自使用他人企业名称或姓名的行为,是指经营者未经权利人许可,使用他人的企业名称或者姓名,引人误认为是他人商品的不正当竞争行为。《最高人民法院关于审理不正当竞争民事案件应用法律若干问题的解释》第六条第二款规定:在商品经营中使用的自然人的姓名,应当认定为反不正当竞争法规定的"姓名"。具有一定的市场知名度、为相关公众所知悉的自然人的笔名、艺名、译名等,也可以理解为反不正当竞争法规定的"姓名"。

(三)擅自使用他人有一定影响的域名主体部分、网站名称、网页等

域名是由一串用点分隔的名字组成的 Internet 上某一台计算机或计算机组的名称,用于在数据传输时标识计算机的电子方位,域名可以分为顶级域名、二级域名等。顶级域名本身并不具有作为商业标识的显著识别性,而二级域名作为域名注册人的网上名称,属于域名主体部分,有着较强的搜索、访问网站的指引功能,具有商业标识意义上的识别性,其民事权益应当受到法律保护。网站名称、网页等同样也是具有显著识别性,擅自使用他人有一定影响的网站名称、网页,侵害他人合法权益的行为将构成不正当竞争。

二、商业贿赂行为

商业贿赂行为是指经营者在市场交易活动中,为争取交易机会或有利的交易条件以销售或购买商品,通过秘密给付财物或者其他手段,收买交易对象的不正当竞争行为。商业贿赂的典型形式是回扣。

商业贿赂行为的特征有:

(1)商业贿赂的主体是从事市场交易的经营者,它既可以是买方,也可以是卖方。具体包括交易对方的负责人、雇员、合伙人、代理人以及政府有关部门的工作人员等能够影响市场交易的有关人员。新修订的《中华人民共和国反不正当竞争法》第七条第一款对此作了明确规定:经营者不得采用财物或者其他手段贿赂下列单位或者个人,以谋取交易机会或者竞争优势:①交易相对方的工作人员;②受交易相对方委托办理相关事务的单位或者个人;③利用职权或者影响力影响交易的单位或者个人。

(2)商业贿赂的经营者在主观上是出于故意和自愿的,其目的就是通过争取交易机会,达到排挤竞争对手以占取竞争优势。因此,凡属于过失或者被索贿的行为就不属于商业贿赂行为。

(3)商业贿赂行为在客观方面表现为通过秘密的方式给付交易对方以财物、在账外暗中给予对方单位或个人回扣、账外暗中收受回扣或者采用其他手段,包括提供免费旅游、度假、高档宴席、色情服务、赠送昂贵物品、子女亲属入学、就业等多种方式。上述行为表现出相当的隐秘性。

(4)商业贿赂行为在客体上表现为违反了国家有关财务、会计、竞争、廉政等方面的法律法规及政策。

①商业贿赂与折扣的关系。所谓折扣,又称价格折扣、让利,是指经营者为了销售或购买商品,以明示方式将在商品购销活动中所成交的价款的一定比例给交易对方的一种交易上的优惠。新修订的《中华人民共和国反不正当竞争法》第七条第二款规定:经营者在交易活动中,可以以明示方式向交易相对方支付折扣,或者向中间人支付佣金。经营者向交易相对方支付折扣、向中间人支付佣金的,应当如实入账。接受折扣、佣金的经营者也应当如实入账。商业贿赂与折扣的区别主要表现在:a.折扣是以明示方式进行的,而且作为给付方还是接受方,均应当如实入账。而商业贿赂是以秘密方式进行的,而且是在账外暗中给予或接受财物或者其他利益;b.折扣是发生在买卖双方之间,即是给交易的单位或集体。而商业贿赂是给个人的,即给交易对方的法定代表人、代理人、经办人或者其工作人员,也可以给对方单位作为其小金库。

②商业贿赂与佣金的区别。佣金是指在市场交易中,经营者以公开明示的方式给付促成

交易成功的中间人的劳动报酬。佣金与商业贿赂的区别表现在：a. 佣金的对象是中间人，即它是给付给为交易成功提供信息等活动的个人或单位。而商业贿赂的对象是交易双方本身或者其代表人、合伙人、经办人、代理人、国家机关工作人员。b. 佣金的给付是以公开明示的方式进行，而且应当如实入账。而商业贿赂是以秘密方式进行，而且是账外暗中给付。

此外，新修订的《中华人民共和国反不正当竞争法》第七条第三款规定：经营者的工作人员进行贿赂的，应当认定为经营者的行为；但是，经营者有证据证明该工作人员的行为与为经营者谋取交易机会或者竞争优势无关的除外。

三、引人误解或者虚假的宣传行为

引人误解或者虚假的宣传行为是指在市场交易中，经营者利用广告或者其他方法，对商品或服务作与实际情况不符的公开宣传，导致或者足以导致购买者产生错误认识的不正当竞争行为。其法律特征有：

（1）其行为的主体包括商品经营者、广告经营者及以广告以外的其他方式进行引人误解或者虚假宣传的其他经营者。

（2）其行为在主观上表现为故意或者过失。行为人在主观上主要表现为故意的心理状态，但是，如果行为人主观上表现为过失，且造成或者足以造成购买者产生错误的，仍属于不正当竞争行为。

（3）其行为在客观方面表现为对商品或服务作虚假宣传或者引人误解的宣传，即经营者利用广告或其他方法，对商品的质量、制作成分、性能、用途、生产者、有效期限、产地等作引人误解或者虚假的宣传。广告的经营者在明知或应知的情况下，代理、设计、制作、发布虚假广告。

新修订的《中华人民共和国反不正当竞争法》第八条规定：经营者不得对其商品的性能、功能、质量、销售状况、用户评价、曾获荣誉等作虚假或者引人误解的商业宣传，欺骗、误导消费者；经营者不得通过组织虚假交易等方式，帮助其他经营者进行虚假或者引人误解的商业宣传。

四、侵犯商业秘密行为

（一）商业秘密的概念

商业秘密可以分为狭义和广义的商业秘密。狭义的商业秘密是指工业适用技术，即技术秘密。它仅限于工业目的的设计图纸、工艺流程、配方、公式、生产数据等。广义的商业秘密包括了交易秘密、经营秘密、管理秘密、技术秘密等四个方面的内容。

我国1991年4月9日修改的民事诉讼法第六十六条、第一百二十条第二款首次提出了"商业秘密"的概念。最高人民法院《关于适用〈中华人民共和国民事诉讼法〉若干问题的意见》第一百五十四条首次解释为："所指的商业秘密，主要是指技术秘密、商业情报及信息等，如生产工艺、配方、贸易联系、购销渠道等当事人不愿公开的工商业秘密。"但是，这一对商业秘密的解释未能揭示其全部内涵。我国新修订的《中华人民共和国反不正当竞争法》第九条第三款将商业秘密的定义修正为：不为公众所知悉、具有商业价值并经权利人采取相应保密措施的技术信息和经营信息。

（二）商业秘密的特征

商业秘密的特征与商业秘密的定义有关，各国规定不同。根据我国反不正当竞争法、1995

年11月国家工商局颁布的《关于禁止侵犯商业秘密行为的若干规定》,只有具备下列条件时,才可称之为商业秘密:

1.秘密性

秘密性,即这些信息必须是不为公众所知晓的。这是商业秘密与专利、其他知识产权的最显著的区别。它不是公开的或普遍为公众知晓的信息、资料、方法等,即商业秘密主要是以维持秘密状态来实现其价值。所以,在美国要求商业秘密"必须是个秘密,只有它的所有人和经其授权的人才知道"。国际会议上,对秘密性理解为"公众无法直接得知"[1]。最高人民法院2001年6月《关于审理技术合同纠纷案件若干问题的纪要》第二条指出:"不为公众所知悉,是指该技术信息的整体或者精确的排列组合或者要素,并非为通常涉及该信息有关范围的人所普遍知道或者容易获得。"此外,我国《最高人民法院关于审理不正当竞争民事案件应用法律若干问题的解释》第九条规定:有关信息不为其所属领域的相关人员普遍知悉和容易获得,应当认定为反不正当竞争法规定的"不为公众所知悉"。

具有下列情形之一的,可以认定有关信息不构成不为公众所知悉:

(1)该信息为其所属技术或者经济领域的人的一般常识或者行业惯例;

(2)该信息仅涉及产品的尺寸、结构、材料、部件的简单组合等内容,进入市场后相关公众通过观察产品即可直接获得;

(3)该信息已经在公开出版物或者其他媒体上公开披露;

(4)该信息已通过公开的报告会、展览等方式公开;

(5)该信息从其他公开渠道可以获得;

(6)该信息无需付出一定的代价而容易获得。

2.价值性

价值性又称实用性、经济性,即这些信息能够为权利人带来实际的或潜在的经济利益或者竞争优势。

3.难知性

难知性又称保密性,它一方面是指权利人必须采取适当的保密措施,使其秘密性得以维持;另一方面它是指商业秘密具有一定的创新性,不易为一般人总结研究而破密。《最高人民法院关于审理不正当竞争民事案件应用法律若干问题的解释》第十一条规定:权利人为防止信息泄漏所采取的与其商业价值等具体情况相适应的合理保护措施,应当认定为反不正当竞争法规定的"保密措施"。

具有下列情形之一,在正常情况下足以防止涉密信息泄漏的,应当认定权利人采取了保密措施:

(1)限定涉密信息的知悉范围,只对必须知悉的相关人员告知其内容;

(2)对于涉密信息载体采取加锁等防范措施;

(3)在涉密信息的载体上标有保密标志;

(4)对于涉密信息采用密码或者代码等;

(5)签订保密协议;

(6)对于涉密的机器、厂房、车间等场所限制来访者或者提出保密要求;

（7）确保信息秘密的其他合理措施。

上述三个特征，秘密性是保密的前提，价值性是保密的目的，难知性是保密的基础，三者是缺一不可的。

（三）侵犯商业秘密的行为

（1）以盗窃、贿赂、欺诈、利诱、胁迫或者其他不正当手段获得权利人的商业秘密。盗窃商业秘密，包括了内部知情人员，也包括了外部人员盗窃权利人的商业秘密。利诱是指行为人通过向掌握、了解商业秘密的有关人员直接提供财产、更优厚的工作条件、作出承诺，诱使其向行为人提供商业秘密。欺诈是指行为人通过一定手段使商业秘密权利人发生错误认识，从而提供商业秘密。胁迫是指经营者以给商业秘密的权利人或权利人的雇员、亲友的生命健康、名誉、声誉、财产等造成损害为要挟，迫使权利人或者其雇员提供商业秘密。以其他不正当手段获取商业秘密是指通过上述手段之外的手段获取商业秘密。

（2）披露、使用或者允许他人使用以前项手段获得权利人的商业秘密。

（3）违反约定或者违反权利人有关保守商业秘密的要求，披露、使用或允许他人使用其所掌握的商业秘密。行为人包括许可合同的被许可方、权利人的职工及其他与权利人有业务关系的单位与个人。

（4）第三人明知或者应知商业秘密是权利人的员工、前员工或者其他单位、个人通过前款所列非法手段取得，仍获取、披露、使用或者允许他人使用该商业秘密的，视为侵犯商业秘密。

（四）侵犯商业秘密的例外

通过自行开发研制或者反向工程等方式获得的商业秘密，不认定为反不正当竞争法规定的侵犯商业秘密行为。

所谓"反向工程"，是指通过技术手段对从公开渠道取得的产品进行拆卸、测绘、分析等而获得该产品的有关技术信息。

五、不正当有奖销售行为

（一）有奖销售的概念

根据国家工商局《关于禁止有奖销售中不正当竞争行为的若干规定》第二条的定义："本规定所称有奖销售，是指经营者销售商品或者提供服务，附带性地向购买者提供物品、金钱或者其他经济上的利益的行为。"有奖销售分为两种形式，第一种是奖励所有购买者的附赠式有奖销售；第二种是奖励部分购买者的抽奖式有奖销售。根据该条第二款规定："凡以抽奖、摇号等带有偶然性的方法决定购买者是否中奖的，均属于抽奖方式。"

（二）不正当有奖销售行为的概念

所谓不正当有奖销售行为，又称巨奖销售行为，它是指市场经营者销售商品或提供服务时，违反诚实信用和公平竞争原则，附带性地利用物质、金钱或者其他经济利益诱使购买者与其交易，排挤竞争对手的行为。但经政府或政府有关部门依法批准的有奖募捐及其他彩票发售活动，不适用关于竞争的规定。

（三）不正当有奖销售行为的种类

我国新修订的反不正当竞争法第十条禁止的不正当有奖销售行为有下列几种情形：

（1）所设奖的种类、兑奖条件、奖金金额或者奖品等有奖信息不明确，影响兑奖；

（2）采用谎称有奖或者故意让内定人员中奖的欺骗方式进行有奖销售；

(3)抽奖式的有奖销售,最高奖的金额超过五万元。

六、商业诽谤行为

(一)商业诽谤行为的概念

商誉是商品信誉与商业信誉的统称,它是商品生产经营者在他们的生产、流通等经济行为中逐渐形成的,反映社会对其生产、商品、销售、服务等方面的综合评价。商誉作为无形财产逐渐得到了各国法律的承认,商誉主体依法对其创造的商誉享有专有权。商业诽谤行为是指经营者自己或者利用他人,采取捏造、散布虚伪事实的方法,对竞争对手的商业信誉、商品声誉进行诋毁,以削弱其市场竞争力的行为。它是侵害自然人、法人、其他组织名誉权或荣誉权行为的商业化表现形式之一。

(二)商业诽谤行为的构成要件

构成商业诽谤的不正当竞争行为要件有:

(1)行为主体必须是经营者,即从事商品经营的自然人、法人或其他组织。它既可以是经营者自己实施该行为,也可以是利用他人实施该行为。

(2)行为人主观上是故意的,并且是以削弱竞争对手的市场竞争能力,谋求自己的市场优势为目的。

(3)行为人在客观上表现为捏造、散布虚伪事实,实施损害竞争对手的商业信誉、商品声誉的行为。

(4)行为人侵害的客体是特定竞争对手的名誉权、荣誉权。

新修订的反不正当竞争法第十一条明确规定了经营者不得编造、传播虚假信息或误导性信息,损害竞争对手的商业信誉、商品声誉。

七、互联网领域不正当竞争行为

互联网领域的不正当竞争行为,一部分属于传统不正当竞争行为在互联网领域的延伸,对此应适用本法其他相关规定进行规制;另一部分属于互联网领域特有的、利用技术手段进行的不正当竞争行为,具有特殊性。新修订的《中华人民共和国反不正当竞争法》第十二条对经营者利用网络从事生产经营活动的不正当竞争行为进行了列举:

(1)未经其他经营者同意,在其合法提供的网络产品或者服务中,插入链接、强制进行目标跳转;

(2)误导、欺骗、强迫用户修改、关闭、卸载他人合法提供的网络产品或者服务;

(3)恶意对其他经营者合法提供的网络产品或者服务实施不兼容;

(4)其他妨碍、破坏其他经营者合法提供的网络产品或者服务正常运行的行为。

第三节 不正当竞争行为的监督检查及法律责任

一、不正当竞争行为监督检查的种类

不正当竞争行为的监督检查是指根据我国反不正当竞争法及相关法规的规定,有关主体根据各自的职权与权利,运用法律、经济、行政和舆论等手段,为防止、消除、制裁不正当竞争行

为而采取的各种措施和行动。不正当竞争的监督检查的种类有：

（一）立法机关的监督

立法机关在通过制定法律，规定不正当竞争行为的种类、监督检查、法律责任等方面内容的同时，立法机关可以通过审议工作报告、质询、检查等方式对法律的执行与遵守情况进行监督检查。

（二）行政机关的监督检查

行政机关对不正当竞争行为进行监督检查是国家对市场采取积极、主动干预的重要方法之一，也是对受害的经营者进行救济的最快捷、最有效的手段。我国新修订的反不正当竞争法第三条第一款规定："各级人民政府应当采取措施，制止不正当竞争行为，为公平竞争创造良好的环境和条件。"

（三）司法机关的监督

司法机关监督主要是指人民法院、人民检察院通过检察、审判职能，对实施违反反不正当竞争法的违法行为、犯罪行为及行政执法人员渎职犯罪行为的监督。

（四）社会监督

社会监督是指社会团体、新闻媒体、经营者、消费者等对不正当竞争行为及国家行政执法人员履行职责情况进行的监督，它属于一种非国家权力的监督。新修订的反不正当竞争法第五条规定，国家鼓励、支持和保护一切组织和个人对不正当竞争行为进行社会监督。国家机关及其工作人员不得支持、包庇不正当竞争行为。行业组织应当加强行业自律，引导、规范会员依法竞争，维护市场竞争秩序。

二、行政机关监督检查的职权

新修订的《中华人民共和国反不正当竞争法》第十三条第一款规定，监督检查部门调查涉嫌不正当竞争行为，可以采取下列措施：

（1）进入涉嫌不正当竞争行为的经营场所进行检查；

（2）询问被调查的经营者、利害关系人及其他有关单位、个人，要求其说明有关情况或者提供与被调查行为有关的其他资料；

（3）查封、扣押与涉嫌不正当竞争行为有关的协议、账簿、单据、文件、记录、业务函电和其他资料；

（4）查封、扣押与涉嫌不正当竞争行为有关的财物；

（5）查询涉嫌不正当竞争行为的经营者的银行账户。

采取上述措施的，应当向监督检查部门主要负责人书面报告，并经批准。采取其中第四项、第五项规定的措施，应当向设区的市级以上人民政府监督检查部门主要负责人书面报告，并经批准。

监督检查部门调查涉嫌不正当竞争行为，应当遵守《中华人民共和国行政强制法》和其他有关法律、行政法规的规定，并应当将查处结果及时向社会公开。

三、不正当竞争行为的法律责任

（一）违反不正当竞争行为法律责任的方式

不正当竞争行为的法律责任是指市场经营者、国家行政机关的工作人员违反我国反不正当竞争法的规定,依法应当承担的法律上的不利后果。我国反不正当竞争法规定承担责任的方式有:民事责任、行政责任、刑事责任。

(二)经营者违反不正当竞争行为的具体法律责任

(1)关于民事责任的一般规定。

我国新修订的反不正当竞争法第十七条对不正当竞争行为人承担的民事责任进行了一般性规定,其主要内容包括:

①损害赔偿责任。它是指经营者违反反不正当竞争法的规定,实施不正当竞争行为,给被侵害的经营者造成损害时应当承担的民事责任。损害赔偿额应当以被侵权人因侵权所受到的实际损失确定。如果被侵害的经营者的损失难以计算,赔偿额按侵权人在侵权期间因侵权所得的利益确定。

经营者违反本法第六条、第九条规定,权利人因被侵权所受到的实际损失、侵权人因侵权所获得的利益难以确定的,由人民法院根据侵权行为的情节判决给予权利人三百万元以下的赔偿。

②调查合理费用。违法者除应当承担损害赔偿责任外,还应当承担被侵害的经营者因调查该经营者侵害其合法权益的不正当竞争行为所支付的合理费用。其主要目的在于鼓励经营者主动积极地与不正当竞争行为作斗争。

(2)经营者实施混淆行为的,新修订的《中华人民共和国反不正当竞争法》第十八条规定,由监督检查部门责令停止违法行为,没收违法商品。对违法经营额五万元以上的,可以并处违法经营额五倍以下的罚款;对没有违法经营额或者违法经营额不足五万元的,可以并处二十五万元以下的罚款。情节严重的,吊销营业执照。同时,经营者登记的企业名称违反第六条规定的,应当及时办理名称变更登记;名称变更前,由原企业登记机关以统一社会信用代码代替其名称。

(3)经营者采用财务或者其他手段进行贿赂以销售或者购买商品,构成犯罪的,依法追究刑事责任。不构成犯罪的,由监督检查部门没收违法所得,处十万元以上三百万元以下的罚款。情节严重的,吊销营业执照。

(4)经营者利用广告或者其他方法,对商品作虚假宣传,或者通过组织虚假交易等方式帮助其他经营者进行虚假或者引人误解的商业宣传的,新修订的《中华人民共和国反不正当竞争法》第二十条规定,由监督检查部门责令停止违法行为,处二十万元以上一百万元以下的罚款;情节严重的,处一百万元以上二百万元以下的罚款,可以吊销营业执照。经营者违反第八条规定,属于发布虚假广告的,依照广告法的规定处罚。

(5)侵犯商业秘密的,新修订的《中华人民共和国反不正当竞争法》第二十一条规定,经营者违反本法第九条规定侵犯商业秘密的,由监督检查部门责令停止违法行为,处十万元以上五十万元以下的罚款;情节严重的,处五十万元以上三百万元以下的罚款。构成犯罪的,依法追究刑事责任。

(6)对于不正当有奖销售行为,新修订的《中华人民共和国反不正当竞争法》根据社会发展的需要,将罚款数额变更为五万元以上,五十万元以下。

(7)经营者损害竞争对手商业信誉、商品声誉的,由监督检查部门责令停止违法行为,处十万元以上五十万元以下的罚款;情节严重的,处五十万元以上三百万元以下罚款。

(8)对于互联网领域的不正当竞争行为,新修订的《中华人民共和国反不正当竞争法》第二十四条规定,经营者违反本法第十二条,妨碍、破坏其他经营者合法提供的网络产品或者服务正常运行的,由监督检查部门责令停止违法行为,处十万元以上五十万元以下的罚款;情节严重的,处五十万元以上三百万元以下的罚款。

当事人对监督检查部门作出的行政处罚决定不服的,可以依法申请行政复议或者提起行政诉讼。

(三)行政执法人员违法的法律责任

国家行政机关工作人员滥用职权的法律责任。根据我国反不正当竞争法第三十条的规定,监督检查部门的工作人员滥用职权、玩忽职守、徇私舞弊或者泄露调查过程中知悉的商业秘密的,依法给予行政处分。

思考与练习

1.简述竞争法的概念与特征。

2.简述侵犯商业秘密行为的法律特征。

3.简述商业贿赂的构成要件。

4.简述商业诽谤的法律责任。

第九章　产品质量法

第一节　产品质量法概述

一、产品质量

产品质量是指产品性能在正常使用条件下,满足合理使用用途要求所必须具备的物质、技术、心理和社会特征的总和。国际标准化组织颁布的 ISO8402—94 标准,将质量定义为:"反映实体满足明确和隐含需要的能力和特性的总和。"定义中把"需要"分为"规定需要"和"潜在需要"两类。"规定需要"是指合同、标准、规范、图样和技术要求,以及其他文件中已经作出的规定。"潜在需要"是指顾客或社会对产品或服务的期望,或人们公认的、不言而喻的、不必作出规定的需要。产品质量具有以下主要特性:

(一)产品的使用性能

它是指产品为满足使用目的所具备的技术特性,即产品在不同目的、不同条件下使用的,其技术特性的适合程度。

(二)产品的安全性

它是指产品操作或使用过程中,保障人体健康,人身、财产安全免受侵害的能力,即产品是否会造成公害及人员和财产损害的可能性。

(三)产品的可靠性

它是指产品在规定条件下和规定的时间内,完成预定功能的程序和能力。一般以功能效率、平均寿命、失效率、平均无故障时间等参量进行评定。

(四)产品的可维修性

它是指产品在发生故障以后,在规定的条件下和规定的时间内,按照规定的程序和方法进行维修时,能迅速保持或恢复到规定状态的能力。

(五)产品的经济性

它是指产品的设计、制造、使用等方面所付出或所消耗成本的程度。同时,亦包含其可获得经济利益的程度。

(六)产品的时间性

它是指在规定时间内满足顾客对产品交货期和数量要求的能力,以及满足随时间变化及顾客需要变化而适应其要求的能力。

二、我国产品质量法及其适用范围

产品质量法有广义和狭义之分。广义的产品质量法是指所有调整产品质量的法律法规的总称。狭义的产品质量法仅指我国现行的 1993 年 2 月 22 日第七届全国人大常委会第三十次会议通过,2000 年 7 月 8 日第九届全国人大常委会第十六次会议第一次修正,2009 年 8 月 27 日第十一届全国人民代表大会常务委员会第十次会议第二次修正的《中华人民共和国产品质量法》。

新修改的产品质量法第二条第二款规定："本法所称产品是指经过加工、制作，用于销售的产品。"第二条第三款规定："建设工程不适用本法规定；但是，建筑工程使用的建筑材料、建筑构件和设备，属于前款规定的产品范围的，适用本法规定。"以上两款便是对产品质量法所适用的产品范围的规定。

所谓产品，广义泛指与自然物相对的一切劳动生产物。法律上所讲的产品，其范围一般则加以具体的规定。如欧洲经济共体指令规定，产品指一切动产，即使被组装或安装在另一动产或不动产中的动产也包括在内，但农业原产品和猎物除外。我国产品质量法调整的产品是指"经过加工、制作，用于销售的产品"。没有经过加工、制作，如天然产品、初级农产品，或者不是以销售为目的的产品，不受产品质量法调整。另外，工业、民用建筑物不适用产品质量法，可是这些建筑工程所需要的建筑材料，像水泥、钢筋和预制构件等是工业产品，属于产品质量法调整的范围。

新修改的产品质量法第二条第一款规定："在中华人民共和国境内从事产品生产、销售活动，必须遵守本法。"从这条规定可以看出，凡是在中华人民共和国境内从事产品生产、销售活动的企业、社会组织以及个体工商户，都必须遵守产品质量法，当然也包括在中国境内从事产品生产和销售的外国人和无国籍人。另外，没有合法市场主体资格的人，从事产品的生产、销售活动的，也要适用本法。比如，无照摊贩、制造假冒伪劣产品的地下工厂等，要根据本法的规定予以打击、制裁。

产品的经营活动主要包括生产、销售、运输、仓储四个环节。而产品质量法只调整生产和销售这两个环节中的质量问题，仓储、运输过程中的质量问题不包括在内。因为，在仓储、运输当中发生的产品质量问题，和消费者不发生直接的合同关系。消费者发现购买的产品存在质量问题，即使这个质量问题是在运输和仓储过程中发生的，消费者也不可能直接向产品的承运人或仓储保管人查询，而是要向销售者，或者生产者要求赔偿。然后，生产者、销售者再向承运人或仓储保管人追偿。产品在运输、仓储过程中发生的质量问题，主要表现为损坏、变质、污染等。这类问题的处理办法，一般在货物运输合同或者仓储保管合同中约定。合同中没有约定或者约定不明确的，可以依照合同法来处理。

三、我国产品质量法的立法原则

我国产品质量法的立法原则主要有：

(一)贯彻"质量第一"战略方针的原则

发展社会主义市场经济，不断提高产品质量，保护消费者的合法权益，是我国经济发展中的一项基本政策，因此，坚持"质量第一"应该是我国质量立法必须长期贯彻的战略方针。

(二)国家对产品质量实行统一立法，区别管理的原则

为了贯彻这一原则，国家对涉及人体健康，人身、财产安全的产品，实行必要的强制管理，其他产品主要是依靠市场竞争机制和企业自我约束的机制，促使企业保证产品质量。

(三)对产品质量的监督管理采取事先保证和事后监督相结合的原则

国家对可能危及人体健康和人身、财产安全的产品实行生产许可证制度，实现对这些产品质量在生产环节的事先保证；同时，采取国际通行的企业质量体系认证、产品质量认证等引导方法，对企业产品生产实行质量引导；另外，加强对市场商品质量的监督。

（四）产品质量的监督管理和执法监督实行按行政区划统一管理，组织协调的原则

对产品质量的监督管理和执法监督，首先是强化国家监督，并在贯彻地域管辖原则的基础上把国家监督和地方监督有机地统一起来。另外，在加强行政监督的同时，发挥舆论监督、社会监督、司法监督的作用，使其相互配合，相互协调。

（五）贯彻奖优罚劣的原则

对生产优质产品以及质量管理先进的企业和个人应给予奖励；对于制售假冒伪劣产品的生产者和经营者应给予严厉的打击和制裁。为此，国家规定建立科学的产品指标评估体系，鼓励推行科学的质量管理方法，采用先进的科学技术，生产优质产品。对产品质量管理先进和产品质量达到国际先进水平，成绩显著的单位和个人，给予奖励。

第二节　产品质量监督管理

一、产品质量监督管理体制

产品质量监督管理体制，是产品质量监督管理机构及其职权的统称。

产品质量监督管理体制是同经济管理体制相适应的。在西方工业国家，一直实行以市场经济为主导的自由经济体制，国家对经济的直接行政干预比较少，产品质量主要靠市场经济的自由竞争达到优胜劣汰。我国自中华人民共和国成立以来一直实行计划经济，国家在长期管理经济的过程中，形成了一系列行政管理措施和制度，对产品的质量也形成了一套监督管理体制。随着我国经济体制改革的深入以及社会主义市场经济体制的建立和完善，国家直接干预经济的成分会越来越小，对产品质量的监督管理也将由微观的直接行政干预，向宏观间接控制为主转化。目前，我国产品质量总体水平还比较低，产品质量的市场竞争机制还没有真正建立起来，市场法制尚不完善，假冒伪劣产品屡禁不止，因此，对产品质量的宏观管理的行政手段仍然是必不可少的。各级人民政府产品质量监督部门应依法对生产、销售的产品质量进行全面监督管理。

关于我国现行的产品质量监督管理体制，依照产品质量法的规定，包括以下基本内容：

（1）国务院产品质量监督部门，主管全国产品质量监督工作。主要职责是：对产品质量进行宏观的监督和指导，即统一制定有关产品质量监督的方针政策，草拟或者发布有关质量的法规和规章；推广现代化质量管理方法；负责国家质量奖的评审和管理工作；负责国优产品的评审和评优管理工作；负责生产许可证的管理工作等。

（2）县级以上地方产品质量监督部门，主管本行政区域内的产品质量监督工作。其主要职责是按照国家法律法规规定的职责和省级人民政府赋予的职权，负责本行政区域内的产品质量监督工作。

（3）国务院和县级以上地方人民政府设置的有关行业主管部门，其主要职责是按照同级人民政府赋予的职权，负责本行政区域内，本行业关于产品质量方面的行业监督和生产经营性管理工作。

二、企业质量体系认证制度

我国新修改的产品质量法第十四条第一款规定："国家根据国际通用的质量管理标准，推行企业质量体系认证制度。企业根据自愿原则可以向国务院产品质量监督部门认可的或者国务院产品质量监督部门授权的部门认可的认证机构申请企业质量体系认证。经认证合格的,由认证机构颁发企业质量体系认证证书。"这是我国产品质量法对企业质量体系认证制度的原则规定。

企业质量体系认证制度,是指国务院产品质量监督部门或者由它授权的部门认可的机构,依据国际通用的"质量管理和质量保证"系列标准,对企业的质量体系和质量能力进行审核合格,颁发企业质量体系认证证书,以兹证明的制度。

质量体系是指为了实施质量管理的组织结构、职责、程序、过程和资源。质量体系按其建立的目的不同而分为两种:一种是企业根据与需方签订的合同的要求,建立起的质量体系,保证产品质量满足合同的要求,这种合同环境下的质量体系也称为质量保证体系;另一种则是企业出于自身的需要,为取得广大消费者对产品质量的信任,获得经济利益,赢得市场而根据市场的需要建立起的质量体系,这种在非合同环境下的质量体系称为质量管理体系。

按照产品质量法的规定,企业质量体系认证的依据是国际通用的质量管理标准。1987 年国际标准化组织颁布了 ISO9000《质量管理和质量保证》系列国际标准,为开展国际的质量体系认证提供了统一依据。1992 年 5 月,国家技术监督局决定,将 ISO9000 等同采用我国国家标准 GB/T19000-ISO9000,等同采用的国家标准,其技术内容与 ISO9000 完全相同,编写方法也完全一致。

企业质量体系认证,作为认证机构对企业的质量保证和质量管理能力依据标准所作的综合评定。我国对此采用自愿原则。

三、产品质量认证制度

我国新修改的产品质量法第十四条第二款规定:"国家参照国际先进的产品标准和技术要求,推行产品质量认证制度。企业根据自愿原则可以向国务院产品质量监督部门认可的或者国务院产品质量监督部门授权的部门认可的认证机构申请产品质量认证。经认证合格的,由认证机构颁发产品质量认证证书,准许企业在产品或者其包装上使用产品质量认证标志。"这是我国产品质量法关于产品质量认证制度的原则规定。

产品质量认证制度,是指依据具有国际水平的产品标准和技术要求,经过认证机构确认并经过颁发证书和产品质量认证标志的形式,证明产品符合相应标准和技术要求的制度。

我国自 1981 年开始实施产品质量认证试点,并建立了我国第一个认证委员会——中国电子元器件认证委员会。此后又成立了电工产品、水泥、橡胶避孕套、汽车安全玻璃、玩具、卫星地面接收设备等认证委员会。此外,还先后加入了国际标准化组织的合格评审委员会、国际电工委员会电子元器件认证组织、国际电工产品安全认证组织等产品质量认证国际组织。与此同时,国家还加快了产品质量认证立法的步伐。1991 年 5 月 7 日,国务院颁布了《产品质量认证管理条例》,1992 年 2 月 23 日,国家技术监督局又发布了《产品质量认证管理条例实施办法》《产品质量认证委员会管理办法》《产品质量认证质量体系检查员和检查机构评审员管理办法》《产品质量认证证书和认证标志管理办法》等法规。新修改的产品质量法第十四条对产品质量认证也作了明确规定。

我国现行的产品质量认证制度,具有以下主要内容:

(一) 产品质量认证的组织与管理

在我国,产品质量认证工作由国家技术监督局统一管理,统一审批,并组织协调,同时参与有关认证的国际活动;国家技术监督局授权组成的行业认证委员会,代表国家负责产品质量认证工作的具体实施;县级以上人民政府技术监督行政部门负责产品质量认证的执法监督。

(二)产品质量认证的种类

产品质量认证分为安全认证和合格认证两种。安全认证是国家认可的认证机构对涉及人身健康、财产安全的产品,依据国家或行业安全标准对产品中的安全性能进行的认证,其目的是保护消费者的人身健康和生命财产安全。合格认证主要是看产品是不是符合国家产品标准或行业产品标准,目的是向消费者说明这个产品是合格的、优质的。

(三)产品质量认证的原则

产品质量认证实行自愿申请的原则。所谓自愿申请原则,是指企业有权依据法律法规赋予的经营自主权,自主决定、自由选择,以确定企业申请或是不申请认证的原则。认证的自愿申请原则,完全符合国际认证制度的惯例,是世界各国开展产品质量认证的通行做法。

(四)申请产品质量认证的条件

我国产品质量认证管理条例及其实施办法规定,中国企业、外国企业或其他申请人,申请产品质量认证必须具备以下条件:

(1)中国企业及其申请人应当持有工商行政管理部门颁发的《企业法人营业执照》;外国企业应当持有有关机构的登记注册证明。

(2)申请认证的产品,其质量应当符合我国的国家标准或行业标准及其补充技术要求,或者符合国务院标准化行政主管部门确认的标准。

(3)产品质量稳定、能正常批量生产,并提供有关证明材料。

(4)企业质量体系符合 GB/T 10300 或者外国申请人所在国等同采用 ISO9000 质量管理和质量保证系列标准及其补充要求。

(五)产品质量认证的程序

根据《产品质量认证管理条例实施办法》的规定,办理产品质量认证的程序包括申请、审查和检验、批准等具体步骤。

(1)申请。即申请办理认证的中国企业按照规定的要求向有关认证委员会提出书面申请;外国企业或者其他申请人向国务院标准化行政主管部门或者由其指定的认证委员会提出书面申请,并提交认证所需的有关资料。

(2)审查和检验。即认证委员会受理认证申请后,组织对企业的质量体系进行检查。国家注册检查员按照规定的要求签署检查报告并将检查报告报送认证委员会,同时对企业申请认证的产品进行现场抽样;认证委员会通知认证检验机构对样品进行检验,按照规定格式填写检验报告报认证委员会。

(3)批准。即认证委员会对检查报告和检验报告进行审查合格后,批准认证,颁发认证证书,并准许使用认证标志。

四、产品质量监督检查制度

产品质量监督检查制度,是指各级政府技术监督部门,根据国家有关法律法规或规章的规定,按照各级政府赋予的职责,代表政府对生产、流通领域的产品质量实施的一种具有监督性质的检查制度。

我国法律和法规关于产品质量监督检查制度的规定主要有以下基本内容:

（一）产品质量监督检查制度的主要形式

目前,我国产品质量监督检查制度的主要形式有:国家监督抽查;产品质量定期监督抽查;地方性日常监督检查和产品质量统一检测等。

1985年3月国务院发布了《产品质量监督试行办法》,规定对全国重点产品质量进行监督抽查。1985年9月原国家经委发出《关于实行国家监督性的产品质量抽查制度的通知》,规定每季度进行一次不定期的产品质量监督抽查。1986年10月原国家经委又颁发了《国家监督抽查产品质量的若干规定》,使这项制度的实施方式更加明确和具体。产品质量法第十五条规定,国家对产品质量实行以抽查为主要方式的监督检查制度,从而确立了多年来实施的这一制度的法律地位。

（二）产品质量监督检查的重点产品

产品质量法第十五条规定,国家对可能危及人体健康和人身、财产安全的产品,影响国计民生的重要工业产品以及消费者、有关组织反映有质量问题的产品进行抽查。从这条规定可以看出,质量监督抽查的重点产品有三类:

（1）危及人体健康和人身、财产安全的产品。主要包括药品、食品、医疗器械、化妆品、易燃易爆产品、锅炉压力容器等。

（2）影响国计民生的重要工业产品。主要包括化肥、农药、种子、计量器具、烟草、有安全要求的建筑用钢筋、水泥等。

（3）消费者、有关组织反映有质量问题的产品。主要是指那些假冒伪劣产品。即掺杂使假、以次充好、以假充真、以旧充新、以不合格冒充合格的产品等。

（三）产品质量监督检查的组织实施

按照我国产品质量法的相关规定,产品质量监督检查工作由国务院产品质量监督部门规划和组织。县级以上地方产品质量监督部门在本辖区内也可以组织监督抽查。为了加强产品质量监督工作的组织与管理,避免重复检查,国家对产品质量监督检查计划实行统一管理。具体要求是:

（1）全国性的产品质量监督检查计划,由国家技术监督局负责制定,并组织协调省级技术监督部门的产品质量监督检查计划,对国务院有关主管部门提出的属全国性的产品质量监督检查计划进行协调,纳入全国产品质量监督检查计划。

（2）省级技术监督部门负责制定省级产品质量监督检查计划,组织、协调市（地）、县技术监督部门的产品质量监督检查计划,并对省级有关主管部门提出的产品质量监督检查计划进行协调,纳入省级产品质量监督检查计划。

（3）凡未纳入国家和省级产品质量监督检查计划或未向国家和省级技术监督部门备案的产品质量监督检查计划,一律不得进行监督检查（不包括对不合格产品的复检）。

（4）凡没有产品质量监督行政职能的单位和部门,不得自行安排监督检查计划,不得组织任何形式的产品质量监督检查。

（5）产品质量监督检查计划的变更,须经原制定计划的技术监督部门同意。

（6）各级技术监督部门要定期或不定期地对计划实施情况进行检查、考核,发现问题要及时进行纠正和作出相应的处理。

（7）国家监督抽查的产品,地方不得另行重复抽查;上级监督抽查的产品,下级不得另行重复抽查。

第三节　产品质量义务

一、产品质量义务的概念

产品质量义务,是指产品质量法律关系的主体为一定质量行为或不为一定质量行为,以满足对方利益需要的必要性。

这里所谓的产品质量法律关系的主体,主要指产品的生产者和销售者,包括从事产品生产和销售活动的法人、其他经济组织和个体工商户等。

根据产品质量法的规定,产品质量义务可以分为积极义务和消极义务。所谓积极义务是指行为人必须为一定行为的义务,如法律中规定的生产者生产的产品质量应当符合某种要求,产品包装、产品标识应当符合某种要求等;而消极义务是指义务人必须不为一定行为的义务,如不得伪造或者冒用他人的厂名、厂址、质量标志,不得掺杂使假,以假充真,以次充好等。另外,根据义务主体的不同,产品质量义务主要分为生产者的产品质量义务和销售者的产品质量义务。

二、生产者的产品质量义务

《中华人民共和国产品质量法》第二十六条规定:"生产者应当对其生产的产品质量负责。"这一规定是法律对生产者产品质量义务的基本要求,同时也说明了保证产品质量是生产者的首要义务。

生产者要对其生产的产品质量负责,这是生产者自身的社会地位和性质所决定的。随着经济的发展和科学技术的进步,产品的功能越来越完备,产品的结构越来越复杂。生产者作为产品的直接创造者,就必然对产品的质量负有更大的责任。另外,社会主义生产的基本目的是满足人民日益增长的物质文化生活的需要,这也就要求生产者必须不断改善生产条件,增加新品种,提高产品质量,从而保证社会主义生产基本目的的有效实现。

我国有关质量法律和法规关于生产者产品质量义务的具体规定,主要有以下几个方面:

（一）关于对产品内在质量要求的规定

《中华人民共和国产品质量法》第二十六条规定,产品质量应当符合下列要求:

（1）不存在危及人身、财产安全的不合理的危险,有保障人体健康和人身、财产安全的国家标准、行业标准的,应当符合该标准;

（2）具备产品应当具备的使用性能,但是,对产品存在使用性能的瑕疵作出说明的除外;

（3）符合在产品或者其包装上注明采用的产品标准,符合以产品说明、实物样品等方式表明的质量状况。

（二）关于产品或包装标识的有关规定

1.关于产品标识的规定

产品标识是表明产品的名称、产地、质量状况等信息的表述和指示。产品标识可以标注在产品上,也可以标注在产品的包装上。

《中华人民共和国产品质量法》第二十七条规定:产品或者包装上的标识必须真实,并符合下列要求:①有产品质量检验合格证明;②有中文标明的产品名称、生产厂厂名和厂址;③根据产品的特点和使用要求,需要标明产品规格、等级、所含主要成分的名称和含量的,用中文相应予以说明;需要事先让消费者知晓的,应当在外包装上标明,或者预先向消费者提供有关资料;④限期使用的产品,应当在显著位置清晰地标明生产日期和安全使用期或者失效日期;⑤使用不当,容易造成产品本身损坏或者可能危及人身、财产安全的产品,应当有警示标志或者中文警示说明;⑥裸装的食品和其他根据产品的特点难以附加标识的裸装产品,可以不附加产品标识。

2.关于产品包装标志的规定

产品包装可分为销售包装和运输包装,即通常所说的内包装和外包装。销售包装是以销售为主要目的;运输包装则主要考虑运输的需要,使产品顺利流通。为了实现产品包装的科学、安全和合理,我国制定发布了包装标志标准,主要有 GB190—85《危险货物包装标志》、GB191—85《包装储运图示标志》等。

包装标志是包装件在流通过程中不可缺少的一种标志符号,用来表明货物的性质,指示货物在装卸、搬运、贮存、收发过程中应如何注意安全,以保证货物能及时、准确、迅速地进行流通。

产品质量法对包装标志的有关问题作了规定。对一些特殊产品的包装规定了具体的要求,这些要求主要是:①要有警示标志。这是一种用文字、图形或数字等方式组合而成的代表特定含义的一种标识。如:"剧毒",用一个人头骷髅表示;"易碎",用玻璃高脚杯表示;"易燃",用火焰表示;"不准倒置",用向上的箭头或伞图表示等。②要有中文警示说明。即用文字表示的某些必须注意的事项。这些可在产品说明书中进行介绍。③要标明储运注意事项。如在包装上注明"轻拿""轻放"等。

(三)关于产品生产的禁止性、限制性规定

我国产品质量法第二十九条到三十二条对产品生产者在产品生产方面作了如下禁止性、限制性的规定:

(1)生产者不得生产国家明令淘汰的产品;

(2)生产者不得伪造产地,不得伪造或者冒用他人的厂名、厂址;

(3)生产者不得伪造或者冒用认证标志、名优标志等质量标志;

(4)生产者生产产品,不得掺杂、掺假,不得以假充真、以次充好,不得以不合格产品冒充合格产品。

三、销售者的产品质量义务

销售者居于生产者和消费者之间,是连接生产和消费的桥梁和中介。明确销售者的产品质量义务,对于生产者和消费者两方面来讲都具有重要意义。因为,产品质量问题可能出现在生产环节,也可能出现在销售环节。尤其对消费者来讲,生产者、销售者都是承担产品质量责任的主体。因此,产品质量法对销售者的产品质量义务作了专门的规定。

(一)销售者应当认真执行进货检查验收制度

《中华人民共和国产品质量法》第三十三条规定:"销售者应当执行进货检查验收制度,验明产品合格证明和其他标识。"执行进货检查验收制度,是确保销售者进货的质量,区分销售者与生产者责任的重要手段。执行进货检查验收制度,包括对产品内在质量的检验和外在质量的检验。如果销售者对产品质量按合同约定进行检验,查明产品不合格的,应当及时拒绝接收货物,制止不合格的产品,尤其是假冒伪劣产品流入市场。如果销售者不执行进货检查验收制度,或者明知产品质量不合格,依然接受货物并进行销售的,就应依法承担相应的法律责任。

（二）销售者应当采取措施，保持销售产品的质量

《中华人民共和国产品质量法》第三十四条规定："销售者应当采取措施，保持销售产品的质量。"这就是说销售者负有保持产品原有质量的义务，或者说销售者有养护产品的义务。销售者在产品进货检查验收以后，要采取有效的养护方法，并根据不同产品的特点采用相应的养护措施，以保证产品能保持进货时的质量状态。

（三）销售者不得销售国家明令淘汰并停止销售的产品和失效、变质的产品

《中华人民共和国产品质量法》第三十五条对销售者产品质量义务的这一规定，主要是针对某些有有效期规定的产品而言的。它要求销售者一方面要加快产品流通速度，按产品质量要求的期限出售产品，防止产品过期失效。另一方面是对已经过期失效或已经变质的产品坚决不能出售，否则将要承担相应的法律责任。

（四）销售者销售的产品的标识应当符合产品质量法的有关规定

《中华人民共和国产品质量法》关于产品标识的规定，集中反映在该法的第二十七条规定中。其基本内容是：产品要有质量检验合格证明；要有中文标明的产品名称、生产厂厂名和厂址；根据产品的特点和使用要求，要标明产品的规格、等级、所含主要成分的名称和含量；限时使用的产品，要标明生产日期、安全使用期或失效日期；使用不当，容易造成产品本身损坏或者可能危及人身、财产安全的产品，要有中文警示说明或警示标志等。

（五）销售者不得伪造产地，不得伪造或冒用他人的厂名、厂址

伪造产地、伪造或者冒用他人的厂名、厂址，本身就是生产、销售假冒伪劣产品的违法行为的一种重要表现，应当坚决予以打击。对于销售者来讲，这自然应该成为其必须履行的一项义不容辞的义务。

（六）销售者不得伪造或者冒用认证标志等质量标志

这主要是指销售者销售的产品，不得非法使用编造、捏造的不真实的质量标志。或者未获得产品质量认证而擅自使用产品质量认证标志，未获名优产品的荣誉而擅自使用名优产品的标志、标记，未取得生产许可证而擅自使用生产许可证标志等。伪造或冒用质量标志的行为是一种欺骗消费者的违法行为。也是生产、销售假冒伪劣产品违法行为的主要表现形式之一。

（七）销售者销售产品，不得掺杂、掺假，不得以假充真、以次充好，不得以不合格产品冒充合格产品

销售掺杂、掺假，以假充真，以次充好，以不合格产品冒充合格产品的行为，是销售假冒伪劣产品违法行为的重要表现形式。其行为的目的是为了牟取非法收入，是一种恶劣的欺骗行为。因此，法律将此项行为专列为销售者的一项禁止性行为。

（八）关于销售者对售后产品的保修、保换、保退义务的规定

《中华人民共和国产品质量法》第四十条规定，售出的产品有下列情形之一的，销售者应当负责修理、更换、退货：①不具备产品应当具备的使用性能而事先未作说明的；②不符合在产品或者其包装上注明采用的产品标准的；③不符合以产品说明、实物样品等方式表明的质量状况的。

销售者依照前款规定负责修理、更换、退货、赔偿损失后，属于生产者的责任或者属于向销售者提供产品的其他销售者（以下简称供货者）的责任的，销售者有权向生产者、供货者追偿。销售者未按照规定给予修理、更换、退货或者赔偿损失的，由产品质量监督部门或者工商行政管理部门责令改正。

第四节　产品质量责任

一、产品质量责任的概念

产品质量责任,是指产品的生产者、销售者以及对产品质量负有直接责任的人违反产品质量义务应承担的法律后果。它包括民事责任、行政责任和刑事责任。

产品质量责任和产品责任是两个不同的概念。所谓产品责任,又称产品缺陷责任,是指产品的生产者、销售者(包括供货者、进口商)因产品存在缺陷而给消费者或其他人造成人身伤害或财产损失所应承担的一种民事侵权责任。产品质量责任和产品责任的主要区别表现在以下几个方面:

第一,责任的性质不同。产品责任是一种特殊的侵权民事责任;而产品质量责任则是一种综合责任,它既包含有侵权民事责任,但又不仅仅是民事责任,还有行政责任和刑事责任。

第二,责任的范围不同。产品责任是一种民事责任,仅承担侵权损害赔偿责任;而产品质量责任,除承担侵权民事责任外,其责任形式还包括承担合同责任、行政责任和刑事责任。

第三,责任的主体不同。产品责任的责任主体仅限于产品的生产者、销售者或者供货者(中间商),一般不包括其雇员。但产品质量责任的责任主体范围要广泛一些,除了生产者、销售者、供货者以外,还包括对产品质量负有义务的其他有关人员。

第四,责任产生的时间不同。产品责任只能在损害后果发生后才有可能成立,没有损害事实则不产生产品责任;而产品质量责任可以存在于产品的生产、销售、管理、使用过程中的任何一个环节。只要上述环节中存在违反产品质量义务的行为或者存在损害的事实,就能产生产品质量责任,并不一定必须以在使用过程中有损害事实的存在作为责任条件。

二、民事责任

产品质量民事责任是指产品生产者、销售者以及其他产品义务人违反产品质量义务,所应承担的民事法律后果。产品质量法规定的产品质量民事责任,分为产品瑕疵担保民事责任和产品侵权民事责任两种。

(一) 产品瑕疵担保民事责任

产品瑕疵担保责任又称产品质量合同责任,是指买卖合同的一方当事人(卖方)违反产品质量担保所应承担的违约责任。销售者承担瑕疵担保责任的条件是:

(1)产品瑕疵在出售时已存在;

(2)由于销售者未告知买受者,使买受者不了解产品的瑕疵;

(3)产品的瑕疵用通常检查方法不易发现。

(4)合同双方当事人必须不存在免除出卖人对产品瑕疵责任的约定。

《中华人民共和国产品质量法》对产品瑕疵担保民事责任的规定,主要体现在该法的第四十条中。按照规定,售出的产品有下列情形之一的,销售者应负责修理、更换、退货;给购买产品的消费者造成损失的,销售者应当赔偿损失:

(1)不具备产品应当具备的使用性能而事先未作说明的;

(2)不符合在产品或者其包装上注明采用的产品标准的;

(3)不符合以产品说明、实物样品等方式表明的质量状况的。

生产者之间、销售者之间、生产者与销售者之间订立的买卖合同、承揽合同有不同约定的，合同当事人按照合同约定执行。

(二)产品侵权民事责任

产品侵权民事责任，是指产品的生产者、销售者因其生产、售出的产品造成他人人身、财产（指该产品以外的其他财产）损害而依法应承担的赔偿责任。产品侵权民事责任实际上也就是通常所谓的产品责任。

1. 产品侵权民事责任的归责原则

民法上所称的归责原则，是指确定责任归属的规则或准则，这种规则或准则被用来作为承担民事责任的理由、标准或者根据。以此推论，产品侵权民事责任的归责原则是指据以确定产品生产者和销售者承担产品责任的理由、标准或者依据。早期各国的产品责任法确认的产品责任归责原则是一般过错责任原则。即产品质量事故发生后，生产者和销售者是否承担损害赔偿责任，取决于他们对产品的缺陷有无过错，并且受害人对生产者和销售者的过错负有举证责任。如果他不能证明生产者和销售者的过错，那么就不能获得赔偿。很显然，这一归责原则限制了受害人获得法律保护的机会。为了保护消费者权益，现代各国产品责任法逐步抛弃了这一传统的归责原则，确立了一些新的归责原则，其中尤为重要的是严格责任原则、过错推定原则和担保原则。我国产品质量法在一定程度上也贯彻了这些原则。

(1)严格责任原则。严格责任原则一般又被称为无过错责任原则或无过失责任原则。其基本含义是：生产者生产的产品因缺陷造成他人人身和财产损害时，不论生产者是否有过错，均应向受害者赔偿。按照这一原则，生产者产品责任的构成，不以他对其产品的缺陷有过错为条件；受害人也无需对生产者承担举证责任即责任倒置。

当然，无过错责任并不是绝对责任，并不意味着生产者没有抗辩理由，即使在法律规定无过错也要承担责任的情况下，生产者仍然可以依据法律规定的条款减轻或免除责任，只不过生产者不能以证明自己没有过错而主张免责。

我国产品质量法第四十一条规定：因产品存在缺陷造成人身、缺陷产品以外的其他财产（以下简称他人财产）损害的，生产者应承担赔偿责任。生产者能证明有下列情形之一的，不承担赔偿责任：第一，未将产品投入流通的；第二，产品投入流通时，引起损害的缺陷尚不存在的；第三，将产品投入流通时的科学技术水平尚不能发现缺陷存在的（理论上称为"发展风险"）。我国产品质量法的上述规定，实际上就贯彻了严格责任原则。

(2)过错推定原则。过错推定原则又称过失推定原则或疏忽原则。按照这种原则，由于生产者或销售者的疏忽造成产品缺陷；或者由于生产者、销售者应当知道产品有缺陷而没有知道，并把产品投入流通，从而造成他人人身、财产损害的，生产者、销售者在主观上便有过错，应当承担赔偿责任。

过错推定原则包含了两项互相联系的内容：第一，生产者或销售者的过错是他们承担责任的前提。这里的过错，指过失和疏忽。生产者或销售者故意致人损害虽应承担责任，但这是另一种性质的法律责任。过错推定原则的这层含义与过错责任原则是相同的。第二，免除受害人对生产者或销售者过错的举证责任。受害人举证责任的免除主要通过两种方式来实现。一是举证责任倒置，即生产者或销售者无过失的举证责任主要由生产者和销售者自己承担，在不能证明其无过失时即推定其有过失。二是"事实自证规则"。即生产者或销售者的过错仅凭损害事实发生便足以证明,除非他们能提出自己无过错的充足理由及其他法定的免责事由,否则,将承担过失责任。过错推定原则的这一层含义是它与一般过错责任原则的根本区别。

过错推定原则的基本特征在于它将民事责任主观要件的举证责任以否定的形式分配给加害人一方(即所谓"举证责任倒置"),从而避免了受害人因不能证明对方的过错而无法获得赔偿的情形。按照过错推定原则,如果受害人证明他所受的损害是由生产者或销售者的产品缺陷所致,而生产者或销售者不能证明自己没有过错,法律上就推定生产者或销售者有过错并确认其应负责任。

我国产品质量法第四十二条规定:由于销售者的过错使产品存在缺陷,造成人身、他人财产损害的,销售者应当承担赔偿责任。销售者不能指明缺陷产品生产者也不能指明缺陷产品的供货者的,销售者应当承担赔偿责任。产品质量法第四十三条规定:因产品存在缺陷造成人身、他人财产损害的,受害人可以向产品的生产者要求赔偿,也可以向产品的销售者要求赔偿。属于产品的生产者的责任,产品的销售者赔偿的,产品的销售者有权向产品的生产者追偿。属于产品的销售者的责任,产品的生产者赔偿的,产品生产者有权向产品的销售者追偿。产品质量法的上述规定,在实施过程中应该以过错推定原则作为其民事责任的归责原则,这样将更有利于保护受害人的利益。至于生产者和销售者之间的追偿关系,由于其已不是产品责任问题,因而可按一般过错责任原则确定其各自应负的责任。

(3)担保责任原则。担保责任原则是指产品存在某些缺陷,生产者或销售者违反了对货物的明示担保或法律规定的默示担保,致使消费者或使用者遭受损害,生产者或销售者应承担责任的一种归责原则。产品说明书上所列的事项;食品类产品标志上所载明的成分或日期;产品广告上所记载的产品特殊功效或效能等都属于明示担保。默示担保不是基于生产者的意思表示,而是依法产生的一种担保责任。担保既是合同法上的基本概念,又具有侵权法的属性。由于担保的双重性质,违反担保除负有合同责任以外,又可依其情节轻重构成侵权责任。而且责任构成的依据是基于生产者和销售者违反其产品的明示担保或默示担保,并不依赖于对其疏忽的举证。

我国产品质量法对关于生产者或销售者违反担保致消费者、使用者人身或财产损害的赔偿问题的规定尚不明确,因此担保责任原则还须进一步制度化。

2.承担产品侵权民事责任的条件

产品侵权民事责任是一种特殊侵权责任,不同于一般的民事侵权责任。一般的民事侵权责任的构成要具备四个条件,即行为人有违法行为的存在;违法行为造成了损害事实;违法行为和损害事实之间有因果关系;行为人主观上有过错。产品侵权民事责任的构成条件比一般民事侵权责任的构成条件要更严格。在适用严格责任原则这一归责原则的条件下,产品侵权民事责任的构成条件有三个方面:

(1)产品存在缺陷。根据《中华人民共和国产品质量法》四十六条的规定,产品的缺陷是指产品存在危及他人人身、财产安全的不合理危险。产品有保障人体健康、人身和财产安全的国家标准、行业标准的,产品缺陷则指产品不符合该标准。产品缺陷一般表现在以下三个方面:一是产品设计上的缺陷,主要是指选择不适当的原材料和配方。还有缺乏安全性的设计。二是产品制造上的缺陷,即指制造过程不符合设计规范或使产品在制造过程中未达到质量要求。三是指示性的缺陷,即在产品的警示说明上或在产品的使用指示标志上未能清楚地告知使用者的使用规范,未能清楚告知和提醒产品使用者对某些危险的预防。也包括不适当的使用说明和不真实的产品广告。

（2）有损害事实的存在。即产品造成了对消费者的人身伤害或缺陷产品以外的其他财产损失。只有产品给消费者造成了实际的损害，才能有产品责任的承担与赔偿问题。如果产品存在缺陷，但使用时没有造成损害，或者发现缺陷后停止使用该产品从而避免了损害，则没有产品责任赔偿问题。

（3）产品缺陷与损害后果之间有因果关系，即产品缺陷与损害事实之间有内在的、必然的、合乎规律的联系。也就是说损害结果是由产品缺陷直接导致的。在产品责任事故中，损害后果的发生往往是由多种原因导致的，因此，必须确定产品缺陷是引起损害后果的唯一原因或直接原因，产品责任才能成立，生产者才承担责任。

如果适用过错推定原则或担保责任原则确定和追究产品责任，其责任构成条件还应有特殊要求。

3.*产品侵权民事责任赔偿范围*

产品侵权民事责任的基本形式是损害赔偿。包括人身伤害赔偿和财产损害赔偿两个方面。

（1）人身伤害赔偿。产品存在缺陷造成的人身伤害包括对人身肉体伤害、引起疾病、致人死亡等。根据产品质量法第四十四条的规定，对受害人人身伤害的赔偿可分三种情况，即对一般伤害的赔偿、对致人残疾的赔偿和致人死亡的赔偿。一般伤害是指伤害他人身体尚未造成残疾的。其赔偿的范围包括医疗费用、治疗期间的护理费、因误工减少的收入等。致人残疾是指使受害人不能恢复健康，部分或全部丧失劳动能力。其赔偿范围除了上述医疗费、护理费（包括住院期间和院外因伤残确须护理期限内）、误工减少的收入外，还要支付残疾者的生活自助具费、生活补助费、残疾赔偿金以及由其扶养的人所必需的生活费等费用。造成受害人死亡的，应当支付丧葬费、死亡赔偿金以及由死者生前抚养的人必要的生活费等。如果受害人死亡之前经过医疗抢救的，还应支付医疗费。

（2）财产损害赔偿。产品存在缺陷造成财产损害不包括对缺陷产品本身的损害，因此，缺陷产品造成他人财产损失的，侵害人应当恢复原状或折价赔偿，受害人因此遭受其他重大损失的，侵害人应当赔偿损失。

三、行政责任和刑事责任

（一）行政责任

产品质量行政责任是指生产者、销售者以及其他有关人员违反产品质量法规所应承担的行政法律后果。它包括行政处罚和行政处分两类制裁形式。根据修改后的产品质量法的规定，对产品质量行政责任作了明确规定。

（二）刑事责任

产品质量刑事责任是指生产者、销售者以及其他有关人员违反产品质量法规，依照刑法所应承担的刑事法律后果。

思考与练习

1.简述产品及产品缺陷的含义。
2.简述产品质量的概念和特征。
3.简述产品责任的归责原则和适用条件。

第十章　消费者权益保护法

第一节　消费者权益保护法概述

一、消费者的概念及消费者权益保护的社会性功能

（一）消费者的概念

消费作为社会再生产的一个重要环节，是生产、交换、分配的目的与归宿。它包括生产消费和生活消费两大方面。把消费者限于个体社会成员，这是国际上通行的做法。从国外看，在消费者权益保护法产生之初，消费者权利的主体构成就是所谓"经济上的弱者"，即个人生活消费者。从 20 世纪 60 年代以后，随着消费者运动的发展，许多国家则在法律上进一步明确了只有个人生活消费者才是消费的权利主体。例如，泰国消费者保护法规定，所谓消费者是指买主和从生产经营者那里接受服务的人，包括为了购进商品和享受服务而接受生产经营者的提议和说明的人；1974 年英国消费者权益法规定，消费者是指非因自己经营业务而接受由供货商在日常营业中向他或要求为他提供商品或劳务的个人。国际标准化组织消费者政策委员会1978 年 5 月 10 日在日内瓦召开的第一届年会上，把"消费者"一词定义为"为个人目的购买或使用商品和服务的个体社会成员"。综上所述，所谓消费者就是为了满足个人生活消费的需要而购买、使用商品或者接受服务的居民。这里的居民是指自然人或称个体社会成员。

《中华人民共和国消费者权保护法》第二条规定："消费者为生活需要购买、使用商品或者接受服务，其权益受本法保护；本法未作规定的，受其他有关法律、法规保护。"由此可知，参照国际上的通行做法，我国也把消费者限于个体社会成员。由此也可得出一个结论：农民购买直接用于农业生产的生产资料则不属于消费者权益保护法调整的范围，因为这是生产消费而不是个人生活消费。农民受假化肥、假农药、假种子之害，在国外是由农民协会或农民的联合经济组织出面代表农民向生产者或销售者交涉解决的，消费者协会并不管此类投诉。而我国作为特例。消费者权益保护法五十四条规定：农民购买、使用直接用于农业生产的生产资料，参照本法执行。这是因为我国目前没有农民协会或类似组织，农民的生产仍以分户承包为基础，农业生产力和农民的承受能力都很低，农民受害后又没有适当渠道去寻求保护。在这种情况下，把消费者权益保护法的适用范围扩大到农民的农业生产资料消费领域，可加强对农民消费权益的保护。但这仅仅是作为一种过渡性措施和权宜之计，决不能因此而否定消费者是购买生活用品和接受服务的社会个体成员这个科学含义。

（二）消费者权益保护的社会性功能

在我国，消费者是经营者的对称，而经营者就是向消费者出售商品或提供服务的市场主体，与消费者相伴而生的是消费者权益。所谓消费者权益是指消费者依法享有的权利以及该权利受到法律保护应得的利益。

消费者问题是商品经济中接受生活资料和生活服务的消费者的利益受到提供消费资料和消费服务的经营者损害而发生的问题。在经济学上，消费者是与政府、企业相并列的参与市场

经济运行的三大主体之一,是与企业相对应的市场主体;在法学上,消费者是各国的消费者保护法的最重要的主体。从传统经济理论上说,企业(或称厂商)通常是以利润最大化为基本目标,而消费者(或称居民)则通常是以效用最大化为目标。两类市场主体之间在追求的目标上是存在着冲突的。企业为了盈利,极可能置诚实信用等商业道德于不顾,通过非法的、不正当的手段去侵害消费者的利益。其中最为重要的是向消费者隐瞒有关商品或服务的质量、价格等各个方面的信息。从而会导致在企业与消费者之间出现"信息不对称"以及企业的垄断、不正当竞争等问题。这些问题会进一步导致"市场失灵"。把消费者限于个体社会成员,对其加以特别保护,其目的就是为了保护作为经济上处于弱势地位的个人消费者。本来资本主义国家调整商品交易关系的法律是传统的民商法,它贯彻"私法自治"的原则,配合价值规律的自发作用,保障自由竞争的商品经济得以运行。但是,随着垄断资本主义的出现,个人消费者在"平等自愿"交易中不断受到损害,传统民商法已不能适应保护经济上弱者的个人消费的需要,于是就产生了专门对消费者实行特别保护的消费者权益保护法,从而在法律上给予消费者以更充分的保护。

二、消费者权益保护法的概念、调整对象及理论基础

(一)消费者权益保护法的概念

消费者权益保护法,是维护全体公民消费权益的法律规范的总称,是为了保护消费者的合法权益,维护经济秩序稳定,促进社会主义市场经济健康发展而制定的一部法律。它是经济法的重要部门法,在经济法的市场规制法中尤其占有重要地位。消费者权益保护法有其独特的调整对象,即在保护消费者权益过程中所发生的经济关系。由此可知,消费者权益保护法的最重要的主体是消费者,而保护的核心则是消费者权益。

(二)消费者权益保护法的调整对象

消费者权益保护法调整的对象是围绕保护消费者利益而产生的各种社会关系,主要包括以下几种关系:

1.国家机关与经营者之间的关系

国家机关与经营者的关系是一种管理与被管理的关系,其实质内容就是为了保护消费者权益而产生的监督管理与被监督管理的关系。例如美国联邦政府所属的机关,就在质量、安全、商标、价格、销售、广告等方面对消费者利益进行保护。在质量和安全方面,美国食品与药品管理局给食品、药品和化妆品规定了标准,同时禁止销售掺假的产品,并要求商品标签要诚实。在洲际贸易中,美国农业部规定要对肉类及家禽进行检验。在广告方面,联邦贸易委员会监督广告活动,它要求制造商对其广告所列事项提出证明,并更正错误的或引人误解的陈述。联邦通信委员会监督在电视和无线电中的广告活动。在我国,为履行保护消费者的职责而与生产经营者之间产生监督与被监督关系的国家机关主要有国家市场监督管理总局、标准管理机关、商品检验机关、计量管理机关、物价管理机关、药品管理机关、卫生防疫机关等。此外还有各种生产、经营、服务行业的主管机关。如工业主管机关、商业主管机关、交通主管机关、科学技术主管机关等。这些国家机关主要监督生产经营者按照国家各项规定进行生产和经营,不得有损害消费者利益的行为。

2.国家与消费者之间的关系

国家与消费者之间的关系,是一种指导和被指导的关系。负责保护消费者利益职责的有

关国家机关,通过各种手段为消费者提供信息和消费知识方面的教育等。日本《保护消费者基本法》规定,国家为使消费者能自主进行健全的消费生活,在对消费者推行普及有关商品服务方面的知识,提供情况,普及有关生活设计的知识等启发活动的同时,还应采取必要的措施,充实有关消费生活的教育。香港消费者协会在政府的资助下免费向消费者提供咨询,免费发放宣传资料及购物指南等小册子。国家与消费者的关系也体现在国家机关接受消费者的投诉、申诉、起诉,帮助消费者恢复被侵犯的权利。

3.生产经营者与消费者之间的关系

生产经营者与消费者之间的关系,是一种在自愿、平等、公平、诚实信用之基础上的等价有偿的商品交换关系。这种关系具有一般民事法律关系所具有的特征,也具有国家干预的强烈色彩。在这种关系中,生产经营者不仅根据合同,而且要根据国家保护消费者权益的相关法律,对消费者承担责任。为了使在交换中处于弱者地位的消费者的正当权益得到有效保护,许多国家的法律还赋予消费者群众组织监督的权利。如匈牙利消费者全国理事,不仅对涉及消费者的各项法令有发言权,而且在消费者利益受到侵犯时,有向有关部门进行调查的权利。可见,消费者和生产经营者之间还存在着一种特定的监督和被监督的关系。

(三)消费者权益保护法的理论基础

消费者权益保护法的理论基础,可以从多种不同的角度来加以说明。从哲学的角度,是有关人权的各种理论。消费者权利作为一项基本人权,是生存权的重要组成部分。既然人类的一切活动都是为了人类自身的存续和发展,而人类的生活消费,无论是物质消费还是精神消费,又都是实现人权的必经方式。因此,对于人类在生活消费中应享有的权利,法律必须予以严格保障,这样才能使消费者的基本人权从应然状态的权利转化为法定的权利或实际可享有的权利。有鉴于此,各国为了保障消费者权利,均制定了相应的保护消费者权利的法律规范,从而形成了各国的消费者保护制度。消费者在与经营者的商品交易中,消费者总是处于弱者地位,这种弱者地位也要求法律为了维护社会正义,必须站在消费者的立场上,对消费者利益给予特殊的法律保护。

三、消费者权益保护法的性质及立法体例

(一)消费者权益保护法的性质

消费者权益保护法是经济法的重要组成部分,它具有经济法的性质。第一,消费者权益保护法从消费者的利益出发,在充分考虑消费者弱者地位的基础上给予消费者特殊的法律保护,体现了国家对消费者利益的倾斜和对经济生活的干预;第二,现代社会,消费问题已经成为普遍的社会问题,其对人们的安全、健康和经济利益构成普遍的威胁,而这种威胁单靠消费者自身的力量是难以克服的,因此,必须通过国家的适度干预才能克服以达到维护消费者利益的目的;第三,消费者的需求是通过市场提供的商品而得到满足的,要保护消费者免遭损害,只能通过制定对市场进行管理的属于经济法性质的反不正当竞争法、产品质量法、消费者权益保护法才能实现;第四,消费者权益保护的立法正是基于消费者是弱者的考虑,作为一项社会法律政策而提出的,体现了国家对消费权益的行政保护,这一点恰恰符合经济法的特征。

(二)立法体例

消费者权益保护法的立法体例可以分为两大类:一类是专门立法,一类是在其他的立法中加入有关消费者保护方面的法律措施。从总体上说,无论是英美法系还是大陆法系国家,消费

者权益保护法都主要以制定法为主。例如,美国早在 1906 年就颁布了联邦《食品和药品法》;英国则在 1987 年制定了专门的《消费者保护法》;日本则于 1968 年颁布实行了《保护消费者基本法》等。除了有关消费者保护的专门立法之外,还在诸如反垄断法、反不正当竞争法、产品质量法、广告法等相关法律中规定对消费者保护的内容。

此外,在整个法律体系中还涉及与传统的民商法等部门法的关系。事实上,在过去的民商法理论中,有人曾提出把合同分为商人合同和消费者合同,并认为这两者是不同的。因此,确有必要把两类合同加以区别,以突出消费者的特殊性。另外,20 世纪 50 年代爆发的"消费者权利运动"也促使各国制定相应的消费者政策和专门的立法,从而使其在立法的宗旨、原则等方面都已经比传统民商法的保护有了很大的突破。但由于民商法在历史上毕竟对保护消费者的权益起到过很大的作用,两者之间存在着密切的关系,因此,在消费者权益保护法中,实际上也存在着一些民商法规范。这更说明在消费者权益保护方面需要各个部门法的综合调整。我国在立法上实行的是专门立法的体例。1993 年 10 月 31 日,第八届全国人民代表大会第四次会议通过了《中华人民共和国消费者权益保护法》,这是我国制定的第一部保护消费者权益的专门法律,也是我国消费者保护立法方面的核心法、骨干法。该法的宗旨是保护消费者的合法权益,维护社会经济秩序,以促进社会主义市场经济的健康发展。

2009 年 8 月 27 日第十一届全国人民代表大会常务委员会第十次会议《关于修改部分法律的规定》对消费者权益保护法进行第一次修正;2013 年 10 月 25 日十二届全国人大常委会第五次会议《关于修改中华人民共和国消费者权益保护法的决定》第二次修正。2014 年 3 月 15 日,由全国人大修订的消费者权益保护法正式实施。消费者权益保护法分总则、消费者的权利、经营者的义务、国家对消费者合法权益的保护、消费者组织、争议的解决、法律责任、附则,共八章六十三条。

四、消费者权益保护的国际化

随着市场经济的发展,各国的消费者问题日益突出,保护消费者的权益已日显重要。为此,各国所保护的消费者权利的范围愈发扩大,这同样也反映到国际立法的层面。自 20 世纪 70 年代以来,消费者权益保护法的发展呈现出国际化的趋势。这种国际化趋势是国际贸易的发展及国际统一市场形成的必然结果,在这一领域还出现了一批国际规范。例如,1972 年海牙国际私法会议通过的《产品责任法律适用公约》(也称《海牙公约》);1976 年欧洲理事会通过的《关于造成人身伤害与死亡的责任的欧洲公约》(也称《斯特拉斯堡公约》);1980 年联合国《关于控制限制性商业惯例的公平原则和规则的多边协议》;1985 年欧共体《使成员国产品责任法相互接近的指令》,1985 年联合国《保护消费者准则》及欧洲理事会《消费者保护宪章》等。其中《保护消费者准则》是在国际消费者组织联盟的倡导下制定的,由 1985 年 4 月 9 日联合国大会投票通过,以第 39/248 号决议予以认可,是目前影响最大的全球性消费者保护方面的综合性国际立法,该准则共有四个部分,四十六条。其主要目标是协助各国加强消费者保护,鼓励企业遵守道德规范,协助各国限制不利于消费者的商业陋习;鼓励消费者组织的发展,推进消费者保护的国际合作等;《消费者保护宪章》是由欧洲理事会制定,影响亦较大。其权利保护范围较为广泛,对消费者的援助保护权、损害赔偿权、知悉真情权、接受教育权、依法结社权、获得咨询权等都作了相关规定。

第二节 消费者的权利与经营者的义务

一、消费者的权利

消费者权利是消费者的利益在法律上的体现。消费者权利源于消费者运动和法律对消费者的保护。对消费者的法律保护尽管可追溯到 19 世纪末,但第一次对消费者权利加以概括总结的则是美国总统肯尼迪。肯尼迪于 1962 年 3 月 15 日向美国国会提出了"关于保护消费者利益的总统特别国情咨文",首次概括了消费者的四项权利:即消费者有权获得商品的安全保障;有权正确地了解商品;有权自由选择商品和有权对消费者事务提出意见。鉴于这项咨文的历史意义,3 月 15 日被确定为"国际消费者权益日"。从此,消费者权利得到了世界公认,并在许多国家得到了进一步的发展。确定消费者的权利,并加以切实保护,是消费者权益保护法的核心内容。但是,在一个国家内,消费者可以享有哪些权利? 这不取决于人们的愿望,而决定于这个国家的经济和文化发展水平。马克思说:"权利永远不能超过社会的经济结构以及经济结构制约的文化发展。"我国消费者权益保护法赋予消费者如下九项权利:

(一)安全保障权

安全保障权是消费者在购买、使用商品和接受服务时享有的人身、财产安全不受侵害的权利。在现代科技条件下,技术密集的新工艺、新产品层出不穷,即使是成熟、定型了的产品,也可能由于制造、运输或其他方面的原因而给消费者的健康或生命安全造成威胁乃至实际损害。特别是食品、药品、化妆品,直接关系到人的生存安全和健康,也最容易使消费者生命健康受到损害。凡重大的损害消费者事件,几乎都与这些特殊商品有关。如早期的日本米糠事件、西班牙的毒油事件以及我国近年来多次发生的毒酒事件及劣质药品和化妆品事件。

我国消费者权益保护法第七条规定:消费者在购买、使用商品和接受服务时享有人身、财产安全不受损害的权利。消费者有权要求经营者提供的商品和服务,符合保障人身、财产安全的要求。人身权利范围广泛,这里的人身安全仅指生命和健康安全。财产安全不仅指交易标的财产安全,也包括消费者其他财产的安全。基于安全权,消费者有权要求经营者提供的商品和服务,符合保障人身、财产安全的要求。经营者提供的商品和服务,应符合法定规范的要求,没有达到上述要求的,消费者有权要求经营者采取补救措施。

(二)知情权

知情权,也称知悉真情权,是消费者享有的知悉其购买使用的商品或接受的服务的真实情况的权利。知情是消费决策的前提,在社会化生产和科技发达的时代,保证消费者能够正确地了解市场上提供的各种商品和服务的信息,具有十分重要的意义。随着生产和市场规模的扩大,产品和服务日益复杂化,消费者很难就某产品或服务及其真实的使用价值和价值作出较为准确的判断,在这种情形下,生产者和销售者掌握着市场信息的主动权,消费者则处于十分不利的地位,往往成为厂商的广告和促销手段的牺牲品。

我国消费者权益保护法第八条规定:消费者享有知悉其购买、使用的商品或者接受的服务的真实情况的权利。消费者有权根据商品或者服务的不同情况,要求经营者提供商品的价格、产地、生产者、用途、性能、规格、等级、主要成分、生产日期、有效期限、检验合格证明、使用方法说明书、售后服务,或者服务的内容、规格、费用等有关情况。

基于知情权,消费者有权对商品和服务真实情况进行全面了解,以使自己购买商品或服务的意思表示真实。

(三)自主选择权

选择权是消费者享有的自主选择商品或服务的权利。获得充分的信息是消费者进行有利选择的前提,而最终抉择——购买或不购买、购买何种商品或接受不接受、接受何种服务应取决于消费者的自由意志。我国消费者权益保护法第九条规定:消费者享有自主选择商品或者服务的权利。消费者有权自主选择提供商品或者服务的经营者,自主选择商品品种或者服务方式,自主决定购买或者不购买任何一种商品、接受或者不接受任何一项服务。消费者在自主选择商品或者服务时,有权进行比较、鉴别和挑选。

一般来说,消费者的自由选择权利包括两方面的含义:一是对于商品品种、服务方式及其提供者应有充分选择的余地;二是对于选择商品和服务及其提供者应有自由决定的权利而不受强制。

(四)公平交易权

公平交易权,是消费者享有的在购买商品或者接受服务时,获得质量保障、价格合理、计量正确等公平交易条件,拒绝经营者的强制交易的权利。关于商品和服务的质量,消费者有权要求生产经营者提供符合国家规定的标准或与生产经营者约定的标准,不致因质量低劣而妨碍消费。据权威人士称,我国产品质量水平落后于发达国家 10～20 年、达到国际 20 世纪 80 年代末 90 年代初水平不到 10%,难怪从 1992 年 2 月开始的"中国质量万里行"活动能引起巨大反响。质量问题涉及消费者的利益,因此消费者必须增强权利意识,把获得合格的商品和服务当作不可放弃的神圣权利。我国消费者权益保护法第十条规定:消费者享有公平交易的权利。消费者在购买商品或者接受服务时,有权获得质量保障、价格合理、计量正确等公平交易条件,有权拒绝经营者的强制交易行为。关于商品和服务的价格,消费者要求生产经营者执行国家的法律、法规、政策或按质论价,不致因乱涨价或乱收费而蒙受经济利益的损失。关于商品和服务的计量、消费者有权要求生产经营者计量准确、足量,不致因短尺少秤而遭受经济损失。消费者有权查明度量衡器是否准确,有权看秤、复称,对不足分量者有权要求退货或退回多收的价款。

(五)依法求偿权

求偿权是消费者享有在购买,使用商品或者接受服务受到人身、财产损害时,依法获得赔偿的权利,是消费者合法权益受到侵害后的救济措施。我国消费者权益保护法第十一条规定:消费者因购买、使用商品或者接受服务受到人身、财产损害的,享有依法获得赔偿的权利。人身权受到损害,包括生命健康权、姓名权、名誉权等受到损害;财产损失包括财物灭失、破损等,以及伤、残、死亡等支付的费用等。享有求偿权的主体除消费者外还包括第三人。这里所说的第三人,主要是指偶然到事故现场受到损害的人。

(六)依法结社权

结社权是消费者享有依法成立维护自身合法权益的社会团体的权利。我国宪法明确规定,公民享有结社的权利。消费者享有依法成立维护自己合法权益的社会团体的权利是宪法规定的具体化。与生产经营者相比较,消费者处于弱者的地位,因此建立组织、壮大力量、通过组织交流信息、代表其共同利益、反映其共同意见和心声,也是符合消费者的利益的。我国消费者权益保护法第十二条规定:消费者享有依法成立维护自身合法权益的社会组织的权利。

消费者可以通过"自治"的组织和活动、维护自身的权益,并参与国家消费政策、法律的制定,以及对国家和生产经营者的社会监督。

《中华人民共和国消费者权益保护法》第三十七条规定了消费者协会履行下列公益性职责:①向消费者提供消费信息和咨询服务,提高消费者维护自身合法权益的能力,引导文明、健康、节约资源和保护环境的消费方式;②参与制定有关消费者权益的法律、法规、规章和强制性标准;③参与有关行政部门对商品和服务的监督、检查;④就有关消费者合法权益的问题,向有关部门反映、查询、提出建议;⑤受理消费者的投诉,并对投诉事项进行调查、调解;⑥投诉事项涉及商品和服务质量问题的,可以委托具备资格的鉴定人鉴定,鉴定人应当告知鉴定意见;⑦就损害消费者合法权益的行为,支持受害的消费者提起诉讼或者依照本法提起诉讼;⑧对损害消费者合法权益的行为,通过大众传播媒介予以揭露、批评。

(七)知识获得权

知识获得权,是指消费者享有获得有关消费和消费权益保护方面知识的权利。消费者在消费经济关系中处于弱者地位。在技术发展日新月异和五花八门的商品世界中,尤其容易受到伤害。甚至于国家法律赋予消费者的有关权利,许多消费者由于受到教育程度和个人所处环境的局限,也对其毫无所知。即使是知识分子,囿于其专业范围和个人兴趣,也无法学习和了解各种必要的消费知识和法律知识。因此,国家和社会就应该在一定程度上承担消费知识宣传教育的义务,消费者则有从国家、社会、厂商处得到消费知识的权利。我国消费者权益保护法第十三条规定:消费者享有获得有关消费和消费者权益保护方面的知识的权利。消费者应当努力掌握所需商品或者服务的知识和使用技能,正确使用商品,提高自我保护意识。而知识获得权的具体内容包括两个方面:其一,获得有关消费方面的知识,如有关商品和服务的知识、有关市场的知识;其二,获得有关消费者权益保护方面的知识。而作为消费者,应当努力掌握所需商品或者服务的知识和使用技能,正确使用商品,提高自我保护意识,更好地实现消费目标,不断增强自我保护能力。

(八)人格尊严和风俗习惯受尊重权及个人信息保护权

我国消费者权益保护法第十四条规定:消费者在购买、使用商品和接受服务时,享有人格尊严、民族风俗习惯得到尊重的权利,享有个人信息依法得到保护的权利。

人格尊严作为公民的一项基本权利是指公民的姓名权、名誉权、肖像权、人身自由权等应当受到尊重和重视。在消费领域中,消费者的人格尊严受到尊重是消费者应当享有的最起码的权利,这也是我国宪法赋予公民的基本权利。但由于各方面条件的限制,侵犯消费者人格尊严的行为还是常有发生。如消费者反复比较、反复挑选商品导致经营者不耐烦或者挖苦、讽刺漫骂、非法盘查、扣留消费者的行为也时有发生。这些都说明了消费者人格尊严不受侵犯是不容忽视的问题,对消费者权益的保护具有十分重要的意义。我国是一个统一的多民族国家,每个民族都有自己的服饰、饮食、居住、礼节等风俗习惯。而这些风俗习惯也必然在生活消费的过程中表现出来,作为经营者和其他消费者应当自觉地尊重这些风俗习惯,不能对少数民族的一些习俗进行嘲讽,在为少数民族消费者提供商品和服务时不得有伤害民族感情的行为。

(九)监督批评权

我国消费者权益保护法第十五条规定:消费者享有对商品和服务以及保护消费者权益工作进行监督的权利。消费者有权检举、控告侵害消费者权益的行为和国家机关及其工作人员在保护消费者权益工作中的违法失职行为,有权对保护消费者权益工作提出批评、建议。

监督批评权是消费者享有对商品和服务以及保护消费者权益工作进行监督的权利。社会监督是国家保护消费者合法权益的重要手段,而消费者的监督权是社会监督的重要组成部分,也是实现社会监督的重要途径。该项权利依照消费者权益保护法的规定,包括三个方面的内容:其一,消费者有权对经营者提供商品和服务的全过程进行监督,有权检举、控告侵害消费者权益的行为;其二,消费者有权检举、控告国家机关及其工作人员在保护消费者权益工作中的违法失职行为,促进其改进工作作风;提高工作效率,全心全意为广大消费者利益服务;其三,消费者有权对保护消费者权益工作提出批评、建议,督促消费者保护机构或组织纠正工作中的错误,完善各项制度。

二、经营者的义务

法律上的义务,是指法律规范所规定的,法律关系主体所承担的某种必须履行的责任。经营者的义务是一种法律上的义务,即指经营者在生产经营活动中应当依照法律为一定行为或不为一定行为。义务的主体包括生产者、销售者和服务者。消费者的权利和经营者的义务是相对应的,消费者享有的权利就是经营者的义务。消费者权益保护法只规定了经营者的义务,而未规定经营者的权利,并不意味着经营者不享有权利,其意义在于明确经营者的义务,通过国家法律的约束性和强制性,督促经营者履行应尽的义务,确保消费者权利的真正实现。消费者权益保护法根据我国具体情况,针对消费者权利的有关规定,确定了经营者的十项义务。

(一) 依照法定或约定提供商品和服务的义务

《中华人民共和国消费者权益保护法》第十六规定:经营者向消费者提供商品或者服务,应当依照本法和其他有关法律、法规的规定履行义务。经营者和消费者有约定的,应当依照约定履行义务,但双方的约定不得违背法律、法规的规定。

经营者向消费者提供商品或者服务,应当恪守社会公德,诚信经营,保障消费者的合法权益;不得设定不公平、不合理的交易条件,不得强制交易。由此可知,经营者应承担的义务包括法定义务和约定义务。

1. 履行法定义务

经营者向消费者提供商品和服务,应当遵守有关法律、法规规定的义务。这里主要指产品质量法和食品安全法、计量法、商标法、广告法、反不正当竞争法、环境保护法当中的有关法律法规。履行法定义务是对经营者履行各项义务的概括性、原则性的规定,起着统率各项具体义务的作用。

2. 履行约定义务

在消费领域,经营者提供商品或者服务的活动是纷繁复杂,形式多样的,法律法规不可能对每一种经营活动的内容作出全面、具体的规定。在许多情况下,经营者与消费者之间的关系实质上是一种合同关系,经营者与消费者就交易条件达成口头或书面合同,对基于合同约定的义务经营者和消费者都应当履行。此外法律基于消费者处于弱者的地位,强调了经营者要依约履行义务。需要进一步明确的是,经营者与消费者的约定必须以不违背法律、法规的规定为前提,经营者与消费者之间违背法律、法规的约定是无效的。

(二)接受监督的义务

我国消费者权益保护法第十七条规定,经营者应当听取消费者对其提供的商品或服务的意见,接受消费者的监督。经营者应尊重消费者的权益,认真听取消费者对商品和服务的意见,接受消费者监督,不得以任何方式拒绝消费者的监督。为便于监督和追偿,明确责任,经营者向消费者提供商品和服务时,应按国家规定或商业惯例向消费者出具购货凭证或服务单据,消费者索要的,经营者必须出具。如果说消费者要求交涉、投诉和起诉的权利是事后的权利的话,那么批评与监督则属于事前的权利,它是一种更为积极的预防措施,是减少损害和纠纷发生的有效手段。

(三)保证商品和服务安全的义务

我国消费者权益保护法第十八条规定,经营者应当保证其提供的商品或服务符合保障人身、财产安全的要求。对可能危及人身财产安全的商品和服务,应当向消费者作出真实的说明和明确的警示,并说明和标明正确使用商品或者接受服务的方法以及防止危害发生的方法。经营者向消费者所作的商品或者服务潜在危险的说明,可以用语言形式,也可以用文字形式,但不论用什么方式,都要求说明做到真实、充分、准确、恰当。实际上,许多商品和服务的不合理危险的发生,都是因为经营者没有告知正确的使用方法和防止危害发生的方法所造成的。

消费者权益保护法第十九条规定:经营者发现其提供的商品或者服务存在缺陷,有危及人身、财产安全危险的,应当立即向有关行政部门报告和告知消费者,并采取停止销售、警示、召回、无害化处理、销毁、停止生产或者服务等措施。采取召回措施的,经营者应当承担消费者因商品被召回支出的必要费用。

缺陷产品召回,是指缺陷产品的生产商、销售商、进口商在得知其生产、销售或进口的产品存在危及人身、他人财产安全的不合理危险时,依法向职能部门报告,及时通知消费者,设法从市场上、消费者手中收回缺陷产品,并采取措施有效预防、控制、消除缺陷产品可能导致损害的活动。召回是以消除缺陷、避免伤害为目的,具体召回活动由生产者组织完成并承担相应费用。

(四)提供商品和服务真实信息的义务

我国消费者权益保护法第二十条规定:经营者向消费者提供有关商品或者服务的质量、性能、用途、有效期限等信息,应当真实、全面,不得作虚假或者引人误解的宣传。经营者对消费者就其提供的商品或者服务的质量和使用方法等问题提出的询问,应当作出真实、明确的答复。经营者提供商品或者服务应当明码标价。

经营者有义务向消费者提供商品或者服务的真实情况,是诚实信用原则在消费领域的具体要求,也是实现消费者知情权的有力保障。经营者履行向消费者提供商品和服务真实信息的义务包括以下几点:

(1)经营者应当向消费者提供有关商品或者服务的真实信息,不得作引人误解的虚假宣传。现代社会,商品宣传具有很大的诱惑性和指导性,商业宣传的真实性是消费者的知情权、选择权的保障。引人误解的宣传实际上是对消费者的愚弄,虚假的宣传实际上是对消费者欺骗。这两种错误的宣传都会误导消费者的消费方向,侵犯消费者的合法权益。

(2)经营者对消费者就其提供的商品或者服务的质量和使用方法等问题提出的询问,应当作出真实、明确的答复。这表明了经营者对消费者询问的答复不是可有可无,而是必须履行的一项法定义务,也是保障消费者知情权实现的一个途径。

(3)商店提供商品应当明确标价。商品的价格是影响消费者购买决策的重要信息,商店里实行明码标价,使消费者得到真实的价格信息,既可以避免经营者逃避有关机关对价格是否合理的监督检查,也可以避免消费者因缺乏交易经验而吃亏上当。

对于远程消费者和金融消费者,经营者负有更为具体的信息告知义务。消费者权益保护法第二十八条规定:采用网络、电视、电话、邮购等方式提供商品或者服务的经营者,以及提供证券、保险、银行等金融服务的经营者,应当向消费者提供经营地址、联系方式、商品或者服务的数量和质量、价款或者费用、履行期限和方式、安全注意事项和风险警示、售后服务、民事责任等信息。

(五)标明真实名称和标记的义务

我国消费者权益保护法第二十一条规定:经营者应当标明其真实名称和标记。租赁他人柜台或者场地的经营者,应当标明其真实名称和标记。

企业名称和营业标记的主要功能就是区别商品和服务的经营主体,区别商品和服务的来源。经营者的名称和标记一方面代表着经营者的商业信誉,另一方面代表着经营者的法律身份。依照法律的规定,经营者应当标明其真实名称和标记,不得假冒或仿冒其他企业的名称和商业标记。租赁他人柜台或者场地的经营者也应当标明真实名称和标记,以防止消费者发生误解或误认。经营者只有切实履行这项义务,才能使消费者能够正确地进行消费决策和准确地确定求偿主体。

(六)出具购货凭证或服务单据的义务

我国消费者权益保护法第二十二条规定:经营者提供商品或者服务,应当按照国家有关规定或者商业惯例向消费者出具发票等购货凭证或者服务单据;消费者索要发票等购货凭证或者服务单据的,经营者必须出具。

为了有利于解决经营者和消费者之间发生的纠纷,使经营者和消费者之间的交易行为有据可查,消费者权益保护法将经营者向消费者出具购货凭证和服务单据作为经营者必须履行的义务。

(七)保证商品和服务质量的义务

我国消费者权益保护法第二十三条规定:经营者应当保证在正常使用商品或者接受服务的情况下其提供的商品或者服务应当具有的质量、性能、用途和有效期限;但消费者在购买该商品或者接受该服务前已经知道其存在瑕疵,且存在该瑕疵不违反法律强制性规定的除外。

经营者以广告、产品说明、实物样品或者其他方式表明商品或者服务的质量状况的,应当保证其提供的商品或者服务的实际质量与表明的质量状况相符。

经营者提供的机动车、计算机、电视机、电冰箱、空调器、洗衣机等耐用商品或者装饰装修等服务,消费者自接受商品或者服务之日起六个月内发现瑕疵,发生争议的,由经营者承担有关瑕疵的举证责任。

商品、服务的质量是否符合法定和约定条件,直接关系到消费者的利益。因此,保证商品和服务的质量是消费者对经营者最基本的要求,也是经营者必须履行的义务。此项义务包括:其一,经营者应当保证在正常使用或者接受服务的情况下,其提供的商品或者服务应当具有的质量、性能、用途和有效期限。此项义务为默示担保义务,但不是绝对的,在消费者购买商品或者接受服务前已经知道商品或者服务存在瑕疵的除外;其二,经营者的广告、产品说明、实物样品或者其他方式表明的商品或服务必须与其质量相符,此项义务为明示担保义务。因为任何不符合实际质量状况的宣传,都会使消费者不能做出正确选择商品的判断,从而使消费者蒙受损失,危害消费者的利益。

(八)履行"三包"或相应责任的义务

商品和服务的质量,关系消费者的日常生活,涉及消费者人身、财产安全。"三包"规定是实现产品质量担保的一种方式,指的是修理、更换、退货。自1985年《部分商品修理、更换、退货责任规定》出台以来,有关行政部门按照产品不同属性分别制定了一些"三包"规定,如移动电话、固定电话、微型计算机、家用视听产品、农机等,这些规定在解决消费者与经营者消费纠纷中发挥了积极作用。

消费者权益保护法第二十四条规定:经营者提供的商品或者服务不符合质量要求的,消费者可以依照国家规定、当事人约定退货,或者要求经营者履行更换、修理等义务。没有国家规定和当事人约定的,消费者可以自收到商品之日起七日内退货;七日后符合法定解除合同条件的,消费者可以及时退货,不符合法定解除合同条件的,可以要求经营者履行更换、修理等义务。

依照前款规定进行退货、更换、修理的,经营者应当承担运输等必要费用。

需要注意的是,七日退货的义务并不适合所有商品。仅适用于网络等远程购物方式,消费者直接到商店购买的物品,不适用该条规定。另外其期限是七日内,且根据商品性质不宜退货的商品,也不在此列。

消费者权益保护法第二十五条规定:经营者采用网络、电视、电话、邮购等方式销售商品,消费者有权自收到商品之日起七日内退货,且无需说明理由,但下列商品除外:①消费者定做的;②鲜活易腐的;③在线下载或者消费者拆封的音像制品、计算机软件等数字化商品;④交付的报纸、期刊。⑤除前款所列商品外,其他根据商品性质并经消费者在购买时确认不宜退货的商品,不适用无理由退货。

消费者退货的商品应当完好。经营者应当自收到退回商品之日起七日内返还消费者支付的商品价款。退回商品的运费由消费者承担;经营者和消费者另有约定的,按照约定。

值得注意的是学界把该条称为消费者的后悔权,消费者后悔权是消费者知情权、选择权的延伸,通常是指消费者在购买商品后的一定时间内,可不需要说明任何理由,把商品无条件地退回给经营者,并不承担任何费用的权利,其实质为合同撤销权。对此也有争论。

(九)不得以格式合同等方式限制消费者权利的义务

格式合同又称标准化合同和定型合同。格式合同能够缩短交易过程,节省经营者与消费者的时间和精力。但格式合同的相对人(消费者)只能表示是否接受,其合同自由受到了一定限制,而且经营者有可能利用这一优势在合同中作出对消费者不利的规定,或者有减轻、免除经营者损害消费者合法权益应当承担的民事责任的条款。为杜绝这种情况的发生,消费者权益保护法第二十六条规定:经营者在经营活动中使用格式条款的,应当以显著方式提请消费者注意商品或者服务的数量和质量、价款或者费用、履行期限和方式、安全注意事项和风险警示、售后服务、民事责任等与消费者有重大利害关系的内容,并按照消费者的要求予以说明。经营者不得以格式条款、通知、声明、店堂告示等方式,作出排除或者限制消费者权利、减轻或者免除经营者责任、加重消费者责任等对消费者不公平、不合理的规定,不得利用格式条款并借助技术手段强制交易。格式条款、通知、声明、店堂告示等含有前款所列内容的,其内容无效。格式合同、通知、声明、店堂告示等含有前款所列内容的,其内容无效。需要明确的是,前述"内容无效",仅指不公平、减轻或免除责任的内容无效,并不包括其他合法的内容。

(十)不得侵犯消费者人格权的义务

人格权作为民事主体的基本权利,历来受到法律高度重视和保护。消费者权益保护法在赋予消费者人格尊严受到尊重的权利之后,进一步明确规定了经营者负有尊重消费者人格尊严的义务。消费者权益保护法第二十七条规定:经营者不得对消费者进行侮辱、诽谤,不得搜查消费者的身体及其携带的物品,不得侵犯消费者的人身自由。这一义务包括以下几个方面:一是经营者不得对消费者进行侮辱、诽谤;二是不得搜查消费者的身体及其携带的物品;三是不得侵犯消费者的人身自由。

(十一)不得非法收集、使用消费者信息的义务

随着网络经济的发展,消费者的个人信息也具有了一定的商业价值,为此消费者权益保护法第二十九条规定:经营者收集、使用消费者个人信息,应当遵循合法、正当、必要的原则,明示收集、使用信息的目的、方式和范围,并经消费者同意。经营者收集、使用消费者个人信息,应当公开其收集、使用规则,不得违反法律、法规的规定和双方的约定收集、使用信息。

经营者及其工作人员对收集的消费者个人信息必须严格保密,不得泄露、出售或者非法向他人提供。经营者应当采取技术措施和其他必要措施,确保信息安全,防止消费者个人信息泄露、丢失。在发生或者可能发生信息泄露、丢失的情况时,应当立即采取补救措施。

经营者未经消费者同意或者请求,或者消费者明确表示拒绝的,不得向其发送商业性信息。

第三节　消费纠纷的解决途径与法律责任

一、消费纠纷的解决途径

(一)消费纠纷的解决途径

消费纠纷,是指在消费领域中,消费者与经营者之间因权利义务关系产生的争议,又叫消费争议或消费者权益争议。从消费的内在机制上看,消费纠纷的产生是必然的。尽管经营者从经营战略的高度提出了"消费者就是上帝"的动听口号,但是在消费领域中最深层的经济事实却是消费者实际上是经营者利润的化身。这一事实决定了在交易的过程中,经营者和消费者的立场、观点不同,纠纷和矛盾由此而生。而消费争议的解决,就是根据法律、法规和产生争议的交易活动的具体情况,使争议双方(消费者和经营者)的权利义务重新处于确定状态。根据我国消费者权益保护法第三十九条规定,消费者和经营者发生消费权益争议的,可以通过下列途径解决:①与经营者协商解决;②请求消费者协会调解;③向有关行政部门申诉;④根据与经营者达成的仲裁协议提请仲裁机构仲裁;⑤向人民法院提起诉讼。

值得注意的是,除了消费者直接向法院提起诉讼外,我国还赋予了消费者协会提起公益诉讼的权利,消费者权益保护法第四十七条规定:对侵害众多消费者合法权益的行为,中国消费者协会以及在省、自治区、直辖市设立的消费者协会,可以向人民法院提起诉讼。这一规定明确赋予消费者协会公益诉讼的主体地位,进一步充实了消协的维权职责,实现了与民事诉讼法有关公益诉讼制度的无缝衔接,细化了民事诉讼法第五十五条在消费者保护领域的实施内容,有助于降低消费者的维权成本,扩大消费维权效果。

(二)最终承担损害赔偿责任主体的确定

在市场经济条件下,社会分工十分细致,商品从生产到消费,中间需要众多的环节,所有这些环节的经营者,都对商品负有了一定程度的责任,与消费者直接或间接地发生了利害关系。而对如此复杂的交换环节,消费者在购买、使用商品之后,一旦受到损害,如果没有适当的方法尽快确定求偿主体,消费者的交易安全将得不到保障,其合法权益更难以实现。因此,消费者权益保护法从切实保护消费者合法权益出发,专门规定了在不同情况下如何确定最终承担损害赔偿责任的求偿主体:

(1)消费者在购买、使用商品时,其合法权益受到损害的,可以向销售者要求赔偿。也就是说,无论其损害是销售者的责任还是生产者的责任,销售者有先行赔偿的法律义务。当然,销售者先行赔偿消费者的损失,并不意味着其一定要最终承担赔偿责任。法律规定销售者在赔偿后,若属于生产者的责任或属于向销售者提供商品的其他销售者的责任,销售者有权向生产者或其他销售者追偿。

(2)消费者或者其他受害人因商品缺陷造成人身、财产损害的,可以向销售者要求赔偿,也可以向生产者要求赔偿。被求偿对象有先行赔偿的法律义务,赔偿后可向其他责任主体追偿。这一规定不仅适用于消费者,还适用于其他受害人,即消费者之外的因偶然原因恰在事故现场,在商品消费过程中受到损害的人。

(3)消费者在接受服务时,其合法权益受到损害的,可以向服务者要求赔偿。

(4)消费者在购买、使用商品或者接受服务时,其合法权益受到损害,因原企业分立、合并的,可以向变更后承受其权利义务的企业要求赔偿。

(5)使用他人营业执照的违法经营者提供商品或者服务,损害消费者合法权益的,消费者可以向其要求赔偿,也可以向营业执照持有人要求赔偿。使用他人营业执照是一种违法行为,法律并未因经营者身份的非法而免除其对消费者的义务。法律还同时规定违法使用他人营业执照的经营者与营业执照的持有人对消费者的损失应承担连带赔偿责任。

(6)消费者在展销会、租赁柜台购买商品或者接受服务,其合法权益受到损害的,可以向销售者或者服务者要求赔偿。展销会结束或者柜台租赁期满后,也可以向展销会的举办者、柜台的出租者要求赔偿。展销会举办者、柜台出租者赔偿后,有权向销售者或服务者追偿。法律作此规定,也是为了充分保障消费者合法权益的实现。

(7)消费者通过网络交易平台购买商品或者接受服务,其合法权益受到损害的,可以向销售者或者服务者要求赔偿。网络交易平台提供者不能提供销售者或者服务者的真实名称、地址和有效联系方式的,消费者也可以向网络交易平台提供者要求赔偿;网络交易平台提供者作出更有利于消费者的承诺的,应当履行承诺。网络交易平台提供者赔偿后,有权向销售者或者服务者追偿。网络交易平台提供者明知或者应知销售者或者服务者利用其平台侵害消费者合法权益,未采取必要措施的,依法与该销售者或者服务者承担连带责任。

(8)消费者因经营者利用虚假广告或者其他虚假宣传方式提供商品或者服务,其合法权益受到损害的,可以向经营者要求赔偿。广告经营者、发布者发布虚假广告的,消费者可以请求行政主管部门予以惩处。广告经营者、发布者不能提供经营者的真实名称、地址和有效联系方式的,应当承担赔偿责任。

广告经营者、发布者设计、制作、发布关系消费者生命健康商品或者服务的虚假广告,造成消费者损害的,应当与提供该商品或者服务的经营者承担连带责任。

社会团体或者其他组织、个人在关系消费者生命健康商品或者服务的虚假广告或者其他虚假宣传中向消费者推荐商品或者服务,造成消费者损害的,应当与提供该商品或者服务的经营者承担连带责任。

消费者因经营者利用虚假广告提供商品或者服务,其合法权益受到损害的,可以向经营者要求赔偿。广告的经营者者有义务向消费者提供经营者的真实名称、地址,如不愿提供或无法提供,广告经营者应承担赔偿责任。广告的经营者发布虚假广告的,消费者可以请求行政主管部门予以惩处。消费者向有关行政部门投诉的,该部门应当自收到投诉之日起七个工作日内,予以处理并告知消费者。

二、法律责任

法律责任是法律主体违反法律义务而应承担的法律后果。任何法律规范都是围绕法律主体的权利义务而展开的。权利之行使产生受法律保护的后果,而义务之违反则应受到法律的制裁。侵犯消费者合法权益的行为人应承担怎样的法律责任,这不仅关系到消费者的合法权益是否能够得到充分保护,而且关系到是否能够有效地制裁这些违法行为,依据消费者权益保护法,其责任具体表现在由经营者根据其违法行为的性质、情节、社会危害等因素分别承担民事责任、行政责任和刑事责任。

(一) 民事责任

1.侵犯人身权的民事责任

人身权是重要的民事权利,我国消费者权益保护法对侵犯人身权的民事责任作了专门规定:①致人伤害的民事责任。经营者在提供商品和服务时造成消费者或其他受害人身体伤害的,应当支付医疗费、治疗期间的护理费、因误工减少的收入等费用。经营者提供商品或服务造成消费者或其他受害人残疾的,除赔偿上述费用外,还应当支付院外因伤残确需护理的护理费用、残疾者生活自助用具费、生活补助费、残疾赔偿金以及由其扶养的人所必需的生活费等费用。②经营者提供商品或服务,造成消费者或其他受害人死亡的,应当支付丧葬费、死亡赔偿金以及由死者生前扶养的人所必需的生活费等费用。③侵害消费者的人格尊严或者侵犯消费者人身自由的,应当停止侵害、恢复名誉、消除影响、赔礼道歉,并赔偿损失。

2.侵犯财产权的民事责任

在消费者纠纷中,大量涉及的是财产权之争。我国消费者权益保护法对此作了专门规定。

(1)承担民事责任的方式。经营者提供商品或者服务,造成消费者财产损害的,应当按照消费者的要求,以修理、重作、更换、退货、补足商品数量、退还货款和服务费用或者赔偿损失等方式承担民事责任。消费者与经营者另有约定的,按照约定履行。消费者权益保护法第五十二条规定:经营者提供商品或者服务,造成消费者财产损害的,应当依照法律规定或者当事人约定承担修理、重作、更换、退货、补足商品数量、退还货款和服务费用或者赔偿损失等民事责任。

(2)违反"三包"的规定或约定的民事责任。消费者权益保护法第五十四条规定:依法经有关行政部门认定为不合格的商品,消费者要求退货的,经营者应当负责退货。

(3)违反有关约定的民事责任。消费者权益保护法第五十三条规定:经营者以预收款方式提供商品或者服务的,应当按照约定提供。未按照约定提供的,应当按照消费者的要求履行约定或者退回预付款;并应当承担预付款的利息、消费者必须支付的合理费用。

(4)欺诈行为的民事责任。欺诈行为危害的是社会公共秩序,其后果不应以简单的个案衡量,应当加重经营者违法成本。惩罚性赔偿机制的建立,有助于激励消费者主动维权,最大程度保护消费者集体利益,促进市场经济健康发展。

在消费者权益保护法中,针对欺诈行为规定了惩罚性赔偿金,并提高了惩罚性赔偿的数额。消费者权益保护法第五十五条规定:经营者提供商品或者服务有欺诈行为的,应当按照消费者的要求增加赔偿其受到的损失,增加赔偿的金额为消费者购买商品的价款或者接受服务的费用的三倍;增加赔偿的金额不足五百元的,为五百元。法律另有规定的,依照其规定。

经营者明知商品或者服务存在缺陷,仍然向消费者提供,造成消费者或者其他受害人死亡或者健康严重损害的,依照本法第四十九条、第五十一条等法律规定,受害人有权要求经营者赔偿损失,并有权要求所受损失两倍以下的惩罚性赔偿。

(二)行政责任

我国消费者权益保护法规定了经营者侵犯消费者合法权益的,应承担行政责任,受到行政处罚。消费者权益保护法第五十六条规定:经营者有下列情形之一,除承担相应的民事责任外,其他有关法律、法规对处罚机关和处罚方式有规定的,依照法律、法规的规定执行;法律、法规未作规定的,由工商行政管理部门或者其他有关行政部门责令改正,可以根据情节单处或者并处警告、没收违法所得、处以违法所得一倍以上十倍以下的罚款,没有违法所得的,处以五十万元以下的罚款;情节严重的,责令停业整顿、吊销营业执照:

(1)提供的商品或者服务不符合保障人身、财产安全要求的;

(2)在商品中掺杂、掺假,以假充真,以次充好,或者以不合格商品冒充合格商品的;

(3)生产国家明令淘汰的商品或者销售失效、变质的商品的;

(4)伪造商品的产地,伪造或者冒用他人的厂名、厂址,篡改生产日期,伪造或者冒用认证标志等质量标志的;

(5)销售的商品应当检验、检疫而未检验、检疫或者伪造检验、检疫结果的;

(6)对商品或者服务作虚假或者引人误解的宣传的;

(7)拒绝或者拖延有关行政部门责令对缺陷商品或者服务采取停止销售、警示、召回、无害化处理、销毁、停止生产或者服务等措施的;

(8)对消费者提出的修理、重作、更换、退货、补足商品数量、退还货款和服务费用或者赔偿损失的要求,故意拖延或者无理拒绝的;

(9)侵害消费者人格尊严、侵犯消费者人身自由或者侵害消费者个人信息依法得到保护的权利的;

(10)法律、法规规定的对损害消费者权益应当予以处罚的其他情形。

经营者有前款规定情形的,除依照法律、法规规定予以处罚外,处罚机关应当记入信用档案,向社会公布。

(三)刑事责任

对侵犯消费者合法权益的行为达到一定的严重程度,触犯我国刑事法律的规定,构成犯罪的,要受到刑事制裁。我国消费者权益保护法第五十七条、六十条、六十一条对此作了相应的原则规定:①经营者提供商品或者服务,侵害消费者合法权益,构成犯罪的,依法追究刑事责任。②以暴力、威胁等方法阻碍有关行政部门工作人员依法执行职务的依法追究刑事责任。拒绝、阻碍有关行政部门工作人员依法执行职务的,未使用暴力、威胁方法的,由公安机关依照

《中华人民共和国治安管理处罚法》的规定处罚。③国家机关工作人员有玩忽职守或者包庇经营者侵害消费者合法权益的行为的,由其所在单位或者上级机关给予行政处分;情节严重、构成犯罪的,依法追究刑事责任。

思考与练习

1.简述消费者的概念和消费者权益保护法的理论基础。

2.简述消费者的权利及经营者的义务。

3.简述消费者与经营者发生争议时解决的途径及赔偿。

第十一章　土地法与房地产法

第一节　土地法与房地产法的一般原理

一、土地法与房地产法的性质与特点

(一)土地法与房地产法的性质

土地的概念有狭义与广义之分。狭义的土地是地球陆地表层的总称。广义的土地,是一个立体空间概念,不仅包括陆地部分,而且还包括光、热、空气、海洋。联合国粮农组织认为:土地包含地球特定地域表面及以上和以下的大气、土壤及基础地质、水文和植被。土地在我国长期以来都是主要的生产资料和重要资源,房产既是人们主要的生活资料也是重要财产。房地产是土地、建筑物及固着在土地、建筑物上不可分离的部分及其附带的各种权益。所以,房地产是房产和地产的总称,针对特定地块的称为地产,它可以是土地所有权,也可以是土地使用权。而针对所有权或其他权益则称之为房地产。土地与房地产两个概念是交叉重叠的。

土地在经济学上具有自然资源性与资产性两重属性,这两属性使其与国计民生息息相关,所以对于土地的开发、利用、交易以及针对这些行为所进行管理的行为都要接受国家法律的调整,而且对该类行为进行调整具有宏观调控的性质。作为产业,房地产业是指从事土地和房地产开发、经营、管理和服务的行业。土地与房地产行业属于涉及国计民生的特殊领域。所以由此产生的土地管理法和城市房地产管理法便具有强烈的公法色彩,体现了国家基于社会整体利益对涉及土地与房地产开发、利用的经济行为实施干预、调控的意志,所以在我国将其纳入到经济法的调整范围之内。

(二)土地法与房地产法的特点

土地与房地产的特点在一定意义上决定了土地法和房地产法的特点,所以首先应了解土地与房地产的特点。土地与房地产具有以下特征:一是永久性,即其能够持久存在;二是固定性和安全性,土地与房地产在空间上具有固定性,这使得针对房地产所进行的开发、租赁、销售等活动只能就地进行,而这一特征又使得土地与房地产不易被隐匿和偷盗,即具有了安全性;三是特定性,无论是对于一块土地,还是对于一处特定的房产,均具有区别于其他土地和房地产的特殊性质,主要体现在其地段、外形等方面。

以上特点决定了土地法与房地产法的特点:一是调整的社会关系具有稳固性,由于土地与房地产具有永久性和固定性的属性,所以法律上将土地与房地产视为不动产,也即不能移动或者移动后即会损害其价值的财产。不动产使用期限较长,人们一般也不会轻易改变其用途,而且土地与房地产的交易主要是一种权利转移,其转移本身无损于土地与房地产自身的价值,所以该类社会关系具有稳固性。二是对于土地与房地产法律关系的确定一般都采用书面形式,世界各国大多要求土地与房地产法律关系的参加者用书面形式记载其相互间发生的权利和义务,而且还要由有关机关进行鉴证、批准等,以确保该法律关系的稳定性和严肃性。三是对于土地与房地产的权利变更合同,各国均要求以登记公示为其成立要件。对于不动产的权利变

更,我国要求以当事人在政府有关管理部门办理变动登记为原则,而未经政府管理机关办理权利变动登记的,其行为不具有法律效力。

二、土地与房地产法律关系

法律关系是将法律用之于对社会关系的调整所形成的关系。所以对土地与房地产的生产、流通、消费等活动中所形成的社会关系,以及国家在土地与房地产管理过程中所形成的社会关系进行法律调整所形成的关系即可称之为土地与房地产法律关系,它具有市场调节和国家宏观调控的双重性质。土地与房地产法律关系的构成要素主要由主体、客体和内容构成。

(一)土地与房地产法律关系的主体

土地与房地产法律关系的主体是指参与土地与房地产法律关系,享有权利和承担义务的当事人。

1.土地法律关系的主体

我国土地法的制定主要是出于加强土地管理,维护土地的社会主义公有制,保护、开发土地资源,合理利用土地,切实保护耕地,促进社会经济的可持续发展的目的,由此决定了在土地法律关系中有三类主体,即土地所有主体、土地管理主体和土地利用主体。我国土地管理法第八条规定,城市市区的土地属于国家所有,农村和城市郊区的土地,除由法律规定属于国家所有的以外,属于农民集体所有;宅基地和自留地、自留山,属于农民集体所有。可见,土地利用主体主要有国家和集体两者。对于土地管理行为而言,主要涉及管理者与被管理者,县级以上土地行政管理部门是管理者,被管理者则是土地的所有人与使用人。我国土地管理法第九条则规定,国有土地和农民集体所有的土地,可以依法确定给单位或者个人使用。使用土地的单位和个人,有保护、管理和合理利用土地的义务。所以,国家、集体和个人均可作为土地使用法律关系的主体。

2.房地产法律关系的主体

《中华人民共和国城市房地产管理法》规定了以下四类主体:一是房地产管理主体,其中包括了国家各级房地产管理机关、计划部门、物价部门以及房地产产业协会等;二是房地产开发主体,主要是房地产开发商和建筑商;三是房地产交易主体,指从事房地产交易的公民、法人及其他社会组织等。四是房地产服务主体,指房地产经纪人、房地产交易行、房地产金融和保险机构、房地产估价机构、房地产咨询机构等。

(二)土地与房地产法律关系的客体

土地与房地产法律关系的客体是指土地与房地产法律关系的主体所享有的权利和承担的义务所共同指向的对象。物、行为和智力成果等均可作为土地与房地产法律关系的客体。对于物而言,主要是指国有的土地、集体所有的土地以及各所有人所有的房屋;行为主要包括土地的开发、使用、管理行为,以及房地产开发行为、房地产交易行为和房地产管理行为等;而智力成果主要是指用于房地产投资决策或销售的各种信息、数据以及建筑设计图纸等。

(三)土地与房地产法律关系的内容

土地与房地产法律关系的内容是指土地法律关系与房地产法律关系的主体所享有的权利和承担的义务。在土地法律关系中,主要有土地所有人的权利和义务、土地使用人的权利和义务、土地管理者与被管理者的权利和义务。在房地产法律关系中,则包括房地产权利、房地产义务、房地产职权和房地产职责,其中房地产权利主要有房屋租赁权、赠与权、转让权、抵押权等,房地产义务则指房地产交易价格申报义务、房地产合同的履行义务等。房地产职权如审查批准权、监督管理权、调查处理权、指导协调权等。房地产职责则指房地产管理者在行使其职权时,对其必须作出或不作出一定行为的约束。

三、土地与房地产法律制度

土地与房地产法律制度主要包括以下内容:

一是土地管理法,是指对人们在土地的开发保护和管理过程中产生的各种社会关系加以调整的法律规范的总称。主要包括了土地所有权管理、国有土地使用权管理、集体土地使用权管理、建设用地管理以及土地法律责任与纠纷处理的各项法律制度。这类法律制度主要体现在:《中华人民共和国土地管理法》于 1986 年 6 月 25 日第六届全国人民代表大会常务委员会第十六次会议通过,根据 1988 年 12 月 29 日第七届全国人民代表大会常务委员会第五次会议《关于修改〈中华人民共和国土地管理法〉的决定》第一次修正,1998 年 8 月 29 日第九届全国人民代表大会常务委员会第四次会议修订,根据 2004 年 8 月 28 日第十届全国人民代表大会常务委员会第十一次会议《关于修改〈中华人民共和国土地管理法〉的决定》第二次修正的土地管理法和 2007 年 3 月 16 日通过的物权法中。二是城市房地产管理法,是指对人们在房地产开发、交易、服务和管理过程中产生的各种社会关系加以特别调整的法律规范的总称。包括了房地产开发、房地产交易以及房地产权属登记管理与法律责任等各项法律制度。

第二节　土地管理法

一、概述

土地的权属和管理问题涉及国家政治、经济体制和公民个人的切身利益,是国家最重要的资源之一。所以,在我国现行宪法中对土地的权属做出了明确规定,土地的所有权分为国家所有和集体所有两种形式。在土地的利用方面现行宪法第十条第四款规定:"任何组织或者个人不得侵占、买卖、出租或者以其他形式非法转让土地。"1988 年 4 月修改为:"任何组织或者个人不得侵占、买卖或者以其他形式非法转让土地。土地的使用权可以依照法律的规定转让。"在宪法中规定了国家对土地所具有的绝对的支配权,"国家为了公共利益的需要,可以依照法律规定对土地实行征收"。2004 年宪法修正案修改为:"国家为了公共利益的需要,可以依照法律规定对土地实行征收或者征用并给予补偿。"

根据宪法对土地制度的修改内容,全国人大常务委员会对土地管理法已经进行过两次修正一次修订。于 1988 年 12 月修改了 1986 年制订的《中华人民共和国土地管理法》。删除了"不得出租土地"的规定,修改为"国有和集体所有的土地的使用权可以依法转让"和"国家依法实行国有土地有偿使用制度"。

1998 年全国人大常务委员会又做出修订《中华人民共和国土地管理法》的决定,并公布了该法的"修订草案",向全国人民征求意见,这在我国制定和修改法律工作中是比较罕见的现象,反映了我国对土地法的高度重视。1998 年 8 月 29 日全国人大常委会通过了修订的《中华人民共和国土地管理法》,1998 年 12 月 27 日国务院发布了《中华人民共和国土地管理法实施条例》,(2011 年 1 月 8 日《国务院关于废止和修改部分行政法规的决定》第一次修订;根据

2014年7月29日《国务院关于修改部分行政法规的决定》第二次修订）并同时于1999年1月1日起施行。2004年8月第十届全国人民代表大会常务委员会第十一次会议,根据宪法修正案对土地管理法再次修正。目前该法正在进行第四次修正,2017年5月23日,国土部发布了《中华人民共和国土地管理法(修正案)》(征求意见稿)并开始公开征求意见。修正案针对我国当前土地征收制度不完善,农村集体经营性建设用地不能与国有建设用地同等入市、同权同价,宅基地用益物权尚未完整的落实,土地增值收益分配机制不健全等实际问题,对现行土地管理法三十六个条文作了修正,修正后仍为八章八十六条。但该草案目前没有最后通过。现行《土地管理法》的第二条第四款"国家为公共利益的需要,可以依法对集体所有的土地实行征收"中的"征收"主要是改变土地所有权,也有的并不改变土地所有权。为了区别两种不同的情况,与宪法相一致,将这一款修改为:"国家为了公共利益的需要,可以依法对土地实行征收或者征用并给予补偿。"2007年3月16日第十届全国人民代表大会第五次会议通过了《中华人民共和国物权法》。该法首次确认了土地承包经营权、建设用地使用权和宅基地使用权为物权,另外该法对农村集体土地流转问题有了创新规定。物权法第一百二十八条规定:"土地承包经营权人依照农村土地承包法的规定,有权将土地承包经营权采取转包、互换、转让等方式流转。"第一百三十三条规定:"通过招标、拍卖、公开协商等方式承包荒地等农村土地,依照农村土地承包法等法律和国务院的有关规定,其土地承包经营权可以转让、入股、抵押或者以其他方式流转。"

二、土地管理的基本原则

根据土地管理法和物权法的规定,我国土地管理的基本原则可以概括为以下几个方面:

(1)我国实行土地的社会主义公有制,即全民所有制和劳动群众集体所有制。全民所有,即国家所有土地的所有权由国务院代表国家行使。

(2)确认土地使用权为物权。物权法明确了土地承包经营权、建设用地使用权和宅基地使用权为物权。

(3)土地使用权可以依法转让。任何单位和个人不得侵占、买卖或者以其他形式非法转让土地。国家为公共利益的需要,可以依法对土地实行征收或者征用并给予补偿;土地征收权集中于中央和省级政府。

(4)国家依法实行国有土地有偿使用制度。但国家在法律规定的范围内划拨国有土地使用权的除外。

(5)国家实行土地用途管理制度;土地按用途分为农用地、建设用地和未利用地。严格限制农用地转为建设用地,控制建设用地总量,对耕地实行特殊保护,建立农地转用审批制度。

(6)规定农民土地承包经营权受法律保护,承包经营期限根据土地用途作了不同的规定。

(7)赋予土地行政主管部门在监督检查中有调查权、制止权和对国家工作人员违反《中华人民共和国土地管理法》的处分建议权、直接处分权,强化土地执法监察。

三、土地的所有权和使用权

城市市区的土地属于国家所有。农村和城市郊区的土地,除由法律规定属于国家所有的以外,属于农民集体所有。宅基地和自留地、自留山,属于农民集体所有。

农民集体所有和国家所有由农民集体使用的耕地、林地、草地以及其他用于农业的土地,依法实行土地承包经营制度。土地承包经营权人依法对其承包经营的耕地、林地、草地等享有占有、使用和收益的权利，有权从事种植业、林业、畜牧业等农业生产。建设用地使用权人依法对国家所有的土地享有占有、使用和收益的权利，有权利用该土地建造建筑物、构筑物及其附属设施。农民集体所有的土地依法用于非农业建设的，由县级人民政府登记造册核发证书，确认建设用地使用权。集体所有的土地作为建设用地的，建设用地使用权人依法对国家所有的土地享有占有、使用和收益的权利，有权利用该土地建造建筑物、构筑物及其附属设施。宅基地使用权人依法对集体所有的土地享有占有和使用的权利，有权依法利用该土地建造住宅及其附属设施。农民集体所有的土地，由县级人民政府登记造册，核发证书，确认所有权。单位和个人依法使用国有土地的，由县级以上人民政府登记造册，核发证书，确认使用权；其中，中央国家机关使用的国有土地的具体登记发证机关，由国务院确定。

值得注意的是，2017年5月中华人民共和国土地管理法(修正案)(征求意见稿)中将第一条修改为："为了加强土地管理，维护土地的社会主义公有制，保护、开发土地资源，节约集约和合理利用土地，切实保护耕地，促进社会经济的可持续发展，根据宪法，制定本法。"

第六条规定："国家实行土地督察制度。国务院设立国家土地总督察，代表国务院对省、自治区、直辖市人民政府和国务院确定的其他城市人民政府土地利用和管理情况进行监督检查。"

将第十一条改为第十二条，修改为："国家实行不动产统一登记制度，依法对土地以及房屋、林木等定着物进行登记。

"农民集体所有的土地，由县级以上人民政府不动产登记机构登记造册，核发证书，确认所有权。

"农民集体所有的土地依法用于非农业建设的，由县级以上人民政府不动产登记机构登记造册，核发证书，确认建设用地使用权。

"单位和个人依法使用的国有土地，由县级以上人民政府不动产登记机构登记造册，核发证书，确认农用地使用权和建设用地使用权；其中，中央国家机关使用的国有土地的具体登记发证机关，由国务院确定。"

划拨土地使用权是指土地使用者通过各种方式无偿取得的土地使用权。严格限制以划拨方式设立建设用地使用权。划拨土地使用者应当按规定缴纳土地使用税。划拨土地的使用权受到一定限制，只有补交了土地使用权出让金，并领有国有土地使用证，具有地上建筑物、其他附着物合法的产权证明的公司、企业、其他经济组织或个人，经市县人民政府土地管理部门批准，其使用权和地上建筑物、其他附着物所有权才可以转让、出租、抵押。

依法改变土地权属和用途的，应当办理土地变更登记手续。

农民集体所有的土地由本集体经济组织的成员承包经营，耕地的承包期为30年，草地的承包期为30年至50年，林地的承包期为30年至70年，特殊林木的林地承包期，经国务院林业行政主管部门批准可以延长。承包期届满，土地承包经营权人有权按照国家规定继续承包。对于集体所有的土地和森林、山岭、草原、荒地、滩涂等，物权法第六十条规定了依照下列方式行使所有权："(一)属于村农民集体所有的，由村集体经济组织或者村民委员会代表集体行使所有权；(二)分别属于村内两个以上农民集体所有的，由村内各该集体经济组织或者村民小组代表集体行使所有权；(三)属于乡镇农民集体所有的，由乡镇集体经济组织代表集体行使所有权。"发包方和承包方应当订立承包合同，约定双方的权利和义务。农民集体所有的土地由本集体经济组织以外的单位或者个人承包经营的,必须经村民会议三分之二以上成员或者三分之二以上村民代表的同意,并报乡(镇)人民政府批准。

土地所有权和使用权争议,由当事人协商解决;协商不成的,由人民政府处理。当事人对有关人民政府处理决定不服的,可以自接到处理决定通知之日起 30 日内,向人民法院起诉。在土地所有权和使用权争议解决前,任何一方不得改变土地利用现状。

四、土地利用总体规划

地方各级人民政府编制的土地利用总体规划中的建设用地总量不得超过上一级人民政府土地利用总体规划确定的控制指标,耕地保有量不得低于上一级人民政府土地利用总体规划确定的控制指标。

省、自治区、直辖市人民政府编制的土地利用总体规划,应当确保本行政区域内耕地总量不减少。

土地利用总体规划实行分级审批,一经批准,必须严格执行。

各级人民政府应当加强土地利用计划管理,实行建设用地总量控制。土地利用年度计划的编制审批程序与土地利用总体规划的编制审批程序相同,一经审批下达,必须严格执行。省、自治区、直辖市人民政府应当将土地利用年度计划的执行情况列为国民经济和社会发展计划执行情况的内容,向同级人民代表大会报告。

国家建立土地调查、土地统计制度和全国土地管理信息系统,对土地利用状况进行动态监测。

值得注意的是,2017 年 5 月《中华人民共和国土地管理法(修正案)》(征求意见稿)中将第十七条修改为:"各级人民政府应当依据国民经济和社会发展规划、国土规划、国土空间开发和资源环境保护的要求、土地供给能力以及各项建设对土地的需求,组织编制土地利用总体规划。""土地利用总体规划的规划期限由国务院规定。"并将第十九条修改为:"土地利用总体规划应当坚持创新、协调、绿色、开放、共享的发展理念,综合考虑资源环境承载能力,按照下列原则编制:(一)严格保护永久基本农田,控制非农业建设占用农用地;(二)节约集约用地,提高土地利用率;(三)优化土地利用结构和布局,统筹安排各类、各区域用地;(四)保护和改善生态环境,保障土地的可持续利用;(五)占用耕地与开发复垦耕地相平衡;(六)维护群众合法权益,保障群众共享发展成果。"将第二十条修改为:"全国土地利用总体规划和省、自治区、直辖市土地利用总体规划应当对土地开发利用和保护作出总体部署和统筹安排,市、县土地利用总体规划应当划分土地用途分区,明确土地用途和管制边界。乡(镇)土地利用总体规划应当确定每一块土地的用途,并予以公告。地方人民政府可以编制村土地利用规划,作为乡(镇)土地利用总体规划的组成部分。编制土地利用总体规划应当广泛听取公众意见。"将第二十一条第二款修改为:"全国土地利用总体规划,省、自治区、直辖市的土地利用总体规划,以及跨省、自治区、直辖市的土地利用总体规划,报国务院批准。"

五、耕地保护

国家保护耕地,严格控制耕地转为非耕地。

国家实行占用耕地补偿制度。非农业建设经批准占用耕地的,按照"占多少,垦多少"的原则,由占用耕地的单位负责开垦与所占耕地数量和质量相当的耕地;没有条件开垦或者开垦的耕地不符合要求的,应当按照省、自治区、直辖市的规定缴纳耕地开垦费,专款用于开垦新的耕地。

国家实行基本农田保护制度;经国务院有关主管部门或者县级以上地方人民政府批准确定的粮棉油生产基地内的耕地,有良好水利与水土保持设施的耕地,正在实施改造计划以及可以改造的中、低产田,蔬菜生产基地,农业科研、教学试验田以及国务院规定应当划入基本农田保护区的其他耕地,应根据土地利用总体规划划入基本农田保护区,严格管理。各省、自治区、直辖市划定的基本农田应当占本行政区内耕地的80%以上。

禁止占用耕地建窑、建坟或者擅自在耕地上建房、挖砂、采石、采矿、取土等。

禁止任何单位和个人闲置、荒芜耕地。已经办理审批手续的非农业建设占用的耕地,一年内不用而又可以耕种并收获的,应当由原耕种者恢复耕种,也可以由用地单位组织耕种;一年以上未动工的,应缴纳闲置费;连续两年未使用的,经原批准机关批准,由县级以上人民政府无偿收回用地单位的土地使用权。

开发未确定使用权的国有荒山、荒地、荒滩从事种植业、林业、畜牧业、渔业生产的,经县级以上人民政府依法批准,可以确定给开发单位或者个人长期使用。

值得注意的是,2017年5月《中华人民共和国土地管理法(修正案)》(征求意见稿)中将第三十一条修改为:"国家保护耕地,严格控制耕地转为非耕地。县级以上地方人民政府应当采取措施,确保土地利用总体规划确定的本行政区域内的耕地保有量不减少、质量不降低。

"国家实行占用耕地补偿制度。非农业建设经批准占用耕地的,按照"占多少,补多少"的原则,由占用耕地的单位负责补充与所占用耕地的数量和质量相当的耕地;没有条件补充或者补充的耕地不符合要求的,应当按省、自治区、直辖市的规定缴纳耕地开垦费,专款用于补充新的耕地。

"县级以上地方人民政府应当制定补充耕地计划,监督占用耕地的单位按照计划补充耕地或者按照计划组织补充耕地,并进行验收。"

并将第三十四条修改为:"国家实行永久基本农田保护制度。下列耕地应当根据土地利用总体规划划为永久基本农田,严格管理,实行特殊保护:(一)经国务院有关主管部门或者县级以上地方人民政府批准确定的粮、棉、油、糖等重要农产品生产基地内的耕地;(二)有良好的水利与水土保持设施的耕地,正在实施改造计划以及可以改造的中、低产田;(三)蔬菜生产基地;(四)农业科研、教学试验田;(五)国务院规定应当划为永久基本农田的其他耕地。

"各省、自治区、直辖市划定的永久基本农田应当占本行政区域内耕地的百分之八十以上。

"永久基本农田划定以乡(镇)为单位进行,由县级人民政府土地行政主管部门会同同级农业行政主管部门组织实施。永久基本农田应当落实到地块,设立保护标志,并由乡(镇)人民政府将其位置、范围向社会公告。"

将第三十六条第三款修改为:"禁止占用永久基本农田发展林果业和挖塘养鱼。"

将第四十四条改为第四十三条,将第二款修改为:"建设占用永久基本农田或者国务院批准的建设项目占用土地,涉及农用地转为建设用地的,由国务院批准。"将第三款修改为:"在土地利用总体规划确定的城市和村庄、集镇建设用地规模范围内,为实施该规划而将农用地转为建设用地的,按土地利用年度计划分批次由省、自治区、直辖市人民政府批准。其中,设区的市、自治州人民政府批准乡(镇)土地利用总体规划的,除宅基地以外,农用地转为建设用地由市、自治州人民政府批准。在已批准的农用地转用范围内,具体建设项目用地由市、县人民政府批准。”

六、建设用地

任何单位和个人进行建设,需要使用土地的,必须依法申请使用国有土地;但兴办乡镇企业和村民建设住宅经依法批准使用集体经济组织农民集体所有的土地的,或者乡(镇)村公共设施和公益事业建设经依法批准,使用农民集体所有的土地的除外。上述"国有土地"包括国家所有的土地和国家征收原属于农民集体所有的土地。

建设占用土地,涉及农用地转为建设用地的,应当办理农用地转用审批手续。

省、自治区、直辖市人民政府批准的道路、管线工程和大型基础设施建设项目、国务院批准的建设项目占用土地涉及农用地转为建设用地的,由国务院批准。

征收基本农田,或基本农田以外的耕地超过三十五公顷或其他土地超过七十公顷的,由国务院批准。征收上述规定以外的土地的,由省、自治区、直辖市人民政府批准,并报国务院备案。

国家征收土地的,依照法定程序批准后,由县级以上地方人民政府予以公告并组织实施。征收土地的,按照被征收土地的原用途给予补偿。征收耕地的补偿费用包括土地补偿费、安置补助费以及地上附着物和青苗的补偿费。征收耕地的土地补偿费,为该耕地被征收前三年平均年产值的六倍至十倍。征收耕地的安置补助费,按照需要安置的农业人口数计算。需要安置的农业人口数,按照被征收的耕地数量除以征地前被征收单位平均每人占有耕地的数计算。每一个需要安置的农业人口的安置补助费标准,为该耕地被征收前三年平均年产值的四至六倍,最高不得超过被征收前三年平均年产值的十五倍。征收其他土地的土地补偿费和安置补助标准由省、自治区、直辖市参照征收耕地的标准规定。

征地补偿安置方案确定后,有关地方人民政府应当公告,并听取被征地的农村集体经济组织和农民的意见。

值得注意的是:2017 年 5 月国土部发布的《中华人民共和国土地管理法(修正案)》(征求意见稿)(以下简称《征求意见稿》)对土地征收制度也作出了完善。国土部指出,这次法律修改,重点是平衡好保障国家发展与维护农民权益的关系,在完善征地补偿安置问题上下功夫,确保被征地农民原有生活水平有提高,长远生计有保障。一是明确界定土地征收的公共利益。二是进一步规范征地程序。三是完善对被征地农民合理、规范、多元的保障机制。

《征求意见稿》第四十四条:"为了保障国家安全、促进国民经济和社会发展等公共利益的需要,有下列情形之一,确需征收农民集体所有土地的,可以依法实施征收:(一)国防和外交的需要;(二)由政府组织实施的能源、交通、水利等基础设施建设的需要;(三)由政府组织实施的科技、教育、文化、卫生、体育、环境和资源保护、防灾减灾、文物保护、社会福利、市政公用等公共事业的需要;(四)由政府组织实施的保障性安居工程、搬迁安置工程建设的需要;(五)在土地利用总体规划确定的城市建设用地范围内,由政府为实施城市规划而进行开发建设的需要;(六)法律、行政法规规定的其他公共利益的需要。"

《征求意见稿》第四十五条第一款修改为:"征收下列土地的,由国务院批准:(一)永久基本农田以外的耕地超过三十五公顷的;(二)其他土地超过七十公顷的。"将第四十六条修改为:"市、县人民政府申请征收土地的,应当开展拟征收土地现状调查,并将征收范围、土地现状、征收目的、补偿标准、安置方式和社会保障等主要内容在拟征收土地所在的集体经济组织范围内进行公告,听取被征地的农村集体经济组织和农民意见。""市、县人民政府根据征求意见情况,必要时应当组织开展社会稳定风险评估。""相关前期工作完成后,市、县人民政府应当组织有关部门与被征地农民、农村集体经济组织就补偿安置等签订协议,测算征地补偿安置费用并保证足额到位。""国家征收土地的,依照法定程序批准后,由县级以上地方人民政府予以公告并组织实施。"

将第四十七条修改为:"征收土地的,按照被征收土地的原用途,兼顾国家、集体、个人合理分享土地增值收益,给予公平合理补偿,保障被征地农民原有生活水平不降低、长远生计有保障","征地补偿安置费用包括土地补偿费、安置补助费、农民宅基地及房屋补偿、地上附着物和青苗的补偿费,以及被征地农民的社会保障费用等。"

《征求意见稿》第四十八条规定,省、自治区、直辖市应当制订并公布区片综合地价,确定征收农用地的土地补偿费和安置补助费标准。区片综合地价应当考虑土地资源条件,土地产值、区位、供求关系,以及经济社会发展水平等因素综合评估确定,并根据社会、经济发展水平,适时调整区片综合地价标准。第四十九条规定,征收宅基地和地上房屋,应当按照先被偿后搬迁、居住条件有改善的原则,采取重新安排宅基地建房、提供安置房或者货币补偿等方式给予公平合理被偿,保障被征收地农民的居住权。具体办法由省、自治区、直辖市规定。第五十一条规定,市、县人民政府应当将被征地农民纳入相应的养老社会保障体系。被征地农民的社会保障费用主要用于符合条件的被征地农民养老保险补贴。有条件的地区,市、县人民政府可以根据情况安排一定数量的国有建设用地或者物业由被征地农民集体经济组织长期经营。地方各级人民政府应当支持被征地的农村集体经济组织和农民从事开发经营,举办企业。

建设单位使用国有土地,应当以出让等有偿使用方式取得;工业、商业、旅游、娱乐和商品住宅等经营性用地以及同一土地有两个以上意向用地者的,应当采取招标、拍卖等公开竞价的方式出让,严格限制以划拨方式设立建设用地使用权。但下列建设用地经县级以上人民政府批准,可以以划拨方式取得:①国家机关用地和军事用地;②城市基础设施用地和公益事业用地;③国家重点扶持的能源、交通、水利等基础设施用地;④法律、法规规定的其他用地。

国家依用途不同确定土地使用权出让最高年限:①居住用地 70 年;②工业用地 50 年;③教育、科技、文化、卫生、体育用地 50 年;④商业、旅游用地 40 年;⑤综合或其他用地 50 年。

以出让等有偿使用方式取得国有土地使用权的建设单位,按照国务院规定的标准和办法缴纳土地使用权出让金等土地有偿使用费和其他费用后,方可使用土地。

建设单位使用国有土地的,应当按照土地使用权出让等有偿使用合同的约定或者土地使用权划拨批准文件的规定使用土地;确需改变该幅土地建设用途的,应当经有关人民政府土地行政主管部门同意,报原批准用地的人民政府批准。其中,在城市规划区内改变土地用途的,在报批前,应当先经有关城市规划行政主管部门同意。

建设用地使用权人有权将建设用地使用权转让、互换、出资、赠与或者抵押,但法律另有规定的除外。建设用地使用权转让、互换、出资、赠与或者抵押的,当事人应当采取书面形式订立相应的合同。使用期限由当事人约定,但不得超过建设用地使用权的剩余期限。建设用地使用权转让、互换、出资或者赠与的,应当向登记机构申请变更登记。

临时使用土地应按临时使用土地合同约定的用途使用土地,临时用地不得修建永久性建筑物。

农村集体经济组织使用乡(镇)土地利用总体规划确定的建设用地兴办企业或者与其他单

位、个人以土地使用权入股、联营等形式共同兴办企业的,应当持有关批准文件,向县级以上地方人民政府土地行政主管部门提出申请,按照省、自治区、直辖市规定的批准权限,由县级以上地方人民政府批准;其中涉及用农用地的,由省、自治区、直辖市人民政府批准。为严格控制乡镇企业建设用地,省、自治区、直辖市可以按照乡镇企业的不同行业和经营规模,分别规定用地标准。

农民集体所有的土地的使用权不得出让、转让或者出租,用于非农业建设;但符合土地利用总体规划并依法取得建设用地的企业,因破产、兼并等情形致使土地使用权依法发生转移的除外。

值得注意的是,2017年5月国土部发布的《中华人民共和国土地管理法(修正案)》(征求意见稿)的新增第六十三条:"国家建立城乡统一的建设用地市场。符合土地利用总体规划的集体经营性建设用地,集体土地所有权人可以采取出让、租赁、作价出资或者入股等方式由单位或者个人使用,并签订书面合同。按照前款规定取得的集体经营性建设用地使用权可以转让、出租或者抵押。集体经营性建设用地出让转让的办法,由国务院另行制定。"这是因为党的十八届三中全会决定明确提出,"建立城乡统一的建设用地市场,在符合规划和用途管制前提下,允许农村集体经营性建设用地出让、租赁、入股,实行与国有土地同等入市、同价同权"。

在土地利用总体规划制定前已建的不符合土地利用总体规划确定的用途的建筑物、构筑物,不得重建、扩建。

住宅建设用地使用权期间届满的,自动续期。非住宅建设用地使用权期间届满后的续期,依照法律规定办理。该土地上的房屋及其他不动产的归属,有约定的,按照约定;没有约定或者约定不明确的,依照法律、行政法规的规定办理。

建设用地使用权消灭的,出让人应当及时办理注销登记。登记机构应当收回建设用地使用权证书。

七、监督管理

土地管理法设置"监督检查"专章,用法律形式规定了县级以上人民政府土地行政主管部门对违反土地管理法律、法规的行为进行监督管理的权力和法定职责。在履行监督检查职责时有权采取调查、勘测和制止违法行为的措施;并规定对国家工作人员违法行为,依法应当给予行政处分的,应当依法予以处理;自己无权处理的,应当向同级或者上级人民政府的行政监察机关提出行政处分建议书,有关行政监察机关应当依法予以处理。

此外,国务院以及国家土地资源主管部门,根据实际情况,经常发布监督管理的行政法规、规章或其他规范性文件,加强对土地资源保护、利用的监督管理。仅2004年国务院就发布了《关于深入开展土地市场治理整顿严格土地管理的紧急通知》和《关于做好省级以下国土资源管理体制改革有关问题的通知》,加强国家对土地市场、土地资源的宏观调控,强化各级政府对土地资源管理、保护的责任。

需要提示的是,2018年3月17日第十三届全国人大一次会议表决通过了关于国务院机构改革方案的决定,按照最新方案,组建自然资源部。将国土资源部的职责,国家发展和改革委员会的组织编制主体功能区规划职责,住房和城乡建设部的城乡规划管理职责,水利部的水资源调查和确权登记管理职责,农业部的草原资源调查和确权登记管理职责,国家林业局的森林、湿地等资源调查和确权登记管理职责,国家海洋局的职责,国家测绘地理信息局的职责整合,组建自然资源部,作为国务院组成部门,不再保留国土资源部。

八、法律责任

土地管理法将"法律责任"设为专章,对土地违法行为应负的法律责任都作了具体规定,并附刑法有关违反土地管理法的有关条款。违反土地管理法的法律责任主要分为行政责任和刑事责任两类。按照违法行为的类型可划分为以下十种。

(一)非法转让土地

主要指以买卖和以其他形式非法转让土地的行为。在我国,只有土地使用权才是允许交易的,土地所有权则被排除在交易范围之外,而土地使用权的交易也须遵循法定的条件和程序,否则即应承担相应的法律责任。土地管理法第七十三条规定,买卖或者以其他形式非法转让土地的,由县级以上人民政府土地行政主管部门没收违法所得。

(二)非法占用耕地或破坏种植条件

对于土地的使用,我国规定了严格的审批制度,对于违反这些规定所进行的审批,或者虽然符合规定,却超过批准数量或法定标准占用土地的,均属违法行为。土地管理法第七十四条中,对非法占用耕地或破坏种植条件的责任作了规定,即违反该法规定,占用耕地建窑、建坟或者擅自在耕地上建房、挖砂、采石、采矿、取土等,破坏种植条件的,或者因开发土地造成土地荒漠化、盐渍化的,由县级以上人民政府土地行政主管部门责令限期改正或者治理,可以并处罚款;构成犯罪的,依法追究刑事责任。

(三)拒不履行土地复垦义务

土地使用人在法定使用期限后,如果未申请延长使用期限,或者虽申请却未被批准的,即丧失了对原有土地的使用权。如果该土地原本即为农用土地,使用人即负有复垦义务。土地管理法第七十五条规定,对于拒不履行土地复垦义务的,由县级以上人民政府土地行政主管部门责令限期改正;逾期不改正的,责令缴纳复垦费,专项用于土地复垦,可以处以罚款。

(四)非法占用土地

主要指未经批准或者采取欺骗手段骗取批准,非法占用土地或者超过批准的数量占用土地的行为。而农村村民未经批准或者采取欺骗手段骗取批准,非法占用土地建住宅的,以及超标占用土地的,同样也属于非法占用土地的行为。土地管理法第七十六、七十七条分别对这两种行为规定了相应的责任。对于第一种行为规定,由县级以上人民政府土地行政主管部门责令退还非法占用的土地,对违反土地利用总体规划擅自将农用地改为建设用地的,限期拆除在非法占用的土地上新建的建筑物和其他设施,恢复土地原状,对符合土地利用总体规划的,没收在非法占用的土地上新建的建筑物和其他设施,可以并处罚款;对非法占用土地单位的直接负责的主管人员和其他直接责任人员,依法给予行政处分;构成犯罪的,依法追究刑事责任。对于第二种行为则规定由县级以上人民政府土地行政主管部门责令退还非法占用的土地,限期拆除在非法占用的土地上新建的房屋。

(五)非法批准征收、使用土地

主要包括以下四类行为,一是无权批准征收、使用土地的单位或者个人非法批准征收、使用土地;二是超越批准权限批准征收、使用土地;三是不按照土地利用总体规划确定的用途批准征收、使用土地;四是违反法律规定的程序批准征收、使用土地。对于该四类行为土地管理法第七十八条规定其批准文件无效,对非法批准征收、使用土地的直接负责的主管人员和其他直接责任人员,依法给予行政处分;构成犯罪的,依法追究刑事责任。非法批准、使用的土地应当收回,有关当事人拒不归还的,以非法占用土地论处。

(六)侵占、挪用征地费用

包括侵占、挪用被征收土地单位的征地补偿费用和其他有关费用,对于该类行为,构成犯罪的,依法追究刑事责任;尚不构成犯罪的,依法给予行政处分。

(七)拒不归还土地

指被依法收回国有土地使用权的当事人拒不交出土地,以及临时使用土地期满拒不归还的,或者不按照批准的用途使用国有土地的行为,土地管理法第八十条规定由县级以上人民政府土地行政主管部门责令交还土地,处以罚款。

(八)擅自处分农民集体所有的土地

指擅自将农民集体所有的土地的使用权出让、转让或者出租用于非农业建设的,法律规定由县级以上人民政府土地行政主管部门责令限期改正,没收违法所得,并处罚款。

(九)拒不执行行政处罚

为了加强对土地管理法的执法力度,该法第八十三条规定,凡是责令限期拆除在非法占用的土地上新建的建筑物和其他设施的,建设单位或者个人必须立即停止施工,自行拆除;对继续施工的,作出处罚决定的机关有权制止。建设单位或者个人对责令限期拆除的行政处罚决定不服的,可以在接到责令限期拆除决定之日起15日内,向人民法院起诉;期满不起诉又不自行拆除的,由作出处罚决定的机关依法申请人民法院强制执行,费用由违法者承担。

(十)土地行政主管部门工作人员玩忽职守

土地管理法第八十四条规定,土地行政主管部门的工作人员玩忽职守、滥用职权、徇私舞弊,构成犯罪的,依法追究刑事责任;尚不构成犯罪的,依法给予行政处分。

值得注意的是,2017年5月国土部发布的《中华人民共和国土地管理法(修正案)》(征求意见稿)对法律责任部分进行了修改,将第七十三条改为第七十五条,修改为:"买卖或者以其他形式违法转让土地的,由县级以上人民政府土地行政主管部门没收违法所得;不符合土地利用总体规划的,限期拆除在违法转让的土地上新建的建筑物和其他设施,恢复土地原状,可以并处罚款;符合土地利用总体规划的,没收在违法转让的土地上新建的建筑物和其他设施,可以并处罚款;对直接负责的主管人员和其他直接责任人员,依法给予处分;构成犯罪的,依法追究刑事责任。"

将第七十六条改为第七十八条,修改为:"未经批准或者采取欺骗手段骗取批准,违法占用土地的,由县级以上人民政府土地行政主管部门责令停止占地建设;尚可采取措施消除违法状态的,责令限期改正,处以罚款;无法采取措施消除违法状态的,责令退还违法占用的土地,可以并处罚款;不符合土地利用总体规划的,限期拆除在违法占用的土地上新建的建筑物和其他设施,恢复土地原状,可以并处罚款;符合土地利用总体规划的,没收在违法占用的土地上新建的建筑物和其他设施,可以并处罚款;对违法占用土地单位的直接负责的主管人员和其他直接责任人员,依法给予处分;构成犯罪的,依法追究刑事责任。

"超过批准的数量占用土地,多占的土地以违法占用土地论处。"

将第七十七条改为第七十九条,修改为:"农村村民未经批准或者采取欺骗手段骗取批准,违法占用土地建住宅,符合土地利用总体规划且符合宅基地使用条件的,由县级以上人民政府土地行政主管部门责令改正,处以罚款;符合土地利用总体规划但不符合宅基地使用条件的,责令退还违法占用的土地,在违法占用的土地上新建的房屋由农村集体经济组织处置;不符合土地利用总体规划的,责令退还违法占用的土地,限期拆除在违法占用的土地上新建的房屋。拒不退还违法占用的土地或者自行拆除在违法占用的土地上新建的房屋的,由乡、镇人民政府依法申请人民法院强制执行。"

将第七十八条改为第八十条,修改为:"无权批准征收、使用土地的单位或者个人违法批准占用土地的,超越批准权限违法批准占用土地的,不按照土地利用总体规划确定的用途批准用地的,或者违反法律规定的程序批准占用、征收土地的,其批准文件无效,对违法批准征收、使用土地的直接负责的主管人员和其他直接责任人员,依法给予处分;构成犯罪的,依法追究刑事责任。违法批准、使用的土地应当收回,有关当事人拒不归还的,以违法占用土地论处。

"违法批准征收、使用土地,对当事人造成损失的,依法应当承担赔偿责任。"

将第八十条改为第八十二条,修改为:"依法收回国有土地使用权当事人拒不交出土地的,临时使用土地期满拒不归还的,由县级以上人民政府土地行政主管部门责令交还土地,处以罚款。"

将第八十三条修改为:"依照本法规定,处罚机关作出罚款、责令停止违法行为、限期拆除或者没收在违法占用的土地上新建的建筑物和其他设施等处罚决定后,建设单位或者个人必须立即停止施工,执行处罚决定。建设单位或者个人对行政处罚决定不服的,可以在法定期限内向人民法院起诉;期满不起诉又不执行处罚决定的,由作出处罚决定的机关依法申请人民法院强制执行。人民法院裁定准予执行的,由土地所在地的县级人民政府组织执行,费用由违法者承担。

"依照本法规定没收的在违法占用的土地上新建的建筑物和其他设施,由市、县人民政府处置。"

第三节　房地产管理法

一、概述

我国最基本的城市房地产管理法律法规由 1994 年 7 月 5 日第八届全国人民代表大会常务委员会第八次会议通过,根据 2007 年 8 月 30 日第十届全国人民代表大会常务委员会第二十九次会议《关于修改〈中华人民共和国城市房地产管理法〉的决定》第一次修正,2009 年 8 月 27 日第十一届全国人民代表大会常务委员会第十次会议通过《关于修改部分法律的决定》第二次修正的《中华人民共和国城市房地产管理法》、1998 年 7 月 20 日生效、根据国务院第 138 次常务会议通过《国务院关于废止和修改部分行政法规的决定》修订的《城市房地产开发经营管理条例》和 2007 年 10 月 1 日起施行的物权法等构成。

我国对房地产权属实行权属分别登记制度和权利主体一致的原则及"属地原则"。即房屋的所有权和该房屋占用范围内的土地使用权权利主体一致,房屋产权与土地权属登记实行土地和房屋分别登记的办法,即一宗房地产要办理两个权属证书,一个是国有土地使用权证书,一个是房屋所有权证书,两个证书的主体必须相同。申请人应同时按规定到房屋所在地的人民政府房地产行政主管部门申请土地和房屋权属登记。申请房屋所有权登记要提供土地使用权证。

二、房地产管理法的基本原则

根据我国城市房地产管理法总则以及物权法的相关规定,从事房地产管理要遵循以下原则:

(1)为了加强对城市房地产的管理,维护房地产市场秩序,保障房地产权利人的合法权益原则。

(2)国家依法实行国有土地有偿、有限期使用原则。

(3)依法征收与拆迁补偿原则。国家依法征收国有土地上单位和个人的房屋,并给予拆迁补偿。为了公共利益的需要,依照法律规定的权限和程序可以征收集体所有的土地和单位、个人的房屋及其他不动产。征收单位、个人的房屋及其他不动产,应当依法给予拆迁补偿,维护被征收人的合法权益;征收个人住宅的,还应当保障被征收人的居住条件。

(4)国家根据社会、经济发展水平,扶持发展居民住宅建设,逐步改善居民的居住条件原则。

(5)房地产权利人应当遵守法律和行政法规,依法纳税原则。

(6)国务院建设行政主管部门、土地管理部门依照国务院规定的职权划分,各司其职,密切配合,管理全国房地产工作。

三、房地产开发用地制度

国家依法实行国有土地有偿、有限期使用制度。但国家在该法规定的范围内划拨国有土地使用权的除外。

土地使用者需要改变土地使用权出让合同约定的土地用途的,必须取得出让方和市、县人民政府城市规划行政主管部门的同意,签订土地使用权出让变更协议或者重新签订土地使用权出让合同,相应调整土地使用权出让金。

依照该法规定,以划拨方式取得土地使用权的,除法律、行政法规另有规定外,没有使用期限的限制。

以出让方式取得土地使用权进行房地产开发的,必须按照土地使用权出让合同约定的土地用途、动工开发期限开发土地。超期要缴纳土地闲置费,满二年未动工的可无偿收回土地使用权。

四、房地产开发

房地产开发是指在依法取得国有土地使用权的土地上所进行基础设施、房屋的建设行为,它是以土地和房屋的开发为内容的一种营利性活动。

(一)房地产开发的原则

我国城市房地产管理法以及 1998 年 7 月 20 日生效的《城市房地产开发经营管理条例》确定了在我国从事房地产开发所应遵循的基本原则:

(1)房地产开发必须严格执行城市规划原则。

(2)房地产开发应遵循经济效益、社会效益、环境效益相统一的原则。

(3)房地产开发应当坚持全面规划、合理布局、综合开发、配套建设原则。

(4)房地产开发必须按照土地使用权出让合同所约定的土地用途、动工期限开发土地原则。

(5)房地产开发严格按照规范设计、工期,并保证开发产品质量合格的原则。

（6）鼓励开发建设居民住宅的原则。

（7）房地产开发项目竣工，经验收合格后，方可交付使用原则，未经验收或者验收不合格的，不得交付使用。

（二）房地产开发的种类

（1）以开发区域为标准，可以将其分为新区开发和旧区开发两种，前者是指在城市建设区域所进行的开发活动，后者则是对旧城区所进行的开发。

（2）以开发方式为标准，可将其分为单项开发、小区开发和成片开发。单项开发是指开发规模小，占地不大，项目功能单一，配套设施简单的开发形式；小区开发是指对新区开发中的一个独立的小区所进行的综合开发或旧城改造中的一个相对独立的局部区域所进行的更新改造；成片开发是指对那些面积更为广阔的综合性房地产进行的开发，其投资大，项目类型和数量众多，建设周期长，大多是在政府的推动下完成的。

（3）以房地产开发的目的为标准，可将其分为以营利为目的的房地产开发和以自用为目的的房地产开发。

（4）以房地产开发的机构为标准，可将房地产开发分为政府开发和非政府开发。

（三）房地产开发的主体

在我国，房地产开发实行资格制度，只有取得房地产开发资格的企业才能从事。房地产开发主体是以营利为目的，从事房地产开发和经营的企业，其设立应当具备下列条件：有自己的名称和组织机构；有固定的经营场所；有符合国务院规定的注册资本，《城市房地产开发经营管理条例》规定设立房地产开发企业需要注册资金一百万元以上；有足够的专业技术人员，即专业人员四人、专职会计两人；法律、行政法规规定的其他条件。

符合以上条件后，由企业向工商行政管理部门申请设立登记。房地产开发企业在领取营业执照后的一个月内，还应到登记机关所在地的县级以上地方人民政府规定的部门备案。房地产开发企业的组织形式既可以采用公司形式也可选用非公司形式。

（四）房地产开发的过程

完整的房地产开发，一般可分为四个阶段：即投资决策分析阶段；前期工作阶段；建设阶段和租售阶段。

其中投资决策分析是针对特定地区的特定地块或房产项目所进行的可行性研究，是房地产开发过程中最为重要的一个环节，它包括市场分析和项目财务估价两部分。

前期工作是在作出投资决定后，为房地产开发所进行的准备工作，包括获得土地使用权、征地、拆迁等一系列活动。在获取了房地产开发项目以后，还可以将其转让，但需在土地使用权变更登记手续办理完毕之日起三十日内，持房地产开发项目转让合同到房地产开发主管部门备案。原项目尚未完成拆迁补偿安置的，原拆迁补偿安置合同中有关的权利、义务随之转让给受让人，并应通知被拆迁人。

建设阶段是在进行完以上工作后将项目交由建筑商进行建设，并由建筑商保证近期完成。

租售阶段是指在项目开发后，由开发商将房地产租售出去，以收回投资和获取利润。租售可以在项目完成后进行，也可以在项目完成前进行商品房预售。预售行为需由房地产开发企业提出申请，并提交以下文件：土地使用权证书；建设工程规划许可证和施工许可证；投入开发资金达到工程总投资百分之二十五以上的证明；营业执照和资质等级证书；工程施工合同；预售商品房分层平面图；商品房预售方案；等等。

五、房地产交易

房地产交易包括房地产的转让、抵押、租赁以及为交易提供中介服务等行为,其中转让和抵押涉及的是房屋所有权的转移,土地使用权随之转移,当事人应当按照规定的程序办理权属登记;租赁只涉及房屋使用权的转移;国家实行房地产价格评估制度和房地产成交价格申报制度;当事人进行房地产交易时应当依法订立房地产合同。

(一)房地产转让

下列房地产不得转让:①以出让方式取得土地使用权,但未支付全部土地使用权出让金、并未取得土地使用权证书,或未按出让合同约定进行投资开发的(房屋建设工程完成投资总额少于百分之二十五;成片开发未形成工业用地或其他用地条件);②司法和行政机关裁定、决定查封或以其他形式限制房地产权利的;③依法收回土地使用权的;④共有房地产未经其他共有人书面同意的;⑤权属有争议的;⑥未依法登记领取权属证书的;⑦法律、法规规定禁止转让的其他情形。

以划拨方式取得土地使用权的,转让房地产时,应按国务院规定,报有批准权的人民政府审批。批准转让的,应当由受让方办理土地使用权出让手续,并按规定缴纳土地使用权出让金。

房地产转让,应当签订书面转让合同,2003 年 6 月 1 日起施行的《最高人民法院关于审理商品房买卖合同纠纷案件适用法律若干问题的解释》对商品房买卖中涉及的各种问题做出了详尽的解释,是当事人订立合同的重要依据。

商品房预售,应当符合下列条件:①已交付全部土地使用权出让金;取得土地使用权证书;②持有建设工程规划许可证;③按提供预售的商品房计算,投入开发建设的资金达到工程建设总投资的百分之二十五以上,并已经确定施工进度和竣工交付日期;④向县级以上人民政府房产管理部门办理预售登记,取得商品房预售许可证明。

(二)房地产抵押

依法取得房屋所有权连同该房屋占用范围内的土地使用权的,可以设定抵押权。以出让方式取得的土地使用权,可以设定抵押权。房地产抵押,应当凭土地使用权证书、房屋所有权证书办理。设定房地产抵押权的土地使用权是以划拨方式取得的,依法拍卖该房地产后,应当从拍卖所得的价款中缴纳相当于应缴纳的土地使用权出让金的款额后,抵押权人方可优先受偿。房地产抵押应当签订书面合同,按照合同法、城市房地产管理法、担保法、物权法以及最高人民法院的相关司法解释,设定相关条款,办理法定的权属登记手续。

(三)房屋租赁

出租人和承租人应当签订书面租赁合同,约定租赁期限、租赁用途、租赁价格、修缮责任等条款,以及双方的其他权利和义务,并向房产管理部门登记备案。

以营利为目的,房屋所有权人将以划拨方式取得使用权的国有土地上建成的房屋出租的,应当将租金中所含土地收益上缴国家。

(四)房地产中介服务机构

房地产中介服务机构包括房地产咨询机构、房地产价格评估机构、房地产经纪机构等。成立房地产中介服务机构应当具备下列条件:一是有自己的名称和组织机构;二是有固定的服务场所;三是有必要的财产和经费;四是有足够数量的专业人员;五是法律、行政法规规定的其他条件。

六、房地产权属登记管理

房地产权登记是指专门的产权登记机关对房地产权利人、房地产权利性质、房地产权利的来源、取得时间、变更情况和房地产的面积、结构、用途、坐落、四至等，在专门的簿册中进行记载的法律制度。一般由房屋产权人提出登记申请，经房产管理机关审核后，发给房屋产权证并登记在册。城市房地产管理法第六十条规定："国家实行土地使用权和房屋所有权登记发证制度。"第六十一条又规定："在依法取得的房地产开发用地上建成房屋的，应当凭土地使用权证书向县级以上地方人民政府房产管理部门申请登记，由县级以上地方人民政府房产管理部门核实并颁发房屋所有权证书。"这就确立了我国的房屋产权登记发证制度。物权法对不动产登记制度做出进一步明确，第十条第一款规定："不动产登记，由不动产所在地的登记机构办理。"第十条第二款规定："国家对不动产实行统一登记制度。统一登记的范围、登记机构和登记办法，由法律、行政法规规定。"关于房地产登记的制度，在物权法施行过程中将会随着实践的发展，会进一步具体化。

（一）房地产权登记的效力

根据物权法第九条规定："不动产物权的设立、变更、转让和消灭，经依法登记，发生效力；未经登记，不发生效力，但法律另有规定的除外。"

房地产登记具有三种效力，一是设定权利的效力，只有经过了房屋产权登记，产权人才能对新建的房屋获得法律所承认并保护的产权。二是证明权利的效力，对于房屋产权的归属而言，房屋产权证书是其最有力的证明文件，它足以排除其他一切与房屋产权证书不同的文件的效力。三是转移权利的效力，由于登记包括房屋产权变更登记，所以登记便具有证明房屋产权变更的效力。

（二）房地产权登记的种类

房地产产权登记包括房地产产权设立登记和房地产产权变更过程的登记，具体而言，分为以下几种：

（1）新建登记。指在新建房屋或重建房屋后向产权管理部门申请的登记。

（2）移转登记。是指房屋所有权发生买卖、交换、赠与、合并、继承等实质性变动后，经权利人向房屋产权管理部门申请后所进行的登记。

（3）变更登记。一种是房屋所有权仅在家庭内部进行变更，所有权并未发生实质性变动，包括继承、合并等；另一种是房屋产权并未发生变动，而房屋本身却发生了变动，包括房屋的改建、扩建等。

（4）消灭登记。此处的消灭首先是指房屋自身的灭失，这种灭失将导致依附于房屋上的产权发生灭失。

（5）他项权登记。指在房屋上设定典权、抵押权等他物权时，房屋权利人向房屋产权管理部门所办理的房屋他项权登记，最后取得房屋他项权证。

物权法增加了三种登记方式，分别为：预告登记、更正登记和异议登记。《不动产登记暂行条例》增加了查封登记。

（6）预告登记。当事人签订买卖房屋或者其他不动产物权的协议，为保障将来实现物权，按照约定可以向登记机构申请预告登记。预告登记后，未经预告登记的权利人同意，处分该不动产的，不发生物权效力。即后来的买房人不可能优先得到该套房产的产权，这就在一定程度上限制了"一房多卖"等欺诈行为,有效地保护了购房人的合法权益。

(7)更正登记。权利人、利害关系人认为不动产登记簿记载的事项错误的,可以申请更正登记。不动产登记簿记载的权利人书面同意更正或者有证据证明登记确有错误的,登记机构应当予以更正。更正登记可以提高不动产登记的正确性,消除登记权利与真正权利不一致的状态。

(8)异议登记。不动产登记簿记载的权利人不同意更正的,利害关系人可以申请异议登记。异议登记为真正权利人提供临时性的保护措施。登记机构予以异议登记的,申请人在异议登记之日起十五日内不起诉,异议登记失效。异议登记不当,造成权利人损害的,权利人可以向申请人请求损害赔偿。

(9)查封登记。查封登记属于限制登记的一种,是作为被执行人的房地产权利人因继承、判决或者强制执行等原因,而当事人尚未向权属登记机关办理登记手续;而由执行法院向登记机关提供被执行人取得财产所依据的继承证明、生效判决书或者执行裁定书及协助执行通知书,由登记机关对该房屋的权属直接进行登记,然后再予以查封。

(三)房地产权登记的程序

房地产权登记需经过以下程序:

(1)申报,指由房地产业主或使用者进行申报,填写申请书。

(2)交验证件,指由上述申报人向房地产主管机关交验有关的房地产产权权属证件,并由主管机关审查清点后发给其收据、登记编号等。

(3)查丈,指在收到申报者的申请书和有关的证件后,由房地产主管机关进行丈量、确定四至和面积,并绘制平面图。

(4)产权审查,是指由房地产主管机关根据国家现行法律、政策,并以产权、产籍档案的历史资料以及实地查丈的现实资料为基础,对申请书、产权证件等所进行的查清其产权来源的行为。

(5)发证,经过以上程序后,即可发放房地产产权证书,此时一般要收取一定的费用。

在发放完房地产产权证书后,房地产主管部门还要将所有的资料进行建档、造册并归档。

七、法律责任

(一)擅自批准出让或者擅自出让土地使用权,用于房地产开发的责任

(1)城市房地产管理法第三十九条中规定以出让方式取得土地使用权的,转让房地产时,应当符合下列条件:一是按照出让合同约定已经支付全部土地使用权出让金,并取得土地使用权证书;二是按照出让合同约定进行投资开发,属于房屋建设工程的,应完成开发投资总额的百分之二十五以上,属于成片开发土地的,应形成工业用地或者其他建设用地条件。转让房地产时房屋已经建成的,还应当持有房屋所有权证书。如果违反以上规定,则由上级机关或者所在单位给予有关责任人员行政处分。

(2)城市房地产管理法第四十条规定以划拨方式取得土地使用权的,转让房地产时,应当按照国务院规定,报有批准权的人民政府审批。有批准权的人民政府准予转让的,应当由受让方办理土地使用权出让手续,并依照国家有关规定缴纳土地使用权出让金。如果违反以上规定转让房地产,则由县级以上人民政府土地管理部门责令缴纳土地使用权出让金,没收违法所得,可以并处罚款。

(二)违法经营房地产开发业务的责任

城市房地产管理法第五十八条中规定了房地产中介服务机构所应具备的五个条件。对违反了该规定,未取得营业执照擅自从事房地产中介服务业务的,由县级以上人民政府工商行政管理部门责令停止房地产中介服务业务活动,没收违法所得,可以并处罚款。

(三)违法进行商品房预售的责任

城市房地产管理法第四十五条规定了在我国进行商品房预售的条件,违反该项规定的,应当承担的行政责任是,由县级以上人民政府房产管理部门责令停止预售活动,没收违法所得,可以并处罚款,同时应当承担民事责任。根据《最高人民法院关于审理商品房买卖合同纠纷案件适用法律若干问题的解释》的规定:"出卖人未取得商品房预售许可证明,与买受人订立的商品房预售合同,应当认定无效,但是在起诉前取得商品房预售许可证明的,可以认定有效。"在这里,应当将商品房预售许可证理解为订立预售合同的前提条件,否则,会导致合同无效,出卖人应当承担合同无效的相关责任。有一种例外的情形是,如果因预售而发生纠纷的,预售人在起诉前能够取得预售许可证明的,可以认定合同有效。这个对商品房预售人的较为宽容的解释,是考虑到我国房地产市场的现状而作出的,并不能改变房地产管理法律责任的基本规定,其适用时有严格的条件限制。

(四)城市房地产管理部门的责任

(1)没有法律、法规的依据,向房地产开发企业收费的,上级机关应当责令退回所收取的钱款;情节严重的,由上级机关或者所在单位给予直接责任人员行政处分。

(2)房产管理部门、土地管理部门工作人员玩忽职守、滥用职权,构成犯罪的,依法追究刑事责任;不构成犯罪的,给予行政处分。

(3)房产管理部门、土地管理部门工作人员利用职务上的便利,索取他人财物,或者非法收受他人财物为他人谋取利益,构成犯罪的,依照惩治贪污罪贿赂罪的补充规定追究刑事责任;不构成犯罪的,给予行政处分。

思考与练习

1. 简述土地出让的方式和期限。
2. 简述房地产开发的原则和程序。
3. 简述商品房预售的条件。
4. 简述订立房地产买卖合同应注意的问题。

第十二章　拍卖法与招标投标法

第一节　拍卖法

一、拍卖法概述

(一)拍卖的概念

拍卖是以公开竞价的形式,将特定物品或财产权利转让给最高应价者的买卖方式。所谓公开竞价是指买卖活动公开进行,公民、法人和其他组织自愿参加,并根据拍卖师的叫价,决定是否应价,竞买人应价时,可以高于其他人的应价再次出价,直到某人的应价经拍卖师三次叫价再无人竞价时,拍卖师以落槌或以其他公开表示买定的方式确认拍卖成交。

从拍卖的标的上来说,拍卖有狭义和广义之分。狭义的拍卖仅只对物品的拍卖,具体而言,是指以公开竞价的方式,将特定物品的所有权转让给最高应价者的买卖方式;广义的拍卖也包括对财产权利的拍卖,是指以公开竞价的方式,将特定物品或者财产权利转让给最高应价者的买卖方式。我国拍卖法中规定的拍卖是广义的。

拍卖的三个基本特点(或基本条件):

(1)拍卖必须有两个以上的买主。即凡拍卖表现为只有一个卖主(通常由拍卖机构充任)而有许多可能的买主,从而得以具备使后者相互之间能就其欲购的拍卖物品展开价格竞争的条件。

(2)拍卖必须有不断变动的价格。即凡拍卖皆非卖主对拍卖物品固定标价待售或买卖双方就拍卖物品讨价还价成交,而是由买主以卖主当场公布的起始价为基准另行应报价,直至最后确定最高价金为止。

(3)拍卖必须有公开竞争的行为。即凡拍卖都是不同的买主在公开场合针对同一拍卖物品竞相出价,而倘若所有买主对任何拍卖物品均无意思表示,没有任何竞争行为发生,拍卖就将失去任何意义。

(二)拍卖的方式

1.英格兰式拍卖

英格兰式拍卖亦称增价拍卖,它是指拍卖标的的竞价由低向高依次递增直到以最高价(达到或超过底价)击槌成交的一种拍卖。增价拍卖是最古老并一直占统治地位的一个拍卖种类,在我国的拍卖活动中较为广泛采用。

2.荷兰式拍卖

荷兰式拍卖亦称减价拍卖,它是指拍卖标的的竞价由高到低依次递减直到第一个竞买人应价(达到或超过底价)时击槌成交的一种拍卖。

3.有底价拍卖

有底价拍卖是指在拍卖前,委托人与拍卖机构双方经共同协商并以书面合同形式先行确定拍品的底价(也叫保留价),在拍卖时,凡竞买人所出的最高竞价达不到底价则拍卖不能成交。

4.无底价拍卖

无底价拍卖是指在拍卖前,委托人与拍卖机构并不先行确定拍品的底价,在拍卖时只要产生最高应价,拍卖即可成交。

5.密封递价拍卖

密封递价拍卖又称投标拍卖,是指由拍卖人事先公布拍卖标的的具体情况和拍卖条件,然后,竞买人在规定的时间内将密封的标书递交拍卖人,由拍卖人在事先确定的时间公开开启,经比较后选择出价最高者成交。

6.速胜式拍卖

速胜式拍卖是增价式拍卖的一种变体。拍卖标的物的竞价也是按照竞价阶梯由低到高、依次递增,不同的是,当某个竞买人的出价达到(大于或等于)保留价时,拍卖结束,此竞买人成为买受人。

7.定向拍卖

定向拍卖是一种为特定的拍卖标的物而设计的拍卖方式,有意竞买者必须符合卖家所提出的相关条件,才可成为竞买人参与竞价。

8.反向拍卖

反向拍卖是为满足会员个性化需求而设计的拍卖方式。注册会员可以提供希望得到的产品的信息、需要服务的要求和可以承受的价格定位,由卖家之间以竞争方式决定最终产品提供商和服务供应商,从而使注册会员以最优的性能价格比实现购买。

(三)拍卖中的相关术语的含义

1.拍卖人

拍卖人是指依照拍卖法和《中华人民共和国公司法》设立的从事拍卖活动的企业法人。

2.竞买人

竞买人指参加拍卖公司举办的拍卖活动,在拍卖公司登记并办理了必要手续,且根据中国法律规定具有完全民事行为能力的参加竞购拍卖品的自然人、法人或者其他组织。法律、法规对拍卖品的买卖条件或对竞买人的资格有规定的,竞买人应当具备规定的条件或资格。

3.买受人

买受人指在拍卖公司举办的拍卖活动中以最高应价购得拍卖品的竞买人。

4.委托人

委托人指委托拍卖公司拍卖拍卖品的自然人、法人或者其他组织。

5.拍卖标的

拍卖标的指委托人交予拍卖公司供拍卖活动拍卖的物品。拍卖标的应当是委托人所有或者依法可以处分的物品或者财产权利,法律、行政法规禁止买卖的物品或者财产权利,不得作为拍卖标的,依照法律或者按照国务院规定需经审批才能转让的物品或者财产权利,在拍卖前,应当依法办理审批手续,委托拍卖的文物,在拍卖前,应当经拍卖人住所地的文物行政管理部门依法鉴定、许可。

6.拍卖日

拍卖日指在某次拍卖活动中,拍卖公司公布的正式开始进行拍卖交易之日。若公布的开始日期与开始拍卖活动实际日期不一致,一般以拍卖活动实际开始之日为准。

7.拍卖成交日

拍卖成交日指在拍卖公司举办的拍卖活动中,拍卖师以落槌或者以其他公开表示买定的方式确认任何拍卖品达成交易的日期。

8.落槌价

落槌价指拍卖师落槌决定将拍卖品售予买受人的价格。

9.出售收益

出售收益指支付委托人的款项净额,该净额为落槌价减去按比率计算的佣金、各项费用及委托人应支付拍卖公司的其他款项后的余额。

10.购买价款

购买价款指买受人因购买拍卖品而应支付的包括落槌价、全部酬金、应由买受人支付的其他各项费用以及因买受人不履行义务而应当支付的所有费用在内的总和。

11.各项费用

各项费用指拍卖公司对拍卖品进行保险、制作拍卖品图录及其他形式的宣传品、包装、运输、存储等所收取的费用以及依据相关法律、法规规定而收取的其他费用。

12.保留价

保留价指委托人提出并与拍卖公司协商后书面确定的拍卖品最低售价。

13.参考价

参考价指在拍卖品图录或其他介绍说明文字之后标明的拍卖品估计售价。参考价在拍卖日前较早时间估定,并非确定之售价,故有可能调整。

(四)拍卖法的概念

拍卖法有广义和狭义之分,广义的拍卖法是所有调整拍卖活动的法律法规的总称;狭义的拍卖法仅指1996年7月5日第八届全国人民代表大会常务委员会第二十次会议通过于1997年1月1日实施的《中华人民共和国拍卖法》。该法律已经经过2004年8月28日第十届全国人民代表大会常务委员会第十一次会议通过的《全国人民代表大会常务委员会关于修改〈中华人民共和国拍卖法〉的决定》予以修改,第十届全国人民代表大会常务委员会第十一次会议决定对《中华人民共和国拍卖法》作如下修改:一是删去第五条第三款,二是删去第十二条第五项。2015年4月24日,第十二届全国人民代表大会常务委员会第十四次会议审议通过了对《中国华人民共和国拍卖法》修订的决定,修改的目的是改变其中关于拍卖公司工商登记前置审批的规定为后置许可,对于拍卖程序并无实质影响。

二、拍卖法的主体

拍卖法的主体也称拍卖当事人,是指拍卖活动的参加者,包括拍卖人、委托人、竞买人、买受人。

(一)拍卖人

拍卖人是指依照《中华人民共和国拍卖法》和《中华人民共和国公司法》设立的从事拍卖活动的企业法人。

1.设立

拍卖企业可以在设区的市设立。设立拍卖企业必须经所在地的省、自治区、直辖市人民政府负责管理拍卖业的部门审核许可,并向工商行政管理部门申请登记,领取营业执照。设立拍卖企业,应当具备下列条件:①有一百万元人民币以上的注册资本;②有自己的名称、组织机构、住所和章程;③有与从事拍卖业务相适应的拍卖师和其他工作人员;④有符合本法和其他有关法律规定的拍卖业务规则;⑤有公安机关颁发的特种行业许可证;⑥符合国务院有关拍卖业发展的规定;⑦法律、行政法规规定的其他条件,比如拍卖企业经营文物拍卖的,应当有一千万元人民币以上的注册资本,有具有文物拍卖专业知识的人。因为拍卖活动应当由拍卖师主持,所以法律特别规定拍卖师应当具备下列条件:①具有高等院校专科以上学历和拍卖专业知识;②在拍卖企业工作两年以上;③品行良好。被开除公职或者吊销拍卖师资格证书未满五年的,或者因故意犯罪受过刑事处罚的,不得担任拍卖师。拍卖师资格考核,由拍卖行业协会统一组织。经考核合格的,由拍卖行业协会发给拍卖师资格证书。

2015年4月24日全国人大常委会对拍卖法修改的目的是改变其中关于拍卖公司工商登记前置审批的规定为后置许可:一是将设立拍卖企业的前置行政审批程序改为企业设立后从事拍卖业务的行政许可,从而简化了取得从事拍卖业务资质的程序,进一步降低了经营拍卖业务的准入门槛。二是对字号中未标注"拍卖"字样的企业申请从事拍卖业务许可做出了放宽性的规定,为拍卖行业和拍卖业务的扩展创造了条件。三是对非拍卖企业未经许可即从事拍卖业务的行为,明确界定为违法经营,并进一步明确了处罚机构和处罚措施,有利于有效遏制未经许可从事拍卖业务的非法经营活动的蔓延,为治理当前拍卖市场混乱的秩序提供了直接有效的法律依据。

2.拍卖人的权利和义务

拍卖人的权利和义务主要有:拍卖人有权要求委托人说明拍卖标的的来源和瑕疵,拍卖人应当向竞买人说明拍卖标的的瑕疵;除非拍卖人与委托人另有约定,拍卖人对某拍卖品是否适合由拍卖公司拍卖,以及拍卖地点、拍卖日期、拍卖条件及拍卖方式等事宜拥有决定权;如出现下列情况之一,拍卖人有权在实际拍卖前的任何时间中止任何拍卖品的拍卖活动:①拍卖人对拍卖品的归属或真实性持有异议;②第三人对拍卖品的归属或真实性持有异议且能够提供异议所依据的相关证据材料,并按照拍卖人规定交付担保金,同时愿意对中止拍卖活动所引起的法律后果及全部损失承担相应责任;③对委托人所作的说明或对委托人保证的准确性持有异议;④有证据表明委托人已经违反或将要违反拍卖人的拍卖规则的任何条款;⑤存在任何其他合理原因。

拍卖人对委托人交付拍卖的物品负有保管义务;拍卖人接受委托后,未经委托人同意,不得委托其他拍卖人拍卖;委托人、买受人要求对其身份保密的,拍卖人应当为其保密;拍卖人及其工作人员不得以竞买人的身份参加与自己组织的拍卖活动,并不得委托他人代为竞买;拍卖人不得在自己组织的拍卖活动中拍卖自己的物品或者财产权利;拍卖成交后,拍卖人应当按照约定向委托人交付拍卖标的的价款,并按照约定将拍卖标的移交给买受人。

(二)委托人

委托人是指委托拍卖人拍卖物品或财产权利的公民、法人或其他组织。《中华人民共和国拍卖法》对委托人规定了以下的权利和义务:①委托人可以自行办理委托拍卖手续,也可以由其代理人代为办理委托拍卖手续;②委托人应当向拍卖人说明拍卖标的的来源和瑕疵;③委托人有权确定拍卖标的的保留价并要求拍卖人保密,拍卖国有资产,依照法律或者按照国务院规定需要评估的,应当经依法设立的评估机构评估,并根据评估结果确定拍卖标的的保留价;④委托人在拍卖开始前可以撤回拍卖标的,委托人撤回拍卖标的的,应当向拍卖人支付约定的费用；未作约定的，应当向拍卖人支付为拍卖支出的合理费用；⑤委托人不得参与竞买，也不得委托人他代为竞买；⑥按照约定由委托人移交拍卖标的的，拍卖成交后，委托人应当将拍卖标的移交给买受人。

委托人就其委托拍卖公司拍卖的拍卖品不可撤销地向拍卖公司及买受人保证如下：①其对该拍卖品拥有绝对的所有权或享有合法的处分权，对该拍卖品的拍卖不会侵害任何第三方的合法权益（包括著作权权益），亦不违反相关法律、法规的规定；②其已尽其所知，就该拍卖品的来源和瑕疵向拍卖公司进行了全面、详尽的披露和说明，不存在任何隐瞒或虚构之处；③如果其违反上述保证，造成拍卖品的实际所有权人或声称拥有权利的任何第三人提出索赔或诉讼，致使拍卖公司及/或买受人蒙受损失时，则委托人应负责赔偿拍卖公司及/或买受人因此所遭受的一切损失，并承担因此而发生的一切费用和支出。

（三）竞买人

竞买人是指参加竞购拍卖标的的公民、法人或其他组织，但是，如果法律、行政法规对拍卖标的的买卖条件有规定，那么竞买人应当具备规定的条件。竞买人登记为自然人的，应在拍卖日前凭有效身份证或护照或中华人民共和国认可的其他有效身份证件填写并签署登记文件；竞买人为法人或者其他组织的，应在拍卖日前凭有效的注册登记文件、法定代表人身份证明或者合法的授权委托手续填写并签署登记文件，领取竞投号牌，否则不视为正式竞买人。

竞买人的权利和义务主要有：①竞买人可以自行参加竞买，也可以委托其代理人参加竞买；②竞买人有权了解拍卖标的的瑕疵，有权查验拍卖标的和查阅有关拍卖资料；③竞买人一经应价，不得撤回，当其他竞买人有更高应价时，其应价即丧失约束力；④竞买人之间、竞买人与拍卖人之间不得恶意串通，损害他人利益。

（四）买受人

买受人是指以最高应价购得拍卖标的的竞买人。买受人应当按照约定支付拍卖标的的价款，未按照约定支付价款的，应当承担违约责任，或者由拍卖人征得委托人的同意，将拍卖标的再行拍卖。拍卖标的再行拍卖的，原买受人应当支付第一次拍卖中本人及委托人应当支付的佣金。再行拍卖的价款低于原拍卖价款的，原买受人应当补足差额。买受人未能按照约定取得拍卖标的的，有权要求拍卖人或者委托人承担违约责任。买受人未按照约定受领拍卖标的的，应当支付由此产生的保管费用。

三、拍卖的程序、规则

（一）拍卖程序

1.拍卖委托

委托人委托拍卖物品或者财产权利，应当提供身份证明和拍卖人要求提供的拍卖标的的所有权证明或者依法可以处分拍卖标的的证明及其他资料，还应向拍卖人说明拍卖标的的来源和瑕疵。委托人可以自行办理委托拍卖手续，也可以由其代理人办理委托拍卖手续。拍卖人接受委托，应当与委托人签订书面委托拍卖合同。拍卖人认为需要对拍卖标的进行鉴定的，可以进行鉴定。鉴定结论与委托拍卖合同载明的拍卖标的的状况不相符的，拍卖人有权要求变更或者解除合同。委托人在拍卖开始前可以撤回拍卖标的。委托人撤回拍卖标的的，应当向拍卖人支付约定的费用；未作约定的，应当向拍卖人支付为拍卖支出的合理费用。

2. 拍卖公告与展示

拍卖人接受拍卖委托后，应于拍卖日七日前发布拍卖公告并提供查看拍卖标的的条件及有关资料。拍卖公告应当通过报纸或者其他新闻媒介发布。拍卖标的的展示时间不少于两日。

3. 拍卖的实施

拍卖公告发布后，参加竞购拍卖标的的公民、法人或者其他组织应于拍卖日前携身份证明、资信证明、营业执照等相关材料接受拍卖人的竞买资格审核，审核合格者方能成为竞买人。竞买人需交纳规定数量的保证金或办理同等效力的手续。竞买人可以自行参加竞买，也可以委托其代理人参加竞买。

竞买人参加竞买前，应仔细阅读《拍卖规则》及《竞买须知》，并对自己的拍卖行为负责。竞买人的最高应价未达到保留价时，该应价不发生效力。拍卖师有权停止拍卖标的的拍卖。竞买人的最高应价经拍卖师落槌或者以其他公开表示买定的方式确认后，拍卖成交，买受人和拍卖人应当场签署成交确认书。

拍卖标的需要依法办理证照变更、产权过户手续的，委托人、买受人应当持拍卖人出具的成交证明及有关材料，向有关行政管理机关办理手续。

4. 如何具体参加拍卖

首先参阅发布在新闻媒体上的拍卖公司的拍卖公告，选择自己感兴趣的标的。

及时在拍卖公告规定的日期内实地看样（根据惯例拍卖标的均以展出时实样为准），详细了解该标的的一切情况，如质量状况、新旧程度、使用年限，标的如是房地产、汽车，还应了解其现有权证、牌照情况，向有关部门咨询办理过户的手续及费用，便于测算竞买成本，确定合适的竞拍心理价位。

按照拍卖公告宣布的日期、地点，提前进入拍卖现场，办理竞买登记手续应向拍卖公司提交个人身份证明（竞买人如系法人企业应提交法人营业执照，法人代表身份证或法人代表授权书，竞买人为有限公司法人企业的在参拍房地产及固定资产类等标的时，必须提交公司股东会或董事会决议），交纳参加竞拍保证金，领取竞拍号牌，在拍卖会前仔细阅读拍卖公司对该次拍卖会所作的具体规定及须知，遇有疑虑可当场向拍卖公司询问了解，以免因理解有误引起纠纷，导致承担责任而造成不必要的损失。

拍卖会开始后，竞买人应集中精力，把握机会，参加竞买，应价、加价时保持头脑清晰，牢记自己的心理价位，举牌果断。

一旦竞买成功，当场与拍卖公司签署成交确认书，确立自己的买受人资格。

按照拍卖会规定的期限，交清拍卖成交价款及佣金。

买受人凭已结算完毕的拍卖成交确认书，向拍卖公司提取成交标的。

涉及权证、牌照过户的标的，在提取后，按拍卖会上约定的责任、义务，办理过户手续（一般惯例均由买受人自行办理、拍卖公司协助）。

（二）拍卖规则

1. 拍卖的成立

（1）拍卖的表示。拍卖的表示是指拍卖人发出的对财物进行拍卖的意思表示。包括拍卖公告和拍卖师在拍卖开始时所作出的拍卖表示。拍卖的表示一般属于要约引诱。因此，拍卖人发出拍卖的表示只是引起竞买人的竞买，而不受其意思表示的拘束，拍卖人对竞买人的最高出价认为未达到保留价时也可以不拍定而停止拍卖,撤回拍卖的标的物。但是,拍卖标的无保留价的,拍卖人对于竞买人的最高出价必须拍定。也就是说,在拍卖时说明拍卖标的无保留价时,拍卖人须受其拍卖意思表示的约束。在此情形下拍卖的表示应属于一种要约。

(2)应买的表示。应买的表示是指参加竞买的竞买人发出的购买的意思表示。拍卖是由参加购买的应买人竞争,由出价最高者购得。各参加竞争的应买人为竞买人,其提出的价格即为应价。竞买人一经应价,不得撤回,当其他竞买人有更高应价时,其应价即丧失约束力。在一般情况下,拍卖的表示既为要约引诱,竞买人的应价就应为要约,竞买人受其约束,但在其他人有更高应价时其应价即丧失效力。而在拍卖人说明拍卖标的无保留价时,拍卖的表示属于要约,竞买人的应价也即为承诺;竞买人一经应价买卖合同即应成立,但以无其他竞买人的更高应价为生效条件即无其他竞买人的更高应价时条件成就,合同生效;有其他竞买人的更高应价时,条件不成就,合同失去效力。依拍卖法的规定,拍卖人及其工作人员不得以竞买人的身份参与自己组织的拍卖活动,并且不得委托他人代为竞买;委托人不得参与竞买,也不得委托他人代为竞买。拍卖人、委托人违反这一规定参与竞买的,其买卖无效。

(3)买定的表示。拍卖法第五十一条规定:"竞买人的最高应价经拍卖师落槌或者以其他公开表示买定的方式确认后,拍卖成交。"拍卖成交亦即买卖成立。因此,拍卖人关于买定的表示应属于承诺,但须以规定的方式公开表示。经拍卖人确认的出最高应价的竞买人即为买受人。拍卖成交后,买受人和拍卖人应当签署成交确认书。签署成交确认书并不是订立合同,而是对经拍卖成立的买卖合同的一种确认。

(4)代理竞买。

①代理人必须取得被代理人的授权委托书,表明委托代理关系,委托书必须载明委托代理的内容及权限。被代理人如系法人企业,则必须取得由法人代表签署的法人委托书。

②代理人必须在拍卖会前将授权委托书、被代理人身份证明(被代理人系法人企业的法人营业执照、法人代表身份证明),以及代理人自己的身份证明,提交给拍卖公司审核。如被代理人为有限公司法人企业时,在参拍房地产及固定资产类等标的时,必须提交公司股东会或董事会决议。

③经拍卖公司审核同意后,由代理人填写竞买登记表格,在竞买人栏内填写被代理人的名称,在竞投人栏内填写代理人的名称。在交纳参拍保证金后,领取竞拍号牌,进入拍卖会场,才能有权代理竞买。

④代理人在拍卖会上的竞拍行为超出被代理人的授权委托书所载的内容及权限,拍卖人视其为无效行为,有权中止其竞买资格。

⑤一旦竞买成交由代理人当场签署成交确认书及其他有关文件。

2.拍卖的效力

拍卖成交后,委托拍卖的,拍卖人、委托人与买受人之间发生的权利义务如下:

(1)关于交付标的物和转移标的物所有权。

拍卖成交后,拍卖人应当按照约定将标的物交付给买受人。按照约定由委托人移交标的物的,拍卖成交后,委托人应当将标的物移交给买受人。拍卖人或委托人不交付标的物致使买受人未按约定取得标的物的,应当承担违约责任。同时买受人也应按照约定受领标的物,否则,应当支付由此产生的保管费用。标的物的所有权一般随标的物的交付而转移于买受人。依照法律规定,拍卖的标的物需要办理证照变更、产权过户手续的,委托人、买受人应当持拍卖人出具的成交证明和有关材料,到有关行政管理机关办理手续。因委托人或拍卖人的原因致使买受人不能办理有关手续的,委托人或拍卖人应当负违约责任。

竞投成功后,拍卖品的风险也会随着所有权的转移而转移,也就是说风险由买受人自行承担。拍卖品买受人须在拍卖成交日起一定期限内领取所购买的拍卖品。若买受人未能在一定期限内领取拍卖品,则因逾期造成对该拍卖品的搬运、储存及保险费用均由买受人承担,且买受人应对其所购拍卖品负全责,即使该拍卖品仍由拍卖公司或其他代理人代为保存,拍卖公司及其工作人员或其代理人对任何原因所致的该拍卖品的毁损、灭失,不负任何责任。

同时应注意如果拍卖物是文物时,根据《中华人民共和国文物保护法》及其他法律、法规规定,限制带出中华人民共和国国境的拍卖品,拍卖人将在拍卖品图录或拍卖会现场予以说明。根据《中华人民共和国文物保护法》及其他法律、法规规定,允许带出中华人民共和国国境的拍卖品,买受人应根据国家有关规定自行办理出境手续。

(2)关于瑕疵担保责任。

拍卖成交的,拍卖人应当承担标的物的瑕疵担保责任。但拍卖人于拍卖时向竞买人说明标的物的瑕疵的,或者拍卖人、委托人在拍卖前声明不能保证拍卖标的的真伪或者品质的,不承担瑕疵担保责任。拍卖人未声明标的物瑕疵的,买受人是否可要求减价或解除合同,对此法无明文规定。

值得注意的是许多拍卖人在拍卖规则中规定了竞买人有审看责任:拍卖人对拍卖品的真伪及/或品质不承担瑕疵担保责任,竞买人及/或其代理人有责任自行了解有关拍卖品的实际状况并对自己竞投某拍卖品的行为承担法律责任,竞买人应在拍卖日前,以鉴定或其他方式亲自审看拟竞投拍卖品之原物,自行判断该拍卖品是否符合其描述,而不应依赖拍卖人拍卖品图录以及其他形式的影像制品和宣传品之表述做出决定。同时,因印刷或摄影等技术原因造成拍卖品在图录及/或其他任何形式的图示、影像制品和宣传品中的色调、颜色、层次、形态等与原物存在误差者,以原物为准。拍卖人及其工作人员或其代理人对任何拍卖品用任何方式(包括证书、图录、幻灯投影、新闻载体等)所作的介绍及评价,均为参考性意见,不构成对拍卖品的任何担保。所以,在参加拍卖时,仔细了解拍卖规则是极为重要的。

(3)关于价款的支付和再拍卖。

按照约定支付标的物的价款是买受人的主要义务,同时买受人还应当依照规定向拍卖人支付规定的佣金。买受人未按约定支付价款的,拍卖人有权不经催告而解除合同,在征得委托人的同意后将标的物再拍卖。再拍卖时,原拍卖的买受人应当支付第一次拍卖中本人及委托人应当支付的酬金。再拍卖的价款如低于原拍卖价款,原买受人应当补足再行拍卖的差额。

四、法律责任

拍卖活动中的违法行为应承担的相应法律责任主要有:

(1)委托拍卖其没有所有权或者依法不得处分的物品或者财产权利的,应当依法承担责任。拍卖人明知委托人对拍卖的物品或者财产权利没有所有权或者依法不得处分的,应当承担连带责任。

(2)国家机关将应当委托财产所在地的省、自治区、直辖市的人民政府或者设区的市的人民政府指定的拍卖人拍卖的物品擅自处理的,对负有直接责任的主管人员和其他直接责任人员依法给予行政处分,给国家造成损失的,还应当承担赔偿责任。

（3）未经许可登记设立拍卖企业的，由工商行政管理部门予以取缔，没收违法所得，并可以处违法所得一倍以上五倍以下的罚款。

（4）拍卖人、委托人未说明拍卖标的的瑕疵，给买受人造成损害的，买受人有权向拍卖人要求赔偿；属于委托人责任的，拍卖人有权向委托人追偿。拍卖人、委托人在拍卖前声明不能保证拍卖标的的真伪或者品质的，不承担瑕疵担保责任。因拍卖标的存在瑕疵未声明的，请求赔偿的诉讼时效期间为一年，自当事人知道或者应当知道权利受到损害之日起计算。因拍卖标的存在缺陷造成人身、财产损害请求赔偿的诉讼时效期间，适用《中华人民共和国产品质量法》和其他法律的有关规定。

（5）拍卖人及其工作人员参与竞买或者委托他人代为竞买的，由工商行政管理部门对拍卖人给予警告，可以处拍卖佣金一倍以上五倍以下的罚款；情节严重的，吊销营业执照。

（6）拍卖人在自己组织的拍卖活动中拍卖自己的物品或者财产权利的，由工商行政管理部门没收拍卖所得。

（7）委托人参与竞买或者委托他人代为竞买的，工商行政管理部门可以对委托人处拍卖成交价百分之三十以下的罚款。

（8）竞买人之间、竞买人与拍卖人之间恶意串通，给他人造成损害的，拍卖无效，应当依法承担赔偿责任。由工商行政管理部门对参与恶意串通的竞买人处最高应价百分之十以上百分之三十以下的罚款；对参与恶意串通的拍卖人处最高应价百分之十以上百分之五十以下的罚款。

（9）关于按佣金比例的规定收取佣金的，拍卖人应当将超收部分返还委托人、买受人。物价管理部门可以对拍卖人处拍卖佣金一倍以上五倍以下的罚款。

第二节　招标投标法概述

一、招标投标的概念

招标投标是在市场经济条件下进行的大宗货物买卖、工程建设项目的发包与承包，以及服务项目的采购与提供时，所采用的一种交易方式。所谓招标，是指订立合同的一方当事人采取招标公告的形式，向不特定人发出、以吸引或邀请相对方发出邀约为目的的意思表示。所谓投标，是指投标人（出标人）按照招标人提出的要求，在规定的期间内向招标人发出的以订立合同为目的的、包括合同全部条款的意思表示。关于招标的性质，两大法系均认为属于邀约邀请，所不同的是英美法系认为招标虽属于邀约邀请，但并非无法律意义，因为招标内容发出后，在法律上业已构成承包合同条件，对承、发包方均有约束力。招标行为都要发出公告。根据《中华人民共和国合同法》第十五条，此种公告属于要约邀请行为。因为招标人实施招标行为是订约前的预约行为，其目的在于引诱更多的相对人提出邀约，从而使招标人能够从更多的投标人中寻取条件最佳者并与其订立合同；而投标则是投标人根据招标人所公布的标准和条件向招标人发出的以订立合同为目的的意思表示，在投标人投标后必须要有招标人的承诺，合同才能成立，所以投标在性质上为要约。

在招标投标这种交易方式下，项目采购（包括货物的购买、工程的发包和服务的采购）的采购方作为招标方，通过发布招标公告或者向一定数量的特定供应商、承包商发出招标邀请等方式发出招标采购的信息,提出所需采购的项目及其质量、技术要求、交货或竣工期限以及对供应商、承包商的资格要求等招标采购条件,表明将选择最能够满足采购要求的供应商、承包商与之签订采购合同的意向,由各有意提供采购所需货物、工程或服务项目的供应商、承包商作为投标方,向招标方书面提出自己拟提供的货物、工程或服务的报价及其他响应招标要求的条件,参加投标竞争。经招标方对各投标者的报价及其他条件进行审查比较后,从中择优选定中标者,并与其签订采购合同。采用招标投标方式进行交易活动的最显著特征,是将竞争机制引入了交易过程,与采用供求双方"一对一"直接交易等非竞争性的采购方式相比,具有明显的优越性,主要表现在:①招标方通过对各投标竞争者的报价和其他条件进行综合比较,从中选择报价低、技术力量强、质量保障体系可靠、具有良好信誉的供应商、承包商作为中标者,与其签订采购合同,这显然有利于节省和合理使用采购资金,保证采购项目的质量。②招标投标活动要求依照法定程序公开进行,有利于堵住采购活动中行贿受贿等腐败和不正当竞争行为的"黑洞"。③有利于创造公平竞争的市场环境,促进企业间的公平竞争。采用招标投标的交易方式,对于供应商、承包商来说,只能通过在质量、价格、售后服务等方面展开竞争,以尽可能充分满足招标方的要求,取得商业机会,体现了在商机面前人人平等的原则。

招标投标的交易方式,是市场经济的产物,采用这种交易方式,须具备两个基本条件:一是要有能够开展公平竞争的市场经济运行机制。在计划经济条件下,产品购销和工程建设任务都按照指令性计划统一安排,没有必要也不可能采用招标投标的交易方式。二是必须存在招标采购项目的买方市场,对采购项目能够形成卖方多家竞争的局面,买方才能够居于主导地位,有条件以招标从多家竞争者中择优选择中标者。

二、招标投标法的原则

《中华人民共和国招标投标法》于 1999 年 8 月 30 日第九届全国人民代表大会常务委员会第十一次会议通过,2017 年 12 月 27 日第十二届全国人民代表大会常务委员会第三十一次会议修订,自 2017 年 12 月 28 日起施行。新修订的《中华人民共和国招标投标法》第五条规定:"招标投标活动应当遵循公开、公平、公正和诚实信用原则。"公开、公平、公正和诚实信用是招标投标活动必须遵循的最基本的原则,违反这一基本原则,招标投标活动就失去了本来的意义。

所谓"公开"是指:①进行招标活动的信息要公开。采用公开招标方式的,招标方应当通过国家指定的报刊、信息网络或者其他公共媒介发布招标公告,需要进行资格预审的,应当发布资格预审公告;采用邀请招标方式的,招标方应当向三个以上的特定法人或者其他组织发出邀请书。招标公告、资格预审公告和招标邀请书应当载明能大体满足潜在投标人决定是否参加投标竞争所需要的信息,通常应当包括:招标方的名称、地址;招标采购货物的性质、数量和交货地点,或拟建工程的性质、地点,或所需提供服务的性质和提供地点;提供招标文件的时间、地点和收取的费用等。在发布招标公告、发出招标邀请书的基础上,还应当按照招标公告或招标邀请书中载明的时间和地点,向有意参加投标的承包商、供应商提供招标文件。招标文件应当载有为供应商、承包商作出投标决策、进行投标准备所必需的资料,以及其他为保证招标投标过程公开、透明的有关信息。通常应当包括:关于编写投标文件的说明,以避免投标者因其提交的投标书不符合要求而失去中标机会;投标者为证明其资格而必须提交的有关资料;采购项目的技术、质量要求,交货、竣工或提供服务的时间;要求提交投标担保的,对投标担保的要求;提交投标书的时间、地点;投标有效期(即投标者应受其投标条件约束的期间);开启投标书的时间、地点和程序;对投标书的评审程序和确定中标的标准等。招标人对已发出的招标文件进行必要的澄清或者修改的,应当以书面形式通知所有的招标文件收受人。②开标的程序要公开。开标应当公开进行,所有的投标人或其代表均可参加开标;开标的时间和地点应当与事先提供给所有招标人的招标文件上载明的时间和地点相一致,以便投标人按时参加;开标时,应先由投标人或者其推举的代表检查投标文件的密封情况,经确认无误后,由工作人员当众拆封,以唱读的方式,报出各投标人的名称、投标价格等投标书的主要内容,并做好记录,存档备查。招标人在招标文件要求提交投标文件的截止日期前收到的所有投标文件,开标时都应当当众予以拆封、宣读。对在投标截止日期以后收到的标书,招标人应当拒收。③评标的标准和程序要公开。评标的标准和办法应当在提供给所有投标人的招标文件中载明,评标应当严格按照招标文件载明的标准和办法进行,不得采用招标文件未列明的任何标准。招标人不得与投标人就投标价格、招标方案等实质性内容进行谈判。④中标的结果要公开。确定中标人后,招标人应当向中标人发出中标通知书,并同时将中标结果通知所有未中标的投标人。未中标的投标人对招标活动和中标结果有异议的,有权向招标人提出或向有关行政监督部门投诉。

所谓"公平"和"公正",对招标方来说,就是要严格按照公开的招标条件和程序办事,同等地对待每一个投标竞争者,不得厚此薄彼,亲亲疏疏。例如,招标方应向所有的潜在投标人提供相同的招标信息;招标方对招标文件的解释和澄清应提供给所有的投标人;对所有投标人的资格审查应适用相同的标准和程序;提供投标担保的要求应同样适用于每一投标者;对采购标的的技术、质量要求应尽可能采用通用的标准,不得以标明特定的商标、专利等形式倾向某一特定的投标人,排斥其他投标人;所有投标人都有权参加开标会;所有在投标截止期前收到的投标都应当在开标时当众打开;对所有在投标截止日期以后送到的投标书都应拒收;与投标者有利害关系的人员不得作为评标委员会成员;中标标准应当尽可能量化,并严格按既定的评标程序对所有的投标进行评定,按既定的中标标准确定中标者;不得向任何投标人泄露标底或其他可能妨碍公平竞争的信息。对投标方来说,应当以正当的手段参加投标竞争,不得串通投标,不得有向招标方及其工作人员行贿、提供回扣或给予其他好处等不正当竞争行为。对招标方与投标方之间的关系来说,双方在采购活动中地位平等,任何一方不得向另一方提出不合理的要求,不得将自己的意志强加给另一方。

"诚实信用"是民事活动的基本原则,在我国民法通则和合同法等民事基本法律中都规定了这一原则。招标投标活动是以订立采购合同为目的的民事活动,当然也适用这一原则。在招标投标活动中遵守诚实信用原则,要求招标投标各方都要诚实守信,不得有欺骗、背信的行为。如招标人不得以任何形式搞虚假招标;投标人递交的资格证明材料和投标书的各项内容都要真实;中标订立合同后,各方都要严格履行合同。对违反诚实信用原则,给他方造成损失的,要依法承担赔偿责任。

三、招标投标活动的行政监督

招标投标活动是一项必须在国家监督管理下有秩序地进行的涉及面广、竞争性强、利益关系敏感的经济活动,国家如何监督管理,有哪些部门来履行这种职责,在招标投标法中对此做出了原则性的规定。《中华人民共和国招标投标法》第七条规定:"招标投标活动及其当事人应当接受依法实施的监督。有关行政监督部门依法对招标投标活动实施监督,依法查处招标投

标活动中的违法行为。对招标投标活动的行政监督及有关部门的具体职权划分,由国务院规定。"具体内容如下:

(1)招标投标活动及其当事人应当接受依法实施的监督,这对招标投标的当事人来说是一向法定的义务。当然在这里也同时表明,国家对招标投标活动是要进行监督的,这种监督是一种依法实施的监督,而不是一种任意的、由某一个地区或某一个部门自行其是的监督。

(2)有关行政监督部门有权对招标投标活动进行监督,有权查处招标投标活动中的违法行为,但是这些部门的职权必须是依法享有和依法行使,没有法律根据的或者是滥用职权的所谓监督权是无效的、不被允许的。是否依法监督,这是一个极为重要界线,招标投标法的各种监督都必须是依法进行的监督。

(3)招标投标活动的行政监督部门,各个部门的具体职权划分,都将由国务院规定,因为这种职权的划分是国务院的职责。此外,所以这样规定,也表明由于招标投标活动范围很广,专业性又强,很难由一个部门统一进行监督,而是由各个不同的部门根据国务院的规定和各自的具体职责分别进行监督,这样是有效的、合理的。

(4)有关招标投标活动的行政管理事项也分别由有关的主管部门分工负责,招标投标法对此作出了若干有关规定。凡是法律中有规定,都必须依法行事。

但需要注意新修订的招标投标法删去第十四条第一款,即删除了"从事工程建设项目招标代理业务的招标代理机构,其资格由国务院或者省、自治区、直辖市人民政府的建设行政主管部门认定。具体办法由国务院建设行政主管部门会同国务院有关部门制定。从事其他招标代理业务的招标代理机构,其资格认定的主管部门由国务院规定。"这样,招标方自主选择代理机构属于市场行为,代理机构可以通过市场竞争、发挥行业自律作用予以规范 。

四、招标的方式

(一)公开招标

公开招标也称无限竞争性招标,是指由招标方按照法定程序,在公开出版物上发布招标公告,所有符合条件的供应商或承包商都可以平等参加投标竞争,从中择优选择中标者的招标方式。根据本条的规定,公开招标需符合如下条件:①招标人需向不特定的法人或者其他组织(有的科研项目的招标还可包括个人)发出投标邀请。招标人应当通过为全社会所熟悉的公共媒体公布其招标项目、拟采购的具体设备或工程内容等信息,向不特定的人提出邀请。任何认为自己符合招标人要求的法人或其他组织、个人都有权向招标人索取招标文件并届时投标。采用公开招标的,招标人不得以任何借口拒绝向符合条件的投标人出售招标文件,依法必须进行招标的项目,招标人不得以地区或者部门不同等借口违法限制任何潜在投标人参加投标。②公开招标须采取公告的方式,向社会公众明示其招标要求,使尽量多的潜在投标商获取招标信息,前来投标,从而保证了公开招标的公开性。实际生活中人们经常在报纸上看到"XXX招标通告",此种方式即为公告招标方式。采取其他方式如向个别供应商或承包商寄信等方式采购的都不是公告方式,不应为公开招标人所采纳。招标公告的发布有多种途径,如可以通过报纸、广播、网络等公共媒体。公开招标的优点在于能够在最大限度内选择投标商,竞争性更强,择优率更高,同时也可以在较大程度上避免招标活动中的贿标行为,因此,国际上政府采购通常采用这种方式。

（二）邀请招标

邀请招标也称为有限竞争性招标，是指招标方选择若干供应商或承包商，向其发出投标邀请，由被邀请的供应商、承包商投标竞争，从中选定中标者的招标方式。如上所述，公开招标在其公开程度、竞争的广泛性等方面具有较大的优势，但公开招标也有一定的缺陷，比如，由于投标人众多，一般耗时较长，需花费的成本也较大，对于采购标的较小的招标来说，采用公开招标的方式往往得不偿失；另外，有些项目专业性较强，有资格承接的潜在投标人较少，或者需要在较短时间内完成采购任务等，也不宜采用公开招标的方式。邀请招标的方式则在一定程度上弥补了这些缺陷，同时又能够相对较充分地发挥招标的优势。邀请招标的特点是：①招标人在一定范围内邀请特定的法人或其他组织（有的科研项目的招标还可包括个人）投标。与公开招标不同，邀请招标不须向不特定的人发出邀请，但为了保证招标的竞争性，邀请招标的特定对象也应当有一定的范围，根据《招标投标法》第十七条的规定，招标人应当向三个以上的潜在投标人发出邀请。②邀请招标不须发布公告，招标人只要向特定的潜在投标人发出投标邀请书即可。接受邀请的人才有资格参加投标，其他人无权索要招标文件，不得参加投标。应当指出，邀请招标虽然在潜在投标人的选择上和通知形式上与公开招标有所不同，但其所适用的程序和原则与公开招标是相同的，其在开标、评标标准等方面都是公开的，因此，邀请招标仍不失其公开性。

五、招标人、投标人和招标代理机构

（一）招标人

招标人是指提出招标项目、进行招标的法人或者其他组织。包含两层意思：一是招标人须是提出招标项目、进行招标的人。所谓"招标项目"，即采用招标方式进行采购的工程、货物或服务项目。工程建设项目招标发包的招标人，通常为该项建设工程的投资人即项目业主；国家投资的工程建设项目，招标人通常为依法设立的项目法人（就经营性的建设项目而言）、或者项目的建设单位（就非经营性建设项目而言）。货物招标采购的招标人，通常为货物的买主。服务项目招标采购的招标人，通常为该服务项目的需求方。二是招标人须是法人或其他组织，自然人不能成为招标人。我国民法通则规定，法人是具有民事权利能力和民事行为能力，依法独立享有民事权利和承担民事义务的组织。法人应当具备下列条件：①依法成立；②有必要的财产或者经费；③有自己的名称、组织机构和场所；④能够独立承担民事责任。按照民法通则的规定，法人包括企业法人、事业单位法人、机关法人和社会团体法人。企业法人包括公司和其他具有法人资格的企业。根据民法通则第五条的规定，各种所有制形式的有限责任公司和股份有限公司，国有独资公司，公司以外其他类型的国有企业和集体所有制企业，以及依法取得法人资格的中外合作经营企业、外资企业等，都具有作为招标人参加招标投标活动的权利能力；有独立经费的各级国家机关和依法取得法人资格的事业单位、社会团体等，也都具有作为招标人参加招标投标活动的权利能力。其他组织是指除法人以外的其他实体，包括合伙企业、个人独资企业和外国企业以及企业的分支机构等。这些企业和机构也可以作为招标人参加招标投标活动。鉴于招标采购的项目通常标的大，耗资多，影响范围广，招标人责任较大，为了切实保障招投标各方的权益，法律未赋予自然人成为招标人的权利。但这并不意味着个人投资的项目不能采用招标的方式进行采购。个人投资的项目，可以成立项目公司作为招标人。

(二)投标人

《中华人民共和国招标投标法》第二十五条规定："投标人是响应招标、参加投标竞争的法人或者其他组织。依法招标的科研项目允许个人参加投标的,投标的个人适用本法有关投标人的规定。"根据本条规定,可以参加招标项目投标竞争的主体包括以下三类:

1. 法人

根据民法通则第三十六条的规定,法人是具有民事权利能力和民事行为能力,依法独立享有民事权利和承担民事义务的组织。法人的民事权利能力和民事行为能力,从法人成立时产生,到法人终止时消灭。法人分为企业法人、机关法人、事业单位法人、社会团体法人。参加投标竞争的法人应为企业法人或事业单位法人。根据本条规定,法人组织对招标人通过招标公告、投标邀请书等方式发出的要约邀请作出响应,直接参加投标竞争的(具体表现为按照招标文件的要求向招标人递交了投标文件),即成为招标投标法所称的投标人。

2. 法人以外的其他组织

法人以外的其他组织指经合法成立、有一定的组织机构和财产,但又不具备法人资格的组织。包括:经依法登记领取营业执照的个人独资企业、合伙企业;依法登记领取营业执照的合伙型联营企业;依法登记领取我国营业执照的不具有法人资格的中外合作经营企业、外资企业;法人依法设立并领取营业执照的分支机构等。上述组织成为投标人也需要具备响应招标、参加投标竞争的条件。

3. 个人

个人指民法通则所讲的自然人(公民)。依照《中华人民共和国招标投标法》第二十五条规定,个人作为投标人,只限于科研项目依法进行招标的情况。从实践中看,对科学技术研究、开发项目的招标,除可以由科研机构等单位参加投标外,有些科研项目的依法招标活动,允许由科研人员或者其组成的课题组参加投标竞争,也是很有必要的。依照本条规定,个人参加依法进行的科研项目招标的投标的,"适用本法有关投标人的规定",即个人在参加依法招标的科研项目时享有本法规定的投标人权利,同时应履行本法规定的投标人的义务。

(三)招标代理机构

招标代理机构是依法设立、从事招标代理业务并提供相关服务的社会中介组织。招标代理机构应当具备下列条件:①有从事招标代理业务的营业场所和相应资金;②有能够编制招标文件和组织评标的相应专业力量。

需要注意,新修订的招标投标法即删除了原招标投标法中招标代理机构应当具备"有符合本法第三十七条第三款规定条件、可以作为评标委员会成员人选的技术、经济等方面的专家库"的内容,这意味着招标代理机构无需自建专家库。专家库已由相关部门统一建设、统一管理,以确保专家评审的客观公正性。

招标代理机构是依法设立、从事招标代理业务并提供相关服务的社会中介组织。这里有几层含义:①招标代理机构的性质既不是一级行政机关,也不是从事生产经营的企业,而是以自己的知识、智力为招标人提供服务的独立于任何行政机关的组织。招标代理机构可以以多种组织形式存在,如可以是有限责任公司,也可以是合伙等。从我国目前的情况看,自然人一般不能从事招标代理业务。②招标代理机构需依法登记设立,招标代理机构的设立不需有关行政机关的审批,但其从事有关招标代理业务的资格需要有关行政主管部门审查认定。③招标代理机构的业务范围包括:从事招标代理业务,即接受招标人委托,组织招标活动。具体业务活动包括帮助招标人或受其委托拟定招标文件,依据招标文件的规定,审查投标人的资质,组织评标、定标等等;提供与招标代理业务相关的服务即提供与招标活动有关的咨询、代书及其他服务性工作。

招标代理机构作为专门从事招标投标工作的中介组织,必须具有与其所从事的招标代理业务相适应的专业代理资格,并须经有关行政主管部门的认定。在现行体制下,招标代理机构所从事代理业务的领域不同,其资格认定机关也有所不同。招标代理机构的资格认定分为两个层次:①需要注意新修订的招标投标法删除了第十四条第一款,即:"从事工程建设项目招标代理业务的招标代理机构,其资格由国务院或者省、自治区、直辖市人民政府的建设行政主管部门认定。具体办法由国务院建设行政主管部门会同国务院有关部门制定。从事其他招标代理业务的招标代理机构,其资格认定的主管部门由国务院规定。"此举目的是进一步推进简政放权、放管结合、优化服务改革,更大程度激发市场、社会的创新创造活力。因为招标代理机构是提供招标代理业务咨询服务的中介机构,不对代理的招投标项目承担主体责任,招标方自主选择代理机构属于市场行为,代理机构可以通过市场竞争、发挥行业自律作用予以规范,发展改革、建设等行政主管部门可以通过强化事中事后管理措施进行监督,不需要以行政许可的方式设定准入门槛。②从事其他招标代理业务包括货物采购及服务等的招标代理业务,按照国家规定需要进行资格认定的,其代理资格的认定由国务院规定的主管部门认定。这主要是考虑其他招标代理业务范围较广,情况比较复杂,不宜统一在法律中规定,因此授权国务院根据实际情况作出规定。

招标代理机构一经法定程序设立,便成为独立从事招标代理业务及相关服务的中介组织,其依法开展业务活动不受任何行政单位的干涉。为了保证招标代理工作公正、客观、有效地进行,也为了依法纠正目前实际中存在的某些招标代理机构依附于行政机关,借用行政权力实行强制代理,损害招标人利益,有关行政机关也借此谋取不正当利益的现象,《中华人民共和国招标投标法》第十四条明确规定:"招标代理机构与行政机关和其他国家机关不得存在隶属关系或者其他利益关系。"

招标人和招标代理机构之间在法律上是委托代理关系。因此,代理权是招标代理机构代理活动的基础,代理权限范围即是代理机构以被代理人名义进行活动的全部业务范围。其法律意义在于:招标代理机构在代理权限范围内从事招标活动,所造成的法律后果由被代理人即招标人承担;招标代理机构在没有代理权、超越代理权或代理权已终止的情况下的任何所为都不是代理行为,其所造成的后果应由招标代理机构自行负责。招标代理机构因其无权代理或超越代理权的行为给招标人造成损失的,还应当对招标人承担赔偿责任。根据招标代理法律性质,招标代理机构应当在招标人委托的范围内办理招标事宜。

需要注意新修订的招标投标法第五十条规定:"招标代理机构违反本法规定,泄露应当保密的与招标投标活动有关的情况和资料的,或者与招标人、投标人串通损害国家利益、社会公共利益或者他人合法权益的,处五万元以上二十五万元以下的罚款,对单位直接负责的主管人员和其他直接责任人员处单位罚款数额百分之五以上百分之十以下的罚款;有违法所得的,并处没收违法所得;情节严重的,禁止其一年至二年内代理依法必须进行招标的项目并予以公告,直至由工商行政管理机关吊销营业执照;构成犯罪的,依法追究刑事责任。给他人造成损失的,依法承担赔偿责任。"

六、投标资格

法律对投标人的资格做出规定,对保证招标项目的质量,维护招标人的利益乃至国家和社会公共利益,都是十分重要的。对投标人投标资格的规定包括两个方面:

(一)投标人应当具备承担招标项目的能力

投标人应当具备承担招标项目的能力指的是,投标人在资金、技术、人员、装备等方面,要具备与完成招标项目的需要相适应的能力或者条件。例如,高速公路建设施工项目的投标人,应当具备承担高速公路施工的相应能力,包括要具备相应的资金能力,相应的技术力量和一定的技术、管理和施工人员以及相应的施工设备等。

(二)国家有关规定对投标人资格条件或者招标文件对投标人资格条件有规定的,投标人应当具备规定的资格条件

按照建筑法的规定,从事房屋建筑活动的建筑施工企业、勘察单位、设计单位和工程监理单位,应当具备下列条件:有符合国家规定的注册资本、有与其从事的建筑活动相适应的具有法定执业资格的专业技术人员、有从事相关建筑活动所应有的技术装备以及法律、行政法规规定的其他条件。从事建筑活动的建筑施工企业、勘察单位、设计单位和工程监理单位,按照其拥有的注册资本、专业技术人员、技术装备和已完成的建筑工程业绩等资质条件,划分为不同的资质等级,经资质审查合格,取得相应等级的资质证书后,方可在其资质等级许可的范围内从事建筑活动。国务院建设行政主管部门颁发的《建筑施工企业资质等级标准》将从事民用建筑工程施工的企业分为四级,并对每一资质等级企业应具备的条件及其可以承担的工程范围作了具体规定。例如,一级资质的施工企业应具备的条件包括:须具有二十年以上的施工经历;近十五年承担过两个以上的大型工业建设项目的主体工程施工且工程质量合格;企业具有本专业高级技术职称的总工程师,高级专业职称的总会计师,中级以上专业职称的总经济师;企业有职称的专业技术人员应占企业年平均职工人数的百分之八以上;企业的固定资产产值在一千五百万元以上,流动资金四百万元以上等等。一级建筑施工企业可承包各种民用建设项目的建筑施工。而四级建筑施工企业应具备的条件则比一级建筑施工企业应具备的条件相应要低得多,其可以承包工程的范围也相应要小得多。按照规定,四级建筑施工企业只可承包六层和十五米跨度以下的民用房屋建筑施工。也就是说,一级建筑施工企业可以作为各种民用建设项目的投标人,而四级建筑施工企业只能作为六层和十五米跨度以下的民用房屋建筑项目的投标人。

七、投标文件的编制

投标是一种要约行为,根据我国合同法第十四条,要约的内容必须具体确定,所谓"具体",是指要约的内容必须具有足以使合同成立的主要条款,如果不能包含合同的主要条款,承诺人即难以作出承诺,即使作了承诺,也会因为这种合意不具备合同的主要条款而使合同不能成立。所谓"确定",是指要约的内容必须明确,而不能含糊不清,使受要约人能正确理解要约人的真实含义,否则无法承诺。所谓"完整",是指要约的内容必须具有足以使合同成立的主要条件。由于要约人发出要约的目的是为了订立合同,这样要约中必须包含未来合同的主要条款。如果不能包含合同的主要条款,承诺人即难以作出承诺。对于投标文件来说,作为要约,除应具备要约的一般条件要求以外,尚需具备以下条件:

（一）按照招标文件的要求编制投标文件

招标文件是由招标人编制的希望投标人向自己发出要约的意思表示，从合同法的意义上讲，招标文件属于要约邀请。招标文件通常应包括如下内容：编制投标书的说明；投标人的资格条件；投标人需要提交的资料；招标项目的技术要求；投标的价格；投标人提交投标文件的方式、地点、截标的具体日期；对投标担保的要求；评标标准；与投标人联系的具体地址和人员等。投标人只有按照招标文件载明的要求编制承诺，方有中标的可能，否则，即使作了承诺，也会因这种合意不符合合同的主要条款而不能中标。

（二）投标文件应当对招标文件提出的实质性要求和条件作出响应

对招标文件提出的实质性要求和条件作出响应，是指投标文件的内容应当对与招标文件规定的实质要求和条件（包括招标项目的技术要求、投标报价要求和评标标准等）一一作出相对应的回答，不能存有遗漏或重大的偏离。否则将被视为废标，失去中标的可能。

（三）编制建设施工项目的投标文件的其他要求

除符合上述两项基本要求外，还应当包括如下内容：①拟派出的项目负责人和主要技术人员的简历。包括项目负责人和主要技术人员的姓名、文化程度、职务、职称、参加过的施工项目等情况。②业绩。一般是指近三年承建的施工项目。通常应具体写明建设单位、项目名称与建设地点、结构类型、建设规模、开竣工日期、合同价格和质量达标情况等。③拟用于完成招标项目的机械设备。通常应将投标人自有的拟用于完成招标项目的机械设备以表格的形式列出，主要包括机械设备的名称、型号规格、数量、国别产地、制造年份、主要技术性能等内容。（4）其他。如近两年的财务会计报表及下一年的财务预测报告等投标人的财务状况；全体员工人数特别是技术工人数量；现有的主要施工任务，包括在建或者尚未开工的工程；工程进度等招标文件所要求在投标文件中载明的内容。

八、投标人不得从事的行为

（一）投标人不得串通投标和以向招标人或者评标委员会成员行贿的手段谋取中标

1.串通投标

串通投标包括两种情况：一是投标者之间的串通投标，二是投标者与招标者之间相互勾结投标。

投标人相互串通投标是指投标人彼此之间以口头或者书面的形式，就投标报价的形式互相通气，达到避免相互竞争，共同损害招标人利益的行为。国家工商行政管理局1998年1月发布的《关于禁止串通招标投标行为的暂行规定》中规定，"相互串通投标报价"主要包括两种情况：一是投标者之间相互约定，一致抬高或者压低投标报价；二是投标者之间相互约定，在招标项目中轮流以高价位或者低价位中标。

投标人与招标人串通投标是指投标人与招标人在招标投标活动中，以不正当的手段从事私下交易致使招标投标流于形式，共同损害国家利益、社会公共利益或者他人的合法权益的行为。《关于禁止串通招标投标行为的暂行规定》列举的与招标人串通投标行为主要包括下述情况：招标人在公开开标前，开启标书，并将投标情况告知其他投标人，或者协助投标人撤换标书，更改报价；招标人向投标人泄露标底；投标人与招标人商定，在招投标时压低或者抬高标价，中标后再给投标人或者招标人额外补偿；招标人预先内定中标人，在确定中标人时以此决定取舍；招标人和投标人之间其他串通招标投标行为。反不正当竞争法第十五条对此也有明确的规定："投标者不得串通投标,抬高标价或者压低标价。投标者和招标者不得相互勾结,以排挤竞争对手的公平竞争。"

2.行贿

所谓行贿,是指投标人以谋取中标为目的,给予招标人(包括其工作人员)或者评标委员会成员财物(包括有形财物和其他好处)的行为。这一行为的直接后果破坏了公平竞争的市场法则,损害了其他投标人的利益。同时,也可能损害国家利益和社会公共利益。因此,必须绝对禁止,对违反这一规定的将依法追究法律责任。

(二)投标人不得以低于成本的报价竞标,也不得以他人名义投标或者以其他方式弄虚作假,骗取中标

1.投标人不得以低于成本的报价竞争

低于成本是指低于投标人的为完成投标项目所需支出的个别成本。由于每个投标人的管理水平、技术能力与条件不同,即使完成同样的招标项目,其个别成本也不可能完全相同,管理水平高、技术先进的投标人,生产、经营成本低,有条件以较低的报价参加投标竞争,这是其竞争实力强的表现。实行招标投标的目的,正是为了通过投标人之间的竞争,特别在投标报价方面的竞争,择优选择中标者,因此,只要投标人的报价不低于自身的个别成本,即使是低于行业平均成本,也是完全可以的。但是,按照法律规定,禁止投标人以低于其自身完成投标项目所需的成本的报价进行投标竞争,其主要目的有二:一是为了避免出现投标人在以低于成本的报价中标后,再以粗制滥造、偷工减料等违法手段不正当地降低成本,挽回其低价中标的损失,给工程质量造成危害;二是为了维护正常的投标竞争秩序,防止产生投标人以低于其成本的报价进行不正当竞争,损害其他以合理报价进行竞争的投标人的利益。至于对低于成本的报价的判定,在实践中是比较复杂的问题,需要根据每个投标人的不同情况加以确定。

2.不得以他人名义投标

以他人名义投标在实践中多表现为一些不具备法定的或者投标文件规定的资格条件的单位或者个人采取"挂靠"甚至直接冒名顶替的方法,以其他具备资格条件的企业、事业单位的名义进行投标竞争。这种作法严重扰乱了招标投标的正常秩序,如果让这类"以他人名义"投标的投标人中标,还会严重影响中标项目的质量,不仅严重损害投标人的利益,也会给国家利益和社会公共利益造成危害。因此,这是法律必须予以禁止的。

3.不得以其他方式弄虚作假,骗取中标

以其他方式弄虚作假以骗取中标,包括实践中存在的提交虚假的营业执照、提交虚假的资格证明文件,如伪造资质证书、虚报资质等级、虚报曾完成的工程业绩等弄虚作假的情况。

九、开标、评标与中标

(一)开标

1.开标的时间

开标应当在招标文件确定的提交投标文件截止时间的同一时间公开进行。包括三层意思:开标时间应当在提供给每一个投标人的招标文件中事先确定,以使每一投标人事先知道开标的准确时间,以便届时参加,确保开标过程的公开、透明;开标时间应与提交投标文件的截止时间一致。将开标时间规定为提交投标文件截止时间的同一时间,目的是为了防止招标人或者投标人利用提交投标文件的截止时间以后与开标时间之前的一段时间间隔作弊,进行暗箱操作;开标活动应该向所有提交投标文件的投标人公开,应当使所有提交投标文件的投标人到场参加开标。

2.开标的地点

为了使所有投标人都能事先知道开标地点,能够按时到达,开标地点应当在招标文件中事先确定,以便使每一个投标人都能事先为参加开标活动做好充分的准备。

3.开标的主持

招标人主持开标,应当严格按照法定程序和招标文件载明的规定进行。包括:应当按照规定的开标时间公布开标开始;核对出席开标的投标人身份和出席人数;安排投标人或其代表人检查投标文件密封情况后,指定工作人员监督拆封;组织唱标和记录;维护开标活动的正常秩序。招标人应当邀请所有的投标人参加开标,以确保开标在所有投标人的参与监督下,按照公开和透明的原则进行,堵塞在开标过程中可能发生的漏洞。参加开标是每一个投标人的法定权利,招标人不得以任何理由排斥、限制任何投标人参加开标。

4.开标程序

开标程序分为三个步骤:第一,由投标人或者其代表检查投标文件的密封情况,也可以由招标人委托公证机关检查并公正,投标人数较少时,可以由投标人自行检查,投标人数较多时,也可以由投标人推选代表进行检查;第二,经确认无误的投标文件,由工作人员当众拆封;第三,宣读投标人的名称、投标价格和投标文件的其他主要内容。

招标人在招标文件要求提交投标文件的截止时间前收到的所有投标文件,开标时都应当当众予以拆封,不能遗漏,否则就构成对投标人的不公正对待。如果是招标文件所要求的提交投标文件的截止时间以后收到的投标文件,则应不予开启,原封不动地退回。按照本法的规定,对于截止时间以后收到的投标文件应当拒收,如果对于截止时间以后收到的投标文件也进行开标的话,则有可能造成舞弊行为,出现不公正,也是一种违法行为。

5.开标纪录

开标过程应当记录,并存档备查。这是保证开标过程透明和公正,维护投标人利益的必要措施。要求对开标过程进行记录,可以使权益受到侵害的投标人行使要求复查的权利,有利于确保招标人尽可能自我完善,加强管理,少出漏洞。此外,还有助于有关行政主管部门进行检查。开标过程进行记录,要求对开标过程中的重要事项进行记载,包括开标时间、开标地点、开标时具体参加单位、人员、唱标的内容、开标过程是否经过公证等都要记录在案。记录以后,应当作为档案保存起来,以方便查询。任何投标人要求查询,都应当允许。对开标过程进行记录、存档备查,是国际上的通行做法,《联合国采购示范法》《世界银行采购指南》《亚行采购准则》以及瑞士和美国的有关法律都对此作了规定。

(二)评标

1.评标委员会

评标是对投标文件进行审查、评议、比较,其根据是法定的原则和招标文件的规定及要求,这是确定中标人的必经程序,也是保证招标获得有效成果的关键环节。评标应当有专家和有关人员参加,而不能只由招标人独自进行,以求有足够的知识、经验进行判断,力求客观公正。这就需要由一个群体来进行,即组成一个评标委员会负责其事,而这个委员会应当由招标人依法组织,所以在法律中规定,评标由招标人依法组建的评标委员会负责。

为了保证评标委员会的公正性、权威性,尽可能地有合理的知识结构和高质量的组成人员,因此法律规定,评标委员会由招标人的代表和有关技术、经济等方面的专家组成,成员人数为五人以上单数,其中技术、经济等方面的专家不得少于成员总数的三分之二;参加评标委员会的专家应当有较高的专业水平,并依照法定的方式确定;与投标人有利害关系的人不得进入相关项目的评标委员会。

2.评标的规则

评标必须按法定的规则进行,这是公正评标的必要保证,因此规定:招标应当采取必要措施,保证评标在严格保密的情况下进行,这是要求评标在封闭的状态下进行,使评标过程免受干扰;任何单位和个人不得非法干预、影响评标的过程和结果,这是以法律形式排除在现实中经常会出现的非法干预,排除从外界施加的压力,也是在法律上保证公正评标,维护招标人、投标人的合法权益;评标委员会应当按照招标文件确定的评标标准和方法对投标文件进行评审和比较,这是明确了评标的原则,也是为了保证评标的公平性和公正性,在评标中不应采用招标文件中未列明的标准和方法,也不应改变招标文件中已列明的标准和方法,否则将失去衡量评标是否公平、公正的依据;评标委员会成员应当客观、公正地履行职务,遵守职业道德,对所提出的评审意见承担个人责任,这是保证公正评标的必要条件,评标委员会的成员的工作必须是合乎招标投标制度本质要求的,体现维护公平竞争的原则,并对自己的工作负个人责任,这就不但有规范,而且有责任,从而促使形成强烈的责任感;评标委员会成员不得私下接触投标人,不得收受投标人的财物或者其他好处,这是由于评标委员会成员享有评标的重要权力,因而必须保证他们是廉洁公正的,要求他们个人的行为绝对是严格地割断与投标人的任何利益联系,所以对其个人行为作出了禁止性的规定;参与评标的人员包括评标委员会的成员和有关工作人员,都不得透露评标情况,也就是对评标情况负有保密义务,这是保证评标工作正常进行,并使评标工作有公正结果,防止参与评标者牟取不正当利益的必要措施。

(三)中标

中标,就是在招标投标中选定最优的投标人。从投标人来说,就是投标成功,争取到了招标项目的合同。招标投标法对确定中标人的程序、标准和中标人应当切实履行义务等方面作出了规定,这既是保证竞争的公平、公正,也是为了维护竞争的成果。

1.中标人的确定

评标委员会完成评标后,应当向招标人提出书面评标报告,并推荐合格的中标候选人;招标人根据评标委员会的书面评标报告和推荐的中标候选人确定中标人,招标人也可以授权评标委员会直接确定中标人。

注意国家发改委于 2017 年 9 月发布公告,向社会征求意见,计划将《招标投标法实施条例》第五十五条修改为:"招标人根据评标委员会提出的书面评标报告和推荐的中标候选人确定中标人。招标人也可以授权评标委员会直接确定中标人,或者在招标文件中规定排名第一的中标候选人为中标人,并明确排名第一的中标候选人不能作为中标人的情形和相关处理规则。"依法必须进行招标的项目,招标人根据评标委员会提出的书面评标报告和推荐的中标候选人自行确定中标人的,应当在向有关行政监督部门提交的招标投标情况书面报告中,说明其确定中标人的理由。"如果这一修改获得通过,招标人可以自行直接确定中标人,不必受排名第一的约束,即使是依法必须招标的项目,招标人也可以在推荐的中标候选人中自行确定中标人,只要说明确定的理由即可,这将是对招标人的最大放权。

2.中标的标准

法律上规定了两项：第一项是能够最大限度地满足招标文件中规定的各项综合评价标准，这里所谓的综合评价标准，就是对投标文件进行总体评估和比较，既按照价格标准又将非价格标准尽量量化成货币计算，评价最佳者中标；第二是能够满足招标文件的实质性要求，并且经评审的投标价格最低，但是投标价格低于成本的除外。这项标准是与市场经济的原则相适应的，体现了优胜劣汰的原则，经评审的投标价格最低，仍然是以投标报价最低的中标作为基础，但又不是简单地去比较价格，而是对投标报价要作评审，在评审的基础上进行比较，这样较为可靠、合理。

3.中标人的义务

中标人确定后，招标人应当向中标人发出中标通知书，中标通知书对招标人和中标人具有法律效力，中标后招标人改变中标结果的，或者中标人放弃中标项目，应当依法承担法律责任。招标人和中标人应当在中标通知书发出后的法定期限内，按照招标文件和中标人的投标文件订立书面合同，招标人和中标人不得再行订立背离合同实质性内容的其他协议，这项规定是要用法定的形式肯定招标的成果，或者说招标人、中标人双方都必须尊重竞争的结果，不得任意改变。

招标文件要求中标人提交履约保证金的，中标人应当提交，这是采用法律形式促使中标人履行合同义务的一项特定的经济措施，也是保护招标人利益的一种保证措施。中标人应当按照合同约定履行义务，完成中标项目，中标人不得向他人转让中标项目，也不得将中标项目肢解后分别向他人转让，这是规定中标人的履约义务，它是招标投标的落脚点，为此中标人要承担相应的法律责任。如果中标人可以任意毁约，背弃合同，招标投标便成为一种没有实际结果的交易形式。同时，要禁止中标人转让中标项目的行为，谁中标只能由谁来完成中标项目，中标人是一个特定的市场主体，并不能由他人代替，更要防止在转让时产生的种种弊端，所以禁止转让中标项目。中标人按照合同约定或者经招标人同意，可以将中标项目的部分非主体、非关键性工作分包给他人完成，但不得再次分包。分包项目由中标人向招标人负责，接受分包的人承担连带责任，这项规定表明，分包是允许的，但是有严格的条件和明确的责任，有分包行为的应当注意这些规定。

十、法律责任

根据《中华人民共和国招标投标法》的规定，招标投标中的违法行为主要有以下几种：

（1）违反本法规定，必须进行招标的项目化整为零或者以其他任何方式规避招标的。

（2）招标代理机构违反本法规定泄密或者与招标人、投标人串通损害国家利益、社会公共利益或者他人合法权益的。

（3）招标人以不合理的条件限制或者排斥潜在投标人的，对潜在投标人实行歧视待遇的，强制要求投标人组成联合体共同投标的，或者限制投标人之间竞争的。

（4）依法必须进行招标的项目的招标人向他人透露已获取招标文件的潜在招标人名称、数量或者可能影响公平竞争的有关招标投标的其他情况的，或者泄露标底的。

（5）投标人相互串通投标或者与招标人串通投标的，投标人以向招标人或向评标委员会成员行贿的手段谋取中标的。

串通投标包括两种情况：一是投标者之间的串通投标，二是投标者与招标者之间相互勾结投标。

投标人相互串通投标是指投标人彼此之间以口头或者书面的形式,就投标报价的形式互相通气,达到避免相互竞争,共同损害招标人利益的行为。国家工商行政管理局1998年1月发布的《关于禁止串通招标投标行为的暂行规定》中规定,"相互串通投标报价"主要包括两种情况,一是投标者之间相互约定,一致抬高或者压低投标报价;二是投标者之间相互约定,在招标项目中轮流以高价位或者低价位中标。

投标人与招标人串通投标是指投标人与招标人在招标投标活动中,以不正当的手段从事私下交易致使招标投标流于形式,共同损害国家利益、社会公共利益或者他人的合法权益的行为。《关于禁止串通招标投标行为的暂行规定》列举的与招标人串通投标行为主要包括下述情况:招标人在公开开标前,开启标书,并将投标情况告知其他投标人,或者协助投标人撤换标书,更改报价;招标人向投标人泄露标底;投标人与招标人商定,在招标投标时压低或者抬高标价,中标后再给投标人或者招标人额外补偿;招标人预先内定中标人,在确定中标人时以此决定取舍;以及招标人和投标人之间其他串通招标投标行为。

所谓行贿,是指投标人以谋取中标为目的,给予招标人(包括其工作人员)或者评标委员会成员财物(包括有形财物和其他好处)的行为。这一行为的直接后果破坏了公平竞争的市场法则,损害了其他投标人的利益。同时,也可能损害国家利益和社会公共利益。因此,必须绝对禁止,对违反这一规定的将依法追究法律责任。

(6) 投标人以他人名义投标或者以其他方式弄虚作假,骗取中标的。

(7) 依法必须进行招标的项目,招标人违反本法规定,与投标人就投标价格、投标方案等实质性内容进行谈判的。

(8) 评标委员会成员收受投标人的财物或者其他好处的,评标委员会成员或者参加评标的工作人员向他人透露对投标文件的评审和比较、中标候选人的推荐以及与评标有关的其他情况的。

(9) 招标人在评标委员会依法推荐的中标候选人以外确定中标人的,依法必须进行招标的项目在所有投标被评标委员会否决后自行确定中标人的。

(10) 中标人将中标项目转让给他人的,将中标项目分解后分别转让给他人的,违反本法规定将中标项目的部分主体、关键性工作分包给他人的,或者分包人再次分包的。

(11) 招标人与中标人不按照招标文件或者中标人的投标文件订立合同的,或者招标人、中标人订立背离合同实质性内容的协议的。

(12) 中标人不履行与招标人订立的合同的,中标人不按照与招标人订立的合同履行义务,情节严重的。

(13) 任何单位违反本法规定,限制或者排斥本地区、本系统以外的法人或者其他组织参加投标的,为招标人指定招标代理机构的,强制招标人委托招标代理机构办理招标事宜的,或者以其他方式干涉招标投标活动的。

(14) 对招标投标活动负有行政监督管理职责的国家机关工作人员徇私舞弊、滥用职权或者玩忽职守的。

对于以上违法行为,当事人要承担相应的法律责任。法律责任中分为民事责任、行政责任和刑事责任。有些违法行为只承担其中的一种法律责任,有的违法行为则要同时承担几种法律责任。

思考与练习

1. 简述拍卖的概念和拍卖的效力。
2. 简述招标投标的方式及遵循的原则。
3. 简述招标文件编制中应注意的法律问题。
4. 简述串通招标投标的概念及法律责任。

第十三章　价格法

第一节　价格法概述

一、价值与价格的一般理论

从经济学上讲,价格是商品价值的货币表现,它反映一定的社会生产关系,主要表现为商品生产经营者、消费者及政府之间的社会经济关系。价格由各种因素构成,价格构成是指构成商品、服务的各种要素及其在价格中的组成状态,包括生产商品与提供服务的社会平均成本、税收、利润以及正常的流通费用等。

价值是价格的基础,价值规律是市场经济和商品经济的基本规律。市场经济条件下,价值规律的作用和配置资源的基础性作用,都必须通过竞争、供求和价格围绕价值进行上下波动来实现。但价格并不必然等于价值,价格对于价值的偏离正是价值规律的表现形式。价格通过价格机制发挥其在市场经济中的作用,主要表现为:

价格机制会促使资金和资源向社会最需要的产业与产品集中,从而起到推动优化产业结构、产品结构和促进资源合理配置的作用。激烈的价格竞争和优胜劣汰的规律,能够促进企业不断改善经营管理和提高劳动生产率。

价格机制有助于推动科学技术的进步和提高产品质量,因为不断开发和利用先进的科学技术,是向市场提供物美价廉的商品和在竞争中取胜的必要条件。

价格作为实施经济核算和调节国民收入分配的手段,对于控制通货膨胀和保持价格总水平的基本稳定,实现总供给与总需求的平衡,具有重要作用。

价格通过对价值的偏离及价格波动实现价值规律调节社会生产的作用,促进供需平衡和资源优化配置,发挥调节杠杆作用。

价格的变动影响生产、流通、交换和消费领域,反映着价格总水平和经济结构的调整、变化,是调节国民经济发展和各方面利益最重要最敏感的经济杠杆。

价格作为商品社会一切经济利益关系的逻辑起点,不仅是微观经济运行的基础,也是宏观经济调控的目标、对象和主要的宏观调控手段。价格机制的运行离不开公平竞争的市场环境,但现代市场经济存在着市场机制调节的自发性、滞后性等问题以及价格机制本身无法解决物价总水平的稳定、垄断价格控制和消除不正当竞争等问题,因而要通过国家宏观调控(在价格领域主要是价格宏观调控)为价格机制的运行创造公平、公正的市场环境,同时借以弥补价格机制的缺陷。

价格调控是指一定的调控主体为实现一定的经济目的而对价格形成和运行实施的调节和控制。在价格领域,有微观价格(具体商品和服务的价格)与宏观价格(价格总水平)之分,价格微观调控与价格宏观调控之别。微观价格的形成主要由市场价格机制自动调节,但价格机制本身的缺陷促使国家必须对小部分微观价格(如垄断产品、稀缺产品、公共产品的价格)实行国家指导价或定价,以创造公平、竞争环境,保护消费者利益。同时微观价格与宏观价格又是紧密相连的,许多个别商品价格的波动必然会影响价格总水平的稳定,而价格总水平的波动又必然反映在不同商品价格具体而复杂的变动上,因此国家价格宏观调控的重点放在宏观价格上,即主要以经济手段、法律手段并辅以必要的行政手段保证物价总水平的稳定,以促进国民经济的协调、稳定和持续发展。

二、价格法的概念

广义的价格法是调整价格关系的法律规范的总称。它既包括国家立法机关制定的价格基本法,也包括国家行政机关及其价格主管部门制定的专门的价格法规和规章。

价格关系的内容,指以价格为中介发生的价格行为,既包括经营者的定价行为、交易行为,也包括经营者的价格评估、价格鉴定、价格咨询等行为;既包括政府的定价行为,也包括政府的价格管理、调控、监督等行为;既包括行业组织的价格行为,也包括消费者、新闻单位和职工价格监督站等组织对价格的社会监督行为。其中,既有纵向的行政管理关系,也有平等主体之间横向的经济利益关系。价格关系的参与者非常广泛,既有国家或政府、价格主管部门和有关业务主管部门,也有各类市场主体即商品生产经营者和广大消费者。因此,价格法所规范的价格关系涉及生产、流通、消费和分配诸多领域。涉及国家、生产经营者和消费者等各方面的经济利益。

价格与生产、流通、消费和分配各环节都有密切联系,涉及市场主体多方面的经济利益,尤其在我国建立社会主义市场经济体制初期,有的市场主体受利润最大化动机的驱动把价格作为非法牟利的工具,通过实施价格欺诈、价格垄断和价格歧视等非法的价格行为,牟取暴利。这给市场经济秩序造成严重危害。为了规范价格行为,充分发挥价格和价格机制的积极作用,保障社会主义市场经济的健康发展,必须建立和健全我国的价格法制。

狭义的价格法是我国现行《中华人民共和国价格法》,它是1997年12月29日第八届全国人民代表大会常务委员会第二十九次会议通过,自1998年5月1日起施行。

三、价格法的功能

价格法具有以下功能:

(一)规范市场主体的价格行为,维护市场经济秩序

随着价格改革的进行,出现了价格决策主体的多元化,价格决策和决定的主体多元化、分散化更需要有统一的规则规范各主体的价格行为,使之有法可依、有章可循。由于经营者的法制观念和职业道德水平不同,经常出现生产和销售假冒伪劣商品、以次充好、谎称"甩卖"等各种不正当的价格行为。不正当的价格行为,妨害公平竞争,损害其他经营者和广大消费者的合法权益,扰乱市场经济秩序。价格法通过规范市场主体的价格行为,规定实施价格行为必须遵守的基本原则,进行价格活动享有的权利和应当履行的义务,以及实施不正当价格行为应当承担的法律责任,将价格活动纳入法制轨道,以达到建立良好的市场价格秩序、克服和减少价格违法行为、维护正常和良好的市场经济秩序的目的。

(二)维护市场价格的基本稳定

市场价格的基本稳定能很好地提高人民的物质生活水平,促进社会的安定。但在市场经济条件下,当由于各种原因导致社会总需求大于总供给,货币发行超过商品流通领域的实际需要量时,就会发生通货膨胀。通货膨胀会造成国民实际收入和生活水平的下降,导致市场价格

的混乱,影响社会的安定,妨碍国民经济的正常运行和发展。价格法作为国家对经济生活进行适度干预和实行宏观调控的重要法律手段,通过对价格的调控、管理和监督,以及对不正当价格行为的处罚和制裁,能够比较及时有效地维持市场价格秩序,防止价格的暴涨。价格法同其他经济手段和行政手段配合,能够很好地制止通货膨胀和稳定价格总水平。

(三)调整价格关系,维护价格关系参与者的合法权益

市场经济是利益主体多元化的经济,只有在各主体的权益得到保障的情况下,市场经济才能健康发展。价格法调整价格关系的直接目的,就是要使价格关系规范化、制度化和权威化,限制、禁止非法价格行为,保证参与价格关系的各主体充分享有和自由行使法律赋予的各项权利,如经营者的自主定价权,消费者不受欺诈和享有公平待遇的权利,政府及其价格主管部门依法调控、管理、监督价格的权利等。同时,他们分别承担法律规定的相应义务和责任。价格法调整的价格关系体现着价格关系参与者之间的权利义务关系。因此,只有这种权利义务关系依法确立和实现,才能有效地维护国家、商品生产者经营者和消费者的合法权益。

(四)实现宏观经济管理的目标,保障国民经济持续、稳定和健康发展

价格法作为宏观经济法的一个重要组成部分,必然具有服务于宏观经济管理整体目标的功能。如保障实现社会总供给与总需求的平衡,促进和保障市场竞争机制和价格机制的有序运行,调节国民收入的分配,实现经济效益和社会效益的统一等,都是宏观经济管理所要完成的任务和达到的目标。价格是进行经济核算和调节国民收入分配和再分配的手段或工具,因此价格法在这方面所发挥的功能十分重要,价格法的权威性和有效性,是维持正常市场经济秩序,保障国民经济稳定和健康发展的重要条件之一。

四、价格法与相关法的关系

(一)价格法与其他宏观调控法

价格法与计划法、统计法、财政法、税收法、金融调控法、投资法、产业政策法、国际收支平衡法、审计法等均属宏观调控法的范畴。宏观调控法是指国家为确保国民经济的正常运行,调节和控制宏观经济过程中发生的社会经济关系的法律规范的总称。价格法与计划法等宏观调控一起规范国家在宏观经济调控中各有关主体的行为,维护国家宏观经济调控秩序,保障国家宏观经济调控顺利进行和宏观经济调控目标的实现,保障国民经济稳定、快速发展。

但价格杠杆作为经济杠杆系统之一,与税收等经济杠杆相比,与其他宏观经济调控手段相比,有其独特的作用。价格杠杆通过微观价格的合理变动,调节市场供求;通过直接定价与特殊商品限价等措施,促进社会经济结构的合理化;通过建立重要商品储备和吞吐调节制度稳定物价,调控市场。因此,作为规范价格杠杆的价格法律、法规与其他宏观经济法相比,有其独特的调整对象和功能。

(二)价格法与刑法

价格法属经济法范畴,与刑法的调整对象不同,分别属于不同的部门法。但两者有一定的联系,价格法第四十六条规定,"价格工作人员泄漏国家秘密、商业秘密以及滥用职权、徇私舞弊、玩忽职守、索贿受贿,构成犯罪的,依法追究刑事责任",即价格工作人员有上述违法行为且情节严重的,根据我国刑法的相关规定,必须承担相应的刑事责任。

五、价格法律责任

价格法和其他价格法规规章所规定的法律责任,从责任承担的主体看,既有经营者的法律责任,又有各级人民政府、人民政府有关部门及其价格工作人员的法律责任;从法律责任的性质看,既有退还不当得利、赔偿损失等民事责任,又有警告、责令改正、没收违法所得、罚款、停业整顿、吊销营业执照等行政责任,构成犯罪的,要追究相应的刑事责任;从违法行为的阶段来看,既有定价阶段行使权利不当的法律责任,又有价格运行阶段进行不正当价格活动的法律责任。

根据责任承担主体的不同,价格法律责任分为经营者的法律责任、政府及其工作人员的法律责任:

(一) 经营者的法律责任

1.民事责任

根据有关价格法律、法规规定,经营者因价格违法行为致使消费者或者其他经营者多付价款的,责令限期退还;难于查找多付价款的消费者、经营者的,责令公告查找;公告期限届满仍无法退还的价款,以违法所得论处。造成损害的,应当依法承担赔偿责任。

2.行政责任和刑事责任

(1)经营者不执行政府指导价、政府定价有下列行为之一的,责令改正,没收违法所得,可以并处违法所得五倍以下的罚款;没有违法所得的,可以处两万元以上二十万元以下的罚款;情节严重的,责令停业整顿:①超出政府指导价浮动幅度制定价格的;②高于或者低于政府定价制定价格的;③擅自制定属于政府指导价、政府定价范围内的商品或者服务价格的;④提前或者推迟执行政府指导价、政府定价的;⑤自立收费项目或者自定标准收费的;⑥采取分解收费项目、重复收费、扩大收费范围等方式变相提高收费标准的;⑦对政府明令取消的收费项目继续收费的;⑧违反规定以保证金、抵押金等形式变相收费的;⑨强制或者变相强制服务并收费的;⑩不按照规定提供服务而收取费用的;⑪不执行政府指导价、政府定价的其他行为。

(2)经营者不执行法定价格干预措施、紧急措施,有下列行为之一的,责令改正,没收违法所得,可以并处违法所得五倍以下的罚款;没有违法所得的,可以处四万元以上四十万元以下的罚款;情节严重的,责令停业整顿:①不执行提价申报或者调价备案制度的;②超过规定的差价率、利润率幅度的;③不执行规定的限价、最低保护价的;④不执行集中定价权限措施的;⑤不执行冻结价格措施的;⑥不执行法定的价格干预措施、紧急措施的其他行为。

(3) 经营者违反以下明码标价规定的,责令改正,没收违法所得,可以处五千元以下的罚款:①不明码标价的;②不按规定的内容和方式明码标价的;③在标价之外加价出售商品或收取未标明的费用的;④不能提供降价记录或者有关核定价格资料的;⑤擅自印制标价签或价目表的;⑥适用未经监制的标价内容和方式的;⑦其他违反明码标价规定的行为。

(4)经营者利用标价进行价格欺诈的,由价格主管部门责令改正,没收违法所得,可以并处违法所的五倍以下的罚款;没有违法所得的,给予警告,可以并处两万元以上二十万元以下的罚款;情节严重的,责令停业整顿,或者由工商行政管理机关吊销营业执照。

(5)经营者有从事价格法第十四条禁止的不正当价格竞争行为之一的,责令改正,没收违法所得,可以并处违法所得五倍以下的罚款;没有违法所得的,予以警告,可以并处罚款;情节严重的,责令停业整顿,或者由工商行政管理机关吊销营业执照。

另外 1995 年 1 月 11 日经国务院批准,1995 年 1 月 25 日由原国家计划委员会发布并于 2010 年 12 月 29 日国务院第 138 次常务会议通过《国务院关于废止和修改部分行政法规的决定》,对本规定部分内容予以修改,并于 2011 年 1 月 8 日公布施行的《制止牟取暴利的暂行规定》中规定了对暴利的处罚,内容主要有:超过合理幅度的价格,由价格监督检查机构予以警告,责令其向遭受损害的一方退还违法所得,违法所得不能退还的,予以没收,可以并处违法所得五倍以下的罚款;情节严重构成犯罪的,依法追究刑事责任;以暴力、威胁方法阻碍价格监督检查人员依法执行职务的,依法追究刑事责任;拒绝、阻碍价格监督检查人员依法执行职务,未使用暴力、威胁方法的,由公安机关依照治安管理处罚的有关规定处罚。

(6)经营者被责令暂停相关营业而不停止的,或者转移、隐匿、销毁依法登记保存的财物的,处相关营业所得或者转移、隐匿、销毁的财物价值一倍以上三倍以下的罚款。

(7)拒绝按照规定提供监督检查所需资料或者提供虚假资料的,责令改正,予以警告;逾期不改正的,可以处以五万元以下的罚款,对直接负责的主管人员和其他责任人员给予行政处分。

(8)政府价格主管部门进行监督检查时,发现经营者的违法行为同时具有下列三种情形的,可责令其暂停相关营业:①违法行为情节复杂或者情节严重,经查明后可能给予较重处罚的;②不暂停相关营业,违法行为将继续的;③不暂停相关营业,可能影响违法事实的认定,采取其他措施又不足以保证查明的。

(9)经营者有下列情形之一的,应当从重处罚:①价格违法行为严重或者社会影响较大的;②屡查屡犯的;③伪造、涂改或者转移、销毁证据的;④转移与价格违法行为有关的资金或商品的;⑤应予从重处罚的其他价格违法行为。

(二)政府及其工作人员的法律责任

政府及其工作人员承担的责任主要是行政责任。价格法规定,地方各级人民政府或者各级人民政府有关部门违反规定,超越定价权限和范围擅自制定、调整价格或者不执行法定的价格干预措施、紧急措施的,责令改正,并可以通报批评;对直接负责的主管人员和其直接责任人员,依法给予行政处分。价格工作人员泄露国家秘密、商业秘密以及滥用职权、徇私舞弊、玩忽职守、索贿受贿,构成犯罪的,依法追究刑事责任;尚不构成犯罪的,依法给予处分。

第二节　价格法律制度

一、价格及价格体系概述

价格法对价格的范围作了明确的规定。价格有狭义和广义的区别。狭义的价格是指商品的价格和有偿服务的收费;而广义的商品价格,则除此之外还包括各种生产要素的价格,如劳动力价格——工资,资金价格——利率,外汇价格——汇率,等等。价格法所指的商品价格,是指狭义的商品价格。它包括两个方面:一是各类商品的价格,指各类有形产品和无形资产的价格,前者如农产品价格、工业品价格、日常生活用品价格;后者如专利技术价格、信息资料价格等;二是各种有偿服务的价格即收费,如邮电通信收费、城市公共设施收费等经营性收费以及医疗、学校等事业性收费。利率、汇率、保险费率、证券及期货价格因本身的特殊性而不在价格法调整范围内,转由其他专门法律法规调整。另外,国家行政机关收费具有不同于其他价格收费的特点,故价格法仅作"国家行政机关的收费,应当依法进行,严格控制收费项目,限定收费范围和标准。收费的具体管理办法由国务院另行制定"的原则性规定,从而克服了行政性收费因其复杂性造成的调整上的困难,又把它纳入法制轨道,有利于控制收费规模和治理各种收费。

价格体系,是指价格的种类和各种价格形式之间的相互关系的总和。价格体系包括按国民经济部门区分的价格体系,按商品流通过程区分的价格体系,以及按价格管理形式区分的价格体系。

按国民经济部门区分的价格体系包括农产品价格、工业品价格、交通运输价格、建筑产品价格、饮食服务价格等。按商品流通过程或流通环节区分的价格体系包括:工业品出厂价格和农产品收购价格,调拨价格、批发价格、零售价格,以及商品的地区差别价格、季节差别价格。按价格管理行使区分的价格体系中包括:国家定价、国家指导价、市场调节价。国家定价、国家指导价属于计划价格;市场调节价属于非计划价格。

价格法指出,国家实行并逐步完善宏观调控下主要由市场形成的价格机制。价格的制定应当符合价值规律,大多数商品和服务价格实行市场调节价,极少数商品和服务价格实行政府指导价或者政府定价。即我国对价格管理实行政府定价、政府指导价和市场调节价三种形式。政府定价,是指依照价格法规定,由政府价格主管部门或者其他有关部门,按照定价权限和范围制定的价格。政府指导价,是指依照价格法规定,由政府价格主管部门或者其他有关部门,按照定价权限和范围规定基准价及其浮动幅度,指导经营者制定的价格。市场调节价,是指由经营者自主制定,通过市场竞争形成的价格。这里的经营者是指从事生产、经营商品或者提供有偿服务的法人、其他组织和个人。

我国价格法的法律体系包括价格总水平的宏观调控、价格管理体制、经营者的价格行为、政府的定价行为、价格的监督检查、违反价格法的法律责任。

(1)价格总水平的宏观调控。我国价格法明确规定了价格宏观调控的目标和措施。

(2)价格管理体制是指国家对价格管理机构的设置、权限划分、相应职能的规定以及对经营者部分机构的管理制度。

(3)经营者的价格行为。价格法规定了经营者定价的基本原则和定价依据、经营者享有的价格活动权利和承担相应的义务、禁止经营者不正当的价格行为等。

(4)政府的定价行为是指政府价格主管部门或其他有关部门,依照法律规定的权限、范围和程序,制定政府定价与指导价的活动。

(5)价格的监督检查包括价格监督检查机构及其职责、社会监督与舆论监督、价格违法行为的举报制度等。

(6)违反价格法的法律责任包括:经营者违反价格法的法律责任、政府及政府部门违反价格法的法律责任、价格工作人员违反价格法的法律责任等。

二、经营者的价格行为

按照价格法的规定,商品价格和服务价格,除依该法规定适用政府指导价或者政府定价的以外,实行市场调节价,即由经营者依照该法自主制定。因此,经营者是最主要的定价主体。

经营者自主制定价格必须在法律规定的权限范围内进行,而不能随心所欲地漫天要价。经营者定价,应当遵循公平、合法和诚实信用的原则,经营者定价的基本依据是生产经营成本和市场供求状况,经营者应当努力改进生产经营管理,降低生产经营成本,为消费者提供价格合理的商品和服务,并在市场竞争中获取合法利润。经营者应当根据其经营条件建立、健全内部价格管理制度,准确记录与核定商品和服务的生产和经营成本,不得弄虚作假。经营者如果违背上述定价原则和定价依据,就会因实施价格违法行为而受到应有的处罚和制裁。在这里,重要的是要正确理解和正确行使法律赋予经营者进行价格活动所享有的四项权利:自主制定属于市场调节的价格;在政府指导价规定的幅度内制定价格;制定属于政府指导价、政府定价产品范围内的新产品的试销价格,特定产品除外;检举控告侵犯其依法自主定价权利的行为。在实践中,有的经营者错误地认为,经营者既然享有自主定价权,就可以凭自己的主观愿望任意定价,谁也管不着,其实,这是对价格法律规定认识上的一大误解。市场经济是法治经济,市场主体的一切市场行为都必须符合法律和受法律的规制。价格行为作为一种重要的市场行为,当然也不例外。因此,法律规定的经营者自主定价是有条件的,即必须以经营者遵循公平、合法和诚实信用为原则,并且依据生产经营成本和市场供求状况,在法律规定的定价权限范围内制定价格,才是合法的。而牟取暴利者,严重背离价值规律,违反法定定价原则,超越法定定价权限的随意定价行为,不仅损害消费者的合法权益,而且扰乱了社会主义市场经济秩序。

根据价格法,经营者进行价格活动,应当遵守法律、法规,执行依法制定的政府指导价、政府定价和法定的价格干预措施、紧急措施。经营者销售、收购商品和提供服务,应当按照政府价格主管部门的规定明码标价,注明商品的品名、产地、规格、等级、计价单位、价格或者服务的项目、收费标准等有关情况;经营者不得在标价之外加价出售商品,不得收取任何未予标明的费用。

三、政府的定价行为

为适应我国社会主义市场经济发展的客观要求,价格法明确规定国家实行并逐步完善宏观经济调控下主要由市场形成价格的机制。大多数商品和服务价格实行市场调节价,极少数商品和服务价格实行政府指导价或者政府定价。根据价格法规定,政府在必要时可以实行政府指导价或者政府定价的商品或服务有:与国民经济发展和人民生活关系重大的极少数商品价格;资源稀缺的少数商品价格;自然垄断经营的商品价格;重要的公用事业价格;重要的公益性服务价格。

制定政府指导价、政府定价,应当依据有关商品或者服务的社会平均成本和市场供求状况、国民经济与社会发展要求以及社会承受能力,实行合理的购销差价、批零差价、地区差价和季节差价。同时要求政府价格主管部门和其他有关部门制定政府指导价、政府定价应当开展价格、成本调查,听取消费者、经营者和有关方面的意见。为了保证这项工作的顺利进行,被调查的有关单位应当如实反映情况,提供必要的账簿、文件以及其他资料。制定关系群众切身利益的公用事业价格、公益性服务价格、自然垄断经营的商品价格等政府指导价、政府定价,应当建立听证会制度,由政府价格主管部门主持,征求消费者、经营者和有关方面的意见,论证其必要性、可行性。这些规定体现了民主精神。价格法还规定,政府指导价、政府定价制定后,由制定价格的部门向消费者、经营者公布。政府指导价、政府定价的具体适用范围、价格水平,应当根据经济运行情况,按照规定的定价权限和程序适时调整,消费者、经营者可以对政府指导价、政府定价提出调整建议。

四、价格总水平的调控

保持市场价格总水平的基本稳定,是一个国家人民生活安定、社会稳定、国民经济健康和持续发展的重要条件与基本保证。价格法明确规定:稳定市场价格总水平是国家重要的宏观经济政策目标,国家根据国民经济发展的需要和社会承受能力,确定市场价格总水平调控目标,列入国民经济和社会发展计划,并综合运用货币、财政、投资、进出口等方面的政策和措施,予以实现。为了实现市场价格总水平的稳定,价格法具体规定了以下几项调控措施:

（一）建立重要商品储备制度,设立价格调节基金,调控价格,稳定市场

在主要由市场形成价格的机制形成以后,绝大多数商品和服务价格实行市场调节价,受供求关系的影响,商品价格的波动不可避免。一般商品价格的波动和变化不会影响大局和社会的稳定。但是,一些关系国计民生的重要产品,如粮、棉、石油产品、钢材等,其价格波动如果超过消费者和生产者的承受能力,就会影响社会的安定和经济的健康发展。根据价格法的规定,建立重要商品储备制度并设立价格调节基金,可以通过储备商品的吞吐调节供给和需求,通过价格调节基金平抑市场物价。

（二）建立价格监测制度

国家只有在对市场价格有全面和充分的了解的基础上,才能通过宏观经济调控稳定市场价格总水平。只有通过科学的方法,对重要商品和服务价格的变动进行必要的和经常性的监测,才能获得准确的有价值的价格信息、资料和有关数据,这是政府及时对价格采取必要、正确的调控措施的基础和前提。因此,价格法规定政府价格主管部门应当建立价格监测制度,对重要商品、服务价格的变动进行监测。

（三）对部分农产品实行保护价格

农业是我国经济发展、社会安定、国家自立的基础,国家一再强调和要求"把加强农业放在发展国民经济的首要地位","健全国家对农业的支持和保护体系并使之制度化、法制化"。要实现农业发展、农民增收和农村稳定,关键问题是要调动农民的生产积极性。为此,1993年7月公布施行、2012年12月28日修改通过的《中华人民共和国农业法》第三十三条明确规定,在粮食的市场价格过低时,国务院可以决定对部分粮食品种实行保护价制度。保护价应当根据有利于保护农民利益、稳定粮食生产的原则确定。农民按保护价制度出售粮食,国家委托的收购单位不得拒收。县级以上人民政府应当组织财政、金融等部门以及国家委托的收购单位及时筹足粮食收购资金,任何部门、单位或者个人不得截留或者挪用。为了保护农民的生产积极性,稳定和保障农产品市场供给,价格法进一步规定:"政府在粮食等重要农产品的市场购买价格过低时,可以在收购中实行保护价格,并采取相应的经济措施保证其实现"。

（四）政府可以对部分价格采取干预措施

市场经济条件下,价格围绕商品的价值上下波动,受供求关系的影响发生涨落,是正常现象,也是发挥市场优化资源配置功能的必要条件。然而,由于政治、经济和自然灾害等多方面的原因,一些重要商品和服务价格,也有可能发生突发性显著上涨或者下跌,如果发生这种情况,就会导致人民群众生活水平的下降和社会秩序紊乱,影响社会的稳定和妨碍国民经济的发展。因此价格法规定:"当重要商品和服务价格显著上涨或者有可能显著上涨,国务院和省、自治区、直辖市人民政府可以对部分价格采取限定差价率或者利润率、规定限价、实行提价申报制度和调价备案制度等干预措施。"通过限定差价率或者利润率,可以在一定程度上调控商品供求关系,抑制市场价格的过大波动。通过规定临时性的最高限价和最低限价,可以控制价格因非常原因而出现的暴涨或暴跌,以保护消费者和经营者的正当利益。通过实行提价申报制度对提价和调价的合法性、合理性和适时性进行审查和监控,有利于稳定市场价格总水平。

(五)国务院可以采取紧急措施

一般情况下,国家通过政策和法律措施能够保证市场价格总水平的稳定或基本稳定,而不会出现异常和巨大的波动。但不能完全排除由于战争、自然灾害、通货膨胀等原因引起的市场价格总水平突发性的剧烈波动。因此,价格法规定:"当市场价格总水平出现剧烈波动等异常状态时,国务院可以在全国范围内或者部分区域内采取临时集中定价权限、部分或全面冻结价格的紧急措施。"这是在非常时期稳定物价,保障供给,安定群众生活,维持正常社会经济秩序,避免给国民经济造成严重损失而应当作出的选择,符合国家和人民的根本利益。当依法实行紧急措施的情形消除后,应当及时解除紧急措施,恢复正常秩序。

五、价格的监督检查

《中华人民共和国价格法》规定:"国家实行并逐步完善宏观经济调控下主要由市场形成价格的机制。"随着价格由市场调节,国家价格主管部门的职责不应再侧重于具体商品和服务的定价,而应转向价格宏观调控和价格监督检查,以有效保证经营者遵纪守法,保护消费者利益和维护社会公平合理的经济秩序。所以价格法规定:"国家支持和促进公平、公开、合法的市场竞争,维护正常的价格秩序,对价格活动实行管理监督和必要的调控。"

价格监督检查是指价格主管部门、相关的业务部门、社会团体和人民群众对各种价格违法行为所进行的监督检查、处理和处置等活动的总称。价格法确立了我国的价格监督实行专门机构行政性监督和人民群众社会性监督相结合的体制。

(一)专门机构行政性监督

我国专门的价格监督检察机关是县级以上各级人民政府的价格主管部门,它们依法行使价格监督检查和对价格违法行为实施行政处罚的职权,为保证价格监督检查的顺利进行,价格法规定政府的价格主管部门享有下列职权:

(1)询问当事人或者有关人员,并要求其提供证明材料和与价格违法行为有关的其他资料,同时价格法规定经营者应如实提供价格监督检查所必需的账簿、单据、凭证、文件以及其他资料;

(2)查询、复制与价格违法行为有关的账簿、单据、凭证、文件及其他资料,核对与价格违法行为有关的银行资料;

(3)检查与价格违法行为有关的财物,必要时可以责令当事人暂停相关营业;

(4)在证据可能灭失或者以后难以取得的情况下,可以依法先行登记保存,当事人或者有关人员不得转移、隐匿或者销毁。

政府部门价格工作人员在行使上述职权时,不得将依法取得的资料或者了解的情况用于依法进行价格管理以外的任何其他目的,不得泄露当事人的商业秘密。

为了有效发挥人民群众社会性价格监督的作用,政府价格主管部门应当建立对价格违法行为的举报制度,根据《检举揭发价格违法案件奖励办法》对举报者予以鼓励,并负责为其保密。

(二)社会监督

价格关系人民群众的切身利益,只有专业监督与社会监督相结合,才能及时发现并处理问题,维护人民群众的利益,使价格合理化。这里社会监督主体包括消费者组织、职工价格监督组织、居民委员会、村民委员会等组织以及消费者都有权对价格行为进行社会监督,由于新闻媒介在现实生活中的重要地位和巨大影响力,因而新闻单位也有权进行价格舆论监督,并应作为主要的社会监督力量受到重视。政府价格主管部门也应充分发挥社会监督的作用,任何单位和个人均有权通过政府价格主管部门设立的举报制度对价格违法行为进行举报。

思考与练习

1. 价格法具有哪些功能?

2. 价格法规定了哪几项调控价格总水平的具体措施?

第三编　宏观调控法

第十四章　宏观调控法一般原理

第一节　宏观调控法概述

一、宏观调控法的概念及调整对象

(一)宏观调控法的概念

"宏观"一词来源于宏观经济学理论。经济学中宏观专指一个国家、一个地区经济生活中总量方面的问题。这种经济总量是指国民生产总值、国内生产总值和国民收入之类的总量,社会商品、服务的总供给与总需求,货币的供给与需求,国家预算的收入与支出、结余与赤字,对外贸易的出口与进口、外汇收支的顺差与逆差、资本的流出与流入之类的总量及其对比关系等。这些总量存在均衡与失衡、协调与失调、有序与无序、匹配与排斥等问题。宏观调控就是以经济增长、充分就业、经济稳定和总量平衡为根本目标,对上述经济总量的失衡失调、无序和排斥等等状态进行调节和控制。在其他学科中,宏观一般在整体性和全局性的意义上使用。经济法中宏观调控是指国家为了社会总供给和总需求的平衡及经济结构的整体优化,对国民经济和社会发展总体活动进行的调节与控制。经济学与法学对宏观调控法的含义的理解有所不同,经济学上的宏观调控就是"总量平衡与结构调整"的问题,法学上的宏观调控不但包括宏观调控四大目标,而且包括对社会公平的调控,实现社会公共利益和社会整体效益。

宏观调控法是调整国家对国民经济运行进行宏观调节和控制过程中发生的各种社会经济关系的法律规范的总称,由宏观调控基本法和各种宏观调控的法律、法规、规章和规范性文件构成。主要内容包括:国民经济和社会发展计划、国家财政收入与支出的平衡、国家货币的发行、中央银行信贷的平衡、国有资产投入与产出的管理以及对外贸易进口与出口的平衡等方面法律制度,其立法目的仍然是达到社会总供给和总需求的平衡及经济结构的整体优化。从广义上讲,凡是国家权力机关和国务院以及国务院授权的中央各部委制定的具有上述内容的规范性文件,均应视为宏观调控法的范畴。目前,我国尚未有一部法典形式的统一的宏观调控法律规范,但有不少调整某方面的宏观经济管理关系的单行规范性文件。这些文件是构建宏观调控法律体系的组成部分。例如,计划法、财政法、预算法、税收征收管理法、国有资产管理法、会计法、审计法、中央银行法、对外贸易法等,以及与其相关配套的法规、规章。

宏观调控与行政指导既相互联系又相互区别。行政指导是"行政主体在职权或其所管辖事务范围内,为适应复杂多变的经济和社会生活需要,基于国家的法律或法律原则,适时灵活地采取非强制手段,在行政相对方的同意或协助下,实现一定行政目的的行为"。其联系在于:

首先主体具有交叉性。行政指导的主体是行政机关;宏观调控的主体除立法和司法机关外,主要也是有关行政机关,即负有宏观调控职责的行政管理机关。因此,行政指导是行政行为,宏观调控也主要是一种行政行为,即经济行政指导行为;其次,遵守的原则具有交叉性。以行政行为表现出来的宏观调控,应同行政指导行为一样,要符合行政合法性的行政理性原则。但宏观调控权是一种综合性的权力,是国家宏观调控主体依法可以为或不为一定行为和要求他人为或不为一定行为的资格。宏观调控权的原则主要包括宏观调控职权和程序法定原则、资源优化配置及总量平衡原则、决策集权与协调原则、社会总体效益原则等。二者的具体区别表现为:首先,行政指导一般不具有法律效力,行政机关与行政相对方之间不产生法律意义上的权利(力)义务关系,宏观调控法赋予了宏观调控这种行政指导行为明确的法律行为,其调整的结果是直接在宏观调控法主体之间产生法律意义上的权利义务关系;其次,宏观调控法并不像行政法那样仅仅追求行政行为的合法合理性,它同时还强调一定的宏观经济效果的实现,即宏观调控法不但要求行政指导行为要具有合法性和合理性,而且要求这种合法合理的行政行为要实现特定的宏观经济目标。宏观调控法注重特定的宏观经济目标的实现,是经济法注重实现社会经济总体目标这一固有特征决定的,学者研究表明,社会经济的发展和市场缺陷(即市场障碍;市场机制的唯利性导致非理性调节,有些领域市场机制不愿意进入;市场调节的被动性和滞后性),使得国家必须扩大自身职能,采取特定的方式管理经济,消除市场缺陷带来的负面影响,以求得社会经济总体运行的协调性、公平性和合理性。所以作为经济法重要组成部分的宏观调控法,必然强调实现特定的宏观经济目标;最后,行政法上的行政指导是行政机关单方面的意思表示,属于单方行为。而宏观调控并不全是有关国家行政机关的单方行为,如中央银行的公开市场业务就是其交易双方的合意行为,只不过中央银行是为了实现特定的行政目的。

(二)宏观调控法的调整对象

宏观调控法的调整对象是国家在对国民经济进行调节和控制过程中所发生的社会关系,即宏观经济调控关系。包括:国家在国民经济运行中实行宏观调控过程中发生的国家与各级、各部门宏观经济管理部门之间的经济关系;国家宏观调控管理机关之间发生的经济关系;国家宏观调控管理机关同企业、事业单位等社会组织或公民之间在宏观调控过程中发生的经济关系。具体表现为:

(1)制定宏观调控法律法规过程中发生的社会关系。这类社会关系主要是在以下两个方面的活动中发生的社会关系:第一,国家立法机关制定有关宏观调控的法律。对宏观调控进行立法是宏观调控法治化的唯一保证。第二,国家最高行政机关制定有关宏观调控的法规。针对社会经济出现的短暂或紧急的情况,国家最高行政机关可通过制定一系列的行政法规,创设一定的短时生效的制度,从而有力推行宏观调控措施,调节社会经济。

(2)有关国家机关运用宏观调控措施进行日常宏观调控过程中发生的社会关系,这主要是指在以下宏观调控活动中发生的社会关系:制定和执行社会经济发展计划,计划是重要的高层次的宏观调控手段,用计划调节经济以实现经济的发展,是现代国家普遍的作法。它涉及计划的编制计划的批准、计划的执行、计划的监督等方面;制定产业政策,调整产业结构;运用各种经济杠杆调节经济;国家投资、市场资源配置机制在很多经济领域内不能或难以发挥作用,其结果是造成社会经济总量的失衡。国家通过投资,在这些领域建立国有企业,从而使失衡的经济总量达到均衡状态等。

(3)在监督检查宏观调控过程中发生的社会关系。宏观调控要能切实发挥作用必须要有良好的监督检查体系。因此,在监督检查宏观调控过程中发生的社会关系应属于宏观调控法的调整范围。这类社会关系主要包括以下方面:对宏观调控执法机构监督检查过程中发生的社会关系;对宏观调控的守法主体监督检查过程中发生的社会关系以及有关宏观调控的统计、审计关系及有关宏观调控的信息发布、信息披露关系。

综上所述,我们可以作如下概括:宏观调控法是调整在宏观调控活动中发生的特定社会关系的法律规范的总和,它以社会总供给和总需求的平衡及经济结构的整体优化作为直接目标。

二、宏观调控法的特征

宏观调控法具有诸多的重要特征。这些特征使得它不但能与行政法、民法等其他部门法相区别,而且能够同经济法内部的其他亚部门法相区别。

(一) 宏观调控法具有双重性

宏观调控法既遵守经济法的基本原则又遵守行政法的基本原则。遵守经济法的基本原则,是因为宏观调控法是经济法的亚部门法,是经济法的有机组成部分。因此,宏观调控法要求宏观调控必须以"社会总体经济效益"这一基本原则为指导,实现社会总体经济效益,同时兼顾社会各方利益。遵守行政法的基本原则,是因为宏观调控事实上主要是是一种行政行为。不受约束的权力必然会滥用,所以权力必须受约束。行政行为的合法性原则和合理性原则是现代行政法的根基,也是现代民主制度的基础。宏观调控是市场经济法治国家运用公权力对经济领域的作用,理应受到严格限制。因此,宏观调控首先要具有合法性。宏观调控的设定、实施必须依据法律、符合法律,不能与法律相抵触。其次,宏观调控要具有合理性,宏观调控的内容要适度、必要、符合宏观经济规律和符合理性,做到适度干预。

(二) 宏观调控法具有间接性

这是因为市场机制是经济资源的基础配置机制,宏观调控只是旨在弥补市场的缺陷,是经济资源配置的辅助机制。宏观调控不能冲击和削弱市场机制作用的发挥,相反应当促进和保护市场机制调节功能的充分发挥。它主要通过经济政策间接影响市场主体的经济行为,不影响市场机制作用的发挥,是宏观调控的边界线;宏观调控的价值在于通过宏观调控克服市场缺陷而达到的一种社会总量的平衡,即社会整体利益的协调和社会经济均衡发展。

(三) 宏观调控法具有灵活性

市场机制缺陷的显露和社会经济健康协调发展的要求,使得宏观调控成为必要,因而产生宏观调控法。宏观调控法一般由宏观调控的一般规定和短时效的特定宏观调控法两大部分构成。宏观调控的一般规定,是指宏观调控基本法、行政法中关于行政行为的一般规定。短时效的特定宏观调控法,是指为一定的特定目标而制定,待达到预设的目标时即行修改或废止的特别宏观调控法。由于社会经济具有复杂多样性,宏观调控法必须要适应这种复杂多样性的要求,保持应有的灵活性。

(四) 宏观调控法具有全局性

经济学中的宏观调控是以经济成长、充分就业、经济稳定和总量平衡为根本目标,与之相对应的宏观调控法也是以经济成长、充分就业、经济稳定和总量平衡作为直接价值目标。宏观调控法是为了实现社会经济总体结构的协调均衡、货币流通量的适度合理和币值稳定、国际收支的平衡、社会总供需的平衡和就业的充分性,以最终实现社会总体经济的稳定、增长和协调运行对国民经济进行调节和控制的法。

第二节　宏观调控法的基本原则与体系

宏观调控法作为经济法学的核心内容已成共识,但是人们对宏观调控法理论研究才刚刚起步,有关宏观调控法的基本理论问题还有待进一步研究。这些基本理论问题包括宏观调控法的本质、内容、体系,宏观调控法的价值取向和基本原则,宏观调控手段及其效果比较,宏观调控的立法、司法以及法律监督等。本章着重对其基本原则及体系进行阐述。

一、宏观调控法的基本原则

宏观调控法的基本原则是指宏观调控立法、执法及司法活动的根本准则。宏观调控法的基本原则有:

(一)间接调控原则

宏观调控与市场规制不同,它主要通过经济政策间接影响市场主体的经济行为,它不直接通过权利和义务等法律规范规定市场主体可以从事或不可以从事某种交易行为,而是通过体现法律规范特点的一般经济政策如财政政策、货币政策等间接影响市场主体的行为选择。宏观调控往往是通过经济计划—经济政策—调节手段为轴线进行的,宏观调控主要采取指导性的调节控制方法,采取间接的经济行政指导。它按照特定的宏观调控目标,给社会经济活动者以指导、鼓励、帮助和服务,引导促进社会经济发展。宏观调控一般都不是直接针对某些微观领域和某些个体,宏观调控法主要通过经济政策来间接调节市场的,这种指导性的调节控制方法在法律规范上表现为大量的倡导性规范。

(二)适度调控原则

宏观调控法是规范政府在财政、税收、金融、价格、固定资产管理、外贸等方面具体参与引导经济活动的法律规范,在一定程度上讲,宏观调控法的调整对象是政府行为。社会主义国家的实践经历充分证明,政府对企业、社会经济的"无微不至"的关怀往往会造成效率低下的结果。因而适度参与经济活动是各国政府的最佳选择,宏观调控法就是实现政府适度参与经济活动的法律形式,就是将政府的宏观调控的范围界定在市场不能解决和不可能解决的领域,宏观调控的目的在于解决市场缺陷和市场失灵,而不是取代市场机制。因而只能通过适度干预以弥补市场的自发性、盲目性和滞后性,达到国民经济的协调发展。

(三)公平至上原则

宏观调控法与市场规制法不同,它以社会公平为原则。在市场经济条件下,市场规制法确认和保障个体权利,维护个体合法的营利活动,使市场主体追求自身利益的行为合法化,从而最大限度地挖掘市场主体的创造性和积极性。此外,市场规制法还通过打击假冒伪劣、侵犯其他经营者合法权益的活动,使市场主体能够在可靠和有保障的环境中放心地生产经营,以提高效率,因而市场规制法以效益至上为原则。但大量社会不公平现象的出现和加剧,如东中西部差距问题,内外有别的两套税制问题,分配不公问题等,在一定程度上成为我国经济发展和社会进步的阻碍因素,因而宏观调控法从全局和长远考虑实现社会公平,政府从社会公共利益出发,在产业调节、计划、国有资产管理、投资、金融、税收、劳动、自然资源、环境保护等领域管理与自己具有隶属关系的经济组织,并引导其他经济个体的经济活动,以实现社会经济的可持续发展,达到整个社会的实质公平。

(四) 宏观引导原则

宏观调控的主要目标是保持经济总量的基本平衡和经济结构的整体优化。经济总量的平衡是指社会总需求与总供给总量的平衡,它是国民经济协调运行的前提条件。经济结构的整体优化是指国民经济各要素之间的协调运行,它是宏观调控的实质内容。但宏观调控不直接对市场主体的行为进行干预,而是通过制定价格、利率、税率、汇率等参数来引导市场主体的行为,通过体现法律规范的经济政策如投资政策、产业政策等告知市场主体选择那些市场行为会得到国家的支持,选择那些行为会得到国家的限制,最终达到其调控目的。宏观调控一般都不是直接针对某些微观领域和某些个体,具有广泛的和普遍的适用性,这种引导性的调节控制方法,在宏观调控法规上就表现为大量的提倡性规范。

二、宏观调控法的体系

所谓宏观调控法的体系是指宏观调控法的法律规范体系,即应该由哪些法律规范构成以及怎样构成。对于如何构架宏观调控法的体系,目前有以下几种观点:第一,平行构成观点。即简单地把有关宏观调控的具体法律、法规,诸如计划法、财税法、金融法、价格法、产业调节法、国家资产管理法、环境资源保护法等加以罗列。第二,核心构成观,主张以宏观调控基本法为核心法,以计划法、财税法等相关的宏观调控法为外围法构成法律体系。第三,逻辑构成观点。认为宏观调控法的法律结构体系从逻辑上可以分为几个部分,其中又包括两部分构成说、三部分构成说等观点①。笔者比较认同核心构成说,认为宏观调控法应包括宏观调控法基本法和宏观调控相关法。本教材的编写体例也按这一思路进行的。

对于宏观调控基本法,因宏观调控法是确认和规范政府干预经济的法律,所以作为基本法,不仅要确认政府干预经济的权力,而且应规定制约政府干预经济权力的措施。从其内容看主要应规定政府管理经济的权限、权力行使的方式、程序及法律责任等。具体来讲首先应明确规定宏观调控主体的权力,这应由组织法来规定;其次规定权力行使的方式、程序,主要包括有关宏观调控建议的提出及其规范、听证制度、咨询和调查制度、预告和异议制度、发布制度以及反馈制度等;最后,规定宏观调控主体的法律责任,包括越权责任、滥用调控权责任、失职责任以及以权谋私、贪污受贿等责任。

对于宏观调控相关法,其内容包括国家计划、各种经济政策、各种调节手段运用的法律规范,其法律形式笔者认为应包括计划与投资法、财税法、金融法、会计法与审计法、对外贸易监管法律制度、国有资产管理法、环境资源保护法等。这是因为现代国家对社会经济的宏观调控往往以经济计划—经济政策—调节手段为轴线进行的,反映在法律上有计划法、经济政策法、关于各种调节经济的手段的法律,而经济政策一般包括财政政策、货币金融政策、产业投资政策、外贸政策等。

思考与练习

1. 如何理解宏观调控与行政指导的关系?

2. 如何理解宏观调控法的调整对象?

3. 如何理解宏观调控的体系?

---

① 沈刚毅.试论加强我国宏观调控法制建设[J].现代法学,2000(12):140－141.

第十五章　计划法与投资法

第一节　计划法

一、计划和计划法概述

苏联是最早建立计划经济制度的国家。苏维埃国家第一个长期远景规划是全俄电气化计划。从 1928 年开始,实行以 5 年为期的国民经济发展计划,曾先后颁布了保证计划制定和执行的法令、决议和条例,形成了最早的一批社会主义计划法。

在中国,1949 年中华人民共和国成立后,即建立了计划经济制度。为了保障计划的正确制订和顺利执行,先后由中央人民政府政务院、国务院及有关部门颁布了一系列调整计划关系的法律和规范性文件,如财政经济委员会《国民经济计划编制暂行办法》(1952 年 1 月公布)、国家计划委员会《关于编制国民经济年度计划暂行办法(草案)》(1953 年 8 月 5 日试行),国务院《关于各部负责综合平衡和编制各该管生产、事业、基建和劳动计划的规定》(1957 年 1 月 15 日发布),中国共产党中央委员会、国务院《关于改进计划管理体制的规定》(1958 年 9 月 24 日发布),国务院《关于加强综合财政计划工作的决定》(1960 年 1 月 14 日公布),《国务院批转国家计划委员会等部门关于编制综合财政信贷计划的报告的通知》(1983 年 4 月 6 日),等等。

其他实行计划经济制度的国家,也都曾制定过有关计划方面的法律。罗马尼亚 1949 年颁布的第一号法律就是关于计划的法律,1979 年 7 月 6 日大国民议会通过的《罗马尼亚经济和社会发展计划法》,是现行有关计划的全面的法律,除此之外,还有其他一些有关的法律、决议等。南斯拉夫关于计划的基本法律是 1976 年颁布的《南斯拉夫社会计划体制基础和社会计划法》。东欧其他一些国家,也都颁布了有关计划的法规。

现代资本主义国家为了加强国家对经济的干预,在维护生产资料资本主义私有制的前提下,在主要通过市场机制调节经济发展的情况下,有的也在特定范围内实行一定的计划(如财政计划、农业计划、建房与郊区计划等)和国家干预。为了保证这些计划的制订与执行,有的国家也颁布了一些有关计划的法规。这些立法同建立在社会主义公有制基础上的实行计划经济制度的计划法,具有本质的区别。

不少发展中国家为发展本国经济,也执行了各种各样的经济计划,不少计划的实现对于促进本国经济发展和巩固本国的经济独立发挥了良好作用。为了保障这些计划的编制与执行,有的国家制定了相应的计划法规。但由于生产资料所有制的不同,这些立法也不同于社会主义国家的计划法。

(一)计划

计划是指行动前预先拟订的行动内容、目标、办法、步骤等。

我们这里所指计划是国民经济和社会发展计划,它是由国家制定并负责实施的有关国民经济和社会发展的目标、比例、规模、数量、速度、效益、措施等方面的规划和指标。

国家计划是一国对其经济和社会事业发展所做出的预测及其希望实现的政策目标,以及为实现政策目标所需采取的相互协调的政策措施。它是一国进行宏观调控的重要手段,在国家和国民的生存和发展中有着重要的地位。

计划的内容包括两部分——目标体系和政策体系。

我国计划目标体系包括:经济增长率、货币供应量、通货膨胀率、国民收入、就业率、国际收支平衡,以及人口增长等方面的重要指标。而计划的政策体系则包括:以调节总需求为重点的经济总量平衡政策,以产业政策为核心的经济结构调整政策,以兼顾效率与公平为宗旨的收入分配政策,以促进经济、科技、社会、环境协调发展为目标的可持续发展政策,以获取国际比较利益为目标的对外经济政策等。这些政策与具体采行的财政政策、货币政策、投资政策、价格政策、国际收支政策、人口政策等直接相关,因而必须对这些政策进行有效协调,才能实现宏观经济和社会发展的各项目标[①]。

计划的形式依据不同的标准可有不同的分类。以计划的适用范围,可分为综合性计划、行业性计划、专项计划;以计划的适用期限,可分为长期计划、中期计划和短期计划。

长期计划是指期限在 10 年以上的计划,中期计划是指期限为 5 年计划,这是国民经济和社会发展计划的基本形式,短期计划是指期限为 1 年的计划,我们称之为年度计划。这三种计划形式体现国家计划的近期、中期和远期目标。

随着我们社会主义市场的发展,计划的功能发生了根本变化。其功能主要是:

(1)计划是管理的首要功能,管理的过程也就是计划制订和实施的过程。

(2)预测引导。预测未来发展方向,引导市场主体走向。

(3)政策协调。在实施计划目标的过程中,协调各个方面的政策,以实现计划目标。

(4)宏观调控。通过预测引导、政策协调,对经济与社会发展的主要方面进行宏观调控。

在现代市场经济条件下,在国家的经济和社会发展中,计划有着非常重要的地位。一方面计划在宏观上为国家和国民提供了行动的内容和目的,并为实现预期目的提供了办法和步骤——具体的政策协调和引导;另一方面,计划本身就是一种宏观调控手段,并对其他宏观调控方法进行协调。

(二)计划法

计划法是调整制定和实施国民经济与社会发展计划的过程中发生的社会关系的法律关系的总称。

计划法的调整对象是制订和实施国民经济与社会发展计划的过程中发生的社会关系。这种社会关系简称为计划关系。

计划法律关系是依据计划法调整计划主体之间的权利义务关系而形成的。

计划法律关系的主体是指计划关系的参与者,也就是计划权利的享有者和计划义务的承担者。计划法律关系主体按职能可分为:

1.计划权利主体

计划权利主体指有权审查,批准各级国民经济和社会发展计划的各级权力机关。在我国,计划权利主体是全国人民代表大会及其常务委员会和地方各级人民代表大会及其常务委员会。

[①]　桂世镛,等.中国计划体系改革[M].北京:中国财政经济出版社,1994:72-73.

2.计划管理主体

计划管理主体指负责编制、监督、检查国民经济计划,解决执行中出现的问题,负责计划管理职能的国家行政机关。在我国,计划管理主体是国务院和地方各级人民政府及其计划委员会。

3.计划实施主体

计划实施主体指通过自己的生产经营活动和其他活动,具体指实施国民经济和社会发展计划的社会组织和其他经济组织。

计划法律关系的内容是指计划主体所享有的权利和承担的义务。由于计划主体位于不同层次,其职能不同,表现为纵向法律关系,因此存在着权利与义务不对等。

计划法律客体是指计划主体的权利和义务所共同指向的对象。

第二次世界大战以后,世界上许多国家都加强了国家干预,计划的推行是其重要的形式,并进行了相关立法。如,法国自1947年开始编制并执行5年计划,1982年制定了《计划化改革法》,1967年原联邦德国制定了著名的《经济稳定与增长促进法》。

1949年,新中国成立后,我国在很长时期内实行计划经济体制,制订和执行中期计划。但计划立法即因当时盛行"法律虚无主义"一直都十分薄弱。随着改革开放,计划经济向市场经济转型,但思想上存在"计划虚无主义",计划法制定也几易其稿,至今尚没有一部完整的计划法。

随着对计划观念的转变,对于计划的职能、地位认识趋于明确、统一。对于计划的认识也在逐渐深化。在市场经济条件下,计划是必不可少的,有计划就会有计划工作或计划行为,有计划行为就需要有法律对其进行规范,否则计划的科学性就无法保障,其指导作用也无法发挥,因此必须加强计划立法。同时,计划法作为部门法,它不能与计划相等。

(三)计划法律责任

计划法律责任是指计划法律关系的主体不履行计划法规定之义务所承担的相应法律后果。凡具有以下情节的单位和个人,应根据其情节轻重和造成损失的大小分别追究行政责任或刑事责任。

在计划编制和决策过程中,有下列行为之一者,视情节轻重,依法追究违法机关、单位和直接责任者的行政责任或刑事责任:

(1)不按法定权限和程序下达计划指标或批准建设项目的;

(2)在编制、决策、调整计划中弄虚作假,造成重大失误和经济损失的;

(3)违反本法规定的权限、程序和时间编制计划,造成经济损失的;

(4)拒报或迟报有关计划制定的数据、资料和其他情况的;

(5)违反决策程序决定指令计划任务和建设项目,造成重大失误和经济损失的;

(6)泄露国家计划秘密的。

在计划实施过程中,有下列行为之一者,视情节轻重,依法追究违法机关、单位和直接责任者的行政责任、经济责任以至刑事责任:

(1)侵犯、干扰计划工作人员行使正当职权的;

(2)玩忽职守,致使国家计划任务不能完成的;

(3)擅自变更、延误或拒不执行国家指令性计划,致使国家计划任务不能完成的;

(4)其他危害国家计划实施的行为严重影响国家计划完成的。

对上述违法行为,分别由不同的机关进行追究:属于人民政府的责任,由同级人民代表大会或其常委会加以追究;属于政府部门的责任,由同级人民政府或计划部门加以追究;属于企业或基层单位的责任,由其上级计划部门或有关行政主管部门加以追究;属于个人的责任,由其上级计划部门或有关部门加以追究。上述违法行为已构成犯罪的,由司法机关依法追究其刑事责任。

(四)经济稳定增长法

经济稳定增长法是关于经济周期,保障宏观经济稳定的法律。该法的立法宗旨是通过各种法律化的经济的政策综合调控,实现总体经济的平衡,以求在市场经济体制下促使经济稳定增长,实现宏观经济的四大目标——稳定物价、充分就业、经济增长、国际收支平衡。

经济稳定增长法的基本功能是通过法律化手段促进经济平衡,防止或缓解经济波动。

经济稳定增长法的调整方法是通过各类法律化的经济政策综合、协调调整。其调整方式主要表现为财税政策、货币政策、投资政策、外贸政策等各类政策的综合协调,以实现计划的目标。

二、计划法基本制度

(一)计划机关法律制度

计划机关法律制度是计划法的重要组成部分,是有关计划机关之间计划权的分割、配置的各项制度的总称。计划机关包括:

(1)权力机关,是指有权审批各级国民经济和社会发展计划的各级权力机关,它们是全国人民代表大会及其常务委员会、地方各级人民代表大会及其常务委员会。

(2)行政机关,是指负责编制、监督、检查国民经济计划,解决执行中的问题,行使计划管理职能的国家行政机关。它们是国务院和地方各级人民政府及其计划管理部门。

(3)国家发展和改革委员会。它是国务院计划管理工作的职能机构。

(二)计划编制审批法律制度

计划编制审批法律制度是指对计划编制、审批的法律规定。其法律制度如下:

计划的编制主体,是依法有权编制计划的中央和地方政府。其中,全国性的国民经济和社会发展计划由国务院编制和管理,并由国务院计划管理部门具体负责编制工作。全国性的行业计划由国务院各个部门负责编制。地方性的国民经济和社会发展计划由有权编制的地方政府及其职能部门负责。

计划编制完毕后,便进入审批阶段。计划由负责编制工作的政府的同级人大及其常委会负责审议、批准。全国性的综合性计划和专项计划由全国人大审批;地方计划由地方同级人大审批;全国的和地方的行业计划和专项计划,分别由国务院及相应的地方政府批准。除上述有权审批计划的主体以外,任何单位或个人均无权审批计划。

计划的下达,全国性的国民经济和社会发展计划,由国务院下达到各省、自治区、直辖市、计划单列市和国务院各有关部门及计划单列企业。全国性的行业(部门)计划和专项计划由国务院主管部门下达到各省、自治区、直辖市、计划单列市主管厅、局和省属企业、事业单位。地方计划由地方人民政府下达。

(三)计划实施修改法律制度

1.计划的实施

计划经过审批后,便进入计划的实施阶段(或称执行阶段)。有义务执行计划的主体必须依法来执行计划。由于经过法定程序审批的计划,具有法律效力,一般不得变更或调整。各级计划经批准后,分别由国务院和各级地方政府组织实施。具体的组织、落实和协调工作,分别由各级计委和有关部门负责。凡国家确定为指令性和指导性计划任务的,有关部门和执行单位,应当根据计划要求和自己的实际情况,积极组织落实。计划部门要会同财政、税务、银行、物价、外汇等部门,适时、适度地配套调整经济杠杆的方向和力度,促进计划的实现。

2.计划的修改

计划是对未来的预测,因而可能会存在与实际的发展不符之处,或者可能发生在编制计划时未能预见的情势变更。在上述情况下,应根据实际需要,对计划作相应的修补或调整。

调整计划的审批权限和审批程序,应按分级管理的规定,按原计划审批权限和程序,由原审批计划的机关审批。全国计划的调整,由国务院提出议案,经全国人民代表大会批准。部分计划的变更,可由全国人大常委会决定。地方计划的调整,由地方各级人民政府提议,地方各级人民代表大会及其常委会决定。

(四)计划监督检查法律制度

计划的监督检查,是指在计划的执行过程中,对执行单位完成计划的情况进行观察和督促,并明确存在的问题。拥有监督检查权的机关是国务院和地方各级政府及其计委、各主管部门。

第二节　　投资法

一、固定资产投资法概述

(一)固定资产投资的概念

固定资产,是指那些在社会生产过程中,能够在较长时间内使用的物资资料。按其用途可以分为属于生产资料的固定资产和非生产资料的固定资产。固定资产投资是当事人为获取经济利益,投入货币或其他资源,以转化为固定资产的活动。

固定资产投资包括基本建设投资和更新改造措施投资两部分。基本建设是指利用国家预算内基建拨款、自筹资金、国内外基本建设贷款以及其他专项资金进行的,以扩大生产能力或新增效益为主要目的的新建、扩建工程及有关工作。包括:(1)为经济科技和社会发展而新建的项目;(2)为扩大生产能力或新增效益而增建分厂、主要车间、矿井、铁路干支线、码头泊位等扩建项目;(3)为改变生产力布局进行的全厂性迁建项目;(4)遭受严重灾害后需要重建的恢复性建设项目;(5)没有折旧和固定收入的行政、事业单位增建业务用房和职工宿舍项目等。更新改造措施是指利用企业折旧基金、国家更新改造措施拨款、企业自有资金、国内外更新改造贷款等资金,对现有的企业事业单位的原有设备进行技术改造和固定资产更新以及相应的辅助性的配套生产及生活福利等工程建设和有关工作。

经济学上固定资产投资概念,一般包括两层含义:一是从价值形态上看,固定资产投资是固定资产的生产和再生产,即固定资产的价值形成和价值补偿。固定资产的价值,是随着其本身的使用磨损逐步转移到产品中去的,企业要维持其生产规模就必须补偿已经损耗的价值,在财务管理上就形成了基本折旧基金。二是从实物形态上看,固定资产投资是一个建造新的和改造完善现有的固定资产的物资生产过程。

固定资产投资形式一般是将资金直接投入项目。

固定资产投资的特点:(1)资金从投入到回收的周期长。(2)投资的结果主要是形成新的生产能力或改造现有的生产能力。(3)投资过程具有固定性。一是地点的固定性,建设地点一旦确定就不能随意更改。二是建设程序的固定性,任何建设项目都按一种程序进行。三是建设内容的固定性,一旦投资活动开始,其资金的投入、建设内容也就不能随意更改。

(二)固定资产投资法的概念

固定资产投资法是调整固定资产投资关系的法律规范的总称。它是人们进行固定资产投资活动的行为规则,是顺利进行固定资产投资的法律保障。

固定资产投资所调整的对象是在固定资产投资过程中各种主体之间所结成的各种关系。它包括两种关系,一种是国家机关对固定资产投资进行领导和组织而形成的宏观调控关系、管理关系,如国家主管机关对投资计划的审批和监督。另一种是各有关社会组织之间为完成一定的投资项目所形成的协作关系。

国家及主管部门为调整固定资产投资关系而制定的各种法律、法规、规定等,基本上已形成一个体系,包括1978年4月颁布的《关于基本建设程序的若干规定》、1979年8月颁布的《基本建设贷款试行条例》、1984年9月颁布的《关于改革建筑业和基本建设管理体制若干问题的暂行规定》、1988年7月颁布的《关于投资管理体制的近期改革方案》、1992年11月颁布的《关于建设项目实行业主责任制的暂行规定》、2004年11月16日建设部颁发的《建设工程项目管理试行办法》、2016年6月30日财政部颁布的《基本建设项目竣工财务决算管理暂行办法》、2016年7月6日财政部颁布的《基本建设项目建设成本管理规定》等。其中有些规定依然是目前固定资产投资的重要依据,但统一的固定资产投资法尚未出台。为了进一步完善固定资产投资的管理,健全固定资产投资法制,必须在认真总结过去工作经验的基础上,制定一部符合我国国情的固定资产投资法。

(三)固定资产投资法的原则

固定资产投资法的原则是指贯穿于一切固定资产投资法律法规中的、进行固定投资活动的准则。它是固定资产投资立法的指导原则,也是调整固定资产投资关系、处理固定资产投资纠纷的根本准则。这些原则包括:

1.投资规模合理原则

投资规模合理是指投资规模应与国家的综合国力相适应,投资的总需求应与总供给基本平衡,在建项目投资规模与年度投资规模相适应。固定资产投资只有保持合理的规模,才能保持国民经济的比例协调,保证经济的稳定增长,这是我国几十年建设经验的基本总结。因此必须以法律形式加以确认,并保障其实施。超过国家的财力、物力和人力的可能,把投资规模搞得过大,就会造成社会经济生活全面紧张,导致国民经济重大比例失调,经济发展就会大起大落。

2.合理布局原则

各经济部门和经济地区的协调发展,是整个国民经济协调发展的重要内容。因此,必须安排好投资的部门分配和地区分配,促进经济结构和地区结构的优化。合理分配投资,引导投资方向与社会经济发展的整体目标与长远目标相一致,防止盲目建设、重复建设,对经济发展薄弱环节与部门以及经济发展的落后地区,实行投资倾斜政策。

3.加强责任制,提高经济效益原则

在市场经济条件下,固定资产投资要讲究经济效益,要以最低的消耗取得最大的效果。在价值核算上要促进降低成本,缩短建设周期,加快资金周转,保证工程质量,使项目建成投产后能尽快达到设计能力,收回投资。提高经济效益是固定资产投资工作的出发点与归宿点。

固定资产投资占资数额大、时间长,投资效益好坏必然对生产发展和人民生活提高影响巨大。因此必须讲求投资责任和经济效益。各级决策部门,设计部门,施工部门对工程的决策、设计施工都应有明确的法律责任。对投资活动中的各种协作关系,都应用合同制固定下来,以作为执行和检查的依据。投资必须讲求经济效益,使投入的财力、物力和人力,最终能形成有效的生产能力。建设项目从论证决策,勘探设计,计划安排,到组织建设,竣工验收等环节,都要围绕工期短、投资省、见效快的目标进行工作。

(四)固定资产投资制度改革

固定资产投资体制,是指国家组织、领导和管理固定资产投资活动所采取的基本制度和主要方式、方法。它主要包括两个方面的内容:一是投资领域的机构设置和管理权限划分制度;二是机构内部的工作方式、结构和内容以及各机构之间的相互关系。

我国固定资产投资体制有以下几种主要模式:

(1)集中计划投资模式,即国家高度集中,运用统一的计划对投资活动进行协调决策、排斥市场机制的投资模式。它分为中央集权投资模式与行政分权投资模式。前者强调中央政府的高度集中,中央政府为单一的投资主体与决策主体,投资方式方法也是单一的国家投资,财政拨款。后者在投资主体与投资决策、投资方式分布上较前者分散,在主体上形成中央、地方、企业三个层次的投资主体,中央直接负责决策关系到整个国民经济产业结构和社会消费目标结构的新建项目,地方政府直接负责决策关系到地方产业经济结构的新建项目,企业则负责企业再生产方面的一切决策权。

(2)分散投资模式,即国家彻底放弃一切投资决策权,把它完全交给企业的投资模式。该投资模式可能导致宏观计划引导失调和资源的严重浪费。

(3)社会主义市场经济投资模式,即在国家宏观调控下,以市场调节为基础,以企业投资为主体的投资模式。该模式是我国进行投资体制改革所形成的新模式。

我国国民经济体制从计划经济体制转向社会主义经济体制,与经济体制发展相适应,投资体制也发生了重大变革。表现如下:

(1)投资主体方面:改变了国家单一投资主体的模式,形成中央、地方、企业多元投资主体的格局,由政府为主转变为企业为主。政府将主要投资于基础性项目和公益性项目,并按照政企分开的原则,由国务院通过授权的办法,明确一批具有法人地位的国家投资主体,代表中央政府行使国有资产投资者的职能,维护所有者权益,并承担相应的风险。同时地方政府也要明确投资主体。

(2)实行建设项目资本金制度,改变了国家资金无偿使用的情况,实行银行贷款制度。在资金来源上,由单一的国家资金纵向分配转向多渠道的资金分配方式,形成了国家预算内资金、企业自筹资金、利用外资和银行贷款等多种资金渠道,扩大了资金融通,提高了资金利用率。不搞无本经营,改变以往那种全额负债投资的做法。除主要由中央和地方政府用财政预算内投资建设的公益性项目及国防项目等部分特殊项目不实行资本金制度外,其余大部分投资项目都应实行资本金制度。资本金的形式可以是现金、实物、无形资产。资本金的数量和来源必须符合国家法律规定。资本金未达到比例者,不得进行筹资活动,项目得不到批准建立。

(3)建立建设项目法人责任制,强化投资风险约束机制。一切经营性基本建设大中型项目,都要实行项目法人制度,做到"先有项目,后有法人"。所有建设项目在立项以前,就必须先成立项目法人,由其对项目的策划、资本筹措、建设实施、生产经营、偿还债务、国有资产保值增值等全过程负完全责任并承担风险。

(4)改革投融资方式。根据国民经济各行业的特点和性质,把建设性项目划分为竞争性、公益性和基础性三大类。竞争性项目以企业为投资主体,通过市场筹集资金;基础性项目主要由政府投资,并引导社会资金、企业资金和外资参与投资;公益性项目主要由各级政府运用财政资金进行安排。

(5)调整投资结构。合理的投资结构要求投资布局一定要合理。

(6)健全和完善投资的宏观调控体系。充分发挥计划的指导作用,强化价格、信贷、税收等经济杠杆对投资行为的调控,并建立有力的投资法律体系。

(7)完善投资市场体系。全面推行工程建设的招标、投标制度,加强工程预决算的审计、验证和资产评估,进一步落实合同管理制。

(五)固定资产投资法律责任

投资法规定的法律责任有三种:民事责任、行政责任和刑事责任。凡是违反投资法的,必须视不同情况,承担相应的法律责任。

1.违反投资资金管理规定的法律责任

固定资产投资的资金来源必须正当。由拨款投资安排的建设项目,必须严格按规定的范围进行,不得自行扩大国家财政拨款的建设项目的范围。

贷款投资要符合国家的产业政策、投资范围。贷款必须按合同规定的内容使用,不得挪用。项目完成后,要按合同规定归还贷款本息。过期尚未还清的,银行有权追回贷款,并对逾期部分加收罚息。借款单位不按合同使用贷款,银行有权收回部分或全部贷款,并对违约部分加收罚息。根据合同法规定银行未按期提供贷款,应承担因此造成的经济损失。

贷款建设项目实行包干责任制的,建设项目由工程承包公司或施工单位实行投资包干后的投资节余,全部作为企业收入。

2.违反物资供应规定的法律责任

根据规定,建筑材料的供应方式,逐步改变为由物资部门将材料直接供应给工程承包单位,由工程承包单位实行包工包料。物资供应部门未能按合同提供材料,影响施工,拖延工期,造成损失的,或因工程承包单位要求增加或变更供货,造成损失的,均分别承担责任。

属于成套设备承包的,承包公司由于自身的原因未按合同规定的质量、数量、时间供应,影响工程进度的,应承担责任。

承包单位完成包干任务后,按材料消耗定额节余的物资,除本单位需要留用的以外,由项目主管部门会同物资管理部门作价收购或处理。引进成套设备项目节余的进口材料,由建设单位和施工单位协商分成。

3.违反基本建设合同规定的法律责任

一个基本建设项目或更新改造项目的完成,需要签订一系列的合同,规定彼此的权利和义务。对此合同双方必须严格履行,不得随意变动,任意撕毁,对违反者要依法追究责任。

基本建设合同中主要有建设工程勘察设计合同和建筑安装工程承包合同。根据合同法的规定违反合同的双方当事人,应承担相应责任。

4.违反基本建设程序规定的法律责任

1981年3月原国家计划委员会等部门联合发布的《关于制止盲目建设、重复建设的几项规定》指出,今后新上建设项目,必须坚持按基本建设程序办事。违反规定的程序,乱上项目,造成重大损失的,要追究主管部门申报者和批准者的责任,直至追究法律责任。

违反基本建设程序的建设项目,建设银行有权不拨、不贷资金,物资部门有权不供应物资,设计和施工单位有权不承担设计、施工任务。

为了保证建设项目按基本建设程序进行,建设程序的各个阶段也要规定严格的责任制。

二、投资法律制度

(一)投资主体法律制度

投资主体是指享有投资决策权,具备筹资能力,并能承担投资风险的法人或自然人。因此投资主体是投资决策者、筹资者和风险承担者的统一。

1.我国投资主体的资格条件

(1)在社会和经济发展过程中能够相对独立做出投资决策的法人或自然人。这里讲的相对独立,有两层含义:一是指法人或自然人拥有直接投资的决定权,诸如国有企业和私营企业依有关企业的规定而依法享有的投资自主权;二是法人和自然人投资自主权,其权利的范围和权利的行使要符合有关法律、法规的规定,如国有企事业投资项目须履行一定的申报和审批手续,私营企业对一些投资领域的投资依法受到一定的限制等。政府参与一些重大的基础项目的投资,因此政府可依法成为投资主体。而政府作为投资主体,表明政府是国有产权的代表,代表政府行使资产运营管理职能,具有法人地位。

(2)有足够的资金来源进行投资。投资资金来源有国家基本建设投资拨款资金、国内银行贷款、利用外资、投资者自己筹措等多种渠道。政府对基本建设拨款资金、银行贷款和外资等投资资金都需要依法直接控制,而对地区、部门和企业自筹资金则不直接控制,以利于拓宽资金渠道。

(3)对投资所形成的资产享有所有权和法人财产权或经营管理权。在投资活动中,由于各类投资主体均具有独立核算、自主经营、自负盈亏的主体资格,它们本着谁投资、谁受益的原则,依法对投资的项目按投资额享有所有者权益。

(4)能够承担投资风险并承担相应的法律责任。投资主体不仅依法享有投资决策权、资金使用权和投资收益享有权,而且依法承担投资的风险责任。

2.我国投资主体分类

(1)政府投资。包括中央政府和地方各级政府。政府投资,特别是中央政府投资,其作用在于调控投资结构,弥补市场不足,诱导投资行为等。所以政府投资的重点,是市场机制不能发挥作用或不让市场机制发挥作用的领域内的投资,如非竞争性的基础工业和基础设施建设,包括公共设施和公益事业,或投资大见效慢风险大的高新技术产业等项目。

中央政府投资通过国家税收和发放国库券、国家金融债券、向银行贷款、向国外借款等方式筹集资金。

各级地方政府的投资重点为地区性的农业、林业、水利项目,本地区需要的能源、原材料工业,交通运输、邮电通讯设施,科研、教育、文化、卫生、体育以及城市公用设施和服务设施等的建设。

(2)企业和事业单位的投资。在市场经济条件下,企业是大多数经济领域的投资主体。企业和事业单位的投资主要包括:竞争性产业,特别是加工工业领域;企业的更新改造项目,扩大生产能力的项目,新建生产性、营业性的项目;必要的职工生活福利设施等项目是企业投资的领域,企业自定项目和自己承担投资风险。企业通过集中本单位的折旧基金,利润留成,生产发展基金,或通过发行股票、债券、向银行贷款等方式筹集资金进行行业性的投资,以利润最大化为直接目标。最后,也鼓励企业向中央项目、地方项目进行参股投资。

(3)个体投资。国内自然人凡是符合投资主体要求,都可以参与投资活动,或直接参与工业、建筑业、交通运输业、商业、服务业等建设项目的投资,或购买各种有价证券进行间接投资。个人投资主体从自身利益出发,以资金增值为直接目标。

(4)在中国境内投资的外国公司、企业、其他经济组织个人的投资。

外国投资的领域比较宽广,只要我国法律允许,对促进我国经济、技术、社会发展有利的项目都可以进行投资。

(二)投资主体的权利与义务

(1)国家通过立法保护投资者的利益,投资主体依法享有同等的合法权利,其权利如下:①选择建设地点和投资环境;②选择投资方式和贷款的金融机构;③确定投资内容;④选择工程承包、设计、施工单位;⑤获取和支配投资带来的收益;⑥依据项目合同约定的其他权利。

(2)投资主体还必须承担下列义务:①遵守国家长远规划、地区和城市规划;②节约建设用地,合理使用资源;③依法缴纳税金;④接受国家财政、审计、统计、工商行政、环保、公安、监察等方面的依法监督;⑤向政府主管部门申请立项登记注册和递交竣工资料。

各级政府及其职能部门应切实保障投资者的合法权益不受侵犯。投资当事人有权拒绝支付超越规定的各种费用。

(三)投资资金管理法律制度

1.基本建设资金管理的法律规定

为了改善基本建设的管理,加强投资使用的责任制和提高效益,从1979年开始,国家预算内基本建设投资逐步由财政拨款改为银行贷款。1986年,除了科研、学校、行政单位等部分建设项目仍由国家财政拨款外,其余由国家预算安排的基本建设项目全部改由银行贷款。基本建设资金来源渠道,由过去主要依靠财政拨款发展到财政拨款、银行贷款、利用外资、自筹资金等多种资金来源渠道。由于资金的来源不同,对资金的具体管理办法也不同。

(1)基本建设投资拨款的管理。基本建设投资拨款是由国家财政通过国家开发银行委托商业银行分次、逐笔拨付给建设单位无偿使用的。用拨款投资安排的建设项目,必须严格按照国家规定的范围进行。根据《关于调整国家预算内基本建设投资拨款改贷款范围等问题的若干规定》,用拨款投资安排的基本建设项目的范围限于:国防科研项目;各级各类学校项目;国务院各部门和各地方所属医院、救护中心、卫生检疫站;国务院各部门、各省、自治区、直辖市和计划单列市、省辖市所属没有直接收益的科研建设项目;由国家行政经费开支、列入国家行政编制的机关办公楼及其机关所属职工宿舍、食堂、幼儿园、托儿所和培训中心的建设;由国家财政划拨事业经费,且没有经济收入的事业单位的建设;国家物资储备局的仓库建设;防洪、排涝工程、市政工程、国防边防公路和边境县以下邮电通信工程；不实行收费办法的公路和独立公路大桥建设；其他非经济部门所属非营业性的、无还款能力的项目。

建设项目的管理，应当遵守以下规定：大中型建设项目在国家计划中确定，小型项目自由主管部门和地区在国家核定的拨款投资内安排，并需要经各地国家开发银行审核确认；各部门、各地区无权自行扩大财政拨款建设项目的范围；实行拨款的建设项目，其年度用款实行限额管理。

（2）基本建设贷款的管理。根据1984年国家计委、财政部、建设银行《关于国家预算内基本建设投资全部由拨款改为贷款的暂行规定》，除非经营性机关、学校、事业单位和经营性质决定没有经济效益的企业、事业、单位外，经营性、生产性的企业投资一律由财政拨款改为银行贷款，简称"拨改贷"。

基本建设贷款有两种方式：一种是银行直接贷款，一种是"拨改贷"，它们都是有偿使用的，实行有借有还，谁借谁还，贷款实行差别利率的原则，对不同地区、部门和产品的贷款规定不同的还款期和差别利率，以鼓励短线产品的生产，限制长线产品的生产和重复建设，促进产业结构的优化。

"拨改贷"资金，一律实行合同管理，一律先办理借款手续，签订合同，实行分级管理。由国务院和各部门安排的建设项目，其"拨改贷"资金，由中央财政预算拨给；由地区安排的建设项目，其"拨改贷"资金，由地方财政预算拨给。包建单位根据工程进度，按实际需要向建设银行借款。将来建设银行收回的贷款，属中央预算安排的，上交中央财政；属地方预算安排的，原则上交地方财政部门。这两种银行贷款都是按银行贷款方式进行管理，但在确定贷款利率上存在根本区别。"拨改贷"的贷款利率按建设项目的产品盈利情况实行差别利率，利用银行存款进行贷款项目的利率主要根据贷款时间的长短来确定。

（3）基本建设自筹资金的管理。基本建设自筹资金有两类：一类是各级财政的自筹资金；一类是各企业、事业单位的自筹资金。用自筹资金进行基本建设，要求资金来源正当、落实。自筹资金要专户存入建设银行，坚持先存后批，先批后用的原则，由建设银行监督使用。地方各级财政自筹资金依规定可用于基本建设使用：上年财政预算结余资金、当年财政超收分成和总预备费以及地方预算外的专项资金。

企业自有资金中可用于基本建设的资金，只限于生产发展基金和职工福利基金等。更新改造基金、大修理基金、新产品试制基金，以及由银行贷款形成的流动资金等，均不得作为基本建设资金使用。

（4）利用外资的管理。为了正确引导和搞好国家的宏观调控，国家对地方、部门利用国外贷款和吸收外国投资的审批权做了如下规定：

凡属国家向国外政府和国外金融组织统借的贷款，其项目的审批与国内基本建设项目相同。

凡地方、部门自借自还的，且生产建设条件能自行平衡的，每个项目总投资的审批权限是：天津、上海可审批3000万美元以下项目，北京、辽宁、大连、广州可审批1000万美元以下项目，其他省、自治区和重庆、沈阳、武汉、沿海城市和工交、农林等部门可审批500万美元以下项目。

凡主要靠利用自借自还的外资，自筹资金、材料和进口设备进行建设，不需要国家综合平衡的非生产性建设项目，由各部门和省、自治区、直辖市自行审批。

2.更新改造资金管理的法律规定

更新改造资金主要来源于：企业的生产发展基金、用于与主体改造工程配套的生活福利建设的福利基金、银行贷款、国家预算内拨款和利用外资等。其中银行贷款、国家预算内拨款和利用外资搞的更新改造，实行令性计划，其余实行指导性计划。

（四）投资程序法律制度

投资程序制度，是指投资及其管理活动的一系列流程规则。投资程序制度具有程序法的意义，它保障实体的落实。依据有关法律、法规，应着重从规范投资项目建设制度等方面建立和健全投资程序制度。

投资建设程序是指每个投资项目从投资决策、建设实施直到竣工验收、交付使用的全过程中应经过的先后阶段和先后顺序，以及各阶段的法定要求。根据现行法的有关规定，投资建设程序一般分为以下几个阶段：

（1）投资决策阶段。该阶段一般依次经过投资项目的建议阶段，可行性研究阶段，编制设计任务书、项目审批阶段。

根据项目建议书，投资项目的建议阶段包以下主要内容：①提出该项目的必要性和依据；②拟建设规模、产品方案和建设地点的初步设想；③建设条件的初步分析；④投资估算和资金筹措设想；⑤项目的进度安排；⑥经济效益和社会效益的估计等。

进行可行性研究，包括以下内容：

①确定拟建设项目规模和产品方案；②资源、原材料、燃料及公用设施落实情况；③建设项目地点及其条件；④设计方案；⑤建设项目的布置方案；⑥环境保护、防震、文物保护等要求和采取的相应措施方案；⑦内部组织机构、人员编制和培训设想；⑧建设工期和实施进度；⑨投资估算和资金筹措；⑩经济效益和社会效益。

设计任务书是确定基本建设项目能否成立和进行初步设计的主要依据。所有新建、改建、扩建项目都要由主管部门组织计划、设计单位编制设计任务书。其内容主要包括以下几点：①建设目的和根据；②建设规模、产品方案、生产方法和工艺技术；③矿产资源、水文、地质和原材料、燃料、动力、供水、运输等协作配合条件；④资源综合利用和三废治理要求；⑤建设地区或地点以及占用土地的估算；⑥防风、抗震要求；⑦建设工期的数据；⑧投资控制数；⑨未来企业的劳动定员控制数；⑩要求达到的经济效益和技术水平。

（2）投资项目建设实施阶段。该阶段一般依次经过投资项目的设计和施工阶段。在项目设计阶段，有关法律对投资项目的设计单位的选择，设计单位的权利和义务，设计的依据和标准，以及设计文件的审批等都有规定。当设计文件批准后，投资项目应进入施工阶段。在此阶段中，有关施工单位的选择，建筑施工承包合同的订立和履行，严禁建设承包合同的层层转包和违法分包，以及相关的施工配套措施和施工原材料的准备等，有关法律、法规（如建筑法和整顿、规范建筑市场的行政法规）也有详尽的规定。

（3）投资建设项目的竣工验收和交付使用阶段。该阶段是投资项目建设程序的最后阶段，是对投资建设项目的全面检验。规范竣工验收和交付使用行为，是提高投资效益的重要环节。针对一些投资建设项目的工程质量上的严重事故，要依法做好竣工验收工作，综合运用各种法律手段严把质量关，对因竣工验收不严格而导致事故的责任者和有关领导人依法严肃查处，直至追究刑事责任。

（五）外国投资管理制度

外国投资是指外国公司、企业、其他经济组织和个人将其有形资产或无形资产投入我国，并通过对其资产运行的完全或部分控制，追求最大的经济利益的行为。这种投资通常是一种直接投资行为，诸如外国公司、企业、其他经济组织和个人通过直接投资在我国设立中外合资、合作、外商独资企业等。其管理制度同国内投资管理制度的构成有相同之处，如计划管理、财政管理、金融管理三项基本制度。

计划管理是指国家经济和社会发展计划的重要组成部分，它确定了计划期内投资规模、结构、布局、项目投资来源、效率等。

投资计划指标主要包括：固定资产投资额、建设项目、投资效益等，这些指标是否具有约束力，是区分指令性投资计划指标（有强制约束力）和指导性投资计划（无强制约束力）的基本标准，也是政府对投资进行计划管理的一个基本方法。

财政管理是政府依法运用财政杠杆调控投资活动，同其他投资管理制度（如投资计划）相配合实现调控目标的过程。在此过程中，财政杠杆的依法运用，主要表现在依法运用经济手段和行政手段两方面。

就经济手段而言，是指政府依法通过财政分配和再分配活动改变物质利益关系，以此来引导投资行为。主要的制度设计有：通过与投资活动相关的税种、税目、税率、减免税等国家税收制度，实现投资调控目标；通过国家预算收入和支出结构与规模变化的国家预算制度，来调节投资在各产业部门的分配比例关系；通过国内外公债和以贷款使用财政资金等国家信用制度，以及通过生产性的财政补贴制度，来调节投资规模和方向。

就行政手段而言，是指通过财政分配系统的行政机构自上而下地发布命令、规定等发挥作用，直接对投资主体的行为方式产生鼓励和限制作用。

金融管理的主体是中央银行。中央银行在金融决策中依法具有独立性，经营业务是非营利性的，是货币发行和运行以及信贷关系最有力的调控者，可以有效地对投资活动进行间接调控。其调控手段主要表现在，通过控制货币发行量和供应量来调节投资规模、结构和方向。特别是依法对投资资金进行源头管理，诸如对银行投资贷款、国外贷款、债券和股票的总规模实行指令性计划，严格管理，以控制投资资金总量，加强对社会集资方式的投资活动管理，清收违法的拆借投资资金，严禁用信贷形成的流动资金充作投资项目的自筹和自有资金等。

由于外国投资的涉外因素，外国投资管理制度有其自身特殊性，其内容如下：

1. 对外资投资项目的导向

国家发改委和商务部颁发的《指导外商投资方向暂行规定》及其相配套的《外商投资产业指导目录》中，对鼓励、限制和禁止外商投资的领域作了明确和具体的规定。根据这两个文件的规定，有下列情形之一就属禁止类外商投资项目：

（1）危害国家安全或损害社会公共利益；

（2）污染损害环境，破坏自然资源或损害人体健康；

（3）占用大量耕地，不利于保护、开发土地资源，或者危害军事设施安全和使用效能；

（4）运用我国特有工艺或技术生产产品；

（5）法律法规禁止的其他情形。

禁止外商投资的产业主要有：新闻业、武器军事产业、广播影视业；我国具有优势的传统轻工业，如象牙雕刻、虎骨加工、漆器、宣纸、墨锭等；国家保护的野生动植物资源及稀有珍贵优良品种;绿茶及名茶、黑茶等特种茶加工的经营管理等。

我国禁止外商投资的行业都是与国家安全、社会公共利益有重大利害关系或是我国具有传统优势和特色的产业。随着我国加入WTO,外国在我国投资的领域逐步扩大,原来一些禁止外商投资的领域开始对外商开放,如航空运输、通用航空、国内商业、对外贸易、出版发行、金融、保险、证券、会计、审计、法律咨询服务、电信、贵金属矿开采、冶炼、加工等行业。根据国民待遇原则还进一步调整。

2.对外商出资的管理

(1)依法对外国资本来源的限制。如外商投资必须完全或按一定比例从国外注入。

(2)依法对外商出资方式的限制。如外商不得以投资的企业(合资企业)名义的贷款作为自己的出资,也不得以合资企业的财产权益及合营企业的财产权益作为其出资担保。对于外商以实物和知识产权作为出资的,我国有关法律对该出资的有效条件、作价标准、权属认定等作出了许多明确和具体的规定。

(3)对外商出资期限的限制。如我国有关法律对外商按照审批、注册文件在规定的期限之前一次或分期交纳其认缴的出资,以及逾期出资的法律责任,也有具体的规定。

3.对外资出资比例的管理

(1)依法对外商投资者在外商投资企业中的投资比例下限作出明确规定,以及按照国际惯例,确立了出资较多一方在合资企业中有较大发言权这一平等互利的企业决策原则。

(2)就不同的领域的外商投资比例作了不同的规定。如依法对外商投资的限制领域,通过规定外商出资的上限比例实现限制投资的目的。

4.外商投资的审批监管机构和程序

为了实现对外商投资的有效监督,我国依法设立了外商投资的审批监管机构,如商务部及其所属的各个职能部门等,其基本职能是审查外商投资申请并决定是否批准。为了保证国家外资政策的统一性和规范性,我国有关法律、法规就不允许地方政府自行审批的外商投资领域,作出了明确规定。

(六)外国投资保护和鼓励制度

改革开放以来,我国颁布了一系列鼓励和保护外国投资的法律、法规,其基本内容如下:

(1)外商可以采取合资、合作、独资经营的方式进行直接投资。其投资企业的法律组织形式,可以是法人,也可以是非法人;其法人组织可以是有限责任公司,也可以是股份有限公司。

(2)下放和简化外商投资企业的审批权限和管理手续。如除投资总额在3000万美元以上的大项目及国家限制投资项目要服中央政府审批外,绝大多数外商投资项目由所在的地方政府自行审批。对外商投资企业有关出资、生产、经营、财务、外汇、进出口等方面的情况改变由各地政府有关部门分别进行年检的做法,实行统一联合年检,并且由参加年检的部门共同编制年检报告书。

(3)规定外商有自由兑换货币,以实物、知识产权进行投资的自主权。

(4)对外商投资企业实行税收优惠政策,依法缴纳所得税后,可以对企业的外汇实行税收优惠。

(5)规定外商投资者的投资利润,依法缴纳所得税后,可以从企业的外汇账户中自由汇出,免交汇出税。

(6)国家对外商投资企业不实行国有化和征收。在特殊情况下,根据社会公共利益需要实行征收的,要依法律程序实行征收,并给予相应的补偿。

(7)为了增强外商投资的投资安全感,保护外商投资企业合法权益,我国政府已与76个国家签订了鼓励与保护投资协定。

(七)境外投资管理制度

境外投资,是指我国的企事业法人和公民个人向中国以外的其他国家的直接投资。其主要管理制度措施体现在下述几个方面:

(1)确保国家税收依法施加的管理。因为境外投资者具有偷、漏税的方便条件,所以我国通过与其他国家订立防止偷、漏税的双边协定来防止和限制境外投资者的偷、漏税行为。

(2)确保国内投资者利益依法施加的管理。由于境外投资多由公司来进行,为了保证股东尤其是国有股东的利益,我国有关法律和法规赋予股东和境外投资企业所归属的国内重要企业监督境外投资企业的广泛权利,并对境外投资企业依法实行"国民待遇",从而间接地体现了政府对境外投资(尤其是国有资产投资)的管理和保护。

(3)为维护市场秩序依法施加的管理。如通过反不正当竞争法的域外效力,对境外投资企业的不正当竞争行为人依法予以追究。

(4)加强竞争实力所依法施加的管理。当前,服务贸易已成为世界经济竞争的新热点,工程承包与劳务合作方面的国际竞争十分激烈。针对我国对外服务贸易企业的整体竞争实力弱的实际,要通过必要的经济、行政和法律手段组建境外服务贸易的企业集团,规范境外服务贸易企业的经营管理行为,也是提高境外投资效益的一项重要制度措施。

(八)境外投资保护和鼓励制度主要有以下几方面的内容

(1)通过税收优惠政策来鼓励境外投资,特别是我国与56个国家签订的避免双重征税的协定,将调动对境外进行投资的积极性。

(2)简化境外投资的审查批准手续,并赋予境外投资企业的人员派遣和管理方面更多的自主权,以及打破部门、地区、所有制界限组建企业集团和跨国公司,提高境外投资企业的竞争实力。

(3)建立境外投资保险制度,由政府下设或支持的商业保险机构,依事先约定对于境外投资过程中面临的因政治风险、自然灾害而遭受的损失给予补偿。

(4)通过外交保护对境外投资的保护,也是一种重要的保护方法。

思考与练习

1.简述计划和计划法的概念。

2.简述固定资产投资的概念和种类。

3.简述基本建设投资的主体和资金来源。

第十六章 财政法律制度

第一节 财政法概述

一、财政及财政法的一般理论

(一)财政的一般理论

1.财政的概念及特征

财政,是政府为实现其职能,借助于公共权力进行的理财活动。作为一种特殊的理财方式,财政具有以下特点:

(1)公共性。财政是一种为公共产品的生产筹集资金,并把已生产出来的公共产品按其适宜的供给方式(无偿或者部分有偿)供给社会的理财活动。这种理财不以营利为目的,而是为了实现一定的政府职能,这就决定了财政活动的公共性质。因此,公共性是政府理财与私人理财的重大区别,也是财政的最大特征。

(2)强制性。政府是管理公共事务的机关,而公共事务是一种全体居民都获利的事务,从公共事务中获得的利益,人们既不能拒绝,又无法精确计算量化。政府只能凭借公共权力,按照某种原则将这些公共支出强制地分摊给每个生产者和居民。由此可见财政必须凭借公共权力来进行,而公共权力的强制性,决定了财政是一种强制性质的理财形式。

(3)无偿性。无偿性一方面表现在财政收入具有无偿性,尤其表现在税收上,另一方面也表现在财政支出上。无论是财政拨款,还是财政补贴,都属于政府无偿性质的支出,对这种支出通常受款人不需要归还。由于这种无偿支出需要无偿收入来支撑,因而政府支出的无偿性决定了政府收入的无偿性,而政府支出的无偿性又是由政府管理的公共事务的特殊性,即它是全体居民普遍受益,很难直接计算出每个居民的具体受益数量这一特点所决定的。

2.财政的职能

财政的职能是财政这种理财活动的本质反映。它既表现为财政在社会经济生活中所具有的职责和功能,也表现为财政的作用。财政的职能主要包括:

(1)资源配置职能。资源配置是通过对现有的人力、物力、财力等社会经济资源的合理调配,实现资源结构的合理化,使其得到最有效地使用,获得最大的经济和社会效益。财政资源配置的职能主要是通过调节资源在地区之间的配置以及调节资源在产业部门之间的配置来实现的。

(2)收入分配职能。财政的收入分配职能主要是通过调节企业的利润水平和居民的个人收入水平来实现的。调节企业的利润水平,是通过包括税收、财政补贴等手段在内的各种财政手段来调节;调节居民个人收入水平,一方面是通过税收进行调节,缩小个人收入之间的差距或者调节个人财产分布。另一方面是通过转移支付,如社会保障支出、救济支出、补贴等,以维持居民最低的主活水平和福利水平。

(3)稳定经济职能。要实现经济的稳定增长,关键是做到社会总供给与社会总需求的平衡,包括总量平衡和结构平衡。财政在这两个方面都能发挥重要作用,其方式主要是一方面通过财政预算进行调节。国家预算收入通常代表可供国家支配的商品物资量,是社会供给总量的一个组成部分,而国家预算支出会形成货币购买力,是社会需求总量的一个组成部分。因此,通过调整国家预算收支之间的关系,就可以起到调节社会供求总量平衡的作用;另一方面通过制度性安排,发挥财政"内在稳定器"的作用,这表现在财政收入制度和支出制度两方面:在收入方面,当经济过热而出现通货膨胀时,提高相应的税率,抑制经济过热;反之,降低税收,以刺激经济复苏和发展。在财政支出方面,主要体现在转移性支出(社会保障、补贴、救济和福利支出等)的安排上。经济高涨时,失业人数减少,转移性支出下降,对经济起抑制作用。反之,经济萧条时,失业人数增加,转移性支出上升,对经济复苏和发展起刺激作用。

(二)财政法的一般理论

1.财政法及其地位

财政法是调整财政关系的法律规范的总称。财政法是经济法的部门法,并且是经济法的宏观调控法中的重要部门法。

2.财政法的体系

财政法的体系是由其调整对象决定的。由于财政法的调整对象是财政关系,因而财政法的体系也就应当是由调整各类财政关系的各个部门法所构成的和谐统一的整体。根据我国的现实情况,我国的财政法律体系应当包括以下内容:①财政管理体制法,即规定有关财政收支范围、职责权限等方面的法律制度;②预算法,即规定预算体系、预算管理职权以及预算编制、审批、执行等方面的法律制度;③税收法,即调整国家与纳税人之间在税收征纳过程中所发生的税收征纳关系以及中央政府与地方政府之间的税收权限关系的法律制度。考虑到税收是国家财政收入的主要形式,是国家宏观调控经济的重要手段,而且税法本身比较复杂,因此我们对此以专章论述;④国债法,即关于国债的发行、使用、流通、转让及还本付息等方面的法律制度;⑤转移支付法,即有关财政资金在政府间转移支付的法律制度;⑥政府采购法,即对政府采购行为进行规范、监督管理的法律制度。

二、财政管理体制及财政制度改革

(一)我国财政管理体制的发展

财政管理体制是指由中央政府制定的,用于处理中央与地方政府财政分配关系,包括事权与财权,财权与财力关系方面的根本制度。中华人民共和国成立以来,我国财政管理体系经历了多次改革,预算收支在中央与地方之间的划分,曾采取过许多方法。归纳起来,主要有以下几种:

1.统收统支

所谓统收统支,即将地方政府负责组织的收入统一上缴中央,地方政府的各项支出统一由中央拨付,也称"收支两条线"办法。我国只在少数特殊年份,即国民经济恢复时期和"十年动乱"时期,采用过这种办法。统收统支的办法不利于调动地方增收节支的积极性,因而只能在特殊情况下采用。

2.分类分成

分类分成就是指将地方组织的全部预算收入,分解成若干个项目,逐项确定中央与地方的分成比例的方法。这种方法将地方组织的预算收入分为固定收入、固定比例分成收入和调剂分成收入,在平衡地方预算收支时,先用地方固定收入抵补地方正常支出,不够时再划给固定比例分成收入。如仍不能抵补支出时,再划给调剂分成收入,如上述三种收入全部划给地方仍不能抵补支出,则由中央拨款补助。我国主要在 1953—1958 年、1980 年实行"分灶吃饭"体制的头两年采用过这种方法。

3. 总额分成

总额分成是指将地方组织的全部收入(除个别不按地区参与分成的收入,如关税外),按一定比例在中央与地方之间进行分成。分成比例一般根据中央批准的地方预算支出总额占其收入总额的百分比确定。这种方法在我国采用的时间最长,尽管各个时期的具体内容稍有不同,中华人民共和国成立后半数以上的年份均采用了这种方法,主要有"大跃进"后期和 20 世纪 60 年代调整时期的 1959—1965 年,"十年动乱"时期的 1966—1970 年,粉碎"四人帮"后的 1976—1979 年,进入改革开放时期以后的 1982—1987 年,1988—1993 年实行"大包干"体制后的部分地区仍采用这种方法。

4. 大包干办法

大包干办法就是在核定的预算收支的基础上,对于收大于支的地区,将收入的一部分采用一定办法包干上解中央;支大于收的地区,对其收不抵支的差额由中央包干补助。这种办法自 1980 年首先在广东、福建两省实行,前者实行定额上解,后者实行定额补助。1988 年开始对各地区实行各种形式的财政大包干办法,主要有收入递增包干、总额分成、总额分成加增长分成、上解递增包干、定额上解、定额补助。

(二)财政管理体制的改革

根据中共十四届三中全会的决定,为了进一步理顺中央与地方的财政关系,更好地发挥国家财政的职能,增强中央的宏观调控能力,促进社会主义市场经济体制的建立和国民经济的持续、快速、健康发展,国务院决定,从 1994 年 1 月 1 日起在全国范围内实行分税制财政管理体制,其基本内容是:

1. 按照中央和地方政府的事权,划分各级财政的支出范围

中央财政主要负担国家安全、外交和中央机关运转所需经费,调整国民经济结构、协调地方发展、实施宏观调控必需的支出以及由中央直接管理的事业发展支出。地方财政主要负担本地区政权机关运转以及本地区经济、事业发展所需的支出。

2. 根据财权与事权相结合原则,合理划分中央与地方收入

按照税制改革后的税种设置,将维护国家权益、实施宏观调控所必需的税种划为中央税;将适宜地方征管的税种划为地方税,并充实地方税税种,增加地方税收入。将与经济发展直接相联系的主要税种划为中央与地方共享税。在划分税种的同时,分设中央税务机构和地方税务机构,实行分别征税。中央税种和共享税种由国税局负责征收,其中共享收入按比例留给地方。地方税种由地税局征收。

3. 中央财政对地方税收返还数额的确定

为了保持地方既得利益,中央财政对地方税收返还数额以 1993 年为基期年核定。按照 1993 年中央从地方净上划的收入数额(即消费税和 75％增值税之和减去中央下划地方收入),1993 年中央净上划收入,全额返还地方,保证地方既得财力,并以此作为中央财政对地方的税收返还基数。1994 年以后,税收返还额在 1993 年基数上逐年递增,递增率按全国增值税和消费税的平均增长率的 1∶0.3 系数确定,即上述两税全国平均每增长 1％,中央财政对地方税收

返还增加 0.3%。但 1994 年实际实施时,改为与各地"两税"增长率挂钩。

第二节　财政法律制度

一、预算法律制度

(一)预算及预算法

国家预算,简单地讲是指政府的年度财政收支计划。财政在进行集中性收支分配时,必须事先加以科学计算,并经过一定审批程序后,才能付诸执行。政府的这种财政收支活动安排,其工作内容、方式、程序、地位及其责任都应以法律的形式来表现。这种以法律形式表现的,一定时期内对财政收支活动进行的计划安排,以及由此产生的管理制度就是国家预算。

国家预算法是组织和管理国家预算的法律依据和法律规范之总称。其主要任务是规定国家立法机关、政府执行机关、中央与地方、总预算与单位预算之间的权责关系和收支分配关系。与其他法律相比,预算法的特别之处在于:它是一部约束和引导政府财政权力运作的财务法案。由预算法构建的法定预算程序,构成现代政府运作的核心。正因为关系全体人民核心利益、政府施政能力、公共治理能力和国家的长治久安,预算法堪称"亚宪法"。我国预算立法最早是 1951 年 8 月的《预算决算暂行条例》,该条例对国家预算、决算制度作了较为明确的规定。1992 年国务院发布了新的《国家预算管理条例》,并宣布自 1992 年 1 月 1 日起施行。这是我国预算管理逐步走向科学化、法制化和规范化的重要标志。此后,为了进一步强化国家预算的分配和监督职能,健全国家预算管理制度,1994 年 3 月 22 日第八届全国人民代表大会第二次会议通过了《中华人民共和国预算法》并定于 1995 年 1 月 1 日起正式施行。它标志着我国预算管理的法制化、规范化模式的基本确立。此后,历经四次审议,2014 年 8 月 31 日第十二届全国人民代表大会常务委员会第十次会议表决通过了《全国人大常委会关于修改〈预算法〉的决定》,并决议于 2015 年 1 月 1 日起施行。至此,预算法在出台 20 年后,终于完成了首次修改。

(二)预算管理体制

1.预算的种类

从预算收入的来源看,预算包括一般公共预算、政府性基金预算、国有资本经营预算、社会保险基金预算。

(1)一般公共预算。

一般公共预算是对以税收为主体的财政收入,安排用于保障和改善民生、推动经济社会发展、维护国家安全、维持国家机构正常运转等方面的收支预算,包括中央和地方两类。中央一般公共预算包括中央各部门(含直属单位,下同)的预算和中央对地方的税收返还、转移支付预算。中央一般公共预算收入包括中央本级收入和地方向中央的上解收入。中央一般公共预算支出包括中央本级支出、中央对地方的税收返还和转移支付。地方各级一般公共预算包括本级各部门(含直属单位,下同)的预算和税收返还、转移支付预算。地方各级一般公共预算收入包括地方本级收入、上级政府对本级政府的税收返还和转移支付、下级政府的上解收入。地方各级一般公共预算支出包括地方本级支出、对上级政府的上解支出、对下级政府的税收返还和转移支付。

（2）政府性基金预算。

政府性基金预算是对依照法律、行政法规的规定在一定期限内向特定对象征收、收取或者以其他方式筹集的资金,专项用于特定公共事业发展的收支预算。政府性基金预算应当根据基金项目收入情况和实际支出需要,按基金项目编制,做到以收定支。

（3）国有资本经营预算。

国有资本经营预算是对国有资本收益作出支出安排的收支预算。国有资本经营预算应当按照收支平衡的原则编制,不列赤字,并安排资金调入一般公共预算。

（4）社会保险基金预算是对社会保险缴款、一般公共预算安排和其他方式筹集的资金,专项用于社会保险的收支预算。社会保险基金预算应当按照统筹层次和社会保险项目分别编制,做到收支平衡。

2.预算的组成体系

预算由预算收入和预算支出组成。政府的全部收入和支出都应当纳入预算。我国的国家预算由中央预算和地方预算组成,而地方预算又可进一步分省（自治区、直辖市）、市（自治州）、县（自治县、不设区的市）和乡（镇、民族乡）四级。因此,我国的预算体系由五级预算组成。这里,中央预算亦称为中央政府本级预算,负责满足中央政府行使职能的资金供给和实行全国宏观调控,它由中央各部门的预算组成,包括地方向中央上解（上缴）的收入数额和中央对地方返还（补助）的支出数额;地方各级总预算由本级预算和汇总的下一级总预算组成;下一级只有本级预算的,下一级总预算即指下一级的本级预算。没有下一级预算的,总预算即指本级预算。乡镇一级政府预算,目前我国还未全面铺开。对不具备设立预算条件的乡镇,经省级政府确定后,可暂不设立预算。原则上各级政府应当统筹安排本级预算收支,做到收支平衡。

从预算内容的组成关系来看,国家预算又可分为总预算和单位预算。总预算是各级政府的本级部门预算及其下属政府部门的汇总预算。单位预算则指列入预算管理范围的各单位的收支预算。国家总预算由中央各部门的单位预算和省级（自治区、直辖市）总预算组成,而省级总预算又由以省级各部门的单位预算为基础编成的本级预算和所属市级（自治州）总预算组成。一般而言,任何一级政府的总预算应当包括下级政府的总预算,从而形成完整的国家预算体系。

3.预算管理职权

明确国家各级权力机关、政府机关、各级财政部门以及各预算具体执行部门和单位在预算管理中的职权,是保证预算严格依法管理的前提条件,因而是预算法的核心内容。我国的预算法对预算管理职权做出了如下的规定:

（1）各级人民代表大会的职权主要有:预算、决算的审批权;预算、决算的监督权;对预算、决算方面不适当的决定的撤销权（各级人民代表大会有权改变或者撤销本级人民代表大会常务委员会关于预算、决算的不适当的决定）。

（2）各级人民代表大会常务委员会的职权主要有:预算执行的监督权;预算调整方案的审批权;根据授权,对决算进行审批;对预算、决算方面不适当的决定的撤销权（各级人民代表大会常务委员会有权撤销本级人民政府和下一级人民代表大会关于预算、决算的不适当的决定）。

（3）各级政府的职权主要有:预算管理体制具体办法的确定权;预算、决算草案的编制权;预备费动用的决定权;预算执行的组织和监督权;对预算、决算方面不适当的决定的撤销权（各级政府有权改变或撤销本级各部门和下级政府关于预算、决算的不适当的决定）。

(4)各级财政部门的职责主要是:具体编制本级预算、决算草案,具体组织本级预算或总预算的执行,提出本级预备费动用方案和预算调整方案,定期按预算法规定的程序报告预算执行情况。

(三)预算收支

1.预算收入

一般公共预算收入包括各项税收收入、行政事业性收费收入、国有资源(资产)有偿使用收入、转移性收入和其他收入。政府性基金预算、国有资本经营预算和社会保险基金预算的收入范围,按照法律、行政法规和国务院的规定执行。

2.预算支出

一般公共预算支出按照其功能分类,包括一般公共服务支出,外交、公共安全、国防支出,农业、环境保护支出,教育、科技、文化、卫生、体育支出、社会保障及就业支出和其他支出。按照经济性质分类,包括工资福利支出、商品和服务支出、资本性支出和其他支出。政府性基金预算、国有资本经营预算和社会保险基金预算的支出范围,按照法律、行政法规和国务院的规定执行。

上级政府不得在预算之外调用下级政府预算的资金。下级政府不得挤占或者截留属于上级政府预算的资金。

(四)预算的编制和执行

1.预算的编制

(1)预算编制遵循的基本原则。

预算的编制,是指国家制定取得和分配使用预算资金的年度计划的活动。它是一种基础性的程序。在这一阶段编制的预算,实际上是预算草案,因而还不是具有法律效力的国家预算。预算的编制应遵循以下原则:

①复式预算原则。中央预算和地方各级政府预算均应按照复式预算编制。各级预算应当根据年度经济社会发展目标、国家宏观调控总体要求和跨年度预算平衡的需要,参考上一年预算执行情况、有关支出绩效评价结果和本年度收支预测,按照规定程序征求有关方面意见后,进行编制。

②量入为出、收支平衡原则。除预算法另有规定外,中央政府公共预算和地方各级预算均不列赤字,中央一般公共预算必需的部分资金,可以通过举借国内和国外债务等方式筹措,但举借债务应当控制适当的规模,保持合理的结构。中央一般公共预算中举借的债务实行余额管理,余额的规模不得超过全国人民代表大会批准的限额。经国务院批准的省、自治区、直辖市的预算中必需的建设投资的部分资金,可以在国务院确定的限额内,通过发行地方政府债券举借债务的方式筹措。举借债务的规模,由国务院报全国人民代表大会或者全国人民代表大会常务委员会批准。省、自治区、直辖市依照国务院下达的限额举借的债务,列入本级预算调整方案,报本级人民代表大会常务委员会批准。举借的债务应当有偿还计划和稳定的偿还资金来源,只能用于公益性资本支出,不得用于经常性支出。除上述情况以外,地方政府及其所属部门不得以任何方式举借债务。且除法律另有规定外,地方政府及其所属部门不得为任何单位和个人的债务以任何方式提供担保。

③真实、合法原则。各级政府、各部门、各单位应当依照本法规定,将所有政府收入全部列入预算,不得隐瞒、少列。各级预算应当根据年度经济社会发展目标、国家宏观调控总体要求

和跨年度预算平衡的需要,参考上一年预算执行情况、有关支出绩效评价结果和本年度收支预测,按照规定程序征求有关方面意见后,进行编制。各级政府依据法定权限作出决定或者制定行政措施,凡涉及增加或者减少财政收入或者支出的,应当在预算批准前提出并在预算草案中作出相应安排。各部门、各单位应当按照国务院财政部门制定的政府收支分类科目、预算支出标准和要求,以及绩效目标管理等预算编制规定,根据其依法履行职能和事业发展的需要以及存量资产情况,编制本部门、本单位预算草案。

④厉行节约,统筹兼顾原则。各级预算支出的编制,应当贯彻勤俭节约的原则,严格控制各部门、各单位的机关运行经费和楼堂馆所等基本建设支出。一般公共预算支出的编制,应当统筹兼顾,在保证基本公共服务合理需要的前提下,优先安排国家确定的重点支出。中央预算和有关地方预算中应当安排必要的资金,用于扶助革命老区、民族地区、边疆地区、贫困地区发展经济社会建设事业。各级一般公共预算应当按照本级一般公共预算支出额的百分之一至百分之三设置预备费,用于当年预算执行中的自然灾害等突发事件处理增加的支出及其他难以预见的开支。

(2)预算编制的程序。

预算编制程序是指预算编制单位实施开展编制工作的具体步骤和环节。建立严格的预算编制程序是保证预算草案编制的效率和质量的前提条件之一,其步骤如下:在新的预算年度开始以前,国务院向各地各部门下达关于编制下一年预算草案的指示,由国务院财政部门部署编制预算草案的具体事项;地方各部门(中央各部门和省、市、自治区政府)根据国务院的指示和财政部的部署,结合本地区本部门的实际情况,自下而上地编制各省、自治区、直辖市地方总预算草案和中央主管部门的单位预算草案,并按国务院规定的时间,报国务院审核汇总。各级政府财政部门应当在本级人民代表大会会议举行的一个月前,将本级预算草案的主要内容提交本级人大的专门委员会进行初步审查。

(3)预算编制的内容。

中央预算编制的内容包括:①本级预算收入和支出。②上一年度结余用于本年度安排的支出。③返还或补助地方的支出。④地方上解的收入。中央财政本年度举借的国内外债务和还本付息数额应当在本级预算单独列示。

地方各级政府预算编制的内容包括:①本级预算收入和支出。②上一年度结余用于本年度安排的支出。③上级返还或补助的收入。④返还或者补助下级支出。⑤上解上级的支出。⑥下级上解的收入。

2.预算审批

根据我国预算法的规定,预算审批的基本程序是:国务院在全国人民代表大会举行会议时,向大会作关于中央和地方预算草案的报告,地方各级政府在本级人民代表大会举行时,向大会作关于本级总预算草案的报告。

中央预算由全国人民代表大会审查和批准,地方各级政府预算由本级人民代表大会审查和批准。国务院财政部门应当在每年全国人民代表大会会议举行的四十五日前,将中央预算草案的初步方案提交全国人民代表大会财政经济委员会进行初步审查。省、自治区、直辖市政府财政部门应当在本级人民代表大会会议举行的三十日前,将本级预算草案的初步方案提交本级人民代表大会有关专门委员会进行初步审查。设区的市、自治州政府财政部门应当在本级人民代表大会会议举行的三十日前,将本级预算草案的初步方案提交本级人民代表大会有关专门委员会进行初步审查,或者送交本级人民代表大会常务委员会有关工作机构征求意见。县、自治县、不设区的市、市辖区政府应当在本级人民代表大会会议举行的三十日前,将本级预算草案的初步方案提交本级人民代表大会常务委员会进行初步审查。县、自治县、不设区的市、市辖区、乡、民族乡、镇的人民政府代表大会举行会议审查预算草案前,应当采用多种形式,组织本级人民代表大会代表,听取选民和社会各界的意见。报送各级人民代表大会审查和批准的预算草案应当细化。本级一般公共预算支出,按其功能分类应当编列到项;按其经济性质分类,基本支出应当编列到款。本级政府性基金预算、国有资本经营预算、社会保险基金预算支出,按其功能分类应当编列到项。

全国人民代表大会和地方各级人民代表大会对预算草案及其报告、预算执行情况的报告重点审查下列内容:①上一年预算执行情况是否符合本级人民代表大会预算决议的要求;②预算安排是否符合本法规定;③预算安排是否贯彻国民经济和社会发展的方针政策,收支政策是否切实可行;④重点支出和重大投资项目的预算安排是否适当;⑤预算的编制是否完整,是否符合本法第四十六条的规定;⑥对下级政府的转移性支出预算是否规范、适当;⑦预算安排举借的债务是否合法、合理,是否有偿还计划和稳定的偿还资金来源;⑧与预算有关重要事项的说明是否清晰。

全国人民代表大会财政经济委员会向全国人民代表大会主席团提出关于中央和地方预算草案及中央和地方预算执行情况的审查结果报告。省、自治区、直辖市、设区的市、自治州人民代表大会有关专门委员会,县、自治县、不设区的市、市辖区人民代表大会常务委员会,向本级人民代表大会主席团提出关于总预算草案及上一年总预算执行情况的审查结果报告。

国务院和县级以上地方各级政府对下一级政府报送备案的预算,认为有同法律、行政法规相抵触或有其他不适当之处,需要撤销批准预算的决议的,应当提请本级人民代表大会常务委员会审议决定。各级预算经本级人民代表大会批准后,本级政府财政部门应当在二十日内向本级各部门批复预算。各部门应当在接到本级政府财政部门批复的本部门预算后十五日内向所属各单位批复预算。

各级政府预算经本级人民代表大会批准后,本级政府财政部门应当及时向本级各部门批复预算,各级部门应当及时向所属各单位批复预算。

3.预算执行

国家预算一经人民代表大会批准生效,财政部门就应当将通过的多项预算指标分解,下达各预算执行机构,非经法定程序,不得调整。各级政府、各部门、各单位的支出必须以经批准的预算为依据,未列入预算的不得支出。国家预算的执行,就是指政府各项预算收支指标实现的过程。

(1)国家预算的执行机构。

国家预算的执行机构是由各级人民政府及其职能机构组成,并对执行结果负责。国务院负责执行国家预算和中央本级预算;地方各级人民政府负责执行各级地方预算;各级财政部门是预算管理的职能部门,具体负责国家预算的执行工作。此外,还有其他专门机构负责组织和参与国家预算的执行工作,如税务机关、海关总署以及各行政事业单位等。

国家金库(简称国库),是办理国家预算资金的出纳机构,是参与国家预算执行的专门机关,因而是国家预算执行的重要组成部分。根据我国预算法的规定,国家预算的一切收入都应纳入国库,一切支出都应从国库支拨。县级以上各级政府必须设立国库,具备条件的乡、民族乡、镇也应设立国库。国库的出纳业务由我国的中央银行——中国人民银行——代理。此外，地方政府还可根据实际需要，指定某些银行为国库经收。各级国库应当按照国家有关规定，及时准确地办理预算收入的收纳、划分、留解、退付和预算支出的拨付。各级国库的库款支配权属于本级财政部门。除法规另有规定外，其他任何部门、单位和个人未经同意都无权动用和支配国库库款。已经缴入国库的资金，依照法律、行政法规的规定或者国务院的决定需要退付的，各级政府财政部门或者其授权的机构应当及时办理退付。按照规定应当由财政支出安排的事项，不得用退库处理。国家实行国库集中收缴和集中支付制度，对政府全部收入和支出实行国库集中收付管理。

（2）预算的执行内容。

预算年度开始后，各级预算草案在本级人民代表大会批准前，可以安排下列支出：上一年度结转的支出；参照上一年同期的预算支出数额安排必须支付的本年度部门基本支出、项目支出，以及对下级政府的转移性支出；法律规定必须履行支付义务的支出，以及用于自然灾害等突发事件处理的支出。预算经本级人民代表大会批准后，按照批准的预算执行。

预算收入征收部门和单位，必须依照法律、行政法规的规定，及时、足额征收应征的预算收入。不得违反法律、行政法规规定，多征、提前征收或者减征、免征、缓征应征的预算收入，不得截留、占用或者挪用预算收入。各级政府不得向预算收入征收部门和单位下达收入指标。

各级政府财政部门必须依照法律、行政法规和国务院财政部门的规定，及时、足额地拨付预算支出资金，加强对预算支出的管理和监督。各级政府、各部门、各单位的支出必须按照预算执行，不得虚假列支。各级预算的收入和支出实行收付实现制。

（3）国家预算的调整。

经人民代表大会批准的预算，非经法定程序，不得调整。各级政府、各部门、各单位的支出必须以经批准的预算为依据，未列入预算的不得支出。经本级人民代表大会或者本级人民代表大会常务委员会批准的预算、预算调整、决算、预算执行情况的报告及报表，应当在批准后二十日内由本级政府财政部门向社会公开，并对本级政府财政转移支付安排、执行的情况以及举借债务的情况等重要事项作出说明。

经全国人民代表大会批准的中央预算和经地方各级人民代表大会批准的地方各级预算，在执行中出现下列情况之一的，应当进行预算调整：①需要增加或者减少预算总支出的；②需要调入预算稳定调节基金的；③需要调减预算安排的重点支出数额的；④需要增加举借债务数额的。在预算执行中，各级政府一般不制定新的增加财政收入或者支出的政策和措施，也不制定减少财政收入的政策和措施；必须作出并需要进行预算调整的，应当在预算调整方案中作出安排。各级政府对于必须进行的预算调整，应当编制预算调整方案。预算调整方案应当说明预算调整的理由、项目和数额。在预算执行中，由于发生自然灾害等突发事件，必须及时增加预算支出的，应当先动支预备费；预备费不足支出的，各级政府可以先安排支出，属于预算调整的，列入预算调整方案。国务院财政部门以及各级财政部门应当在全国人民代表大会常务委员会或者各级人民代表大会常务委员会举行会议审查和批准预算调整方案的三十日前，将预算调整初步方案送交全国人民代表大会财政经济委员会或者本级人民代表大会专业委员会进行初步审查。中央预算的调整方案应当提请全国人民代表大会常务委员会审查和批准。县级以上地方各级预算的调整方案应当提请本级人民代表大会常务委员会审查和批准；乡、民族乡、镇预算的调整方案应当提请本级人民代表大会审查和批准。未经批准，不得调整预算。在预算执行中,地方各级政府因上级政府增加不需要本级政府提供配套资金的专项转移支付而引起的预算支出变化,不属于预算调整。

(五)决算

国家决算是各级政府对于国家预算执行情况所进行的年度总结,也是政府经济活动在财政上的集中反映。决算草案由各级政府、各部门、各单位,在每一预算年度终了后按照国务院规定的时间编制。编制决算草案,必须符合法律、行政法规,做到收支真实、数额准确、内容完整、报送及时。决算草案应当与预算相对应,按预算数、调整预算数、决算数分别列出。一般公共预算支出应当按其功能分类编列到项,按其经济性质分类编列到款。

各部门对所属各单位的决算草案,应当审核并汇总编制本部门的决算草案,在规定的期限内报本级政府财政部门审核。各级政府财政部门对本级各部门决算草案审核后发现有不符合法律、行政法规规定的,有权予以纠正。

国务院财政部门编制中央决算草案,经国务院审计部门审计后,报国务院审定,由国务院提请全国人民代表大会常务委员会审查和批准。在全国人民代表大会常务委员会举行会议审查和批准中央决算草案的三十日前,国务院财政部门应当将上一年度中央决算草案提交全国人民代表大会财政经济委员会进行初步审查。批准后的决算草案就成为正式的国家决算。

县级以上地方各级政府财政部门编制本级决算草案,经本级政府审计部门审计后,报本级政府审定,由本级政府提请本级人民代表大会常务委员会审查和批准。县级以上地方各级政府财政部门编制本级决算草案,经本级政府审计部门审计后,报本级政府审定,由本级政府提请本级人民代表大会常务委员会审查和批准。县级以上各级人民代表大会常务委员会和乡、民族乡、镇人民代表大会对本级决算草案,重点审查下列内容:①预算收入情况;②支出政策实施情况和重点支出、重大投资项目资金的使用及绩效情况;③结转资金的使用情况;④资金结余情况;⑤本级预算调整及执行情况;⑥财政转移支付安排执行情况;⑦经批准举借债务的规模、结构、使用、偿还等情况;⑧本级预算周转金规模和使用情况;⑨本级预备费使用情况;⑩超收收入安排情况,预算稳定调节基金的规模和使用情况;⑪本级人民代表大会批准的预算决议落实情况;⑫其他与决算有关的重要情况。县级以上各级人民代表大会常务委员会应当结合本级政府提出的上一年度预算执行和其他财政收支的审计工作报告,对本级决算草案进行审查。

二、国债法律制度

(一)国债及国债立法

国债是国家公债的简称。它是国家为维持其存在和满足其履行职能的需要,在有偿条件下筹集财政资金时形成的国家债务。国债作为国家取得财政收入的一种形式,与其他财政收入形式相比,有其明显的特征:

1. 有偿性

所谓有偿性,是指通过发行国债筹集的财政资金,政府必须作为债务而如期偿还。除此之外,还要按事先规定的条件向认购者支付一定数额的利息。在这里,政府是以债务人的身份,以国家的信誉为担保举借债务的。

2. 自愿性

所谓自愿性,是指国债的发行或认购建立在认购者自愿承购的基础上。认购者买与不买,购买多少,完全由认购者自己根据个人或单位情况自主决定,国家并不能指派具体的承购人,此时是否充当承购人须以自愿为前提。承购者进而在购买数量、利率高低及何时兑现等方面有相对选择的自由(相对指限制于国债品种设计的范围内)。

3. 灵活性

所谓灵活性,是指国债发行与否以及发行多少,一般完全由政府根据国家财政资金的丰裕程度灵活加以确定,而不通过法律形式预先加以规定。

1979 年以来,随着我国恢复国债筹措,我国不断地加强和完善了国债法制建设。从 1981年发行国库券开始,以后每年在国库券发行之前,国务院都制定相应的国库券条件,对国库券的发行条件及管理等事项作了具体规定。1989—1991 年每年还颁布了一个特种国债条件,对特种国债的发行对象、数额、期限、利率、偿还期等内容予以规定。但每年都发布一个条件,并不符合法律所应具有的连续性和稳定性的特点。为此,国家总结十几年来国库券发行的管理经验,于 1992 年 3 月 18 日,由国务院公布了《中华人民共和国国库券条例》,对国库券发行、转让等问题作了原则性规定,成为调整国债关系的一个基本法规。此外,1987 年 8 月 27 日公布的《外债统计监测暂行规定》、1989 年 11 月 15 日公布的《外汇(转)贷款登记管理办法》、1990年 5 月 24 日财政部发布的《关于扩大国库券上市转让券种的通知》等行政法规,规范了国债当事人之间的关系,都对国债市场的健康发展起到了保护和促进作用。

(二)国债的发行与偿还

1. 国债的发行

国债发行是指政府通过一定方式将国家债券推销出去,并获得相应资金的过程。国家确定国债的种类、数额、期限后,由财政部代表中央发行。国债发行的核心环节是确定国债发行的方式或方法。常见的国债发行方式主要有公募法、包销法、公卖法和摊派法四种。

(1)公募法。公募法又称直接发行法,指由财政部门或其委托其他部门(如银行、邮局)向社会公众直接公开募集国债的方法。

(2)包销法。包销法又称承受法或间接发行法,指政府按一定条件与金融机构协商并由其先全部承购,再转向社会推销的方法。在包销法下,若金融机构不能将全部国债销售出去,则其差额部分由金融机构自己承担。

(3)公卖法。公卖法又称销售发行法,是指政府将国债委托证券市场代销的发行方式。此方法类似于公募法,但两者的区别在于:公募法下的债券价格由政府事先确定并固定;公卖法下的债券价格由证券市场的资金供求关系决定,并且不断波动变化。

(4)摊派法。摊派法指政府根据情况通过行政性力量来分配国债认购任务指标的一种强制性发行方式。

2. 国债的偿还

国债到期后,就要按发行时的规定,按期如数付息。在国债的偿还方式上,政府可以选择的方式有:

(1)一次偿还法。一次偿还法指对定期发行的国债,政府在债券到期后一次还本付息。

(2)买销偿还法。买销偿还法指政府按照市价在证券市场上收购国债的方法。买销偿还法通常与国债发行上的公卖法相对应。

(3)比例偿还法。比例偿还法指在国债的偿还期内,政府对所有国债债券号码进行抽签来确定每年的偿还比例并轮流分次偿还的方法。

（4）调换偿还法。调换偿还法又称"以旧还新法"，指政府通过发行新债券来替换到期债券的偿还方法。

（三）国债市场

国债市场按其构成可分为一级市场和流通市场。

一级市场又称发行市场。经过十几年的发展，我国国债发行市场已基本形成。其基本结构是：以差额招标方式向一级承销商出售可上市国债；以承销方式向承销商，如商业银行和财政部门所属国债经营机构，销售不上市的储蓄国债（凭证式国债）；以定向私募方式向社会保障机构和保险公司出售定向国债。这种发行市场结构，是多种发行方式搭配使用适应我国当前实际的一种发行市场结构。

国债二级市场又称国债流通市场。我国从1988年开始，首先允许七个城市进行国库券流通转让的试点工作。试点主要是在证券中介机构进行，因而我国国债流通市场开始于场外交易。1990年12月，上海证券交易所开业，进一步推动了国库券地区间交易的发展。1991年，我国进一步扩大了国债流通市场的开放范围，允许全国四百个地区市一级以上的城市进行国债流通转让。当前，我国国债流通市场的结构已形成以场内交易为主、以证券经营网点的场外交易为辅的基本格局，基本上符合我国当前的实际。

三、政府采购法律制度

（一）政府采购与政府采购法

所谓政府采购，是各级国家机关、事业单位和团体组织，使用财政性资金采购依法制定的集中采购目录以内的或者采购限额标准以上的货物、工程和服务的行为。其中采购，是指以合同方式有偿取得货物、工程和服务的行为，包括购买、租赁、委托、雇用等；货物，是指各种形态和种类的物品，包括原材料、燃料、设备、产品等。工程，是指建设工程，包括建筑物和构筑物的新建、改建、扩建、装修、拆除、修缮等。服务，是指除货物和工程以外的其他政府采购对象。与私人采购相比，政府采购具有以下特点：

1. 采购主体的特殊性

政府采购的主体是依靠国家预算资金运作的政府机关、事业单位、社会团体等，而私人采购的主体则为个人或企业法人。

2. 政府采购的政策性

政府采购规模巨大，因而其对社会经济会产生很大的影响力。政府可通过改变采购规模的大小或是改变采购对象的结构来调节产业结构，从而促进某些行业的发展。

3. 采购活动的非营利性

政府采购的目的是为了满足社会公共需要，它不以营利为目的，是一种非商业性采购。

4. 政府采购的规范性

政府采购不是简单的一手交钱，一手交货，而是要按照有关政府采购的法规、采购对象及采购时间要求等，采用不同的采购方式和采购程序，使每项采购活动都要规范运作，体现公开、竞争的原则，接受社会监督。

5. 政府采购是典型的财政购买性支出

虽然政府采购不以营利为目的，但它也绝不是财政资金的无偿拨付，而是在付出资金的同时有相应的商品和劳务的等价返还。因而政府采购是典型的财政购买性支出而非转移性支出。

政府采购法是调整在政府采购过程中所发生的经济关系的法律法规的总称。《中华人民共和国政府采购法》已于2002年6月29日第九届全国人民代表大会常务委员会第二十八次会议通过，自2003年1月1日起施行。2014年12月31日国务院第七十五次常务会议通过了《中华人民共和国政府采购法实施条例》(以下简称《实施条例》)，自2015年3月1日起施行。

(二)政府采购法的主体

政府采购法的主体包括政府采购监督管理机关和政府采购主体。政府采购监督管理机关是指对政府采购进行监督和管理的国家机关;政府采购主体也称为政府采购当事人,是指在政府采购活动中享有权利和承担义务的各类主体,包括采购人、供应商和采购代理机构等。

1.政府采购监督管理机关

在我国,财政部负责全国政府采购的管理和监督工作,省、自治区、直辖市和计划单列市人民政府财政部门负责本地区政府采购的管理和监督工作,但不得参与和干涉政府采购中的具体商业活动。

财政部门对政府采购的监督检查主要包括以下内容:

(1)监督检查有关政府采购的法律、法规和政策的执行情况;政府采购项目预算的执行情况;政府采购的采购标准、采购方式和采购程序的执行情况;政府采购合同的履行情况以及其他应当监督检查的内容。

(2)发现正在进行的严重违反规定,可能给国家、社会公众和当事人利益造成重大损害或导致采购无效的政府采购行为,应当责令采购机关停止采购。

(3)采购机关应当对采购合同的标的组织验收,根据验收结果,在验收结算书上签署意见并报送财政部门。财政部门根据采购合同对验收结算书进行审核,符合规定的,办理采购资金的拨款手续。

(4)政府采购当事人认为自己的合法权益受到损害,可以向财政部门提出书面投诉。财政部门应当在收到投诉书之日起30日内做出处理。

2.政府采购主体

(1)采购人。

采购人也称为采购机关,是指使用财政性资金办理政府采购的各级国家机关,实行预算管理的事业单位和社会团体。采购机关分为集中采购机关和集中采购机关以外的采购代理机构。集中采购机关主要负责统一组织纳入集中采购目录的政府采购项目和由财政拨款的大型政府采购项目,同时办理受其他采购机关的委托,代其采购或组织招投标事宜和财政部门交办的其他政府采购事宜。集中采购机构是设区的市级以上人民政府依法设立的非营利事业法人,是代理集中采购项目的执行机构。集中采购机构不得将集中采购项目转委托。集中采购机构以外的采购代理机构,是从事采购代理业务的社会中介机构。

按照《实施条例》,采购人员及相关人员与供应商有下列利害关系之一的,应当回避:①参加采购活动前三年内与供应商存在劳动关系;②参加采购活动前三年内担任供应商的董事、监事;③参加采购活动前三年内是供应商的控股股东或者实际控制人;④与供应商的法定代表人或者负责人有夫妻、直系血亲、三代以内旁系血亲或者近姻亲关系;⑤与供应商有其他可能影响政府采购活动公平、公正进行的关系。供应商认为采购人员及相关人员与其他供应商有利害关系的,可以向采购人或者采购代理机构书面提出回避申请,并说明理由。采购人或者采购代理机构应当及时询问被申请回避人员,有利害关系的被申请回避人员应当回避。

(2)政府采购业务代理。

采购机关可以委托具备政府采购业务代理资格的社会中介机构承办政府采购具体事宜。采购人依法委托采购代理机构办理采购事宜的,应当由采购人与采购代理机构签订委托代理协议,依法确定委托代理的事项,约定双方的权利义务。委托代理协议,应当明确代理采购的范围、权限和期限等具体事项。采购人和采购代理机构应当按照委托代理协议履行各自义务,采购代理机构不得超越代理权限。根据《政府采购管理暂行条例》,具备下列条件的社会中介机构,可以申请取得政府采购业务代理资格:①依法成立,具有法人资格;② 熟悉国家有关政府采购方面的法律、法规和政策,接受过省级以上财政部政府采购业务培训的人员比例达到机构人员的百分之二十以上;③具有一定数量能胜任工作的专业人员,其中具有中级和高级专业技术职称人员应分别占机构人员总数的百分之六十和百分之二十以上;④具有采用现代科学手段完成政府采购代理工作的能力;⑤财政部及省级人民政府规定的其他条件。

(3)供应商。

供应商是指向采购人提供货物、工程或者服务的法人、其他组织或者自然人。根据政府采购法规定,凡具备下列条件的,可以申请取得政府采购的中国供应商资格:①具有中国法人资格或者具有独立承担民事责任的能力;②具有良好的商业信誉和健全的财务会计制度;③具有履行合同所必需的设备和专业技术能力;④有依法缴纳税收和社会保障资金的良好记录;⑤参加政府采购活动前三年内,在经营活动中没有重大违法记录;⑥法律、行政法规规定的其他条件。

(三)政府采购方式

根据我国政府采购法的规定,我国的政府采购可以采取以下几种方式:

1.单一来源采购方式

单一来源采购,是指采购机关向供应商直接购买的采购方式。达到限额标准以上的单项或批量采购项目,属于下列情形之一的,经财政部门批准,可以采取单一来源采购方式:只能从唯一供应商处采购的;发生了不可预见的紧急情况不能从其他供应商处采购的;必须保证原有采购项目一致性或者服务配套的要求,需要继续从原供应商处添购,且添购资金总额不超过原合同采购金额百分之十的。

2.询价采购方式

询价采购,是指对三家以上的供应商提供的报价进行比较,以确保价格具有竞争性的采购方式。达到限额标准以上的单项或批量采购的现货,属于标准规格且价格弹性不大的,经财政部门批准,可以采用询价采购方式。

3.竞争性谈判采购方式

竞争性谈判采购,是指采购机关直接邀请三家以上的供应商就采购事宜进行谈判的采购方式。达到限额标准以上的单项或批量采购项目,属于下列情形之一的,经财政部门批准,可以采取竞争性谈判采购方式:招标后,没有供应商投标或者没有合格标的;技术复杂或者性质特殊,不能确定详细规格或者具体要求的;采用招标所需时间不能满足用户紧急需要的;不能事先计算出价格总额的。

4.邀请招标采购方式

邀请招标采购,是指招标人以投标邀请书的方式邀请三个以上特定的供应商投标的采购方式。符合下列情形之一的货物或者服务,可以依照本法采用邀请招标方式采购:具有特殊性,只能从有限范围的供应商处采购的;采用公开招标方式的费用占政府采购项目总价值的比例过大的。

5.公开招标采购方式

公开招标采购,是指采购机关或其委托的政府采购业务代理机构(统称招标人)以招标公告的方式邀请不特定的供应商(统称投标人)投标的采购方式。除按规定应采取单一来源采购、询价采购和竞争性谈判采购的,对达到财政部及省级人民政府规定的限额标准以上的单项或批量采购项目,政府采购部门应实行公开招标采购方式或邀请招标采购方式进行政府采购。公开招标应作为政府采购的主要采购方式。

(四)政府采购程序

按照政府采购法的规定,不同的采购方式有不同的采购程序:

采取单一来源方式采购的,采购人与供应商应当遵循本法规定的原则,在保证采购项目质量和双方商定合理价格的基础上进行采购。

采取询价方式采购的,应当遵循下列程序:首先,成立询价小组。询价小组由采购人的代表和有关专家共三人以上的单数组成,其中专家的人数不得少于成员总数的三分之二。询价小组应当对采购项目的价格构成和评定成交的标准等事项作出规定。其次,确定被询价的供应商名单。询价小组根据采购需求,从符合相应资格条件的供应商名单中确定不少于三家的供应商,并向其发出询价通知书让其报价。再次,询价。询价小组要求被询价的供应商一次报出不得更改的价格。最后,确定成交供应商。采购人根据符合采购需求、质量和服务相等且报价最低的原则确定成交供应商,并将结果通知所有被询价的未成交的供应商。

采用竞争性谈判方式采购的,应当遵循下列程序:首先,成立谈判小组。谈判小组由采购人的代表和有关专家共三人以上的单数组成,其中专家的人数不得少于成员总数的三分之二。其次,制定谈判文件。谈判文件应当明确谈判程序、谈判内容、合同草案的条款以及评定成交的标准等事项。再次,确定邀请参加谈判的供应商名单。谈判小组从符合相应资格条件的供应商名单中确定不少于三家的供应商参加谈判,并向其提供谈判文件。然后,谈判。谈判小组所有成员集中与单一供应商分别进行谈判。在谈判中,谈判的任何一方不得透露与谈判有关的其他供应商的技术资料、价格和其他信息。谈判文件有实质性变动的,谈判小组应当以书面形式通知所有参加谈判的供应商。最后,确定成交供应商。谈判结束后,谈判小组应当要求所有参加谈判的供应商在规定时间内进行最后报价,采购人从谈判小组提出的成交候选人中根据符合采购需求、质量和服务相等且报价最低的原则确定成交供应商,并将结果通知所有参加谈判的未成交的供应商。

采取邀请招标方式采购的,采购人应当从符合相应资格条件的供应商中,通过随机方式选择三家以上的供应商,并向其发出投标邀请书。

实行招标方式采购的,自招标文件开始发出之日起至投标人提交投标文件截止之日止,不得少于二十日。在招标采购中,出现下列情形之一的,应予废标:符合专业条件的供应商或者对招标文件作实质响应的供应商不足三家的;出现影响采购公正的违法、违规行为的;投标人的报价均超过了采购预算,采购人不能支付的;因重大变故,采购任务取消的。废标后,采购人应当将废标理由通知所有投标人。废标后,除采购任务取消情形外,应当重新组织招标;需要采取其他方式采购的,应当在采购活动开始前获得设区的市、自治州以上人民政府采购监督管理部门或者政府有关部门批准。

任何一种采购方式中，采购人或者其委托的采购代理机构应当组织对供应商履约的验收。大型或者复杂的政府采购项目，应当邀请国家认可的质量检测机构参加验收工作。验收方成员应当在验收书上签字，并承担相应的法律责任。同时采购人、采购代理机构对政府采购项目每项采购活动的采购文件应当妥善保存，不得伪造、变造、隐匿或者销毁。采购文件的保存期限为从采购结束之日起至少保存十五年。采购文件包括采购活动记录、采购预算、招标文件、投标文件、评标标准、评估报告、定标文件、合同文本、验收证明、质疑答复、投诉处理决定及其他有关文件、资料。

四、转移支付法律制度

（一）概述

转移支付又称补助支出，无偿支出。它是指资金和财力在上下级政府间的无偿转移。一般通常把只涉及上级政府对下级政府的财政转移支付称之为狭义的财政转移支付。而把既包括上级政府对下级政府的财政转移支付，也包括下级政府对上级政府的收入转移称之为广义的转移支付。

转移支付法，是调整财政转移支付的过程中发生的社会关系的法律规范的总称，它是财政法的重要部门法。我国目前虽未出台转移支付法，但从 1995 年开始实行《过渡期转移支付办法》，确立了一种充分考虑当前实际的过渡性转移支付制度。

（二）转移支付的形式

我国现阶段政府间转移支付的形式按照对拨款资金的使用有无限制和附加条件，可分为有条件拨款和无条件拨款。有条件拨款，也称专项拨款，是指附带条件的拨款。拨款提供者在某种程度上指定了资金的用途，拨款接受者必须按规定的方式使用拨款资金，比如专用于教育、公路建设、环境保护等特殊用途。无条件拨款，也称一般性拨款或收入分享，它不规定拨款的使用范围和要求，拨款接受者可以按自己的意愿使用拨款。就无条件拨款来说，又有中央对地方的税收返还、体制补助和结算补助等形式。其中，税收返还是指 1994 年分税制财政体制改革中，为了保护地方既得利益，中央把在 1993 年按新体制计算的净增加的收入全部返还给地方；体制补助是从分税制财政体制改革以前的分级包干制中保留下来的。如果在中央对地方核定的收支基数中，地方支出基数大于收入基数，其差额由中央财政给予补足。这个补助额基本在一百一十五亿元左右；结算补助是指在一个财政年度终了时，中央政府与地方政府在结算时，中央政府给予地方政府的补助。主要是在该财政年度中，由于企业或事业单位隶属关系的变化，以及在预算执行过程中因新出台政策措施的影响，需要在年终时给予地方政府的补助。

除上述无条件拨款外，1996 年中央从收入增量中拿出二十亿元实行了一种新的无条件转移支付办法，即所谓的《过渡期转移支付办法》。其基本内容是对人员经费和办公经费之和占财力百分之八十以上的地方列入转移支付的对象，在对几十种因素进行回归分析的基础上确定"财力"和"标准支出"，并以两者的差距作为计算的依据，同时辅之以"政策性转移支付"。

思考与练习

1. 简述我国实行的分税制财政管理体制的基本内容。

2.简述我国预算编制遵循的基本原则。

3.简述我国实行的几种政府采购方式。

4.简述现阶段我国政府间转移支付的形式。

第十七章　税收法律制度

第一节　税收与税法概述

一、税收概述

(一)税收的概念

税收是指为满足社会公共需要,实现国家财政职能,国家凭借政治权力,按照法定标准和程序,强制、无偿取得一部分社会剩余产品的一种特定分配形式,是国家财政收入最主要的来源。它体现了国家凭借政治权力与纳税人在征税与纳税的利益分配上的一种特殊关系。

税收是一个历史的经济范畴,是社会生产力发展到一定阶段,即国家出现阶段产生的,是依托国家政治权力的强制力参与分配一部分社会剩余产品(货币或者实物形式)的一种特定分配关系。税收的发展大都经历了由低级到高级、由不完善到不断完善的历史发展过程。税收产生的基本条件是:一是剩余产品的出现,这是税收产生的物质条件;二是私有制的出现,是税收产生的经济条件;三是国家的出现及国家职能的需要,是税收产生的社会条件。

(二)税收的特征

税收与其他财政收入形式相比,具有强制性、无偿性和固定性三个特征。税收的"三性"是不可缺一的统一整体,是税收与其他财政收入相区别的基本标志。

1. 强制性

强制性是指税收是国家以社会管理者的身份,凭借政治力量,通过颁布法律或法规,按照一定的征收标准和程序进行强制征收,负有纳税义务的社会集团和社会成员都必须遵守国家强制性的税收法令,依法纳税,否则就要受到法律制裁。强制性是税收外在的明显特征,主要体现在两方面:一方面是税收分配关系的建立具有强制性,即税收征收是凭借国家拥有的凌驾于私人财产权利之上的政治权力来对抗私人的财产权;另一方面是税收的征收过程具有强制性,即如果出现了税务违法行为,国家可以依法进行制裁。强制性是税收的基本保障。

2. 无偿性

无偿性是指国家取得税收收入不需要对具体的纳税人付出任何对价而取得并将其转归国家所有,将来也不直接偿还给原纳税人。税收既不是凭借财产所有权取得收入,也不是通过等价交换取得;它不同于国有资产收入或利润上交,不同于公债、使用费收入等。事实上,它反映的是一种社会剩余产品所有权、支配权的单方面转移关系,无偿性是税收的核心体现,税收的无偿性与税收凭借国家政治权力进行收入分配的本质相关联,体现了财政分配的本质,这也是税收区别与国家的其他财政收入分配形式的重要标志。

需要指出的是,税收的无偿性是针对国家与具体纳税人而言,就国家与全体纳税人的利益归宿来看,税收实质上则是有偿的。税收"取之于民、用之于民",是社会全体成员享受公共产品、公共支出所支付的代价,只是纳税人与政府支出的受益者无法一一对应而已。本质上,税收是形式上的无偿性与实质上的有偿性相统一。

3.固定性

固定性是指为维持税收的稳定性,国家预先以法律的形式规定了税收制度和各项税制要素,并按预定标准征收,便于征纳双方共同遵守。税法一旦制定公布后,纳税人依法履行纳税义务,税务机关依法征税,未经严格的法定程序,不得随意变更和修改。税收的固定性本质上来源于"法",并依托"法"的预测、指引作用,引导人们作出各种经济决策。

(三)税收的职能

税收作为国家参与社会剩余产品分配的形式,在性质上属于经济活动中的分配范畴。税收的职能是指税收作为筹集财政收入、调节经济的重要工具,自身所固有的满足国家需要的内在属性和功能,它是税收本质的外在表现和具体化。由于税收从产生开始,就是为满足国家职能需要,与国家相伴而生,因此理解税收的职能,应将其放在与国家、社会经济的关系中去考察。可以说,税收职能以税收的内在功能为基础,以国家职能的需要为依托,是税收内在功能与国家职能需要的有机统一。税收的职能有:

1.财政职能

税收的财政职能指国家利用政治权力,通过税收无偿将社会成员占有的一部分社会剩余产品集中起来,形成可供支配的财政收入,以此保障政府职能的履行,并满足社会成员对公共产品的需要。一方面,税收的财政职能是税收产生的原始动机,也是它最基本的职能;另一方面,国家政权的存在又有赖于税收的存在。税收是世界各国政府组织财政收入的基本形式。目前,我国税收收入占国家财政收入的90%以上。

2.经济职能

经济职能又称"经济的调节职能",是通过税收影响经济活动的开展或运行。主要包括以下几方面:

(1)税收的资源配置职能。在市场经济体制下,通常是通过市场价格的自发调节合理配置经济资源。税收则是通过影响价格传导机制发挥资源配置作用,即对不同产品、不同行业、不同产业部门采取不同的税收政策,影响各产业的发展规模和结构比例,进而调整产品结构、产业结构和经济结构。另外,存在外部经济的情形时,可运用税收政策来纠正外部经济,提高资源使用效率。

(2)调节收入分配职能。市场经济体制下,社会的初次分配是以要素贡献为依据,由市场自发调节分配,而要素资源占有的不均衡又导致了收入分配的不公平。在收入再分配阶段,政府可通过税收政策导向进行必要调节,体现国家的政治意志和价值取向。比如,通过采取累进的所得税率、差别的消费税率等,使在市场机制下形成的高收入者多负担税收、低收入者少负担税收,从而使税后收入分配趋向公平,减轻贫富差距。另一方面政府通过税式支出,对不同部门、行业采取不同税收优惠,进而对国民收入进行再分配。

(3)税收具有稳定经济、宏观调控的职能。经济决定税收,税收反作用于经济。一方面,税收在经济繁荣时,能够抑制经济进一步扩张,在经济衰退时,能够阻止经济进一步衰退,对经济活动作出自动反应,自动熨平经济波动,成为经济的"内在稳定器"。另一方面,税收作为经济杠杆和国家经济宏观调控的重要手段,通过增税与减免税等税收手段来影响社会成员的经济利益,引导经济行为,利用对社会总需求的影响,对资源配置和社会经济发展产生影响,从而达到调控经济运行、促进社会经济健康发展的目的。政府运用税收手段,既可以调节宏观经济总量,也可以调节经济结构。

3．监督职能

税收的监督职能主要体现在监督社会经济活动上。税收体现着国家政治意志与价值取向，通过制定税收法律，可以引导、约束纳税人的经济行为，使之符合国家的政治、经济要求。税收既可以反映国家或某一地区经济结构、经济运行质量和效率，又可以察觉微观经济主体的生产经营状况，便于国家从宏观上把握经济动态，微观上调整政策依据，促进国民经济持续健康发展。

（四）税收的原则

税收原则是税收制度制定、执行和实施的基本准则，是税收制度建立的核心价值。在现代税收理论中，关于税收体系设计的最重要原则，一是税收法定原则，二是效率原则，三是公平原则。

1．税收法定原则

税收法定的基本含义是指税收的征收和缴纳必须有法律依据，没有法律依据，国家不得随意课税，任何人也不得被要求纳税。"有税必有法，未经立法不得征税"是税收法定主义的经典表达，是民主原则和法治原则等现代宪法原则在税法上的集中体现。税收法定主义的基本内核是"法律保留"，实质是要确保立法机关对征税立法权的控制，以此来制约政府日益膨胀的行政权力最终主导征税权。

税收法定主义原则的内容可以概括为三个原则，即课税要素法定原则、课税要素明确原则和课税程序合法原则。

（1）课税要素法定原则要求课税要素必须且只能由立法机关在法律中加以规定，无法律规定，政府无权向私人征税。税收要素是税收关系得以具体化的客观标准，是其得以全面展开的法律依据，因此是税收法定主义的核心内容。

（2）课税要素明确原则是指在税法体系中，凡构成课税要素和税收征收程序的法律规定，必须尽量明确而不出现歧义和矛盾，在基本内容上无漏洞，以保证行政机关能够准确地执行税法，纳税人能够准确地履行纳税义务。

（3）课税程序合法原则是指有关税收行为必须遵循一定的法定程序，尤其是征税权的行使必须按法定程序进行，未经法定程序，税务机关不得自行决定开征、停征，也不得随意减税、免税或补税、退税等。

2．税收效率原则

税收效率原则，是税收的一项基本原则。该原则最早来源于亚当·斯密提出的"公平、确定、便利、节省"的税收原则，其中"便利、节省"都是效率原则的体现。现代意义上，税收效率原则包含经济效率和行政效率两方面。

（1）经济效率原则。该原则主要指税收应有利于资源的有效配置和经济的有效运行，并尽可能地少损害市场效率。检验税收经济效率的标准包括：税收额外负担的最小化和额外收益的最大化。税收经济效率包括两层含义：一是税收要中性。所谓税收中性，指政府课税不干扰和扭曲市场机制的正常运行，使社会从现有的资源中获得最大的收益。避免因为税收制度安排，影响和干扰纳税人的生产经营和投资决策、储蓄及消费选择，进而影响资源的有效配置。二是税收带来的微观经济市场效率损失应当最小化，减少"税收超额负担"，即国家征税除了使纳税人损失因纳税而实际缴纳的税款外，应尽可能地减少纳税人的其他经济损失，避免产生额外负担。

（2）税收行政效率原则。该原则指税收行政成本占税收收入的比率低，即以最小的税收成本获得最大的税收收入。税收成本包括政府因征税而花费的征收成本，也包括纳税人因为纳税而耗费的缴纳成本，即"遵从成本"。提高税收行政效率，关键还是在控制行政成本，包括降低行政成本和优化税制两方面。

3.税收公平原则

税收公平原则是税收负担公平合理地分配于全体社会成员之间，包括横向公平和纵向公平两方面。

（1）税收横向公平，包括普遍征税和平等课征。普遍征税是平等价值观在税收领域的直接体现，表现为"税法面前人人平等"，是税法的形式正义，即在一个国家税收管辖权范围内，税收普遍课征于一切纳税人，无特权免税；平等课征是根据经济能力平等分配税收负担。经济能力相同的人，应当缴纳相同的税款，体现了税收的形式正义。

（2）税收的纵向公平，也叫量能课税原则，是指经济能力（纳税能力）不同的人，应当负担的税收也不同，体现了税收的实质正义。一般以收入、财产、支出三个标准测定支付能力的强弱。例如，累进税率可使高收入者负担比低收入者更高比例的税额，从而在再分配中影响了高、低收入者原有的分配利益格局。

二、税收制度与税制要素

（一）税收制度

税收制度简称"税制"，是国家规定的一整套税收法律法规和税收管理体制、征收管理办法的总称，是税务机关依法向纳税人征税的法律依据和准则。不同国家或地区以及同一国家或地区在不同历史时期，税收制度是不相同的或不完全相同的。

（二）税制要素

税法的实施需要明确向谁征税、征什么税、征多少税以及如何征等基本内容，这些就构成了税收制度的基本要素，简称税制要素，主要包括征税人、纳税人、征税对象、税目、税率、纳税环节、纳税期限、纳税地点、减税免税和法律责任等基本要素，其中纳税人、征税对象、税率是税制的三个基本要素：

1.征税人

征税人是指代表国家行使征税职权的各级税务机关和其他征税机关。因税种的不同，可能有不同的征税人，如增值税的征税机关是税务局，关税的征税机关是海关。

2.纳税义务人

纳税义务人简称纳税人，是指依法直接负有纳税义务的自然人、法人和其他组织。

要区分纳税人与负税人和扣缴义务人。负税人是税款的实际负担者。一般情况下，纳税人就是负税人。有些情况下，税款虽然由纳税人缴纳，但纳税人可以通过各种方式将税款转嫁他人负担，产生负税人。扣缴义务人是税法规定的，在其经营活动中负有代扣税款并向国库缴纳义务的单位。扣缴义务不是纳税人，不负有纳税义务，只是按照税法规定代扣税款，并在规定期限缴入国库。

3.课税对象

课税对象又称征税对象或征税客体。它是指税收法律关系中权利义务所指的对象，即对什么征税。课税对象包括物或行为。不同的课税对象是区别不同税种的重要标志。

4.税目

税目是税法中具体规定应当征税的项目,是课税对象的具体化,反映具体的课税范围,代表了征税的广度。规定税目的目的有二:一是为了进一步划分征税对象,明确征税的具体范围;二是为了对不同的征税项目加以区分,从而制定高低不同的税率,划分各税目的征免界限。

5.税率

税率是指应征税额与计税金额(或数量单位)之间的比例,是计算税额的尺度。税额的高低直接体现征税的深度,反映国家的经济和税收政策要求,直接关系到国家财政收入的多少和纳税人的负担程度,是税收法律制度中的核心要素。

我国现行税法规定的税率有:

(1)比例税率。比例税率是指对同一课税对象,不论其数额大小,均按同一个比例征税的税率。税率本身是应征税额与应税金额之间的比例,如增值税税率为 17%,企业所得税税率为 25% 等。有些税种规定一个统一的比例税率,有些规定差别比例税率。比例税率具有横向的公平性,优点是计算简便,便于征纳。

(2)累进税率。累进税率是根据课税对象数额的大小,规定不同等级的税率,税基越大,税率越高,税负呈累进趋势。实质上是随税基的增加而按其级距提高的一种税率类型。累进税率从根本上体现了对高收入者多课税、对低收入者少课税的量能课税原则,体现了税收的公平原则。

累进税率因计算方法和依据不同,又分为全额累进税率、超额累进税率和超率累进税率三种。①全额累进税率是按课税对象金额的多少划分若干等级,并按其达到的等级的不同规定不同的税率。课税对象的金额达到哪一个等级,即全部按相应的税率征税。全额累进税率的优点是计算简便,但在累进级距的交界处,累进程度急剧,存在增加的税额超过税基的不合理现象。目前我国的税收法律制度中未采用这种税率。②超额累进税率是将课税对象的数额划分为不同的部分,对不同的部分规定不同的税率,对每个等级分别计算税额再加总税额。超额累进税率的累进程度较缓和,避免了累进级距交界处的税负不合理问题。目前,我国的个人所得税就采取 3%~45% 的七级超额累进税率。③超率累进税率则是一种特殊的超额累进,是按课税对象的某种比例来划分不同的部分,并规定相应的税率,对每个等级分别计算税额再加总税额。我国土地增值税采用四级超率累进税率。

累退税率与累进税率正好相反。

(3)定额税率。又称固定税率,是指按课税对象的一定计量单位直接规定固定的税额,而不采取征收比例的税率形式。采用定额税率征税,税额的多少同征税对象的数量成正比。一般适用于从量计征,且征税对象的规格质量规范、价格稳定、收入均衡的税种。例如,车船使用税采取从量定额征收。

6.计税依据

计税依据是指计算应纳税额的依据或标准,即根据什么来计算纳税人应交纳的税额。一般有两种:一是从价计征,二是从量计征。从价计征,是以计税金额为计税依据,计税金额则是课税对象的数量乘以计税价格的数额。从量计征,是以课税对象的重量、体积、数量为计税依据。

7.纳税环节

商品流转的各个环节,具体确定在哪个环节缴纳税款,该环节就是纳税环节。纳税环节对税制结构乃至整个税收体系都有至关重要的意义。不同的税种,纳税环节有所不同。例如,我国资源税大多设置在生产环节纳税,所得税大多设置在分配环节纳税。

8. 纳税期限

纳税期限是指纳税人的纳税义务发生后应依法缴纳税款的期限,这是税收强制性和固定性的体现。根据不同的情况,税法规定了不同的纳税期限,纳税人必须在规定的纳税期限内缴纳税款,否则承担相应的法律责任。

9. 减、免税

减免税是指国家对某些纳税人或课税对象给予鼓励和照顾的一种特殊规定。它体现了税收的灵活性原则。

减免税主要包括三个方面的内容:

(1)减免和免税。减税是指对应征税款减少征收一部分。免税是指对规定应征收的税款全部免除。减税和免税具体又分两种情况,一种是税法直接规定的长期减免税项目,另一种是临时性减免,即依法给予一定期限内的减免税,减免期满之后仍按规定纳税。

(2)起征点。起征点也称"征税起点",是指对课税对象开始征税的数额界限。课税对象的数额没有达到规定起征点的不征税;达到或超过起征点的,就其全部数额征收。

(3)免征额。免征额是指对课税对象总额中免予征税的数额,即对课税对象中的一部分给予减免,只就减除后的剩余部分计征税款。目前个人所得税的费用扣除标准三千五百元,实质上是免征额而非起征点。

10. 法律责任

法律责任是指对违反国家税法规定的行为采取的处罚措施。税法中的法律责任包括行政责任和刑事责任。纳税人和税务人员违反税法规定,都将依法承担法律责任。

(三)税制结构

1. 税制结构概述

税制结构是指一国税收体系的整体布局和结构,是国家根据当时的经济条件和发展要求,在特定税收制度下,构成各税种分布状况及相互间的比重关系,是一个相互协调、补充的整体。税制结构可分为单一税制和复合税制,单一税制仅存在于理论设想中,没有国家采用,各国的税制都采用复合税制,即在税收管辖范围内,课征两种以上税收的税制,各税种相互配合组成完整的税收体系。

随着经济的发展,税收制度变得更为复杂,如何对税收进行科学分类,成为关系税制研究的重要前提。对税收的分类有多种方法,主要有按经济性质及其转嫁归宿状况分类、按课税对象性质分类等分类方法。我国的税种分类方式主要有:

(1)按课税对象的性质分类。

①流转税类。流转税,也称货物劳务税,是以商品的销售收入额或提供劳务的收入额为征税对象的各种税收的统称,包括增值税、消费税、关税等。我国的税制结构以流转税为主体,其中又以增值税为主体税种。

②所得税类。所得税是以纳税人的纯收入或所得额为征税对象的各种税收的总称,一般包括企业所得税和个人所得税。

③资源税类。资源税是指对中华人民共和国境内从事资源开发,就资源和开发条件的差异而形成的级差收入征税的各种税收的总称,包括资源税、城镇土地使用税等。

④财产税类。财产税是以财产的价值额为征税对象的各种税收的总称,包括房产税、契税等。

⑤行为税。行为税是以特定行为为征税对象的各种税收,包括印花税、车船税、船舶吨税等。

(2)按管理和使用权限分类。

①中央税。中央税属于中央财政固定收入的税种,包括关税和消费税两个税种。

②地方税。地方税属于地方财政固定收入的税种,其中包括个人所得税、城镇土地使用税、城市维护建设税、房产税、车船税、印花税、耕地占用税、契税、土地增值税。

③中央地方共享税。其税收收入属于中央和地方共同拥有的税种,包括增值税、资源税、企业所得税、个人所得税、证券交易印花税。

(3)按计税依据分类。

按计税依据分类,可分为从价计征税和从量计征税。从价计征税是以课税对象的价格为计税依据,其应纳税额随商品价格的变化而变化。由于从价计征方式能充分体现量能负担原则,因而大部分税种均采用这一计税方法。从量计征税是以课税对象的数量、重量、体积等作为计税依据,其课税数额只与课税对象数量相关而与价格无关。例如,土地使用税、船舶吨税。

(4)按税负能否转嫁分类。

按税负能否转嫁分类,可分为直接税和间接税。直接税是指由纳税人直接负担、不易转嫁的税种,如所得税类、财产税类等。直接税较符合现代税法公平和量能负担原则,对社会财富的再分配和社会保障的满足具有特殊的调节职能作用,但是计算方法复杂,对征收管理条件以及纳税人的遵从程度要求较高。间接税是指纳税人能将税负转嫁给他人负担的税种,一般情况下对各种商品课税均属于间接税。间接税对商品劳务普遍征收,税源丰富,能够提供充足的财政收入,且计算和征收一般采用比例税率,较为简便易行,但是间接税具有累退性的特点,且收入缺乏弹性,一旦提高税率就容易使价格上涨,抑制需求,导致税收减少,不能体现现代税法税负公平和量能纳税的原则。

2. 影响税制结构的因素

影响税制结构的基本因素是财政、效率与公平三大要素。由于各税种的财政、效率与公平功能各有侧重,且政府根据政治、经济、社会发展需求的不同阶段,在税制设计时对税收的功能定位不同,由此决定了不同时期、不同国家的税制结构不相同。按主体税种的不同,复合税制主要有三种类型:以所得税为主体税种的税制结构、以商品流转税为主体税种的税制结构以及所得税与流转税并重的税制结构。经济发达国家大多实行以个人所得税(含社会保险税)为主体税种的税制结构,而大多数发展中国家(特别是低收入国家)实行以商品税为主体的税制结构。

3. 税制结构完善的方向

我国目前的税制结构偏重于财政功能,在效率与公平中又偏重于效率,因而在调节社会财富的再分配和社会保障的方面有所欠缺。如何完善税制结构,构建适应中国国情的"最优税制",是目前亟待解决的问题。我国税制结构改革的目标是建立兼顾财政、效率与公平的"双主体"税制结构。首先,在标志着税制结构模式类型的主体税种的选择上,以商品劳务税和所得税共同为主体。其次,合理配置各税种。在商品劳务税方面,建立以增值税为主体、辅助特别消费税的税制体系;在所得税方面,以企业所得税为主体,建立分类与综合相结合的个人所得税税制,兼顾公平与效率。再次,合理配置资源税、财产税、行为税,辅助主体税种优化税制。目前重点是进行房地产税的改革及适时立法、完善绿色税制等。

(四)我国现行税制

我国税收制度自中华人民共和国成立以来,随着社会政治经济条件的变化,曾作过多次调整和改革。从总体上看,1949年到1950年,随着新中国的建立而建立新税制。1958年随着政治、经济形势的发展变化,在"基本保持原税负的基础上,简化税制"的方针下进行工商税改革和统一农业税。改革的内容有:①合并税种,将原来的商品流通税、货物税、工商业税中的营业税、印花税等税种合并为工商统一税;②改变纳税环节;③简化征税办法,具体有:简化计税价格,减少中间产品的征税,合理调整少数产品的税率。1978年改革之前的税收结构是比较单一的。改革开放后,随着经济体制的逐步变化和对外开放政策的推行,单一税制不适应经济发展和改革开放的需要。从1983年开始,中国的税制进行了一系列改革,最重要的是进行了两步"利改税",到1992年年底,国家明确提出建立社会主义市场经济体制的改革目标,要求逐步建立起一个统一、开放、公平竞争、按照经济规律要求运行的市场,与此相适应的是建立一个公平、合理、法制的税收体系。而我国改革开放以来形成的税收法律制度,包括80年代实行的两步利改税、工商税及农业税制等,暴露出一些不完善之处,保留了计划经济体制下国家用行政手段管理经济的痕迹,难以适应社会主义市场经济体制的要求。为了适应建立社会主义市场经济体制的需求,1993年下半年,国家着手对我国税制进行改革,并于1994年1月1日开始实施。这次改革按照统一税法、公平税负、简化税制、合理分权、理顺分配关系、保证财政收入的指导思想,对我国的税制进行了全面改革。其主要内容:一是重点对流转税和所得税进行了重大调整。新的流转税制度统一适用于内资企业、外商投资企业和外国企业。全国人大常委会于1993年12月通过了《关于外商投资企业和外国企业使用增值税、消费税、营业税等税收暂行条例的决定》,同时废止了工商统一税,建立了以增值税为主体、营业税和消费税为补充的新的流转税体系。二是统一内资企业所得税,将个人所得税、个体工商户所得税、个人收入调节税三税合一为个人所得税。三是对其他一些税种也进行了相应的改革:取消集市交易税、牲畜交易税、烧油特别税、国营企业奖金税、集体企业奖金税、事业单位奖金税、国营企业工资调节税;将特别消费税并入消费税;将屠宰税、宴席税下放给地方,由省、自治区、直辖市人民政府根据本地区经济发展的实际情况,自行决定征收或者停止征收。另外,这次改革还对税收征收管理制度进行了改革:建立普遍纳税申报制度;积极推行税务代理制度;加速推进税收征管计算机化进程;建立严格的税务稽核制度;适应实行分税制的需要,组建中央和地方两套税务机构;加强税收法制建设,逐步建立税收立法、司法、执法相互独立、相互制约的机制。

1993年底1994年初的税制改革,是中华人民共和国成立以来一次大范围的税制改革,其重要意义表现为:一是建立了适应市场经济发展的新分配体系,为市场经济的发展提供了良好的税收环境;二是加强了国家对经济的宏观调控能力;三是理顺了国家与企业的分配关系,促进了现代企业制度的建立;四是参照国际惯例,加速了我国税制与国际接轨。但是新的税制还存在一些问题,随着经济和社会的发展,问题日益凸显。首先,从税制的角度看,增值税和营业税并行的流转税体系,破坏了增值税的抵扣链条,影响了增值税中性作用的发挥。其次,从产业发展和经济结构调整的角度来看,将大部分第三产业排除在增值税的征税范围之外,不利于服务业的专业化细分和服务外包的发展,对服务业的发展造成了不利影响。再次,从税收征管的角度看,两套税制并行造成了税收征管实践中的一些困境。为加快财税体制改革,落实结构性减税,促进服务业发展,促进产业和消费升级,培育新动能,深化供给侧结构性改革,党中央、国务院根据经济社会发展新形势,从深化改革的总体部署出发,做出营业税改征增值税(以下简称"营改增")的重要决策。

"营改增"在全国的推开,大致经历了以下三个阶段。

第一阶段:2011年,经国务院批准,财政部、国家税务总局联合下发营业税改增值税试点方案;从2012年1月1日起在上海交通运输业和部分现代服务业开展营业税改征增值税试点,自2012年8月1日起至年底,国务院将营改增试点范围扩大至八省市。

第二阶段:2013年8月1日,"营改增"范围推广到全国试行,将广播影视服务业纳入试点范围,2014年1月1日起,将铁路运输和邮政服务业纳入试点范围,至此,交通运输业全部纳入增值税范围。

第三阶段:2016年5月1日起,全面推开营改增试点,将建筑业、房地产业、金融业、生活服务业全部纳入增试点范围。至此,营业税退出历史舞台,增值税制度将更加规范。这是自1994年分税制改革以来,财税体制的又一次深刻变革。当前,中国增值税扩围改革已经完成,增值税改革步入深化攻坚期,简并税率和增值税立法将是下一步税制改革的重点。

1. 现行税种

现阶段,我国主要有如下税种:增值税、消费税、关税、企业所得税、个人所得税、资源税、土地增值税、印花税、城镇土地使用税、房产税、车船税、固定资产投资方向调节税(自2000年起暂停征收)、城市维护建设税、车辆购置税、烟叶税、耕地占用税、契税、关税、船舶吨税、环境保护税。(2016年12月25日,第十二届全国人民代表大会常务委员会第二十五次会议通过了《中华人民共和国环境保护税法》)。

2. 征收管理机关

我国原税收征收管理机关有三个:国家税务局、地方税务局和海关。2018年3月17日,第十三届全国人大一次会议表决通过了关于国务院机构改革方案的决定,按照最新方案,改革国税地税征管体制。将省级和省级以下国税地税机构合并,具体承担所辖区域内各项税收、非税收入征管等职责。国税地税机构合并后,实行以国家税务总局为主与省(区、市)人民政府双重领导管理体制。海关系统主要负责下列税种的征收和管理:①进出口关税;②委托代征的进口环节消费税、增值税;③船舶吨税。

(五)我国税制改革的方向

2013年《中共中央关于全面深化改革若干重大问题的决定》指出,财政是国家治理的基础和重要支柱,科学的财税体制是优化资源配置、维护市场统一、促进社会公平、实现国家长治久安的制度保障。要完善税收制度,包括:深化税收制度改革,完善地方税体系,逐步提高直接税比重;推进增值税改革,适当简化税率;调整消费税征收范围、环节、税率,把高耗能、高污染产品及部分高档消费品纳入征收范围;逐步建立综合与分类相结合的个人所得税制;加快房地产税立法并适时推进改革;加快资源税改革,推动环境保护费改税;按照统一税制、公平税负、促进公平竞争的原则,加强对税收优惠特别是区域税收优惠政策的规范管理,税收优惠政策统一由专门税收法律法规规定,清理规范税收优惠政策;完善国税、地税征管的体制。

三、税法概述

(一)税法的概念

税法即税收法律制度,是调整税收关系的法律规范的总称,是国家法律的重要组成部分。它是以宪法为依据,调整国家与社会成员在纳税上的权利与义务关系,维护社会经济秩序和税收秩序,保障国家利益和纳税人合法权益的一种法律规范,是国家税务机关及一切纳税单位和个人依法征税、依法纳税的行为规则。

(二)税收法律关系

税收法律关系是由税收法律规范确认和调整的,征税人和纳税人之间具有权利义务内容的社会关系,体现了国家征税与纳税人纳税的利益分配关系。税收法律关系的一方主体始终是国家,并以纳税人发生了税法规定的行为或者事实为产生根据。总体上,税收法律关系与其他法律关系一样也是由主体、客体和内容三个方面构成。

1.主体

税收主体是指税收法律关系中享有权利和承担义务的当事人。在我国税收法律关系中,从严格意义上讲,只有国家才享有征税权,政府才是真正的征税主体。但是,实际上国家可通过法律授权的方式赋予具体的国家职能机关来代其行使征税权力、履行征税职责,包括各级税务机关、海关;纳税主体是法律、行政法规赋予纳税义务的单位和个人。广义上的纳税主体,除纳税人外,还包括扣缴义务人,即法律、行政法规规定负有代扣代缴、代收代缴税款义务的单位和个人。

2.客体

客体是指主体的权利、义务所共同指向的对象,主要包括货币、实物和行为。如所得税法律关系客体就是生产经营所得和其他所得;流转税法律关系客体就是货物销售收入或劳务收入。

3.内容

内容是指税收法律关系主体双方在征纳活动中所享有的权利和所承担的义务,这是税收法律关系中最实质的部分,是税法体系的核心。包括了征税主体的权利义务和纳税主体的权利义务两方面。

(1)税务机关的权利和义务。税务机关的权利包括:税务管理权、税收征收权、税务检查权、税务违法处理权、税法解释权、代位权和撤销权。税务机关的职责:税务机关不得违反法律、行政法规的规定开征、停征、多征或少征税款,或擅自决定税收优惠;税务机关应当将征收的税款和罚款、滞纳金按时足额并依照预算级次入库,不得截留和挪用;税务机关应当依照法定程序征税,依法确定有关税收征收管理的事项;税务机关应当依法办理减税、免税等税收优惠,对纳税人的咨询、请求和申诉作出答复处理或报请上级机关处理;税务机关对纳税人的经营状况负有保密义务。

(2)纳税人的权利和义务。根据国家税务总局2009年第1号《关于纳税人权利与义务的公告》,纳税人享有知情权、保密权、税收监督权、纳税申报方式选择权、申请延期申报权、申请延期缴纳税款权、申请退还多缴税款权、依法享受税收优惠权、委托税务代理权、陈述与申辩权、对未出示税务检查证和税务检查通知书的检查的拒绝检查权、税收法律救济权、依法要求听证、索取有关税收凭证等十四项权利;负有依法进行税务登记,依法设置账簿、保管账簿和有关资料以及依法开具、使用、取得和保管发票,财务会计制度和会计核算软件备案,按照规定安装、使用税控装置等四项义务。

（三）税法的制定

1.税收立法的概念

广义的税收立法指国家机关依照法定权限和程序,制定各种不同规范等级和效力等级的税收规范性文件的活动。狭义的税收立法则是指立法机关制定税收法律的活动。税收立法是由制定、修改和废止税收法律、法规的一系列活动构成的。

2.税收立法机构

根据我国宪法及立法法的规定,税种的设立、税率的确定和税收征收管理等税收基本制度,只能由法律规定,故立法机关只有全国人民代表大会及其常务委员会。广义的税收立法机构还包括省、自治区、直辖市人民代表大会及其常务委员会、国务院、财政部、国务院关税税则委员会、海关总署、国家税务总局。

3.税收立法程序

税收立法必须经过提出立法议案、审议、表决通过和公布四个阶段。

（1）提出立法议案。不管是税法的制定,还是税法的修改、补充和废止,一般由国务院授权其税务主管部门（财政部门或国家税务总局）负责立法的调查研究等准备工作,并提出立法方案或税法草案,上报国务院。

（2）审议。税收法规由国务院负责审议。税收法律在经国务院审议通过后,以议案的形式提交全国人民代表大会常务委员会的有关工作部门,在广泛征求意见修改后,提交全国人民代表大会或其常务委员会审议通过。

（3）审议通过或表决通过。税收行政法规由国务院审议通过。税收法律是在全国人民代表大会或其常务委员会开会期间,先听取国务院关于制定税法议案的说明,然后以简单多数的表决形式通过。

（4）公布。税收行政法规是以国务院总理的名义发布实施;而税收法律是以国家主席的名义发布实施。

4.我国税收立法现状

"税收法定"作为近代民主、法治的核心标志,旨在制约政府征税权力,保护公民合法权益。我国目前税收立法主要由全国人大及其常委会授权国务院行使,这种行政机关长期主导税收立法权的现状,与税收法定这一基本法律原则悖离。由于立法权转授权本身和国务院依授权进行的税收立法存在的问题和弊端日益凸显,学界一直倡导"税收立法权的回归"。

十八届三中全会《中共中央关于全面深化改革若干重大问题的决定》明确提出了"落实税收法定主义",将税收法定主义提到了一个前所未有的高度。2015年3月15日,第十二届全国人民代表大会第三次会议通过了关于修改立法法的决定,将法律保留事项之一的第八条"（八）基本经济制度以及财政、税收、海关、金融和外贸的基本制度"修改为"税种的设立、税率的确定和税收征收管理等税收基本制度"。这意味着,今后政府收什么税、向谁收、收多少、怎么收等问题,都要通过人大立法决定。需要强调的是,税收法定的核心在于法律,而且仅指狭义的法律,即由最高立法机关通过立法程序制定的法律文件,在我国特指全国人大及其常委会制定的法律,而不包括行政法规、规章及其他规范性文件,这充分表明税收立法是全国人大及其常委会的专属立法权,也是我国税收法定主义在法律层面的具体体现。对税收法律的解释应该从严,不得扩大解释,不得类推适用。

即使如此,在修改后的立法法公布实施后,财政部和国家税务总局仍以"通知"的形式做出了修改卷烟的消费税税率、简并增值税税率等调整,这说明在中国落实税收法定主义仍有很长的路要走。

(四)税收法律体系

我国税收法律是在宪法的基础上建立起来的。

1.税收法律

《中华人民共和国立法法》第八条规定,税种的设立、税率的确定和税收征收管理等税收基本制度,只能由全国人民代表大会及其常务委员会制定法律。税收法律在中华人民共和国主权范围内普遍适用,具有仅次于宪法的法律效力。目前,由全国人民代表大会及其常务委员会制定的税收实体法律有《中华人民共和国个人所得税法》《中华人民共和国企业所得税法》《中华人民共和国海关法》《中华人民共和国车船税法》《中华人民共和国环境保护法》;税收程序法律有《中华人民共和国税收征收管理法》。

2.税收行政法规

根据《中华人民共和国立法法》第九条规定,税收基本制度尚未制定法律的,全国人民代表大会及其常务委员会有权授权国务院根据实际需要,对其中的部分事项先制定行政法规。目前,我国绝大部分现行税法都是由国务院制定的行政法规。其主要包括:①规定税收基本制度。例如《中华人民共和国增值税征收暂行条例》《中华人民共和国消费税暂行条例》。②税收法律的实施细则。国务院根据全国人民代表大会及其常务委员会制定的《中华人民共和国个人所得税法》《中华人民共和国企业所得税法》《中华人民共和国车船税法》《中华人民共和国税收征管法》,制定相应的实施条例或实施细则。

3.税务规章

国务院财税主管部门,主要是财政部、国家税务总局、海关总署和国务院关税税则委员会。国务院财税主管部门可以根据法律和行政法规的规定,在本部门权限范围内发布有关税收事项的规章和规范性文件,例如《中华人民共和国增值税暂行条例实施细则》《税务行政复议规则》。

4.地方性税收法规及地方政府税务规章

根据中国现行税收立法体制,税收立法权全部集中在中央,地方政府只能根据法律、行政法规的授权制定地方性税收法规、规章或者规范性文件,在授权范围内,对某些税制要素进行调整,不得与税收法律、行政法规相抵触。例如,《城镇土地使用税暂行条例》规定,税额标准由省、自治区、直辖市人民政府在规定幅度内确定。

第二节　　现行税收法律制度

我国的税制结构是以流转税为主体,以所得税为辅,以财产税、行为税为补充的复合税制结构。

一、流转税法律制度

流转税是以流转额为征税对象的一类税收,流转额包括商品流转额和劳务收入,因此又称为"商品劳务税"。流转税是以商品生产和交换的产生和发展为前提的,它以流转的销售额和营业收入作为计税依据,一般不受成本和费用变化的影响,可以广泛地筹集财政资金。由于计税依据与商品价格密切相关,也便于国家通过征税体现产业政策和消费政策。我国的税制结构是以流转税为主体。根据我国现行流转税体系,流转税有增值税、消费税和关税三种。

(一)增值税法律制度

1.我国增值税"转型之路"概述

增值税有生产型收入型和消费型之分。生产型增值税不允许将购入的固定资产所含税金作为进项税额予以抵扣。由于抵扣范围小,税基大,有利于财政收入的筹集。收入型增值税是以销售收入减去所购中间产品价值与折旧额的余额为课税对象,即见许纳税人在计算增值税时,将外购固定资产的折旧部分扣除。其课税基数大体相当于国民收入部分,故称为收入型增值税。消费型增值税允许将购入的机械、设备、不动产等固定资产所含税金在进项税额中扣除,具有鼓励企业更新设备、提高技术水平的作用,世界上大多数国家采用这种类型的增值税。2009年1月1日起,我国启动增值税转型改革,由原来的生产型增值税转成了国际通行的消费型增值税,但是未将购入不动产所含税金纳入抵扣范围,还不是彻底的消费型增值税。直到2016年5月1日起,随着全面推行营改增,将建筑业、房地产业、金融业、生活服务业纳入营业税改征增值税试点范围,可供抵扣的项目进一步增加,不动产被纳入抵扣范围,我国增值税彻底转型为消费型增值税。

2.增值税的征收范围

增值税是以商品(含应税劳务)在流转过程中产生的增值额作为计税依据而征收的一种流转税。根据规定,增值税的征收范围是在中华人民共和国境内销售服务、无形资产或不动产(以下称应税行为)。

3.增值税的纳税人

在中华人民共和国境内销售服务、无形资产或不动产的单位和个人为增值税的纳税义务人。根据年应征增值税销售额及会计核算制度是否健全为标准,增值税纳税人分为一般纳税人和小规模纳税人两种:

(1)一般纳税人。应税行为的年应征增值税销售额超过五百万的纳税人为一般纳税人。超过规定标准但不经常发生应税行为的单位和个体工商户可选择小规模纳税人纳税。年应税销售额未超过规定标准,会计核算健全,能够准确提供税务资料以及新开业的纳税人可向主管税务机关申请办理一般纳税人资格登记。

(2)小规模纳税人。小规模纳税人是指年应税销售额在规定标准以下,并且会计核算不健全,不能按规定报送有关税务资料的增值税纳税人以及超过规定标准的其他个人。

4.增值税的税率

营业税改征增值税之前,增值税条例设计了17%、13%和零税率三档税率。在营改增试点推广过程中,为坚持扩围前后税负"只减不增"总原则,新增加了6%和11%两档税率,但多税率并存,使得税制变得较为复杂,"高征低扣""低征高扣"的现象比较普遍。由于增值税是中性税种,税制设计应尽量减少对纳税人投资和消费决策的影响,减少对资源配置和经济的扭曲,税率档次不宜过多。因此,简并税率,是增值税"扩围"后,增值税制完善过程中亟待解决的问题。

营业税改征增值税后,根据《财政部 国家税务总局关于全面推开营业税改征增值税试点的通知》(财税〔2016〕36号)、《财政部 国家税务总局关于简并增值税税率有关政策的通知》(财税〔2017〕37号),目前我国增值税设置了一档基本税率17%、二档低税率11%、6%和零税率。2018 年 4 月 4 日我国又出台了《财政部 税务总局关于调整增值税税率的通知》(财税〔2018〕32 号),将税率调整至 16%,二档低税率 10%、6% 和零税率四档。小规模纳税人适用 3% 或 5% 的征收率。

(1)基本税率。

纳税人销售或者进口货物(除列举的低税率外),提供加工、修理、修配劳务,税率为 17%。

提供有形动产租赁服务(有形动产融资租赁和有形动产经营性租赁),税率为 17%,远洋运输的光租业务和航空运输的干租业务属于有形动产经营性租赁。

(2)低税率为 11% 和 6% 两档。

① 11% 税率。为完善增值税制度,营造简洁透明、更加公平的税收环境,进一步减轻企业税收负担,自 2017 年 7 月 1 日起,我国简并增值税税率结构,取消 13% 的增值税税率。纳税人销售或者进口下列货物,税率为 11%:农产品(含粮食)、自来水、暖气、石油液化气、天然气、食用植物油、冷气、热水、煤气、居民用煤炭制品、食用盐、农机、饲料、农药、农膜、化肥、沼气、二甲醚、图书、报纸、杂志、音像制品、电子出版物。

提供交通运输、邮政、基础电信服务、建筑业、不动产租赁服务,销售不动产,转让土地使用权,税率为 11%。对远洋运输企业从事程租、期租业务,以及航空运输企业从事湿租业务取得的收入,按照交通运输业服务征税。

② 6% 税率。提供现代服务业服务(有形动产和不动产租赁服务除外)、金融业、生活服务业,税率为 6%。

(3)零税率。

纳税人出口货物,税率为零,但是国务院另有规定的除外。境内单位和个人发生的跨境应税行为,税率为零,包括:单位和个人提供的国际运输服务、向境外单位提供的研发服务和设计服务。另外,需要指出,零税率不是免税,适用零税率的情况下,不仅收入不征税,还要将企业适用零税率的货物或者应税服务购进时的进项税额予以一定的退税,从而实现出口货物或应税服务真正的无税化,以提升我国货物和服务在国际上的竞争力。

(4)3% 的征收率。

小规模纳税人采取简易征收方法计征增值税,适用 3% 的征收率,不得抵扣进项税额。

(5)5% 的征收率。

小规模纳税人销售其自建的不动产,应以取得的全部价款和价外费用为销售额,按照 5% 的征收率计算应纳税额;房地产开发企业中的小规模纳税人,销售自行开发的房地产项目,按照 5% 的征收率计税;其他个人销售其取得(不含自建)的不动产(不含其购买的住房),应以取得的全部价款和价外费用减去该项不动产购置原价或者取得不动产时的作价后的余额为销售额,按照 5% 的征收率计算应纳税额;小规模纳税人出租其取得的不动产(不含个人出租住房),应按照 5% 的征收率计算应纳税额;等等。

5.增值税起征点

纳税人销售额未达到国务院财政、税务主管部门规定的增值税起征点的,免征增值税;达到起征点的,依照规定全额计算缴纳增值税。起征点的调整由财政部和国家税务总局规定。省、自治区、直辖市财政厅(局)和国家税务局应当在规定的幅度内,根据实际情况确定本地区适用的起征点,并报财政部和国家税务总局备案。

增值税起征点仅适用于个体工商户和其他个人,不适用于登记为一般纳税人的个体工商户,即仅适用于个体工商户小规模纳税人和其他个人。目前,对增值税小规模纳税人中月销售额未达到两万元的企业或非企业性单位,免征增值税。自 2018 年 1 月 1 日至 2020 年 12 月 31 日,对月销售额两万元(含本数)至三万元的增值税小规模纳税人,免征增值税。以一个季度为纳税期限的增值税小规模纳税人(含个体工商户及临时税务登记中的个人),季度销售额不超过九万元的暂免征收增值税。

6. 增值税的纳税地点和纳税期限

(1)纳税地点:①固定业户应当向其机构所在地或者居住地主管税务机关申报纳税。总机构和分支机构不在同一县(市)的,应当分别向各自所在地的主管税务机关申报纳税;经财政部和国家税务总局或者其授权的财政和税务机关批准,可以由总机构汇总向总机构所在地的主管税务机关申报纳税。②非固定业户应当向应税行为发生地主管税务机关申报纳税;未申报纳税的,由其机构所在地或者居住地主管税务机关补征税款。③其他个人提供建筑服务,销售或者租赁不动产,转让自然资源使用权,应向建筑服务发生地、不动产所在地、自然资源所在地主管税务机关申报纳税。④扣缴义务人应当向其机构所在地或者居住地主管税务机关申报缴纳扣缴的税款。

(2)纳税期限。增值税的纳税期限分别为 1 日、3 日、5 日、10 日、15 日、1 个月或者 1 个季度。纳税人的具体纳税期限,由主管税务机关根据纳税人应纳税额的大小分别核定。以 1 个季度为纳税期限的规定适用于小规模纳税人、银行、财务公司、信托投资公司、信用社,以及财政部和国家税务总局规定的其他纳税人。不能按照固定期限纳税的,可以按次纳税。纳税人以 1 个月或者 1 个季度为 1 个纳税期限的,自期满之日起 15 日内申报纳税;以 1 日、3 日、5 日、10 日或者 15 日为 1 个纳税期限的,自期满之日起 5 日内预缴税款,于次月 1 日起 15 日内申报纳税并结清上月应纳税款。

7. 增值税的改革方向

"营改增"只是增值税改革的第一步及阶段性成果,此后还将进一步完善增值税税制,完善增值税中央和地方分配体制,实行增值税立法。完善增值税税制包括优化税率结构、完善增值税抵扣制度、建立规范的增值税优惠体系。完善分税制体系包括完善收入分成体系、合理调整增值税分成比例、加快建立地方税费体系、稳定地方财政收入。最后,要完善增值税立法体系,提升增值税的法律层次,填补我国税法体系中无流转税法律的空白。

(二)消费税法律制度

1. 消费税概述

广义的消费税是指以消费品或消费行为为课税对象而征收的各种间接税。通常它又分为一般消费税和特别消费税。一般消费税是指对货物和劳务原则上普遍征收的税,如日本的消费税。特别消费税即狭义上的消费税,是在转让或交易环节以税法列举的特定消费品或消费行为为课税对象而征收的税。我国的消费税是特别消费税。

2. 消费税的征税范围

消费税是为了体现国家产业和消费政策,在对货物普遍征收增值税的基础上,有选择地对生产、委托加工和进口的应税消费品和消费行为的流转额征收的一种税,主要是为了调节产业结构,引导消费倾向,保证国家财政收入。消费税是典型的间接税,具有征收范围的选择性、税率的差别性、征税环节的单一性等特点。

我国的消费税课征范围是有限型。2006 年消费税改革后,消费税税目分为以下三类:

①过度消费会对人类健康、社会秩序、生态环境等方面造成危害的特殊消费品,包括烟、酒、鞭炮和焰火等;②奢侈品和非生活必需品,包括贵重首饰品及珠宝玉石、摩托车、小汽车、高尔夫球及球具、高档手表、游艇等,这些高消费品会对社会的消费行为产生消极导向;③稀缺或不能再生和替代的资源类产品,包括成品油、木制一次性筷子和实木地板等。由此可见,消费税特殊的调节作用就体现在,政府可以根据当前阶段宏观产业政策和消费政策的要求,有目的、有重点地选择一些消费品或消费行为征税,"寓禁于征",引导消费行为,以适当地限制某些特殊消费品的消费需求。

消费税不同于增值税,一般是单环节课征。我国消费税除金银首饰在零售环节征税,卷烟在批发环节加征一道消费税外,只在应税消费品的生产、委托加工和进口环节征税,因为是价内税,税款最终由消费者承担。

3. 消费税的纳税人和税率

消费税的纳税人是指在我国境内从事生产、委托加工、零售和进口《中华人民共和国消费税暂行条例》所列举的应税消费品的单位和个人。

消费税的税率分为比例税率和固定税额两种。实行从价计征和从量计征两种征税方式,除黄酒、啤酒、成品油实行从量定额征收,白酒、卷烟实行从量定额和从价定率复合征收外,其他应税消费品规定了不同的比例税率。

4. 消费税的纳税地点

纳税人销售的应税消费品以及自产自用的应税消费品,除国务院另有规定外,应当向纳税人核算地主管税务机关申报纳税。

纳税人的总机构与分支机构不在同一省(自治区、直辖市),需改由总机构汇总在总机构所在地纳税的,应经国家税务总局批准;纳税人的总机构与分支机构在同一省(自治区、直辖市)内,而不在同一县市的,应在生产应税消费品的分支机构所在地缴纳消费税,需改由总机构交纳的,应经省(自治区、直辖市)国家税务局批准。

委托加工的应税消费品,由委托方向所在地主管税务机关缴纳税款。进口的应税消费品,由进口人或其代理人向报关地海关申报纳税。

5. 消费税税制完善

(1)调整消费税征收范围。随着社会经济的发展,消费税征税对象的选择已经有些时滞。一些过去被定性为奢侈品或非生活必需品的已变成大众消费,而新兴的奢侈品和高档消费品以及部分高档服务还未纳入征税范围。因此完善消费税制,扩大税基,对税目进行有增有减的调整,成为消费税税制改革的方向。例如,取消日用化妆品、汽车轮胎等消费税,将洗浴中心、高档会所消费等高档消费行为纳入征税范围。

(2)调整征收环节。消费税一般是单环节征收,且集中在生产环节,但相对后面的流转环节而言,税基小税源少,可将部分消费品的征税环节后移至零售环节,由销售者代扣代缴,实行源泉扣缴的方式。也可实行消费税价税分离,增强税负的透明度,提高消费者的纳税意识。

(3)调整税率。加大对不可再生资源的保护,是未来消费税改革的一个趋势,可适当调高税率,"寓禁于征",引导消费行为。

(三)关税法律制度

1. 关税的概述

关税是对进出国境或关境的货物或物品征收的一种商品流转税。由于关税的完税价格中不包括关税,因而它是单一环节的价外税,但海关代征增值税、消费税时,其计税依据包括关税。关税具有较强的涉外性,往往与国家间经济和外交政策密切相关。

按照不同的标准,关税有多种分类方法。按征收对象分类,关税可分为进口关税、出口关税和过境关税三类;按征收目的分类,可分为财政关税和保护关税;按征税计征标准分类,可分为从价税、从量税、复合税、滑准税;按货物国别来源而区别对待的原则,可分为优惠关税、普通关税和差别关税等。涉及关税的法律、法规有《中华人民共和国海关法》《中华人民共和国进出口关税条例》《中华人民共和国海关进出口税则》《中华人民共和国海关进出口货物征税管理办法》。

2.关税的征税范围

关税的征税范围是进出关境的货物和物品,除法律、行政法规另有规定外,海关依照规定征收进出口关税。一般情况下,关境与国境是一致的,但有时关境小于国境,比如国境内有自贸区或自由港;有时关境大于国境,比如欧盟形成的关税同盟。

3.关税的征税机关

关税的征税机关是海关。另外,国务院设立关税税则委员会,是国务院的议事协调机构,办公室设在财政部,负责《中华人民共和国海关进出口税则》和《进境物品进口税税率表》的税目、税则号列和税率的调整和解释,报国务院批准后执行;决定实行暂定税率的货物、税率和期限;决定关税配额税率;决定征收反倾销税、反补贴税、保障措施关税、报复性关税以及决定实施其他关税措施;决定特殊情况下税率的适用;履行国务院规定的其他职责。

4.关税的纳税人、计税依据、税目、税率

(1)关税纳税人。进口货物的收货人、出口货物的发货人、进境物品的所有人,是关税的纳税义务人。其中,进境物品的纳税义务人是指携带物品进境的入境人员、进境邮递物品的收件人以及以其他方式进口物品的收件人。

(2)关税计税依据。关税的计税依据是关税的完税价格,不包含进出口关税。根据《进出口关税条例》,进出口货物的完税价格由海关以确认的成交价格以及该货物运抵中国境内输入地点起卸前或运至中国境内输出地点装载前的运输及其相关费用、保险费为基础审查确定。

(3)关税的税目、税率。关税的税目、税率都由海关进出口税则规定。进出口税则是一国政府根据国家关税政策和经济政策,通过一定的立法程序制定、公布并实施的进出口货物和应税物品的关税税率表。进出口税则以税率表为主体,通常还包括实施税则的法令、使用税则的有关说明和附录等。

我国的关税的税率分为进口税率和出口税率,进口税率又分为普通税率和特殊税率。普通税率适用于与我国未订立关税互惠协议的国家或地区的进口货物;特殊税率,又称优惠税率,适用于与我国订立关税互惠协议的国家或地区的进口货物。出口税是指一国海关在本国商品对外输出时所征收的关税。目前,大多数国家为了扩大出口,提升本国商品的国际竞争力,一般不征收出口税,并开始对部分进口商品实行从价定率、从量定额或两者混合使用的复合税率。

5.行邮税

(1)行邮税的概念。行邮税是海关对入境旅客行李物品和个人邮递物品征收的进口税,其中包含关税以及进口环节征收的增值税、消费税,即行李和邮递物品进口税,简称行邮税。

我国将进出境商品区分为"货物"和"物品"执行不同的税制。其中,对进境货物征收进口关税和进口环节增值税、消费税;对非贸易性质的进境行李、邮递物品等,将关税和进口环节增值税、消费税三税合并征收,统称"行邮税",它不是一个法律意义上的税种。

（2）行邮税课税对象。行邮税课税对象为进境物品,包括旅客行李物品（入境"个人合理自用物品"五千元以内）、个人邮递物品（进出境邮递物品一千元以内,港澳台地区八百元以内）及其他个人自用物品。

（3）纳税义务人。行邮税纳税义务人为携有应税个人自用物品的入境旅客及运输工具服务人员、进口邮递物品的收件人以及以其他方式进口应税个人自用物品的收件人。

（4）行邮税税率。在海关规定的数额以内的个人自用进境物品,免征进口税,即邮递物品50元免征税额。超过规定数额但在合理范围内的,按照规定缴纳进口税。超过合理自用数量的进境物品,应当按照进口货物向海关办理通关手续。我国行邮税税目和税率经过了多次调整,现行行邮税税率分为60%、30%、15%三个档次。

（5）跨境电商零售进口商品税。跨境电商发展之初,我国对单次交易限值一千元的跨境电商零售进口商品按照"物品"征收行邮税,并对税额低于50元人民币的进口物品予以免征。为营造公平竞争的市场环境,促进跨境电子商务零售进口健康发展,经国务院批准,《财政部 海关总署 国家税务总局关于跨境电子商务零售进口税收政策的通知》（财关税〔2016〕18号）规定,自2016年4月8日起,跨境电子商务零售进口商品按照货物征收关税和进口环节增值税、消费税,购买跨境电子商务零售进口商品的个人作为纳税义务人,实际交易价格（包括货物零售价格、运费和保险费）作为完税价格,电子商务企业、电子商务交易平台企业或物流企业可作为代收代缴义务人。

跨境电子商务零售进口商品的单次交易限值为人民币两千元,个人年度交易限值为人民币两万元。在限值以内进口的跨境电子商务零售进口商品,关税税率暂设为0;进口环节增值税、消费税取消免征税额,暂按法定应纳税额的70%征收。超过单次限值、累加后超过个人年度限值的单次交易,以及完税价格超过两千元限值的单个不可分割商品,均按照一般贸易方式全额征税。

二、所得税法律制度

（一）所得税概述

1.所得税的概念

所得税是以纳税人的所得额为征税对象的一类税收的总称,属于直接税的范畴。由于直接税纳税人和实际负担人是一致的,可以直接调节纳税人的收入,具有明显的可观察性,是现代税制结构相对完善的国家采取的主体税种。我国税收结构以商品劳务税（增值税、消费税、关税）为主体税种,提高直接税,尤其是所得税在税收结构中的比重是今后我国税制改革的一个重要方向。我国的所得税主要有企业所得税和个人所得税。

2.所得税的特征

（1）所得税的征税对象是应纳税所得额,该所得额不是收入,而是依据税法规定计算的所得额。所得额与收入、成本、费用密切相关,一般为总收入减去成本、费用等准予扣除项目后的余额。

（2）所得税具有累进性。所谓累进性,指纳税人的负担率随课税对象数额的增加而增加。所得税征税以量能负担为原则,即多得多征,少得少征,不得不征,体现了税收的纵向公平,对于再分配和社会保障具有特殊的调节作用。

（3）税收负担的直接性。所得税税负不容易转嫁，纳税人与负税人一致。因此实践中可发挥经济杠杆和调节收入分配的作用。

（4）所得税具有税收弹性。税收弹性是指在累进的所得税制下，所得税的边际税率随应纳税所得税的变化而变化，税收收入具有弹性，宏观上可发挥调控经济的"自动稳定器"的功能。

（5）鉴于所得额的计算复杂、直接负税人的逃税动机等因素，所得税征管对税收征管水平的要求更高。

（二）企业所得税法律制度

1. 企业所得税的概念和特征

企业所得税是指对中国境内企业（居民企业及非居民企业）或组织，在一定期间内的生产、经营所得和其他所得征收的一种税。

企业所得税的特征有：征税数额与成本、费用关系密切；所得税的征税以量能负担为原则；所得税实行按年计征、分期预缴的征税办法等。

企业所得税的法律依据主要有：2007 年 3 月 16 日中华人民共和国第十届全国人民代表大会第五次会议通过、2008 年 1 月 1 日起施行的《中华人民共和国企业所得税法》；2007 年 11 月 28 日国务院第 197 次常务会议通过、2008 年 1 月 1 日起施行的《中华人民共和国企业所得税法实施条例》。

2. 企业所得税的征税范围

企业以货币形式和非货币形式从各种来源取得的收入为收入总额，包括：销售货物和提供劳务收入；转让财产收入；股息、红利等权益性投资收益；利息、租金收入；特许权使用费收入；接受捐赠收入和其他收入。

3. 企业所得税的纳税人

在中华人民共和国境内，企业和其他取得收入的组织（以下统称企业）为企业所得税的纳税人，不包括个人独资企业、合伙企业。

企业分为居民企业和非居民企业。居民企业，是指依法在中国境内成立，或者依照外国（地区）法律成立但实际管理机构在中国境内的企业。非居民企业，是指依照外国（地区）法律成立且实际管理机构不在中国境内，但在中国境内设立机构、场所的，或者在中国境内未设立机构、场所，但有来源于中国境内所得的企业。

居民企业应当就其来源于中国境内、境外的所得缴纳企业所得税。非居民企业在中国境内设立机构、场所的，应当就其所设机构、场所取得的来源于中国境内的所得，以及发生在中国境外但与其所设机构、场所有实际联系的所得缴纳企业所得税。非居民企业在中国境内未设立机构、场所的，或者虽设立机构、场所但取得的所得与其所设机构、场所没有实际联系的，应当就其来源于中国境内的所得缴纳企业所得税。

4. 企业所得税税率

企业所得税的税率为 25%。

非居民企业在中国境内未设立机构、场所的，或者虽设立机构、场所但取得的所得与其所设机构、场所没有实际联系的，就其来源于中国境内的所得缴纳企业所得税，适用税率为 20%。实际征收时享受税收优惠，减按 10% 的税率征收。

符合条件的小型微利企业，减按 20% 的税率征收企业所得税。自 2017 年 1 月 1 日至

2019 年 12 月 31 日,无论采取查账征收方式还是核定征收方式,对年应纳税所得额低于五十万元(含本数)的小型微利企业,其所得减按 50％计入应纳税所得额。因此,对于符合条件的小微企业而言,实际税负率仅为 10％。

国家需要重点扶持的高新技术企业,减按 15％的税率征收企业所得税。

5．企业所得税征收方式、纳税期限、纳税地点

(1)征收方式。企业所得税按纳税年度计算,分月或者分季预缴。企业应当自月份或者季度终了之日起十五日内,向税务机关报送预缴企业所得税纳税申报表,预缴税款。企业应当自年度终了之日起五个月内,向税务机关报送年度企业所得税纳税申报表,并汇算清缴,结清应缴应退税款。企业在年度中间终止经营活动的,应当自实际经营终止之日起六十日内,向税务机关办理当期企业所得税汇算清缴。企业应当在办理注销登记前,就其清算所得向税务机关申报并依法缴纳企业所得税。

(2)纳税年度。纳税年度自公历 1 月 1 日起至 12 月 31 日止。企业在一个纳税年度中间开业或者终止经营活动,使该纳税年度的实际经营期不足十二个月的,应当以其实际经营期为一个纳税年度。企业依法清算时,应当以清算期间作为一个纳税年度。

(3)纳税地点。除税收法律、行政法规另有规定外,居民企业以企业登记注册地为纳税地点,但登记注册地在境外的,以实际管理机构所在地为纳税地点。居民企业在中国境内设立不具有法人资格的营业机构的,应当汇总计算并缴纳企业所得税。非居民企业就其在中国境内设立机构、场所的,应当就其所设机构、场所取得的来源于中国境内的所得,以及发生在中国境外但与其所设机构、场所有实际联系的所得缴纳企业所得税时,以机构、场所所在地为纳税地点。非居民企业在中国境内设立两个或者两个以上机构、场所的,经税务机关审核批准,可以选择由其主要机构、场所汇总缴纳企业所得税。非居民企业在中国境内未设立机构、场所的,或者虽设立机构、场所但取得的所得与其所设机构、场所没有实际联系的,就其来源于中国境内的所得缴纳企业所得税时,以扣缴义务人所在地为纳税地点。

(三)个人所得税

1．个人所得税的概念

个人所得税是指对个人取得的各项应税所得征收的一种税。涉及个人所得税的法律法规主要有《中华人民共和国个人所得税法》及全国人民代表大会常务委员会的六次修正、《中华人民共和国个人所得税法实施细则》。

2．个人所得税纳税人

根据《中华人民共和国个人所得税法》《中华人民共和国个人所得税法实施细则》的规定,个人所得税的纳税人包括中国公民、个体工商户、合伙企业、个人独资企业以及在中国有所得的外籍人员和香港、澳门、台湾同胞。

3．个人所得税的征税对象和税率

(1)工资、薪金所得。根据 2011 年 6 月 30 日中华人民共和国第十一届全国人民代表大会常务委员会第二十一次会议通过的《全国人民代表大会常务委员会关于修改〈中华人民共和国个人所得税法〉的决定》(中华人民共和国主席令第四十八号)规定,2011 年 9 月 1 日起,个人所得税法规定的超额累进个人所得税税率级距由 9 级调整为 7 级,取消了 15％和 40％两档税率,将最低的一档税率由 5％降为 3％,即适用税率为 3％到 45％的七级超额累进税率。

(2)个体工商户的生产、经营所得,适用 5％到 35％的超额累进税率。

（3）对企事业单位的承包经营、承租经营所得，适用5％到35％超额累进税率。

（4）劳务报酬所得，适用20％的比例税率。劳务报酬所得一次收入畸高的，可以实行加成征收。劳务报酬所得一次收入畸高，是指个人一次取得劳务报酬，其应纳税所得额超过两万元。应纳税所得额超过两万元至五万元的部分，依照税法规定计算应纳税额后再按照应纳税额加征五成；超过五万元的部分，加征十成。

（5）稿酬所得，适用20％的比例税率，并按应纳税额减征30％。

（6）特许权使用费所得，适用20％的比例税率。

（7）利息、股息、红利所得，适用20％的比例税率。

（8）财产租赁所得，适用20％的比例税率。

（9）财产转让所得，适用20％的比例税率。

（10）偶然所得，适用20％的比例税率。

（11）经国务院财政部门确定征税的其他所得，适用20％的比例税率。

4.个人所得税的税收优惠

根据《中华人民共和国个人所得税法》《中华人民共和国个人所得税法实施细则》的规定，下列所得免征个人所得税：

（1）省级人民政府、国务院各部委和中国人民解放军军以上单位，以及外国组织、国际组织颁发的科学、教育、技术、文化、卫生、体育、环境保护等方面的奖金。

（2）国债及其国家发行的金融债券利息。

（3）按照国家统一规定发给的补贴、津贴。

（4）福利费、抚恤金、救济金。

（5）保险赔款。

（6）军人的转业费、复员费。

（7）按照国家统一规定发给干部、职工的安家费、退职费、退休工资、离休工资、离休生活补助费。

（8）依照我国法律规定给予免税的各国驻华使、领馆的外交代表、领事官员和其他人员的所得。

（9）国务院财政部门规定的其他免税项目。

下列项目经批准可以减征个人所得税：

（1）残疾、孤老人员和烈属的所得；

（2）因严重自然灾害造成重大损失的；

（3）其他经国务院财政部门批准减税的。

5.应纳税所得额的计算

（1）工资、薪金所得，以每月收入额减除费用三千五百元后的余额，为应纳税所得额。2007年工资薪金的费用减除标准年由一千六百元调至两千元，2011年又调至三千五百元至今。

（2）个体工商户的生产、经营所得和企事业单位的承包经营、承租经营所得，以每一纳税年度的收入总额减除成本、费用以及损失后的余额为应纳税所得额。成本、费用是指纳税义务人从事生产、经营所发生的各项直接支出、分配计入成本的间接费用以及销售费用、管理费用、财务费用；损失是指纳税义务人在生产、经营过程中发生的各项营业外支出。

（3）劳务报酬所得、稿酬所得、特许权使用费所得、财产租赁所得，每次收入不超过四千元的,减除费用八百元;四千元以上的,减除20％的费用,其余额为应纳税所得额。

(4)财产转让所得,以转让财产的收入额减除财产原值和合理费用后的余额,为应纳税所得额。

(5)利息、股息、红利所得,偶然所得和其他所得,以每次收入额为应纳税所得额。

个人将其所得对教育事业和其他公益事业捐赠的部分,按照国务院有关规定从应纳税所得中扣除。个人将其所得通过中国境内的社会团体、国家机关向教育和其他社会公益事业以及遭受严重自然灾害地区、贫困地区捐赠的,捐赠额未超过纳税义务人申报的应纳税所得额30％的部分,可以从其个人所得税应纳税所得额中扣除,对超过部分,不能结转到下期结转抵扣。

对在中国境内无住所而在中国境内取得工资、薪金所得的纳税义务人和在中国境内有住所而在中国境外取得工资、薪金所得的纳税义务人,可以根据其平均收入水平、生活水平以及汇率变化情况确定附加减除费用,附加减除费用适用的范围和标准由国务院规定。目前的附加减除费用为每月一千三百元。适用范围包括:①在中国境内的外商投资企业和外国企业中工作的外国人;②应聘在中国境内的企业、事业单位、社会团体和国家机关中工作的外国专家;③在中国境内有住所而在中国境外任职、受雇并取得工资、薪金的个人;④远洋运输船员;⑤财政部、国家税务总局确定的其他人员。

6.个人所得税的征收方式

个人所得税采用以代扣代缴的源泉扣缴方式为主,以自行纳税申报为辅的征收方式。

个人所得税,以所得人为纳税义务人,以支付所得的单位或者个人为扣缴义务人。扣缴义务人应当按照国家规定办理全员全额扣缴申报。

个人所得超过国务院规定数额的(年所得十二万元以上的)、在两处以上取得工资、薪金所得的、从中国境外取得所得的、没有扣缴义务人的,以及具有国务院规定的其他情形的,纳税义务人应当按照国家规定办理纳税申报。

7.个人所得税税制改革

目前,我国的个人所得税采取的是分类个人所得税制,这种税制存在一些弊端。首先,分类税制调控不均,难以合理衡量个人的综合财富,导致税负不公。其次,费用扣除标准不合理。具体表现为:未考虑生计成本;缺乏灵活性,未考虑物价因素;费用扣除内外有别,造成新的税负不公。再次,个人涉税信息难以共享,征管上严重依赖以源泉扣缴为主的申报方式,导致对收入来源多样的高净值的个人无法有效监控管理,税收流失巨大。

个人所得税的税制改革目标是建立综合与分类相结合的个人所得税制。目前,我国收入分配不公问题严重,个人所得税作为少数具有累进性质的税种,在税制改革中应坚持"重在发挥调节收入分配功能"的价值取向。首先,合并部分税目作为综合所得,推行综合征收。现阶段,可将工资薪金所得、劳务报酬、稿酬、个体工商户所得、承包、承租经营所得合并为劳动所得,推行累进税率综合征收改革,并合理确定综合所得适用税率;对利息、股息、红利,特许权,财产租赁、转让所得等资本所得暂时实行分类征收。其次,合理制定费用扣除标准。例如,细分费用扣除标准,体现生计扣除的科学性和家庭税负的公平性;个人所得税根据通胀或紧缩指数自动调整,以缓解通货膨胀对收入和税收的扭曲。再次,尽快推广个人非现金结算,并加快第三方涉税信息报告制度等配套制度建立以及税收征管法修订,为个人所得税改革创造必要条件。

2018年6月29日,《中华人民共和国个人所得税法修正案(草案)》向社会征求意见,根据草案将工资、薪金所得,劳务报酬所得,稿酬所得,特许权使用费所得纳入综合征税范围,适用统一的起额累进税率,综合所得基本减除费用标准拟提高至五千元,并增加子女教育、继续教育、大病医疗、住房贷款利息和住房租金等专项附加扣除。另外,还增加针对个人的反避税条款,赋予税务机关对个人避税行为按合理方法进行纳税调整的权力。

三、财产行为税法律制度

财产行为税是指以纳税人拥有和支配的财产数量或价值为征税对象或以纳税人的某些特定行为为征税对象的一类税收的统称。

财产税有房产税、土地使用税、契税等,财产税包括在财产持有阶段征税和在财产转让阶段征税两类。财产税的特征:征税对象一般为不动产,收入具有稳定和可靠性;财产税适宜地方征管,在分税制下一般成为地方税;税负难以转嫁,有利于促进财产的有效利用。

行为税有城市维护建设税、印花税等。行为税的特征:行为税收入零星分散,征收管理难度大;征纳行为的发生具有偶然性或一次性;具有较强灵活性,当某种行为的调节已达到预定目的时即可取消,例如现在已取消屠宰税、筵席税。

下面简单介绍房产税、印花税、契税、资源税、土地增值税的有关法律制度。

(一)房产税法律制度

1.房产税的概念和特征

房产税是以房产为征税对象,按照房产的计税价值或房产的租金收入,向房产所有人征收的一种税。涉及房产税的法律规范是《中华人民共和国房产税暂行条例》。

房产税的特点:①房产税属于财产税中的个别财产税,其征税对象只是房屋;②征收范围限于城镇的经营性房屋;③区别房屋的经营使用方式规定征税办法,对于自用的房屋按房产计税余值征收,对于出租、出典的房屋按租金收入征税。

2.房产税的纳税人

房产税的纳税人是指在我国城市、县城、建制镇和工矿区内拥有房屋产权的单位和个人,产权属于国家的,其经营管理单位为纳税人;产权属于集体和个人的,集体和个人为纳税人;产权出典的,承典人为纳税人;产权所有人、承典人均不在房产所在地的,或产权未确定以及纠纷未解决的,房产代管人或使用人为纳税人。

3.房产税的征税对象

房产税的征税对象是城市、县城、建制镇和工矿区内的房屋,不包括农村的房屋。

4.房产税计征

房产税的计征分两种:一是从价计征,即按房产计税价值征税,税率为1.2%,按房产原值一次减除10%～30%后的余值的1.2%计征;二是从租计征,即按房产租金收入征税,税率为12%。从2001年1月1日起,对个人按市场价格出租的居民住房,可暂减按4%的税率征收房产税。

5.房产税税收优惠

①国家机关、人民团体、军队自用的房产免征房产税。但上述免税单位的出租房产不属于免税范围。②由国家财政部门拨付事业经费的单位自用的房产免征房产税。但如学校的工厂、商店、招待所等应照章纳税。③宗教寺庙、公园、名胜古迹自用的房产免征房产税。但经营

用的房产不免税。④个人所有非营业用的房产免征房产税。但个人拥有的营业用房或出租的房产,应照章纳税。⑤对行使国家行政管理职能的中国人民银行总行所属分支机构自用的房产,免征房产税。⑥经财政部批准免税的其他房产。

(二)印花税法律制度

1.印花税的概念

印花税是对经济活动中书立、领受、使用税法规定应税凭证征收的一种行为税。涉及印花税的法律规范是《中华人民共和国印花税暂行条例》。

2.印花税的纳税人

印花税的纳税人是在中国境内书立、领受、使用税法规定凭证的单位和个人,根据书立、领受、使用应税凭证不同,纳税人分为立合同人、立账簿人、立据人、领受人和使用人。

3.印花税的征税范围

印花税是按列举的税目征税,不论以何种形式或名称书立,只要其性质属于列举征税的范围,均应依法征税。此外,印花税的征税范围不限于在中国境内书立、领受的凭证,而且包括在国外书立、领受但在我国境内使用的具有法律效力的凭证。

4.印花税的税率

印花税的税率分为比例税率和定额税率。

(1)比例税率分为:①1‰税率,适用于财产租赁合同、仓储保管合同和财产保险合同等税目;②0.5‰税率,适用于加工承揽合同、货物运输合同、产权转移书据等税目;③0.3‰税率,适用于购销合同、建筑安装工程承包合同、技术合同等税目;④0.05‰税率,适用于借款合同税目;⑤证券交易印花税。2008年4月24日起,财政部将证券交易印花税税率由3‰调整为1‰,2008年9月19日起,调整为单边征收,即对出让方征收,对受让方不再征税。

(2)定额税率:对无法计算金额的凭证,或虽载有金额,但作为计税依据不合理的凭证,采取定额税率,以件为单位缴纳一定数额的税款,单位税额为每件五元,适用于权利、许可证照税目和营业账簿税目中的其他账簿。

(三)契税法律制度

1.契税的概念和特点

(1)契税的概念。契税是国家在土地、房屋权属转移时,按照当事人双方签订的合同,以及所确定价格的一定比例,向权属承受人一次性征收的一种行为税。涉及契税的法律规范是《中华人民共和国契税暂行条例》及《中华人民共和国契税暂行条例实施细则》。

(2)契税的特点。契税属于财产转移税,由财产承受人缴纳。

2.契税的纳税人

契税的纳税人是在我国境内承受土地、房屋权属转移的单位和个人。

3.契税的征税对象

契税的征税对象是在我国境内转移土地、房屋权属的行为,具体有:国有土地使用权出让;土地使用权转让;房屋买卖;房屋赠与;房屋交换。

4.契税的税率

契税的税率实行3%～5%幅度比例税率,具体税率由省、自治区、直辖市人民政府在幅度税率范围内,按照本地区的实际情况确定。

根据财政部国家税务总局住房城乡建设部《关于调整房地产交易环节契税 营业税优惠政

策的通知》(财税〔2016〕23号)规定,对个人购买家庭唯一住房(家庭成员范围包括购房人、配偶以及未成年子女),面积为90平方米及以下的,减按1%的税率征收契税;面积为90平方米以上的,减按1.5%的税率征收契税。对个人购买家庭第二套改善性住房,面积为90平方米及以下的,减按1%的税率征收契税;面积为90平方米以上的,减按2%的税率征收契税。北京市、上海市、广州市、深圳市暂不实施上述契税优惠政策。

(四)资源税法律制度

1.资源税的概念

资源税是为了调节资源开发过程中的级差收入,补偿国有自然资源的有偿使用,以列举的应税自然资源为征税对象征收的一种税。资源税分为一般资源税和级差资源税,体现在税收政策上就是"普遍征收,级差调节"。涉及资源税的法律规范是《中华人民共和国资源税暂行条例》《中华人民共和国资源税暂行条例实施细则》。

2.资源税的纳税人

资源税的纳税人是在中华人民共和国境内开采应税矿产品或生产盐的单位和个人。资源的范围很广,我国目前资源税的征税范围仅仅包括矿产品和盐类。其具体包括:①原油,指开采的天然原油,不包括人造原油;②天然气,指专门开采或与原油同时开采的天然气,暂不包括煤矿生产的天然气;③煤炭,指原煤,不包括洗煤、选煤及其他煤炭制品;④其他非金属矿原矿,指原油、天然气、煤炭和井矿盐以外的非金属矿原矿;⑤黑色金属矿原矿;⑥有色金属矿原矿;⑦盐。

3.资源税改革

(1)扩大资源税的征税范围。2016年7月1日,我国在河北省率先开展水资源费改税试点,条件成熟后逐步扩大试点范围,逐步将水资源纳入资源税的征税范围,促进资源节约和环境保护。

(2)全面推行从价计征改革。根据《中华人民共和国资源税暂行条例》,资源税最早多采用定额税率,从量定额征收。但在这种计税方法下,资源税在产品价格中占比过低,且与资源产品价格和企业收益相脱节,弱化了税收的利益分配调节功能,既不利于资源合理开发利用,也不利于税收发挥合理组织财政收入的功能。因此,随着以清费立税为首要内容的资源税改革的全面深入,资源税开始全面推行从价计征改革,将税收与资源市场价格直接挂钩,起到更大的调节作用。目前资源税改革已先后对原油、天然气、煤炭、稀土、钨、钼六个品目实施从价计征改革,但对经营分散、多为现金交易且难以控管的粘土、砂石等少数矿产品仍实行从量定额计征。

(五)土地增值税法律制度

1.土地增值税的概念

土地增值税是对转让国有土地使用权、地上建筑物及其附着物取得收入的单位和个人,就其转让房地产所取得的增值额征收的一种税。涉及土地增值税的法律规范是《中华人民共和国土地增值税暂行条例》《中华人民共和国土地增值税暂行条例实施细则》。

2.土地增值税纳税人

土地增值税的纳税人是转让国有土地使用权、地上建筑物及其附着物并取得收入的单位和个人。

3.土地增值税征税范围

征税范围是转让国有土地使用权或者转让地上建筑物及其附着物连同国有土地使用权一并转让。

4.土地增值税税率

土地增值税实行四级超率累进税率,具体税率为:①增值额未超过扣除项目金额50%的部分,税率为30%;②增值额超过扣除项目金额50%,未超过扣除项目金额100%的部分,税率为40%;③增值额超过扣除项目金额100%,未超过扣除项目金额200%的部分,税率为50%;④增值额超过扣除项目金额200%的部分,税率为60%。

2.土地增值税的计税依据

土地增值税的计税依据为纳税人转让房地产所取得的增值额。

3.土地增值税的计算

土地增值税的增值额为纳税人转让房地产所取得的收入减除扣除项目金额后的余额。扣除项目包括:取得土地使用权所支付的金额;开发土地的成本、费用;新建房及配套设施的成本、费用,或者旧房及建筑物的评估价格;与转让房地产有关的税金;财政部规定的其他扣除项目。土地增值税计算复杂,一般采取增值额乘以适用的税率减去扣除项目金额乘以速算扣除系数的简便方法计算。

(六)环境保护税法律制度

1.环境保护税立法

2016年12月25日第十二届全国人民代表大会常务委员会第二十五次会议通过了《中华人民共和国环境保护税法》,并于2018年1月1日施行,成为十八届三中全会之后我国首个新开征的税种。对环境保护进行税收立法,是全面贯彻落实绿色发展理念、缓解各地方环保治理资金压力的重要举措,填补了我国税制体系空白,有助于我国绿色税制的建立。

2.环境保护税纳税人

在中华人民共和国领域和中华人民共和国管辖的其他海域,直接向环境排放应税污染物的企业事业单位和其他生产经营者为环境保护税的纳税人。

3.征税对象

征税对象是应税污染物,主要是环境保护税法列举的、达到污染当量值表规定的大气污染物、水污染物、固体废物和噪声。

4.税负

在税负方面,环境保护税法规定,应税大气污染物和水污染物具体适用税额的确定和调整,由省、自治区和直辖市人民政府统筹考虑本地区环境承载能力、污染物排放现状和经济社会生态发展目标要求,在环境保护税法规定的税额幅度内提出,报同级人大常委会决定,并报全国人大常委会和国务院备案。

5.环境保护税的完善

(1)突出精准定位。环境保护税的功能定位应设计为通过限制污染物的排放,保护环境资源,实现可持续发展,税收的财政功能则相对弱化。与之相对应的,应调整有关税收和预算法律规定,将该项税收收入不纳入财政预算统一管理,原则上专用于环境保护方面的政府支出。

(2)扩大征税范围。国际上环境税大致包括碳税、硫税、水污染税、噪声税、固体废物税五种。而目前通过的环境保护税法征税范围太窄,内容仅限于排污行为,名实不符,内容大部分是从原《排污费征收使用管理条例》中平移过来，并没有涉及所有环境保护事项，实际上只是将过去的排污费费改税，远远小于目前主流的环境保护税的征税范围。目前我国环境压力巨大，雾霾天气横行，应把"三废"污染源的二氧化硫、二氧化碳以及废水、废物的排放者和生产者都作为纳税人，计税依据可按其实际排放量或生产量确定。

（3）强调其他税制配合。环境保护涉及面广，任重而道远。要继续完善和落实支持节能环保与资源综合利用的税收政策。要调整完善消费税制，研究将电池等高污染、高能耗产品以及高档奢侈品纳入消费税征税范围的可行性。要推进资源税改革，加快推进资源税全面从价计征改革，清理规范相关收费基金，同时逐步将资源税征税范围扩展到各种自然生态空间占用。总之，要各方同时发力，打好环境保护的"组合拳"，共同保护生态文明。

第三节　税收征收管理法律制度

一、税收征收管理法
（一）税收征管法概述

广义税收征管法是调整税收征收与管理过程中所发生的社会关系的法律规范的总称，包括国家立法机关制定的税收征管法律、立法机关授权行政机关制定的税收征管行政法规和有关税收征管的规章制度等。狭义的税收征管法仅指立法机关制定的税收征管法律。

税收征管法属于税收程序法，它是为保障税收实体法所确立的税收法律关系双方权利义务的依法行使和履行而制定的程序法律规范，是税法的重要组成部分。它不仅是纳税人履行纳税义务必须遵守的法律准则，也是税务机关履行征税职责的法律依据。某种意义上，一切税收征管活动都是以税收征管法为基础开展的。

为加强税收征收管理，规范税款征收和缴纳行为，保护纳税人的合法权益，保障国家税收收入，促进经济和社会发展，1992年9月4日第七届全国人民代表大会常务委员会第二十七次通过了《中华人民共和国税收征收管理法》（以下简称征管法），1993年8月4日国务院发布了《中华人民共和国税收征收管理法实施细则》，1995年2月28日第八届全国人民代表大会常务委员会第十二次会议进行了修正。2001年4月28日第九届全国人民代表大会常务委员会第二十一次会议通过了征管法的修订，自2001年5月1日起施行。

（二）税收征管法立法动态

征管法颁布实施以来，在加强征收管理、协调征纳关系、组织财政收入、保护纳税人合法权益方面发挥了极其重要的作用。但是随着市场经济的纵深发展及全面深化改革的协调要求，征管法暴露出许多弊端，已不再适应当前的实际需要，例如：缺失直接税和自然人纳税人征管的法律基础；与后制定的行政处罚法、行政复议法及修订的刑法在衔接上出现问题等等。因此，征管法的修订迫在眉睫。

2013年5月税收征管法修订案（送审稿）上报国务院，6月份国务院法制办开始征求相关部委及社会各界的意见建议。2014年6月30日，中央政治局审议通过的《深化财税体制改革总体方案》指出，税制改革的主要内容是推进"六税一法"改革，其中"一法"便是修订税收征收管理法。2015年1月，《中华人民共和国税收征收管理法修订草案（征求意见稿）》（以下简称征管法征求意见稿）及其说明全文公布，征求社会各界意见。根据征管法征求意见稿的说明，

征求意见稿的主要内容如下:

1. 增加对自然人纳税人的税收征管规定

一是明确了纳税人识别号制度的法律地位。纳税人识别号是税务部门按照国家标准为企业、公民等纳税人编制的唯一且终身不变的确认其身份的数字代码标识。税务部门通过纳税人识别号进行税务管理,实现社会全覆盖。纳税人签订合同、协议,缴纳社会保险费,办理不动产登记及其他涉税事项时,应当使用纳税人识别号。

二是明确了纳税人自行申报制度的基础性地位。征求意见稿规定,纳税人自行计税申报,并对其纳税申报的真实性和合法性承担责任。

三是强化了自然人税收征管措施。征求意见稿规定,向自然人纳税人支付所得的单位和个人应当主动提供相关支付凭证,将税收保全和强制执行措施扩大适用于自然人,并且税务机关可以对自然人纳税人取得收入单位与纳税相关的账簿和资料进行税务检查,同时增加了相关部门对未完税不动产不予登记的规定。

四是建立了税收优先受偿权制度。纳税人因故意或者过失不能履行纳税义务时,税务机关可以对纳税人的不动产设置税收优先受偿权,在纳税人处置不动产时优先受偿。

2. 进一步完善纳税人权益保护体系

一是完善纳税人权利体系。征求意见稿规定,税务机关按照法定程序实施税收征管,不得侵害纳税人合法权益,同时完善了延期、分期缴税制度,将延期缴纳税款审批权放到县以上税务机关,对补缴税款能力不足的纳税人引入分期缴税制度,并新增了修正申报制度。

二是减轻纳税人负担。征求意见稿增加了税收利息中止加收、不予加收的规定。对主动纠正税收违法行为或者配合税务机关查处税收违法行为的,减免税收利息。降低对纳税人的处罚标准,减小行政处罚裁量权,将多数涉及罚款的条款由“百分之五十以上五倍以下”改为“百分之五十以上三倍以下”,并视情节从轻、减轻或者免予处罚。

三是取消先缴税后复议的规定。发挥行政复议的主渠道作用,对在纳税上发生的争议,取消先缴税后复议的规定。同时,复议机关维持原处理决定的,纳税人须支付税收利息。

四是引进预约裁定制度。纳税人可以就其预期未来发生、有重要经济利益关系的特定复杂事项向税务机关申请预约裁定。纳税人遵从预约裁定而出现未缴或少缴税款的,免除缴纳责任。

3. 进一步规范税收征管行为

一是规范税收征管的基本程序。征求意见稿规定,税收征管基本程序以纳税人自行计税申报为基础,由申报纳税、税额确认、税款追征、争议处理等环节构成。把税额确认作为税收征管的中心环节,专设一章,对税额确认的程序规则、确认规则、举证责任分配等作出规定。

二是规范税收征管的时效。一般情况下税务机关应在五年内对纳税人的税收义务进行确认。对未登记、未申报或者需立案查处情形的追征时效由无限期改为十五年。对欠税的追征时效,由原来的无限期改为二十年。

三是增强税务机关获取涉税信息的能力。专设“信息披露”一章,对税务机关获取涉税信息予以规定。明确第三方向税务机关提交涉税信息的义务,明确银行和其他金融机构的信息报送义务,强化政府职能部门的信息提交协作制度,规定税务机关对涉税信息的保密义务。

4. 实现与相关法律的衔接

一是与行政强制法相衔接。将“滞纳金”更名为“税收利息”,利率由国务院结合人民币贷款基准利率和市场借贷利率的合理水平综合确定,以与行政强制法中的滞纳金相区别。完善税收行政强制执行程序,税务机关临时采取扣押等税收保全措施时,应在二十四小时内报告并补办批准手续。

二是与刑法修正案(七)相衔接。将"偷税"改为"逃避缴纳税款",同时规定因过失造成少缴或者未缴税款的,承担比逃避缴纳税款较轻的法律责任,减轻纳税人负担。

三是与预算法相衔接。征求意见稿规定,除法律、行政法规和国务院规定外,任何单位不得突破国家统一税收制度规定税收优惠政策。违反法律、行政法规规定,擅自下达的税收收入指标无效,税务机关不得执行。

5.健全争议解决机制的内容

一是涉及税款的税收争议实行复议前置。在直接涉及税款的行政处罚上发生争议的,将复议作为税收争议解决的必经程序,以体现"穷尽行政救济而后诉讼"的原则。

二是鼓励通过和解、调解解决争议。和解、调解是税收行政争议双方在各自利益均得到照顾的情况下达成的折中结果,具有其他纠纷解决方式所不具有的优势。经过多年实践,效果良好,将其上升为法律。

二、税收征收管理体制

(一)税收征收管理体制概述

税收征收管理是指税务机关代表国家行使征税权过程中,为协调征纳关系,组织税款入库,对日常税收活动依法进行组织、管理、检查等一系列活动的总称。

税收管理权限指执行税收法律、法规的权限,实质上是一种行政权力,属于政府及其职能部门的职权范围,包括税收立法权和税收管理权限两方面。税收立法权包括税收制定权、审议权、表决权和公布权。税收管理权限包括税种的开征和停征权、税法的解释权、税目的增减与税率的调整权、减免税的审批权。

(二)税款征收法律制度

根据《中华人民共和国税收征收管理法》的规定,税款征收法律制度包括的主要内容有:税款征收方式、征纳双方的权利、义务和责任、税款征收措施等。

1.税款征收方式

税款征收是税收征收管理工作的中心环节。根据税收征收管理法的规定,税款征收方式主要有:

(1)查账征收。查账征收是指纳税人先行申报纳税,税务机关查账核实,如果不符合税法的规定,可以多退少补的征收方式。

(2)定征收。定征收是指由税务机关根据纳税人生产、经营的实际情况,依照税法规定征收的方式。

(3)查验征收。查验征收是指由税务机关对纳税人的应税产品进行查验后征收的方式。

(4)定期定额征收。是指税务机关依法核定纳税人一定期间的应税额,以此为计税依据而确定征税额的征收方式。

(5)其他征收方式。其他征收方式包括代扣代缴、代收代缴、委托代征等其他征收方式。

2.征纳双方的权利、义务和责任

(1)税收征收管理机关的职权包括税务管理权、税款征收权、税务检查权和税务处罚权。

(2)纳税人、扣缴义务人的权利包括:①纳税人、扣缴义务人有了解国家税收法律法规和程序的权利;②纳税人、扣缴义务人对税务机关的决定有陈述权、申辩权;③纳税人、扣缴义务人有申请迟延缴税、减税和免税的权利;④纳税人、扣缴义务人对税务机关的处罚决定等,有申请行政复议的权利;⑤扣缴义务人有权要求税务机关支付代扣、代收手续费的权利。

(3)纳税人、扣缴义务人的义务包括:①纳税人、扣缴义务人有如实提供纳税信息、如期解缴税款的义务;②扣缴义务人有依照法律法规履行代扣、代收税款的义务;③纳税人、扣缴义务人与税务机关在征税行为上发生争议时,必须解缴税款或提供担保后,先提出行政复议,对复议决定不服,可以向人民法院起诉。

3. 税款征收措施

根据税收征收管理法的规定,税款征收措施主要有:

(1)加收滞纳金。根据税收征收管理法的规定,纳税人未按规定期限交纳税款,税务机关除责令限期交纳外,从滞纳税款之日起,按日加收滞纳税款万分之五的滞纳金。加收滞纳金的起止日期为法律法规规定或税务机关依照规定确定的税款缴纳期限届满次日起至纳税人、扣缴义务人实际缴纳或解缴税款之日止。

根据征管法征求意见稿第五十九条规定,纳税人未按照规定期限缴纳税款的,扣缴义务人未按照规定期限解缴税款的,按日加计税收利息。税收利息的利率由国务院结合人民币贷款基准利率和市场借贷利率的合理水平综合确定。

关于征管法规定的税收滞纳金的性质,学界一直有很大争议。一种观点认为,税收滞纳金是纳税人或者扣缴义务人因占用国家税金而应缴纳的一种补偿,但是"每日万分之五"过高的征收比例又与"补偿"的特征不相符;另一种观点认为,我国的税收滞纳金具有罚款的性质,是税务机关对违反税法的纳税人的一种经济制裁方式,但是又与行政强制法第四十五条规定"加处罚款或者滞纳金的数额不得超出金钱给付义务的数额"相抵触。这次征求意见稿将"滞纳金"更名为"税收利息",以与行政强制法中的滞纳金相区别,便于与行政强制法相衔接。

(2)税收保全措施。根据税收征收管理法的规定,税务机关认为纳税人有逃避纳税义务行为的,可以在规定的纳税期之前,责令限期交纳税款;在限期内纳税人有明显的转移应税商品或货物的,税务机关可以责成纳税人提供担保,如果不提供担保,经县以上税务局(分局)局长批准,税务机关可以采取下列保全措施:①书面通知纳税人的开户银行或其他金融机构冻结纳税人的金额相当于应纳税款的存款;②扣押、查封纳税人的价值相当于应纳税款的商品、货物或其他财产。

《中华人民共和国税收征管法》(征求意见稿)完善了税收行政强制执行程序,规定税务机关临时采取扣押等税收保全措施时,应在24小时内向县以上税务局(分局)局长报告并补办批准手续。

(3)强制执行措施。根据税收征收管理法的规定,纳税人、扣缴义务人未按规定的期限缴纳或解缴税款,纳税担保人未按规定的期限缴纳所担保的税款,由税务机关责令限期缴纳,逾期仍未缴纳的,经县以上税务局(分局)局长批准,税务机关可以采取下列强制执行措施:①书面通知纳税人的开户银行或其他金融机构从其存款中扣缴税款;②扣押、查封、依法拍卖或变卖纳税人的价值相当于应纳税款的商品、货物或其他财产,以拍卖、变卖所得抵缴税款。

除上述主要征收措施外,还有补缴和追征税款、核定应纳税额、阻止出境、税款优先执行和税收代位权等。这里主要介绍税收优先权和税收代位权。

①税收优先权。税收优先权的一般原则是,税收债权优先于无担保的私法上债权,后于有担保的私法上债权受偿。由于税收是国家公共利益的财政支撑,具有显著的公益性,因此,税收债权优先于其他债权。一般而言,税收优先权是相对于私法上债权的优先,而在税收债权相互之间并不存在优先权。同时,为最大限度协调公共利益和私人利益的冲突,法律对税收债权的优先权又依法予以限制,以免对私人经济造成不适当的影响。我国税收优先权具体包括三层含义:其一,税收优先于无担保债权,法律另有规定的除外。主要是企业破产法的例外规定,在企业破产清算时,破产人所欠职工的工资和劳动保险费用、补偿金等优于税收债权优先受偿。其二,纳税人欠缴的税款发生在纳税人以其财产设定抵押、质押或者纳税人的财产被留置之前的,税收应当先于抵押权、质押权、留置权执行。税收征管法确定税收债权和有担保的私法债权优先顺序的时间界限是"税款发生时"。即在税款缴纳期限届满之前,设定的担保物权应优先于税收债权,而在税款缴纳期限届满之后,设定的担保物权不能对抗税收债权的优先受偿权。其三,纳税人欠缴税款,同时又被行政机关决定处以罚款、没收违法所得的,税收优先于罚款、没收违法所得。罚没所得具有制裁当事人的性质,但不以财政收入、公共利益为目的,与税收债权的性质有所区别,应当后于税收债权征收受偿。

②税收代位权、撤销权制度。代位权制度、撤销权制度是民法债法中一项传统的法律制度,将代位权、撤销权理念引入税收立法,是一项法律创新。它不仅完善了税收保全制度,也进一步印证了税收是公法之债的法律属性,具有重大的理论价值,实践中,对税务机关防止税款流失、依法及时将国家税款征收入库也具有重要意义。

税收代位权是指欠缴税款的纳税人因怠于行使到期债权,或者放弃到期债权,或者无偿转让财产,或者以明显不合理的低价转让财产而受让人知道该情形,对国家税收造成损害的,由税务机关以自己的名义代替纳税人行使其债权的权利。税收撤销权是指税务机关对欠缴税款的纳税人滥用财产处分权而对国家税收造成损害的行为,请求法院予以撤销的权利。税务机关依照法律规定行使代位权、撤销权的,不免除欠缴税款的纳税人尚未履行的纳税义务和应承担的法律责任。

税收代位权的构成要件包括:一是纳税人欠缴税款;二是纳税人怠于行使到期债权;三是纳税人怠于行使到期债权给国家税收造成损害;四是代位权的客体必须适宜。税收代位权的客体必须是合法的具有金钱给付内容的到期债权,但基于扶养、抚养、赡养、继承等关系产生的给付请求权和劳动报酬、退休金、养老金、抚恤金、安置费、人身保险、人身伤害赔偿请求等专属于纳税人自身的债权不能作为税收代位权的客体。

(三)税务检查法律制度

税务检查是指税务机关根据税收法律、法规的规定,对纳税人、扣缴义务人履行义务的情况进行的检查监督活动。

根据征管法征求意见稿第八十八条的规定,税务机关在履行税额确认、税务稽查及其他管理职责时有权进行下列税务检查:

(1)检查纳税人的账簿、会计凭证、报表和有关资料,检查扣缴义务人代扣代缴、代收代缴税款相关账簿、会计凭证和有关资料,检查自然人纳税人取得收入的单位与纳税相关的账簿和资料。对实行计算机记账的,有权进入相关应用系统,对电子会计资料进行检查,纳税人应当按照税务机关的要求提供数据接口和查询权限;应用系统不能满足检查需要的,纳税人或者软件所有人应当提供与应用系统相关的源代码等软件技术支持。

（2）到纳税人的生产、经营场所和货物存放地检查纳税人应纳税的商品、货物或者其他财产，检查扣缴义务人与代扣代缴、代收代缴税款有关的经营情况。

（3）责成纳税人、扣缴义务人提供与纳税或者代扣代缴、代收代缴税款有关的文件、证明材料和有关资料。

（4）询问纳税人、扣缴义务人以及其他涉税当事人与纳税或者代扣代缴、代收代缴税款有关的问题和情况。

（5）到车站、码头、机场、邮政企业及其分支机构检查纳税人托运、邮寄应纳税商品、货物或者其他财产。

（6）经县以上税务局（分局）局长批准，凭全国统一格式的检查存款、汇款账户许可证明，查询纳税人、扣缴义务人在银行或者其他金融机构的存款、汇款及证券交易结算资金账户。税务机关在调查税收违法案件时，经设区的市、自治州以上税务局（分局）局长批准，可以查询案件涉嫌人员的存款、汇款及证券交易结算资金账户。税务机关查询所获得的资料，不得用于税收以外的用途。

（7）到网络交易平台提供机构检查网络交易情况，到网络交易支付服务机构检查网络交易支付情况。

（8）到纳税人、扣缴义务人和纳税担保人的财物受托人处检查财物委托情况。

（9）检查涉嫌取得虚假发票的非纳税单位和个人的发票使用情况。

（10）检查未登记为生产、经营场所却用于生产、经营的场所。

（11）到相关部门查询、复制纳税人财产登记情况及身份信息。

另外，征求意见稿第九十二条还增加了调查税收违法案件时的强制检查权，规定：税务机关在调查税收违法案件时，纳税人以锁门、锁柜等方式隐藏涉税证据或者财产、物品拒绝检查的，经县以上税务局（分局）局长批准，可以强行进入纳税人生产、经营场所，或者对纳税人所持或者控制的涉税财物、账簿凭证、资料等强行开封、开锁，实施强制检查、调取证据。税务机关实施强制检查、调取证据，应当在公安机关协助和保护下进行，公安机关应当予以协助和保护。对与案件有关的情况和资料，可以记录、录音、录像、照相和复制。

（四）税务行政复议法律制度

根据《中华人民共和国税收征收管理法》《中华人民共和国行政复议法》《税务行政复议规则》的规定，税务行政复议法律制度的内容主要有：

1.税务行政复议的概念

税务行政复议是指纳税人和其他税务当事人对税务机关的具体行政行为不服，依法向上一级税务机关（复议机关）提出申请，由复议机关对引起争议的具体行政行为依法进行审查并作出维持、变更、撤销等决定的活动，目的是纠正违法或不当的税务具体行政行为，保护纳税人的合法权益。

2.税务行政复议的范围

行政复议机关受理申请人对税务机关下列具体行政行为不服提出的行政复议申请：

（1）征税行为，包括确认纳税主体、征税对象、征税范围、减税、免税、退税、抵扣税款、适用税率、计税依据、纳税环节、纳税期限、纳税地点和税款征收方式等具体行政行为，征收税款、加收滞纳金、扣缴义务人、受税务机关委托的单位和个人作出的代扣代缴、代收代缴、代征行为等。

（2）行政许可、行政审批行为。

（3）发票管理行为，包括发售、收缴、代开发票等。

（4）税收保全措施、强制执行措施。

（5）行政处罚行为：罚款；没收财物和违法所得；停止出口退税权。

（6）不依法履行下列职责的行为：颁发税务登记；开具、出具完税凭证、外出经营活动税收管理证明；行政赔偿；行政奖励；其他不依法履行职责的行为。

（7）资格认定行为。

（8）不依法确认纳税担保行为。

（9）政府信息公开工作中的具体行政行为。

（10）纳税信用等级评定行为。

（11）通知出入境管理机关阻止出境行为。

（12）其他具体行政行为。

申请人认为税务机关的具体行政行为所依据的下列规定（不包括规章）不合法，对具体行政行为申请行政复议时，可以一并向行政复议机关提出对有关规定的审查申请；申请人对具体行政行为提出行政复议申请时不知道该具体行政行为所依据的规定的，可以在行政复议机关作出行政复议决定以前提出对该规定的审查申请：国家税务总局和国务院其他部门的规定；其他各级税务机关的规定；地方各级人民政府的规定；地方人民政府工作部门的规定。

3. 税务行政复议的申请

申请人可以在知道税务机关作出具体行政行为之日起 60 日内提出行政复议申请。因不可抗力或者被申请人设置障碍等原因耽误法定申请期限的，申请期限的计算应当扣除被耽误时间。

申请人对"征税行为"不服的，必须依照税务机关根据法律、法规确定的税额、期限，先行缴纳或者解缴税款和滞纳金，或者提供相应的担保，才可以在缴清税款和滞纳金以后或者所提供的担保得到确认之日起 60 日内，提出行政复议申请；对行政复议决定不服的，可以向人民法院提起行政诉讼。对"征税行为"以外的其他具体行政行为不服，可以申请行政复议，也可以直接向人民法院提起行政诉讼。

为体现"穷尽行政救济而后诉讼"的原则，征求意见稿在直接涉及税款的行政处罚上发生争议的，将复议作为税收争议解决的必经程序，规定：关于纳税人、扣缴义务人、纳税担保人同税务机关在纳税上和直接涉及税款的行政处罚上发生争议时，可以依法申请行政复议；对行政复议决定不服的，应当先依照复议机关的纳税决定缴纳、解缴税款或者提供相应的担保，然后可以依法向人民法院起诉。对税务机关作出与征收税款金额无关的处罚决定、强制执行措施或者税收保全措施不服的，可以依法申请行政复议，也可以依法向人民法院起诉。

（五）违反税收法律制度的法律责任

法律责任是违法主体因其违法行为所承担的法律后果，在税收法律制度中，违法主体承担的法律责任主要有违反税收征管法的法律责任和违反刑法的法律责任。

1. 违反税收征管法的法律责任

违反税收征管法的法律责任是指违法主体违反税收征管法的规定所应承担的法律后果。根据税收征管法的规定，违法主体违反法律规定的行为不同，承担的法律责任也有所不同，主要如下：

（1）逃避缴纳税款的法律责任。为与刑法修正案（七）相衔接,征管法征求意见稿将"偷税"改为"逃避缴纳税款",规定:纳税人采取欺骗、隐瞒手段进行虚假纳税申报或者不申报,逃避缴纳税款的,由税务机关追缴其不缴或者少缴的税款,并处不缴或者少缴的税款百分之五十以上三倍以下的罚款;涉嫌犯罪的,移送司法机关依法处理。采取欺骗、隐瞒手段是指下列情形:①伪造、变造、转移、藏匿、毁灭账簿凭证或者其他相关资料;②编造虚假计税依据,虚列支出或者转移、隐匿收入;③骗取税收优惠资格;④法律、行政法规规定的其他情形。

（2）骗取出口退税行为的法律责任。根据税收征管法的规定,以假报出口或者其他欺骗手段骗取国家出口退税款的,由税务机关追缴其骗取的退税款,并处骗取税款一倍以上五倍以下的罚款。

（3）抗税行为的法律责任。根据税收征管法的规定,以暴力、威胁等方法拒不缴纳税款的,是抗税。抗税行为由税务机关追缴其拒缴的税款、滞纳金。征管法征求意见稿将"并处拒缴税款一倍以上五倍以下的罚款"修改为"并处二十万元以下的罚款;涉嫌犯罪的,移送司法机关依法处理。"

除上述违法行为的法律责任外,还有违反税收管理行为的法律责任、违反纳税申报的法律责任、拒绝税务机关检查的法律责任等等。

2.违反刑法的法律责任

违反刑法的法律责任是指违反刑法规定,应受刑罚处罚的与国家税收有关的违法行为,即涉税犯罪法律后果。主要涉及破坏社会主义经济秩序罪中的危害税收征管罪和渎职罪。

（1）危害税收征管罪。危害税收征管罪是指违反国家税收管理法律法规,破坏国家正常的税收征管秩序,情节严重的一类犯罪的总称。

犯罪侵犯的客体是国家的税收征管制度和秩序;犯罪的客观方面是行为人以各种方法,逃避缴纳税款和欠税、骗取出口退税、抗税等,情节严重;犯罪主体是一般主体;犯罪的主观方面存在故意,过失不构成本罪。

涉及危害税收征管罪的有:

①逃避缴纳税款罪。2009年2月28日第十一届全国人民代表大会常务委员会第七次会议通过了中华人民共和国刑法修正案（七）,刑法修正案将原有的"偷税罪"修改为"逃税罪",规定:纳税人采取欺骗、隐瞒手段进行虚假纳税申报或者不申报,逃避缴纳税款数额较大并且占应纳税额百分之十以上的,处三年以下有期徒刑或者拘役,并处罚金;数额巨大并且占应纳税额百分之三十以上的,处三年以上七年以下有期徒刑,并处罚金。扣缴义务人采取前款所列手段,不缴或者少缴已扣、已收税款,数额较大的,依照前款的规定处罚。对多次实施前两款行为,未经处理的,按照累计数额计算。

税务机关依法下达追缴通知后,补缴应纳税款,缴纳滞纳金,已受行政处罚的,不予追究刑事责任;但是,五年内因逃避缴纳税款受过刑事处罚或者被税务机关给予两次以上行政处罚的除外。

②抗税罪。抗税罪是指纳税人以暴力、威胁等方法拒不缴纳税款,构成犯罪的行为。抗税罪处三年以下有期徒刑或者拘役,并处拒缴税款一倍以上五倍以下罚金;情节严重的处三年以上七年以下有期徒刑,并处拒缴税款一倍以上五倍以下罚金。

③骗取出口退税罪。骗取出口退税罪是指以假报出口或者其他方式骗取国家出口退税款,数额较大的行为。骗取出口退税罪是指以假报出口或者其他方式骗取国家出口退税款,数

额较大的,处五年以下有期徒刑或者拘役,并处骗取税款一倍以上五倍以下的罚金;数额巨大或者有其他严重情节的,处五年以上十年以下有期徒刑,并处骗取税款一倍以上五倍以下的罚金;数额特别巨大或者有其他严重情节的,处十年以上有期徒刑或者无期徒刑,并处骗取税款一倍以上五倍以下的罚金或者没收财产。

纳税人缴纳税款后,采取上述欺骗手段骗取所缴税款,按逃避缴纳税款罪处罚;骗取超过所缴纳的税款部分,对超过部分以骗取出口退税罪论处。实施骗取出口退税罪犯罪,同时构成虚开增值税专用发票等其他犯罪的,根据牵连犯从一重罪处断原则,按处罚较重的罪名定罪处罚。

根据刑法的规定,除上述罪名以外,还有:逃避追缴欠税罪;虚开增值税专用发票罪;伪造、出售伪造的增值税专用发票罪;非法出售增值税专用发票罪;等等。2011年2月25日,《中华人民共和国刑法修正案(八)》又增加了虚开发票罪和持有伪造的发票罪两个罪名。

(2)渎职罪。涉及涉税渎职罪的罪名有:徇私舞弊不移交刑事案件罪;徇私舞弊不征、少征税款罪;徇私舞弊发售发票、抵扣税款、出口退税罪;违法提供出口退税凭证罪;等等。

思考与练习

1. 简述税收的概念、特征及税法的要素。

2. 简述流转税、所得税的纳税主体、税目及税率。

第十八章 金融法

第一节 金融法概述

一、金融的一般理论

(一)金融

金融是商品社会信用交易的主要形式。金融与信用是密切相关的,信用通常是指某人或某单位恪守诺言,或其恪守诺言的能力,或其基于以往遵守诺言的程度而取得的相应社会评价。金融就是各种社会经济主体相互融通资金,以货币为对象进行的信用交易活动。金融属于信用的范畴,金融仅限于资金的融通,不包括实物信用。

金融分为狭义和广义两种,狭义的金融主要指资金的融通。广义的金融是指除资金融通外,还包括货币的发行与回笼,黄金、白银等货币贵金属的买卖,外汇交易以及国际国内结算等。金融法的金融主要是指狭义金融。

(二)金融法律关系

所谓金融法律关系,是指由金融法调整的在金融领域内产生的有关主体之间的社会关系。金融关系极为错综复杂,大致说来,可分为以下三类:

1.金融交易关系

即社会经济主体之间因存款、贷款、同业拆借、票据贴现、银行结算、证券买卖、金融信托、金融租赁、外汇买卖、保险等而发生的关系。在市场金融体制下,此类关系具有平等、自愿、等价有偿的基本性质。

2.金融监管关系

即国家以及有关国家机关对金融市场、金融市场主体以及金融市场主体之间的交易活动实施监管而产生的关系。这种关系具有不平等性。

3.金融调控关系

即国家以及有关的国家机关,以稳定金融市场、引导资金流向、控制信用规模为目的,对有关的金融变量实行调节和控制而产生的关系。金融调控有直接控制与间接调控之分。直接控制表现为调控主体下达指令,如信贷计划,硬性要求有关方面严格遵守,故因此而产生的关系,在性质上与金融监管关系一致。间接调控则表现为调控主体以调控金融为目的,参与金融交易活动,对有关的金融变量施加影响,故因此而产生的关系,具有与前述金融交易关系同一的性质。实质上,在现实的金融生活中,上述三种关系是互相渗透、交织在一起的。

二、金融法的概念、原则

(一)金融法的概念

金融法是以金融关系,即金融交易关系、金融监管关系和金融调控关系为调整对象的各种法律规范的集合。金融法的表现形式即金融法的渊源主要有以下几种:①宪法。②法律。全国人民代表大会及其常务委员会制定的调整金融关系的法律,是金融法的主要渊源。③行政法规。国务院以及国务院授权所属部门(主要是中国人民银行、银监会、国家外汇管理局、国务院证券委员会及中国证券监督管理委员会)制定的调整金融关系的行政法规,也是金融法的重要渊源。④地方法规。地方各级人民代表大会和地方各级人民政府,在法律规定的权限内制定的调整金融关系的地方性法规,也是金融法的渊源。⑤司法解释。司法解释主要指最高人民法院、最高人民检察院在金融司法实践中就正确适用法律做出的具有约束力的阐释,如最高人民法院《关于适用〈中华人民共和国保险法〉若干问题的解释(一)》等等,也是金融法的渊源。⑥国际条约。我国缔结或者参加的与金融有关的国际条约,除我国声明保留的条款外,构成我国金融法的重要渊源。

（二）金融法的基本原则

金融法的基本原则,是一国金融立法体系贯穿始终的主线和精神,它对国家金融法制建设起基础性的导向作用。只有确立和把握金融法的基本原则,才可能深刻贯彻金融法的全部内容。金融法的基本原则主要有:

1. 稳定货币、促进经济发展的原则

金融对经济的发展具有很大的作用。货币的稳定,无疑是经济持续、稳定、健康、协调发展的必要条件。货币的稳定,必须由制度来保证。为此,《中华人民共和国中国人民银行法》规定中国人民银行的货币政策目标是"保持货币币值的稳定,并以此促进经济的增长"。货币稳定不仅被确定为中央银行的单一货币政策目标,而且被阐释为经济增长的前提条件,保持货币稳定也被界定为中央银行促进经济增长的基本着眼点。并且,中国人民银行是在国务院领导下依法独立执行货币政策,履行职责,开展业务,不受地方政府、各级政府部门、社会团体和个人的干涉。同时,为保证金融货币的稳定,我国刑法对于危害货币、扰乱货币流通秩序的各种犯罪行为,予以严厉打击。

2. 维护和促进金融业健康发展的原则

金融业是高风险产业,金融业作为货币资金运动的主渠道和重要组织者,与国民经济有着既深且广的联系。单个金融机构的失败,所致损害不只限于自身,严重时会发生全国乃至国际的金融危机。所以,金融机构丧失稳健,不单会产生相应的个体成本,而且必然产生巨大的社会成本。要实现金融业的稳健,必须做到:①完善市场机制,强化市场约束。②健全金融法制,严格金融监管,完善和加强国家金融宏观调控职能。《中华人民共和国中国人民银行法》明确授权中国人民银行有命令和规章的发布权;金融机构设立、变更、终止和业务范围的审、批权;稽核检查权和行政处罚权。③各金融机构在业务领域应严格按照法律的规定,做到合法、合规、审慎经营,其他金融业务的参与者也要积极遵守法律的相关规定,维护和促进金融业的健康发展。

3. 保护投资者利益的原则

投资者乃一切金融交易的资金来源,倘若其利益不能得到公平、有效的保护,资金融通势必成为无源之水、无根之木。而且,大部分投资者中,欠缺信息渠道及准确判断市场变化和化解金融风险的能力。突出对投资者利益的保护,更能体现法律的公平理念。各国金融立法,围绕投资者利益保护,大多已形成一定的规范体系和制度框架,而最常见最核心亦最能体现保护投资者利益精神的,主要有:

(1)信息披露制度。信息披露制度指上市公司依照法律规定将其财务变化、经营状况等信息向证券管理部门和证券交易所报告,并向社会公开或公告,以便使投资者充分了解企业的各类情况。这些报告包括：中期报告、年度报告、临时报告、收购报告、合并公告等。

（2）银行保密制度。银行保密制度指银行以及其他与银行有特定关系的机构（如银行的业务合作机构、银行监管机构等）或个人对银行客户信息保密的制度规范。

（3）存款保险制度。存款保险制度指由符合条件的各类存款性金融机构集中起来建立一个保险机构，各存款机构作为投保人按一定存款比例向其缴纳保险费，建立存款保险准备金，当成员机构发生经营危机或面临破产倒闭时，存款保险机构向其提供财务救助或直接向存款人支付部分或全部存款，从而保护存款人利益，维护银行信用，稳定金融秩序的一种制度。2014年，《存款保险条例》向社会公开征求意见，并于2015年5月1日正式施行。

4.分业经营、分业管理的原则

金融业是从事货币资金融通的特种行业，是一个高风险的行业。这些风险的存在，严重影响着金融业的安全运营，并有可能影响到整个社会的经济生活和国家安定，必须加以防犯和化解，因此在金融业中应该确定防范和化解的基本原则。具体到我国必须贯彻分业经营、分业管理的原则。

5.立足我国本国国情基础上与国际惯例接轨的原则

随着世界经济一体化的加速和我国对外开放的深入，以及我国已经加入WTO，外资金融机构将大量涌入我国。为此，我国应加强与国际金融和国际惯例的接轨。与国际惯例接轨，可以有效地避免立法失误，提高我国金融立法的水平和金融监管的质量，有助于改善我国的金融法制环境，减少和降低涉外金融交往中与外方不必要的冲突与摩擦，促进金融的进一步对外开放，为积极引进和利用外资创造条件。当然，与国际惯例接轨，绝不是要片面、机械、简单地将国际惯例移植于中国，应考虑我国的国情，立足在我国的基本国情的基础上，有选择地适用与我国国情相适应的惯例。

三、金融法的地位和体系

（一）金融法的地位

根据划分法律分支的传统理论（即是否有单一的调整对象和调整方法）来考察，金融法不是独立的法律分支。它具有经济法的一般性质，是经济法下的一个独立的次级分支。市场经济体制的实质，是以市场为基础配置资源，应当承认货币资金的配置主要是按市场原则进行，金融交易关系是平等主体之间的民事法律关系，但在我国，由于金融市场的不成熟，国家对此实行强有力的管理和调控，以纠正市场的偏差，维护市场的秩序，从而使金融法律关系具有很浓的国家意志性。金融法是经济法重要组成部分宏观调控法中的核心内容。

（二）金融法的体系

金融法是调整金融关系的法律规范的总称。金融法律规范的表现形式按其法律效力的不同，可分为金融法律、法规、规章、地方性法规、金融条约和自律性规章等。金融法体系是指在金融法的基本原则指导下，调整金融关系不同侧面的金融法律、法规、规章等金融法律规范。各种不同的金融法律、法规相互联系、和谐统一、形成一个统一整体。

各国金融立法因其经济发展阶段不同和管理重点不同，其金融法律体系不同，金融法律体系的内容也不同。按照我国社会主义市场经济发展的情况，我国金融法体系可以分为以下六个部分，即金融主体法、金融调控法、间接金融法、直接金融法、期货期权与外汇法（特殊金融法）、金融中介法。

(三)中国的金融体系及金融立法改革

从1949年中华人民共和国成立,到1978年中共十一届三中全会,前后30年,中国实行的是高度集中的计划经济体制。自1978年12月,中共十一届三中全会以来,党和政府推行改革开放的经济战略,充分尊重客观经济规律,逐步建立了与新经济体制相适应的金融体系,逐步建立以市场为基础配置资源的机制,建立统一、有序、公平、竞争的社会主义金融体系。

在金融体制的改革中,我国也在不断地完善着我国的金融立法。重视金融法制建设,强调依法管理和调控金融,本身就是金融体制改革的基本内容,而一切金融体制改革的举措,都是通过金融立法转化为具有强制力的、可操作的行为规范和金融法律关系准则。

尤其是自1992年邓小平同志南方谈话与党的十四大召开至今,金融立法更进入了更新、完善时期。这一时期,国家先后颁布并修改完善了《中华人民共和国中国人民银行法》《中华人民共和国商业银行法》《中华人民共和国银行业监督管理法》《中华人民共和国保险法》《中华人民共和国票据法》《中华人民共和国证券法》等金融法律,它们作为主干立法,成为构建金融立法体系的基础。当然,我国目前的金融立法,仍然存在许多严重的缺陷,我们必须进一步加强金融法律、法规的不断完善,以保证我国金融市场的有序运行。

第二节 中央银行法

中国人民银行又称中央银行。在建国将近半个世纪以后,我国于1995年3月18日制定和颁布了《中华人民共和国中国人民银行法》(以下简称《中国人民银行法》),2003年12月27日通过对《中国人民银行法》的修改案。《中国人民银行法》是用法律来规范中央银行的组织机构、中央银行监管金融的职权、货币发行权和规范我国货币政策的调整、中央银行与各级政府的关系、中央银行本身的财务和责任等制度。

一、中央银行的概念和地位

(一)中央银行的概念

1. 中央银行在我国是中国人民银行

中央银行是制定和实施货币政策,调节货币流通与信用活动,对金融业进行宏观调控的国家行政机关。中国人民银行成立于1948年12月1日,是在原河北石家庄华北银行、北海银行、西北农民银行合并的基础上建立的。根据《中国人民银行法》第二条的规定,中国人民银行是国务院领导下的、主管金融事业的行政机关,是国家货币政策的制定者和执行者,同时也是金融市场的监管者。它具有三大职能,即银行的银行、政府的银行和发行的银行。

2.《中国人民银行法》的立法目的

《中国人民银行法》的立法目的是:"为了确立中国人民银行的地位,明确其职责,保证国家货币政策的正确制定和执行,建立和完善中央银行宏观调控体系,维护金融稳定,制定本法。"制定中央银行法的必要性在于使我国货币政策的制定和执行更加法律化、制度化,有利于保持我国货币币值的稳定,使金融市场的监管更加透明和有效。

(二)中央银行的地位和职责

1. 中央银行的地位

在我国,中国人民银行是中央银行,是国务院领导下的一个主管金融工作的政府机关。它专门负责国家货币政策的制定与执行。它还是银行业务的日常监管部门。中央银行的全部开支来源于财政,其从事公开市场业务的收入全部上缴国库。

中央银行是国家机关法人,其与普通金融机构不同,是特殊金融机构。并且,因为中央银行业务性质的限制,中央银行又相对独立于政府。

2.中央银行的职责

依据《中央银行法》(修正)第四条规定,中央银行的职责主要包括:①金融调控,即:依法制定和执行货币政策;发行货币;管理货币流通。②金融服务,即:持有、管理和经营国家的外汇储备和黄金储备;经理国库;维护支付、清算系统的正常运行;负责金融业的统计、调查、分析和预测工作。③金融监管,即:依法监管银行间同业拆借市场和债券市场;实施外汇管理,监管银行间外汇市场;监管黄金市场;指导、部署金融业反洗钱工作,负责反洗钱的资金监测。④金融行政,即:发布有关金融业务管理的规章;作为国家的中央银行,从事有关的国际金融活动;履行国务院规定的其他职责。

中国人民银行在国务院领导下依法独立执行货币政策,履行职责,开展业务,不受地方政府、各级政府部门、社会团体和个人的干涉。

二、中央银行的组织机构

(一)中央银行行长

中国人民银行总行的行长由国务院总理提名,由全国人民代表大会决定,由国家主席任免。在全国人民代表大会闭会期间,由全国人大常委会决定。中国人民银行总行的副行长,由国务院总理任免。中国人民银行总行实行行长负责制。总行行长在国务院的领导下,主持中央银行的工作。总行副行长协助行长工作。行长的责任主要是:召集并主持行务工作会议;讨论决定中央银行的重大问题;负责中央银行的全面工作;签署中央银行上报国务院的重要文件;签发给各个分支机构的文件和指示。

(二)货币政策委员会

中国人民银行设立货币政策委员会。它的具体职责是:综合分析我国和国际上的宏观经济形式,依据国家的宏观经济控制目标,讨论货币政策的制定与调整;讨论一定时期内的货币政策控制目标,讨论有关调整与执行货币政策的重要措施,协调有关货币政策与宏观经济政策的关系等。

委员们有权了解金融货币政策方面的情况,对货币政策委员会所讨论的问题发表意见,向委员会就货币政策问题提出议案,并具有表决权。同时,委员们应当保守国家秘密,不得滥用权力,不得违反规定对外透露货币政策的有关情况。当中国人民银行需要报请国务院批准的有关年度货币供应量、利率、汇率或者其他货币政策等重要事项时,应该同时将货币政策委员会的建议书或会议纪要作为附件同时报送。

(三)中央银行分支机构

我国的中央银行总行设在北京,总行内可设若干个职能部门。中央银行的分支机构的行长由总行任免,日常工作由总行统一领导,完整地执行总行的方针政策。在总行授权的范围内,审批当地的金融机构的分支机构,对当地的金融市场实行监管,并负责当地金融业的统计和调查工作。

三、中央银行宏观调控法律制度

中央银行对金融进行宏观调控的手段主要是中央银行制定货币政策。所谓货币政策是指中央银行为实现宏观经济调控目标而采用的各种控制和调节货币供应量的措施的总称。我国中央银行制定货币政策的目标是保持币值稳定,并以此促进经济增长。货币政策目标是通过货币政策工具来实现的,货币政策工具是实现货币政策的手段。中国人民银行作为我国的中央银行,可以采用的货币政策工具包括:存款准备金(从 2004 年 4 月 25 日起我国开始实行差别存款准备金率制度)、基准利率、再贴现、再贷款以及通过公开市场业务等。

中央银行发行货币,主要是通过商业银行及其他金融机构提供贷款,办理再贴现,在公开市场购买有价证券,收兑黄金、白银、外汇等方式实现的。世界各国的货币发行,一般都奉行两条原则:一是垄断发行,即由中央银行统一发行全国的货币;二是经济发行,即货币发行要以商品生产和商品流通的正常需要为依据。为了保持货币的稳定和适量,西方国家都通过立法规定了货币发行准备制度和最高限额制度。

人民币是中华人民共和国的法定货币。以人民币支付中华人民共和国境内的一切公共的和私人的债务,任何单位和个人不得拒收。《中国人民银行法》(修正)规定:人民币由中国人民银行统一印制、发行。中国人民银行设立发行库,其分支机构设立分支库。发行库是中国人民银行为保管货币发行基金而设立的金库,是办理货币发行的具体机构。为了维护人民币作为我国唯一合法货币的法律地位,保证和规范人民币的流通,我国制定了一系列法律、法规。禁止变相发行货币,禁止外币在境内流通和任何形式的外币记价结算,禁止伪造、变造人民币。禁止出售、购买伪造、变造的人民币。禁止运输、持有、使用伪造、变造的人民币。禁止故意毁损人民币。禁止在宣传品、出版物或者其他商品上非法使用人民币图样。任何单位和个人不得印制、发售代币票券,以代替人民币在市场上流通。加强国家货币的出入境管理,严厉打击各种货币犯罪。

四、中央银行的业务

(一)中央银行的法定业务

根据《中国人民银行法》(修正)的规定,中国人民银行为执行货币政策,可以运用下列货币政策工具:

(1)要求银行业金融机构按照规定的比例交存储蓄准备金;

(2)确定中央银行基准利息;

(3)为在中国人民银行开立账户的银行业金融机构办理再贴现;

(4)向商业银行提供贷款;

(5)在公开市场上买卖国债、其他政府债券和金融债券及外汇;

(6)国务院确定的其他货币政策工具。

中国人民银行为执行货币政策,运用前款所列货币政策工具时,可以规定具体的条件和程序。

(二)中央银行的禁止性业务

(1)不得向金融机构账户透支;

(2)不得对政府财政透支,不得直接认购、包销国债和其他政府证券;

(3)不得向地方政府、各级政府部门提供贷款;

(4)不得向非银行金融机构以及其他单位和个人提供贷款,但国务院决定人民银行可以向特定的非银行机构提供贷款的除外;

(5)不得向任何单位和个人提供担保。

(6)中国人民银行根据执行货币政策的需要,可以决定对商业银行贷款的数额、期限、利息和方法,但贷款的期限不得超过一年。

五、中央银行金融监管法律制度

(一)监管的目的与范围

中央银行监管的首要目的就是保证金融业的安全,保持金融市场运行的稳健。我国进行金融体制改革的目标之一,就是要建立符合我国特色的金融监管体系。我国金融监管的主要主体是中央银行,它承担了金融市场监管的主要任务。其次还应该包括金融机构同业公会,这是一种行业自律性机构。

为了维护金融业的稳健运行,中央银行可以运用的监管方法包括:金融机构的资产负债比例监管,金融机构的金融业务范围的监管,金融市场的利率监管等。

中央银行可以采用的金融监管手段有直接的,也有间接的。直接手段包括:对金融机构贷款权,对违反规定的金融机构的处罚权。间接的监管手段包括存款准备金、再贴现、公开市场业务等。

(二)中央银行的金融监管权限

中央银行的金融监管权主要是指金融行政管理权,中国人民银行依法监测金融市场的运行情况,对金融市场实施宏观调控。根据执行货币政策和维护金融稳定的需要,国务院银行业监督管理机构有权对银行业金融机构进行检查监督。当银行业金融机构出现支付困难,可能引起金融风险时,为维护金融稳定,中国人民银行经国务院批准,有权对银行业金融机构进行检查监督。中国人民银行应当和国务院银行业监督管理机构、国务院其他金融监督管理机构建立监督管理信息共享机制。中国人民银行负责统一编制全国金融统计数据、报表,并按照国家有关规定予以公布。中央银行有权要求银行业金融机构报送必要的资产负债表、利润表以及其他财务会计、统计报表和资料。

2018年3月17日,第十三届全国人大一次会议表决通过了关于国务院机构改革方案的决定,按照最新方案,组建中国银行保险监督管理委员会。将中国银行业监督管理委员会和中国保险监督管理委员会的职责整合,组建中国银行保险监督管理委员会,作为国务院直属事业单位。将中国银行业监督管理委员会和中国保险监督管理委员会拟订银行业、保险业重要法律法规草案和审慎监管基本制度的职责划入中国人民银行,不再保留中国银行业监督管理委员会、中国保险监督管理委员会。

(三)中央银行金融监管的主要内容

根据《中国人民银行法》(修正)的规定,中国人民银行有权对金融机构以及其他单位和个人的下列行为进行检查监督:

(1)执行有关存款准备金管理规定的行为;

(2)与中国人民银行特种贷款有关的行为;

(3)执行有关人民币管理规定的行为;

(4)执行有关银行间同业拆借市场,银行间债券市场管理规定的行为;

(5)执行有关外汇管理规定的行为；

(6)执行有关黄金管理规定的行为；

(7)代理中国人民银行经理国库的行为；

(8)执行有关清算管理规定的行为；

(9)执行有关反洗钱规定的行为。

中国人民银行根据执行货币政策和维护金融稳定的需要，可以建议国务院银行业监督管理机构对银行业金融机构进行检查监督。

六、法律责任

根据《中国人民银行法》规定，中央银行工作人员承担的法律责任包括：

(1)违反人民币发行及流通管理规定的责任。《中国人民银行法》规定，对伪造或编造人民币的违法行为、对非法使用人民币图样的行为、对印制、发售代币票券代替人民币流通的行为等违法行为均规定了相应的惩罚措施。

(2)中国人民银行对有下列行为之一的负有直接责任的主管人员，依法给予行政处罚，构成犯罪的，依法追究刑事责任：①违反法律进行贷款或担保的行为；②泄漏国家秘密或者所知悉的商业秘密的；③渎职行为；④擅自动用发行基金的。

(3)违反金融监管规定的法律责任。违反法律、法规有关金融监管规定的，中国人民银行有权给予警告、没收违法所得、罚款等行政处罚；构成犯罪的，依法追究刑事责任。

第三节 商业银行法

一、商业银行概述

(一)商业银行的概念

根据2015年8月29日通过的《中华人民共和国商业银行法》(修正)第二条规定："本法所称的商业银行是指依照本法和《中华人民共和国公司法》设立的吸收公众存款、发放贷款、办理结算等业务的企业法人。"由此可以看出，商业银行有以下特点：第一，商业银行是以吸收公众存款、发放贷款为主的金融机构，这使它区别于投资银行。第二，商业银行是以盈利为目的的法人企业。这一点使它区别于中央银行和政策性银行。第三，商业银行依照商业银行法和公司法的有关规定设立，享有公司的各种权利，承担公司应该承担各种义务。这使它区别于非银行金融机构。第四，只有商业银行能吸收支票活期存款和办理转账结算，并因而独具创造派生存款的功能。

(二)商业银行的法律地位

商业银行是依照公司法的有关规定设立，享有公司的各种权利，承担公司应该承担的各种义务，因而，商业银行是一个独立承担民事责任的法人。在我国，国有独资的商业银行是中国工商银行、中国农业银行、中国建设银行和中国银行，这四家银行的股东均是国家。这些属于国家的商业银行虽与政府有着密切的联系，但它们均是自担风险、自负盈亏的法人。

(三)商业银行的体制

商业银行的体制，目前世界范围有分支银行制、单元银行制、银行控股制和连锁银行制等四种。①分支银行制是在总行或总管理处之外，广设国内分支机构的银行体制。②单元银行制又称独家银行制，是只能以单个机构从事经营，不准设立分支机构的银行体制。③银行控股公司制又称银行持股公司，一般是专为控制或收购两家或两家以上银行的股份而成立的公司。④连锁银行制是某个集团，通过购买若干银行一定数量的股份，将它们置于自己控制之下的一种银行体制。

二、商业银行的业务

（一）商业银行的经营原则

1. 安全性原则

安全性作为商业银行经营原则是传统的理论，在全世界金融市场中都被接受。大多数国家的银行将"安全性"作为第一位的经营原则，因为银行业是涉及公众利益最多的金融行业，与社会的稳定、政治的安定和经济的发展都有密切的关系，所以，商业银行经营一定要稳健和安全。法律规定了许多措施来保证银行经营过程中的安全性，例如，法律规定存款准备金、备用金、资本充足比例等，都是为了确保银行经营的安全，保证金融市场的稳定。

2. 流动性原则

流动性原则是指商业银行的资金要保持较高程度的经常流动的状态。因为法律规定商业银行对存款人要保证支付，无论存款人到期支取，还是提前支取，银行都要保证支付。相反，银行贷款一般都是要等到合同到期时才能收回，银行在借款人没有违约的情况下，不能提前收回贷款。而银行库存的现金是有限的。所以，为了保证银行的支付能力，银行必须保证资产的高度流动性。

3. 效益性原则

效益性是指商业银行本身的经济效益。从广义上来解释，效益性是指符合国家宏观经济和产业政策指导的金融业整体效益。总之，商业银行不论它的产权性质如何，产权是国有的、股份化的，还是合作制的，只要称之为商业银行，它就应该以营利为目的。

4. 保护存款人的合法权益原则

存款是商业银行的主要资金来源，存款人是商业银行的基本客户。商业银行作为债务人，是否充分尊重存款人利益，严格履行自己的债务，切实承担保护存款人利益的责任，即关系到银行自身的经营，也关系到社会公众对银行体系的信任程度。因而，保护存款人的合法权益是我国金融法的一项基本原则。

5. 平等、自愿、公平和诚实信用原则

商业银行是一个独立的法人，它与客户之间的法律关系是平等主体之间的民事法律关系。因而，他们在业务往来过程中，应以自愿为基础，不得强迫，应建立公平、合理的法律关系。应当善意地、诚实地、全面地履行各自的义务。

6. 守法经营的原则

商业银行的一切经营活动，必须遵守法律、行政法规和中国人民银行发布的行政规章，不得损害客户利益、社会公共利益。

7. 自主经营的原则

自主经营对于我国的国有独资商业银行来说非常重要。金融市场的情况瞬息万变，商业银行作为经营者如果没有自主权，不能够自主经营，就很难适应市场的变化。政府必须尊重银行的自主经营权。

8. 自担风险,自负盈亏原则

这是商业银行经营中的另一项重要原则。所谓自担风险就是要商业银行自己用本身的资产来承担债务,即便是国有独资商业银行,国家也不为它们承担所有的风险。商业银行是根据我国公司法的有关规定设立的,因此,国有商业银行应当按照公司的操作规程,其债务也要由银行用自己全部资产来独立承担责任,国家不再承担银行债务责任。

9. 自我约束的原则

自我约束的经营原则就是要求商业银行进行自律经营。金融市场有其市场的纪律,市场纪律依靠法律和自律来维持。这就要求商业银行进行自我约束。商业银行之间可以组成同业公会,组织制定同业规章,自觉遵守。

(二)商业银行业务范围

商业银行的法定业务范围在世界各国大体上可分为分业经营体制和混业经营体制两种。在分业体制下,商业银行与证券业、信托业分业,商业银行与投资银行分离。在混业体制下,商业银行除其本身的商业银行业务外,还可以经营投资银行业务、信托业务以及保险业务。我国商业银行的业务,实行的是分业体制。我国商业银行的业务范围,较之国外商业银行的业务比较狭窄,而外国商业银行的业务比较宽泛。

根据《中华人民共和国商业银行法》第三条规定,商业银行可以经营下列业务:

(1)吸收公众存款;

(2)发放短期、中期和长期贷款;

(3)办理国内外结算;

(4)办理票据承兑与贴现;

(5)发行金融债券;

(6)代理发行、代理兑付、承销政府债券;

(7)买卖政府债券、金融债券;

(8)从事同业拆借;

(9)买卖、代理买卖外汇;

(10)从事银行卡业务;

(11)提供信用证服务及担保服务;

(12)代理收付款项以及代理保险业务;

(13)提供保险箱服务;

(14)经国务院银行业监督管理机构批准的其他业务。

同时,商业银行法第四十三条规定:商业银行在中华人民共和国境内不得从事信托投资和证券经营业务,不得向非自用不动产投资或者向非银行金融机构和企业投资,但国家另有规定的除外。

三、商业银行的设立、变更

(一)设立银行的条件

我国商业银行法规定设立商业银行应当具备以下条件:

(1)有符合商业银行法和公司法规定的章程。这是因为商业银行是公司制,应当有符合公司要求的章程。

（2）符合商业银行法规定的注册资本最低限额。我国商业银行法规定：设立商业银行的注册资本最低限额为十亿人民币，城市合作商业银行的注册资本最低现额为一亿人民币，农村合作商业银行的注册资本最低现额为五千万元人民币。

（3）有具备任职专业知识和业务经验的董事长（行长）、总经理和其他高级管理人员。

（4）健全的组织机构和管理制度。

（5）具有符合要求的营业场所、安全防范设施和与业务有关的其他设施。

（二）设立商业银行的程序

1.筹设申请

我国商业银行法规定，设立商业银行，申请人应当向中国人民银行提交下列文件和资料：①申请书，申请书应当载明拟设立的商业银行的名称、所在地、注册资本、业务范围等；②可行性研究报告；③国务院银行业监督管理机构规定提交的其他文件、资料。

2.申请证照

申请设立商业银行的文件和资料应提交给国务院银行业监督管理机构，国务院银行业监督管理机构综合考虑金融市场的竞争程度和申请单位的资格与能力等因素。经过审核，符合商业银行法规定的，由国务院银行业监督管理机构发给申请者经营金融业务许可证。取得许可证的申请者应当在获得许可证之日起30天内到当地的工商行政管理局办理开业登记手续，领取工商营业执照。办理了工商登记的申请者还要同时办理税务登记手续。商业银行在取得工商营业执照之日起，没有正当理由超过6个月没有开业的，国务院银行业监督管理机构将撤销其营业执照。

3.分支机构设立

商业银行根据业务需要可以在境内设立分支机构。商业银行的分支机构不具有法人资格，在总行授权的范围内依法开展业务，其民事责任由总行承担。商业银行法规定，设立银行分支机构时，应当按照规定拨付与分支机构经营规模相适应的营运资金额。拨付给各分支机构的营运资金额的总和，不得超过总行注册资本金额的60％。

商业银行的分支机构被批准设立后，由国务院银行业监督管理机构颁发《金融机构营业许可证》，并凭此到当地工商行政管理部门领取营业执照。领取营业执照后，该分支机构即告成立。

经过批准设立的银行及其分支机构，由国务院银行业监督管理机构予以公告。只有经过国务院银行业监督管理机构公告的金融营业机构才可以开展经营活动。开业后的银行及其分支机构应当连续营业，如果开业后自动停业连续超过6个月的，国务院银行业监督管理机构将撤销其经营许可证。

（三）商业银行的变更

1.变更事项

我国商业银行法规定下列事项变更，应当经过国务院银行业监督管理机构的批准：第一，变更银行的名称；第二，变更注册资本；第三，变更总行或者分支机构所在地；第四，调整业务范围；第五，变更持有资本总额或者股份总额5％以上的股东；第六，修改章程；第七，其他变更事项。

2.变更的批准与公告

由于上述变更事项可能会影响到银行的经营方针,对金融市场产生直接或间接的影响,所以经国务院银行业监督管理机构批准这些变更,才会生效,并应予以公告。

四、商业银行贷款法律制度

商业银行应根据国民经济和社会发展的需要,在国家产业政策的指导下开展贷款业务。商业银行是中央银行特别批准的金融机构,国家给予商业银行从事金融零售性业务特权,使商业银行能够接触公众存款人和其他客户,从最广泛层面掌握社会金融资源。

(一)商业银行贷款基本制度

1.严格审查制度

商业银行法第三十五条规定,商业银行贷款,应当对借款人的借款用途、偿还能力、还款方式等情况进行严格审查;商业银行贷款,应当实行审贷分离、分级审批的制度。商业银行的发放贷款部门与贷款审批部门应该分开,发放贷款的部门不能决定批准贷款。贷款审批是另一个不能接触客户的部门,两个部门的责任是分开的。

2.借款合同

1985年2月28日,国务院发布了《借款合同条例》,该条例规定了银行办理借款的基本原则、借款合同主要条款、借款资金比例要求和保证、保证人的条件与责任、合同变更与解释以及借款合同违约责任等。同时,商业银行法规定,商业银行贷款,应当与借款人订立书面合同。合同应当约定贷款种类、借款用途、金额、利率、还款期限、还款方式、违约责任和双方认为需要约定的其他事项。

3.贷款利率

我国商业银行的贷款利率在我国是由中国人民银行规定的。商业银行法规定:"商业银行应当按照中国人民银行规定的贷款利率的上下限,确定贷款利率。"从中华人民共和国成立以来,中国人民银行就采取行政决定利率的模式。目前,我国商业银行的利率分为四种情况:法定利率、差别利率、优惠利率、浮动利率。对流动资产利率,上浮在20%,下浮在10%以内。

(二)商业银行贷款与经营的基本规则

1.资本充足率

商业银行法规定,商业银行的资本充足率不得低于8%。资本充足率是指银行资本与经过风险加权后的资产之比。这项比率是1987年12月由国际清算银行的12个发达国家提出的《巴塞尔协议》中确立的。

2.贷款余额的限制

商业银行法规定,贷款余额与存款余额的比例不得超过75%。按照1994年2月15日中国人民银行颁布的《商业银行资产负债比例管理暂行监控指标》的规定,将这项指标又分为两种:①对实行余额考核的商业银行,各项贷款旬末平均与各项存款旬末平均余额之比不得超过75%;②对于实行增量考核的商业银行,各项贷款旬末平均增加额与各项存款旬末平均增加额之比,不得超过75%。

3.流动性资产余额限制

我国商业银行法规定,流动性资产余额与流动性负债余额的比例不得低于25%。1994年2月15日《商业银行资产负债比例管理暂行监控指标》规定,流动性资产与各项流动性负债的比例不得低于 25%。

4.对同一借款人贷款限制

商业银行法规定,对同一借款人的贷款余额与商业银行资本余额的比例不得超过 10%,但是没有对"同一借款人"进行解释。

5.关系人贷款限制

我国商业银行法规定,商业银行不得向关系人发放信用贷款;向关系人发放担保贷款的条件不得优于其他借款人同类贷款的条件。前款所称关系人是指:①商业银行的董事、监事、管理人员、信贷业务人员及其近亲属;②前项所列人员投资或者担任高级管理职务的公司、企业和其他经济组织。

其他国家和地区的法律对银行向关系人贷款规定中,关系人的范围更宽,要求更严。

五、商业银行的监督管理

(一)商业银行内部的稽核监督

银行内部设有稽核部门和监察部门,专门负责对银行的存款业务、贷款业务、结算业务、金融服务业务、信托业务和保管业务等财务情况进行稽核,对银行的会计与账目是否符合国家的规定进行检查。商业银行的内部稽查主要表现在以下两个方面:①建章建制。商业银行必须建立各种规章制度,如业务、现金、安全等制度。②内部稽查检查制度。商业银行对本行存款、贷款、结算、呆账等各项情况的稽查和检查制度。

(二)中央银行对商业银行的监督

中央银行对商业银行的监督是中央银行的一项日常工作。对此,中国人民银行颁布了一系列规定,如《中国人民银行稽核工作暂行规定》《中国人民银行总稽核职责规定》《中国人民银行稽核程序》《中国人民银行监察部关于金融稽核检查处罚规定》等行政规章。

商业银行法规定,国务院银行业监督管理机构有权依法对商业银行的存款、贷款、结算、呆账情况进行检查监督。检查监督时,检查监督人员应当出示合法的证件。商业银行应当按照国务院银行业监督管理机构的要求,提供财务会计资料、业务合同和有关经营管理方面的其他信息。国务院银行业监督管理机构对商业银行的监督主要包括对商业银行的设立、变更、终止、业务范围、存款、贷款、结算、呆账、执行各项法律、法规和国家产业政策的情况、执行中央银行信贷计划、现金计划和外汇计划以及财务计划等情况的审查、检查和监督。

中国人民银行对商业银行的稽查,主要是报表稽核。报表稽核又称非现场稽核。非现场稽核是指金融机构按照中国人民银行的要求,由指定的部门和人员定期向中国人民银行报送有关业务经营情况的资料。

(三)国家审计部门对商业银行的审计监督

国家审计部门要对商业银行的财务会计情况进行审计监督。根据《中华人民共和国审计法》,国家审计部门以及派驻银行的审计人员可以行使审计职权,对被审计的商业银行报送的预算、财务收支计划、及银行的会计凭证、会计账簿、会计报表等资料进行审计。发现被审计的商业银行有违反法律法规和财务制度的行为时,可以予以制止,并决定给予相应的处理。对商业银行审计的时间一般是每季或每半年一次。

国家审计部门要对银行的合规性进行审计。在审计中如果发现违规行为,按照 1989 年中国人民银行、国家监察部发布的《金融稽核检查处罚规定》及中国人民银行监察局的有关规定进行处罚。

六、商业银行的接管与终止

（一）商业银行的接管

1.银行接管的前提和目的

我国商业银行法规定,商业银行已经或者可能发生信用危机,严重影响存款人的利益时,国务院银行业监督管理机构可以对该银行实行接管。根据此条规定,国务院银行业监督管理机构对商业银行实行接管的前提,是商业银行已经或者可能发生信用危机,严重影响到存款人的利益。国务院银行业监督管理机构接管出现信用危机的商业银行的目的是保护存款人的利益,稳定金融市场的秩序,维护社会的安定,恢复商业银行的经营能力。

2.接管的性质

接管是国务院银行业监督管理机构对特定商业银行所采取得一种短期的、强制性的监管补救措施。是否接管,并不取决于商业银行的意志,而是由国务院银行业监督管理机构自主决定。

3.接管程序

根据商业银行法规定,接管由国务院银行业监督管理机构决定,并组织实施。接管决定由国务院银行业监督管理机构予以公告。接管可以由国务院银行业监督管理机构自己进行,也可以委托其他机构实行。接管的期限最长不超过两年。有下列原因之一的,接管可以终止:第一,接管决定规定的期限已经届满或者国务院银行业监督管理机构决定的接管延期时间已经届满;第二,接管期限届满前,该银行已经恢复正常的经营能力;第三,接管期限届满前,该银行被合并或者被依法宣告破产。

（二）银行的终止与清算

商业银行法规定,商业银行因解散、被撤销和被宣告破产而终止。即商业银行终止的原因有以下几种:

1.商业银行因解散而终止

商业银行可能因为分立、合并或者出现银行章程中规定的情况而解散,原来的银行就终止了。银行的解散程序依照法律规定包括两个程序:第一,申请解散。第二,中央银行批准解散。无论以何种方式解散,商业银行应当自解散之日起 15 日内,依法成立清算组,进行清算,按照清偿计划及时偿还存款本金和利息等债务。

2.商业银行因被撤销而终止

商业银行违反商业银行法的相关规定的,国务院银行业监督管理机构可以吊销其营业许可证:如未经批准发行金融债券或者到境外借款的;未经批准买卖政府债券或者买卖、代理买卖外汇的;提供虚假的或者隐瞒重要事项的财务会计报表,后果严重的;拒绝中国人民银行稽核、检查监督的等行为。另外,商业银行违反公司法及其他法律、法规规定,从事非法经营的,均可被有关机构吊销执照,或者强制关闭。

3.商业银行因破产宣告而终止

银行因为不能支付到期的债务,资不抵债发生信用危机时,经过中国人民银行批准的,由法院宣告其破产。关于商业银行破产的界限,目前,我国还尚未有规定具体的标准。

七、法律责任

商业银行法对商业银行、商业银行工作人员以及其他单位或者个人违反有关规定的行为，规定了相应的法律责任。

（一）商业银行的违法责任

商业银行法对于商业银行违反该法的法律责任，规定如下：

（1）商业银行有下列情形之一的，对存款人或者其他客户造成财产损害的，应当承担支付迟延履行的利息以及其他民事责任：①无故拖延、拒绝支付存款本金和利息的；②违反票据承兑等结算业务规定，不予承兑，不予收付入账，压单、压票或者违反规定退票的；③非法查询、冻结、扣划个人储蓄存款或者单位存款的；④违反本法规定对存款人或者其他客户造成损害的其他行为。商业银行有上列情形的，由国务院银行业监督管理机构责令改正，有违法所得的，没收违法所得，违法所得五万元以上的，并处违法所得一倍以上五倍以下罚款；没有违法所得或者违法所得不足五万元的，处五万元以上五十万元以下罚款。

（2）商业银行有下列情形之一，由国务院银行业监督管理机构责令改正，有违法所得的，没收违法所得，违法所得五十万元以上的，并处违法所得一倍以上五倍以下罚款；没有违法所得或者违法所得不足五十万元的，处五十万元以上二百万元以下罚款；情节特别严重或者逾期不改正的，可以责令停业整顿或者吊销其经营许可证；构成犯罪的，依法追究刑事责任：①未经批准设立分支机构的；②未经批准分立、合并或者违反规定对变更事项不报批的；③违反规定提高或者降低利率以及采用其他不正当手段，吸收存款，发放贷款的；④出租、出借经营许可证的；⑤未经批准买卖、代理买卖外汇的；⑥未经批准买卖政府债券或者发行、买卖金融债券的；⑦违反国家规定从事信托投资和证券经营业务、向非自用不动产投资或者向非银行金融机构和企业投资的；⑧向关系人发放信用贷款或者发放担保贷款的条件优于其他借款人同类贷款的条件的。

（3）不按照规定向国务院银行业监督管理机构或者中国人民银行报送有关文件、资料或者对规定报批的事项不报批的，由国务院银行业监督管理机构或者中国人民银行责令改正，逾期不改正的，可以处十万元以上三十万元以下罚款。

（4）未经国务院银行业监督管理机构批准，擅自设立商业银行，或者非法吸收公众存款、变相吸收公众存款，构成犯罪的，依法追究刑事责任，并由国务院银行业监督管理机构予以取缔。伪造、变造、转让商业银行经营许可证，构成犯罪的，依法追究刑事责任。

（5）商业银行有下列情形之一，由中国人民银行责令改正，有违法所得的，没收违法所得，违法所得五十万元以上的，并处违法所得一倍以上五倍以下罚款；没有违法所得的或者违法所得不足五十万元的，处五十万元以上二百万元以下罚款；情节特别严重或者逾期不改正的，中国人民银行可以建议国务院银行业监督管理机构责令停业整顿或者吊销其经营许可证；构成犯罪的依法追究刑事责任：①未经批准办理结汇、售汇的；②未经批准在银行间债券市场发行、买卖金融债券或者到境外借款的；③违反规定同业拆借的。

（6）商业银行有下列情形之一的，由中国人民银行责令改正，并处二十万元以上五十万元以下罚款；情节特别严重或者逾期不改正的，中国人民银行可以建议国务院银行业监督管理机构责令停业整顿或者吊销其经营许可证；构成犯罪的依法追究刑事责任：①拒绝或者阻碍中国人民银行检查监督的；②提供虚假的或者隐瞒重要事实的财务会计报告、报表和统计报表的；③未按照中国人民银行规定的比例交存存款准备金的。

（7）有下列情形之一的，由国务院银行业监督管理机构责令改正，有违法所得的，没收违法所得，违法所得五万元以上的，并处违法所得一倍以上五倍以下罚款；没有违法所得或者违法所得不足五万元的，处五万元以上五十万元以下罚款：①未经批准在名称中使用"银行"字样的；②未经批准购买商业银行股份总额百分之五以上的；③将单位的资金以个人名义开立账户存储的。

（8）商业银行违反商业银行法有关规定的，国务院银行业监督管理机构可以区别不同情形，取消其直接负责的董事、高级管理人员一定期限直至终身的任职资格，禁止直接负责的董事、高级管理人员和其他直接责任人员一定期限直至终身从事银行业工作。

（二）商业银行工作人员的违法责任

商业银行法对商业银行工作人员违反该法的法律责任规定如下：

（1）商业银行工作人员利用职务上的便利，索取、收受贿赂或者违反国家规定收受各种名义的回扣、手续费的，依法追究刑事责任；未构成犯罪的，应当给予纪律处分。有上述行为，发放贷款或者提供担保造成损失的，应当承担全部或者部分赔偿责任。

（2）商业银行工作人员利用职务上的便利，贪污、挪用、侵占本行或者客户资金，构成犯罪的，依法追究刑事责任；未构成犯罪的，应当给予纪律处分。

（3）商业银行工作人员违反本法规定玩忽职守造成损失的，应当给予纪律处分；构成犯罪的，依法追究刑事责任。商业银行工作人员违反规定，徇私向亲属、朋友发放贷款或者提供担保造成损失的，应当承担全部或者部分赔偿责任。

（4）商业银行工作人员泄露在任职期间知悉的国家秘密、商业秘密的，应当给予纪律处分；构成犯罪的，依法追究刑事责。

（5）商业银行的工作人员对单位或者个人强令其发放贷款或者提供担保未予拒绝的，应当给予纪律处分；造成损失的，应当承担相应的赔偿责任。

商业银行及其工作人员对国务院银行业监督管理机构、中国人民银行的处罚决定不服的，可以依照《中华人民共和国行政诉讼法》的规定向人民法院提起诉讼。

第四节　证券法

一、证券的概念、特征及种类

（一）证券的概念及特征

证券是以证明或设定权利为目的所做成的书面凭证。证券有广义和狭义之分。广义的证券是证明持券人享有一定的经济权益的书面凭证，包括资本证券、货币证券和商品证券。资本证券是证明持有人享有一定的所有权和债权的书面凭证，它表明持券人对一定的本金带来的收益享有请求权；商品证券是证明持券人享有一定商品请求权的书面凭证。狭义的证券是指具有一定票面金额、证明持券人享有一定的所有权和债权的书面凭证。狭义的证券专指资本证券。

资本证券具有以下法律特征：

1. 证券是一种投资凭证

证券是投资者权利的载体，投资者的权利是通过证券记载，并凭借证券获取相应收益的。

2. 证券是一种权益凭证

证券体现一定的权利,如股票体现的是股权,而债券则代表着债权。

3. 证券是一种可转让的权利凭证

即证券具有流通性,其持有者可以随时将证券转让出售,以实现自身权利。

(二) 证券的种类

按照不同的标准,可以对证券作多种分类:

1. 按证券的经济性质,可分为股票、债券和其他证券

股票是指由股份有限公司发行的表示其股东按其持有的股份享受权益和承担义务的可转让的书面凭证。股票按不同的标准和方法可分为普通股票和优先股票、记名股票和不记名股票、面额股票和无面额股票、表决权股票和无表决权股票、流通股票和非流通股票、可定期收回股票和不定期收回股票等。

债券是指发行人向投资者出具的、承诺按约定的时间和条件还本付息的一种书面债权债务凭证。债券作为一种有价证券代表着持有人享有的债权,即按约定条件定期取得利息和到期收回本金的权利,反映了发行人与持有人之间的债权债务关系。

其他证券包括投资基金券和金融期货与期权、可转换证券、存托凭证、认股权证、优先认股权、备兑凭证等。

2. 按证券是否在证券交易所挂牌交易,可分为上市证券和非上市证券

上市证券又称挂牌证券,是指经证券主管机关批准,并向证券交易所注册登记,获得在交易所内公开买卖资格的证券。为了保护投资者利益,交易所对申请上市的证券都有一定的要求。发行股票或债券的公司在交易所上市其证券,必须符合规定的上市条件并遵守交易所的规章制度。

非上市证券也称非挂牌证券、场外证券,指未申请上市或不符合在证券交易所挂牌交易条件的证券。非上市证券虽不允许在交易所内交易,但可以在场外交易市场进行交易。

3. 根据证券发行区域的不同,可分为国内证券和国际证券

国内证券是一国国内的金融机构、公司企业等经济组织或该国政府在国内资本市场以本国货币为面值所发行的证券。国际证券则是由一国政府、金融机构、公司企业或国际经济组织在国际证券市场上以其他国家的货币为面值而发行的证券,包括国际债券和国际股票两大类。

国际股票是指一国的股份公司在国外证券市场发行并交易的股票。这类股票的发行人大都是在世界各地设有分支机构或子公司、业务规模巨大的国际托拉斯和跨国公司。我国的股份有限公司对境外投资者所发行的境内上市外资股和境外上市外资股均系国际股票。国际股票多在国际金融中心如纽约、伦敦、东京、新加坡、中国香港等地的证券交易所挂牌交易。

国际债券,是指一国政府、金融机构、公司或国际金融组织为筹集资金在国际债券市场发行的债券。国际债券按面值货币与发行地的关系,可分为外国债券与欧洲债券两大类。

外国债券是指发行人在其本国以外某一个国家发行的、以发行地所在国货币为面值的债券。外国债券是国际债券的传统形式,早在19世纪就已经存在。外国债券的特点在于:它由一国的发行人到另一国传统的国际债券市场上发行,且以发行地所在国的货币为面值货币。一般由发行地所在国证券公司或金融机构承销,购买者亦以发行地所在国的居民为主。此外,外国债券的发行须经发行地所在国证券主管机关审核,并受到发行地所在国法律的管制。

欧洲债券是指发行人在面值货币国以外的国家的离岸市场发行的债券。欧洲债券是20

世纪 60 年代以后才开始出现的一种新的国际债券形式。从发行市场看,欧洲债券一般是在债券面值货币发行国以外的国家的离岸市场上发行的。它通常涉及三个以上国家,即债券发行人所在国、债券面值货币发行国、债券发行地所在国,而且后者往往是两个或两个以上国家。从法律管制方面看,欧洲债券实际上是一种无国籍债券。它的发行,一般不受面值货币发行国或发行地所在国有关法律的限制。

4.根据募集方式的不同,可分为公募证券和私募证券

公募证券是指发行人通过中介机构向不特定的社会公众投资者公开发行的证券,有严格的审核制度和信息披露制度。

私募证券是指向少数特定的投资者发行的证券,其审核条件相对较松。私募证券的投资者多为与发行者有特定关系的机构投资者。

二、证券法的概念、适用范围及基本原则

(一)证券法的概念及其适用范围

证券法是调整证券发行、交易等活动中,以及国家在管理证券机构和管理证券的发行、交易等活动的过程中,所发生的社会关系的法律规范的总称。证券法所调整的社会关系,既有证券发行人、证券投资人和证券商之间的平等的证券发行关系、交易关系、服务关系,又有证券监督管理机构对证券市场参与者进行领导、组织、协调、监督等活动过程中所发生的纵向监管关系,是两者的统一体。证券法有广义和狭义之分。广义的证券法是指一切有关证券发行、交易及其监督管理关系的法律规范的总称。而狭义的证券法是指证券法典,在我国是指 2005 年 10 月 27 日第十届全国人大常委会第十七次会议通过的《中华人民共和国证券法》(以下简称为证券法)。

证券法的适用对象范围,按证券法第二条的规定,适用于在中国境内的股票、公司债券以及国务院依法认定的其他证券的发行和交易。证券法未规定的,适用公司法和其他法律、行政法规的规定。政府债券、证券投资基金份额的上市交易,适用本法;其他法律、行政法规另有规定的,适用其规定。

目前,我国现行证券法正在进行第三次修订,根据 2015 年 4 月 20 日公布的证券法修订草案稿中的规定,证券法调整的证券是指代表特定的财产权益,可均分且可转让或者交易的凭证或者投资性合同,包括:股票、债券、及其存托凭证以及国务院认定的其他证券适用证券法;资产支持证券等受益凭证、权证的发行与交易,政府债券、证券投资基金份额的上市交易适用本法;其他法律、行政法规另有规定的,适用其规定。

(二)证券法的基本原则

证券法的基本原则是证券法的基本精神的体现,是证券发行、交易及其管理活动必须遵循的最基本的准则。按照证券法的规定,我国证券法的基本原则有:

1.公开、公平、公正原则

公开、公平、公正原则简称"三公原则"。此原则是证券法最主要的原则。其中公开原则是证券发行和交易制度的核心,它要求证券发行者必须依法将与证券有关的一切真实情况予以公开,以供投资者投资决策时参考。公平原则是指在证券发行和交易活动中,发行人、投资人、证券商和证券专业服务机构的法律地位完全平等,其合法权益受到同等保护。公正原则是指证券监管机关和司法机构在履行职责时,应当依法行使职责,对一切主体给予公正的待遇。

2.自愿有偿、诚实信用的原则

自愿有偿、诚实信用的原则是指证券发行与交易活动的当事人应当遵守市场活动规则,自愿有偿、诚实信用、实事求是地履行自己所承担的义务,不得有任何证券欺诈行为。

3.合法原则

证券法第五条规定:"证券发行、交易活动,必须遵守法律、行政法规;禁止欺诈、内幕交易和操纵证券交易市场的行为。"也即要求证券发行、交易活动必须依法进行的原则。

4.分业经营、分业管理的原则

分业经营、分业管理的原则是我国金融法的基本原则,也是我国证券法的基本原则,但国家另有规定的除外。2005年我国在修订证券法时一方面继续保持了原证券法所确立的金融分业原则的规定,另一方面为我国金融实践中出现的混业经营现象(如金融控股公司、银行设立基金管理公司、保险资金按一定比例入市等)提供法律支撑,并为今后的金融混业改革预留发展空间。

5.保护投资者合法权益的原则

证券市场的发展必须依靠社会公众的支持,投资者的热情和信心是证券市场稳健发展的重要保证。因此,保护投资者合法权益应成为我国证券法的基本原则。

6.国家集中统一监管与行业自律相结合的原则

证券法规定,国务院证券监督管理机构依法对全国证券市场实行集中统一监督管理。在国家对证券发行、交易活动实行集中统一监督管理的前提下,依法设立证券业协会,实行自律性管理。

三、证券市场的发展与证券立法

证券市场是各种有价证券发行和流通买卖的场所,它是现代金融市场的重要组成部分。证券市场由发行市场和流通市场构成。发行市场,或称一级市场、初级市场,是为资金需求者提供筹资服务,为投资者提供投资收益机会的市场。流通市场,或称二级市场、交易市场,是为已发行的证券提供流通场所,使新的投资者获得投资机会的市场。我国的证券市场是随着"改革、开放"政策的推进而逐步成长发展起来的。我国于1987年在深圳成立了第一家证券公司。1990年12月和1991年7月,上海证券交易所和深圳证券交易所成立,从此,场外分散交易走向场内集中交易。

我国自发展证券市场伊始,就注重强化国家对证券市场的立法和统一管理。特别是90年代以来,更加强了证券管理立法工作,制定、颁布了大量的证券法律、法规和规章。如《股票发行与交易管理暂行条例》(1993年4月22日)、《国务院关于股份有限公司境外募集股份及上市的特别规定》(1994年8月4日)、《证券市场禁入暂行规定》(1997年3月4日)等。1998年12月29日,证券基本法——《中华人民共和国证券法》,由第九届全国人大常委会第六次会议以高票通过。该法共12章214条,自1999年7月1日起施行。这部重要的法律确定了我国证券市场活动的基本规则,明确了发行证券实行核准或审批的制度,界定了证券交易的禁止行为,对于规范证券发行和交易行为,保护投资者的合法权益,起到重要作用。但是,由于受起草时各种条件的限制,1998年证券法不可避免地存在一些缺陷。2004年8月28日第十届全国人大常委会第十一次会议通过了《关于修改〈中华人民共和国证券法〉的决定》,这次修改主要是为了适应行政许可法的实施,配合简化行政许可的需要,具体涉及两个法律条文:①股票溢价发行的价格不需"报国务院证券监督管理机构核准",将第二十八条修改为:"关于股票发行采取溢价发行的,其发行价格由发行人与承销的证券公司协商确定。"②公司债券上市无须报经国务院证券监督管理机构核准,将第五十条修改为:"公司申请其发行的公司债券上市交易,由证券交易所依照法定条件和法定程序核准。"

正是由于 1998 年证券法在实践中显露出的不足和缺陷,对其修改不能仅仅满足于个别条文的调整,而需要从通盘来作出考虑,这就必然涉及立法原则、精神、理念等重大问题,而且还必须考虑国际证券市场和各国证券法的发展情况。在取得共识的情况下,1998 年证券法的修改工作提上立法机关的议事日程。2005 年 10 月 27 日第十届全国人大常委会第十七次会议第三次审议通过了《中华人民共和国证券法》,新证券法于 2006 年 1 月 1 日起施行。这是我国证券法制建设的一个重要里程碑,标志着证券法制建设进入了一个新的阶段。

2009 年 10 月证券市场创业板推出。创业板的推出标志着我国多层次资本市场体系框架基本建成。2010 年 3 月融资融券的推出又为资本市场提供了双向交易机制,这是中国证券市场金融创新的又一重大举措。

2013 年 11 月十八届三中全会召开,全会提出对金融领域的改革,2013 年 12 月,新三板市场正式扩容至全国。新三板、股指期权等制度创新和产品创新的推进,中国证券市场逐步走向成熟。目前,我国证券法正在修订过程中,证券立法的完善将进入一个新的阶段。

四、证券发行制度

(一)证券的发行

1. 证券发行的含义和法律特征

(1)含义。证券发行是指证券发行主体以筹集资金为目的将证券销售给投资人的活动。

(2)特征。证券发行是以筹集资金为目的;是向相对人销售证券;是单方面法律行为。

2. 证券发行的分类

(1)依证券类型的不同可以分为股票发行、债券发行、其他认定证券的发行;

(2)依发行是否借助证券发行中介机构分为直接发行和间接发行;

(3)依证券发行价格与证券票面金额的关系不同可分为面值发行、折价发行、溢价发行(议价发行和竞价发行);

(4)依发行对象的不同可分为公募发行和私募发行;

(5)依发行地点不同可分为境内发行和境外发行;

(6)依基金组织形态可分为开放型和封闭型。

3. 证券发行的方式

证券发行分公开发行方式和非公开发行方式两种。公开发行股票,应依法报国务院证券监督管理机构或国务院授权机构核准,未经核准,任何单位和个人不得公开发行证券。

有下列情形之一的,为公开发行:①向不特定对象发行证券;②向累计超过二百人的特定对象发行证券;③法律、行政法规规定的其他发行行为。非公开发行股票,是指上市公司采用非公开方式,向特定对象发行股票的行为。非公开发行证券的,发行人应当按照国务院证券监督管理机构的规定或者与投资者的约定,向投资者披露或者提供必要的经营、财务和其他信息。

非公开发行证券,不得采用广告、公开劝诱和变相公开方式。

4.证券发行审核制度

证券发行审核制度是法定机关对即将进行的证券发行活动进行审核以保护投资者利益、维护证券市场正常秩序的有关制度的总称。

证券发行审核制度包括注册制、审批制两种。我国现行证券法规定的证券发行审核制度采取的是核准制度。但是我国正在修订的证券法将对我国现行的证券发行核准制度进行改革,进行证券发行注册制度的推行。

(二)股票的发行

1.股票发行的概念

股票发行是发行人以融资或调整股权结构为目的,制成股票并销售给股票认购人的行为。其中发行人应符合一定的条件和资格,发行活动也应遵循法定程序。

2.股票发行的资格和条件

发行人应当依法具备的资格,即股票发行人必须是依法设立或改制的股份有限公司。

根据股票发行时间的不同,股份有限公司股票的发行可以分为初次发行、新股发行。公司法、证券法、股票条例对不同方式的股票发行规定了有针对性的发行条件。

(1)初次发行的条件。

所谓初次发行,是指以募集方式设立股份额有限公司时公开募集股份或设立的股份有限公司首次公开发行股票,包括新设发行、首次发行、国有企业改组发行以及境内上市外资股的首次发行。

①新设发行。新设发行是指以募集方式设立股份有限公司申请公开发行股票。根据《股票发行与交易管理暂行条例》第八条规定,新设发行应当符合下列法定条件:a.股份有限公司的生产经营符合国家产业政策;b.公司发行的普通股只限一种,同股同权;c.发起人认购的股本数额不少于公司拟发行的股本总额的百分之三十五;d.在公司拟发行的股本总额中,发起人认购的部分不少于人民币三千万元,但是国家另有规定的除外;e.向社会公众发行的部分不少于公司拟发行股本总额的百分之二十五,公司拟发行的股本总额超过四亿元的,按规定可降低向社会公众发行的比例,但最低不得少于公司拟发行股本总额的百分之十;f.发起人在近三年内没有重大违法行为;g.中国证监会规定的其他条件。

②首次发行。首次发行是指已经设立的股份有限公司首次公开发行股票。设立股份有限公司公开发行股票,应当符合《中华人民共和国公司法》规定的条件和经国务院批准的国务院证券监督管理机构规定的其他条件,向国务院证券监督管理机构报送募股申请和下列文件:a.公司章程;b.发起人协议;c.发起人姓名或者名称,发起人认购的股份数、出资种类及验资证明;d.招股说明书;e.承销机构名称及有关的协议。同时,公司公开发行新股,还应当符合下列实质条件:a.具备健全且运行良好的组织机构;b.具有持续盈利能力,财务状况良好;c.最近三年财务会计文件无虚假记载,无其他重大违法行为;d.经国务院批准的国务院证券监督管理机构规定的其他条件。

(2)新股发行的条件。

新股发行,是指上市公司为了增加资本或者调整资本结构而向社会公开发行新股的行为。绝大多数情况下,上市公司发行新股的目的在于增加公司股本,所以又称为增资发行。股份有限公司增资发行新股,必须符合:①具备健全且运行良好的组织机构;②具有持续盈利能力,财务状况良好;③公司最近三年内财务会计文件无虚假记载,无其他重大违法行为;④经国务院批准的国务院证券监督管理机构规定的其他条件;⑤禁止性条件:根据相关规定,新股发行的上市公司擅自改变募股资金用途而未作纠正的,或者未经股东大会认可的,不得发行新股。

3.股票发行的程序

股票发行方式,依证券法第二章规定,大体有以下步骤:

(1)申请。公开发行股票,必须依照证券法规定的条件,报经国务院证券监督管理机构或者国务院授权的部门核准。发行人必须提交证券法规定的申请文件和中国证监会要求的有关文件。发行人提交的股票发行申请文件,必须真实、准确、完整。

(2)审核。中国证监会对股票发行审核采取的是初审和发行审核委员会二次核准程序。根据中国证监会于2000年发布的《股票发行核准程序》的规定,审核程序又分为受理申请文件、初审、发行审核委员会审核、核准发行和复议五个步骤。

(3)公告。为了使投资公众充分及时了解发行人及发行股票情况,证券法规定股票发行申请经核准后,发行人及其承销商应当在股票发行前,依法公告公开发行募集文件,并将该文件置备于指定场所供公众查阅等。

(4)签订股票承销协议。公开发行股票由发行人依法自主选择证券公司,并与其签订承销协议。承销包括代销和包销两种方式。证券公司承销股票,应当对股票发行募集文件的真实性、准确性、完整性进行核查。向社会公开发行的股票票面总值超过人民币五千万元的,应当由承销团承销。股票的代销、包销期最长不得超过九十日。

(5)备案。公开发行股票,代销、包销期限届满,发行人应当在规定的期限内将股票发行情况报国务院证券监督管理机构备案。

(三)债券的发行

1.债券的概念、法律特征及种类

债券是发行人依照法定程序发行的,约定在一定期限内还本付息的有价证券。债券具有以下法律特征:①它是一种债权凭证,证明债券持有人与发行该债券的企业之间存在债权债务关系。②它是债务人还本付息的凭证。凭借债券,持有人可按期收回本金和固定利息。③债券持有人的利息收益不受发行企业经营状况的影响,故债券持有人收益固定,风险较小。债券根据发行人的不同,可分为公司(企业)债券、政府债券(公债券)和金融债券(本质上仍是企业债券)三大类。公司债券可分为记名债券、无记名债券;可转换为股票的转换公司债券与非转换公司债券;有担保公司债券与无担保公司债券;等等。

2.债券发行的条件

证券法所指债券的发行仅指对有关公司和企业债券的发行。

公司债券的发行条件。旧公司法有明确的界定,股份有限公司、国有独资公司和两个以上的国有企业或者其他两个以上国有投资主体投资设立的有限责任公司,可以发行公司债券。除此之外的其他企业、有限公司等均不得依照公司法的规定发行公司债券,但可以依照《企业债券管理条例》发行企业债券。而新公司法却模糊相关界定。

证券法第十六条规定,发行公司债券,必须符合下列条件:①财务方面:股份有限公司的净资产额不低于人民币三千万元,有限责任公司的净资产额不低于人民币六千万元;累计债券余额不超过公司净资产额的百分之四十;最近三年平均可分配利润足以支付公司债券一年的利息;②产业方面:筹集的资金投向符合国家产业政策;③利率方面:债券利率不得超过国务院限定的利率水平;④用途方面:"专款专用",公开发行公司债券筹集的资金,必须用于核准的用途。另外,凡有下列情形之一的,不得再次发行公司债券:①前一次发行的公司债券尚未募足的;②对已发行的公司债券或者其债务有违约或者迟延支付本息的事实,且仍处于继续状态的;③违反公司法和证券法规定,改变公开发行公司债券所募集资金的用途。

3.债券发行的程序

(1)申请。证券法第十七条规定,申请公开发行公司债券,应当向国务院授权的部门或者中国证监会报送下列文件:公司营业执照、公司章程、公司债券募集办法、资产评估报告和验资报告;国务院授权的部门或者中国证监会规定的其他文件。依法规定聘请保荐人的,还应当报送保荐人出具的发行保荐书。

(2)审批。国务院授权的部门负责对公司债券发行申请进行审批。

(3)公开信息。企业的申请被批准后,应当公布经批准的发行章程和其他有关资料。

五、证券交易制度

(一)证券交易

1.证券交易的概念、特征、种类和方式

(1)证券交易的概念。证券交易是指已经发行并经认购的证券在法定证券交易场所买卖证券的行为。广义证券交易包括证券买卖和证券的赠与、证券的继承。狭义证券交易是指证券的买卖。证券交易的主体、行为、标的物要合法。

(2)证券交易的特征。证券交易的特征有:①是合法证券的转让;②交易的客体是特定的证券(依法发行并交付的证券)及其所记载的权利;③须在法定的交易场所进行转让;④须遵守相应的交易规则。

证券交易必须遵循公开、公平、公正的原则。

(3)证券交易的种类。

①证券现货交易:是指交易双方以自己真正拥有的资金和证券进行交易并于证券成交后即办理清算、交割手续的一种交易方式。我国证券法规定证券交易以现货进行交易。有当日交割、次日交割、例行日交割三种方式。

②证券信用交易:是指由证券投资者依一定的比例向证券经纪商交纳部分价款或证券作为保证金,差额部分由证券经纪商垫付并完成交易的一种交易方式,又称保证金交易或垫头交易或融资、融券交易。融资交易又为买入、多头交易;融券交易又为卖出、空头交易。

③证券期货交易:是指双方成交后约定在此后的某一特定时间,按照成交合同约定的数量和价格进行清算和交割的一种证券交易方式,又称证券期货合约交易。

④证券期权交易:是指双方约定在未来某一时间以特定价格从事证券买进或卖出期权(选择权)的一种交易方式,又称选择权交易。

⑤证券场内交易:是指上市证券在证券交易所内以公开集中竞价方式进行的一种证券交易方式,也称挂牌交易。

⑥证券场外交易:是指在证券交易所以外场所进行的各种证券交易方式。场外交易包括柜台交易、第三市场交易与第四市场交易等方式。

(4)证券交易的方式。证券的公开、集中、竞价交易方式或国务院监督管理机构规定的其他形式。

①竞价原则。竞价原则包括:A.价格优先原则:买入时,买价高的申报优先于买价低的申

报;卖出时,卖价低的申报优先于卖价高的申报。B.时间优先原则:同价位买卖申报时,先申报的先成交,后申报的后成交。

②竞价方式。竞价有口头竞价、书面竞价、电脑竞价三种主要方式。目前以电脑竞价方式为主。集中竞价交易方式、大宗交易方式。

(二)股票交易的条件

按照《中华人民共和国证券法》和《股票发行与交易管理暂行条例》的规定,股份有限公司申请其股票在证券交易所上市交易,应符合下列条件:①股票经国务院证券管理部门批准已向社会公开发行。②公司股本总额不少于人民币五千万元,或者本法实施后新组建成立的,其主发起人为国有大中型企业的,可连续计算。③持有股票面值达人民币一千元以上的股东人数不少于一千人,向社会公开发行的股份达公司股份总额的百分之二十五以上。公司股本总额超过人民币四亿元的,其向社会公开发行股份的比例为百分之十五以上。④公司在最近三年内无重大违法行为,财务会计报告无虚假记载。⑤国务院规定的其他条件。

股份有限公司申请其股票上市交易,必须报经国务院证券监督管理机构核准。获得审核后向证券交易所提出申请,安排上市。证券交易所应当自接到该股票发行人提交的文件之日起六个月内安排该股票上市。股票上市交易申请经证券交易所同意后,上市公司应当在上市交易的五日前公告经核准的股票上市的有关文件,并将该文件置备于指定场所供公众查阅。

(三)股票交易的暂停和终止

股票交易暂停是指上市公司发生法定不得继续上市事由时,由证券交易所作出的暂停其股票在交易所内挂牌交易的决定。有法定暂停上市、申请暂停上市和自动暂停上市三种。

股票交易终止是指上市公司有法定终止其证券上市事由时,由证券交易所作出的终止其股票在交易所内挂牌交易的情形。

上市公司有下列情形之一的,由证券交易所决定暂停其股票上市:①公司股本总额、股权分布等发生变化,不再具备上市条件。②公司不按规定公开其财务状况,或者对财务会计报告作虚假记载。③公司有重大违法行为。④公司最近3年连续亏损。上市公司有上述②③项情形之一,经查实后果严重的,或有上述①④项情形之一,在限期内未能消除,不具备上市条件的,由国务院证券管理部门决定终止其股票上市。

(四)债券交易的条件

债券交易是指经国务院证券监督管理机构核准的公司所发行的债券在证券交易所上市交易的活动。公司申请其公司债券上市交易必须符合下列条件:①公司债券的期限为一年以上;②公司债券实际发行额不少于人民币五千万元;③公司申请其债券上市时仍符合法定的公司债券发行条件。公司申请其发行的公司债券上市交易,必须报经国务院证券监督管理机构核准。公司债券上市交易申请经国务院债券监督管理机构核准后,其发行人应当向证券交易所提交核准文件和前述规定的有关文件。证券交易所应自接到上述文件之日起三个月内,安排该债券上市交易。公司债券上市交易申请经证券交易所同意后,发行人应当在公司债券上市交易的五日前公告公司债券上市报告、核准文件及有关上市申请文件,并将其申请文件置备于指定场所供公众查阅。

(五)债券交易的暂停和终止

公司债券交易暂停是指上市公司发生法定不得继续上市事由时,由证券交易所作出的暂停其公司债券在交易所内挂牌交易的决定。

公司债券终止交易是指上市公司有法定终止其债券上市事由时,由证券交易所作出的终止其债券在交易所内挂牌交易的决定。终止公司债券上市的情形一般为上述暂停上市事由的严重情况。

公司债券上市交易后,公司有下列情形之一的,由证券交易所决定暂停其公司债券上市交易:①公司有重大违法行为;②公司情况发生重大变化不符合公司债券上市条件;③公司债券所募集资金不按照审批机关批准的用途使用等情形。公司解散、依法被责令关闭或者被宣告破产的,由证券交易所终止其公司债券上市,并报国务院证券监督管理机构备案。

六、限制和禁止的证券交易行为

根据证券法关于证券交易的禁止行为的规定,可以归纳为以下几种:

(一)禁止内幕交易行为

内幕交易是指知悉证券交易内幕信息的知情人员,利用内幕信息进行证券交易的活动。内幕交易的主体范围,根据证券法第七十四条的规定包括:①发行人的董事、监事、高级管理人员;②持有公司百分之五以上股份的股东及其董事、监事、高级管理人员,公司的实际控制人及其董事、监事、高级管理人员;③发行人公司控股的公司及其董事、监事、高级管理人员;④由于所任公司职务可以获取公司有关证券交易信息的人员;⑤证券监督管理机构工作人员,以及由于法定的职责对证券交易进行管理的其他人员;⑥保荐人、承销的证券公司、证券交易所、证券登记结算机构、证券服务机构的有关人员;⑦上市公司收购人或者重大资产交易方及其控股股东、实际控制人、董事、监事和高级管理人员;⑧因职务、工作可以获取内幕信息的证券交易场所、证券登记结算机构、证券经营机构、证券服务机构的有关人员;⑨因职责、工作可以获取内幕信息的证券监督管理机构工作人员;⑩因法定职责对证券的发行、交易或者对上市公司及其收购、重大资产交易进行管理可以获取内幕信息的有关主管部门、监管机构的工作人员;⑪国务院证券监督管理机构规定的其他人员。上述所称上市公司董事、监事、高级管理人员、自然人股东持有的股票或者其他具有股权性质的证券时,应当将其配偶、子女及利用他人账户持有的股票或者其他具有股权性质的证券合并计算。

内幕信息是指证券交易活动中,涉及公司的经营、财务或者对该公司证券的市场价格有重大影响的尚未公开的信息。证券法第七十五条规定,内幕信息包括:①本法第六十七条第二款所列重大事件;②公司分配股利或者增资的计划;③公司股权结构的重大变化;④公司债务担保的重大变更;⑤公司营业用主要资产的抵押、出售或者报废,一次超过该资产的 30%;⑥公司的董事、监事、经理、高级管理人员的行为可能依法承担重大损害赔偿责任;⑦上市公司收购的有关方案;⑧国务院证券监督管理机构认定的对证券交易价格有显著影响的其他重要信息。

知悉证券交易内幕信息的知情人员或者非法获取内幕信息的其他人员,不得买入或者卖出所持有的该公司的证券,或者泄露该信息,或者建议他人买卖该证券。

禁止证券交易场所、证券登记结算机构、证券经营机构、证券服务机构和其他金融机构的从业人员、有关监管部门或者行业协会的工作人员以及其他因工作、职责获取未公开信息的人员,买卖或者建议他人买卖与该信息相关的证券,或者泄露该未公开信息。

(二)禁止操纵证券市场行为

操纵证券市场,是指以获取利益或者减少损失为目的,利用手中掌握的资金等优势影响证券市场价格,制造证券市场假象,诱导或者致使投资者在不了解事实真相的情况下作出证券投资决定,扰乱证券市场秩序的行为。

证券法第七十七条规定操纵市场的行为包括:①单独或者合谋,集中资金优势、持股优势或者利用信息优势联合或者连续买卖,操纵证券交易价格或者证券交易量;②与他人串通,以事先约定的时间、价格和方式相互进行证券交易,影响证券交易价格或者证券交易量;③在自己实际控制的账户之间进行证券交易,影响证券交易价格或者证券交易量;④不以成交为目的的频繁申报和撤销申报;⑤利用虚假或者不确定的重大信息,诱导投资者进行证券交易;⑥对证券及其发行人公开作出评价、预测或者投资建议,并进行反向证券交易;⑦以其他手段操纵证券交易市场。

同时,禁止任何人从事下列跨市场操纵行为:①为了在衍生品交易中获得不正当利益,通过拉抬、打压或者锁定等手段,影响衍生品基础资产市场价格的行为;②为了在衍生品基础资产交易中获得不正当利益,通过拉抬、打压或者锁定等手段,影响衍生品市场价格的行为;③国务院证券监督管理机构认定的其他跨市场操纵行为。

操纵市场行为给投资者造成损失的,行为人应当依法承担赔偿责任。

(三)禁止虚假陈述和信息误导行为

证券法规定:禁止任何单位和个人编造、传播虚假信息,扰乱证券市场。禁止证券交易所、证券公司、证券登记结算机构、证券交易服务机构、证券业协会、证券监督管理机构及其工作人员,在证券交易活动中作出虚假陈述或者信息误导。各种传播媒介传播证券市场信息必须真实、客观,禁止误导。

(四)禁止欺诈客户行为

欺诈客户,是指证券公司及其从业人员实施的违背客户真实意思表示,损害客户利益的欺诈行为。证券法规定,在证券交易中,禁止证券公司及其从业人员从事下列损害客户利益的欺诈行为:①违背客户的委托为其买卖证券;②不在规定时间内向客户提供交易的书面确认文件;③挪用客户所委托买卖的证券或者客户账户上的资金;④未经客户的委托,擅自为客户买卖证券,或者假借客户的名义买卖证券;⑤为牟取佣金收入,诱使客户进行不必要的证券买卖;⑥利用传播媒介或者通过其他方式提供、传播虚假或者误导投资者的信息;⑦其他违背客户意思表示,损害客户利益的行为。

(五)禁止短线交易

证券法第四十七条规定:上市公司董事、监事、高级管理人员、持有上市公司股份百分之五以上的股东,将其持有的该公司的股票在买入后六个月内卖出,或者在卖出后六个月内又买入,由此所得收益归该公司所有,公司董事会应当收回其所得收益。

(六)其他禁止行为

(1)在证券交易中,禁止法人非法利用他人账户从事证券交易;禁止法人出借自己或者他人的证券账户。

(2)在证券交易中,禁止任何人挪用公款买卖证券。

(3)依法拓宽资金入市渠道,禁止资金违规流入股市。

(4)非依法发行的证券,不得买卖。

(5)依法公开发行的股票、公司债券及其他证券,应当在依法设立的证券交易所上市交易或者在国务院批准的其他证券交易所转让。

(6)证券公司不得以任何方式对客户证券买卖的收益或者赔偿证券买卖的损失作出

承诺。

七、证券机构

（一）证券交易所

证券交易所是为证券集中交易提供场所和设施，组织和监督证券交易，实行自律管理的法人。证券交易所有公司制和会员制之分。我国的证券交易所是不以营利为目的实行自律性管理的会员制的事业法人。目前，我国有两家证券交易所，即1990年12月设立的上海证券交易所和1991年7月设立的深圳证券交易所。证券交易所的设立和解散，由国务院决定。

证券交易所履行下列自律管理职能：①提供证券交易的场所和设施；②制定业务规则；③审核、安排证券上市及终止上市；④组织、管理证券交易；⑤对上市公司、会员及其他市场参与人进行自律管理；⑥管理和公布市场信息；⑦法律、行政法规、国务院证券监督管理机构规定的其他职能。证券交易所依照证券法律、行政法规制定上市规则、交易规则、会员管理规则和其他有关业务规则，并报国务院证券监督管理机构批准。

证券交易所依法制定的业务规则对证券交易业务活动的各参与主体具有约束力。发行人、投资者、证券经营机构、证券服务机构以及其他市场参与主体开展证券交易业务活动，应当遵守证券交易所制定的业务规则。违反业务规则的，证券交易所可以依照业务规则对有关责任人给予纪律处分或者采取其他自律管理措施，并及时公告。

（二）证券经营机构

证券经营机构，是指依照《中华人民共和国公司法》《中华人民共和国合伙企业法》和本法规定设立的证券公司、证券合伙企业，以及经国务院证券监督管理机构按照规定核准经营证券业务的其他机构。证券经营机构应当遵守法律、行政法规和国务院证券监督管理机构的规定，审慎经营，勤勉尽责，诚实守信。证券经营机构的业务活动，应当与其治理结构、内部控制、合规管理、风险管理以及风险控制指标、从业人员构成等情况相适应，符合审慎监管和保护投资者合法权益的要求。

证券经营机构依法享有自主经营的权利，其合法经营不受干涉。

设立证券公司、证券合伙企业，应当经国务院证券监督管理机构批准。未经国务院证券监督管理机构批准，任何单位和个人不得经营或者变相经营证券业务，不得使用"证券"或者"证券公司"字样或者近似名称开展证券业务活动。

经国务院证券监督管理机构核准，证券经营机构可以经营下列部分或者全部证券业务：①证券承销；②证券保荐；③证券经纪；④证券融资、融券；⑤证券登记、结算和托管；⑥证券做市交易；⑦证券产品销售；⑧证券投资咨询；⑨证券财务顾问；⑩其他证券业务。

证券经营机构从事证券业务的人员应当具备证券从业资格。

（三）证券登记结算机构

证券登记结算机构是为证券交易提供集中登记、存管与结算服务的、不以营利为目的的法人。设立证券登记结算机构，必须经国务院证券监督管理机构批准。证券登记结算机构的设立和申请解散，应当经国务院证券监督管理机构批准。公开交易证券的登记结算应当采取全国集中统一的运营方式。

证券登记结算机构履行下列职能：①证券账户、结算账户的设立；②证券的存管和过户；③证券持有人名册登记；④证券的清算和交收；⑤受发行人的委托派发证券权益；⑥办理与上述业务有关的查询、信息服务;⑦国务院证券监督管理机构批准的其他业务。证券登记结算机构依法制定的业务规则对证券登记结算业务活动的各参与主体具有约束力。证券登记结算业务参与人应当遵守证券登记结算机构制定的业务规则。违反业务规则的,证券登记结算机构可以给予纪律处分或者采取其他自律管理措施。

证券登记结算机构应当妥善保存登记、存管和结算的原始凭证、电子数据及有关文件和资料。其保存期限自登记的证券注销之日起不得少于二十年。证券登记结算机构应当对投资者的证券持有信息保密。

(四)证券交易服务机构

证券交易服务机构是指从事证券投资咨询、资信评估、为证券发行和上市交易提供专业性服务的机构,包括证券投资咨询机构和资信评估机构等。资信评级机构、资产评估机构、会计师事务所从事证券服务业务,应当向国务院证券监督管理机构履行登记手续,报送基本情况。未经登记,资信评级机构、资产评估机构、会计师事务所不得为证券的发行、上市、交易等证券业务活动提供服务。

证券服务机构从事证券服务业务,应当勤勉尽责、诚实守信。

证券服务机构应当妥善保存客户委托文件、核查和验证资料、工作底稿以及与质量控制、内部管理、业务经营有关的信息和资料,任何人不得泄露、隐匿、伪造、篡改或者毁损。

(五)证券业协会

证券业协会是证券业的自律性组织,是社会团体法人。证券业协会实行会员制,证券公司、证券合伙企业应当加入证券业协会。其他依法从事证券业务的机构,可以加入证券业协会。

证券业协会履行下列自律管理职责:①教育和组织会员及其从业人员遵守证券法律、行政法规、自律规则,组织开展证券行业诚信建设,督促证券行业履行社会责任;②依法维护会员的合法权益,向证券监督管理机构反映会员的建议和要求;③督促会员开展投资者教育和保护活动,维护投资者合法权益;④制定和实施证券行业自律规则,监督、检查会员及其从业人员行为,对违反法律、行政法规、自律规则或者协会章程的,按照规定给予纪律处分或者实施其他自律管理措施;⑥制定证券行业执业标准和业务规范,组织证券从业人员的从业考试和业务培训,对证券从业人员进行资格管理;⑥组织会员就证券行业的发展、运作及有关内容进行研究,收集整理、发布证券相关信息,提供会员服务,组织行业交流,引导行业创新发展;⑦对会员之间、会员与客户之间发生的证券业务纠纷进行调解;⑧组织会员间非公开市场建设,对会员开展与证券非公开发行或者转让相关的业务活动进行自律管理;⑨证券业协会章程规定的其他职责。

(六)证券监督管理机构

依照证券法规定,我国依法对证券市场实行监督管理的机构是国务院证券监督管理机构。目前证券监督管理机构是中国证券监督管理委员会。此外,证券交易所、证券登记结算机构也对证券发行和交易活动负有监督和管理的职责。

国务院证券监督管理机构在对证券市场实施监督管理中履行下列职责:①依法制定有关证券市场监督管理的规章、规则,并依法行使审批、注册或者核准权;②依法对证券的发行、上市、交易、登记、存管、结算等行为,进行监督管理;③依法对证券发行人、公众公司、证券经营机构、证券服务机构、证券交易场所、证券登记结算机构的证券业务活动,进行监督管理;④依法制定从事证券业务人员的资格标准和行为准则,并监督实施;⑤依法监督检查证券发行、上市、交易的信息披露;⑥依法对证券业协会及其他市场组织的自律管理活动进行指导和监督;⑦依法开展投资者教育;⑧依法对违反证券市场监督管理法律、行政法规及国务院证券监督管理机构规章、规则的行为进行查处;⑨法律、行政法规规定的其他职责。国务院证券监督管理机构依法履行职责,发现证券违法行为涉嫌犯罪的,应当将案件移送司法机关处理。

国务院证券监督管理机构依法履行职责,被检查、调查的单位和个人以及金融机构、通讯运营商等与被调查事件有关的单位和个人应当配合,如实作出说明,如实提供有关文件和资料,不得拒绝、阻碍、隐瞒和拖延。

国务院证券监督管理机构可以和其他国家或者地区的证券监督管理机构建立监督管理合作机制,在跨境监督管理中履行本法规定的职责,并可以采取本法规定的方式和措施。

国务院证券监督管理机构依法制定的规章、规则和监督管理工作制度应当公开。国务院证券监督管理机构工作人员应当忠于职守,依法办事,公正廉洁,不得利用职务便利牟取不正当利益,不得泄露所知悉的有关单位和个人的商业秘密。国务院证券监督管理机构的人员不得在被监管的机构中任职。

八、法律责任

(一)违反证券发行规定的法律责任

(1)未经法定机关核准,擅自公开或者变相公开发行证券的,责令停止发行,退还所募资金并加算银行同期存款利息,处以非法所募资金金额百分之一以上百分之五以下的罚款;对擅自公开或者变相公开发行证券设立的公司,由依法履行监督管理职责的机构或者部门会同县级以上地方人民政府予以取缔。对直接负责的主管人员和其他直接责任人员给予警告,并处以三万元以上三十万元以下的罚款。

(2)证券公司承销或者代理买卖未经核准擅自公开发行的证券的,责令停止承销或者代理买卖,没收违法所得,并处以违法所得一倍以上五倍以下的罚款;没有违法所得或者违法所得不足三十万元的,处以三十万元以上六十万元以下的罚款。给投资者造成损失的,应当与发行人承担连带赔偿责任。对直接负责的主管人员和其他直接责任人员给予警告,撤销任职资格或者证券从业资格,并处以三万元以上三十万元以下的罚款。

(3)发行人、上市公司或者其他信息披露义务人未按照规定披露信息,或者所披露的信息有虚假记载、误导性陈述或者重大遗漏的,责令改正,给予警告,并处以三十万元以上六十万元以下的罚款。对直接负责的主管人员和其他直接责任人员给予警告,并处以三万元以上三十万元以下的罚款。

发行人、上市公司或者其他信息披露义务人未按照规定报送有关报告,或者报送的报告有虚假记载、误导性陈述或者重大遗漏的,责令改正,给予警告,并处以三十万元以上六十万元以下的罚款。对直接负责的主管人员和其他直接责任人员给予警告,并处以三万元以上三十万元以下的罚款。

发行人、上市公司或者其他信息披露义务人的控股股东、实际控制人指使从事前两款违法行为的,依照前两款的规定处罚。

(二)违反证券交易规定的法律责任

(1)证券交易内幕信息的知情人或者非法获取内幕信息的人,在涉及证券的发行、交易或者其他对证券的价格有重大影响的信息公开前,买卖该证券,或者泄露该信息,或者建议他人买卖该证券的,责令依法处理非法持有的证券,没收违法所得,并处以违法所得一倍以上五倍以下的罚款;没有违法所得或者违法所得不足三万元的,处以三万元以上六十万元以下的罚款。单位从事内幕交易的,还应当对直接负责的主管人员和其他直接责任人员给予警告,并处以三万元以上三十万元以下的罚款。证券监督管理机构工作人员进行内幕交易的,从重处罚。

(2)违反证券法的规定,操纵证券市场的,责令依法处理非法持有的证券,没收违法所得,并处以违法所得一倍以上五倍以下的罚款;没有违法所得或者违法所得不足三十万元的,处以三十万元以上三百万元以下的罚款。单位操纵证券市场的,还应当对直接负责的主管人员和其他直接责任人员给予警告,并处以十万元以上六十万元以下的罚款。

(3)违反证券法规定,在限制转让期限内买卖证券的,责令改正,给予警告,并处以买卖证券等值以下的罚款。对直接负责的主管人员和其他直接责任人员给予警告,并处以三万元以上三十万元以下的罚款。

(4)违反证券法规定,为客户买卖证券提供融资融券的,没收违法所得,暂停或者撤销相关业务许可,并处以非法融资融券等值以下的罚款。对直接负责的主管人员和其他直接责任人员给予警告,撤销任职资格或者证券从业资格,并处以三万元以上三十万元以下的罚款。

(5)证券交易所、证券公司、证券登记结算机构、证券服务机构的从业人员或者证券业协会的工作人员,故意提供虚假资料,隐匿、伪造、篡改或者毁损交易记录,诱骗投资者买卖证券的,撤销证券从业资格,并处以三万元以上十万元以下的罚款;属于国家工作人员的,还应当依法给予行政处分。

(6)违反证券法规定,法人以他人名义设立账户或者利用他人账户买卖证券的,责令改正,没收违法所得,并处以违法所得一倍以上五倍以下的罚款;没有违法所得或者违法所得不足三万元的,处以三万元以上三十万元以下的罚款。对直接负责的主管人员和其他直接责任人员给予警告,并处以三万元以上十万元以下的罚款。

第五节　信托法

一、信托的概念与职能

(一)信托的概念及特征

根据 2001 年 4 月 28 日通过的《中华人民共和国信托法》的规定,所谓信托是指委托人基于对受托人的信任,将其财产权委托给受托人,由受托人按委托人的意愿以自己的名义,为受益人的利益或者特定目的,进行管理或者处分的行为。根据我国信托法规定,信托与金融信托是不完全一样的,金融信托中信托人一般是信托投资公司或银行机构。信托法所指信托中信托人不仅包括金融机构,也包括其他主体,信托人(也即受托人)是具有完全民事行为能力的自然人、法人。

信托具有以下法律特征:

(1)受托人应当具有完全民事行为能力。在国外一般是信托投资公司或银行的信托业务部。在我国信托法 2001 年 10 月 1 日实施前,受托者必须是符合法定条件并经审核批准的金融机构,但商业银行依商业银行法规定不得经营信托业务。未经批准,任何部门、单位不准经营金融信托业务,禁止个人经营金融信托业务。信托法实施后,受托人可以是具有完全民事行为能力的自然人、法人。受托人的范围比较广泛。

（2）信托必须采用书面形式设立，并通过签订合同，明确信托各方的权利义务。

（3）信托业务是一种他主经营行为，即受托人要按照委托人的意旨被动地开展具体业务，因此，受托人对信托财产运用风险仅负有限责任。这种有限责任主要限定在受托人要对因违背信托目的而造成信托财产损失负赔偿责任。

（4）信托是以规范信托行为，保护信托当事人的合法权益设立的。为保护委托人或受益人的合法权益，受托人对委托人承担谨慎、忠实的善良管理人的义务。

（二）信托的职能

信托具有多种职能，但其最基本和最主要的职能有以下三个：

1. 财务管理职能

这是金融信托最基本的职能，它是指金融信托机构接受财产所有者的委托，为其管理、处理财产或代办经济事务等。比较典型的管理行为有委托投资、委托贷款等；典型的处理行为有代为出售或转让信托财产；代办事务则主要包括代收款项、代为发行和买卖有价证券等。

2. 融通资金职能

它是指金融信托机构通过办理信托业务，为建设项目筹措资金，或对其他客户给予资金融通和调剂的职能。它主要表现为三个方面：一是货币资金的融通，金融信托机构将货币资金无论用于贷款、投资或购买、出售有价证券，都能发挥融资的职能；二是通过融资租赁，实现物资上的融通与货币资金的融通；三是通过受益权的流通转让而进行的货币资金融通。

3. 沟通和协调经济关系的职能

它是指金融信托机构通过开展信托业务，提供信任、信息与咨询服务等方面的职能。金融信托业务是一种多边经济关系，金融机构作为委托人与受益人的中介，在开展信托业务过程中，要与诸多方面发生经济往来，是天然的横向经济联系的桥梁和纽带。通过办理金融信托业务，特别是代办经济事务为经济交易各方提供信息、咨询和服务，发挥沟通和协调各方经济联系的职能。

二、信托法和信托法律关系

（一）信托法的概念

信托法是调整信托关系的法律规范的总称。信托法包括信托设立、信托财产、信托当事人（委托人、受托人、受益人）的资格及各自的权利义务、信托的类别及信托的变更和终止等内容。信托法是金融法体系中的重要组成部分。金融信托法包括信托基本法和信托业法。信托基本法是规定信托基本关系的法律规范，其内容包括信托财产、信托当事人（委托人、受托人、受益人）的资格及各自的权利义务、信托的类别及设立和终止等。信托业法是规定金融信托机构的组织及其业务监管的法律规范。其内容包括信托机构的性质、业务范围、组织形式、设立条件及程序、变更、终止、经营规则、监督管理等。金融信托法是金融法体系中的重要组成部分。

我国现行的信托法制定于 2001 年 4 月 28 日，并于同年 10 月 1 日起施行。信托法共七章、七十四条。七章分别为总则、信托的设定、信托财产、信托当事人、信托的变更和终止、公益信托和附则。除信托法之外，我国重要的信托立法还有《信托公司管理办法》《信托公司集合资金信托计划管理办法》。

(二)信托法律关系

信托法律关系,是指由信托法调整的,在信托当事人之间形成的以信托财产为中心的权利、义务关系。

信托关系和其他法律关系一样,也由主体、客体和内容三部分构成。

1.信托法律关系主体

信托法律关系主体是指能够参加信托法律关系,通过信托将自己财产转移给受托人管理或处理,从而导致信托关系设立的主体。其包括委托人、受托人和受益人。根据各国法律规定,除了未成年人、禁治产人、准禁治产人外,只要有财产,无论是自然人还是法人,甚至非法人团体,都可成为委托人。受托人是指接受委托人的委托或者国家有关机关的指定而对信托财产负有为他人利益进行管理和处分责任的人。法律禁止未成年人、禁治产人、准禁治产人及破产者成为受托人,从事金融信托则要由金融信托机构进行。受益人是指因受托人管理、处分信托财产而享受信托利益的人。未成年人、甚至未出生的胎儿都可以成为受益人。

依据我国信托法规定,委托人应是具有完全民事行为能力的自然人、法人或者依法成立的其他组织。受托人应是具有完全民事行为能力的自然人、法人。但是,公益受托人应当经有关公益事业的管理机构批准,未经公益事业的管理机构批准,任何机构或者个人均不得以公益信托的名义进行活动。受益人应是在信托中享有信托受益权的人。受益人可以是自然人、法人或者依法成立的其他组织。

2.信托法律关系客体

信托法律关系的客体,是指信托法律关系主体的权利和义务所共同指向的对象,也即借以产生信托法律关系的信托财产。能够成为信托公司经营对象的信托财产主要有货币、有价证券、金钱债权、动产和不动产等有形财产。无形财产不能成为金融信托的财产。我国信托法规定:信托财产必须是委托人合法所有的财产。委托人所有的财产因受托人承诺取得而成为信任财产。并且,信托人因信托财产的管理运用、处分或者其他情形而取得的财产,也归入信托财产。但是,法律、行政法规禁止流通的财产,不得作为信托财产。法律、行政法规限制流通的财产,经有关主管部门批准后,才可以作为信托财产。

所谓"信托财产",是指委托人通过信托行为转移给受托人,并由受托人按照一定的信托目的进行管理和处理的财产,包括经过管理和处理信托财产而获得的财产(通常叫做信托利益)。信托财产是一种具有特殊性质的财产,其法律特征是:

(1)信托财产的独立性。由于信托财产是受托人按委托人的意旨,为受益人的利益而管理、处理的财产,因此信托财产在法律上具有独立性。表现在:①对委托人来说,由于信托财产已委托给受托人管理和处理,所以,委托人已无权支配该财产。②对于受托人来说,信托财产是他人的财产,必须将信托财产与受托人自己的财产相划分,并和其他委托人的信托财产分别管理。③除了因为信托财产在信托前的理由发生的权利,或在信托事务处理中发生的权利以外,信托财产不得被扣押、不得强制执行或进行拍卖。④信托财产的债权和不属于信托财产的债务,不能互相抵消。

(2)信托财产的物上代位性。信托财产在信托行为的执行中,无论其外在形态如何变换(代位),其作为信托财产的固有性质不会改变。如在受托过程中,信托财产从最初的不动产经由处理出售,变成货币形态的价款,再由受托人经营而买进了有价证券,这种在财产形态上的变换,不影响其固有性质仍属信托财产。在信托财产的形态变换过程中,财产的价值量也会发生某些增减变化,价值量增加减少也同样不影响信托财产的性质。信托终了后,持有财产的权利始终属于受益人。

（3）信托财产运用的有限性。相对于固有财产的运用而言,受托人在信托财产的管理运用上有一定的限制。这表现在:①受托人不能违反信托目的,随意改变财产的用途;不能违反国家法令和危害社会公益,忽视信托财产的安全性而任意冒险运用;不得为自身利益使用信托财产,同时也不得使用应该交付受益人而尚未交付的信托财产。②受托人在管理和处分信托财产和固有财产时,法律严格限制它们之间进行交易或互换,因为这可能对信托财产不利。

（4）信托财产的转让性。信托法律关系的成立,必须以信托财产的转让为前提。在不同国家,不同信托业务的转让方式不同。但一般有三种模式:一是单纯信托财产物的位移,而信托财产的所有权和使用权仍掌握在委托人手中;二是除了信托财产物的位移外,还需将信托财产的管理、使用、处分权也转移到受托人手中;三是将信托财产的所有权也转移到受托人手中,但受托人取得信托财产的所有权,并未取得信托财产的绝对权能。这与一般民法上关于所有权是绝对权的规定有别。并且,信托财产的受托人是为他人利益而享有所有权。这是信托财产在转让所有权上的特殊性质。

3.信托法律关系的内容

信托法律关系的内容,是指信托关系人(即委托人、受托人和受益人)所享有的权利和承担的义务。不同的信托主体享有的权利和义务是不同的。

委托人的主要权利是:信托财产管理方法的调整权,即当委托人与受托人签订信托合同,与受托人确定信托管理方法,因设立信托时未能预见的特别事由,致使信托财产的管理方法不利于实现信托目的或者不符合受益人的利益时,委托人有权要求受托人调整该信托财产的管理方法;信托财产处分不当的撤销申请权,即当受托人违反信托目的处分信托财产或者违背管理职责的,委托人有权申请撤销该违法行为,并有权要求赔偿。该撤销请求权应自委托人知道或者应该知道撤销原因之日起一年内行使;信托财产的知情权,即委托人有权了解其信托财产的管理运用、处分及收支情况,有权要求受托人作出说明。委托人有权查阅、抄录或者复制与其信托财产有关的信托账目及处理信托事务的其他文件。

委托人的主要义务是:按照信托法律、法规与受托人设立信托,并依合同的规定支付有关费用;承担信托合同规定的风险责任;等等。

受托人的主要权利有:有权根据信托法律、法规的规定及合同约定,合法地对信托财产进行管理和处理;有权向委托人取得信托报酬,向受益人收取处理信托事务的费用和要求补偿损失。

受托人的主要义务是:谨慎、忠实义务,即受托人应当恪尽职守、诚实信用,履行谨慎、有效管理的义务。不得将信托财产转为其固有财产,也不得将其固有财产与信托财产进行交易或者将不同委托人的信托财产进行相互交易;分别管理的义务,即受托人必须将信托财产与固有财产分别管理、分别记账,并将不同委托人的信托财产分别管理、分别记账;亲自履行的义务,即受托人应当自己处理信托事务,经委托人约定或不得已情形时,为委托人利益,可以委托他人代为处理信托事务,并应就委托他人代为处理的信托事务的行为承担法律责任。受托人为两人以上的,受托人应当共同处理信托事务。委托人对共同受托人有分别约定的,共同受托人可从其约定。共同受托人就共同处理的委托事务承担连带赔偿责任;保存记录及保密的义务,即受托人必须保存处理信托事务的完整记录,并应当每年定期将信托财产的管理运用、处分及收支情况,报告委托人和受益人。受托人对委托人、受益人及处理信托事务的情况和资料有保密的义务。有限责任的义务,即受托人对受益人承担的义务是有限的。受托人只以信托财产为限向受益人承担支付信托利益的义务。

受益人的权利有:受益人自信托生效之日起享有信托受益权,共同受益人按照信托文件的规定享受信托利益。信托文件对信托利益的分配比例或者分配方式未作约定的,各受益人按照均等的比例享受信托利益;受益人可以放弃信托受益权;受益人的信托授权可以依法转让和继承,但信托文件有限制性规定的除外。受益人不能清偿到期债务的,其信托受益权可以用于清偿债务。

受益人的主要义务有:受托人在处理信托事务中,并非由于过失而蒙受损失时,受益人有义务接受受托人补偿损失的要求。

三、信托的设立、变更和终止

(一)信托的设立

依据我国信托法的规定,信托的设立遵循了,同时也体现了自愿、平等、有偿的原则。信托法关于信托的设立较之原中国人民银行颁布的《信托投资机构资金管理暂行办法》的规定要简单得多。除公益信托需要经过相关机构的批准外,一般的信托设立概由信托当事人自主决定。依据我国信托法的规定,信托设立应具备以下几个条件:

(1)信托当事人应具有完全民事行为能力;

(2)设立信托应具有合法的信托目的;

(3)设立信托应当采取书面形式或当事人约定的其他书面形式;

(4)设立信托必须有确定的信托财产;

(5)信托财产必须是委托人合法所有的财产。

当事人可以以遗嘱方式设立信托,设立遗嘱信托的,应当遵守继承法关于遗嘱的规定。对于有的信托财产,有关法律、行政法规规定应当办理登记手续的,应当办理信托登记。未办理登记的,应当补办;不补办的,该信托不产生法律效力。

有下列情形之一的,设立的信托无效:

(1)信托目的违反法律、行政法规或者损害社会公共利益的;

(2)信托财产不能确定;

(3)委托人以非法财产或者本法规定不得设立信托的财产设立信托;

(4)专以诉讼或者讨债为目的设立信托;

(5)受益人或者受益人范围不能确定;

(6)法律、行政法规规定的其他情形。

(二)信托变更与终止

1.变更

依照信托法规定,设立信托后,有下列情形之一的,委托人可以变更受益人或者处分受益人的信托受益权:

(1)受益人对委托人有重大侵权行为;

(2)受益人对其他共同受益人有重大侵权行为;

(3)经受益人同意;

(4)信托文件规定的其他情形。

有前款第(1)项、第(3)项、第(4)项所列情形之一的,委托人可以解除信托。

2.终止

依照信托法规定,有下列情形之一的,信托可以终止:

(1)信托文件规定的终止事由发生;

(2)信托的存续违反信托目的;

(3)信托目的已经实现或者不能实现;

(4)信托当事人协商同意;

(5)信托被撤销;

(6)信托被解除。

但是,信托不因委托人或者受托人的死亡、丧失民事行为能力、依法解散、被依法撤销或者被宣告破产而终止。信托终止的,信托财产归属于信托文件规定的人。信托终止后,受托人应当作出处理信托事务的清算报告。信托终止后,受托人依照本法规定行使请求给付报酬的,从信托财产中获得补偿的权利时,可以留置信托财产或者对信托财产的权利归属人提出请求。

四、公益信托

公益信托是指以公共利益为目的而设立的信托。由于公益信托设立的目的与一般信托设立的目的不同,信托法对公益信托作出了特别规定,除适用关于公益信托的特别规定外,没有规定的,使用关于一般信托的规定。公益信托包括的范围是指以公共利益目的设立的信托,主要包括以下目的设立的信托:

(1)救济贫困;

(2)救助灾民;

(3)扶助残疾人;

(4)发展教育、科技、文化、艺术、体育事业;

(5)发展医疗卫生事业;

(6)发展环境保护事业、维护生态环境;

(7)发展其他社会公益事业。

公益信托的设立和确定其受托人,应当经有关公益事业的管理机构批准。未经批准,不得以公益信托的名义进行活动。同时,公益信托的财产及其收益,不得用于非公益目的。

为保证公益信托的设立及活动合法,信托法规定,公益信托应当设置信托监察人,信托监察人有权以自己的名义维护受益人的利益,并对违法、侵权行为提起诉讼或者实施其他法律行为。公益事业管理机构应当定期检查受托人处理公益信托事务的情况和财产状况。

公益信托终止后,受托人作出的处理信托事务的清算报告,应当经信托监察人认可后,报公益事业管理机构核准,并由受托人予以公告。公益信托终止后,没有信托财产权利归属人或者信托财产权利归属人是不特定的社会公众的,经公益事业管理机构批准,受托人应当将信托财产用于与原公益目的相近似的目的;或者将信托财产转移给具有近似目的的公益组织或者其他公益信托。

思考与练习

1. 简述金融的概念和金融法的原则。
2. 简述中央银行的货币政策的目标和工具。
3. 简述商业银行的经营原则。
4. 简述股票发行的条件及交易中禁止的行为。
5. 简述信托中委托人的权利和义务。

第十九章 国有资产管理法律制度

第一节 国有资产管理法概述

一、国有资产的概念及分类

(一)国有资产的概念

1.资产的概念和分类

理论界普遍认为,资产是某一特定主体由于过去的交易事项而取得的或控制的可预期的未来经济利益。一项资产所体现的未来经济利益是直接或间接地给企业现金收益或现金等价物收益的潜能。这种潜能可以是企业经营能力中的部分生产能力,也可以采取转换为现金或现金等价物的形式,减少现金流出,如采用良好的加工程序、生产工艺等减少企业的生产成本的措施。可见,资产是一个与企业经营活动相关联的概念,与负债相对,是企业用于生产经营活动的全部财产和获取利益的能力的总和。1993年财政部颁布的企业会计准则对资产的定义为:"资产是企业拥有或控制的能以货币计量的经济资源,包括财产、债权和其他权利。"

资产与财产不同,其区别有:

(1)两个概念的内涵不同。财产可以被理解为现存的一切物质财富的总和,包括自然资源、企业资本、家庭财富等。而资产一般认为是可以作为生产要素投入到生产经营活动中,并且最终要通过这些活动取得增值(起码是保值)的效果。所以,财产和资产虽然都有财富的因素,但前者侧重强调静态的对现有各类财富以及由此产生的权利的控制和掌握的状态,而后者则是动态地强调经济资源获得预期的经济利益。

(2)两个概念的外延不同。两个概念都包括可以作为生产要素投入企业生产经营活动的货币资本和自然资源,但财产这个概念还包括各种个人财富,包括消费品、家庭财产等。同时,资产不但包括各种现存的物质财富,还包括各种可以通过生产经营活动而产生一定经济利益的权利,包括企业的债权、对其他企业的股权、知识产权(专利权、商标权等等)、商誉权等。而大陆法系认为,财产仅指各类物质财富,并不包括可以取得预期利益的权利。

资产按照不同的标准进行分类有:

(1)按法律意义分类,可分为不动产、动产和权利。不动产是指不能离开原位置或一旦离开原位置就会产生损失的资产,如自然资源、土地、房屋,以及附着于土地房屋上不可分离之部分等;动产是指离开原位不影响资产价值和使用的资产,如各种流动资产、各项长期资产、除不动产以外的其他固定资产;权利是指受国家法律保护并能取得预期收益的请求权,如各种债权。

(2)按照资产存在的形态,可以分为有形资产和无形资产。有形资产是指那些具有实物形态的资产,包括土地和厂房等固定资产,以及流动资产、对外投资、其他资产和自然资源等。会计学中的固定资产,一般是指使用年限在一年以上,单位价值在规定限额标准以上的劳动手段。在资产评估中,固定资产一般指房屋建筑、机器设备等。

无形资产是指那些没有物质实体而以权利或技术知识等经济资源存在并发挥作用的资产，包括各类知识产权、非专利技术、土地使用权、商誉等。

(3)按资产能否独立存在，可分为可确指的资产和不可确指的资产。可确指资产是指能独立存在的资产，前面所指出的有形资产和无形资产，除商誉外都是可确指的资产；不可确指的资产是指不能独立存在的资产，如商誉。商誉是由于企业生产经营出色，长期以来信誉卓著、历史悠久、技术先进，或处于优越的地理位置等原因，能获得收益率高于一般正常投资收益率所表现的超额利益，他不能脱离企业的有形资产而独立存在。

(4)按照资产的获利能力，可分为单项资产和整体资产。单项资产是指单台、单件的资产；整体资产是指由一组单项资产组成的具有获利能力的资产综合体。

2.国有资产的概念

1993 年《国有资产产权界定和产权纠纷处理暂行办法》规定："国有资产，系指国家依法取得和认定的，或者国家以各种形式对企业投资和投资收益、国家向行政事业单位拨款等形成的资产。"国有资产一般有广义与狭义之分。从广义上看，国有资产是指国家依据法律取得或者由于资金投入、资产收益、接受馈赠而形成的一切资产及收益，泛指依法归国家所有的一切财产，涵盖经营性国有资产也包括非经营性国有资产。广义的国有资产包括经营性国有资产，即由国家对企业的出资所形成的权益；行政事业性国有资产，即由国家机关、国有事业单位等组织使用管理的国有资产；资源性国有资产，即属于国家所有的土地、矿藏、森林、水流等自然资源类的资产三种。国有资产的形成主要包括以下渠道：

(1)国家以各种形式投资及受益形成的财产，包括国家投入的国有企业、中外合资企业、中外合作企业及其他企业用于经营的货币资本及其权益，和国家对行政事业单位拨入经费形成的资产。

(2)国家凭借权力取得或者依法认定属于国家所有的资产，如解放初期依法没收的官僚资本和敌伪财产，依法宣布为国有的城镇土地、矿藏、海洋、水流及森林、荒山等自然资源，依法赎买的资本主义工商业财产，依法征收、征用的土地，依法没收的各种违法财产，依法认定和接受的无主财产和无人继承的财产等。

(3)国家接受馈赠形成的资产。该资产包括公民赠与国家的资产，以及外国政府、友人、社会团体赠与国家的资产，等等。

狭义的国有资产即经营性国有资产，是指企业国有资产，是国家对企业各种形式的出资所形成的权益，企业国有资产属于国家所有即全民所有，国务院代表国家行使企业国有资产所有权；《中华人民共和国企业国有资产法》第二条规定："本法所称企业国有资产（以下称国有资产），是指国家对企业各种形式的出资所形成的权益。"即作为国家作为出资人对其出资的企业享有的资产收益、参与企业重大决策和选择企业管理者等股东权利，而不是指国家出资企业的厂房、机器设备等不动产和动产。国家出资企业包括四类企业，第一类是国有独资企业，第二类是国有独资公司，第三类是国有资本控股公司，第四类是国有资本参股公司。

国有资产作为社会生产力的重要组成部分，其质量和数量极大地影响着社会生产力的发展水平。因此，国有资产的合理组合和流动，必然能够起到引导社会经济资源配置整体上更为合理，从而实现最佳的经济效率。

国有产权是与国有资产密切相关又有些许差异的概念。产权是财产的所有权、经营权和使用权。国有产权是指凭借的国有资产形成的所有权以及财产所有权有关的经营权、使用权等权利。

（二）国有资产的分类

国有资产依照不同标准可以进行不同的分类，依照其本身的属性，可以分为动产、不动产以及合法权利，这也是法律上常用的分类方法；从存在形态可以分为流动资产、固定资产、无形资产和其他资产，这是会计上常用的分类方法；国有资产从用途上可以分为经营性资产和非经营性资产，前者主要包括全民所有制工商业企业、铁路、银行等经营实体所占有使用的资产，后者主要包括国家机关、人民团体、军队、学校等行政和事业性单位所占有使用的资产。本书采用第三种分类标准，将国有资产分为经营性国有资产和非经营性国有资产。

1. 经营性国有资产

（1）经营性国有资产的概念。

经营性国有资产是指国家作为出资者在企业中依法拥有的资本及权益。具体而言，经营性国有资产指从事产品生产、流通、经营服务等领域，以盈利为主要目的，依法经营或使用，其产权属于国家所有的一切财产。经营性国有资产的概念，包括以下四层含义：

①经营性国有资产分布的领域，不仅主要包括生产、流通等领域从事经营的企业，而且应当包括一些服务性行业、实行企业化管理的事业单位，以及利用非经营性国有资产进行创收的单位；

②这些资产以盈利为主要目的，即直接为社会创造价值和使用价值，并包括为实现这些价值的那部分资产；

③依法经营和使用，即指生产经营者和资产使用者依据国家法律、法令和有关政策，按照合理配置、节约使用的原则进行生产经营和使用的资产；

④产权属于国家所有的财产，主要在于突出经营性国有资产的权属及范围。

经营性国有资产是国有资产中最重要、最活跃的部分，是国有资产收益不断增长的源泉，是国有资产增量不断扩大的基础。

（2）经营性国有资产的特征。

① 运动性。这部分国有资产总是通过不断的运动实现自身的价值和增值，主要表现在随着社会再生产过程的不断进行，经营性国有资产也进入了投入→经营→收益→分配→再投入的循环之中，所以说经营性国有资产一旦丧失其运动性，也就是失去了它的经营性。

② 增值性。"增值"是经营性国有资产的本质属性。但是它必须在运动过程中与劳动相结合才能实现增值，亦即只有劳动力产生的剩余价值才能使资本产生利益。也只有劳动力才能为社会提供更多的物质产品和更多的服务。经营性国有资产的增值性，不仅使自身的价值总量不断扩大，而且会使国有资产的结构大大优化。

③ 经营方式的多样性。由于经营性国有资产主要分布在各行各业的工商企业的国有投资中，而这些投资在行业特点、技术基础、管理水平、生产规模、所处区域的环境、经营状况以及在国民经济中的地位和作用等方面都有较大差别，这就决定了经营性国有资产的经营方式不可能是单一的，而必然也应该是多样化的。经营性行国有资产的经营方式有直接经营、间接经营、委托经营、承包经营、租赁经营、股份经营、联合经营等多种经营方式。

2. 非经营性国有资产的概念和特征

（1）非经营性国有资产的概念。

非经营国有资产是指由行政、事业单位占有、使用的在法律上确认为国家所有的，能以货币计量的各种经济资源的总和。包括国家划拨和投入行政事业性单位的资产、行政事业单位按照国家规定收益形成的资产,以及捐赠和其他依法属于国家所有的资产。

（2）非经营性资产的特征。

①非生产性。非经营性国有资产主要（并非全部）在非生产领域之中,如各级党政机关、科学、文化、教育、事业单位,各种人民团体等等。当然,在一定的制度之下,这些国有资产也可能用于经营。但从其性质上来看,国家投入这些资产的目的不在于盈利,因此是非经营性的。

②使用目的的服务性。由于非经营性国有资产主要配置于社会的非生产领域,其使用的结果就不可能如同在生产领域中使用的经营性国有资产的结果那样,直接产生出物质财富。其作用在于,保证各项行政事业工作能顺利进行,从而保证社会的正常运转,支持经营性资产的运营。非经营性国有资产以服务和间接作用于经济发展为目的。

③资金补偿、使用的非直接性。此处说的资金补偿、使用的非直接性指的是非经营性国有资产使用后形成的消耗资金的补偿来源和为适应行政事业单位工作的发展而扩大非经营性国有资产的资金来源,不可能从这类资产使用的结果中获利,而只能来源于国民收入的再分配。

④占有、使用的无偿性。由于非经营性国有资产主要配置在非生产领域,在使用目的上具有广泛的服务性,因此,这部分国有资产在占有、使用过程中的重点是保证其实物形态的完好无损,以满足顺利、有效地开展行政事业工作的需要,这一点不同于经营性国有资产的要求。

二、国有资产管理的任务和目标

（一）国有资产管理任务

国有资产管理的目标,是维护国家基本经济制度、巩固和发展国有经济,加强对国有资产的保护,发挥国有经济在国民经济中的主导作用,在保证国有资产保值的基础上,提高国有资产效益,实现资产增值。这一目标,是通过国有资产管理的基本任务加以落实和实现的。国有资产管理的基本任务包括以下几个方面：

1. 严格资产管理,维护国家所有权,保证国有资产保值

国有资产是我国社会政治经济制度生存和发展的最重要的物质基础,在现实中,国有资产却以各种方式严重流失,所有者权益受到严重损害。因此,加强国有资产管理,首先要做到国有资产保值,即国有资产不再被侵占、流失,维护国家作为资产所有者的合法权利。这样才能保证在此基础之上的国民经济不断巩固和发展。

2. 优化国有资产配置,提高国有资产的使用效益

国有资产的合理配置是社会经济资源配置和对原有经济结构调整的最基本的要求。优化国有资产配置,可以避免国有资产在低效益部门的闲置,提高资产的利用率。在社会主要经济体制内,市场竞争应当成为资源配置最基本和最主要的手段。同时,在我国市场经济体制还很不完善的情况下,也需要国家通过制定相应的产业政策、财政政策、金融政策等,推动国有资本向关系国家经济命脉和国家安全的重要行业和关键领域集中,优化国有经济布局和结构,提高国有经济的整体素质,增强国有经济的控制力、影响力,从而实现国有资产配置的优化。

3. 明晰产权关系,建立现代企业制度中的国有资产运行机制

明确企业国有资产产权关系,主要要进行三方面的工作：一是进行资产评估和产权界定,以明确资产的数额和权属；二是依据现代企业法人资产组成的规则,明确企业的产权和国家的产权,使企业真正成为依照自己意思进行生产经营活动的意志独立的主体；三是依照现代企业

权力构造规则,明确国家作为投资人,确保国家作为主要投资人(股东)的权益,并处理好国家股权与其他股权的法律关系。

(二)国有资产管理的目标

按照建立社会主义市场经济体制的长远目标,现阶段我国进行国有资产管理的目标,大致可以归结为以下六个方面:

1.资产产权代表人格独立化

计划经济时代我国对国有资产管理实行分口分级管理,既有政府、财政、计委等部门的管理,更要受行业主管部门的直接管理。似乎有很多部门对国有资产运营的情况进行监控,但哪个部门也不对资产负所有者责任。市场经济体制下,要求参与市场竞争的主体必须具有法律上独立的人格,因此必须赋予代表国家行使资产产权的企业就其经营管理的资产享有独立的占有、使用、收益并以这部分财产承担法律责任的权利,即赋予企业独立的人格。国务院国有资产监督管理机构和地方人民政府按照国务院的规定设立的国有资产监督管理机构,根据本级人民政府的授权,代表本级人民政府对国家出资企业履行出资人职责。但是,履行出资人职责的机构应当维护企业作为市场主体依法享有的权利,除依法履行出资人职责外,不得干预企业经营活动。

2.产权经营市场化

按照市场经济的要求改变国有资产产权实现形式,而不是改变其产权属性。即在资产国有性质不变的前提下,通过招投标、公开选聘等市场手段,将资产委托给不同的经营者经营,或将国有资产投入外资企业、民营企业中,坚持所有权与经营权相分离的原则。

3.资产配置合理化

合理配置国有资产和国有资源,以充分发挥资产的效能,尽量减少由于资产滞留低效益企业和部门带来的资产闲置。要制定一定的产业政策,并依据这些政策,以及国民经济部门之间的平衡关系、资产运营效益等,对各行业占有的国有资产及其行业内部的分布及各地区内部国有资产的分布进行结构性调整。调整的方式:一是通过控制资产增量,实现资源的合理配置;二是通过对资产存量的调整,实现资源配置的合理化。

4.资产运营高效化

一方面,经营性国有资产要在保值的前提下以增值为主要目标,使之产生更多的社会财富;另一方面,非经营性国有资产要以合理使用、有效、节约为主要目标,使之尽可能减少耗费,以便更好地为经济运行和社会生活提供更好的服务。因此,资产运营高效化主要包括以下两个方面:一是经济效益高,体现在企业是提高资产利用率、资金盈利率,降低生产成本及费用,以最少的投入取得最大的产出;二是提高社会效益,体现在行政事业性单位能更好地为经济运行和社会生活提供优良服务。

5.投资收益一体化

国家作为经济和社会生活的管理者,凭借其政治权利,以法律的形式确立了自己向企业征收税收的权威。另一方面国家作为资产所有者,凭借其所有权向企业收取利益。税收是政治强权的体现,而收益则是国家作为资产所有者权利的体现。因此,国有资产管理部门作为国家的代表,应当认真行使监督资产收益情况的权力。一方面监督投资收益及时、正确地收回国库;另一方面从资产运营机制出发,必须走投资—收益—再投资的一体化的路子。

6.资产管理的法制化

根据市场经济的要求,国有资产的管理必须法制化,即以法律来规范资产所有者、经营者、第三人之间的关系,依法对资产进行产权界定,以法律来规范资产流动的条件、程序等资产管理的具体内容,使得国有资产运营有法可依,有章可循。

三、国有资产管理法律制度

2009 年 5 月 1 日《中华人民共和国企业国有资产法》正式实施,该法案的颁布实施确立了经营性国有资产的管理经营的基础性法律制度,国务院和地方人民政府应当按照政企分开、社会公共管理职能与国有资产出资人职能分开、不干预企业依法自主经营的原则,依法履行出资人职责。企业国有资产法共分九章七十七条,分别为总则、履行出资人职责的机构、国家出资企业、国家出资企业管理者的选择与考核、关系国有资产出资人权益的重大事项、国有资本经营预算、国有资产监督、法律责任、附则等内容。

(一) 国有资产监督管理主体

1.监督管理主体安排

国务院国有资产监督管理机构和地方人民政府按照国务院的规定设立的国有资产监督管理机构(国务院国有资产监督管理委员会),根据本级人民政府的授权,代表本级人民政府对国家出资企业履行出资人职责(基层国有资产监督管理委员会)。国务院和地方人民政府根据需要,可以授权其他部门、机构代表本级人民政府对国家出资企业履行出资人职责。

2.职责和基本要求

中央及地方国有资产监督管理委员会(简称"国资委")集出资人职能和政府监管职能于一身。

作为出资人,国资委代表本级人民政府对国家出资企业依法享有资产收益、参与重大决策和选择管理者等出资人权利;依照法律、行政法规的规定,制定或者参与制定国家出资企业的章程;对法律、行政法规和本级人民政府规定须经本级人民政府批准的履行出资人职责的重大事项,应当报请本级人民政府批准。履行出资人职能的机构应当依照法律、行政法规以及企业章程履行出资人职责,保障出资人权益,防止国有资产损失同时,应当维护企业作为市场主体依法享有的权利,除依法履行出资人职责外,不得干预企业经营活动。

(二)国有资产管理基本法律制度

1.国有资产界定法律制度

国有资产界定的基本目标要划清国有、集体和个人资产的归属,规范不同资产主体的财产关系。对于经营性国有资产的界定,更为直接的目的是防止国有资产流失、促进国有资产的保值增值。产权办定应遵循"谁投资、谁拥有产权"的原则进行。在界定过程中,一方面既要维护国有资产所有者及经营使用者的合法权益,另一方面又不得侵犯其他财产所有者的合法权益。

(1)产权界定的条件。

产权明晰是现代企业的进行良性经营管理的必要条件。也必须认识到,我国国有资产来源复杂,使得我国国有资产的界定难度大、情况复杂,产权纠纷的处理应本着实事求是、公正、公平的原则依法进行。全国各项国有资产产权界定不是一蹴而就的事情,同时产权不断变化,产权界定也是一个动态的过程。根据法律规定,占有、使用国有资产的单位,发生下列情形的,必须进行产权界定:①与外方全资、合作的;②实行股份制改造和与其他企业联营的;③发生兼并、拍卖等产权变动的;④国家机关及其所属事业单位创办企业和其他经济实体的;⑤国有资产管理部门认为需要界定的其他情形。

(2)产权界定的程序。

相关法律对于全民单位的产权界定程序给予了较为具体的规定,占用国家资产的其他单位的产权界定,可以参照该程序办理。具体程序如下:①全民单位的各项资产及对外投资,由全民单位首先进行清理和界定,其上级主管部门负责督促和检查。必要时也可以由上级主管部门或国有资产管理部门直接进行清理和界定。②全民单位经清理、界定已经清楚属于国有资产的部分,按财务隶属关系报同级国有资产管理部门认定;③经认定的国有资产,须按规定办理产权登记等有关手续。

国有资产的界定可以和清产核资相结合。

(三)国有资产清产核资法律制度

1.清产核资的概念

清产核资是根据一定的程序、方法和制度对国有资产进行清查、界定、估价、核实、核销、核定等各项活动的总和。它是对国有资产进行管理的基础性工作。清产核资工作通过对国有资产进行清查,界定所有权,重估资产价值,对土地估价等工作,核实国有资产价值总额,在此基础上进行产权登记。

2.清产核资的内容

(1)清查资产。是指对企业、单位的各项资产、负债和所有者权益进行全面的清理、核对和查实。

(2)价值重估。是指对企业、单位的固定资产进行重新估价。

(3)土地清查估价。是指对企业、单位占用的国有土地进行清查、估价、入账。

(4)资金核实。指对企业、事业单位的法人财产占有量进行核实和核定国家资本金。

3.清产核资的目标

(1)对国有资产"家底"清楚,做到账实相符、账账相符;

(2)资产所有权界定明确,把法律上国家所有的资产,纳入国有资产管理轨道;

(3)搞清资产账面价值与实际价值的差距,以便解决国有资产补偿不足的问题;

(4)为今后将土地纳入企业资产管理创造条件;

(5)国有企业价值真实,为按资本金效益考核、评价企业经营成果提供依据;

(6)确立国有资产所有权的法律地位,为理顺产权关系打下基础;

(7)按照市场经济的要求,促进和建立健全各项国有资产管理制度,提高国有资产的经营效益。

(四)资产清查

1.资产清查的概念和对象

资产清查是对企业单位占有的各类资产进行全面的清查、登记,对所占有的各项资产和债务进行全面核对查实。资产清查的范围(即对象)包括:固定资产、流动资产、专项资产、无形资产、长期投资、在建工程、债权债务等。

2.资产清查的方法和基本要求

(1)企业、单位对全部资产包括账内外、库内外、厂(公司、店)内外、单位内都要全面彻底地进行清查。在清查中要把实物盘点与账务核实紧密结合,把清理资金占用同核查资金来源、去向和管理情况结合起来,并同时进行登记造册的工作,做到账、卡、物相符。

(2)清查工作以企业、单位自查为主,同时采取主管部门清查核资机构组织企业单位互查、复查以及上级清产核资机构组织抽查的办法进行。

(3)企业、单位的清查结果,要按照国家统一规定的清产核资统一报表格式即资产目录填报报表,并按规定上报有关部门。

(五)资产价值重估

1.资产价值重估概念和内容

资产价值重估是指企业单位对账面价值与实际价值背离较大的主要固定资产进行重新估价,亦即根据物价变动幅度对已购建的固定资产进行重新估价,以确定在某一时点上该资产的实际价值,并以此为依据调整账面价值。

企业单位只对时间限度以前购建形成的账面价值与实际价值背离较大的主要固定资产进行重新估价,亦即根据物价变动幅度对已购建固定资产进行重新估价,以确定其在某一时点上的实际价值,并以此调整实际价值。对下列资产除有明确规定外一般不进行重估:1993年以后购建形成的固定资产;按国家有关规定属于限制使用、淘汰和待处理、待报废的固定资产;进口设备(含购进的二手设备)形成的固定资产;由于产权变动已进行过评估的资产;租入资产(含融资租赁);在建和尚未交付使用(包括处于试用阶段)的固定资产;按规定已列入产品成本形成的固定资产和尚未还款、用贷款形成的固定资产;进行职工住房改革的房屋;无形资产、流动资产和其他资产;在清产核资工作中清查出的待定资产等等。

2.资产价值重估方法

资产价值重估的方法有物价指数法、国家定价法、重置成本法三种基本的方法,某些进口设备也可采用汇率调整法进行重估。

(1)物价指数法。是指以资产购建年度的价格为定基价格,按国家确定的价格指数,对资产价值进行调整估价的方法。

(2)国家定价法。是指按国家定价的实际购入价格,如实际安装费、运杂费等级算出的资产价值方法。

(3)重置成本法。是指根据资产在全新情况下按现行市价的重新购建成本来确定资产价值的方法。

(六)国有资产其他法律制度

本书中的国有资产法,是围绕经营性国有资产,涉及其产权界定、评估等基础性法律制度,它们是国有资产法的基点,作为经营性国有资产,只确定什么是国有资产,国有资产归哪个主体享有,有多少国有资产是远远不够的,保证国有资产静态、动态流通过程中国有资产保值增值以及发挥社会效益才是其核心。当然在这些过程中法律责任的确定和追究是国有资产法运行的保障。因此除了上述两项内容以外,国有资产法还包括国有资产经营保值增值法律制度,国有资产交易法律制度、国有资产责任追究法律制度等。

1.国有资产经营保值增值法律制度

在很长一段时间,国有企业经营面临着双重指责,一方面国有企业效益差,资产流失严重,国有资产保值增值缺乏活力,另一方面却认为国有企业,尤其是公共服务国有企业,忽视公共责任,与民争利。对于这样的指责,在某些情况下国有企业进退维谷,无所适从,究其原因是因为国有企业定位不清,对国有企业没有进行有效功能划分,所有国有企业采用统一标尺进行业绩衡量导致的混乱。2015年8月党中央、国务院颁布《中共中央、国务院关于深化国有企业改革的指导意见》,意见指出"根据国有资本的战略定位和发展目标,结合不同国有企业在经济社会发展中的作用、现状和发展需要,将国有企业分为商业类和公益类。通过界定功能、划分类别,实行分类改革、分类发展、分类监管、分类定责、分类考核,提高改革的针对性、监管的有效性、考核评价的科学性,推动国有企业同市场经济深入融合,促进国有企业经济效益和社会效益有机统一"。

该意见立足国有资本战略定位和发展目标,结合不同国有企业在经济社会发展中的作用、现状和需要,根据主营业务和核心业务范围,将国有企业分为商业类和公益类。

(1)推进商业类国有企业改革。

商业类国有企业按照市场化要求实行商业化运作,以增强国有经济活力、放大国有资本功能、实现国有资产保值增值为主要目标,依法独立自主开展生产经营活动,实现优胜劣汰、有序进退。

主业处于充分竞争行业和领域的商业类国有企业,原则上都要实行公司制股份制改革。对这些国有企业,重点考核经营业绩指标、国有资产保值增值和市场竞争能力。

主业处于关系国家安全、国民经济命脉的重要行业和关键领域、主要承担重大专项任务的商业类国有企业,要保持国有资本控股地位,支持非国有资本参股。对自然垄断行业,实行以政企分开、政资分开、特许经营、政府监管为主要内容的改革,根据不同行业特点实行网运分开、放开竞争性业务,促进公共资源配置市场化;对需要实行国有全资的企业,也要积极引入其他国有资本实行股权多元化;对特殊业务和竞争性业务实行业务板块有效分离,独立运作、独立核算。对这些国有企业,在考核经营业绩指标和国有资产保值增值情况的同时,加强对服务国家战略、保障国家安全和国民经济运行、发展前瞻性战略性产业以及完成特殊任务的考核。

(2)推进公益类国有企业改革。

公益类国有企业以保障民生、服务社会、提供公共产品和服务为主要目标,引入市场机制,提高公共服务效率和能力。对公益类国有企业,重点考核成本控制、产品服务质量、营运效率和保障能力,根据企业不同特点有区别地考核经营业绩指标和国有资产保值增值情况,考核中要引入社会评价。

在今后,以商业类和公益类为基础的国有企业功能划分是国有资产相关法规的基点,各项制度将以分类推进改革、分类促进发展、分类实施监管、分类定责考核为思路设立完善。

(3)国有企业法人治理结构。

建立规范的国有企业法人治理结构,是推动国有企业良性运营的关键,也是国有企业改革的核心。广泛认为由于国有企业的终极所有者("全民")"虚位",造成国有企业中代理成本高,规范的国有企业法人治理结构必须要面对中级所有者虚位导致的代理成本高的问题。《国有企业监事会暂行条例》《关于规范上市公司国有股东行为的若干意见》予以特殊规定就属于其中一类,随着国有企业改革的深入,更多国有企业法人治理结构规则将完善。

(4)经营者管理制度。

优秀的国有企业的管理人员是国有企业发展的人员保障,所以将经营者管理制度予以完善和制度化也是近年来国有企业改革的重点内容,它主要包括:经营管理人员的选任机制,考核机制,奖励、惩罚和责任追究机制。

2.国有资产交易法律制度

国有资产的保值和增值离不开资产的市场交易,但由于国有企业特殊的终极所有者,其易于陷入"内部人控制",所以在资产交易过程中设置特殊的程序和监管对防止国有资产流失是极其必要的。2016年国务院国资委、财政部共同制定了《企业国有资产交易监督管理办法》,该规则对金融、文化类国家出资企业的国有资产交易和上市公司的国有股权转让等国有资产交易予以较为详细的规定。

(1)国有资产交易的分类。企业国有资产交易行为包括以下三类:

①企业产权转让,即履行出资人职责的机构、国有及国有控股企业、国有实际控制企业转让其对企业各种形式出资所形成权益;

②企业增资,即国有及国有控股企业、国有实际控制企业增加资本,但政府以增加资本金方式对国家出资企业的投入除外;

③企业资产转让,即国有及国有控股企业、国有实际控制企业的重大资产。

(2)国有资产交易的原则。国有资产交易应遵循以下原则:①合法。企业国有资产交易应当遵守国家法律法规和政策规定。②合理。有利于国有经济布局和结构调整优化,充分发挥市场配置资源作用。③等价有偿。④公开公平公正。⑤场内公开交易为原则,除法律法规另有规定的,交易应当在依法设立的产权交易机构中公开进行,在特殊情况下企业产权转让、增资时也可以采用非公开协议方式,但是对其设置了适用条件、批准程序和交易价格等严格的限制条件。

第二节　国有资产评估法律制度

一、资产评估概述

(一)资产评估的概念

在资产评估领域,"资产"这个概念是指能给控制主体带来经济利益的、具有稀缺性的经济资源,它是由财务、债权以及其他权利构成的。资产作为企业进行再生产的基本物质条件,是由各种使用价值组成的。

资产评估中所确认资产的特性如下:

(1)现实性。

现实性表明经济资源在现实条件下评估时业已存在。

(2)控制性。

控制性指经济资源是处于企业或评估主体的控制之下。企业或其他主体对资产享有支配使用以及分享收益的权利,即收益权和使用权。

(3)有效性。

有效性为资产自然属性的唯一规定,只要有效用均可列入评估对象,反之则不能成为被评估的资产。效用标准宽于商品标准,亦即资产可以不是劳动产品,例如专营权、专利权、商业秘密等。

(4)稀缺性。

正是由于稀缺,使主体获得对其的控制权要付出一定的代价,代价的付出,使这些有用资源成为资产,资产的稀缺性反映了资产的社会属性。

(5)合法性。

合法性指企业所控制的经济资源符合法律对其进行保护的要件,能使企业合法受益。

资产的上述五项特性是有机联系在一起的,反映了一项经济资源成为资产的全部要件。其中有效性和稀缺性反映了资产的内部属性;现实性揭示了资产的时空属性;控制性指明了资产的权属方面要求,从而在外延上界定了资产确认的范围;合法性则反映了资产法律关系上的属性。

对资产评估的概念主要有以下几种不同的表述:

①从最基本的意义上讲,资产评估是一种对资产的价格判断。

②资产评估是对资产某一时点的价值进行估算,即由评估机构根据特定的目的,遵循公允的原则和标准,按照法定程序,运用科学的方法,对资产的现时价格进行评定和估算。

③资产评估是根据特定目的,遵循客观的经济规律和公允的准则,以统一货币,对资产实体及预期收益进行评价。

④资产评估是对资产的价值进行估算。

⑤资产评估是以资产的历史成本价格作为参考,运用会计方法对资产价值作出重新评价。

我们认为,在界定资产评估的概念时要明确以下几点:

①资产通常具有商品属性。在市场经济体制内,资产尤其是企业资产,是一种可以流通的商品,这是资产评估活动得以发生的前提。资产的商品属性必然影响到资产评估的方式和特点。既然资产具有一定的商品属性,它也就具有价值和价格,这种价值或价格必然随着该资产以及该类资产的使用状况、磨损情况、稀缺程度、预期利益、市场供求状况以及形成成本的变化等不断发生变化。因此,在不同时点资产的价格必然不同。这就要求在进行资产评估时必须强调其"时点指标"的属性。

②尽管资产评估是以评估资产的价值量或价格量为最终目的的,但这种评估不只是包括评估资产或估计之意,而且包括评价或评定资产价值之意。

③按照马克思劳动价值理论,商品的价值与价格是两个不同的概念,即资产价值与资产价格应归属于两个不同的概念体系中,对资产的评估应主要是指对资产的价格评估。但由于我国在引进西方资产评估理论时,并没有严格区分这两者的差异,而采用两者基本可以等同的观点,以致评估出的价格实际是资产计价的总值,而不同于单位价格。

综上所述,我们将资产评估界定为:由评估机构根据特定目的,遵循公允的原则和标准,按照法定的程序和规定,运用科学、可行的方法,以统一的货币为单位,对资产在某一时点上的价格进行评定与估计的活动。资产评估应当委托依法设立的符合条件的资产评估机构进行。

(二)资产评估的特点

一般来讲,资产评估具有以下特点:

1.现实性

指以评估基准期为时间参照,按这一时点资产的实际状况对资产进行的评定估算。资产评估基准期是指确定的资产评估价格的基准时间。资产评估只能是评估某一时点的资产,而不能反映基准期以外时间内资产的状况,评估基准期一般以"日"为基准时点,选择与资产业务或评估作业时间较接近的时期。

2.市场性

市场性是资产评估活动区别于其他会计活动的显著特征。财务会计既反映外部交易即市场交易,又反映内部交易即企业内部的资源变换。企业内部资源变换在时间与空间上是与市场交易相分离的。资产评估则是在模拟市场环境下,对资产确认、估价和报告,并且通常受市场直接检验。

3. 预测性

资产评估的预测性是指用资产在未来时空的潜能来说明现实。例如,用预期收益来反映整体资产的现实价格;用预期使用年限和功能,说明固定资产重置净价等等。

4. 公正性

公正性是指资产评估行为对评估当事人具有独立性,它服务于资产业务的需要,而非服务于相互矛盾的资产业务当事人中任何一方。国有资产的管理人员应当向资产评估机构如实提供有关情况和资料,不得与资产评估机构串通评估作价。公正性的表现有两点:①资产评估是按公允、法定的准则和规程进行的,具有公允的行为规范和业务规范为公正性奠定的技术基础;②评估人通常是与资产业务无利害关系的第三人,这是公正性的组织基础。

5. 咨询性

咨询性是指资产评估结论是为资产业务提供的专业化评估意见,这个意见本身并不具有强制性执行的效力,评估者只对结论本身是否合乎职业规范的要求负责而不对资产业务定价决策负责。事实上,资产评估为资产交易提供的估价往往由当事人作为发价和还价的参考,成交价格最终取决于双方谈判的技巧。咨询性除含有上述的有限法律责任这一意义外,第二层含义是指,资产评估是职业化的专家活动。其表现是一定结构的专家组成专业评估结构,形成社会分工的一个专业,评估活动市场化了。这种专门化、市场化的评估业,拥有大量资产信息,能够更好地为资产业务实现优化服务。

二、资产评估的程序

(一)资产评估启动的条件

企业有下列行为之一的,应当对相关资产进行评估:①整体或者部分改建为有限责任公司或者股份有限公司;②以非货币资产对外投资;③合并、分立、破产、解散;④非上市公司国有股东股权比例变动;⑤产权转让;⑥资产转让、置换;⑦整体资产或者部分资产租赁给非国有单位;⑧以非货币资产偿还债务;⑨资产涉讼;⑩收购非国有单位的资产;⑪接受非国有单位以非货币资产出资;⑫接受非国有单位以非货币资产抵债;⑬法律、行政法规规定的其他需要进行资产评估的事项。

(二)资产评估的核准和备案

我国企业国有资产评估项目实行核准制和备案制。

经各级人民政府批准经济行为的事项涉及的资产评估项目,分别由其国有资产监督管理机构负责核准。

经国务院国有资产监督管理机构批准经济行为的事项涉及的资产评估项目,由国务院国有资产监督管理机构负责备案;经国务院国有资产监督管理机构所出资企业及其各级子企业批准经济行为的事项涉及的资产评估项目,由中央企业负责备案。地方国有资产监督管理机构及其所出资企业的资产评估项目备案管理工作的职责分工,由地方国有资产监督管理机构根据各地实际情况自行规定。

(三)国有资产的备案

2013年,为进一步规范企业国有资产评估项目备案工作,提高评估备案工作效率,国资委制定了《企业国有资产评估项目备案工作指引》。对于国务院国资委在资产评估项目开展过程中,企业应当就工作情况及时通过中央企业资产评估管理信息系统向备案管理单位报告,包括评估基准日选定、资产评估、土地估价、矿业权评估和相关审计等情况。必要时,备案管理单位可对资产评估项目进行跟踪指导和现场检查。

为了提升企业主动性和自觉性,提高备案效率,上述工作指引采用备案与企业内部审查相结合,要求企业应当及时报送评估报告之前按照以下标准对评估报告进行自查:

(1)相关经济行为是否符合国家有关规定要求。

(2)评估基准日的选择是否合理。

(3)执业评估机构及人员是否具备相应资质。

(4)评估范围是否与经济行为批准文件或重组改制方案内容一致。

(5)纳入评估范围的房产、土地及矿产资源等资产权属要件是否齐全。

(6)被评估企业是否依法办理相关产权登记事宜。

(7)评估报告、审计报告等资料要件是否齐全。

三、资产评估的要素

要素是指形成某一事物的必要因素。资产评估的要素是指进行正常资产活动所必不可少的因素,具体包括资产评估的目的、利益关联体、主体、客体、标准、依据、基准日、方法、程序、原则和结果。

(一)资产评估的目的

明确资产评估的目的是进行资产评估工作应当首先要做的重要工作之一。特定的评估目的影响甚至决定着评估的依据,不同的目的使评估所选择的方法与标准会大不相同,评估结果自然也就不同。明确资产评估的目的就是要明确为什么进行资产评估以及资产评估是为何种资产业务服务的。

(二)资产评估的利益关联体

资产评估通常在产权发生变化时才进行。无论是根据公司法被动地进行资产评估,还是根据经济活动主动地进行资产评估,都离不开评估的委托人和当事人。换句话说,资产评估机构要进行资产评估必然面临着对谁的资产进行评估。由于所有权与经营权分离,所有权与占有权分离,所有权与使用权分离等诸多因素,所评估资产的当事人往往不是一个企业或一个个人,而时常表现为与所评估的资产利益相关联的关联体。

(三)资产评估的主体

由于资产评估直接关系着资产业务的各方利益,涉及不同领域的专业知识,因此评估主体必须具有以下条件:

(1)广博的学识和丰富的实践经验;

(2)经过严格的考试或考核,取得资产管理机构确认的资格。

在西方发达国家,资产评估工作一般由中立的第三者来完成。概括起来,评估主体大约包括以下三种:一是综合的规模较大的机构,一般具有对任何资产进行评估的资质;二是专业性评估机构,对某个行业的资产业务或某类资产进行评估,如专门对某种机器设备进行评估,或专门进行房地产业评估；三是兼营资产评估业务的管理咨询公司、财务咨询公司等。

(四)资产评估的客体

资产评估的客体即资产评估的具体对象，是指对哪些资产进行评估。在评估实践中，作为评估客体的资产，既可以指房屋、机器设备、动力设备等固定资产，也可以是库存商品等流动资产，还可以是股票、国库券等有价证券。从单位与整体角度来看，可以是单件单类资产，也可以把企业看作是一项整体资产。可以是有形资产，也可以是无形资产。究竟以哪项资产作为评估客体，要根据资产业务与客户具体需要与委托来确定。

(五)评估标准

资产评估标准是关于资产计价所适用的价格类型的法则，它要求根据资产业务的价值属性，确定具有一致性的价格类型进行评估。这种标准是客观、公正的。资产评估的目的决定了所运用的估价标准，包括：①根据不同的资产业务即评估目的，采用相适应的价格类型；②对于价格构成的各项要素，如成本、费用、税金、利润等的取舍，必须服从于评估的目的；③同样资产用于相同目的，在相同时段，同一地区的估价，应当是相同的。

(六)资产评估的依据

资产评估的依据包括法规依据、参数依据和资料依据。

资产评估的法规依据是多方面的。除了最直接的国有资产管理办法及其实施细则外，尚有其他相关法律法规，例如公司法、会计法、统计法、土地管理法、房地产管理法、外资企业法、企业财务通则、企业会计准则、企业国有资产法等一系列相关法规。

资产评估的参数与资料依据是进行资产评估实务过程中最重要的依据。其一部分来源于评估当事人提供的一系列财务报表等材料，以及公知的资料，如通货膨胀率、国库券利率、GDP指数、房屋成新率评定标准等。此外，尚有一部分需要评估人员通过市场调查或统计估算与预测取得，如所评资产在全新情况下的现行市价等等。

(七)评估基准日

评估基准日(期)是指评估资产在确认计价时所确定的标准时间。通常以某一日为基准时间，来评估该日处在这一时点上资产的数量、结构、分布与价格，并最终估计评价其净值。资产评估结果是资产评估活动的最终体现，并通过包含资产评估净值在内的资产评估报告书加以体现出来。按照目前的评估管理法规，国有资产的评估结果在评估资产占有单位的主管部门同意后，再经过国有资产管理部门确认与同意，方才有效并获得认可。

(八)资产评估的方法

资产评估方法是对不同资产进行评估的技术规程和方式。对于这部分内容，将在下一节作详细介绍。

第三节　资产评估的方法

一、重置成本法

(一)重置成本法的基本概念

重置成本法是指在资产评估时按资产的现时完全重置成本(重置全价)减去应扣损或贬值来确定被评估资产价格的一种方法。

重置成本法比较充分地考虑了资产的重置全价和应计损耗,对于一切以资产保全、补偿为目的的资产业务都是适用的,在清产核资中是最基本的评估方法。即使在企业整体转让时应用收益评估法,也应通过重置成本的评估,为购买者建立有关资产的账簿和报表,提供分项资产的价格资料。特别是由于我国充分发育的资产市场尚待建立和完善,以及对资产未来收益额预测条件的限制等因素的制约,在应用现行市价法和收益现值法的客观条件尚不完全具备的条件下,应广泛应用重置成本法进行资产评估。但对中外合资、合作经营企业,以及国有资产转让之场合等应以收益现值为基准价格的,应创造条件应用收益现值法评估,以免国有资产流失。

用重置成本法评估资产净价的方法,可选用下列任一基本公式:

被评估资产净价＝重置全价－累计折旧额

　　　　　　　＝重置全价－有形损耗－功能性损耗

　　　　　　　＝重置全价×成新率－功能性损耗

(二)重置成本法的利弊

在资产评估的实际工作中,重置成本法比较充分地考虑了有形损耗和功能性损耗等因素。重置成本法的针对性较强,它是根据不同对象的成本与折旧进行评估,适用于具体资产和特殊用途的资产。根据实际情况,有效地运用重置成本法,是解决许多评估问题的基础。

但是,重置成本法在应用中往往受到一定的限制,这是由于资产的有形损耗和无形损耗受多种因素的影响,要准确测定很困难,这在很大程度上依赖于评估专业人员的经验和判断力。因此,国际上习惯运用重置成本法对特殊用途资产进行评估。因为这些特殊用途资产很难在销售或租赁市场上找到可比较的替代资产,因而基本不适宜运用现行市价法和收益现值法。在这种情况下,重置成本法通常是获得这类资产的价值指标的最有效的方法,它充分考虑了资产的有形损耗和功能性损耗等因素。

二、现行市价法

(一)现行市价法的概念

现行市价法是指按市场现行价格作为价格标准,据以确定资产价格的一种资产评估方法。应用现行市价法应具备以下条件:

(1)充分发育活跃的资本市场。我国实行社会主义市场经济所形成的市场,是在国家调控、指导下运行的。它与资本主义国家自由化的市场是有区别的。

(2)被评估资产的市场参照物及其可相比较的指标、技术参数等资料是可搜集的。

现行市价法一般有以下两种方法:

(1)账面价格法(账面历史成本法)。这种方法指以资产的账面价格作为评估资产的价格标准,适用于被评估资产购建时日较短、现行市价与账面价格基本没有变动的前提下使用。

(2)物价指数法。指利用物价指数来估算被评估资产的现行市价的一种方法。其基本原理是,用物价指数调整资产的原价(账面价值),以求得资产的现行价格。这种方法的基本公式为:

被评估资产现行市价＝原始成本×评估基准日物价指数－贬值

(二)现行市价法的优缺点

1.现行市价法的优点

(1)能够客观反映资产的目前市场情况,其评估的参数、指标直接从市场获得,评估值更能反映相同资产的市场现实价格；

（2）评估结果易于被各方理解和接受。

2.现行市价法的缺点

（1）由于资料的收集、积累困难，可能没有可供比较资产的现行销售数据，甚至由于市场发育不成熟，从来就没有这一类资产交易的实例。

（2）实际中没有完全相同的两项资产，即使两项资产构造完全相同，也可能由于时空原因而存在某些差异。因此，在比较过程中，必须考虑参照物与待评资产的所有差异，并且对各种变化的程度作出量化的调整。而需要调整的因素越多，量化的数量越大，其主观判断的成分就越高；相反，较小程度的调整则可信度较高。

（3）在社会经济中，存在着许多难以统计的量化的因素（如社会文化、历史背景、政治环境等），而这些因素却会影响评估的准确性。

（4）在不动产交易中，交易的背景和交易双方的动机，是进行数据比较的基础，但是要真正完整了解交易却非易事。因为有许多不动产交易，其资产价值与资产的市场售价并不相关，例如税收可能影响到资产的售价。

三、收益现值法

收益现值法是指通过估算被评估资产的未来预期收益并折算成现值，据以确定被评估资产价格的一种资产评估方式。

所谓收益现值，是指企业在未来特定时期内的预期收益折成当前价值（简称折现）的总金额。其价值基础是再生产过程中劳动力所创造的一部分价值形成利润以及投入资金的净回收之和。折现实际上是把劳动创造利润视作资金的"时间价值"，对未来的价值额扣除"时间价值"后，还原为当前价值的过程。一般用未来价值额与折现系数之积计算，折现系数决定于资金的时间价值，即资金收益率。按照资金收益率来倒算未来收益所需的本金，即"按利索本"，这时称这种资金收益率为本金化率。也可用以倒算未来其他价值的当前价值，这时称资金收益率为折现率。两者实质是相同的。

收益现值法使用的条件是：

（1）被评估资产必须是能用货币衡量其未来期望收益的单项资产或整体资产；

（2）产权所有者所承担的风险也必须是能用货币衡量的。

收益现值法的基本计算公式为：

（1）有期限间各年收益折现法：收益现值＝Σ（各年预期收益×各年折现系数）

（2）在未来收益是无期限的条件下，有两种算法：

① 年金法。计算公式为：收益现值＝年收益额÷适用本金化率

② 分段法。计算公式为：预期收益现值总额＝Σ（前期各年收益额×各年折现系数）＋后期各年年金化收益÷适用本金化率×后期第一年的折现系数

思考与练习

1.简述国有资产的概念和分类。

2.简述资产评估的概念和方法。

第二十章　环境保护法与自然资源法

第一节　环境保护法

一、环境资源保护法的概念和特点

(一)环境资源保护法的概念

环境保护法是指调整因保护和改善环境,合理利用自然资源,防治污染和其他公害而产生的社会关系的法律规范的总称。环境保护法的目的是为了协调人类与环境关系,保护人民健康,保障经济社会的持续发展。

(二)环境资源保护法的特点

环境保护法具有以下特点:

1.科学技术性

环境资源保护法的主要目的是实现人与自然的协调和可持续发展,这就要求尊重自然规律和生态规律,环境资源法的原则、法律制度也应当充分体现自然规律和生态规律,需要将大量的技术规范、操作规程、环境标准、控制污染的各种工艺技术要求等包括在其法律体系之中,因此环境与资源保护法具有极强的科学技术性。

2.综合性

环境资源法的综合性主要是指环境资源法的保护对象、调整范围和调整手段的多样性特征。按新修订的《中华人民共和国环境保护法》的规定,我国环境资源法的保护对象涉及大气、水、海洋、土地、矿藏、森林、草原、湿地、野生动物、自然遗迹、人文遗迹、自然保护区、风景名胜区、城市和乡村等,其中,每个环境资源要素都各具特点,并有其自身的发展变化规律,这决定了环境资源法要综合不同环境资源要素实行统一的法律保护,使所有环境资源要素都能纳入环境资源法的保护范围内。就调整范围的多样性来看,我国环境资源法的调整范围包括了环境资源的开发、利用、保护、改善、污染和其他公害的防治等方面,其中每一种环境资源行为的发生、变更和终止都有其内在的规律和外在的不同条件,环境资源法要把所有这些行为都纳入其保护范围内,这就充分体现了我国环境资源法具有高度的综合性特征。环境资源保护法体系不仅包括大量的专门环境法规,还包括宪法、民法、刑法、劳动法、行政法和经济法等多种法律部门中有关环境保护的规范。环境保护法所采取的措施涉及经济、技术、行政、教育等,也具有综合性。

3.公益性

环境资源法的公益性是指环境资源法通过调整环境资源社会关系所实现的保护社会整体的环境公益的特征。环境资源法的保护对象——环境资源,具有典型的公共物品特性,对于环境利益,社会大众可以非排他性地消费,对于他人保护和改善环境资源的行为,其他人无需付出代价也可以搭便车享用;对于环境污染或生态破坏,受损害的也往往不是某一个或某几个具体的人,特定区域、甚至更大范围的人都可能受到损害;而且,由于环境污染和生态破坏具有累积的效果,不仅损害当代人的利益,还有可能损害后代人的利益。所以,环境资源利益是社会公共利益的重要组成部分。

4.国际的共同性

人类生存的地球环境是一个整体,当代的环境问题已不是局部地区问题,有的已成为全球性问题。人类保护环境的趋同发展,需要各国加强合作,解决环境问题的理论和方法大体相同。因此,各国环境保护法之间相互借鉴的东西比较多。

环境资源法的国际共同性是指不同国家在环境资源法的原则、制度设计、调整方法、手段和措施上相互交流和借鉴的特征。如前所述,当代人类面临臭氧层空洞、温室效应、酸雨、沙漠化和干旱、生物多样性破坏、资源能源短缺等环境资源问题。这些环境资源问题是全球共同面临的问题,具有整体性特点,不是一国的原因引起的,治理这些问题需要全球各国采取统一的行动,而统一的行动必然要求各国在法律和政策上的一致性。

二、环境与资源保护法的体系

环境保护法体系,是指由调整因保护和改善生活环境和生态环境,合理利用自然资源,防治污染和其他公害的社会关系而产生的法律规范所形成的有机联系的统一整体。我国环境保护法体系由以下各部分构成:

(一)宪法中关于环境保护的规定

现代各国,在宪法中大都设置了环境保护规范,明确规定保护环境和防治污染是国家的根本政策,是国家机关、社会团体、企业事业单位的职责和每个公民的义务。我国宪法第二十六条规定:"国家保护和改善生活环境和生态环境,防治污染和其他公害。"此外,宪法的一些其他条款也有关于环境保护的规定,这些规定是我国环境保护法律、法规的立法依据。

(二)环境保护基本法

我国于1989年12月26颁布了《中华人民共和国环境保护法》,2014年4月24日修订环境保护法通过,自2015年1月1日起施行。环境保护基本法在整个环境保护法体系中具有重要的地位和积极的意义,其效力仅次于宪法,环境保护基本法中的环境保护规范,是制订自然资源保护和污染防治单行法规、规章的基本依据。

(三)自然资源保护单行法律、法规

我国自然资源保护单行法主要包括水法、土地管理法、渔业法、矿产资源法、森林法、草原法、水土保持法、野生动物保护法、野生植物保护条例、自然保护区条例、森林和野生动物类型自然保护区管理办法、风景名胜区管理暂行条例、水产资源繁殖保护条例等。

此外,还包括上列自然资源保护单行法的实施细则、实施条例等行政法规、规章中的环境保护规范。

(四)防治环境污染单行法律、法规

这一层次的环境保护规范,其特点是以防治某一污染源为主,同时含有一些自然资源保护的规范,体现了污染防治为主、污染防治与资源保护相结合的立法思想。我国污染防治单行法主要包括海洋环境保护法、大气污染防治法、水污染防治法、固体废物污染环境防治法、环境噪声污染防治法等。

除以上单行法律之外,还有关于放射性污染防治、化学危险物品管理、农药安全使用、电磁辐射环境保护等及其他方面的大量的行政法规和规章。

(五)环境标准

环境标准是国家为了维护环境质量、控制污染、保护人群健康和社会物质财富及生态平衡而制定的各种技术指标和规范的总称。具有法律性质的环境资源技术规范,是制定环境目标和环境规划的依据,也是判断环境是否受到污染和控制污染物排放的法定标准。环境标准规范从内容上可分为环境质量标准、污染物排放标准、基础标准、环境标准样品标准和环境监测方法标准五类。

(六)其他部门法中关于环境保护的法律规范

我国民法总则、刑法、治安管理处罚条例和经济法中有不少关于环境保护的规定,体现了环境保护法综合性的特点,同时也反映了法律生态化的趋势。

(七)我国参加的国际法中的环境保护规范

我国参加并已对我国生效的一般性国际条约中的环境保护规范和专门性国际环境保护条约中的环境保护规范,如《联合国海洋法公约》中关于海洋环境保护的规范、《控制危险废物越境转移及其处置巴塞尔公约》、《保护臭氧层维也纳公约》、《气候变化框架公约》和《生物多样性公约》等。

三、环境保护法的基本原则

(一)协调发展原则

协调发展原则,是指环境保护与经济建设和社会发展统筹规划、协调发展,实现经济效益、社会效益和环境效益的统一。这条原则的核心是如何正确看待和处理环境保护和经济发展之间的关系。

2014年新修订的环境保护法第四条不仅第一次以法律的形式将保护环境确立为国家的基本国策,而且将长期以来在环境政策与立法中沿用的有关环境保护与经济发展关系的固化表达,即"使环境保护工作同经济建设和社会发展相协调"修改为"使经济社会发展与环境保护相协调"。尽管新法仍将环境保护与经济发展的关系定位为"协调关系",但立法对两者的位序作出了重大调整。这一修改,彻底改变了环境保护在经济发展中的从属或次要地位,较好地体现了新时期要以环境保护优化经济增长,推动经济全面协调可持续发展的理念,并突出了在需要特殊保护的区域,诸如重点生态功能区、生态环境敏感区和脆弱区等遵循生态环境保护优先的理念,为正确处理和较为切实可行地协调好环境保护与经济发展的关系指明了方向。新环境保护法第五条更明确规定了环境保护坚持"保护优先"的原则。保护优先是生态文明建设规律的内在要求,就是要从源头上加强生态环境保护和合理利用资源,避免生态破坏。就保护和改善环境方面,新环境保护法第二十九条具体规定:"国家在重点生态功能区、生态环境敏感区和脆弱区等区域划定生态保护红线,实行严格保护。各级人民政府对具有代表性的各种类型的自然生态系统区域,珍稀、濒危的野生动植物自然分布区域,重要的水源涵养区域,具有重大科学文化价值的地质结构、著名溶洞和化石分布区、冰川、火山、温泉等自然遗迹,以及人文遗迹、古树名木,应当采取措施予以保护,严禁破坏。"划定生态保护红线并实行永久保护,是党中央、国务院站在对历史和人民负责的高度,对生态环境保护工作提出的新的更高的要求,是落实"在发展中保护、在保护中发展"战略方针的重要举措,对维护国家和地区国土生态安全,促进经济社会可持续发展,推进生态文明建设具有十分重要的现实意义。

(二)预防为主原则

预防为主原则是"预防为主、防治结合、综合治理"原则的简称,其含义是国家在环境保护工作中应当采取各种预防措施,防止开发和建设活动中产生新的环境污染和破坏,并对已经造成的环境污染和破坏进行积极治理。预防原则要求对环境问题防患于未然;对老污染源进行积极治理;在治理环境问题时,要正确处理防与治、单项治理与区域治理的关系,综合运用各种防治手段来治理污染,保护和改善环境。

实行预防原则,主要是由环境问题本身的特点决定的。环境一旦遭受污染、破坏后,要恢复到原来的状态需要花费很大的代价,需要很长时间,有些甚至是无法恢复,环境污染和破坏的后果影响具有潜伏期长的特点。经济活动中许多的环境问题可以采取预防措施得到解决或控制。

2014年修订的环境保护法第五条关于环境保护基本原则的规定,明确指出环境保护坚持"预防为主"的原则。该法还规定了许多制度体现了预防为主的原则。从外部管理制度来看,规定了环境监测、环境资源承载能力监测预警、环境影响评价、总量控制、"三同时"等制度;从企业生产的内部管理来看,规定了企业应当优先使用清洁能源,采用资源利用率高、污染排放量少的工艺、设备以及废弃物综合利用技术和污染物无害化处理技术,减少污染物的产生。

贯彻预防原则的具体要求是确立以预防为主的环境保护责任制度。对工业和农业,城市和乡村,生产和生活,经济发展与环境保护各方面的关系作通盘考虑进行全面规划和合理布局;严格执行环境影响评价制度和"三同时"制度,加强对建设项目的环境管理;积极治理老污染源,实行城市环境综合整治。

(三)环境责任原则

环境责任原则是污染者负费、利用者补偿、开发者保护、破坏者恢复的原则的简称。环境责任原则是确定造成环境污染和环境破坏的危害后果和不利影响的责任归属的基本原则。该原则内容包括:污染者付费、利用者补偿、开发者保护、破坏者恢复,即排污者承担污染环境造成的损失及治理污染的费用,开发利用资源者承担经济补偿的责任,开发利用环境资源者有保护环境资源的义务,造成环境资源破坏的单位和个人负有恢复整治环境资源的责任。

2014年新修订的环境保护法第六条关于环境保护义务的规定,就是如此。该法规定:"一切单位和个人都有保护环境的义务。地方各级人民政府应当对本行政区域的环境质量负责;企业事业单位和其他生产经营者应当防止、减少环境污染和生态破坏;公民应当增强环境保护意识,采取低碳、节俭的生活方式,自觉履行环境保护义务。"这里的义务,即是指环境领域各主体保护环境的基本义务。

2014年修订的环境保护法根据环境保护的实际需要,在第五条关于环境保护基本原则的规定中确立了"损害担责"原则。不仅如此,该法在第六条还具体规定了损害担责的内容,如"企业事业单位和其他生产经营者应当防止、减少环境污染和生态破坏,对所造成的损害依法承担责任。"在这里,承担责任的方式应当包括缴纳排污费或者环境保护税,承担民事、行政和刑事责任等。损害担责原则不仅丰富了环境责任原则的内涵,也使环境责任原则更为明确具体,便于实践中更加全面地加强对污染环境和破坏生态行为的法律规制。

(四)公众参与原则

公众参与原则是明确广大公众参与环境保护管理的权利并保障公众行使这种权利的基本原则。

公众参与,是近年来在社会的公共管理和公共事务中频繁出现的一种社会行为模式。一般而言,公众参与就是指具有共同利益和兴趣的社会群体,对政府涉及公共利益事务决策的介入或者通过参与提出意见与建议的活动。

2014年修订通过的新环境保护法,不仅在第五条关于环境保护基本原则的规定中确立了"公众参与"原则,还将"信息公开和公众参与"独立成章,明确规定公民、法人和其他组织依法享有获取环境信息、参与和监督环境保护的权利;各级政府及其有关部门应当依法公开环境信息、完善公众参与程序,为公民、法人和其他组织参与和监督环境保护提供便利。此外,新法还具体规定了政府及其相关部门应当依法公开信息、企业应当主动向社会公开信息、建设项目环境影响报告书全文公开、对环境违法行为可以举报和提起环境公益诉讼等制度。这些规定,标志着环境保护作为公共事务,正由传统意义上的职能主体——政府和相关部门监督管理,转向政府、相关部门与公众共同管理。

四、环境保护法的基本制度

(一)环境影响评价制度

环境影响评价(EIA),亦称环境质量预断评价,是指对规划和建设项目实施后可能造成的环境影响进行分析、预测和评估,提出预防或者减轻不良环境影响的对策和措施,进行跟踪监测的方法与制度。

环境影响评价分为:单个建设项目环境影响评价,又称微观活动环境影响评价,即对拟建项目所做的环境影响评价,它是我国目前环境影响评价的主要方面;区域开发建设环境影响评价,又称区域环境影响评价,即对流域开发、开发区建设、城市新区建设和旧区改建等区域性开发所做的环境影响评价;宏观活动环境影响评价,又称战略性环境影响评价,指对政策、规划、计划及替代方案的环境影响进行规范、系统、综合评价的过程,是近年来国际上环境影响评价的新发展。环境影响评价制度是关于环境影响评价的范围、内容、程序、法律后果等法律规范的总称。

(二)"三同时"制度

"三同时"制度,是指一切新建、改建和扩建的基本建设项目、技术改造项目、自然开发项目,以及可能对环境造成损害的其他工程项目,其中防治污染和其他公害的设施和其他环境保护设施,必须与主体工程同时设计、同时施工、同时投产。该制度是我国首创的。

1."三同时"制度的适用范围

中华人民共和国领域和中华人民共和国管辖的其他海域对环境有影响的建设项目需要配置环境保护设施的,必须适用"三同时"制度。

2."三同时"制度的实施程序

(1)建设项目的初步设计,应当按照环境保护设计规范的要求,编制环境保护篇章,并依据经批准的建设项目环境影响报告书或者环境影响报告表,在环境保护篇章中落实防治环境污染和生态破坏的措施以及环境保护设施投资概算。

(2)建设项目的主体工程完工后,需要进行试生产,其配套建设的环境保护设施必须与主体工程同时投入试运行,建设项目试生产期间,建设单位应当对环境保护设施运行情况和建设项目对环境的影响进行监测。

(3)建设项目竣工后,建设单位应当向审批该建设项目环境影响报告书、环境影响报告表或者环境影响登记表的环境保护行政主管部门,申请该建设项目需要配套建设的环境保护设施竣工验收。环境保护设施竣工验收,应当与主体工程竣工验收同时进行。分期建设、分期投入生产或者使用的建设项目,其相应的环境保护设施应当分期验收。

(4)建设项目需要配套建设的环境保护设施经验收合格,该建设项目方可投入生产或者使用。

(三)排污收费制度

排污收费制度,是指国家为保护环境资源和维护生态平衡,而对向环境中排放污水、废气、固体废物、噪声、放射性污染物等征收一定的排污费的管理措施。排污收费制度是有关征收排污费的对象、范围、标准以及排污费的征收、使用和管理等一系列法律规定的总称。排污收费既是环境管理中的一种经济手段,又是贯彻"污染者付费原则"的主要制度。

(四)环境标准制度

环境标准是国家为了保护环境质量,控制污染,按照法定程序制定的各种技术规范的总称。环境标准具有规范性和强制性的特点。

环境标准分为国家环境标准、地方环境标准。国家环境标准包括国家环境质量标准、国家污染物排放标准(或控制标准)、国家环境监测方法标准、国家环境标准样品标准和国家环境基础标准。地方环境标准包括地方环境质量标准和地方污染物排放标准(或控制标准)。

环境质量标准是环境中所允许含有有害物质的最高限额。环境质量标准是确认环境是否被污染以及排污者是否应承担相应民事责任的根据。

污染物排放标准是认定排污行为是否合法以及排污者是否应承担相应行政法律责任的根据。

五、环境法律责任

(一)环境行政责任

环境行政责任是指违反环境保护法和国家行政法规所规定的行政义务或法律禁止事项而应承担的法律责任。

被追究行政责任者多为企业、事业单位及其领导人员、直接责任人员,也包括其他公民。一般说,行政违法行为就其社会危害性要比犯罪行为轻,行政制裁比刑事处罚也相对较轻。环境行政责任的构成要件如下:

1.行为的违法性

行为的违法性是指行为人违反了环境法的义务性规范。这是承担环境行政责任的首要条件也是必要条件,即只有在行为人的行为违反了我国环境行政法律、法规的规定,才可能承担环境行政法律责任。但是,环境行政主体的某些不当行政行为也能引起行政责任。

2.行为人的主观过错

过错是行为人在实施违法行为时的心理状态,包括故意和过失两种。

3.行为的危害后果

行为的危害后果是指违法行为造成了环境污染、环境破坏、损害人体健康或财产损失等后果。一般来说,对于环境行政主体而言,只要行为违法,就要承担行政法律责任,而不考虑行为的危害后果,行为的危害后果只是责任大小所考虑的问题。对于行政公务人员而言亦同,比如2014年环境保护法第六十八条的第九款规定都是只规定违法行为,而未涉及危害后果;对于行政相对人而言,危害后果是否是承担行政责任的构成要件,要看具体的法律规定,根据环境法的预防原则的精神,一般情况下,对于相对人的违法行为都应当追究行政责任。环境法中的大量行政法律规范都不强调相对人行为的危害后果,如果"情节严重的",则会导致更严重行政责任。比如2014年环境保护法第六十条规定:"企业事业单位和其他生产经营者超过污染物排放标准或者超过重点污染物排放总量控制指标排放污染物的,县级以上人民政府环境保护主管部门可以责令其采取限制生产、停产整治等措施;情节严重的,报经有批准权的人民政府批准,责令停业、关闭。"

4.违法行为与危害后果之间具有因果关系

因果关系是指违法行为与危害后果之间存在的内在的、必然的联系,而不是表面的、偶然的联系。环境因素的复杂性,决定了环境违法行为和危害后果之间因果关系比较复杂,如多因一果、多因多果的情况经常存在。因此在实践中必须坚持从事物的内在联系出发,准确判断违法行为和危害后果之间的因果关系。

(二)环境民事责任

环境民事责任是指单位或者个人因污染危害环境而侵害了公共财产或者他人的人身、财产所承担的民事方面的责任。

1.环境民事责任的构成要件

传统民事侵权责任构成要件包括以下四个方面:主观上具有过错;行为具有违法性;发生损害结果;违法行为与损害结果之间具有因果关系。但是环境民事责任作为特殊侵权责任,在其构成要件上有所不同。

环境民事责任适用无过错归责原则,其主要构成要件主要有:

(1)侵权行为。行为人承担环境侵权民事责任,必须要有环境侵权行为的存在,即必须要有污染或破坏环境的行为存在,如果没有环境侵权行为就不存在环境民事责任。

(2)损害事实。损害事实是指环境侵权行为对他人造成的人身、财产、精神或其他权益损害以及环境损害的客观情况。如果仅有环境侵权行为的存在,但是没有造成任何损害,就不必承担环境侵权民事责任,损害事实是承担环境侵权民事责任的必要条件。损害的对象可以是人身、财产、精神,也可以是其他环境权益,损害包括直接损害和间接损害。

(3)侵权行为和损害事实之间有因果关系。侵权行为和损害事实之间存在因果关系是承担环境侵权民事责任的必要条件。环境侵权行为和损害事实之间经常存在"多因一果""一因多果""多因多果"的情形。"多因一果"即两种以上的侵权行为造成了一种侵害结果,如多个污染源分别排污造成一个污染损害结果;"一因多果"即一种侵权行为造成了多种侵害结果,如一个企业排污同时造成了水污染、人身损害和他人财产的损失等结果;"多因多果"即两种以上的侵权行为造成了两种以上的损害结果。加之环境损害事实的出现和认识要有一个时间和空间的跨度,造成认定环境侵权行为和损害事实之间的因果关系非常困难。

2.环境侵权民事责任的免责事由

免责事由可以归纳为以下几种:

(1)不可抗力,即在现有的科学技术条件下人力所不能预见、不能避免并不能克服的客观情况,由于不可抗力发生的环境损害结果是人力无法控制和避免的,因此免于承担法律责任。但是在适用不可抗力作为免责事由时,必须要看行为人在不可抗力发生时或发生后,是否及时采取了合理措施来防止和减少污染损害的发生。如果排污者没有及时采取措施,或者采取的措施不合理,都不能完全免除其环境侵权民事责任。

(2)战争行为。海洋环境保护法规定了战争是海洋污染损害的免责条件。

(3)受害人自己的过错。《最高人民法院关于审理环境侵权责任纠纷案件适用法律若干问题的解释》第五条的规定同样认为第三人的过错不是污染者免除责任的事由。但是环境破坏属于一般侵权,应当依照《中华人民共和国侵权责任法》第二十八条规定:"损害是因第三人造成的,第三人应当承担侵权责任。"所以,对于环境破坏是由第三人造成的,行为人应当免责。

3.环境侵权民事责任的承担方式

环境侵权民事责任的承担方式是指由国家法律规定的对实施各种污染和破坏环境的行为追究民事责任的具体制裁措施。我国侵权责任法第十五条规定,承担民事责任的方式主要有:停止侵害,排除妨碍,消除危险,恢复原状,赔偿损失,赔礼道歉,消除影响、恢复名誉。第二十一条规定,侵权行为危及他人人身、财产安全的,被侵权人可以请求侵权人承担停止侵害、排除妨碍、消除危险等侵权责任。但是并非所有的这些方式都可以应用到环境侵权民事责任中,根据《最高人民法院关于审理环境侵权责任纠纷案件适用法律若干问题的解释》和《最高人民法院关于审理环境民事公益诉讼案件适用法律若干问题的解释》的相关规定,环境侵权民事责任的承担方式主要有停止侵害、排除妨碍、消除危险、恢复原状、赔礼道歉、赔偿损失。

第二节　自然资源法

一、自然资源法概述

(一)自然资源法的概念及调整对象

1.自然资源法的概念

自然资源法是指调整在开发、利用、保护和管理自然资源过程中所发生的各种社会关系的法律规范的总称。

2.自然资源法的调整对象

凡是与自然资源的开发利用和保护有关的社会关系,都是自然资源法的调整对象。其中包括:

(1)自然资源的民事关系,即以自然资源为客体的财产所有权关系,以及因这些民事关系、财产权流转而发生的合同关系。

(2)自然资源的行政管理关系,人们在开发、利用、保护、营造各种自然资源的经济活动中,形成了复杂的资源管理关系,主要表现为:各级人民政府的管理,各级人民政府中各种资源行政管理部门的管理。

(3)其他社会关系,如人们在开发、利用、保护和管理各种自然资源的活动中所形成的环境保护关系。

(二)自然资源法的体系

我国目前尚无一部综合性的自然资源基本法,所以我国自然资源法体系主要由自然资源单行法构成。

目前我国已制定的自然资源单行法主要包括森林法、草原法、矿产资源法、土地管理法、水法、野生动物保护法、城市规划法、农业法、水土保持法、进出口动植物检疫法、煤炭法、节约能源法、渔业法、防沙治沙法等。

（三）自然资源法的基本原则

1. 自然资源的国家所有的原则

我国绝大部分自然资源为公有，即国家所有与集体所有，只有林木等极少数资源可以属私人所有。这是由我国社会主义公有制的性质所决定的，也是由自然资源具有公共物品的属性所决定的。

2. 综合利用自然资源的原则

综合利用和多目标开发是提高资源利用效益的基本措施。自然资源的整体性决定了对其开发和利用的综合性。

3. 统一规划和因地因时制宜的原则

制订统一的规划对自然资源的开发利用加以引导、规范，才能实现自然资源开发利用的理性与整体最佳；同时，每一地方的自然资源都是其特有的自然和社会经济条件的组合。必须因地因时不同，采取不同的对策，实施开发利用和经营管理。

4. 经济效益、生态效益和社会效益相统一的原则

在任何经济建设中既要考虑经济效益，又要考虑生态效益，从生态平衡的角度去衡量开发利用自然资源的经济效果，不得以破坏自然环境和生态平衡为代价追求所谓的经济效益。

5. 节约利用资源的原则

自然资源的有限性，决定了必须正确处理开发利用和保护的关系。在经济建设中既要发挥自然资源的优势，根据经济发展的需要和财力、物力的可能，有计划地扩大开发利用，又要注意节约和积极保护自然资源。要正确处理资源消耗与再生能力之间的关系，保持自然生态系统和人工生态系统的良性循环。

二、自然资源法的基本制度

（一）自然资源权属制度

1. 自然资源所有权

我国自然资源立法对自然资源的所有权作了以下规定：

（1）土地的所有权。城市的土地属于国家所有；农村和城市郊区的土地除由法律规定属于国家所有的以外，属于农民集体所有；宅基地和自留山，属于农民集体所有。

（2）水资源的所有权。水资源属于国家所有，国家是水资源所有权的唯一主体。

（3）矿产资源的所有权。矿产资源属于国家所有，不因其所依附的土地的所有权或者使用权的不同而改变。

（4）林权中的所有权。林权中的所有权有两个层次。森林资源包括森林和林地属于国家所有，由法律规定属于集体所有的除外；林木所有权可以归属国家、集体及单位、个人。《中华人民共和国森林法》规定：

①国有企业事业单位、机关、团体、部队营造的林木，归国家所有；

②集体所有制单位营造的林木，归该单位所有；

③农村居民在房前屋后自留地自留山种植的林木，归个人所有；

④城镇居民和职工在自有房屋庭院内种植的林木，归个人所有；

⑤集体或个人承包国家所有和集体所有的宜林荒山荒地造林的，承包后种植的林木归承

包的集体或者个人所有；承包合同另有规定的，按照承包合同的规定执行。

（5）草原资源的所有权。草原属于国家所有，由法律规定属于集体所有的除外。

（6）野生动物的所有权。野生动物资源属于国家所有，不因野生动物资源所依存的土地或水体的所有权而改变。

2. 自然资源开发利用权

我国自然资源立法对自然资源的开发利用权作了以下规定：

（1）水资源的开发利用权。

（2）矿产资源的开发利用权。包括：

①探矿权。探矿权是指按法律的程序，取得勘查许可证，在批准的区域勘查矿产资源的权利。依法取得勘查许可证的单位或个人称为探矿权人。

②采矿权。采矿权是指按法定的程序，取得采矿许可证。在批准的区域（开采范围）和期限内开采被许可的矿产及共生、伴生矿的权利。依法取得采矿许可证的单位或个人称为采矿权人。

（3）森林资源的开发利用权。

（4）渔业资源的开发利用权。

（5）野生动物资源的开发利用权。

3. 自然资源权属流转制度

目前我国法律允许转让的自然资源权利除土地使用权外还包括以下两大类：

（1）矿权。《中华人民共和国矿产资源法》规定，经依法审批，探矿权人有权在划定的勘查作业区内进行规定的勘查作业，有权优先取得勘查作业区内矿产资源的采矿权。探矿权人在完成规定的最低勘查投入后，可以将探矿权转让他人。已取得采矿权的矿山企业，因企业合并、分立，与他人合资、合作经营，或者因企业资产出售以及有其他变更企业资产产权的情形需要变更采矿权主体的，可以将采矿权转让。

（2）林权。《中华人民共和国森林法》规定，下列森林、林木、林地使用权可以依法转让，也可以依法作价入股，或者作为合资、合作造林，经营林木的出资、合作条件，但不得将林地改为非林地。

①用材林、经济林、薪炭林；

②用材林、经济林、薪炭林的林地使用权；

③用材林、经济林、薪炭林的采伐迹地、火烧迹地的林地使用权；

④国务院规定的其他森林、林木和其他林地使用权。

依前述规定转让、作价入股，或者作为合资、合作造林，经营林木的出资、合作条件的，已经取得的林木采伐许可证可以同时转让，转让双方必须遵守森林法关于森林、林木采伐和更新造林的规定。

（二）自然资源行政管理制度

1. 自然资源规划制度

自然资源规划是进行资源开发利用的基本依据，是保障资源可持续利用的重要措施。我国现行的几部自然资源法基本上都有关于规划问题的规定，如土地管理法规定的土地利用总体规划，水法规定的规划，森林法规定的林业规划，草原法规定的草原规划，渔业法规定的渔业规划，矿产资源法规定的矿产资源规划等。

自然资源规划一经法定程序批准，即具有法律效力，有关部门、单位必须贯彻实施。如果因情况的变化需要修改规划，必须经过原批准规划机构的批准。

2.自然资源调查和档案制度

自然资源调查制度是法律对自然资源调查的主体、对象、范围、内容、程序、方法和调查结果的效力所作的规定，是自然资源调查的法制化。自然资源档案制度是指对自然资源的各种信息进行保存的制度。

3.自然资源许可制度

自然资源许可制度，是指在从事开发利用自然资源的活动之前，必须向有关管理机关提出申请，经审查批准，发给许可证后，方可进行该活动的一整套管理措施。它是自然资源行政许可的法律化，是自然资源保护管理机关进行自然资源保护监督管理的重要手段。

自然资源许可证，从对其实施管理的范围来看，可分为三大类：一是资源开发许可证，如林木采伐许可证、采矿许可证、捕捞许可证、野生植物采集证等；二是资源利用许可证，如土地使用证、草原使用证、养殖使用证等；三是资源交易进出口许可证，如野生动植物进出口许可证等。

需要提示的是，2018年3月17日第十三届全国人大第一次会议表决通过了关于国务院机构改革方案的决定，按照最新方案，组建自然资源部。将国土资源部的职责，国家发展和改革委员会的组织编制主体功能区规划职责，住房和城乡建设部的城乡规划管理职责，水利部的水资源调查和确权登记管理职责，农业部的草原资源调查和确权登记管理职责，国家林业局的森林、湿地等资源调查和确权登记管理职责，国家海洋局的职责，国家测绘地理信息局的职责整合，组建自然资源部，作为国务院组成部门，不再保留国土资源部、国家海洋局、国家测绘地理信息局。

同时按照最新方案，组建生态环境部。将环境保护部的职责，国家发展和改革委员会的应对气候变化和减排职责，国土资源部的监督防止地下水污染职责，水利部的编制水功能区划、排污口设置管理、流域水环境保护职责，农业部的监督指导农业面源污染治理职责，国家海洋局的海洋环境保护职责，国务院南水北调工程建设委员会办公室的南水北调工程项目区环境保护职责整合，组建生态环境部，作为国务院组成部门，不再保留环境保护部。

根据上述最新改革方案，环境保护及自然资源保护的主管行政部门发生了变化。

思考与练习

1.简述环境保护法的原则。

2.简述自然资源保护法的原则及体系。

3.简述环境责任的承担方式及构成要件。

第二十一章 会计法与审计法

第一节 会计法概述

一、会计与会计法

会计是运用货币形式,通过记账、算账、报账、用账等手段,核算和分析各企业、各有关单位的经济活动和财务开支,反映和监督经济过程及其成果的活动。

会计首先表现为单位内部的一项管理活动,即对本单位的经济活动进行核算和监督。但会计在处理经济业务中所涉及的经济利益关系则超出本单位的范围,直接或间接地影响有关方面的利益。因此,会计处理各种经济业务关系必须有一些具有约束力的规范,这是保护包括国家在内的各方面利益关系者的客观要求。这些规范包括道德规范、单位内部的规范、行业组织的规范、国家的规范等。国家制定的会计规范也就是我们通常所说的会计法、会计法律或者会计法律规范。国家通过会计法律规范,建立起会计法律制度。

会计法是调整会计关系的法律规范的总称。所谓会计关系,是指会计机构、会计人员在办理会计事务过程中发生的经济关系,以及国家在监督管理会计工作过程中发生的经济关系。以企业会计为例,既包含企业内部的关系,又涉及国家与企业的关系。

对会计法的理解,有广义和狭义之分。广义的会计法是指国家制定、认可的各种会计规范的总称。包括国家权力机关、行政机关制定的各种会计规范,如会计法律、会计行政法规、会计规章等,还包括国家司法机关在具体适用会计法律规范时所作的司法解释。狭义的会计法仅指《中华人民共和国会计法》(以下简称会计法)。

二、我国会计法的渊源

目前,根据会计法律规范的构成、制定机关和效力的不同,我国会计法的渊源,按效力的不同可分为以下几个从高到低的层次:

(一)会计基本法

会计基本法是指由国家最高权力机关制定的、调整我国经济生活中会计关系的法律基本规范,即会计法。除宪法以外,会计法在整个会计法的渊源中居于最高的法律地位和具有最高的法律效力。

会计法于1985年1月21日经第六届全国人大常委会第九次会议通过,1993年12月29日由第八届全国人大常委会第五次会议第一次修正,1999年10月31日由第九届全国人大常委会第十二次会议第二次修正,2017年11月4日第十二届全国人民代表大会常务委员会第三十次会议《全国人大常委会关于修改〈中华人民共和国会计法〉等十一部法律的决定》,对《中华人民共和国会计法》进行第三次修正,自2017年11月5日起施行。

会计法是会计工作的基本法律依据,它以法律的形式确定了会计工作的地位、任务和作用,规定了会计工作的基本准则。

(二)会计行政法规

会计行政法规是指由国家最高行政机关即国务院制定的、调整经济生活中某些方面会计关系的法律规范。会计行政法规的制定依据是会计法,会计行政法规的效力仅次于会计基本法。如国务院于 2000 年 6 月 21 日发布、2001 年 1 月 1 日施行的《企业财务会计报告条例》、《总会计师条例》和经国务院批准、财政部发布的《企业会计准则》等都属于会计行政法规。

(三)地方性会计法规

地方性会计法规是指在与会计法律、会计行政法规不相抵触的前提下,由省、自治区、直辖市以及较大的市的人民代表大会及其常委会制定的适用于本地区的会计法规。会计地方性法规的效力低于宪法、法律和行政法规,高于本级和下级地方政府规章。

(四)会计规章

会计规章包括两种:一种是会计部门规章:由主管全国会计工作的行政部门即财政部根据法律和国务院的行政法规、决定、命令,在本部门的权限范围内制定的、调整会计工作中某些方面内容的规范性文件。国务院其他各部门根据其职责权限制定的会计方面的规范性文件也属于会计规章,但必须报财政部审核或者备案;会计部门规章的效力低于宪法、法律和行政法规。根据立法法的精神,会计部门规章与会计地方性法规之间具有同等效力,在各自的权限范围内施行。如果会计地方性法规与会计部门规章之间对同一事项的规定不一致,不能确定如何适用时,由国务院提出意见,国务院认为应当适用地方性法规的,应当决定在该地方适用地方性法规的规定;认为应当适用部门规章的,应当提请全国人民代表大会常务委员会裁决。

另一种是会计地方政府规章:由省、自治区、直辖市以及较大的市的人民政府根据法律、行政法规和本省、自治区、直辖市的地方性法规制定的适用于本地区的会计地方政府规章。会计地方政府规章的效力低于宪法、法律、行政法规和地方性法规。会计地方政府规章与会计部门规章之间具有同等效力,在各自的权限范围内施行。如果部门规章与地方政府规章之间对同一事项的规定不一致时,由国务院裁决。

三、会计工作管理体制

会计工作管理体制是指会计工作的管理制度和方法,包括会计工作管理组织形式、管理权限划分、管理机构设置等内容。会计法对我国的会计工作管理体制作出了相应规定,主要包括以下两个方面:

(一)会计工作的管理部门

根据会计法的规定,"国务院财政部门主管全国的会计工作","县级以上地方各级人民政府财政部门管理本区域内的会计工作"。也就是说,财政部门按照"统一领导,分级管理"的原则管理会计工作。

(二)制定会计制度的权限

会计制度是指政府管理部门对处理会计事务所作出的规章、准则、办法等规范性文件的总称,包括对会计工作、会计核算、会计监督、会计人员、会计档案等方面的规范性文件。

会计法规定,国家统一的会计制度由国务院财政部门根据会计法制定并公布。所谓"国家统一的会计制度",是指国务院财政部门根据会计法制定的关于会计核算、会计监督、会计机构和会计人员以及会计工作管理的制度;国务院有关部门可以依照会计法和国家统一的会计制度制定对会计核算和会计监督有特殊要求的行业实施国家统一的会计制度的具体办法或者补充规定,报国务院财政部门审核批准;中国人民解放军总后勤部可以依照会计法和国家统一的会计制度制定军队实施国家统一的会计制度的具体办法,报国务院财政部门备案。这一规定,一方面有利于保证会计制度的统一性和规范性,另一方面也便于各地方、各部门根据实际情况办事,从而保证国家统一的会计制度的实施。

(三)会计人员的管理

财政部门负责会计从业资格管理、会计专业技术职务资格管理、会计人员奖惩,以及会计人员继续教育等。

(四)单位内部的会计工作管理

单位负责人负责单位内部的会计工作管理。单位负责人,是指单位法定代表人或者法律、行政法规规定代表单位行使职权的主要负责人。单位负责人应当保证会计机构、会计人员依法履行职责,不得授意、指使、强令会计机构、会计人员违法办理会计事项,对本单位的会计工作和会计资料的真实性、完整性负责。

四、会计核算

(一)依法建账

1.会计账簿的设置

根据有关的法律法规,各单位应当依法设置的会计账簿包括:①总账;②明细账;③日记账;④其他辅助账簿。

2.会计账簿登记的基本要求

(1)必须依据经过审核的会计凭证登记会计账簿。

(2)登记会计账簿必须按照记账规则进行。

(3)实行会计电算化的单位,其会计账簿的登记、更正,也应当符合国家统一的会计制度的规定。

(4)会计账簿的设置和登记,应当符合有关法律、行政法规和国家统一的会计制度规定。

(5)禁止账外设账。

(二)会计核算的基本要求

会计核算的基本要求,是指各单位进行会计核算应当遵循的基本规范。会计法对会计核算的基本要求主要体现在以下三个方面:

1.会计核算依据的基本要求

(1)会计核算必须以实际发生的经济业务事项为依据。

(2)以虚假的经济业务事项或资料进行会计核算,是一种严重的违法行为。会计法规定:"任何单位不得以虚假的经济业务事项或者资料进行会计核算。"

2.资料的基本要求

会计法规定:"会计凭证、会计账簿、财务会计报告和其他会计资料,必须符合国家统一的会计制度的规定。""任何单位和个人不得伪造、变造会计凭证、会计账簿及其他会计资料,不得提供虚假的财务会计报告。"这些都是对会计资料基本要求的规定。

(1)会计资料必须符合国家统一的会计制度的规定。会计资料是在会计核算过程中形成的、记录和反映实际发生的经济业务事项的资料,包括会计凭证、会计账簿、财务会计报告和其他会计资料。会计法规定"会计凭证、会计账簿、财务会计报告和其他会计资料,必须符合国家统一的会计制度的规定"。

(2)生成和提供虚假会计资料是一种严重违法行为。会计法在规定了生成和提供会计资料"应当怎么做"的同时,明确了"禁止做什么",规定"任何单位和个人不得伪造、变造会计凭证、会计账簿和其他会计资料,不得提供虚假的财务会计报告"。

3.会计电算化的基本要求

会计法规定:"使用电子计算机进行会计核算的,其软件及其生成的会计凭证、会计账簿、财务会计报告和其他会计资料,也必须符合国家统一的会计制度的规定"。

(三)会计核算的内容

根据会计法规定,应当办理会计手续,进行会计核算的经济业务包括:①款项和有价证券的收付;②财物的收发、增减和使用;③债权债务的发生和结算;④资本、基金的增减;⑤收入、支出、费用、成本的计算;⑥财务成果的计算和处理;⑦其他事项。

(四)会计年度

1.会计年度的概念

会计年度是以年度为单位进行会计核算的时间区间,是反映单位财务状况、核算经营成果的时间界限。以一年为一个会计期间称为会计年度。一般来讲,每个会计年度还可以按照公历日期划分为半年度、季度、月份,以满足单位经营管理和投资者对会计资料的需要。

2.对会计年度的规定

我国自中华人民共和国成立以来一直实行公历制会计年度。会计法规定:"会计年度自公历1月1日起至12月31日止。"我国的会计年度之所以采用公历制,是为了与我国的财政、计划、统计、税务等年度保持一致,从而便于国家宏观经济管理。各单位按年度提供的会计资料是国家实施宏观调控的重要依据。

(五)本位币

会计法规定:"会计核算以人民币为记账本位币。业务收支以人民币以外的货币为主的单位,可以选定其中一种货币作为记账本位币,但是编报的财务会计报告应当折算为人民币。"

(六)文字记录

关于会计文字记录,会计法规定:"会计记录的文字应当使用中文。在民族自治地方,会计记录可以同时使用当地通用的一种民族文字。在中华人民共和国境内的外商投资企业、外国企业和其他外国组织的会计记录可以同时使用一种外国文字。"

(七)原始凭证的审核

对原始凭证进行审核,是确保会计资料质量的重要措施之一,也是会计机构、会计人员的重要职责。对原始凭证进行审核的内容具体包括三个方面:

(1)会计机构、会计人员必须审核原始凭证,这是法定职责。

(2)会计机构、会计人员审核原始凭证的具体程序、要求,由国家统一的会计制度规定,会计机构、会计人员应当据此执行。如《会计基础工作规范》规定,购买实物的原始凭证必须附有验收证明,以确认实物已经验收入库,会计机构、会计人员在审核有关原始凭证时,应当根据要求查验验收证明。

(3)会计机构、会计人员对不真实、不合法的原始凭证有权不予受理,并向单位负责人报告,请求查明原因,追究有关当事人的责任;对记载不准确、不完整的原始凭证予以退回,并要求经办人员按照国家统一的会计制度的规定进行更正、补充。

（八）原始凭证的错误更正

为了规范原始凭证的内容，明确相关人员的经济责任，防止利用原始凭证舞弊，会计法规定了原始凭证错误更正的要求：

（1）原始凭证所记载的各项内容均不得涂改，随意涂改的原始凭证即为无效凭证，不能作为填制记账凭证或登记会计账簿的依据。

（2）原始凭证记载的内容有错误的，应当由开具单位重开或更正，更正工作必须由原始凭证出具单位进行，并在更正处加盖出具单位印章。

（3）原始凭证金额的错误不得更正，只能由原始凭证开具单位重新开具。因为原始凭证上的金额，是反映经济业务事项情况的最重要数据。随意更改，容易导致舞弊，不利于保证原始凭证的质量。

（4）原始凭证开具单位应当依法开具准确无误的原始凭证，对于填制有误的原始凭证负有更正和重新开具的义务，不得拒绝。

（九）记账凭证的编制

会计法突出强调了记账凭证编制的两个要求：一是记账凭证必须以原始凭证及有关资料为依据；二是作为记账凭证编制依据的原始凭证和有关资料必须审核无误，以确保记账凭证的质量。

五、财务会计报告的编制

（一）财务会计报告的概念、分类

财务会计报告是指企业对外提供的反映企业某一特定日期财务状况和某一会计期间经营成果、现金流量的文件。根据《企业财务会计报告条例》的规定，财务会计报告分为年度、半年度、季度和月度财务会计报告。

（二）财务会计报告应当依据会计账簿记录和有关资料编制

会计法规定，各单位的"财务会计报告应当根据经过审核的会计账簿记录和有关资料编制"。《企业财务会计报告条例》也规定，企业应当按照国家统一的会计制度规定的会计报表格式和内容，根据登记完整、核对无误的会计账簿记录和其他有关资料编制会计报表，做到内容完整、数字真实、计算准确，不得漏报或者任意取舍。

（三）财务会计报告的编制要求、提供对象、提供期限应当符合法定要求

会计法规定，各单位财务会计报告的编制要求、提供对象、提供期限应当符合法定要求。这里的"法"，主要是指会计法和国家统一的会计制度。其他法律、行政法规另有规定的，各单位也应当认真执行。各单位的财务会计报告应当依法编制，并及时提供给有关对象。

（四）向不同的会计资料使用者提供的财务会计报告，其编制依据应当一致

对外提供的财务会计报告反映的会计信息应当真实、完整。会计法和《企业财务会计报告条例》同时规定，企业依照条例规定向有关各方提供的财务会计报告，其编制基础、编制依据、编制原则和方法应当一致，不得提供编制基础、编制依据、编制原则和方法不同的财务会计报告。

（五）财务会计报告的编制依据、编制要求、提供对象、提供期限等具体要求，由国家统一的会计制度规定

由于财务会计报告编制的技术性和政策性都很强，其内容要求具体而细致，且需要根据财务会计报告使用者的要求和国家政策的变化情况等及时作出补充、完善,这些问题无法在会计法中得以一一体现,会计法授权国务院财政部门制定一些配套法规,在有关条例和国家统一的会计制度中予以具体规定。其他法律、行政法规对有关单位财务会计报告另有要求的,应当从其规定。

(六)财务会计报告的责任主体

在财务会计报告上签章是明确责任的重要程序。财务会计报告编制单位的有关负责人在对外提供的财务会计报告上签章,是我国已经实行多年的做法,目的是督促签章人对财务会计报告的内容严格把关并承担责任。会计法规定:"财务会计报告应当由单位负责人和主管会计工作的负责人、会计机构负责人(会计主管人员)签名并盖章;设置总会计师的单位,还须由总会计师签名并盖章"。

六、会计档案管理

(一)会计档案的概念

会计档案是指记录和反映经济业务事项的重要历史资料和证据,一般包括会计凭证、会计账簿、财务会计报告以及其他会计资料等会计核算的专业材料。

(二)会计档案的管理

为加强我国会计档案的科学管理,统一全国会计档案制度,会计法规定了会计档案的范围、保管和销毁等问题,将会计档案管理问题纳入了法制化轨道。各单位应当按照规定,加强对会计档案的管理。如因不按规定管理会计档案,致使会计档案毁损、灭失的,属违法行为,应当承担法律责任。

会计档案管理是一项技术性和政策性都很强的工作,会计法授权国务院财政部门会同有关部门制定会计档案的保管期限、销毁办法等管理规定。1998年,财政部和国家档案局在总结会计档案管理经验和教训的基础上,根据经济发展和会计改革的要求修订了《会计档案管理办法》,对会计档案的立卷、归档、保管、调阅和销毁,以及单位变更后的会计档案管理等作出了更加明确的规定。《会计档案管理办法》规定:

(1)会计档案应当妥善保管。会计档案由单位会计机构负责整理立卷归档,并保管一年,期满后移交单位的会计档案管理机构;没有专门档案管理机构的单位应由会计机构指定专人继续保管。单位会计档案不得外借,遇有特殊情况,经本单位负责人批准可以提供查阅或者复制原件。

(2)会计档案应当分期保管。会计档案保管期限分为永久和定期两类,定期保管期限分为三年、五年、十年、十五年和二十五年五类,保管期限从会计年度终了后第一天算起。

(3)会计档案应当按规定程序销毁。对于保管期满的会计档案,需要销毁时,应由单位档案管理机构提出销毁意见,会同会计机构共同鉴定,严格审查,编造销毁清册,报单位负责人批准后,由单位档案管理机构和会计机构共同派员监销;保管期满但未结清的债权债务原始凭证及其他未了事项的原始凭证,不得销毁,应当单独抽出立卷,保管到未了事项解决时为止;正在项目建设期间的建设单位,其保管期满的会计档案不得销毁。

第二节　会计监督

　　会计监督是会计的基本职能之一,是我国经济监督体系的重要组成部分。会计监督可以分为单位内部监督、国家监督和社会监督三个方面。

一、单位内部会计监督与内部控制制度

　　单位内部会计监督制度,是一个单位为了保护其资产的安全完整,保证其经营活动符合国家法律、法规和内部规章的要求,提高经营管理效率,防止舞弊,控制风险等,而在单位内部制定的一系列相互联系、相互制约的制度和措施,其本质是一种内部控制制度。建立健全内部会计监督制度是各单位的法定义务。为了促进各单位内部会计控制建设,加强内部会计监督,维护社会主义市场经济秩序,财政部根据会计法等法律法规,先后颁发了《内部会计控制规范——基本规范》《内部会计控制规范——货币资金》《内部会计控制规范——工程项目》《内部会计控制规范——担保》《内部会计控制规范——对外投资》《内部会计控制规范——采购与付款》等六个有关内部会计控制的规范性文件。本书只介绍其中的《内部会计控制规范——基本规范》(以下简称《基本规范》)。

　　2001年6月22日,财政部发布了《内部会计控制规范——基本规范(试行)》,该规范作为会计法的配套措施,适用于国家机关、社会团体、公司、企业、事业单位和其他经济组织(以下统称为单位)。《基本规范》还规定,国务院有关部门可以根据国家有关法律法规和本规范,制定本部门或本系统的内部会计控制规定;各单位应当根据国家有关法律法规和本规范,结合部门或系统的内部会计控制规定,建立适合本单位业务特点和管理要求的内部会计控制制度,并组织实施;单位负责人对本单位内部会计控制的建立健全及有效实施负责。

　　《基本规范》是内部会计控制的基本规范,它对内部会计控制的目标和原则、内部会计控制的内容、内部会计控制的方法、内部会计控制的检查等内容作了全面、系统的规定。

(一)内部会计控制的目标和原则

　　根据《基本规范》的规定,内部会计控制应当达到以下基本目标:

　　(1)规范单位会计行为,保证会计资料真实、完整。

　　(2)堵塞漏洞、消除隐患,防止并及时发现、纠正错误及舞弊行为,保护单位资产的安全、完整。

　　(3)确保国家有关法律法规和单位内部规章制度的贯彻执行。

　　内部会计控制应当遵循以下基本原则:

　　(1)内部会计控制应当符合国家有关法律法规和《基本规范》,以及单位的实际情况。

　　(2)内部会计控制应当约束单位内部涉及会计工作的所有人员,任何个人都不得拥有超越内部会计控制的权力。

　　(3)内部会计控制应当涵盖单位内部涉及会计工作的各项经济业务及相关岗位,并应针对业务处理过程中的关键控制点,落实到决策、执行、监督、反馈等各个环节。

　　(4)内部会计控制应当保证单位内部涉及会计工作的机构、岗位的合理设置及其职责权限的合理划分,坚持不相容职务相互分离,确保不同机构和岗位之间权责分明、相互制约、相互监督。

（5）内部会计控制应当遵循成本效益原则，以合理的控制成本达到最佳的控制效果。

（6）内部会计控制应随着外部环境的变化、单位业务职能的调整和管理要求的提高，不断修订和完善。

（二）内部会计控制的内容

内部会计控制的内容主要包括货币资金、实物资产、对外投资、工程项目、采购与付款、筹资、销售与收款、成本费用、担保等九个方面经济业务的会计控制。

（1）货币资金的内部会计控制。单位应当对货币资金收支和保管业务建立严格的授权批准制度，办理货币资金业务的不相容岗位应当分离，相关机构和人员应当相互制约，确保货币资金的安全。

（2）实物资产的内部会计控制。单位应当建立实物资产管理的岗位责任制度，对实物资产的验收入库、领用、发出、盘点、保管及处置等关键环节进行控制，防止各种实物资产被盗、毁损和流失。

（3）对外投资的内部会计控制。单位应当建立规范的对外投资决策机制和程序，通过实行重大投资决策集体审议联签等责任制度，加强投资项目立项、评估、决策、实施、投资处置等环节的会计控制，严格控制投资风险。

（4）工程项目的内部会计控制。单位应当建立规范的工程项目决策程序，明确相关机构和人员的职责权限，建立工程项目投资决策的责任制度，加强工程项目的预算、招投标、质量管理等环节的会计控制，防范决策失误及工程发包、承包、施工、验收等过程中的舞弊行为。

（5）采购与付款的内部会计控制。单位应当合理设置采购与付款业务的机构和岗位，建立和完善采购与付款的会计控制程序，加强请购、审批、合同订立、采购、验收、付款等环节的会计控制，堵塞采购环节的漏洞，减少采购风险。

（6）筹资的内部会计控制。单位应当加强对筹资活动的会计控制，合理确定筹资规模和筹资结构、选择筹资方式，降低资金成本，防范和控制财务风险，确保筹措资金的合理、有效使用。

（7）销售与收款的内部会计控制。单位应当在制定商品或劳务等的定价原则、信用标准和条件、收款方式等销售政策时，充分发挥会计机构和人员的作用，加强合同订立、商品发出和账款回收的会计控制，避免或减少坏账损失。

（8）成本费用的内部会计控制。单位应当建立成本费用控制系统，做好成本费用管理的各项基础工作，制定成本费用标准，分解成本费用指标，控制成本费用差异，考核成本费用指标的完成情况，落实奖罚措施，降低成本费用，提高经济效益。

（9）担保的内部会计控制。单位应当加强对担保业务的会计控制，严格控制担保行为，建立担保决策程序和责任制度，明确担保原则、担保标准和条件、担保责任等相关内容，加强对担保合同订立的管理，及时了解和掌握被担保人的经营和财务状况，防范潜在风险，避免或减少可能发生的损失。

（三）内部会计控制的方法

内部会计控制的方法主要包括不相容职务相互分离控制、授权批准控制、会计系统控制、预算控制、财产保全控制、风险控制、内部报告控制、电子信息技术控制等。

（1）不相容职务相互分离控制。不相容职务主要包括授权批准、业务经办、会计记录、财产保管、稽核检查等职务。不相容职务相互分离控制要求单位按照不相容职务相分离的原则，合理设置会计及相关工作岗位，明确职责权限，形成相互制衡机制。

（2）授权批准控制。授权批准控制要求单位明确规定涉及会计及相关工作的授权批准的范围、权限、程序、责任等内容，单位内部的各级管理层必须在授权范围内行使职权和承担责任，经办人员也必须在授权范围内办理业务。

（3）会计系统控制。会计系统控制要求单位依据会计法和国家统一的会计制度，制定适合本单位的会计制度，明确会计凭证、会计账簿和财务会计报告的处理程序，建立和完善会计档案保管和会计工作交接办法，实行会计人员岗位责任制，充分发挥会计的监督职能。

（4）预算控制。预算控制要求单位加强预算编制、执行、分析、考核等环节的管理，明确预算项目，建立预算标准，规范预算的编制、审定、下达和执行程序，及时分析和控制预算差异，采取改进措施，确保预算的执行。预算内资金实行责任人限额审批，限额以上资金实行集体审批。严格控制无预算的资金支出。

（5）财产保全控制。财产保全控制要求单位限制未经授权的人员对财产的直接接触，采取定期盘点、财产记录、账实核对、财产保险等措施，确保各种财产的安全完整。

（6）风险控制。风险控制要求单位树立风险意识，针对各个风险控制点，建立有效的风险管理系统，通过风险预警、风险识别、风险评估、风险分析、风险报告等措施，对财务风险和经营风险进行全面防范和控制。

（7）内部报告控制。内部报告控制要求单位建立和完善内部报告制度，全面反映经济活动情况，及时提供业务活动中的重要信息，增强内部管理的时效性和针对性。

（8）电子信息技术控制。电子信息技术控制要求运用电子信息技术手段建立内部会计控制系统，减少和消除人为操纵因素，确保内部会计控制的有效实施；同时要加强对财务会计电子信息系统开发与维护、数据输入与输出、文件储存与保管、网络安全等方面的控制。

（四）内部会计控制的检查

（1）内部专门机构或专门人员的监督检查。单位应当重视内部会计控制的监督检查工作，由专门机构或者指定专门人员具体负责内部会计控制执行情况的监督检查，确保内部会计控制的贯彻实施。内部会计控制检查的主要职责是：第一，对内部会计控制的执行情况进行检查和评价；第二，写出检查报告，对涉及会计工作的各项经济业务、内部机构和岗位在内部控制上存在的缺陷提出改进建议；第三，对执行内部会计控制成效显著的内部机构和人员提出表彰建议，对违反内部会计控制的内部机构和人员提出处理意见。

（2）中介机构或相关专业人员的评价。单位可以聘请中介机构或相关专业人员对本单位内部会计控制的建立健全及有效实施进行评价，接受委托的中介机构或相关专业人员应当对委托单位内部会计控制中的重大缺陷提出书面报告。

（3）财政部门的监督检查。国务院财政部门和县级以上地方各级人民政府财政部门应当根据会计法和《基本规范》，对本行政区域内各单位内部会计控制的建立和执行情况进行监督检查。

二、会计工作的国家监督

（一）会计工作国家监督的概念

会计工作的国家监督，是一种外部监督，主要是指政府有关部门依据法律、行政法规的规定和部门的职责权限，对有关单位的会计行为、会计资料所进行的监督检查。

在对会计工作的国家监督中，财政部门有权进行普遍监督，其他有关部门则按照法律、行政法规的授权和部门的职责分工,从行业管理、履行职责的角度出发,分别对有关单位会计资料实施监督检查。

(二)财政部门实施会计监督的内容

根据会计法的规定,财政部门实施会计监督的内容包括以下四个方面:①监督各单位是否依法设置会计账簿;②监督各单位的会计资料是否真实、完整;③监督各单位的会计核算是否符合法定要求;④监督各单位从事会计工作的人员是否具备会计从业资格。

(三)会计工作国家监督的其他形式

在对会计工作的国家监督中,除财政部门以外,还包括审计、税务、人民银行、证券监管、保险监管等部门的监督。为了合理界定财政部门与其他政府部门监督检查有关单位会计资料的职责权限,避免职责交叉和重复检查,会计法主要强调了两点:

(1)有关部门必须在法定职责范围内对有关单位的会计资料实施监督检查。财政部门依据会计法对各单位会计资料的真实性、完整性进行监督检查,这是面向各单位的监督。审计、税务、人民银行、证券监管、保险监管等部门对有关单位会计资料实施的监督检查,并不是面向所有单位的,相关法律对此有明确界定,有关部门应当依照法定范围实施监督检查,不能超越范围和权限。

(2)有关部门应当避免重复查账。有关部门依法对有关单位会计资料实施监督检查时,应当负有相应责任:第一,应当出具检查结论。有关部门依法对有关单位会计资料实施监督检查后,应当出具检查结论,不能只检查无结果。第二,应当尽可能利用已有检查结论,避免重复查账。对已有检查结论的,有关监督检查部门应当加以利用,不必再重新组织重复性的检查,以避免因重复查账而加重被监督检查单位的负担,影响监督检查部门的工作效率和形象。

三、会计工作的社会监督

(一)会计工作社会监督的概念

社会监督,主要是指社会中介机构(如会计师事务所)的注册会计师依法对委托单位的经济活动进行审计,并据实作出客观评价的一种监督形式,它是一种外部监督。此外,单位和个人检举违反会计法和国家统一的会计制度规定的行为,也属于会计工作社会监督的范畴。社会监督以其特有的中介性和公正性而得到法律的认可,具有很强的权威性、公正性。

(二)注册会计师及其所在会计师事务所的业务范围

注册会计师及其所在会计师事务所依法承办下列审计业务:

(1)审查企业财务会计报告,出具审计报告;

(2)验证企业资本,出具验资报告;

(3)办理企业合并、分立、清算事宜中的审计业务,出具有关报告;

(4)法律、行政法规规定的其他审计业务。

(三)委托注册会计师审计的单位应当如实提供会计资料

会计法规定:"有关法律、行政法规规定,须经注册会计师进行审计的单位,应当向受委托的会计师事务所如实提供会计凭证、会计账簿、财务会计报告和其他会计资料以及有关情况。"这是保证注册会计师审计工作得以顺利开展的重要基础。

(四)不得干扰注册会计师独立开展审计业务

注册会计师开展审计业务,有既定的规则、程序,出具的审计报告有法律效力,由注册会计师及其会计师事务所承担相应的法律责任。注册会计师承担的职责,要求其必然按照法定规则和职业判断作出客观、公正的审计结论,不受外界的干扰和左右,外界也不应违法干预注册会计师的审计业务。会计法规定,"任何单位或者个人不得以任何方式要求或者示意注册会计师及其所在的会计师事务所出具不实或者不当的审计报告"。

(五)财政部门有权对会计师事务所出具的审计报告进行监督

《中华人民共和国注册会计师法》规定:"国务院财政部门和省、自治区、直辖市人民政府财政部门,依法对注册会计师、会计师事务所和注册会计师协会进行监督、指导。"这一规定,明确了财政部门管理注册会计师的体制。会计法规定,"财政部门有权对会计师事务所出具审计报告的程序和内容进行监督",进一步重申和强调了财政部门监管注册会计师及其会计师事务所审计报告质量的要求。

四、会计机构和会计人员

(一)会计机构的设置

1. 根据业务需要设置会计机构

会计法规定,"各单位应当根据会计业务的需要,设置会计机构"。从有效发挥会计职能作用的角度看,实行企业化管理的事业单位,大、中型企业(包括集团公司、股份有限公司、有限责任公司等),应当设置会计机构;业务较多的行政单位、社会团体和其他组织也应设置会计机构。而对那些规模很小的企业,业务和人员都不多的行政事业单位等,可以不单独设置会计机构,而将会计业务并入其他职能部门,或者聘请经批准设立从事会计代理记账业务的中介机构代理记账。

2. 不设置会计机构的单位应设置会计人员并指定会计主管人员

会计法规定,不单独设置会计机构的单位,应当"在有关机构中设置会计人员并指定会计主管人员"。这既是提高工作效率、明确岗位责任的内在要求,也是由会计工作专业性、政策性强等特点所决定的。

3. 对于不具备设置会计机构条件的单位,应当委托中介机构代理记账

会计法规定,对于不具备设置会计机构和会计人员条件的单位,应当委托经批准设立从事会计代理记账业务的中介机构代理记账。

(二)代理记账

1. 代理记账的概念

代理记账是指代理记账机构接受委托办理会计业务。委托人是指委托代理记账机构办理会计业务的单位。代理记账机构是指从事代理记账业务的中介机构。

2. 代理记账机构应具备的条件

申请设立除会计师事务所以外的代理记账机构,应当经所在地的县级以上人民政府财政部门批准,并领取由财政部统一印制的代理记账许可证书。具体审批机关由省、自治区、直辖市、计划单列市人民政府财政部门确定。

设立代理记账机构,除国家法律、行政法规另有规定外,应当符合以下条件:有三名以上持有会计从业资格证书的专职从业人员;主管代理记账业务的负责人具有会计师以上专业技术职务资格;有固定的办公场所;有健全的代理记账业务规范和财务会计管理制度。

3.代理记账的业务范围

代理记账机构可以接受委托,受托办理以下业务:

(1)根据委托人提供的原始凭证和其他资料,按照国家统一的会计制度的规定进行会计核算,包括审核原始凭证、填制记账凭证、登记会计账簿、编制财务会计报告等。

(2)对外提供财务会计报告。代理记账机构为委托人编制的财务会计报告,经代理记账机构负责人和委托人签名并盖章后,按照有关法律、行政法规和国家统一的会计制度的规定对外提供。

(3)向税务机关提供税务资料。

(4)委托人委托的其他会计业务。

4.委托人与受托人的基本规定

(1)代理记账机构及其从业人员的义务:按照委托合同办理代理记账,遵守会计法律、行政法规和国家统一的会计制度的有关规定;对在执行业务中知悉的商业秘密应当保密;对委托人示意其作出不当的会计处理,提供不实的会计资料,以及其他不符合法律、行政法规和国家统一的会计制度规定的要求,应当拒绝;对委托人提出的有关会计处理原则问题应当予以解释。

(2)委托人的义务:对本单位发生的经济业务事项,应当填制或者取得符合国家统一的会计制度规定的原始凭证;应当配备专人负责日常货币资金收支和保管;及时向代理记账机构提供真实、完整的原始凭证和其他相关资料;对于代理记账机构退回的要求,按照会计制度规定进行更正、补充的原始凭证,应当及时予以更正、补充。

(三)会计机构负责人(会计主管人员)的任职资格

会计机构负责人(会计主管人员),是指在一个单位内具体负责会计工作的中层领导人员。现行有关法规对会计机构负责人(会计主管人员)应当具备的基本条件作了规定。概括起来,会计机构负责人(会计主管人员)的任职资格和条件应当包括以下主要内容:

(1)政治素质。在政治方面,要求会计机构负责人(会计主管人员)要遵纪守法,坚持原则,廉洁奉公,具备良好的职业道德。

(2)专业技术资格条件和工作经历。会计工作具有很强的专业性和技术性,要求会计人员必须具备必要的专业知识和专业技能。会计法规定:"担任单位会计机构负责人(会计主管人员)的,除取得会计从业资格证书外,还应当具备会计师以上专业技术职务资格或者从事会计工作三年以上经历。"

(3)政策业务水平。在政策业务方面,要求会计机构负责人(会计主管人员)应熟悉国家财经法律、法规、规章制度,掌握财务会计理论及本行业的业务管理知识。

(4)组织能力。会计机构负责人必须具备一定的领导才能和组织能力,包括协调能力、综合分析能力等。

(5)身体条件。会计工作劳动强度大、技术难度高,作为会计机构的负责人(会计主管人员),必须具备良好的身体状况,才能适应和胜任本职工作。

(四)会计从业资格管理制度

为了贯彻会计法关于实行会计从业资格管理制度的规定,财政部按照法律授权,于2005年1月22日颁布了《会计从业资格管理办法》(以下简称《管理办法》),自2005年3月1日起施行。

会计从业资格,是指进入会计职业,从事会计工作的一种法定资质,是进入会计职业的"门槛"。会计法规定："从事会计工作的人员,必须取得会计从业资格证书。"《管理办法》规定,各单位不得任用(聘用)不具备会计从业资格证书的人员从事会计工作。《管理办法》还规定:"因有提供虚假财务会计报告,做假账,隐匿或者故意销毁会计凭证、会计账簿、财务会计报告,贪污,挪用公款,职务侵占等与会计职务有关的违法行为,被依法追究刑事责任的人员不得参加会计从业资格考试,不得取得或者重新取得会计从业资格证书。""有《会计法》第四十二条、第四十三条、第四十四条所列违法情形之一,被依法吊销会计从业资格证书的人员,自被吊销之日起五年内(含五年)不得参加会计从业资格考试,不得重新取得会计从业资格证书。"这是对会计从业资格问题作出的新规定。

五、法律责任

(一)违反会计制度规定应承担的法律责任

1.违反会计制度规定的行为

根据会计法第四十二条的规定,违反会计制度应承担法律责任的违法行为包括:

(1)不依法设置会计账簿的行为。它是指违反会计法和国家统一的会计制度的规定,应当设置会计账簿的单位不设置会计账簿或者未按规定的种类、形式及要求设置会计账簿的行为。对于不依法设置会计账簿的行为,应当追究有关单位和个人的法律责任。

(2)私设会计账簿的行为。俗称"两本账""账外账",是指不在依法设置的会计账簿上对经济业务事项进行统一登记核算,而另外私自设置会计账簿进行登记核算的行为。鉴于现实中有的单位将发生的经济业务事项和财务收支不通过法定会计账簿统一核算,而是进入私设的会计账簿形成"小金库",因此有必要对这种违法行为追究其法律责任。

(3)未按照规定填制、取得原始凭证或者填制、取得的原始凭证不符合规定的行为。根据会计法和国家统一的会计制度的规定,办理经济业务事项,必须取得或者填制原始凭证,并及时送交会计机构,以保证会计核算工作得以顺利进行。同时为了保证原始凭证记录的真实性,对原始凭证不能涂改、挖补,如果发现原始凭证有错误,应当由出具单位重开或者更正,更正处应当加盖出具单位的印章。原始凭证金额有错误的,应当由出具单位重开,不得在原始凭证上更正。对于未按照规定填制、取得原始凭证或者填制、取得的原始凭证不符合规定的,应当追究有关单位和个人的法律责任。

(4)以未经审核的会计凭证为依据登记会计账簿或者登记会计账簿不符合规定的行为。根据会计法和国家统一的会计制度的规定,会计人员应当根据审核无误的会计凭证登记会计账簿。登记会计账簿时,应将会计凭证日期、编号、业务内容摘要、金额等事项逐项记入账内。登记完毕后,记账人员要在记账凭证上签名或者盖章。各种账簿要按页次顺序连续登记,不得跳行、隔页。如果会计账簿记录发生错误,不得采取涂改、挖补等手段更正,而应当按照规定采取画线更正等方法进行更正。因此任何单位不得以未经审核的会计凭证为依据登记会计账簿,登记会计账簿应当符合会计法和国家统一的会计制度的规定。违反上述规定的,应当追究有关单位和个人的法律责任。

(5)随意变更会计处理方法的行为。会计处理方法的变更会直接影响会计资料的质量和可比性,因此不得违反会计法和国家统一的会计制度的规定,随意变更会计处理方法。

(6)向不同的会计资料使用者提供的财务会计报告编制依据不一致的行为。财务会计报告应当根据登记完整、核对无误的会计账簿记录和其他有关会计资料编制,使用的计量方法、确认原则应当一致,做到数字真实、计算准确、内容完整、说明清楚。不得向不同的会计资料使用者提供编制依据不一致的财务会计报告。

(7)未按照规定使用会计记录文字或者记账本位币的行为。根据会计法的有关规定,会计记录的文字应当使用中文。在民族自治地方,会计记录可以同时使用当地通用的一种民族文字。在中华人民共和国境内的外商投资企业、外国企业和其他外国组织的会计记录可以同时使用一种外国文字。会计核算以人民币为记账本位币。业务收支以人民币以外的货币为主的单位,可以选定其中一种货币作为记账本位币,但是编报的财务会计报告应当折算为人民币。对于未按照规定使用会计记录文字或者记账本位币的,应当追究有关单位和个人的法律责任。

(8)未按照规定保管会计资料,致使会计资料毁损、灭失的行为。根据会计法规定,各单位对会计凭证、会计账簿、财务会计报告和其他会计资料应当建立档案,妥善保管。对于未按照国家规定的期限、方式和要求保管会计资料,致使会计资料毁损、灭失的,应当追究有关单位和个人的法律责任。

(9)未按照规定建立并实施单位内部会计监督制度,或者拒绝依法实施监督,或者不如实提供有关会计资料及有关情况的行为。根据会计法的有关规定,各单位应当建立、健全本单位内部会计监督制度。单位内部会计监督制度应当符合法定要求。对会计工作的外部监督,按照会计法的有关规定,财政部门对各单位是否依法设置会计账簿,会计资料是否真实、完整,会计核算是否符合规定,从事会计工作的人员是否具备从业资格等情况实施监督。各单位应当依照规定接受有关监督检查部门依法实施的监督检查,如实提供会计凭证、会计账簿、财务会计报告和其他会计资料以及有关情况,不得拒绝、隐匿、谎报。违反上述规定的,应当追究有关单位和个人的法律责任。

(10)任用会计人员不符合会计法规定的行为。根据会计法的有关规定,从事会计工作的人员必须取得会计从业资格证书。担任单位会计机构负责人和会计主管人员的,还应当具备会计师以上专业技术职务资格或者具有从事会计工作三年以上经历。设置总会计师的单位,任用的总会计师也应当符合国家规定的资格条件。违反上述规定的,应当追究有关单位和个人的法律责任。

2.违反会计制度规定行为应承担的法律责任

根据会计法第四十二条的规定,上述违法行为应承担以下法律责任:

(1)责令限期改正。所谓责令限期改正,是指要求违法行为人在一定期限内停止违法行为并将其违法行为恢复到合法状态。违法单位或者个人应当按照县级以上人民政府财政部门的责令限期改正决定的要求,停止违法行为,纠正错误。比如,私设会计账簿的单位,应当取消私设的账簿,并根据实际发生的经济业务将在私设的会计账簿上登记的事项转移到依法设置的会计账簿上,统一进行登记、核算。又如,任用会计人员不符合规定的单位,应当将不具备任职资格的会计工作人员予以解聘或者转任其他职务,并任用具备规定资格条件的人员从事会计工作。

(2)罚款。县级以上人民政府财政部门根据上述所列行为的性质、情节及危害程度,在责令限期改正的同时,可以对单位并处三千元以上五万元以下的罚款,对其直接负责的主管人员和其他直接责任人员,可以处二千元以上二万元以下的罚款。

(3)给予行政处分。对上述所列行为直接负责的主管人员和其他直接责任人员如属国家工作人员,视情节轻重,还应当由其所在单位、其上级单位或者行政监察部门给予警告、记过、记大过、降级、降职、撤职、留用察看和开除等行政处分。

(4)吊销会计从业资格证书。持证人员有上述所列行为之一、情节严重的,由县级以上人民政府财政部门吊销其会计从业资格证书。

(5)依法追究刑事责任。行为人从事上述行为之一,构成犯罪的,依法追究刑事责任。

(二)伪造、变造会计凭证、会计账簿或者财务会计报告的法律责任

根据会计法第四十三条的规定,伪造、变造会计凭证、会计账簿或者财务会计报告的,应承担以下法律责任:

(1)通报。由县级以上人民政府财政部门采取通报的方式对违法行为人予以通报。通报决定由县级以上人民政府财政部门送达被通报人,并通过媒介在一定范围内公布。

(2)罚款。县级以上人民政府财政部门对违法行为视情节轻重,在予以通报的同时,可以对单位并处五千元以上十万元以下的罚款,对其直接负责的主管人员和其他直接责任人员,可以处三千元以上五万元以下的罚款。

(3)行政处分。对上述所列违法行为直接负责的主管人员和其他直接责任人员,属于国家工作人员的,还应当由其所在单位或有关单位依法给予撤职直至开除的行政处分。

(4)吊销会计从业资格证书。对上述所列违法行为中的会计人员,由县级以上人民政府财政部门吊销会计从业资格证书。

(5)构成犯罪,依法追究刑事责任。刑法第一百六十一条规定:"依法负有信息披露义务的公司、企业向股东和社会公众提供虚假的或者隐瞒重要事实的财务会计报告,或者对依法应当披露的其他重要信息不按照规定披露,严重损害股东或者其他人利益,或者有其他严重情节的,对其直接负责的主管人员和其他直接责任人员,处三年以下有期徒刑或者拘役,并处或者单处二万元以上二十万元以下罚金。"

(三)隐匿或者故意销毁依法应当保存的会计凭证、会计账簿、财务会计报告的法律责任

根据会计法第四十四条的规定:"隐匿或者故意销毁依法应当保存的会计凭证、会计账簿、财务会计报告,尚不构成犯罪的,由县级以上人民政府财政部门予以通报,可以对单位并处五千元以上一万元以下的罚款;对其直接负责的主管人员和其他直接责任人员,可以处三千元以上五万元以下的罚款;属于国家工作人员的,还应当由其所在单位或者有关单位依法给予撤职直至开除的行政处分;对其中的会计人员,并由县级以上人民政府财政部门吊销会计从业资格证书。"

根据《刑法》第一百六十二条的规定:"隐匿或者故意销毁依法应当保存的会计凭证、会计账簿、财务会计报告,情节严重的,处五年以下有期徒刑或者拘役,并处或者单处二万元以上二十万元以下罚金。

"单位犯前款罪的,对单位判处罚金,并对其直接负责的主管人员和其他直接责任人员,依照前款的规定处罚。"

根据2001年《最高人民检察院、公安部关于经济犯罪案件追诉标准的规定》,隐匿或者故意销毁依法应当保存的会计凭证、会计账簿、财务会计报告,涉嫌下列情形之一的,应予追诉:

(1)隐匿、销毁的会计资料涉及金额在五十万元以上的;

(2)为逃避依法查处而隐匿、销毁或者拒不交出会计资料的。

（四）授意、指使、强令会计机构、会计人员及其他人员伪造、变造会计凭证、会计账簿，编制虚假财务会计报告或者隐匿、故意销毁依法应当保存的会计凭证、会计账簿、财务会计报告的法律责任

根据会计法第四十五条的规定："授意、指使、强令会计机构、会计人员及其他人员伪造、变造会计凭证、会计账簿，编制虚假财务会计报告或者隐匿、故意销毁依法应当保存的会计凭证、会计账簿、财务会计报告，构成犯罪的，依法追究刑事责任；尚不构成犯罪的，可以处五千元以上五万元以下的罚款；属于国家工作人员的，还应当由其所在单位或者有关单位依法给予降级、撤职、开除的行政处分。"

（五）单位负责人对依法履行职责、抵制违反会计法规定行为的会计人员实行打击报复的法律责任以及对受打击报复的会计人员的补救措施

单位负责人对依法履行职责、抵制违反会计法规定行为的会计人员以降级、撤职、调离工作岗位、解聘或者开除等方式实行打击报复，构成犯罪的，依法追究刑事责任。

刑法第二百五十五条规定，公司、企业、事业单位、机关、团体的领导人，对依法履行职责、抵制违反会计法行为的会计人员实行打击报复，情节恶劣的，处三年以下有期徒刑或者拘役。

单位负责人对依法履行职责、抵制违反会计法规定行为的会计人员实行打击报复，尚不构成犯罪的，由其所在单位或者有关单位依法给予行政处分。对受打击报复的会计人员，应当恢复其名誉和原有职务、级别。

三、违反《会计从业资格管理办法》的法律责任

（一）参加会计从业资格考试舞弊的法律责任

《会计从业资格管理办法》（以下简称《办法》）《第三十条规定："参加会计从业资格考试舞弊的，会计从业资格管理机构取消其该科目的考试成绩；情节严重的，取消其全部考试成绩。"

舞弊，是指应试人员在参加考试过程中有作弊等违反规定的行为。《专业技术人员资格考试违纪违规行为处理规定》（人事部令第 31 号，以下简称《违纪违规行为处理规定》）规定，应试人员有一般违纪违规行为的，应提出警告并责令改正；经警告仍不改正的，责令离开考场，并给予当次该科目考试成绩无效的处理。应试人员有严重违纪违规行为的，责令离开考场，并视情节轻重给予当次全部科目考试成绩无效处理或当次全部科目考试成绩无效、两年内不得再次参加专业技术人员资格考试的处理；构成犯罪的，依法追究刑事责任。

（二）用假学历、假证书等手段得以免试考试科目并取得会计从业资格证书的法律责任

《办法》第三十一条规定："用假学历、假证书等手段得以免试考试科目并取得会计从业资格证书的，由会计从业资格管理部门撤销其会计从业资格。"

假学历、假证书，是指伪造的虚假的学历证明或学位证书。根据《办法》规定，申请人符合基本条件，并具备国家教育行政主管部门认可的中专（含中专）以上会计类专业学历（或学位），自毕业之日起两年内（含两年），免试会计基础、初级会计电算化（或者珠算五级）。按照《违纪违规行为处理规定》第十五条的规定："对提供虚假证明材料或以其他不正当手段参加考试，并取得相应证书的，由发证机关宣布证书无效，收回证书，并依照本规定第七条处理。对其中涉及职业准入资格的人员，三年内不得再次参加该项考试。"因此，持证人员用假学历、假证书得以免试考试科目并取得会计从业资格证书的，由原会计从业资格证书发证部门宣布证书无效，收回证书，且三年内不得再次参加该项考试。另外，各级会计从业资格管理部门可将从业资格

证书的撤销情况,在媒体上公告,省级会计从业资格管理部门应将本地区从业资格证书的撤销情况报财政部备案。

(三)未按照《办法》规定办理注册、调转登记的法律责任

《办法》第三十二条规定:"持证人员未按照本办法规定办理注册、调转登记的,会计从业资格管理机构责令其限期改正;逾期不改正的,予以公告。"

会计从业资格证书实行注册、调转、变更登记制度。注册、调转登记制度可以使会计从业资格管理机构及时、全面了解会计从业人员的在岗、离岗、调转等情况。对于不按规定办理注册、调转登记的人员,应承担以下法律责任:

(1)责令限期改正。是指按照会计从业资格管理机构的要求,在规定的期限内,办理上岗注册、离岗备案和调转登记。

(2)公告。是指会计从业资格管理机构对于责令限期改正,逾期不改正的人员,采取公告的方式对违法行为人予以批评、通报。公告决定由县级以上人民政府财政部门会计从业资格管理机构通知其本人或单位,并通过一定的媒介在一定的范围内公布。如会计从业资格管理机构所办网站、有关期刊或指定报纸等。

(四)单位任用(聘用)未经注册、调转登记的人员从事会计工作以及任用(聘用)没有会计从业资格证书人员从事会计工作的法律责任

《办法》第三十四条规定:"会计从业资格管理机构发现单位任用(聘用)未经注册、调转登记的人员从事会计工作的,应责令其限期改正;逾期不改正的,予以公告。单位任用(聘用)没有会计从业资格证书人员从事会计工作的,由会计从业资格管理机构依据会计法第四十二条的规定处理。"

本条规定了两方面的内容:一是单位任用(聘用)未经注册、调转登记的人员从事会计工作的,会计从业资格管理机构应责令其限期改正;逾期不改正的,予以公告;二是单位任用(聘用)没有会计从业资格证书人员从事会计工作的,应依据会计法第四十二条的规定处理,即由县级以上人民政府财政部门责令限期改正;可以对单位并处三千元以上五万元以下的罚款;对其直接负责的主管人员和其他直接责任人员,可以处二千元以上二万元以下的罚款;属于国家工作人员的,还应当由其所在单位或者有关单位依法给予行政处分。

另外,《办法》第三十三条还规定,持证人员有会计法第四十二条、四十三条、四十四条所列违法违纪情形之一,由会计从业资格管理机构按照会计法的规定予以处理并向社会公告。

第三节　审计法

一、审计与审计法概述

(一)审计的概念

审计是一种专门监督,是由专职机构和专职人员依法对政府部门、国有的金融机构和企事业组织的财务收支以及其他依照法律、行政法规规定应当接受审计的财政收支、财务收支进行审核、评价的监督活动。

(二)审计法的概念与调整对象

审计法是调整审计关系的法律规范的总称。国家有关审计工作的法律规范,均属于审计法的范畴。审计关系是指审计主体与审计对象之间在审计过程所发生的社会关系。在我国，也就是国家审计机关和组织与本级人民政府各部门、下级人民政府、国家金融机构、全民所有制企事业单位以及其他国家资产的单位在审计监督过程中所发生的社会关系。

审计法调整的审计关系，本质上是一种经济监督关系。它是国家对国务院各部门和地方各级政府的财政收支、对国家的财政金融机构和企事业单位财务收支及其经济效益进行审计监督的一种经济性社会关系。

（三）审计法的原则

（1）独立性原则。审计机关依照法律规定独立行使审计监督权，不受其他任何行政机关、社会团体和个人的干涉。

（2）合法性原则。审计人员应当依法审计，审计机关依照法律规定的职权和程序进行审计监督。

（3）客观公正、实事求是原则。审计机关和审计人员办理审计事项，应当客观公正、实事求是、廉洁高效、保守秘密。

（四）审计工作的领导体制

审计工作实行双重领导体制，即地方各级审计机关同时对本级人民政府和上一级审计机关负责并报告工作，审计业务以上级审计机关领导为主。

国务院和县级以上地方人民政府应当每年向本级人民代表大会常务委员会提出审计机关对预算执行和其他财政收支的审计工作报告。

二、审计法律制度

（一）审计机关与审计人员法律制度

1.审计机关法律制度

（1）审计机关的设置。国家实行审计监督制度，国务院和县级以上地方人民政府设立审计机关。审计机关包括以下三类：

①中央审计机关。国务院设立审计署，在国务院总理的领导下，主管全国的审计工作。审计长是审计署的行政首长。

②地方审计机关。省、自治区、直辖市、设区的市、自治州、县、自治县、不设区的市、市辖区的人民政府设审计机关，分别在本行政区划行政首长和上一级审计机关的领导下，负责本行政区划的审计工作。

③审计特派员。审计机关根据工作的需要，可以在其审计管辖范围内，派出审计特派员。审计特派员根据审计机关的授权，依法进行审计工作。

（2）审计机关的职责。根据我国1994年8月31日第八届全国人民代表大会常务委员会第九次会议通过，2006年2月28日第十届全国人民代表大会常务委员会第二十次会议《关于修改〈中华人民共和国审计法〉的决定》修正的我国审计法的规定，审计机关对本级各部门（含直属单位）和下级政府预算的执行情况和决算，以及预算外资金的管理和使用情况，进行审计监督。其中包括：

①审计署在国务院总理领导下，对中央预算执行情况进行审计监督，向国务院总理提出审计结果报告。

②审计署对中央银行的财务收支进行审计监督；审计机关对国有金融机构的资产、负债、

损益,进行审计监督。

③审计机关对国家的事业组织的财务收支,进行审计监督。

④审计机关对国有企业的资产、负债、损益,进行审计监督。对与国计民生有重大关系的国有企业、接受财政补贴较多或者亏损数额较大的国有企业,以及国务院和本级地方政府指定的其他国有企业,审计机关应当有计划地定期进行审计。对国有资产占控股地位的或者国有资产占主导地位的企业的审计监督,由国务院规定。

⑤审计机关对国家建设项目预算的执行情况和决算,进行审计监督。

1997年10月21日公布,2010年2月2日国务院修订通过的《中华人民共和国审计法实施条例》进一步明确了建设项目审计的具体范围,规定:政府投资的建设项目,是指全部使用预算内投资资金、专项建设基金、政府举借债务筹措的资金等财政资金的建设项目;以政府投资为主的建设项目,是指未全部使用财政资金但财政资金占项目总投资的比例超过百分之五十,或者虽未超过百分之五十但政府拥有项目建设、运营实际控制权的建设项目。

⑥审计机关对政府部门管理的和社会团体受政府委托管理的社会保障基金、社会捐赠资金以及其他有关基金、资金的财务收支,进行审计监督。

⑦审计机关对国际组织和外国政府援助、贷款项目的财务收支,进行审计监督。

⑧其他法律、行政法规规定应由审计机关进行审计的事项。审计机关有权对与国家财政收支有关的特定事项,向有关地方、部门、单位进行专项审计调查,并向本级人民政府和上一级审计机关报告审计调查结果。

(3)审计机关的权限。根据审计法的规定,审计机关享有以下权限:

①有权要求被审计单位报送资料。审计机关有权要求被审计单位按照规定报送预算或者财务收支计划、预算执行情况、决算、财务报告,社会审计机构出具的审计报告,以及其他与财政收支或者财务收支有关的资料,被审计单位不得拒绝、拖延、谎报。

②有权检查被审计单位的会计凭证、会计账簿、会计报表以及其他与财政收支有关的资料和资产,被审计单位不得拒绝。

③有权就审计事项的有关问题向有关单位和个人进行调查,并取得有关证明材料。有关单位和个人应当支持、协助审计机关工作,如实向审计机关反映情况,提供有关证明材料。

④有权对被审计单位正在进行的违反国家规定的财政收支、财务收支行为予以制止;制止无效的,经县级以上审计机关负责人批准,有权通知财政部门和有关主管部门暂停拨付与违反国家规定的财政收支、财务收支行为直接有关的款项,已经拨付的,暂停使用。审计机关采取该项措施不得影响被审计单位的合法业务活动和生产经营活动。

⑤认为被审计单位所执行的上级主管部门有关的财政收支、财务收支的规定与法律、行政法规相抵触的,应当建议有关主管部门纠正;有关主管部门不予纠正的,审计机关应当提请有权处理的机关依法处理。

⑥可以向政府有关部门通报或者向社会公布审计结果。审计机关通报或者公布审计结果,应当依法保守国家秘密和被审计单位的商业秘密,遵守国务院的有关规定。

(4)审计管辖、确定审计管辖权的原则及审计管辖权的转移。

审计管辖是关于审计机关的审计权限分工的制度。审计法规定,审计机关应当根据被审计单位的财政、财务隶属关系或者国有资产监督管理关系确定审计管辖范围。审计机关之间对审计管辖范围有争议的,由其共同的上级审计机关确定。从审计法的规定来看,确定审计管辖有三个原则,即:财政、财务隶属关系原则;国有资产监督管理原则;指定管辖原则。

审计法规定:上级审计机关可以将其审计管辖范围内的部分审计事项,授权下级审计机关进行审计;上级审计机关对下级审计机关审计管辖范围内的重大审计事项,可以直接进行审计,但是应当防止不必要的重复审计。

上级审计机关可以授权下级审计机关审计的事项是有限制的。审计署对中央预算执行情况和其他财政收支情况的审计事项、对中央银行的财务收支的审计事项,地方各级审计机关对本级预算执行情况和其他财政收支情况的审计事项,不能授权下级审计机关进行审计。

2.审计人员法律制度

(1)审计人员。审计长作为中央审计机关的行政首长,是国务院的组成人员。审计长由国务院总理提名,全国人民代表大会决定,国家主席任命。省、自治区、直辖市的审计长,由全国人大常委会批准任免,地方各级审计局主要负责人的任免,应事前征得上级审计机关的同意。审计法规定,审计机关负责人没有违法失职或者其他不符合任职条件的情况的,不得随意撤换。

(2)审计人员的有关规定。

①审计人员的必备条件。审计人员应当具备与其从事的审计工作相适应的专业知识和业务能力。

②审计人员回避制度。审计人员办理审计事项,与被审计单位或者审计事项有利害关系的,应当回避。

③审计人员的保密义务。审计人员对其在执行职务中知悉的国家秘密和被审计单位的商业秘密,负有保密的义务。

④对审计人员的保护。审计人员依法执行职务,受法律的保护。任何组织和个人不得拒绝、阻碍审计人员依法执行职务,不得打击报复审计人员。审计人员依照法定程序任免。

(二)内部审计法律制度

1.内部审计机构的设立及其职能

我国2003年5月1日施行的《审计署关于内部审计工作的规定》中指出,国家金融机构、全民所有制大中型企业、有国家资产的其他大中型企业、全民所有制大型基建项目的建设单位、财务收支金额较大的全民所有制事业单位、审计机关未设立派出机构的政府部门和其他需要设立内部审计机构的单位,可以根据内部管理的需要,设立独立的内部审计机构。审计业务较少的单位,可以设置专职内部审计人员。

内部审计机构或专职审计人员在本单位主要领导人的直接领导下,依照国家法律、法规和政策,对本单位及下属单位的财务收支及其经济效益进行内部审计监督,独立行使内部审计职权,对本单位领导人员负责并报告工作。内部审计机构或者审计工作人员,应当接受审计机关的业务指导。

2.内部审计机构或者审计人员的主要职权

(1)检查凭证、账表、资金和财产,查阅有关的文件和资料;

(2)参加有关的会议;

(3)对正在进行的严重违反财经法纪、严重损失浪费行为,做出临时的制止决定;

(4)对阻挠、破坏审计工作以及拒绝提供有关资料的,经单位领导人批准,可以采取必要的临时措施,并提出追究有关人员责任的建议;

（5）提出改进管理、提高效益的建议，以及纠正、处理违反财经法纪行为的意见；

（6）对严重违反财经法纪和造成严重损失浪费的人员，提出追究责任的建议；

（7）对审计工作汇总的重大事项，向对其进行指导的上级审计机构和审计机关反映。

此外，内部审计机构或者审计人员所在的单位可以在管理权限范围内，授予内部审计机构经济处理、处罚的权限。

（三）社会审计法律制度

社会审计是会计师事务所、审计师事务所等社会审计机构对被审计单位提供的一种查账服务。社会审计机构接受国家机关和企事业单位委托承办业务。其业务质量的检验标准是要求其所提出的社会审计报告及其结论真实、合法。社会审计是由审计法确定的审计方式之一，1989年7月审计署曾发布《关于社会审计工作的规定》。审计机关审计、单位内部审计和社会审计，构成我国完整的审计体系。

对依法独立进行社会审计的机构的指导、监督、管理，依照《中华人民共和国注册会计师法》等有关法律和国务院的规定执行。1999年4月审计署发布的《审计机关监督社会审计业务质量的暂行规定》指出，审计机关对社会审计组织承担的资产评估、验资、验证、会计、审计等业务所出具的证明文件是否真实、合法进行监督检查。

（四）审计程序法律制度

审计机关进行审计监督时，应当严格遵循法定的程序。根据审计法的规定，审计工作应按下列程序进行：

1. 审前准备

审计机关根据审计项目计划确定的审计事项组成审计组，并应当在实施审计三日前，向被审计单位送达审计通知书。被审计单位应当配合审计机关的工作，并提供必要的工作条件。

2. 审计取证

审计人员通过审查会计凭证、会计账簿、会计报表，查阅与审计事项有关的文件、资料，检查实物、有价证券等。通过向有关单位和个人调查等方式进行审计，并取得证明材料。审计人员向有关单位和个人进行调查时，应当出示审计人员的工作证件和审计通知副本。

3. 审计报告

审计组对审计事项实施审计后，应当向审计机关提出审计报告。审计报告报送审计机关前，应当征求被审计单位的意见。被审计单位应当自接到审计报告之日起十日内，将其书面意见送交审计组或者审计机关。

4. 审计意见书和审计决定

审计机关审定审计报告，对审计事项做出评价，出具审计意见书；对违反国家规定的财政收支行为，需要依法给予处理、处罚的，在法定职权范围内做出审计决定或者向有关主管机关提出处理、处罚意见。审计机关应当自收到审计报告之日起三十日内，将审计意见书和审计决定送达被审计单位和有关单位。审计决定自送达之日起生效。

（五）法律责任

1. 被审计单位的违法责任

（1）被审计单位违反审计法规定，拒绝或者拖延提供与审计事项有关的资料的，或者拒绝、阻碍检查的，审计机关有权责令改正，可以通报批评，给予警告；拒不改正的依法追究责任。

（2）对被审计单位违反国家规定的财务收支行为，审计机关、人民政府或者有关主管部门在法定职权范围内,责令限期缴纳应当上缴的收入,限期退还违法所得,限期退还被侵占的国有资产,以及采取其他纠正措施,并可依法给予处罚。

(3)被审计单位的财政收支、财务收支违反法律、行政法规的规定,构成犯罪的,依法追究刑事责任。

2.被审计单位工作人员法律责任

(1)被审计单位有下列行为之一,审计机关认为对负有直接责任的主管人员和其他直接责任人员依法应当给予行政处分的,应当提出给予行政处分的建议,被审计单位或者其上级机关、监察机关应当依法及时作出决定;构成以下犯罪的,由司法机关依法追究刑事责任:

①违反审计法规定,转移、隐匿、篡改、毁弃会计凭证、会计账簿、会计报表以及其他与财政收支或者财务收支有关的资料的;

②违反审计法规定,转移、隐匿违法取得的资产的;

③有违反国家规定的财政收支、财务收支行为的。

(2)报复陷害审计人员,构成犯罪的,依法追究刑事责任;不构成犯罪的,给予行政处分。

3.审计人员的法律责任

审计人员滥用职权、徇私舞弊、玩忽职守,构成犯罪的,依法追究刑事责任;不构成犯罪的,给予行政处分。

思考与练习

1.我国会计法的渊源有哪些?

2.内部会计控制应当遵循哪些基本原则?

3.设立代理记账机构要具备哪些条件?

4.审计法的原则是什么?

5.审计的种类有哪些?

第二十二章　对外贸易监管法律制度

第一节　对外贸易和对外贸易法概述

一、对外贸易和对外贸易法的概念

(一)对外贸易

对外贸易,是指一国(或地区)同其他国家(或地区)间进行的商品交换的活动。这种国家(或地区)间的商品交换活动,从一个国家(或地区)的角度来看是对外贸易,从全球范围看是国际贸易。英国、日本等国将对外贸易称之为海外贸易。长期以来,国际贸易的范围仅限于货物买卖,因而国际贸易也曾被称为国际货物买卖。第二次世界大战以后,由于科学技术的发展,智力成果也成为商品从而出现了国际技术贸易。现在,各国的国际贸易正在朝着广度和深度两个方面不断拓展。对外贸易由进口贸易和出口贸易两大部分组成,因此,也常常被称为进出口贸易。进出口的商品除有形商品外,还包括无形商品,即智力成果(专利技术、专有技术等)和服务(运输、金融服务等)这些非实物形态的商品。对外贸易可按不同的标准进行分类。例如,按照进出口商品的性质,可分为货物进出口、技术进出口和国际服务贸易。按照商品的流动方向,可分为进口贸易、出口贸易和过境贸易。按照贸易进行的区域,可分为边境贸易、区域性贸易和普通贸易。按照参加贸易的当事人,可分为直接贸易、间接贸易和转口贸易。

对外贸易是随着商品生产和商品交换的出现而产生的,并随着生产国际化程度的提高而不断发展。早在奴隶社会就已出现对外贸易,但直到资本主义社会才获得了广泛的发展,并成为资本主义生产方式存在和发展的必要条件之一。二战以后科学技术的进步和生产力的发展,推动了生产的国际化,进一步加强了各国经济的相互交往和彼此依赖,对外贸易已成为各国对外经济关系的重要方面。对外贸易一直在我国的国民经济增长中发挥着十分重要的作用。

(二)对外贸易法的概念

为了调整对外贸易活动中的各种关系,各国都陆续制定了调整对外贸易关系的法律规范,同时,通过缔结国际条约的形式,一套调整国际贸易关系的国际实体法律规范也逐渐形成了。对外贸易法是指在调整对外贸易活动中形成的对外贸易管理关系和对外贸易合作关系的法律规范的总称。组成我国对外贸易法的法律规范是综合性多种类的,其组成范围包括国内外贸立法以及一部分国际条约,前者如1994年5月12日,第八届全国人大常委会第七次会议通过的《中华人民共和国对外贸易法》(该法已由中华人民共和国第十届全国人民代表大会常务委员会第八次会议第一次修正,2016年11月7日中华人民共和国第十二届全国人民代表大会常务委员会第二十四次会议第二次修正)。后者如WTO协议。

对外贸易法按其调整范围的不同,有以下三种定义:①对外贸易法是指调整一国进行对外贸易活动中所产生的各种关系的法律规范的总称。它所调整的对象是一国与他国(或地区)之间的商品交换关系、与商品交换有关的其他经济关系,以及国家机关对本国对外贸易活动实施管理的行政管理关系。这是广义的对外贸易法的概念。②对外贸易法是指调整国家管理对外贸易活动的法律规范的总称。这是狭义的对外贸易法概念。③对外贸易法是指调整一国与他国（或地区）之间的商品交换关系，以及调整国家管理对外贸易活动的法律规范的总称。本节所称的对外贸易法，作为经济法的组成部分，仅指狭义的对外贸易法。

对外贸易法，是调整对外贸易活动中经济关系的法律、法规、规章的总称。我国对外贸易管理的法律体系，从部门法上看，包括《中华人民共和国对外贸易法》及相关配套法律，如《中华人民共和国海关法》《中华人民共和国进出口商品检验法》《中华人民共和国进出境动植物检疫法》以及《中华人民共和国外汇管理条例》等；与对外贸易管理相关的法律，如《中华人民共和国专利法》《中华人民共和国商标法》《中华人民共和国反不正当竞争法》《中华人民共和国产品质量法》等。改革开放以来，我国对外贸易法律、法规、规章以及政策措施，根据对外贸易的发展和国际贸易环境的变化，进行了不断修改、完善，在加入 WTO 谈判过程和"入世"后，则努力与 WTO 规则接轨，形成了完整的对外贸易管理的法律体系。

我国的对外贸易法律制度，主要由以对外贸易法为核心，以及与对《中华人民共和国对外贸易法》相配套的国务院颁发的法规和国务院有关部门发布的规章等组成，如《中华人民共和国货物进出口管理条例》《中华人民共和国技术进出口管理条例》《中华人民共和国军品出口管理条例》《中华人民共和国导弹及相关物项和技术出口管制条例》《中华人民共和国核出口管制条例》《中华人民共和国核两用品及相关技术出口管制条例》《中华人民共和国监控化学品管理条例》《中华人民共和国濒危野生动植物进出口管理条例》《中华人民共和国进出口货物原产地条例》《中华人民共和国反倾销条例》《中华人民共和国反补贴条例》《中华人民共和国保障措施条例》等。

二、对外贸易法的原则及立法概况

（一）对外贸易法的原则

我国对外贸易法有以下三个基本原则：

1. 主权原则

主权原则是指在对外经济关系中要坚决维护国家的对外贸易制度，自由地进行对外贸易活动，独立地处理对外贸易关系，绝不依附或受任何外国的干涉。

2. 平等互利原则

作为我国对外贸易法的基本原则，平等互利不仅要求在法律上相互平等，而且要求在经济上互相有利。任何一方都不得利用自己在政治上、技术上的优势，把不公平、不合理的条款强加于另一方；也不得采取欺诈手段同对方签订合同。

3. 参照国际惯例原则

国际惯例是国际交往中长期反复使用，逐步形成的习惯做法。国际惯例一般具有任意性，只有在当事人援用某惯例时，该惯例才对其有约束力。被援用的国际惯例即属于该国对外贸易法的组成部分。近年来我国援用国际惯例的情况越来越多，国际惯例已成为我国对外贸易法的重要原则之一。

（二）对外贸易法的立法概况

18 世纪末以前，西欧、地中海及北非地区国家间的贸易主要由商人法去调整。随着 18 世纪末、19 世纪初资本主义制度在欧洲的确立，欧洲各国相继制定了民法和商法，对外贸易活动也被纳入民商法的调整范围，但随之而来各国有关对外贸易的行为规则也出现了差异和法律冲突，给国际贸易的发展造成了障碍。19世纪末以来,为适应国际经济贸易发展的需要,国家间陆续缔结了许多调整国际贸易关系的双边条约、多边条约和国际公约。与此同时,在国际贸易实践中形成的一些习惯做法即国际贸易惯例也开始被编纂或解释,应用日益广泛。这些国际条约和国际惯例对于统一国际贸易法律制度起到了显著作用,也成为各国对外贸易法的重要组成部分。

第二次世界大战后,随着国际贸易的迅速发展,国际贸易法律制度的统一步伐加快,它涉及的贸易领域和地区也更加广泛。许多重要的国际公约和规则在此期间被制定,先前制定的若干国际公约也陆续被修订,战前编纂的某些国际贸易惯例也几经补充和修改。除全球性的国际贸易公约和贸易惯例外,也出现一些区域性或行业性的贸易条约、贸易规则和贸易惯例,如1957年欧洲经济共同体国家缔结的罗马条约和50年代初社会主义国家间签订的交货共同条件等。迄今为止,在国际贸易的各个领域中,尚无被所有国家都承认和执行的统一的法律和规则,国际贸易关系中的许多问题,仍需由各国国内法和有关国家之间的双边条约和多边条约加以调整。各国的对外贸易法律由各自的社会制度、经济制度和对外贸易方针所决定。发达资本主义国家强调对外贸易的国内法律,其有关调整贸易关系的国内法律一般既适用于国内贸易、又适用于对外贸易。而大部分的发展中国家及社会主义国家通常对国内贸易和对外贸易分别制定法律,从而使国内贸易和对外贸易适用不同的法律。

我国的对外贸易法的立法有一个产生和发展的过程,1979年实行改革开放政策以来,为了适应对外贸易事业的发展和深化对外贸易体制的改革,我国对外贸易的立法逐渐完备。迄今为止,由全国人大、国务院及其有关的部委以及各省、市、自治区制定和颁布的对外贸易法律、法规、规章已达700多种。主要包括以下几个方面:①对外贸易的基本法律,如《中华人民共和国对外贸易法》。②有关进出口商品检验的法律规定,如《中华人民共和国进出口商品检验法》、《进出口商品检验条例》及其《实施细则》。③有关进出口商品海关监管的法律规定,如《中华人民共和国海关法》《外商投资企业进出口货物监管和征税办法》。④有关对外贸易秩序的法律规定,如《反倾销和反补贴条例》。⑤有关外汇管理法律规定,如《中华人民共和国外汇管理条例》《结汇、售汇及付汇管理暂行规定》。⑥有关货物和技术进出口管理的法律规定,如《中华人民共和国技术引进合同管理条例》《一般进口商品配额管理暂行办法》《关于出口商品主动配额管理暂行办法》《关于出口许可证管理和申领的若干规定》《中华人民共和国出口货物原产地规则》等。

(三)《中华人民共和国对外贸易法》的主要内容

2004年4月6日十届全国人大常委会第八次会议表决通过了对外贸易法修订案。修订后的外贸法共十一章七十条,2016年11月7日中华人民共和国第十二届全国人民代表大会常务委员会第二十四次会议第二次修正,现行对外贸易法的主要内容:

1. 对外贸易经营者的范围

除法人和其他组织之外的自然人,被纳入对外贸易经营者的范围之内。从事货物进出口或者技术进出口的对外贸易经营者,应当向国务院对外贸易主管部门或者其委托的机构办理备案登记。对外贸易法规定,对外贸易经营者是指依法办理工商登记或者其他执业手续,依照对外贸易法和其他有关法律、行政法规的规定从事对外贸易经营活动的法人、其他组织或者个人。

根据我国加入世贸组织的有关承诺,在贸易权方面应给予所有外国个人和企业,并不低于给予在中国的企业的待遇。如果外国的自然人能在中国做外贸,中国的自然人也应当能够从事对外贸易经营活动。对外贸易法作为外贸领域的基本法,应当允许自然人从事对外贸易经营活动。特别是在技术贸易和国际服务贸易、边贸活动中,自然人从事对外贸易经营活动已经大量存在。

为了落实第十二届全国人民代表大会第一次会议通过的《关于国务院机构改革和职能转变方案的决定》,依法推进行政审批制度改革和政府职能转变,2016 年 11 月 7 日第十二届全国人民代表大会常务委员会第二十四次会议对《中华人民共和国对外贸易法》又作出了相应的修改,将第十条第二款修改为:"从事对外劳务合作的单位,应当具备相应的资质。具体办法由国务院规定。"

2.对外贸易调查启动程序

对外贸易法明确规定了对外贸易调查的启动程序。按照法律规定,由国务院对外贸易主管部门发布公告;调查可以采取书面问卷、召开听证会、实地调查、委托调查等方式进行;国务院对外贸易主管部门根据调查结果,得出调查报告或者作出处理裁定,并发布公告。

贸易调查已成为各主要贸易国家保护本国产业和市场秩序的重要法律手段。为应对针对我国入世承诺而滥用救济措施的行为,最大限度地保护国内产业的利益。

对外贸易法规定,国务院对外贸易主管部门可以自行或者会同国务院其他有关部门,依照法律、行政法规的规定对下列事项进行调查:货物进出口、技术进出口、国际服务贸易对国内产业及其竞争力的影响;有关国家或者地区的贸易壁垒;为确定是否应当依法采取反倾销、反补贴或者保障措施等对外贸易救济措施,需要调查的事项;规避对外贸易救济措施的行为;对外贸易中有关国家安全利益的事项;为执行对外贸易法有关条款规定和其他影响对外贸易秩序,需要调查的事项。

3.对外贸易救济制度

根据世贸组织的有关协定,对外贸易法进一步完善了我国的贸易救济制度。对外贸易法规定,其他国家或者地区的产品以低于正常价值的倾销方式进入我国市场,对已建立的国内产业造成实质损害或者产生实质损害威胁,或者对建立国内产业造成实质阻碍的,国家可以采取反倾销措施,消除或者减轻这种损害或者损害的威胁或者阻碍。进口的产品直接或者间接地接受出口国家或者地区给予的任何形式的专向性补贴,对已建立的国内产业造成实质损害或者产生实质损害威胁,或者对建立国内产业造成实质阻碍的,国家可以采取反补贴措施,消除或者减轻这种损害或者损害的威胁或者阻碍。

因进口产品数量大量增加,对生产同类产品或者与其直接竞争的产品的国内产业造成严重损害或者严重损害威胁的,国家可以采取必要的保障措施,消除或者减轻这种损害或者损害的威胁,并可以对这个产业提供必要的支持。法律规定,与我国缔结或者共同参加经济贸易条约、协定的国家或者地区,违反条约、协定的规定,使我国根据这个条约、协定享有的利益丧失或者受损,或者阻碍条约、协定目标实现的,我国政府有权要求有关国家或者地区政府采取适当补救措施,并可以根据有关条约、协定中止或者终止履行相关义务。

4.依法保护与对外贸易有关的知识产权

根据对外贸易法,我国将对与对外贸易有关的知识产权实施保护。与贸易有关的知识产权是世界贸易组织三大支柱之一,正越来越多地成为各主要贸易国家维护国家利益的重要手段。根据世贸组织规则,同时借鉴美国、欧盟、日本等国外立法,对外贸易法增加了"与对外贸易有关的知识产权保护"的内容,通过实施贸易措施,防止侵权产品进口和知识产权权利人滥用权利,并促进我国知识产权在国外的保护。

对外贸易法规定,国家依照有关知识产权的法律、行政法规,保护与对外贸易有关的知识产权。进口货物侵犯知识产权,并危害对外贸易秩序的,国务院对外贸易主管部门可以采取在一定期限内禁止侵权人生产、销售的有关货物进口等措施。

按照法律的规定,知识产权权利人有阻止被许可人对许可合同中的知识产权的有效性提出质疑、进行强制性一揽子许可、在许可合同中规定排他性返授条件等行为之一,并危害对外贸易公平竞争秩序的,国务院对外贸易主管部门可以采取必要的措施消除危害。

其他国家或者地区在知识产权保护方面未给中华人民共和国的法人、其他组织或者个人国民待遇,或者不能对来源于中华人民共和国的货物、技术或者服务提供充分有效的知识产权保护的,国务院对外贸易主管部门可以依照本法和其他有关法律、行政法规的规定,并根据中华人民共和国缔结或者参加的国际条约、协定,对与该国家或者该地区的贸易采取必要的措施。

5.限制和禁止进出口的情形

对外贸易法在 WTO 允许的范围内,对限制和禁止进出口的情形作了补充和明确。

根据对外贸易法,国家基于下列情形,可以限制或者禁止有关货物、技术的进口或者出口:为维护国家安全、社会公共利益或者公共道德,需要限制或者禁止进口或者出口的;为保护人的健康或者安全,保护动物、植物的生命或者健康,保护环境,需要限制或者禁止进口或者出口的;为实施与黄金或者白银 进出口有关的措施,需要限制或者禁止进口或者出口的;国内供应短缺或者为有效保护可能用竭的自然资源,需要限制或者禁止出口的;输往国家或者地区的市场容量有限,需要限制出口的;出口经营秩序出现严重混乱,需要限制出口的;为建立或者加快建立国内特定产业,需要限制进口的;对任何形式的农业、牧业、渔业产品有必要限制进口的;为保障国家国际金融地位和国际收支平衡,需要限制进口的;依照法律、行政法规的规定,其他需要限制或者禁止进口或者出口的;根据我国缔结或者参加的国际条约、协定的规定,其他需要限制或者禁止进口或者出口的。

国家基于下列原因,可以限制或者禁止有关的国际服务贸易:为维护国家安全、社会公共利益或者公共道德,需要限制或者禁止的;为保护人的健康或者安全,保护动物、植物的生命或者健康,保护环境,需要限制或者禁止的;为建立或者加快建立国内特定服务产业,需要限制的;为保障国家外汇收支平衡,需要限制的;依照法律、行政法规的规定,其他需要限制或者禁止的;根据我国缔结或者参加的国际条约、协定的规定,其他需要限制或者禁止的。

6.明确禁止垄断和不正当竞争行为

对外贸易法明确规定,在对外贸易经营活动中,不得违反有关垄断的法律、行政法规的规定实施垄断行为。

针对对外贸易中的垄断行为、不正当竞争行为和其他扰乱对外贸易秩序的行为,修订后的对外贸易法规定,在对外贸易经营活动中实施垄断行为,危害市场公平竞争的,依照有关反垄断的法律、行政法规的规定处理;在对外贸易经营活动中,不得实施以不正当的低价销售商品、串通投标、发布虚假广告、进行商业贿赂等不正当竞争行为。

对外贸易法禁止在对外贸易经营活动中出现下列行为:伪造、变造进出口货物原产地标记,伪造、变造或者买卖进出口货物原产地证书、进出口 许可证、进出口配额证明或者其他进出口证明文件;骗取出口退税;走私;逃避法律、行政法规的认证、检验、检疫;违反法律、行政法规规定的其他行为。

7.明确了对外贸易违法行为的法律责任

对外贸易法根据对外贸易管理中出现的新情况、新问题,结合对外贸易管理的实际需要,明确规定了有关法律责任。

对外贸易法规定,未经授权擅自进出口实行国际贸易管理的货物的,国务院对外贸易主管部门或者国务院其他有关部门可以处五万元以下罚款;情节严重的,可以自行政处罚决定生效之日起三年内,不受理违法行为人从事国际贸易管理货物进出口业务的申请,或者撤销已给予其从事其他国际贸易管理货物进出口的授权。进出口属于禁止进出口的货物的,或者未经许可擅自进出口属于限制进出口货物的,由海关依照有关法律、行政法规的规定处理、处罚;构成犯罪的,依法追究刑事责任。

对外贸易法规定,从事属于禁止的国际服务贸易的,或者未经许可擅自从事属于限制的国际服务贸易的,依照有关法律、行政法规的规定处罚;法律、行政法规没有规定的,由商务部责令改正,没收违法所得,并处违法所得一倍以上五倍以下罚款,没有违法所得或者违法所得不足一万元 的,处一万元以上五万元以下罚款;构成犯罪的,依法追究刑事责任。

第二节　对外贸易法基本制度

一、对外贸易管理体制

对外贸易管理体制是指对外贸易的组织形式,管理权限、经营分工、利益分配等制度的总和。一国的贸易体制取决于该国的经济和社会制度。中华人民共和国成立后,对外贸易体制是在产品经济和单一计划经济基础上建立和发展起来的对外贸易垄断制。全国的对外贸易完全由国家商务部统一领导和管理。这种以贸易垄断为主要特点的外贸体制持续近30年,同当时的贸易格局基本上相适应,在历史上曾起过重要作用。随着我国与西方各国贸易比重的不断加大,特别是我国实行对外开放政策后,原来的对外贸易体制已不适应对外贸易和整个国民经济发展的需要,必须加以改革。从1979年起,我国开始对原来的外贸体制进行改革。主要表现在扩大对外贸易渠道打破外贸专业公司独家经营的局面,扩大地方经营权;开展工贸结合;建立海外贸易机构;实行政企分开;改革外贸计划体制和财务体制;外贸专业公司实行出口承包责任制。1988年国务院发出《关于加快和深化对外贸易体制改革若干问题的规定》,对对外贸体制改革作了部署,主要是全面推行对外贸易承包经营责任制,对轻工业品、工艺品、服装三个行业的外贸企业实行自负盈亏的试点,深化改革外贸机构、进出口经营体制、外贸管理体制、外贸计划体制和财务体制等,推动了外贸体制的进一步改革。1990年国务院发出《关于进一步改革和完善对外贸易体制若干问题的决定》,取消国家对外贸出口的财政补贴,外贸企业实行自负盈亏;改变外汇留成比例,加强出口售汇管理;推行新一轮承包,保持政策的连续和稳定,进一步深化了外贸体制改革。1994年后,外贸体制改革进入新的历史阶段。进一步完善外贸宏观管理体制。例如,从1994年1月1日起,双重汇率并轨,取消建立在外汇额度留成基础上的出口自负盈亏承包经营制。从1996年12月1日起,中国接受国际货币基金组织协定第八条第二、三、四款的义务,实现人民币经常项目下可兑换。国有外贸企业统一上缴所得税33%,大幅度降低关税,将商品的进口税率从43.2%降低到1997年10月1日后的17%。

1994年5月,颁布《中华人民共和国对外贸易法》;1997年月,发布《中华人民共和国反倾销和反补贴条例》;取消进出口贸易的指令性计划,实行指导性计划。

通过改革,我国的对外贸管理体制改变了以前权力过于集中的管理模式,初步建立起适应市场经济需要的外贸体制,主要表现在以下几个方面:简政放权,政企职责初步分开,外贸企业逐步成为独立的经营实体;实行并逐步改善进出口代理模式,使外贸经营具备更大的合理性;加强工贸、技贸结合,密切产销关系,增强了我国产品的国际竞争力;全面推行外贸承包责任制,扩大地方外贸经营自主权,有力地调动了各方面的积极性;改革原来的外贸计划体制,增加外贸体制的透明度,建立并不断加强我国的进出口商会与进出口交易会的纽带作用;建立健全了进出口商品管理体系;进一步完善了现有的出口商品配额管理和许可证管理制度,使之与竞争机制及国家宏观调控意图更加协调。通过这些改革,使我国的对外贸易管理体制进一步符合社会主义市场经济和国际贸易发展的要求。

1994年颁布并实施对外贸易法,重点体现的是国家对对外贸易活动的管理。但是,从1994年至2004年的十年里,中国的对外经济活动(尤其是对外贸易)发生了重大的变化。因此,随着中国对外贸易的迅速增长。中国在加入WTO后,中国政府必须在关于对外贸易的基本法层面上,实现当初的入世承诺。再者,近年来,中国面对越来越多的关于倾销的指控,通过对对外贸易法的修改,在运用国际贸易规则方面,使中国与国际接轨,加强对中国对外贸易经营者的指导,从而起到保护中国市场的作用。2004年4月6日十届全国人大常委会第八次会议表决通过了对外贸易法第一次修订案。2016年11月7日中华人民共和国第十二届全国人民代表大会常务委员会第二十四次会议第二次修正。

二、货物与技术的进出口许可证及配额管理法律制度

(一)货物与技术的自由进出口及限制和管理

关于货物进出口与技术进出口的规定,依对外贸易法的规定,国家准许货物与技术的自由进出口。但是,法律、行政法规另有规定的除外。对货物和技术的进出口实行目录管理,分为禁止进出口、限制进出口和自由进出口。对实行自由进口许可管理的货物,也实行目录管理,对外贸易主管部门基于监测进出口情况的需要,可以对部分自由进出口的货物实行进出口自动许可并公布其目录。属于自由进出口的技术,应当向国务院对外贸易主管部门或者其委托的机构办理合同备案登记。

在限制和禁止进出口方面,原对外贸易法的规定比世贸组织的规则要窄,新对外贸易法参照关税与贸易总协定(GATT)第二十条"一般例外"及第二十一条"安全例外"的规定,增加了限制和禁止进出口的范围,将有关的世贸规则转化为了国内法,有利于充分保护我国的经济安全及国家利益。依对外贸易法第十六条的规定,国家基于下列原因,可以限制或者禁止有关货物、技术的进口或者出口:①为维护国家安全、社会公共利益或者公共道德,需要限制或者禁止进口或者出口的;②为保护人的健康或者安全,保护动物、植物的生命或者健康,保护环境,需要限制或者禁止进口或者出口的;③为实施与黄金或者白银进出口有关的措施,需要限制或者禁止进口或者出口的;④国内供应短缺或者为有效保护可能用竭的自然资源,需要限制或者禁止出口的;⑤输往国家或者地区的市场容量有限,需要限制出口的;⑥出口经营秩序出现严重混乱,需要限制出口的;⑦为建立或者加快建立国内特定产业,需要限制进口的;⑧对任何形式的农业、牧业、渔业产品有必要限制进口的;⑨为保障国家国际金融地位和国际收支平衡,需要

限制进口的;⑩依照法律、行政法规的规定,其他需要限制或者禁止进口或者出口的;⑪根据我国缔结或者参加的国际条约、协定的规定,其他需要限制或者禁止进口或者出口的。此外,国家对与裂变、聚变物质或者衍生此类物质的物质有关的货物、技术进出口,以及与武器、弹药或者其他军用物资有关的进出口,可以采取任何必要的措施,维护国家安全。在战时或者为维护国际和平与安全,国家在货物、技术进出口方面可以采取任何必要的措施。

目前,我国对货物进口实行分类管理:①禁止进口的货物,其货物目录由商务部会同有关部委制定、调整并公布。我国先后公布了六批《禁止进口货物目录》。②限制进口的货物,国家规定有数量限制的限制进口货物,实行配额管理或关税配额管理;其他限制进口货物,实行许可证管理。限制进口的货物目录由商务部会同有关部委制定、调整并公布。原外经贸部、海关总署、质检总局2001年发布《机电产品进口管理办法》《机电产品进口配额管理实施细则》,2004年11月18日,商务部发布《机电产品国际招标投标实施办法》,2004年12月10日,商务部修改发布了《货物进口许可证管理办法》。2008年4月7日,商务部、海关总署、质检总局修订发布了《机电产品进口管理办法》和《重点旧机电产品进口管理办法》。此外,国家食品药品监督管理局、海关总署2003年8月18日发布《药品进口管理办法》,2005年11月24日发布《进口药材管理办法(试行)》,2007年7月31日,农业部、海关总署发布《兽药进口管理办法》。③关税配额管理的货物。国务院有关部门2001年2月发布《化肥进口关税配额管理暂行办法》,2003年9月发布《农产品进口关税配额管理暂行办法》。④自由进口的货物。进口属于自由进口的货物,不受限制。基于监测货物进口情况的需要,商务部会同有关部委可以按照国务院规定的职责划分,对部分属于自由进口的货物实行自动进口许可管理,并适时调整和公布《自动进口许可证管理货物目录》。2001年外经贸部发布《机电产品自动进口许可管理实施细则》,原对外经贸部2001年发布了《货物自动进口许可管理办法》,商务部2004年12月10日修订;2008年4月7日,商务部、海关总署修订发布了《机电产品进口自动许可实施办法》。

我国对货物出口实行分类管理:①禁止出口的货物。禁止出口的货物目录由商务部会同国务院有关部门制定、调整并公布。我国已公布三批《禁止出口货物目录》。②限制出口的货物。限制出口的货物目录由商务部会同有关部委制定、调整并公布。国家规定有数量限制的限制出口货物,实行配额管理;其他限制出口的货物,实行许可证管理,并适时调整和公布《出口许可证管理货物目录》。2004年1月7日国务院有关部门发布《煤炭出口配额管理办法》,2004年12月10日,商务部修订发布了《货物出口许可证管理办法》,2006年9月18日商务部发布《纺织品出口管理办法》(暂行),2006年8月1日商务部和海关总署发布《民用航空零部件出口分类管理办法》,2006年4月29日,国务院颁布《濒危野生动植物出口管理条例》,2008年1月25日,国家环保总局发布《危险废物出口核准管理办法》等。③自由出口的货物。自由出口的货物,有出口经营资格的企业均可出口,不受限制。2005年2月6日,商务部发布《纺织品出口自动许可暂行办法》。

另外,根据对外贸易法和我国参加的国际公约的规定,对涉及国家安全,为保护人类的健康或者安全,保护动物、植物的生命或者健康,保护环境,需要限制或者禁止进口或者出口的军品、核用品、生物两用品、化学品、药品以及濒危野生动植物的贸易制定了专门的行政法规和规章,进行严格管制。①军品出口管理规定。1997年,国务院、中央军事委员会颁布《军品出口管理条例》,2002年10月15日修订,对军品贸易公司、军品出口管理、军品出口秩序、法律责任等做出规定。②核出口管制规定。1997年,国务院颁布《核出口管制条例》,2001年修订,

2006 年 11 月 9 日再次修订,国家对核出口实行严格管制,严格履行所承担的不扩散核武器的国际义务。③监控化学品管理法律规定。1995 年 12 月 27 日,国务院发布了《监控化学品管理条例》;2002 年 10 月 18 日,国务院有关部门发布了《有关化学品及相关设备和技术出口管制办法》。④易制毒化学品管理法律规定。2005 年 8 月 26 日,国务院发布《易制毒化学品管理条例》;1997 年发布《易制毒化学品进出口管理规定》,1999 年修订,2006 年 9 月 21 日商务部再次修订;2005 年 8 月 1 日,国务院有关部门发布了《向特定国家(地区)出口易制毒化学品暂行管理规定》;商务部、公安部 2002 年发布《易制毒化学品进出口国际核查管理规定》,2006 年 9 月 7 日修订。

(二)许可证法律制度

按照对外贸易法第十九条的规定,国家对限制进口或者出口的货物,实行配额、许可证等方式管理;对限制进口或者出口的技术,实行许可证管理。实行配额、许可证管理的货物、技术,应当按照国务院规定经国务院对外贸易主管部门或者经其会同国务院其他有关部门许可,方可进口或者出口。国家对部分进口货物可以实行关税配额管理。

1.许可证法律制度概述

我国的进出口许可证和配额管理制度是改革开放后形成的。1980 年国务院有关部委发布《关于出口许可制度的暂行办法》,1984 年国务院颁布《进口许可制度暂行条例》;国务院有关部门 1992 年发布《出口商品管理暂行办法》和《关于纺织品出口配额的管理办法》,1993 年发布《机电产品进口管理暂行办法》和《一般商品进口配额管理暂行办法》,1994 年发布《进口商品经营管理暂行办法》,1996 年发布《关于出口许可证管理的若干规定》,1998 年发布《出口商品配额招标办法》,2001 年 12 月 20 日原外经贸部修订发布《出口商品配额管理办法》和《出口商品配额招标办法》,2001 年 12 月 21 日外经贸部《大型单机和成套设备出口项目协调管理办法》等,货物进出口管理逐步规范化。

WTO 原则上禁止设立并维持配额、进出口许可证或者其他措施以限制或禁止其他缔约国领土的产品输入,或向其他缔约国领土输出。但在实际的国际经济生活中,配额与许可证仍不失为各缔约国为维护本国利益而通用的有效外贸管制手段。我国所实行的配额与许可证制度与 WTO 的宗旨并不违背。WTO 在规定消灭数量限额原则的同时,规定了该原则适用的例外情况,如缔约国为保障对外金融地位和国际收支平衡可进行必要的进出口数量和价格限制,以及发展中国家的某些例外情况等等。这些因素说明我国实行进出口配额与许可证制度是合理的,同时,这种必要的外贸管理措施,对于促进我国外贸事业和民族经济的发展也有着重要的意义。

我国对进出口商品的配额管理由原对外经贸部、国家发展计划委员会、国家经济贸易委员会负责。对外贸易法第二十条规定:"进出口货物配额、关税配额,由国务院商务部或者国务院其他有关部门在各自的职责范围内,按照公开、公平、公正和效益的原则进行分配。具体办法由国务院规定。"目前,我国对进出口商品配额实行两次分配的方式。配额总量确定后,先由商务部和有关部门将配额分配到地方配额管理部门,再由地方配额管理部门对配额申请者审查后进行分配。为了克服配额分配中出现的问题,完善配额分配制度,维护对外贸易的正常秩序,我国首先对问题较多的出口配额分配办法进行了改革。原对外经济贸易合作部于 1994 年发布了《出口商品配额招标办法》,对出口配额实行招标方式进行分配。

长期以来我国对于技术进出口通过技术审查与批准程序进行管理,而未纳入许可证管理范围。对外贸易法第十九条规定,对限制进口或者出口的技术,实行许可证管理。第十六条原则规定了限制进出口的技术范围。第十八条规定,由商务部会同国务院有关部门制定、调整并公布限制进出口的技术目录。在该目录公布后,限制进口、出口的技术,必须事先经过国务院有关部门审批,并向商务部及其授权的许可证签发机构申领技术进出口许可证。

2.许可证的核发

在我国,核发许可证的机关是商务部。全国各地区、各单位需进出口的,均须按照国家规定的审批权限,经主管部门和归口审查部门批准。凡法律或法规规定凭进口许可证进口的,除国务院和外经贸部另行规定的以外,都必须先申领进口许可证,然后经由国家批准经营该项进口业务的公司进行订货,海关凭进口许可证和其他单证查验放行。商务部代表国家统一签发进口许可证;商务部授权省级外贸主管机关签发本地区所属各部门部分进口许可证;商务部驻主要口岸特派员办事处签发在其联系地区内有关部门的部分进口许可证;省级对商务部门和特派员办事处签发进口许可证的范围按商务部有关通知办理。对所有进出口商品进口、出口许可证的监督执行机关是中华人民共和国海关。即任何进出口商品都需经所在口岸的海关查验,有进出口许可证的才予放行,没有进出口许可证的商品一律不许出入海关。

在目前情况下,为简化手续,凡国务院批准有权经营进出口业务的各类公司,除了严格按照经过批准的经营范围和出口商品目录办理进出口业务以外,这些公司中的外贸专业进出口总公司及直属的省级分公司和各省、自治区、直辖市所属的外贸进口公司所进口的货物,如果是国家限制进口商品以外的,可以免领进口许可证,海关凭有关单证查验放行。除了上面提及的三类公司外,其他各类有进口业务的公司所进口的全部技术都必须申领进口许可证,海关凭进口许可证和有关单证查验放行。没有经过国务院授权机关批准经营进出口业务的各部门、企业都不准自行进口。

在下列情况下,发证机关不签发或撤销已签发的进口技术许可证:①对外经贸部决定停止或暂时停止进口的;②违反国家对外政策的进口;③不符合有关双边贸易协定、支付协定的进口;④不符合国家卫生部门、农牧渔业部门规定的药品、食品、农产品、畜产品、水产品、动植物卫生标准和检疫标准的进口货物;⑤有损国家利益或违法经营的进口。

进口许可证有效期为一年,在许可证有效期间内未进口的,领证单位可备函向发证机关申请展期,发证机关根据涉外合同的规定相应延长许可证的有效期间。领取许可证一年后还未对外订货的,不予展期,如还需进口的,应重新申领进口货物许可证。违反上述规则的,海关将予以没收或罚款等处罚。情节严重的,如伪造进口许可证的,还将追究其刑事责任。

三、国际服务贸易管理法律制度

(一)服务贸易的定义和范围

服务贸易的定义与范围迄今为止尚无一致的看法,一般认为应包括货运、其他货物运输服务、设计和咨询服务、银行、保险和电信服务、教育和卫生服务、广告业和旅游等。在实际中,一般的服务贸易包括下列内容:①国际运输;②国际保险再保险;③国际旅游;④银行及其他金融服务;⑤国际信息整理和传递;⑥建筑和工程承包等劳务输出;⑦咨询服务;⑧广告、设计、租赁、法律、会计管理等服务;⑨维修和保养等售后服务;⑩国际电信服务;⑪国际视听服务;⑫教育、卫生、文化服务;⑬特许专营;⑭零售业;⑮其他官方国际服务等。《关贸总协定》将服务贸易分为四类:①过境支付,是指一国向另一国提供服务,没有人员、物资和资金的流动,而是通过电信、邮电、计算机的联网实现的,如视听服务和金融服务;②境外消费,是指一国消费者到另一国消费服务,如本国病人到外国就医、本国学生到外国留学、本国人到外国旅游;③商业存在,是指允许外国的企业和经济实体到本国开业,提供服务,包括投资设立合资、合作和独资企业;④自然人流动,是指允许外国的自然人来本国提供服务。

(二)对国际服务贸易的限制和禁止

《对外贸易法》对国际服务贸易作了若干的限制和禁止。《对外贸易法》第二十六条规定,国家基于下列原因之一,可以限制或者禁止国际服务贸易:①为维护国家安全、社会公共利益或者公共道德,需要限制或者禁止的;②为保护人的健康或者安全,保护动物、植物的生命或者健康,保护环境,需要限制或者禁止的;③为建立或者加快建立国内特定服务产业,需要限制的;④为保障国家外汇收支平衡,需要限制的;⑤依照法律、行政法规的规定,其他需要限制或者禁止的;⑥根据我国缔结或者参加的国际条约、协定的规定,其他需要限制或者禁止的。第二十七条规定,国家对与军事有关的国际服务贸易,以及与裂变、聚变物质或者衍生此类物质的物质有关的国际服务贸易,可以采取任何必要的措施,维护国家安全。在战时或者为维护国际和平与安全,国家在国际服务贸易方面可以采取任何必要的措施。

(三)WTO 条件下的国际服务贸易

WTO 服务贸易协议由下列规定组成:

1.最惠国待遇和国民待遇

协议要求各国在使用最惠国待遇条款时不得歧视不同国家的服务产品和服务提供者。但是有关国家可以在十年的过渡期内保留与最惠国待遇不一致的措施。国民待遇原则要求各国应对本国和外国的服务产品和服务提供者一视同仁,但是该协议并没有向货物贸易那样要求严格地实行国民待遇原则,它并不是各国所有的服务产业都必须执行的一个义务。只是要求各国在他们的减让一览表中表明这些待遇将在那些产业、在什么条件下扩大国民待遇原则的适用范围。

2.透明度要求

为了保证外国服务提供者充分了解适用于服务贸易的规则,各国应公布所有的相关的法律规定。

3.贸易自由化承诺

各国在乌拉圭回合谈判中做出的贸易自由化的承诺,包含在各国的减让时间表中,这些减让时间表表明各国同意改善市场准入,通过逐步消除对本国供应商和外国供应商的区别对待来扩大国民待遇范围的条件。但是我国对服务贸易领域的开放都是有条件的,包括开放的时间、范围、内容,都有过渡期。目前我国正在按照对 WTO 的承诺制定有关银行、保险和电信管理方面的法律法规。

四、进出口商品检验法律制度

(一)概述

进出口商品检验,是指商品检验机构对进出口商品的品质、规格、数量、质量、包装、卫生、安全、残损等方面所作的查验和鉴定。在国际贸易中,由于买卖当事人一般不能当面交接货物,因而买方在通过银行进行议付或者结汇时缺乏在商品的数量、质量等方面的可靠依据;而在货物遭受损失时,如果事先没有对商品进行检验,发货人、承运人、保险人等就会对货物的受损程度、范围以及责任的归属发生争议。因此,通常需要对进出口商品进行检验。商品检验已成为国际贸易中不可缺少的一个重要环节,通过出口检验,可以防止不合格的商品出口,从而有利于提高出口商品的信誉和竞争能力;而通过进口检验,则主要防止不符合卫生标准的食品、药品或带有病、虫害的动植物及其产品的进口,以保障人民的生命、健康和农业、畜牧业生产,并对短缺残损或品质、规格不符合合同规定的货物提供鉴定证明。商品检验为买卖双方交接货物、支付货款和处理索赔提供有效凭证和依据,有利于保证进出口商品的质量,维护各方当事人的合法权益,促进国际贸易的顺利进行。但也有些国家通过颁布和变动各种复杂的技术、卫生、安全和包装等产生歧视性效果的规章,对外国商品的进口加以限制,作为实行非关税壁垒的主要手段之一。

《中华人民共和国进出口商品检验法》,是调整本领域的基本法。

(二)出口商品检验

进出口商品检验分为法定检验和非法定检验两部分。法定检验是指根据国家法律、行政法规的规定,对某些进出口商品实行的强制性检验。非法定检验是指商检机构凭对外贸易合同的约定或依有关当事人的申请或受外国检验机构委托进行的公证检验,以及当事人自行进行的检验。法定检验的出口商品,发货人应在商检机构规定的地点、期限内,持合同等必要的单证向商检机构报验,由商检机构实施或组织实施检验,法定检验以外的出口商品,对外贸易合同约定由商检机构检验的,亦照上述规定办理。商检机构对已报验的出口商品,应在不延误装运期限内检验完毕。检验合格的,按照规定签发检验证书、放行单或在报关单上加盖印章,海关据此予以验放。此外,对法定检验以外的出口商品,商检机关可在生产、经营单位检验基础上定期或不定期地抽查检验。商检机构合格的出口商品,发货人应当在检验证书或放行单签发之日起六十日内报运出口,鲜活类出口商品应当在规定期限内报运出口。逾期报运出口的,发货人必须重新向商检机构报验,出口商品经商检机构检验、口岸查验或者抽查检验不合格的,不准出口。

另外,对装运出口易腐烂变质的食品、冷冻品的船舱、集装箱等运载工具,承运人、装箱单位或其代理人必须在装运前向商检机构申请清洁、卫生、冷藏、密固等适载检验。经检验合格并取得证书的方可装运。

(三)进口商品的鉴定

进出口商品鉴定也是商检机构的一项重要职责或任务。国家商检局和商检机构及其批准或指定的其他检验机构,可接受外贸关系人以及国内外有关单位或者外国检验机构的委托,办理规定范围内的进出口商品鉴定业务,签发鉴定证书。进出口商品鉴定业务包括:①进出口商品的质量、数量、重量、包装鉴定和货载衡量;②进出口商品的监视装载和监视卸载;③进出口商品的积载鉴定、残损鉴定、载损鉴定和海损鉴定;④装载出口商品的船舶、车辆、飞机、集装箱等运载工具的适载鉴定;⑤装载进出口商品的船舶封舱、舱口检视、空距测量;⑥集装箱及集装箱货物鉴定;⑦与进出口商品有关的外商投资财产的价值、品种、质量、数量和损失鉴定;等等。对外贸易关系人委托商检机构办理鉴定业务,应当提供合同、信用证以及有关的其他证单。此外,商检机构可以接受对外贸易关系人的申请,依照有关法律,行政法规的规定签发普惠制原产地证、一般原产地证。

(四)监督管理

《进出口商品检验法》规定,国家商检局和商检机构具有监督管理职能。《实施细则》进一步具体规定了监督管理的内容,主要包括以下几个方面:①商检机构根据国家商检局同外国有关机构签订的进出口商品质量认证协议,或者接受外国有关机构的委托进行进出口商品质量认证工作。对经认证合格的进出口商品及其生产企业颁发认证证书,准许使用进出口商品质量认证标志。②国家商检局对涉及安全、卫生等重要的进出口商品及其生产企业实施进口安全质量许可制度和出口质量许可制度。③国家商检局对出口食品及其生产企业(包括加工厂、屠宰厂、冷库)实施卫生注册登记制度。④商检机构可向法定检验的出口商品生产企业派出检验人员,参与商品出厂前的质量检验工作,对企业的工作实施监督检查。⑤商检机构对检验合格的进出口商品加施商检标志,并根据需要加施封识。⑥国家商检局和商检机构可以认可符合条件的国内外检验机构承担委托的进出口商品检验或者指定的质量许可和认证商品的检测以及企业的评审工作,可以认可有关单位的检验人员承担指定的检验、评审任务。⑦外国在中国设立进出口商品检验鉴定机构,须经国家商检局审核批准,并接受国家商检局和商检机构的监督管理。

五、对外贸易秩序及对外贸易促进法律制度

(一)对外贸易秩序法律规定

对外贸易法规定,我国实行统一的对外贸易制度,依法维护公平的、自由的对外贸易秩序。为了建立一个公平和自由的对外贸易秩序,对外贸易法分别规定了对外贸易的国内秩序和对外贸易的进口秩序。

1. 对外贸易的国内秩序

对外贸易经营者在对外贸易经营中应当依法经营、公平竞争,不得有以下行为:①伪造、变造或者买卖进出口原产地证明、进出口许可证;②侵害中华人民共和国法律保护的知识产权;③以不正当竞争手段排挤竞争对手;④骗取国家的出口退税;⑤违反法律、行政法规规定的其他行为。另外,对外贸易经营者还应依照国家有关规定结汇、用汇。

2. 对外贸易进口秩序

对外贸易的进口秩序主要是制约外国的企业和产品,根据我国的对外贸易实践和国际上的通行做法,对外贸易法主要采取以下几种法律措施维护对外贸易的进口秩序:

(1)反倾销。对外贸易法第四十一条规定:"其他国家或者地区的产品以低于正常价值的倾销方式进入我国市场,对已建立的国内产业造成实质损害或者产生实质损害威胁,或者对建立国内产业造成实质阻碍的,国家可以采取反倾销措施,消除或者减轻这种损害或者损害的威胁或者阻碍。"

根据于2001年11月26日颁布的《中华人民共和国反倾销条例》,2004年3月31日《国务院关于修改〈中华人民共和国反倾销条例〉的决定》,构成倾销必须符合下列三个条件:

①低于正常价值的低价销售。这里指产品以低于正常价值的方式进口,所谓"正常价值",应当区别不同情况,按照下列方法确定:a.进口产品的同类产品,在出口国(地区)国内市场的正常贸易过程中有可比价格的,以该可比价格为正常价值;b.进口产品的同类产品,在出口国(地区)国内市场的正常贸易过程中没有销售的,或者该同类产品的价格、数量不能据以进行公平比较的,以该同类产品出口到一个适当第三国(地区)的可比价格或者以该同类产品在原产国(地区)的生产成本加合理费用、利润,为正常价值。进口产品不直接来自原产国(地区)的,按照前款第(一)项规定确定正常价值;但是,在产品仅通过出口国(地区)转运、产品在出口国

（地区）无生产或者在出口国（地区）中不存在可比价格等情形下，可以以该同类产品在原产国（地区）的价格为正常价值。进口产品的出口价格，应当区别不同情况，按照下列方法确定：a.进口产品有实际支付或者应当支付的价格的，以该价格为出口价格；b.进口产品没有出口价格或者其价格不可靠的，以根据该进口产品首次转售给独立购买人的价格推定的价格为出口价格；但是，该进口产品未转售给独立购买人或者未按进口时的状态转售的，可以以外经贸部根据合理基础推定的价格为出口价格。进口产品的出口价格低于其正常价值的幅度，为倾销幅度。

②损害实施存在。损害，是指倾销对已经建立的国内产业造成实质损害或者产生实质损害威胁，或者对建立国内产业造成实质阻碍。根据新修正的《中华人民共和国反倾销条例》的规定，在确定倾销对国内产业造成的损害时，应当审查下列事项：a.倾销进口产品的数量，包括倾销进口产品的绝对数量或者相对于国内同类产品生产或者消费的数量是否大量增加，或者倾销进口产品大量增加的可能性；b.倾销进口产品的价格，包括倾销进口产品的价格削减或者对国内同类产品的价格产生大幅度抑制、压低等影响；c.倾销进口产品对国内产业的相关经济因素和指标的影响；d.倾销进口产品的出口国（地区）、原产国（地区）的生产能力、出口能力，被调查产品的库存情况；e.造成国内产业损害的其他因素。对实质损害威胁的确定，应当依据事实，不得仅依据指控、推测或者极小的可能性。在确定倾销对国内产业造成的损害时，应当依据肯定性证据，不得将造成损害的非倾销因素归因于倾销。

③倾销与实质性损害之间具有因果关系。国内产业或者代表国内产业的自然人、法人或者有关组织（以下统称申请人），可以依照本条例的规定向外商务提出反倾销调查的书面申请。申请书应当包括下列内容：申请人的名称、地址及有关情况；对申请调查的进口产品的完整说明，包括产品名称、所涉及的出口国（地区）或者原产国（地区）、已知的出口经营者或者生产者、产品在出口国（地区）或者原产国（地区）国内市场消费时的价格信息、出口价格信息等；对国内同类产品生产的数量和价值的说明；申请调查进口产品的数量和价格对国内产业的影响；申请人认为需要说明的其他内容。申请书应当附具下列证据：申请调查的进口产品存在倾销；对国内产业的损害；倾销与损害之间存在因果关系。商务部应当自收到申请人提交的申请书及有关证据之日起六十天内，对申请是否由国内产业或者代表国内产业提出、申请书内容及所附具的证据等进行审查，商务部决定立案调查或者不立案调查。在决定立案调查前，应当通知有关出口国（地区）政府。商务部根据调查结果，就倾销、损害和二者之间的因果关系是否成立作出初裁决定，并予以公告。

反倾销措施包括：①临时反倾销措施。初裁决定确定倾销成立，并由此对国内产业造成损害的，可以采取下列临时反倾销措施：征收临时反倾销税；要求提供保证金、保函或者其他形式的担保。临时反倾销税税额或者提供的保证金、保函或者其他形式担保的金额，应当不超过初裁决定确定的倾销幅度。②价格承诺。倾销进口产品的出口经营者在反倾销调查期间，可以向商务部作出改变价格或者停止以倾销价格出口的价格承诺。商务部可以向出口经营者提出价格承诺的建议。调查机关不得强迫出口经营者作出价格承诺。③反倾销税。终裁决定确定倾销成立，并由此对国内产业造成损害的，可以征收反倾销税。征收反倾销税，由商务部提出建议，国务院关税税则委员会根据商务部的建议作出决定，由外经贸部予以公告。海关自公告规定实施之日起执行。

（2）反补贴。对外贸易法第四十三条规定，进口的产品直接或间接地接受出口国或者地区给与的任何形式的专向性补贴对已建立的国内产业造成实质性损害或者产生实质性损害的威胁，或者对国内建立相关产业造成实质障碍时，国家可以采取反补贴措施，消除或者减轻这种损害或者损害的威胁或者障碍。

我国现行《中华人民共和国反补贴条例》已经于 2001 年 10 月 31 日国务院第四十六次常务会议通过，并于 2004 年 3 月 31 日依据《国务院关于修改〈中华人民共和国反补贴条例〉的决定》修订。根据该条例，构成补贴必须符合下列三个条件：①补贴，是指出口国（地区）政府或者其任何公共机构提供的并为接受者带来利益的财政资助以及任何形式的收入或者价格支持。出口国（地区）政府或者其任何公共机构，以下统称出口国（地区）政府。进口产品的补贴金额，应当区别不同情况，按照下列方式计算：a. 以无偿拨款形式提供补贴的，补贴金额以企业实际接受的金额计算；b. 以贷款形式提供补贴的，补贴金额以接受贷款的企业在正常商业贷款条件下应支付的利息与该项贷款的利息差额计算；c. 以贷款担保形式提供补贴的，补贴金额以在没有担保情况下企业应支付的利息与有担保情况下企业实际支付的利息之差计算；d. 以注入资本形式提供补贴的，补贴金额以企业实际接受的资本金额计算；e. 以提供货物或者服务形式提供补贴的，补贴金额以该项货物或者服务的正常市场价格与企业实际支付的价格之差计算；f. 以购买货物形式提供补贴的，补贴金额以政府实际支付价格与该项货物正常市场价格之差计算；g. 以放弃或者不收缴应收收入形式提供补贴的，补贴金额以依法应缴金额与企业实际缴纳金额之差计算。对以上形式以外的其他补贴，按照公平、合理的方式确定补贴金额。②损害，是指补贴对已经建立的国内产业造成实质损害或者产生实质损害威胁，或者对建立国内产业造成实质阻碍。对损害的调查和确定，由商务部负责；其中，涉及农产品的反补贴国内产业损害调查，由商务部同农业部进行。在确定补贴对国内产业造成的损害时，应当审查下列事项：a. 补贴可能对贸易造成的影响；b. 补贴进口产品的数量，包括补贴进口产品的绝对数量或者相对于国内同类产品生产或者消费的数量是否大量增加，或者补贴进口产品大量增加的可能性；c. 补贴进口产品的价格，包括补贴进口产品的价格削减或者对国内同类产品的价格产生大幅度抑制、压低等影响；d. 补贴进口产品对国内产业的相关经济因素和指标的影响；e. 补贴进口产品出口国（地区）、原产国（地区）的生产能力、出口能力，被调查产品的库存情况；f. 造成国内产业损害的其他因素。对实质损害威胁的确定，应当依据事实，不得仅依据指控、推测或者极小的可能性。在确定补贴对国内产业造成的损害时，应当依据肯定性证据，不得将造成损害的非补贴因素归因于补贴。③补贴与损害之间存在因果关系。国内产业或者代表国内产业的自然人、法人或者有关组织（以下统称申请人），可以依照本条例的规定向商务部提出反补贴调查的书面申请。申请书应当包括下列内容：a. 申请人的名称、地址及有关情况；b. 对申请调查的进口产品的完整说明，包括产品名称、所涉及的出口国（地区）或者原产国（地区）、已知的出口经营者或者生产者等；c. 对国内同类产品生产的数量和价值的说明；d. 申请调查进口产品的数量和价格对国内产业的影响；e. 申请人认为需要说明的其他内容。申请书应当附具下列证据：申请调查的进口产品存在补贴；对国内产业的损害；补贴与损害之间存在因果关系。商务部应当自收到申请人提交的申请书及有关证据之日起六十天内，对申请是否由国内产业或者代表国内产业提出、申请书内容及所附具的证据等进行审查，经商务部决定立案调查或者不立案调查。在特殊情形下，可以适当延长审查期限。在决定立案调查前，应当就有关补贴事项向产品可能被调查的国家（地区）政府发出进行磋商的邀请。

反补贴措施包括：①临时措施。初裁决定确定补贴成立，并由此对国内产业造成损害的，可以采取临时反补贴措施。临时反补贴措施采取以保证金或者保函作为担保的征收临时反补贴税的形式。②承诺。在反补贴调查期间，出口国（地区）政府提出取消、限制补贴或者其他有关措施的承诺，或者出口经营者提出修改价格的承诺的，商务部应当予以充分考虑。③反补贴税。在为完成磋商的努力没有取得效果的情况下，终裁决定确定补贴成立，并由此对国内产业造成损害的，可以征收反补贴税。

随着我国加入世贸组织，有关的规定依国际惯例及世贸规则进行了修改并写入对外贸易救济一章。随着我国入世后关税的降低及非关税措施的减少和取消，国内产业所面临的压力将越来越大。对外贸易法增加了关于第三国倾销、保障措施下对国内产业的调整援助措施、国际服务贸易的救济措施、贸易转移、对违反贸易协定的救济、进出口监控及反规避等手段的规定。

关于第三国倾销，根据 WTO《反倾销协议》第十四条的规定，对外贸易法第四十一条规定，其他国家或者地区的产品以低于正常价值的倾销方式进入我国市场，对已建立的国内产业造成实质损害或者产生实质损害威胁，或者对建立国内产业造成实质阻碍的，国家可以采取反倾销措施，消除或者减轻这种损害或者损害的威胁或者阻碍。

第四十三条针对的是反补贴措施，依该条规定，进口的产品直接或者间接地接受出口国家或者地区给予的任何形式的专项性补贴，对已建立的国内产业造成实质损害或者产生实质损害威胁，或者对建立国内产业造成实质阻碍的，国家可以采取反补贴措施，消除或者减轻这种损害或者损害的威胁或者阻碍。

第四十四条针对的是保障措施，依该条规定，因进口产品数量大量增加，对生产同类产品或者与其直接竞争的产品的国内产业造成严重损害或者严重损害威胁的，国家可以采取必要的保障措施，消除或者减轻这种损害或者损害的威胁，并可以对该产业提供必要的支持。

关于服务贸易的救济措施，依世贸的《服务贸易总协定》第十条的授权，对外贸易法第四十五条规定了服务贸易的救济措施，依该条规定，因其他国家或者地区的服务提供者向我国提供的服务增加，对提供同类服务或者与其直接竞争的服务的国内产业造成损害或者产生损害威胁的，国家可以采取必要的救济措施，消除或者减轻这种损害或者损害的威胁。第五十条对反规避进行了规定。规避贸易救济措施的行为指有关当事人故意制造某种情形，以避开本应对其适用的贸易救济措施的行为。对此，《关税与贸易总协定》第二十条及欧美对外贸易法均允许政府采取必要的措施以实现其贸易政策目标。依第五十条的规定，国家对规避本法规定的对外贸易救济措施的行为，可以采取必要的反规避措施。

（二）对外贸易促进法律制度

1.国家促进对外贸易的措施

①国家根据外贸发展需要，建立与完善为外贸服务的金融机构，设立对外贸易发展基金、风险基金。②国家采取进出口信贷、出口退税及其他对外贸易促进措施，发展对外贸易。这里即指通过财政优惠措施促进进出口尤其是鼓励出口。③国家支持对外贸易经营者依法成立与参加进出口商会的活动。④中国国际贸易促进组织依照章程开展对外联系，举办展览，提供信息、咨询服务和其他对外贸易促进活动。⑤国家扶持和促进民族自治地方和经济不发达地区发展对外贸易。

2.对外贸易促进机构

国家通过设立或者批准成立民间对外贸易促进机构，开展对外贸易促进活动。目前，对外贸易促进机构主要有进出口商会和中国国际贸易促进委员会。进出口商会是经国务院主管部门批准,由对外贸易经营者依法成立的行使行业协调、为企业服务的自律性组织。其主要任务是:遵守法律、行政法规,依照章程对其会员的对外贸易经营活动进行协调指导,提供咨询服务,向政府有关部门反映有关对外贸易促进方面的建议,并积极开展对外贸易促进活动。中国国际贸易促进委员会,又称中国国际商会,是由我国经济贸易界有代表性的人士、企业、协会和团体组成的全国性民间对外经济贸易促进组织。其宗旨是根据中华人民共和国法律、法规和政策,开展促进对外贸易、利用外贸、引进外国先进技术及各种形式的中外经济技术合作等活动,促进中国同世界各国的贸易和经济技术关系的发展,增进中国人民同世界各国人民和经济贸易界的相互了解和友谊。

六、进出口货物海关监管法律制度

(一)进出口货物海关监管及其主管机构

货物监管是国家有关机构对进出口货物及其流向进行的监督管理。我国海关是主管进出口货物监督管理的主要机构,担负着依法监管进出境运输工具、货物、行李物品和邮递物品,征收关税和其他税费,查缉走私等重要责任。1987 年 1 月 22 日第六届全国人民代表大会常务委员会第十九次会议通过,2000 年 7 月 8 日第九届全国人民代表大会常务委员会第十六次会议《关于修改〈中华人民共和国海关法〉的决定》第一次修正,2013 年 6 月 29 日第十二届全国人民代表大会常务委员会第三次会议《关于修改〈中华人民共和国文物保护法〉等十二部法律的决定》第二次修正,2013 年 12 月 28 日第十二届全国人民代表大会常务委员会第六次会议《关于修改〈中华人民共和国海洋环境保护法〉等七部法律的决定》第三次修正,2016 年 11 月 7 日第十二届全国人民代表大会常务委员会第二十四次会议《关于修改〈中华人民共和国对外贸易法〉等十二部法律的决定》第四次修正,2017 年 11 月 4 日第十二届全国人民代表大会常务委员会第三十次会议《关于修改〈中华人民共和国会计法〉等十一部法律的决定》第五次修正的《中华人民共和国海关法》第二、第三条规定:"中华人民共和国海关是国家的进出关境监督管理机关。海关依照本法和其他有关法律、行政法规,监管进出境的运输工具、货物、行李物品、邮递物品和其他物品(以下简称进出境运输工具、货物、物品),征收关税和其他税、费,查缉走私,并编制海关统计和办理其他海关业务。""国务院设立海关总署,统一管理全国海关。国家在对外开放的口岸和海关监管业务集中的地点设立海关。海关的隶属关系不受行政区划的限制。海关依法独立行使职权,向海关总署负责。"

《中华人民共和国海关法》第八条规定:"进出境运输工具、货物、物品,必须通过设立海关的地点进境或者出境。在特殊情况下,需要经过未设立海关的地点临时进境或者出境的,必须经国务院或者国务院授权的机关批准,并依照本法规定办理海关手续。"《中华人民共和国海关法》第三十五条规定:"进口货物应当由收货人在货物的进境地海关办理海关手续,出口货物应当由发货人在货物的出境地海关办理海关手续。经收发货人申请,海关同意,进口货物的收货人可以在设有海关的指运地、出口货物的发货人可以在设有海关的启运地办理海关手续。上述货物的转关运输,应当符合海关监管要求;必要时,海关可以派员押运。"

(二)报关、查验、放行

海关对进出境货物的监管制度由报关、查验、放行这三个环节组成。

1.报关

报关是指货主或其代理人在规定的时间内将进出口商品的有关单证交送海关并填写报关单。这些单证包括货运单、发票、装货单，属于进出口许可证分级管理的商品，应提交进出口许可证；属于法定检验的商品，应提交商检证书或商检机构签发的放行单。必要时，海关还可要求提交订货合同、厂家发票、户地或购运地的证明等其他单证。

进出口商向海关报关时，需提交以下单证：

（1）进出口货物报关单。一般进口货物应填写一式二份；需要由海关核销的货物，如加工贸易货物和保税货物等，应填写专用报关单一式三份；货物出口后需国内退税的，应另填一份退税专用报关单。

（2）货物发票。要求份数比报关单少一份，对货物出口委托国外销售，结算方式是待货物销售后按实销金额向出口单位结汇的，出口报关时可准予免交。

（3）陆运单、空运单和海运进口的提货单及海运出口的装货单。海关在审单和验货后，在正本货运单上签章放行退还报关单，凭此提货或装运货物。

（4）货物装箱单。其份数同发票。但是散装货物或单一品种且包装内容一致的件装货物可免交。

（5）出口收汇核销单。一切出口货物报关时，应交验外汇管理部门加盖"监督收汇"章的出口收汇核销单，并将核销编号填在每张出口报关单的右上角处。

（6）海关认为必要时，还应交验贸易合同、货物产地证书等。

（7）其他有关单证。包括：经海关批准准予减税、免税的货物，应交海关签章的减免税证明，北京地区的外资企业需另交验海关核发的进口设备清单；已向海关备案的加工贸易合同进出口的货物，应交验海关核发的"登记手册"。

2.查验和放行

查验是检验海关确定进出口的货物，与货主或其代理人报关时送交的各种单证是否相符，与国家的有关外贸政策、法律有无冲突。海关查验货物时，货主或其代理人应在海关指定的时间内到达验货现场，并根据海关的要求搬移、衡量、开拆和重新包装。查验工作一般在海关监督场所（口岸或海关批准的保税仓库）内进行，采用一般查验和重点查验相结合的方式。放行是货主办理完毕报关手续并按海关税收的规定纳税，海关履行了查验货物的职权后，在货运单证（提货单、装货单或运货单）上鉴印，货主凭海关鉴印的单证装运或提货。

查验和放行的具体程序如下：

（1）出口货物的发货人除海关特准以外应当在装货24小时以前，向海关申报。

（2）出口货物发货人应在装货发运前通知海关查验，海关凭出口货物发货人向海关申报时填报的全部单证查验货物。

（3）海关对单货相符的货物予以放行。将"出口报关单"及相关数据录入转关系统，打印"出口转关货物申报单"，制作出口关封，随同加盖有"海关监管货物"印戳的货物运单，交由运输工具负责人带交出境地海关。

（4）出口货物到达出境地，出境地海关核实货物情况正常准予货物出境后，将《出口转关运输货物申报单》回执寄送启运地海关，并通过计算机转关系统将货物实际出口信息传输回启运地海关，启运地海关凭书面回执和电子回执对出口转关货物核销结案。

（5）启运地海关凭出境地海关回执，及时办理海关环节的出口退税、外汇核销手续。

(三)处罚措施

违反进出口管理的行为包括走私罪和多种违法行为。除走私罪应由法院判处外,对各种违章行为,海关均有处罚权,包括罚款、没收货物或物品和违法所得、没收走私运输工具等。海关法第九十一条规定:违反本法规定进出口侵犯中华人民共和国法律、行政法规保护的知识产权的货物的,由海关依法没收侵权货物,并处以罚款;构成犯罪的,依法追究刑事责任。《海关行政处罚实施条例》第二十五条也规定:进出口侵犯中华人民共和国法律、行政法规保护的知识产权的货物的,没收侵权货物,并处货物价值30%以下罚款;构成犯罪的,依法追究刑事责任。也就是说,当事人进出口侵权货物的行为,如果情节严重构成犯罪的,将被依法追究刑事责任,如果尚不构成犯罪的,由海关依法予以行政处罚,行政处罚的内容包括没收侵权货物,同时处以罚款,罚款的数额在货物价值的30%以内。对海关的处罚决定,均可申请复议,如不服复议决定时,可以向人民法院起诉。

七、违反对外贸易法律、法规的法律责任

未经授权擅自进出口实行国际贸易管理的货物的,商务部或者国务院其他有关部门可以处五万元以下罚款;情节严重的,可以自行政处罚决定生效之日起三年内,不受理违法行为人从事国际贸易管理货物进出口业务的申请,或者撤销已给予其从事其他国际贸易管理货物进出口的授权。

进出口属于禁止进出口货物的,或者未经许可擅自进出口属于限制进出口的货物的,由海关依照有关法律、行政法规的规定处理、处罚;构成犯罪的,依法追究刑事责任。进出口属于禁止进出口的技术的,或者未经许可擅自进出口属于限制进出口的技术的,依照有关法律、行政法规的规定处理、处罚;法律、行政法规没有规定的,由商务部责令改正,没收违法所得,并处违法所得一倍以上五倍以下罚款,没有违法所得或者违法所得不足一万元的,处一万元以上五万元以下罚款;构成犯罪的,依法追究刑事责任。自行政处罚决定生效之日或者刑事处罚判决生效之日起,商务部或者国务院其他有关部门可以在三年内不受理违法行为人提出的进出口配额或者许可证的申请,或者禁止违法行为人在一年以上三年以下的期限内从事有关货物或者技术的进出口经营活动。

从事属于禁止的国际服务贸易的,或者未经许可擅自从事属于限制的国际服务贸易的,依照有关法律、行政法规的规定处罚;法律、行政法规没有规定的,由商务部责令改正,没收违法所得,并处违法所得一倍以上五倍以下罚款,没有违法所得或者违法所得不足一万元的,处一万元以上五万元以下罚款;构成犯罪的,依法追究刑事责任。同时,商务部可以禁止违法行为人自行政处罚决定生效之日或者刑事处罚判决生效之日起一年以上三年以下的期限内从事有关的国际服务贸易经营活动。

违反对外贸易法的规定,相关法律有法律责任规定的,依照有关法律、行政法规的规定处罚;构成犯罪的,依法追究刑事责任。商务部可以禁止违法行为人自行政处罚决定生效之日或者刑事处罚判决生效之日起一年以上三年以下的期限内从事有关的对外贸易经营活动。

被禁止从事有关对外贸易经营活动的,在禁止期限内,海关根据国务院对外贸易主管部门依法作出的禁止决定,对该对外贸易经营者的有关进出口货物不予办理报关验放手续,外汇管理部门或者外汇指定银行不予办理有关结汇、售汇手续。

商务部部门的工作人员玩忽职守、徇私舞弊或者滥用职权,构成犯罪的,依法追究刑事责

任;尚不构成犯罪的,依法给予行政处分。商务部部门的工作人员利用职务上的便利,索取他人财物,或者非法收受他人财物为他人谋取利益,构成犯罪的,依法追究刑事责任;尚不构成犯罪的,依法给予行政处分。

对外贸易经营活动当事人依照对外贸易法对商务部部门作出的具体行政行为不服的,可以依法申请行政复议或者向人民法院提起行政诉讼。

思考与练习

1. 简述对外贸易法的概念和对外贸易法的原则。
2. 简述 WTO 服务贸易协议的有关规定。
3. 简述货物进出口许可证管理法律制度。
4. 简述构成倾销、补贴的条件。
5. 简述反倾销、反补贴的措施。
6. 简述国家商检局和商检机构的具体管理职责。

参考文献

[1]漆多俊.经济法基础理论［M］.北京:法律出版社,2017.

[2]刘文华.经济法[M].北京:中国人民大学出版社,2017.

[3]李平.经济法教程[M].成都:四川大学出版社,2016.

[4]张守文.经济法教程[M].北京:中国人民大学出版社,2016.

[5]李昌麒.经济法学[M].北京:法律出版社,2016.

[6]李昌麒.经济法学[M].北京:中国政法大学出版社,2017.

[7]邱平荣.经济法[M].北京:中国人民大学出版社,2017.

[8]顾功耘,罗培新.经济法前沿问题[M].北京:北京大学出版社,2017.

[9]马兆瑞.经济法[M].北京:中国人民大学出版社,2017.

[10]陈践.梁静.经济法概论[M].北京:清华大学出版社,2017.

[11]钟晓玲.左丽敏.市场规制法律制度研究[M].太原:山西经济出版社,2015.

[12]吕来明.熊英.反不正当竞争法比较研究:以我国《反不正当法》修改为背景[M].北京:知识产权出版社,2014.

[13]邵建东.德国反不正当竞争法研究[M].北京:中国人民大学出版社,2000.

[14]王瑞贺.中华人民共和国反不正当竞争法解读[M].北京:中国法制出版社,2017.

[15]孟雁北.反垄断法[M].北京:北京大学出版社,2017.

[16]仲春.创新与反垄断——互联网企业滥用行为之法律规制研究[M].北京:法律出版社,2016.

[17]王先林.竞争法学[M].北京:中国人民大学出版社,2015.

[18]李俊.产品质量法案例评析[M].北京:对外经贸大学出版社,2012.

[19]张云.徐楠轩.产品质量法教程[M].厦门:厦门大学出版社,2011.

[20]付希业.企业产品质量法律风险管理实务指南[M].北京:法律出版社,2012.

[21]国务院法制办公室.中华人民共和国产品质量法典[M].北京:中国法制出版社,2016.

[22]王兴运.消费者权益保护法[M].北京:北京大学出版社,2015

[23]刘建民.段宝玫.消费者权益保护法北京:知识产权出版社,2014.

[24]张为华.美国消费者保护法[M].北京:中国法制出版社,2000.

[25]国务院法制办公室.中华人民共和国消费者权益保护法注释与配套[M].北京:中国法制出版社,2014.

[26]李延荣.周珂.房地产法[M].北京:中国人民大学出版社,2016.

[27]罗晋京.符启林.房地产法原理[M].北京:中国政法大学出版社,2016.

[28]国务院国法制办公室.中华人民共和国房地产法典[M].北京:中国法制出版社,2016.

[29]乌尔斯-彼得-格鲁贝尔.德国物权法概述与实体土地法[M].王强,译.北京:中国政法大学出版社,2016.

[30]高圣平.中国土地法制的现代化[M].北京:法律出版社,2014.

[31]刘双舟.拍卖法原理[M].北京:中国政法大学出版社,2010.

[32]左金凤.招标投标法实务教程[M].北京:知识产权出版社,2014.

[33]何红锋.招标投标法:实施条例条文解读[M].北京:中国电力出版社,2015.

[34]徐丽红.价格宏观调控法律问题研究[M].北京:中国社会科学出版社,2013.

[35]郑翔.宏观调控法[M].北京:北京交通大学出版社,2017.

[36]张守文.税法原理[M].6版.北京:北京大学出版社,2012.

[37]吴志攀.金融法概论[M].5版.北京:北京大学出版社,2011.

[38]朱大旗.金融法[M].3版.北京:中国人民大学出版社,2011.

[39]中国法制出版社.中华人民共和国金融法律法规全书[M].北京:中国法制出版社,2017.

[40]魏敬淼.金融法学[M].北京:中国政法大学出版社,2017.

[41]何平平.互联网金融法规[M].北京:清华大学出版社,2017.

[42]郭庆平.中央银行法的理论与实践[M].北京:中国金融出版社,2016.

[43]栾立冰.商业银行法律合规实务:国际化综合化专题[M].北京:法律出版社,2015.

[44]赵勇.商业银行法人治研究[M].北京:中国金融出版社,2010.

[45]国务院法制办公室.中华人民共和国证券法典[M].北京:中国法制出版社,2018.

[46]吴弘.证券法教程[M].北京:北京大学出版社,2017.

[47]新井诚.信托法[M].刘华,译.北京:中国政法大学出版社,2017.

[48]王众.中国信托法院里与实例精要[M].北京:中国政法大学出版社,2017.

[49]刘建文.熊伟.财政税收法[M].北京:法律出版社,2017.

[50]朱大旗.中华人民共和国预算法释义[M].北京:中国法制出版社,2015.

[51]孟晔.公共采购导论[M].北京:中国经济出版社,2013.

[52]中华人民共和国税收法典编委会.中华人民共和国现行税收法规及优惠政策解读:2016
权威解读版[M].上海:立信会计出版社,2016.

[53]中华人民共和国审计法规委员会.中华人民共和国审计法规与审计准则及政策解读:2016
权威解读版[M].上海:立信会计出版社,2016.

[54]刘洲.参与式预算法治化研究[M].北京:科学出版社,2015.

[55]陈希晖.审计法规与准则[M].大连:东北财经大学出版社,2016.

[56]周珂.环境与资源保护法[M].北京:中国人民大学出版社,2015.

[57]中国法制出版社.中华人民共和国环境保护法律法规全书[M].北京:中国法制出版
社,2015.

[58]韩德培.环境保护法教程[M].北京:法律出版社,2015.

[59]郝光旭.中国资本市场监管有效性研究[M].北京:对外经济贸易大学出版社,2011.

[60]刘玉平.国有资产管理[M].北京:中国人民大学出版社,2016.

[61]李曙光.国有资产法律保护机制研究[M].北京:经济科学出版社,2015.

[62]韩健.中国国债市场流动性的现状与对策[M].北京:经济科学出版社,2017.

[63]王利明.合同法研究(第1卷)[M].北京:中国人民大学出版社,2002.

[64]王利明.合同法研究(第2卷)[M].北京:中国人民大学出版社,2002.

[65]秦磊.陈元刚.经济法[M].北京:清华大学出版社,2010.

[66]杜颖.商标法[M].北京:北京大学出版社,2010.

[67]李光辉.仲裁法[M].北京:对外经贸大学出版社,2011.

[68]王晓晔.反垄断法[M].北京:法律出版社,2011.

[69]高桂林.经济法总论[M].北京:中国法制出版社,2012.

[70]种明钊.竞争法学[M].2版.北京:高等教育出版社,2012.

[71]中国注册会计师协会.经济法[M].北京:中国财政经济出版社,2013.

[72]程宝山.中国经济法基本理论[M].郑州:郑州大学出版社,2013.

[73]刘水林.经济法是什么——经济法的法哲学反思[J].政治与法律,2014(08):87-102.

[74]张守文."改革决定"与经济法共识[J].法学评论,2014,32(02):13-24.

[75]赵红梅.经济法的私人实施与社会实施[J].中国法学,2014(01):177-195.

[76]张守文.经济法责任理论之拓补[J].中国法学,2003(04):11-22.

[77]叶军.经营者集中反垄断审查之皇冠宝石规则研究[J].中外法学,2016,28(04):1057-1082.

[78]王晓晔.标准必要专利反垄断诉讼问题研究[J].中国法学,2015(06):217-238.

[79]王先林.我国反垄断法适用于知识产权领域的再思考[J].南京大学学报(哲学.人文科学.社会科学版),2013,50(01):34-43,159.

[80]孔祥俊.论反不正当竞争的基本范式[J].法学家,2018(01):50-67,193.

[81]唐明昊.金融安全与我国金融法体系的完善[J].法制博览,2018(03):151,150.

[82]厉潇逸.证券市场信息披露制度研究[J].人民法治,2017(12):64-67.

[83]魏昌东.中国金融刑法法益之理论辩证与定位革新[J].法学评论,2017,35(06):63-71.

[84]张志军,白如银.对《招标投标法》的若干修订建议[J].招标采购管理,2017(09):20-25.

[85]陈乃新.经济法的司法空白之弥补[J].法学论坛,2017,32(05):14-21.

[86]李翔.论惩罚性赔偿制度在房地产法中的适用[J].法制博览,2017(20):84-85.

[87]孙秀丽.WTO框架下《对外贸易法》亟待制度完善[J].中国外资,2017(13):46-47.

[88]钱玉文.论我国产品责任归责原则的完善——以《产品质量法》第41、42条为分析对象[J].中国政法大学学报,2017(02):84-91,160-161.

[89]陈少英.财税法的法律属性——以财税法调控功能的演进为视角[J].法学,2016(07):71-81.

[90]夏伟亮.《消费者权益保护法》在金融消费领域的适用[J].南方金融,2016(04):87-93.

[91]孙明春,王宇.全面深化改革背景下关于修改《价格法》的思考[J].中国物价,2016(03):30-32.

[92]刘剑文.财税法功能的定位及其当代变迁[J].中国法学,2015(04):162-180.

[93]郭宗杰.深化改革背景下价格法修订的若干问题研究[J].政治与法律,2015(08):75-86.

[94]罗华伟,干胜道.顶层设计:"管资本"——国有资产管理体制构建之路[J].经济体制改革,2014(06):130-134.

[95]郭培勋,李秀敏.基于《招标投标法》的招投标法律制度问题研究[J].东南学术,2014(01):190-196.

[96]陈立虎,张艳阳.论现行《对外贸易法》功能的强化[J].法治研究,2012(01):45-51.